Kommunikation von Familienunternehmen

Bodo Kirf

Kommunikation von Familienunternehmen

Erfolgreiche Positionierung durch strategisches Kommunikationsmanagement

Bodo Kirf
Düsseldorf, Deutschland

ISBN 978-3-658-44197-5   ISBN 978-3-658-44198-2 (eBook)
https://doi.org/10.1007/978-3-658-44198-2

Die Deutsche Nationalbibliothek verzeichnet diese Publikation in der Deutschen Nationalbibliografie; detaillierte bibliografische Daten sind im Internet über https://portal.dnb.de abrufbar.

© Der/die Herausgeber bzw. der/die Autor(en), exklusiv lizenziert an Springer Fachmedien Wiesbaden GmbH, ein Teil von Springer Nature 2024
Das Werk einschließlich aller seiner Teile ist urheberrechtlich geschützt. Jede Verwertung, die nicht ausdrücklich vom Urheberrechtsgesetz zugelassen ist, bedarf der vorherigen Zustimmung des Verlags. Das gilt insbesondere für Vervielfältigungen, Bearbeitungen, Übersetzungen, Mikroverfilmungen und die Einspeicherung und Verarbeitung in elektronischen Systemen.
Die Wiedergabe von allgemein beschreibenden Bezeichnungen, Marken, Unternehmensnamen etc. in diesem Werk bedeutet nicht, dass diese frei durch jedermann benutzt werden dürfen. Die Berechtigung zur Benutzung unterliegt, auch ohne gesonderten Hinweis hierzu, den Regeln des Markenrechts. Die Rechte des jeweiligen Zeicheninhabers sind zu beachten.
Der Verlag, die Autoren und die Herausgeber gehen davon aus, dass die Angaben und Informationen in diesem Werk zum Zeitpunkt der Veröffentlichung vollständig und korrekt sind. Weder der Verlag noch die Autoren oder die Herausgeber übernehmen, ausdrücklich oder implizit, Gewähr für den Inhalt des Werkes, etwaige Fehler oder Äußerungen. Der Verlag bleibt im Hinblick auf geografische Zuordnungen und Gebietsbezeichnungen in veröffentlichten Karten und Institutionsadressen neutral.

Planung/Lektorat: Imke Sander
Springer Gabler ist ein Imprint der eingetragenen Gesellschaft Springer Fachmedien Wiesbaden GmbH und ist ein Teil von Springer Nature.
Die Anschrift der Gesellschaft ist: Abraham-Lincoln-Str. 46, 65189 Wiesbaden, Germany

Wenn Sie dieses Produkt entsorgen, geben Sie das Papier bitte zum Recycling.

„Manchmal erscheint ein Familienunternehmen
wie ein trojanisches Pferd: Es ist etwas anderes
drinnen als erwartet. Es steht vor einem, aber es
ist unklar, was es in sich (ver)birgt" (Waibel,
2016, S. 19).

„Der auf Unternehmen einwirkende
Thematisierungsdruck hat sich zugespitzt, mit
Folgen für deren Kommunikationsverhalten und
Antwortstrategien in Problemlagen" (Kirf et al.,
²2020, S. 19).

„Familienunternehmen stehen (…) in besonderem
Maße in einem Spannungsfeld zwischen
wirtschaftlichem Erfolgsstreben, familiären
Erwartungen und gesellschaftlichen
Umweltfaktoren" (Felden et al., ²2019, S. 15).

„Langfristiges Denken gehört zum genetischen
Code des Familienunternehmens. Hier denkt man
nicht in Berichtsquartalen, sondern in
Nachfolgegenerationen" (May, 2017, S. 17).

Geleitwort

Liebe Leser,[1]

es ist mir eine besondere Freude, Sie an dieser Stelle auf das Fachbuch „Kommunikation von Familienunternehmen – Erfolgreiche Positionierung durch strategisches Kommunikationsmanagement" hinweisen zu dürfen. Dieses Werk ist ein bedeutender Meilenstein, insbesondere vor dem Hintergrund, dass bisher nur wenig zu dieser Thematik publiziert worden ist.

Dies ist umso erstaunlicher, da Familienunternehmen in ihren Kommunikationsauftritten und Inszenierungsarten stark divergieren. Während bei börsennotierten Unternehmen insbesondere der Kapitalmarkt inzwischen eine klare Erwartungshaltung an das organisationale Kommunikationsverhalten artikuliert, ist der vermeintliche Freiheitsgrad gerade von Familienunternehmen deutlich größer. So reicht deren kommunikative Spannbreite von tendenziell öffentlichkeitsscheuen bis hin zu medienpräsenten Unternehmen und deren Eigentümern bzw. Management.

Familienunternehmen sind das Rückgrat unserer Wirtschaft. Sie zeichnen sich durch eine einzigartige Mischung aus Tradition, Verantwortungsbewusstsein und Innovationskraft aus. Doch in einer Welt, die sich ständig verändert und in der die Anforderungen an Unternehmen und ihre Kommunikation immer komplexer werden, stehen auch Familienunternehmen vor großen Herausforderungen. Die strategische Unternehmenskommunikation spielt dabei eine entscheidende Rolle, um sich erfolgreich im Marktgeschehen und gesellschaftlichen Umfeld zu positionieren und die eigene Unternehmensidentität zu wahren.

Dieses Buch ist das Ergebnis intensiver Forschung, jahrelanger Erfahrungen und vieler persönlicher Gespräche. Es bietet fundierte Einblicke in verschiedene Kommunikationsstrategien, beleuchtet deren Vor- und Nachteile und gibt praktische Ratschläge, wie die Kommunikation in und von Familienunternehmen effektiv gestaltet werden kann. Der Autor ist ausgewiesener Experte auf diesem Gebiet und teilt sein Fachwissen in verständlicher und anwendbarer Form.

---

[1] Wenn die „Leser" dieses Geleitwortes adressiert werden, so sind selbstverständlich Personen jedweden Geschlechts gemeint. Daher wird auf eine Genderschreibweise verzichtet.

Dieses Buch ist nicht nur für Familienunternehmer empfehlenswert, sondern auch für all jene, die in der Unternehmenskommunikation tätig sind oder ein Interesse an diesem spannenden, vielfältigen Themenkreis haben.

Ich danke dem Autor für seine bemerkenswerte Arbeit und Ihnen, liebe Leser, für Ihr Interesse an dieser Thematik. Möge dieses Buch wertvolle Erkenntnisse und Inspiration bieten, um die Kommunikation in Familienunternehmen auf ein neues Level zu heben und so auch einen funktionalen Beitrag zur nachhaltigen Entwicklung unserer Wirtschaft zu leisten.

Berater, Aufsichtsrat und langjähriger   Paolo Dell'Antonio
Vorstandssprecher in diversen Familienunternehmen
Im April 2024

Inhaltsverzeichnis

Über den Autor

Bodo Kirf ist seit Jahrzenten in verschiedenen Management-funktionen in Kommunikationsagenturen tätig. Der promovierte Romanist war u. a. Geschäftsführer und CEO von Trimedia Deutschland sowie Gründer und CEO der DJM Communication, als deren Chairman und Senior Advisor er nach wie vor fungiert. Als Experte für Public Relations, Corporate Communication, Krisen- und Change-Kommunikation verfügt Bodo Kirf über weitreichende Erfahrungen bei der Betreuung komplexer Kommunikationsprojekte. Er berät und begleitet mittelständische und große, marktführende (Familien)Unternehmen diverser Branchen zu allen Facetten und Perspektiven des strategischen Kommunikationsmanagements. Zudem ist der erfahrene Kommunikationsfachmann für das Medien- und Reputations-Coaching von Top-Executives gefragt. Neben seinen vielfältigen Beratungstätigkeiten bekleidete Bodo Kirf im Rahmen seiner langjährigen Lehrtätigkeiten an verschiedenen Hochschulen u.a. die Honorarprofessur für PR und Unternehmenskommunikation an der Hochschule Rhein-Main in Wiesbaden. Er publiziert regelmäßig und hält Vorträge zu Kernthemen moderner Unternehmenskommunikation.

Abbildungsverzeichnis

Einleitung: Warum dieses Buch? 1

Dieser **Leitfaden** richtet sich an all jene, die über Kommunikationsstrategien und -aktivitäten in und von Familienunternehmen (mit)entscheiden bzw. diese im Kommunikationsalltag (mit)verantwortlich planen und umsetzen. Ziel und Anspruch der vorliegenden Ausführungen ist es, den Lesern einen praxisnahen und strukturierten Einblick in das komplexe, bis dato jedoch noch wenig betrachtete bzw. in Fachpublikationen eher am Rande erörterte Themenfeld der **Kommunikation von Familienunternehmen**[1] zu verschaffen. Mit Blick darauf konzentrieren wir uns auf die Parameter, Einflussfaktoren, Methoden und Anwendungsbereiche einer konzeptionell-begründeten und wirkungsorientiert-umgesetzten Kommunikation von und für Familienunternehmen als spezieller Organisationform. Dabei sollen für die Kommunikationsarbeit primär aus Public Relations/**PR**[2]**-Sicht** strategisch wie operativ anwendbare Einsichten vermittelt werden. Die Beschreibung basiert auf einschlägigen PR-Praxiserfahrungen des Autors und berück-

---

[1] Es gibt mittlerweile eine Vielzahl von Publikationen aus der Management- und Ratgeberliteratur, die sich mit diversen Aspekten des facettenreichen Phänomens „Familienunternehmen" beschäftigen. Im Vergleich dazu bleiben jedoch in den meisten Fachbüchern Bereiche wie „Unternehmenskommunikation", „Kommunikationsmanagement" und „Public Relations (PR)/Öffentlichkeitsarbeit" in und von Familienunternehmen überraschend unterbelichtet.

[2] Zu Theorie, Bedeutung, Aufgabenfeldern und Funktionsweisen von **PR als Kommunikationsdisziplin** ist schon sehr viel geschrieben worden. Vor allem mit Blick auf die vorherrschende Begriffsvielfalt und Bandbreite des PR-Verständnisses herrscht indes eher Unklarheit und Definitionswirrwarr als Eindeutigkeit vor. Wir beteiligen uns nicht an dieser Debatte und führen auch keine disziplinäre Abgrenzungsdiskussion zu anderen Kommunikationsbereichen, wie z. B. Marketing. Zu begrifflichen Grundlagen, Perspektiven, Verständnisweisen und Grenzlinien von PR s. u. a. die Ausführungen von Zerfaß (²2004), Bentele et al. (2005), Mast (⁵2013), Zerfaß et al. (2013); Röttger et al. (²2014; Lies (2015) und Hoffjann (2015).

© Der/die Autor(en), exklusiv lizenziert an Springer Fachmedien Wiesbaden GmbH, ein Teil von Springer Nature 2024
B. Kirf, *Kommunikation von Familienunternehmen*,
https://doi.org/10.1007/978-3-658-44198-2_1

sichtigt zudem die Erkenntnisse des gültigen kommunikations- und medienwissenschaftlichen Reflexionswissens.

Wir folgen in unseren Darlegungen einem **organisationsbezogenen PR-Ansatz**. Diese Perspektive versteht PR als eine zentrale Kommunikationsfunktion, „die Organisationen gegenüber relevanten Bezugsgruppen legitimiert" (Hoffjann, 2015, S. 9) und bestimmt die spezifischen Mitwirkungen und Leistungen, die diese Disziplin für – in unserem Fall – Familienunternehmen zur Erreichung ihrer Organisationsziele und Interessenrealisierungen erbringt (s. Röttger et al., [2]2014, S. 43 f.). Auf dieses Begriffsverständnis bezogen, basiert unsere Darstellung tendenziell auf einem breiteren Verständnis von PR als Kommunikationsdisziplin. Diese „plant und steuert Kommunikation mit den Bezugsgruppen. Sie vermittelt durch ihre speziellen Instrumente (…) Ziele und Interessen eines Unternehmens sowie dessen Tätigkeiten und Verhalten nach innen und außen. Ziel ist, Vertrauen und Verständnis für das Handeln des Unternehmens zu erreichen und langfristig dessen Akzeptanz zu sichern, damit es seine Ziele erreichen kann" (Herbst, 1997, S. 11).

In diesem Deutungszusammenhang lassen sich aus Unternehmenssicht die wesentlichen Rahmenbedingungen, Wirkungsabsichten, Strategien, Instrumente, Routinen und Aufgabenfelder der PR (s. Mast, [5]2013, S. 14) bestimmen: z. B. das Themenmanagement in allen Formen und Facetten der Medienarbeit, Informationsvermittlungen im unternehmensinternen Wissensmanagement, Narrativplatzierungen im Storytelling oder die Inhaltsgestaltung im Rahmen von Corporate Publishing. Als Organisationsfunktion wird PR als relevanter Bereich bzw. Subsystem des Kommunikationsmanagements (s. Rademacher, 2009, S. 163) von Familienunternehmen gedeutet. Berührungspunkte zwischen PR und anderen Kommunikationsfunktionen werden im vorliegenden Text selbstredend skizziert, auch mit Blick auf deren Verortung in integrierten Kommunikationsauftritten. Zudem wird der spezifische PR-Beitrag in der professionellen Gestaltung und Pflege wechselseitiger Kommunikationsbeziehungen und -prozesse von Familienunternehmen in ihrem Zugang zu relevant eingestuften internen und externen Bezugsgruppen (Stakeholdern) ermittelt. Aus dieser Tätigkeits- und Zuständigkeitsperspektive sind PR-Rollen und PR-Leistungen primär auf den Debatten- und Meinungsmarkt in ökonomischen und gesellschaftlichen Kontexten und Szenarien gerichtet. Das heißt, organisationsbezogene PR ist auf die gezielte Herstellung und kommunikative Mitgestaltung image- und reputationsbildender öffentlicher Meinungsprägungs-, Wahrnehmungs- und Akzeptanzprozesse angelegt. Diese beziehen sich auf Storytelling-Initiativen und damit korrelierende Selbstthematisierungen sowie Inhaltsvermittlungen von Unternehmensanliegen, -aktivitäten und -äußerungen sowie deren Legitimation als Teil individueller und kollektiver Umwelterwartungen (s. Hoffjann, 2015, S. 153 ff.). Diesem Verständnis folgend sind PR in erweitertem Sinne als mitprägender Kommunikationspart des öffentlichen Eindrucks- und Erwartungsmanagements von Familienunternehmen als Ganzes zu verstehen. Für dessen Umsetzung ist eine Medienorientierung kennzeichnend. Die dabei angestrebte Aufmerksamkeits- und Zustimmungslenkung der Adressatenkreise beruhen kommunikativ vornehmlich auf Resonanz, Anerkennung und Verständigung abzielenden Informationsvermittlungen und

Dialogangeboten. Diese prägen die Diskurse zur Differenzierung und Durchsetzung kalkulierter (medialer) Beachtung, Nachfrage und Interessenerreichung im Kommunikationswettbewerb, in dem sich auch Familienunternehmen in einer medialisierten Gesellschaft generell befinden und behaupten müssen.

Die vorliegenden Ausführungen sind folglich hauptsächlich ausgerichtet an konkreten Praxisanforderungen des strategischen und operativen (PR-) Kommunikationsarrangements von Familienunternehmen in allen wichtigen unternehmensinternen wie -externen Handlungsfeldern. Dabei konzentrieren wir uns vor allem auf die Kommunikationsverhältnisse von und in dimensional mittelständisch[3] geprägten Familienunternehmen.[4] Gerade in diesem organisationalen Kontext besteht hinsichtlich der Etablierung eines modernen Kommunikationsmanagements durchaus noch Edukations- und Verbesserungsbedarf (s. Schütte, 2011, S. 41; Zerfaß et al., 2016, S. 5 f.; Winkler, 2020, S. 79 f.).[5] Das bestätigt auch unsere eigene erfahrungsbedingte Auffassung als Resultat jahrelanger Arbeit mit Kommunikationsverantwortlichen und Führungsspitzen von Familienunternehmen. Deshalb liegt darin das vorrangige Begutachtungs- und Reflexionspotenzial für unsere thematischen Darstellungsbelange.

Die erkenntnisleitenden **Kernfragen** der vorliegenden Ausführungen lauten:

- Wie muss das Kommunikationsmanagement von Familienunternehmen in den modernen Kommunikationsverhältnissen konzeptionell fundiert, strategisch geplant und wirkungsvoll umgesetzt werden? Wie kann es den Maßstäben für gelingende Kommunikationsprozesse in allen unternehmensinternen und externen Beziehungsfeldern entsprechen?
- Können oder sollen sich die Kommunikationsauftritte von Familienunternehmen von denen anderer Organisationsformen unterscheiden?
- Welche Besonderheiten und Kommunikationsspezifika gelten im Umgang mit den verschiedenen Anspruchsgruppen von und in Familienunternehmen im Vergleich zum Stakeholder-Management anderer Unternehmenstypen?

---

[3] Zur terminologischen Einordnung von „Mittelstand" s. Fischbach & Mack-Amanatidis, 2011, S. 15.

[4] Nachstehend ist nicht die Rede von „KMU"; zu Definition und Typologie von KMU vgl. Schröder, 2013, S. 31 und Winkler, 2020, S. 13 f. Unsere Betrachtungen zur Kommunikation von Familienunternehmen – ob eigentümerdominiert oder von familienfremdem Management geführt – beziehen sich auf solche mittelständischen Organisationen, die in ihren Dimensionen über die KMU-spezifischen Größenzuweisungen hinausgehen. Die Abgrenzung hängt für uns insbesondere mit der Verfügbarkeit und materiellen sowie personellen Zuweisung von hinreichenden Ressourcen zur Erfüllung von komplexeren Kommunikationsaufgaben zusammen. Diese Mittel sind, trotz feststellbarem Bedeutungszuwachs von Kommunikationsaktivitäten, erfahrungsgemäß in KMUs nur in beschränktem Umfang vorhanden – s. dazu Zerfaß et al., 2016, S. 26.

[5] Die Literaturlage zur „Mittelstandskommunikation" ist insgesamt noch ausbaufähig. Am Fachdiskurs interessierte Leser seien verwiesen auf Huck (2005), Schütte (2011), Müller & Lüdeke (2011), Meyer (2013), Kirf & Sommerwerck (2015), Zerfaß et al. (2016), Lies (2017) sowie Winkler (2020).

- Was bleibt im Kommunikationsalltag als Bewährtes bestehen? Und was hat sich in welchem Umfang – vor allem mit Blick auf kommunikationsrelevante digitale Transformationskontexte – geändert?
- Welche speziellen Anforderungen werden an Familienunternehmen und ihre Kommunikatoren für die erfolgreiche Umsetzung ihrer Kommunikationsarbeit aktuell und künftig gestellt?
- Und welche konkreten strategischen und operativen Handlungsempfehlungen sind dafür praktikabel?

Kap. 2 und seine Passagen geben zunächst eine Einführung in das **Phänomen „Familienunternehmen"** als „das prägende Element unserer Volkswirtschaft" (May, 2012, S. 14). Familienunternehmen fungieren als eine besondere Organisationsform mit eigenen organisationalen Ausprägungen, Spielregeln und Rollenmustern sowie kennzeichnenden Merkmalen von Kommunikationskulturen und -stilen. Hierzulande wie auch global prägt dieser **spezielle Unternehmenstypus** als Wirtschaftsfaktor und Arbeitgeber maßgeblich die Unternehmenslandschaft und Volkswirtschaft. Und das in einem breiten Spektrum: Sowohl in seiner mittelständischen Erscheinungsform als auch in der von großen, diversifizierten Wirtschaftsunternehmen mit dynastisch geprägten Unternehmerfamilien. Familienunternehmen und ihre Repräsentanten stehen im Fokus der Beachtung und Wahrnehmung vielfältiger Anspruchsgruppen. Dabei ist das öffentliche Interesse an diesem familiengekoppelten Unternehmenstyp auch medial geprägt. Diese Form der Aufmerksamkeit findet Resonanz in mannigfaltigen Berichterstattungen und Meinungsäußerungen unterschiedlicher Provenienz: Das betrifft das Storytelling im klassischen Mediensystem sowie die öffentliche Rezeption und Anschlusskommunikation im Social Web. Das Gleiche gilt für die Observation und Bewertung der **Kommunikationsauftritte** und Inszenierungen von familiengeführten Unternehmen und ihrer Protagonisten, insbesondere bei problem- bzw. krisenbehafteten Themen. Diese erscheinen in ihren Eigenarten und Varianten für das Publikum besonders interessant. Dazu zählen familiäre Dramen und damit einhergehende Dissonanzen ebenso wie andere Erscheinungsformen von Kontroversen und Missständen, die als Futter für populistisch-publicitywirksame Skandalisierungen dienen.

In diesem Bezugsrahmen werden **Kommunikationsverständnis** und **-verhalten**, Inszenierungstendenzen und Publizitätskulturen von Familienunternehmen bzw. Familienunternehmern[6] beispielhaft skizziert und für die Darstellung kommunikativer Anwendungsbereiche für Familienunternehmen bewertet: Von öffentlichkeitsscheuen Ver-

---

[6] Wenn wir von „**Familienunternehmer(n)**" sprechen, sind natürlich **Personen jedweden Geschlechts** gemeint. In unseren Ausführungen verwenden wir den Begriff unisono aus Gründen der besseren Lesbarkeit und haben daher auf eine geschlechterspezifische Differenzierung bzw. **Genderschreibweise** im weiteren Textverlauf **verzichtet**. Das Gleiche gilt für sämtliche anderen **genderfähigen Begriffe**, die wir in verschiedenen Kontexten verwenden.

schwiegenen bis hin zu prominent-medialen PR-Selbstdarstellungen ohne kommunikative Reserviertheit. Den Entscheidungskontext und Handlungshorizont dafür liefern die speziellen **Kommunikationsbedingungen der Mediengesellschaft**.

Im Kap. 3 und seinen zahlreichen Einzelparagrafen werden dann die Anforderungen, Einflussfaktoren, Spielarten sowie die spezifischen Handlungsfelder identifiziert und detailliert aufgezeigt, die als Erfolgskriterien eine konzeptionell-fundierte und strategiebasierte **Kommunikation von Familienunternehmen** auszeichnen. Und das vor allem im Hinblick einer positionierungsstarken Differenzierung zum Wettbewerb. Dabei werden ebenso die **Besonderheiten im Stakeholder-Management** thematisiert. Denn Familienunternehmen – ob mittelständig verfasst oder konzernartig aufgestellt – agieren und kommunizieren, insbesondere in internen Verhältnissen, teilweise in anderen Beziehungsgeflechten als kapitalmarktorientierte Publikumsgesellschaften. In diesem Erörterungskontext bleiben die Konsequenzen der digitalen, technologie-konditionierten **Transformationsszenarien** nicht unerwähnt. Das betrifft sowohl das Themenmanagement und die daraufhin angelegte Mechanik der Roadmap kommunikativer Inszenierungen als auch Profession und Arbeitsalltag der Kommunikationsverantwortlichen von und in Familienunternehmen. Dabei fällt der Blick ferner darauf, wie die diskurs-dynamischen Erscheinungsweisen und Ausdrucksformen des **Social Web** auf Meinungsbildungsprozesse in unternehmensrelevante Terrains hineinwirken. Ein Darstellungsschwerpunkt bildet weiterhin die Schilderung, welche spezifischen Möglichkeiten für Formen, Formate und Inhalte des PR-initiierten bzw. -gesteuerten **Storytelling** im Rahmen des strategischen **Themenmanagements** mit diversen Stakeholdergruppen von Familienunternehmen evident erscheinen.

Dass Kommunikation als strategischer Erfolgsfaktor für die Entwicklung und Zukunftssicherung von Unternehmen aller Art gewertet wird, ist eine anerkannte Erkenntnis. Wesentlicher Teil dieses Unterfangens ist die inhaltliche und formale Gestaltung der Kommunikationsarchitekturen und -verbindungen in den erfolgsrelevanten Diskurs- und Interaktionsarenen des unternehmensinternen und -externen Beziehungs- und Kontaktmanagements. Dieser Anspruch lenkt den Blick auf das Erfordernis eines im Kern **konzeptionell-basierten Kommunikationsmanagements** der Unternehmens- und Arbeitgebermarke für die Realisierung von wirkungsstarken Strategien und Maßnahmen in allen Kommunikationsströmen. Als Planungsbasis und Steuerungsinstrument fungiert dabei ein Kommunikationskonzept. In diesem Dossier werden kommunikative Aufgaben-, Problem- und Themenstellungen methodisch-strukturiert in verschiedenen aufeinander aufbauenden Teilstücken und Szenarien ausgearbeitet. Dieses Verfahren hat seine Gültigkeit auch für die Kommunikationsverantwortlichen familiengeführter Organisationen. Weshalb wir in unserer Darstellung auf die Konstruktion einer Kommunikationskonzeption detaillierter eingehen.

In vielerlei Hinsicht sind die Aspekte und Perspektiven, die in diesem Leitfaden dargelegt und kommentiert werden, schon gelebte Praxis im Kommunikationsalltag von Familienunternehmen. Dabei lässt sich eine zunehmende **Professionalisierung** beobachten. Allerdings erscheint es aus Autorensicht legitim, diese Kriterien zu erwähnen. Und das einmal mehr, um die Kontexte und Konstellationen aufzuzeigen, in denen sich moderne interne und externe Kommunikation von Familienunternehmen erfolgswirksam in den analogen und virtuellen Kommunikationsbegegnungen mit beziehungsrelevanten Öffentlichkeiten – inhaltlich, instrumentell und prozessual – abspielen muss. Das gilt insbesondere auch für Positionierung und Auftreten von Familienunternehmen in schwierigen Zeiten. Deren Transformationsprozesse und der damit verbundene Veränderungsdruck konditionieren mitunter weitreichend das unternehmerische Handlungs- und Kommunikationsmanagement in Wirtschaft und Gesellschaft. In den aktuellen, problembehafteten Weltverläufen haben sich vielfältige Konfliktdispositionen und Krisenanfälligkeiten auch von Familienunternehmen aller Größenordnungen und Branchen deutlich erhöht. Deshalb wird der **kommunikativen Bewältigung von Veränderungssituationen** und **Krisenlagen** sowie ihrer fachlichen Beschreibung besondere Aufmerksamkeit im Textverlauf geschenkt. In diesem Kontext werden alle wesentlichen Aspekte der Change- und Krisenkommunikation ausführlich erörtert. Vor allem ein professionelles Change- und Krisenmanagement und damit korrelierende, sattelfeste Kommunikationsstrategien sind – neben den Programmen qualifizierter Regelkommunikation – für die Reputationskonstruktionen und das damit korrelierende Stakeholder-Kontaktmanagement von Familienunternehmen erfolgskritischer denn je. In diesen Szenarien ist ebenfalls deren Führungsriege kommunikativ in vielerlei Hinsicht gefordert. Daher werden wir auch der Gestaltung und Ausrichtung ihrer Kommunikationsauftritte bei verschiedenen unternehmensinternen und externen Gelegenheiten entsprechende Beachtung schenken. Dergleichen Anlässe werden überdies an Praxisfällen illustriert.

In Kap. 4 fließen die Überlegungen und Einsichten aus den vorangegangenen Abschnitten ein in den empirischen Teil der Arbeit. Dort sollen sie anhand einer **stichprobenartigen Befragung** von einigen ausgewählten Topmanagern überprüft und begründet werden. Die aus der **Kommunikationsrealität von Familienunternehmen** gewonnenen Erfahrungen der Teilnehmer werden in der Exploration ebenso thematisiert wie empirische Beobachtungen und persönliche Einschätzungen über spezifische kommunikative Merkmale, Strukturen und Methoden. Dabei ist die Beurteilung des gegenwärtigen Status Quo der Kommunikation von Unternehmen in Familienbesitz von Interesse. Zudem werden die Besonderheiten bei der Gestaltung von Kommunikationsstrategien und -prozessen inner- und außerhalb dieser Organisationsform angesprochen und bewertet. Die dabei getroffenen Aussagen erscheinen als **selektive Momentaufnahme** und erheben nicht den Anspruch auf Repräsentativität. Gleichwohl erlauben die Schilderungen Rückschlüsse darauf, welches Kommunikationspotenzial in und von Familienunternehmen aktuell genutzt wird und welches Reservoir bislang noch brach liegt bzw. Optimierungsnotwendigkeit und Aufholbedarf aufweist.

Ein abschließender, zusammenfassender Blick auf wesentliche Gestaltungsformen, Spielarten und Aufgabenstellungen des strategischen und taktischen Kommunikationsmanagements von Familienunternehmen ist in Kap. 5 Gegenstand des Resümees in Form von Denkanregungen und Handlungsempfehlungen.

Nicht zuletzt durch die zahlreichen, in Textzitaten, Kommentaren und gesonderten Anmerkungen verarbeiteten **Literaturverweise**[7] sollen die Leser dieses Werks motiviert und inspiriert werden, sich in der individuellen Lektüre mit dem Themenkreis weiterführend auseinanderzusetzen. Die geschilderten Anregungen, Referenzen und Einschätzungen können auch für die Architektur des Kommunikationsmanagements in ihren eigenen Wirkungsfeldern und persönlichen Verantwortungsbereichen bei Bedarf sinnvoll genutzt werden. Zudem ermöglichen Aufbau und Struktur der einzelnen Kapitel den Lesern, diese jeweils auch unabhängig vom Gesamtdarstellungskontext zu rezipieren und dabei für sie interessante Inhaltsaspekte und Themenerörterungen gezielt separat herauszugreifen.

Das vorliegende Buch ist vom heutigen Standpunkt geschrieben. Wohl wissend, wie schnell Familienunternehmen – wie andere Unternehmenstypen auch – sich in den sie prägenden kommunikativen Konditionen und Konstellationen verändern können. Somit bleiben in unserer Darstellung noch offene Fragen bestehen sowie Aspekte und Positionen vakant. Deren sachkundige Beantwortung und zusätzliche Erörterung bleiben gesonderten Publikationen zum Themenbereich überlassen. Diese könnten dann – bei Verfügbarkeit – zum Weiterlesen bzw. zur weiteren eigenen Beschäftigung mit dem facettenreichen Themenfeld anregen.

Düsseldorf, den 05. April 2024

Bodo Kirf

Literatur

Bentele, G., Fröhlich, R., & Szyszka, P. (Hrsg.). (2005). *Handbuch der Public Relations. Wissenschaftliche Grundlagen und berufliches Handeln.* Springer VS.

Fischbach, C., & Mack-Amanatidis, J. (2011). Mittelstand und professionelle PR. Gute Seiten, schlechte Seiten. In P. Müller & T. Lüdeke (Hrsg.), *Kommunikation im Mittelstand. Unternehmerische Herausforderungen erfolgreich meistern* (S. 17–22). DIHK.

Herbst, D. (1997). *Public Relations. Das professionelle 1x1.* Cornelsen.

Hoffjann, O. (2015). *Public Relations.* UVK Verlagsgesellschaft.

Huck, S. (2005). Interne Kommunikation im Mittelstand. In J. Klewes (Hrsg.), *Unternehmenskommunikation auf dem Prüfstand. Aktuelle empirische Ergebnisse zum Reputation Marketing* (S. 53–77). Deutscher Universitätsverlag.

Kirf, B., & Sommerwerck, M. (2015). Strategisches Kommunikationsmanagement im Mittelstand. In G. Bentele, M. Piwinger, & G. Schönborn (Hrsg.), *Kommunikationsmanagement. Strategie – Wissen – Lösungen. 2.70* (S. 1–54). Luchterhand.

---

[7] Zur leichteren Auffindbarkeit, Einordnung und Lesbarkeit sind im Fließtext und in den Anmerkungen an geeigneten Stellen Hinweise auf signifikante Stichworte und Kernbegriffe sowie didaktische Verweise auf Inhaltspunkte und Themenerörterungen in vorangehenden Kapiteln als Orientierungsmarker aufgeführt. Zudem wird nach den Kapiteln die darin zitierte Literatur aufgelistet und erleichtert interessierten Lesern die Nachschlagbarkeit wichtiger Begriffe und Themenbereiche. Das vollständige Verzeichnis der verarbeiteten Sekundärwerke findet sich am Schluss.

Lies, J. (Hrsg.). (2015). *Praxis des PR-Managements. Strategien – Instrumente – Anwendung.* Springer Gabler.

Lies, J. (2017). *Die Digitalisierung der Kommunikation im Mittelstand. Auswirkungen von Marketing 4.0.* Springer Gabler.

Mast, C. (2013). *Unternehmenskommunikation. Ein Leitfaden* (5. Aufl.). UVK Verlagsgesellschaft.

May, P. (2012). *Erfolgsmodell Familienunternehmen. Das Strategie-Buch.* Murmann.

Meyer, J.-A. (Hrsg.). (2013). *Kommunikation kleiner und mittlerer Unternehmen.* Josef Eul.

Müller, P., & Lüdeke, T. (Hrsg.). (2011). *Kommunikation im Mittelstand. Unternehmerische Herausforderungen erfolgreich meistern.* DIHK.

Rademacher, L. (2009). *PR und Kommunikationsmanagement.* Springer VS.

Röttger, U., Preusse, J., & Schmitt, J. (2014). *Grundlagen der Public Relations. Eine kommunikationswissenschaftliche Einführung* (2. Aufl.). Springer VS.

Schröder, R. W. (2013). Wahrheitsgemäße Offenlegung von Informationen in kleinen und mittelständischen Unternehmen – Fehlermanagement mit Hilfe der Balanced Scorecard. In J. A. Meyer (Hrsg.), *Kommunikation kleiner und mittlerer Unternehmen* (S. 29–42). Josef Eul.

Schütte, D. (2011). *Mittelstands-PR in Deutschland. Eine Studie zur Kommunikationsarbeit mittelständischer Unternehmen.* UVK Verlagsgesellschaft.

Winkler, L. (2020). *Organisationskommunikation im Mittelstand. Genese und Spezifik der Kommunikation mittelständischer Industrieunternehmen.* Springer VS.

Zerfaß, A. (2004). *Unternehmensführung und Öffentlichkeitsarbeit. Grundlegung einer Theorie der Unternehmenskommunikation und Public Relations* (2. Aufl.). Springer VS.

Zerfaß, A., Rademacher, L., & Wehmeier, S. (Hrsg.). (2013). *Organisationskommunikation und Public Relations. Forschungsparadigmen und neue Perspektiven.* Springer VS.

Zerfaß, A., Fink, S., & Winkler, L. (2016). *Mittelstandskommunikation 2016. Studie zur Professionalisierung, Digitalisierung und Führung der Unternehmenskommunikation.* Leipzig und Wiesbaden. www.mittelstandskommunikation.com. Zugegriffen am 21.07.2023.

Familienunternehmen: Charakteristika, Attribute, Ausprägungen

2

Zusammenfassung

Dieser Einleitungsbeitrag lenkt zunächst den Blick darauf, welche Rolle und Bedeutung Familienunternehmen als Organisationsform in Markt und Gesellschaft zugemessen wird. Dabei werden Merkmale und Erscheinungsweisen dieses Unternehmenstypus beschrieben. Zudem wird ausgeführt, wie es um die Kommunikationspolitik von Familienunternehmen bestellt ist. Diese sind Objekt diverser Interessen in der Medienöffentlichkeit. Die mediale Wahrnehmung bezieht sich auf reputationsfördernde Sujets ebenso wie auf krisenbehaftete Szenarien und den Umgang damit. Als öffentliche Angelegenheit müssen Familienunternehmen ihre Auftritte auch an den Funktionsweisen und Gesetzmäßigkeiten des Mediensystems ausrichten. Dabei kommen der Kommunikationswille und Darstellungsstil der Unternehmensführung ebenso in den Blick wie ihre Positionierungsstrategien, die sie im Wettbewerb um Aufmerksamkeit und Akzeptanz in Unternehmensinnenräumen und Außenverhältnissen praktizieren.

Auch der Umgang von Familienunternehmen und ihrer Protagonisten mit Spannungssituationen, die Medienaufmerksamkeit provozieren, wird thematisiert. Und es wird aufgezeigt, warum es eines lösungsorientierten Handlings von Konfliktszenarien bedarf. Denn im Zuge medialer Skandalisierungen erhöht sich für betroffene Familienunternehmen der Kommunikationsdruck, den sie professionell bedienen müssen. Beispiele für verschiedene Kommunikationskulturen und Inszenierungsstile von Familienunternehmen und ihrer Repräsentanten runden die Darstellung ab. Weiterhin werden erste Empfehlungen für ein strategiebasiertes Kommunikationsmanagement von Familienunternehmen formuliert.

© Der/die Autor(en), exklusiv lizenziert an Springer Fachmedien Wiesbaden GmbH, ein Teil von Springer Nature 2024

B. Kirf, *Kommunikation von Familienunternehmen*,
https://doi.org/10.1007/978-3-658-44198-2_2

2.1 Familienunternehmen als spezifische Organisationsform und ihre Bedeutung in Markt und Gesellschaft

Der hohe Verbreitungsgrad, die volkswirtschaftliche und gesamtgesellschaftliche **Bedeutung von Familienunternehmen** (s. LeMar, [2]2014, S. 7 f.) für Wachstum, Wertschöpfung und Beschäftigung in einer großen Bandbreite unterschiedlicher Branchen, Tätigkeitsbereiche, Geschäftsmodelle und Größenordnungen sind als Faktum unzweifelhaft verbürgt. Historisch betrachtet gelten Familienunternehmen als „die älteste Organisationsform unternehmerischen Handelns" (May, 2012, S. 14; vgl. auch Klein, [2]2004, S. 20 ff.). Dieser **spezielle Unternehmenstypus**[1] ist in Wirtschaft und Gesellschaft tief verwurzelt und bildet deren wichtiges ökonomisches Rückgrat (s. May, 2017, S. 9). Als bedeutender Stabilisator der Marktwirtschaft, Hauptarbeitgeber, Steuerzahler und Innovator prägen Familienunternehmen maßgeblich die deutsche Unternehmenslandschaft und Volkswirtschaft.[2] Familienunternehmen existieren sowohl in mittelständischer, inhabergeführter oder familienkontrollierter Komposition als auch in Form namhafter, teils börsennotierter, diversifizierter Wirtschaftsunternehmen (s. May, 2012, S. 190 f.) mit dynastisch geprägten Unternehmerfamilien und einer großen Eigentümerbasis (s. Rüsen et al., 2021, S. 11 ff.). Und Familienunternehmen haben auch Bestand in global schwierigen Zeiten, die ihrerseits von sozialen, politischen sowie kulturellen Komplikationen, ökonomischen Turbulenzen sowie demografischem Wandel geprägt sind. Die sich dadurch in vielen Bereichen verändernden Entscheidungsverpflichtungen, Handlungskontexte und Kommunikationsverhältnisse (s. Seidel, 2019, S. 16) sind auch für Familienunternehmen relevant.

Die Mehrheit der deutschen nominellen Familienunternehmen (über 90 %) „wird familienintern geführt (…). Daneben gibt es die familienexterne und die gemischte Unternehmensführung (…)" (Felden et al., 2019, S. 187). Zudem beschäftigen Familienunternehmen hierzulande den Großteil der in der Privatwirtschaft sozialversicherungspflichtig tätigen Arbeitnehmerschaft.[3] Und nicht zu vergessen: Neben populären Marken, die teilweise (noch) den Familiennamen tragen, wie Otto, Dr. Oetker, Bahlsen, Villeroy & Boch, Würth oder Miele befinden sich viele, in der Öffentlichkeit weniger bekannte, häufig als (Welt-)Marktführer eingestufte „Hidden Champions" (s. May, 2012, S. 67;

---

[1] S. dazu den Einordnungsversuch in Form einer speziellem **Familienunternehmenstypologie** bei Gimeno et al., 2010, S. 86 f.

[2] Natürlich ist diese Tatsache nicht allein auf die Verhältnisse der hiesigen Wirtschaftslandschaft beschränkt. Familienunternehmen sind selbstverständlich global verortet und in vielen Bereichen und Märkten rund um den Globus aktiv (s. dazu u. a. Felden et al., [2]2019, S. 9). Der Einfachheit halber sind die folgenden Ausführungen auf die deutsche Familienunternehmenslandschaft beschränkt.

[3] Zur Beschreibung der volkswirtschaftlichen Bedeutung von Familienunternehmen s. a. die diversen Studien der „Stiftung Familienunternehmen". Diese Arbeiten werden sowohl auf wissenschaftlicher Basis als auch auf Grundlage aktueller empirischer Datenerhebungen erstellt.

Wieselhuber, 2020, S. 13) immer noch bzw. seit langem[4] vollständig oder partiell als Unternehmen in Familienbesitz. Dazu zählen – mehr oder weniger kommunikativ öffentlich präsent – in diversen Branchen und Industrien tätige, vornehmlich dem größeren Mittelstand zugehörige Unternehmen wie Siempelkamp, Wolff & Müller, Weidmüller oder Reifenhäuser[5] etc.

Doch was macht das **Erfolgsmodell „Familienunternehmen"** eigentlich aus? Was unterscheidet dieses Genre in seinem Wesen und seinen Eigenheiten von anderen Unternehmenstypen (vgl. May, 2012, S. 25 ff.)? **Per Definitionem**[6] ist ein **Familienunternehmen** – insbesondere in den kennzeichnenden Unterschieden zu anonymen, kapitalorientierten Publikumsgesellschaften[7] – als Unternehmensform nominell eine Organisation mit teils fragmentierter Inhaberstruktur (s. May, 2017, S. 13), in der „die Entscheidungsgewalt mehrheitlich in der Hand der natürlichen Personen liegt, die das Unternehmen gegründet oder die das Stammkapital erworben haben, oder in der Hand der Ehegatten, Eltern, Kinder oder der direkten Erben der Kinder" (Felden et al., [2]2019, S. 9). Die Mehrzahl der vorliegenden Definitionen basiert teils auf empirischen Erhebungen, ist an verschiedenen Forschungsfragen orientiert und geprägt von einem breiten Verständnis, was ein Familienunternehmen ausmacht. Betont wird dabei die genuine Abgrenzung bzw. begriffliche wie formal-typologisierende Eingrenzung von Familienunternehmen zu anderen Organisationsformen. U. a. indem die Deutungsansätze die spezifische Familieneinbindung und den Familieneinfluss hinsichtlich Führung, Kontrolle, strategischer Ausrichtung und Entwicklungslinien des Familienunternehmens hervorheben. Auf einen Nenner gebracht, lassen sich Familienunternehmen somit bestimmen als „alle Unternehmen, deren dominanter Inhaber eine Familie mit einem generationenübergreifenden Unternehmensverständnis ist" (May, 2012, S. 26; s. a. Seidel, 2019, S. 15).[8] Dieses Verständnis betrifft zudem das Faktum,

---

[4] Zur historischen, an prominenten Beispielen dargestellten, teils genealogisch vorgenommenen Einordnung der **Bedeutung von Familienunternehmen** in Volkswirtschaft und Gesellschaft s. die Dokumentation von Seidel (2019).

[5] S. a. das ständig aktualisierte „Mittelstandsranking", welches das Informationsnetzwerk der deutschen Wirtschaft DDW („Stimme des Mittelstands") publiziert: Wie z. B. die Rangliste der Top-Familienunternehmen in Deutschland (7/2023), die sich in mehrheitlich privatem Unternehmerbesitz befinden.

[6] S. dazu die ausführliche definitorische Bestimmung bei Klein, [2]2004, S. 3 f.; ferner die Aufzählung kennzeichnender Attribute bei Wössner, 1998, S. 19 f. und Wieselhuber, 2020, S. 198 f. Andere Autoren beklagen, dass, auch mit Blick auf die mittelständische Ausprägung, „kein einheitlich akzeptierter Begriff des Familienunternehmens" (Hennerkes & Kirchdörfer, 2015, S. 41; Winkler, 2020, S. 14) bestehe. Zur kritischen Einordnung der Forschungslage zu Familienunternehmen s. Felden et al., [2]2019, S. 9 f., 20 f.

[7] Zur Bestimmung konstitutiver Eigenheiten und Differenzierungsmerkmale s. Felden et al., [2]2019, S. 17 f.

[8] Zu Begriffsmerkmalen wie „dominante Inhaberschaft", „Familie" und „generationenübergreifendes Unternehmensverständnis" s. May, 2012, S. 27 f.

das sich der **Einfluss** einer unternehmerisch tätigen Familie (s. Klein, [2]2004, S. 18; Hennerkes & Kirchdörfer, 2015, S. 36) aus deren Eigentum an einem Unternehmen bestimmt. Dieses Kriterium trifft auch zu, wenn die Unternehmerfamilie bzw. eines oder mehrere ihrer Mitglieder selbst nicht mehr aktiv ins Tagesgeschäft ihrer Organisation involviert erscheinen. „Die Familie nimmt Einfluss auf das Unternehmen" (Klein, [2]2004, S. 3). Mit allen Vor- und Nachteilen (s. May, 2012, S. 50) für die Unternehmensführung und -entwicklung. Diesem Verständnis folgend können auch Konzerne, wie z. B. die Schaeffler AG, Volkswagen AG, Schwarz Gruppe, Aldi, Haniel oder Merck als große, verzweigte Unternehmen, die mehrheitlich in Familienbesitz und gleichsam als „mehrdimensionale Systeme" (Klein, [2]2004, S. 4) zu verstehen sind, angesehen werden. Und das, obgleich die Eigentümerfamilie(n) nicht (mehr) aktiv in leitenden Funktionen bzw. Rollen in ihrem Unternehmen tätig und ggf. auch nicht (mehr) alleiniger Eigentümer desselben ist (sind). Das gilt auch, wenn sich noch (mehr oder wenige große) Unternehmensanteile in Familienbesitz befinden und dadurch maßgeblicher Einfluss auf die strategische wie taktische Ausrichtung des Unternehmens ausgeübt wird bzw. werden kann (s. dazu Felden et al., [2]2019, S. 20).

Mit Blick auf diese Sachlage und die sie prägenden Kriterien und Konstellationen gibt es im Verständnis der vorliegenden Betrachtungsweise ein **breites Spektrum von Familienunternehmen** in unterschiedlichen Formen, Strukturen, Dimensionen und Spielarten.[9] Gemeint sind sowohl familiengeführte bzw. familienkontrollierte mittelständische Unternehmen aller Größenordnungen ebenso wie Konzerne. Diese Organisationen werden teilweise seit mehreren Generationen geführt von – mitunter verzweigten – Gesellschafter- und Eigentümerfamilien als auch operativ-aktiv geleitet von rekrutierten Familienmitgliedern. Diese Personen übernehmen in der Unternehmensführung entsprechende Positionen, Aufgaben und Rollenbesetzungen.[10] Wobei ihre Entscheidungen und Handlungen idealerweise auf einem gemeinsamen Selbst- und Werteverständnis basieren und durch dieses gleichsam legitimiert sind.

Es lassen sich zudem auch vielfach **hybride Unternehmensleitungen** in Familienunternehmen identifizieren (vgl. dazu Heidelmann, 2013, S. 153 f.). Bei dieser Ausprägungsform der „Mischgeschäftsführung" (Felden et al., [2]2019, S. 33) leiten Fremdmanager und Familienmitglieder in der Geschäftsführung das betreffende Unternehmen gemeinsam in verschiedenen Funktionen, Geltungs- und Verantwortungsbereichen. Dabei zeigt sich indes die Tendenz, dass die Unternehmensleitung von Familienunternehmen „bereits durch reines Fremdmanagement übernommen [wird], um das Konfliktpotenzial

---

[9] Zur Klassifizierung s. die „3-Achsen-Typologie" im Rahmen der Konstruktion und Konstellation eines „3-Kreis-Modells" von Familienunternehmen (May, 2012, S. 41 f.; 177 ff.). Letzteres differenziert zwischen den Teilsystemen „Familie, Inhaberschaft und Management" und macht auch „die Vielfalt der im Familienunternehmen existierenden Konfliktfelder anschaulich" (a.a.O., S. 41); s. zudem May, 2017, S.29 ff.

[10] Zu Erscheinungsformen der Inhaberschaft in Familienunternehmen und den damit korrelierenden Entscheidungsstrukturen, Beziehungs- und Rollenmodellen sowie Handlungsfeldern s. May, 2017, S. 31 ff. und Felden et al., [2]2019, S. 180 ff.

durch die Familie zu senken" (a. a. O.). Dieses Vorgehen wird unter dem erfahrungsbasierten Gesichtspunkt gedacht und implementiert, dass kompetent-professionelles Fremdmanagement in Familienunternehmen „zur Sicherung der Unternehmenskontinuität langfristig unverzichtbar" (May, 1998, S. 41) ist. Auch wenn sich so manches Familienunternehmen noch damit schwertut. Zudem ist die Kehrseite der Medaille durch womöglich auftretende Konfliktfelder bei der Beschäftigung von Fremdmanagern in Familienunternehmen nicht zu leugnen. Denn so „vielfältig die Gründe für den Einsatz von Fremdmanagement sind, so zahlreich sind auch die Gründe für deren Scheitern in Familienunternehmen" (Wieselhuber, 2020, S. 228).

Ein prägendes Element für die Beschreibung und Einordnung des komplexen[11] Organisationsmodells „Familienunternehmen" ist, dass dieses maßgeblich von einem ausgewiesenen **werteorientierten**, „generationenübergreifenden familiären und betrieblichen Denken und Handeln geprägt" (Waibel, 2016, S. 56) ist. Kritisch betrachtet bedeutet dieser Sachverhalt wiederum: „Der generationenübergreifende Ansatz schließlich erlaubt dem Unternehmen, jene Vorzüge auszuspielen, die sich aus seiner langfristigen Orientierung und der mit ihr verbundenen Kontinuität ergeben. Aber er setzt das Unternehmen auch den Risiken aus, die aus dem Lebenszyklus von Märkten und Produkten, Unternehmen und Familien resultieren" (May, 2012, S. 51).[12]

Familienunternehmen zeichnen sich häufig aus durch handlungsleitende Zielsetzungen und Entscheidungsstrukturen, die auf stabile, familiäre Bindungen, „Generationenkontinuität" (May, 2012, S. 47; s. a. Wössner, 1998, S. 20) und langfristigen Unternehmenserhalt rekurrieren. Diese inhärenten **„Systemvorteile"** in Form von **„Sozialkapital"** und **„Reputationskapital"** spiegeln sich vor allem wider in validen Führungsprinzipien sowie beständigen, in der Unternehmenskultur verwurzelten, verlässlich gelebten Wertvorstellungen (s. May, 2012, S. 65; Hennerkes & Kirchdörfer, 2015, S. 37). Hinzu kommen bürgerschaftliches Engagement im Sinne der Wahrnehmung unternehmerischer Verantwortung sowie die Verankerung in lokal-regional verbundenen Strukturen. Diese Form der Verwurzelung ist – als weitere Systemstärke gewertet – ein zusätzliches Kerncharakteristikum für das **Erfolgsrezept von Familienunternehmen**. Und das gilt auch, wenn diese in ihrem Geschäft in internationalen Märkten tätig bzw. global stationiert und positioniert sind und dort expandiert-orientiert sowie diversifiziert agieren.

Gleichwohl ist ein mit solchen Aktivitätsspektren korrespondierender, ökonomisch gewerteter „Erfolg" im Endeffekt allerdings immer auch realistisch zu betrachten bzw. kritisch zu beurteilen. Denn kommerzielles Reüssieren ist bekanntlich von vielen Faktoren abhängig. Und natürlich sind nicht alle Familienunternehmen in ihren Aktivitäten in Summe erfolgreich, erreichen ihre Zielsetzungen nicht immer selbstverständlich. Wie Beispiele

---

[11] Zum spezifischen Aspekt „Komplexität" von Familienunternehmen s. Gimeno et al., 2010, S. 63 ff.

[12] Zum spezifischen „Lebenszyklus" von Familienunternehmen und den diesen prägenden Phasen s. die Einschätzungen von Klein, [2]2004, S. 282 f.

(s. dazu Klein, [2]2004, S. 332 f.; May, 2012, S. 24, 37) wiederholt zeigen, können sie aufgrund diverser interner wie externer Umstände und Gründe zu guter Letzt daher ebenso scheitern.[13]

Als andere, kontrastierende Form organisierten Wirtschaftens im Bezugsrahmen „Familie" erscheinen **Nicht-Familienunternehmen**. Dieser Unternehmenstyp erfüllt als Publikumsgesellschaft natürlich auch „einen wichtigen gesellschaftlichen Auftrag" (May, 2012, S. 56). Deren identifizierbare, charakteristische Primärmerkmale sind: Sie sind managergeführt, weitgehend von, in ihren Zielsetzungen und Unternehmensstrategien kurz- bis mittelfristig orientierten Fremdinvestoren (s. May, 2017, S. 15) bestimmt und dadurch von deren Kapital abhängig. Weiterhin sind bei Nicht-Familienunternehmen Managemententscheidungen vorrangig am „Shareholder Value", wie der Optimierung des Cash-Flows, der Maximierung der Rendite und/oder des Aktienkurses ausgerichtet. Und ökonomische Handlungen sind an einem möglichst hohen Performance- und Wertsteigerungspotenzial sowie am mehr oder weniger zügig erreichten Profit orientiert. Ein „Erfolgsvergleich" zwischen dieser Unternehmensform und Familienunternehmen und dem sie prägenden Managementverständnis steht an dieser Stelle indes nicht zur Debatte. Eins lässt sich hingegen ohne Bedenken konstatieren: Von der mitunter immer noch existierenden „Vorstellung, dass Familienunternehmen ihren Konkurrenten per se unterlegen seien, sollten wir uns verabschieden" (May, 2012, S. 17).[14]

Die für **Familienunternehmen** „charakteristische Einheit von [Familien-]Eigentum und Leitung" (Waibel, 2016, S. 54) ist hingegen häufig über mehrere Generationen hinweg etabliert.[15] Diese besondere Kombination ist eine Eigenheit, die für Familienunternehmen – gegenüber den Ziel- und Wertesystemen anderer Unternehmensmodelle – als öffentlich rezipierter, vertrauens- und imagebildender Wahrnehmungsimpuls bei wichtigen unternehmensinternen und externen Anspruchsgruppen (**Stakeholdern**)[16] wirkt: Wie z. B. bei (aktiven und/oder passiven) Gesellschaftern, Mitarbeitern, Führungskräften, Be-

---

[13] Prototypisch – wenngleich fiktiv, aber in realistischem Szenario verortet – und mit Learnings anschaulich erzählt ist die Chronik des Scheiterns „der Familie Max Müller" (May, 1998, S. 32 ff.).

[14] Mays gut aufbereitete Darstellung des „Erfolgsmodells Familienunternehmen" (2012) beruht – neben einschlägigen Praxiserfahrungen – auch auf profunden Recherchen und damit korrespondierender (Sekundär-)Literatursichtung.

[15] Man spricht in der Forschung in diesem Kontext auch „von Mehrgenerationen-Familienunternehmen" (MFU); s. dazu Heidelmann, 2013, S. 52 f., 113 f.

[16] Zur Begriffsbeschreibung „**Stakeholder**" und zum **Stakeholder-Ansatz** sei an dieser Stelle auf Freeman's bekannte Definition verwiesen: „The stakeholder theory does not give primacy to one stakeholder group over another, though there will surely be times when one group will benefit at the expense of others: In general, however, management must keep the relationships among stakeholders in balance. When these relationships become unbalanced, the survival of the firm is in jeopardy." (Freeman & Evan, 1993, S. 262) Eine eingehende Erläuterung des „Stakeholder"-Begriffs in seiner Bedeutung und Ausprägung für die vertikale und horizontale Kommunikation von Familienunternehmen in ihren internen Kontakträumen und Außenbeziehungsverhältnissen findet sich in Abschn. 3.5.1.

werbern, Kundengruppen, Geschäftspartnern, Lieferanten, Medienvertretern, Behörden sowie in der allgemeinen Öffentlichkeit. Zudem kann diese kalkulierte, wahrnehmungsbezogene Resonanz zu möglichen Akzeptanzvorsprüngen sowie zu den Unternehmenserhalt sichernden Wettbewerbsvorteilen führen. Das gilt auch im Hinblick auf die Einschätzung und das Verständnis der Leistungsfähigkeit, Markbedeutung und -bewertung (s. Villalonga & Amit, 2006, S. 389 ff.) von Familienunternehmen im Sicht- und Wahrnehmungsfeld erfolgsrelevanter Anspruchsgruppen (wie z. B. Kunden, Finanzinstitute). Durch ihre Meinungsbildung und das damit korrelierende „Goodwill"-Denken und -Verhalten erteilen sie letzten Endes die erfolgsbestimmende, bestandssichernde und legitimierende **„Licence to operate"** (vgl. Herger, 2006, S. 31; Zerfaß, 2006, S. 437)[17] für ein Familienunternehmen.

2.2   Familienunternehmen als Objekt öffentlichen Interesses in der Mediengesellschaft

In den Kommunikationsverhältnissen der allgegenwärtigen **Mediengesellschaft**[18] gilt für Unternehmen gemeinhin das Paradigma: „Unternehmen haben keinen Privatstatus, sind als öffentliche Angelegenheit priorisiert. Sie selbst, ihr Zustand wie auch ihr Kommunikationsverhalten stehen unter permanenter Beobachtung (…)" (Kirf & Rolke, 2002, S. 35). Das heißt, Unternehmen müssen ihr Handeln „verstärkt an den Gesetzmäßigkeiten der Mediengesellschaft ausrichten" (Freda, 2014, S. 18). Diese ist dadurch definiert, „dass der mögliche Zugriff auf Realität tendenziell immer mehr abnimmt und das dadurch entstehende Defizit durch das wirklichkeitskonstituierende Informationsangebot der Medien laufend kompensiert und substituiert wird. Damit unauflösbar verbunden ist eine Zunahme von Fiktionalität, die gleichwohl in die Definition von Realität hineinwirkt und somit auch massiv faktisch wirksam wird" (Merten, 2001, S. 43). Das heißt, Medienereignisse bzw. Medienberichterstattungen können für ihr Publikum die Schlussfolgerung nahelegen, dass die Welt sich dergestalt ereignet, wie sie medial abgebildet bzw. präsentiert wird. Dieses Faktum betrifft nicht nur die Darstellung der Weltläufe im Mediensystem, sondern auch Unternehmen, deren Bild „in den Köpfen der Stakeholder vor allen Dingen ein medial vermitteltes Bild ist" (Freda, 2014, S. 50). Organisationen jedweder Art stehen regelmäßig im Medien-Rampenlicht und damit korrelierendem öffentlichen Interesse, und sie bestimmen durch ihre mediale Präsenz noch weithin die Vorstellung, die „sich die Bevölkerung von der Wirtschaft macht" (Hennerkes & Kirchdörfer, 2015, S. 522).

---

[17] S. dazu u. a. das bekannte Modell von Thomson & Boutilier (2011).

[18] Zu Gebrauch und Ausprägungen des die (Kommunikations-)Gegenwart etikettierenden Terminus „**Mediengesellschaft**" s. die kritische Sichtung bei Faßler, 1997, S. 141 f. und Kübler, 2009, S. 27 f.; vgl. zudem die medienphilosophischen Kommentare von Bolz zu den spezifischen Effekten der „Medienwirklichkeit" (Bolz, [2]1995, S. 133 f.).

Aber auch **Familienunternehmen** sind in ihrer Bedeutung als Wirtschaftsfaktor und für das Funktionieren des Wirtschaftssystems für die Öffentlichkeit interessant. Familienunternehmen befinden sich zum einen mit ihren Aktivitäten, Äußerungen und Auftritten als sichtbare **Unternehmens-** und **Arbeitgebermarken** in der Handlungs- und Kommunikationskonkurrenz zu Wettbewerbern in diversen Branchen, Märkten und Mediensegmenten. Zum anderen bewegen sich die in, für und mit Familienunternehmen handelnden Personen im Blickfeld öffentlicher Fremdbeachtung und Meinungsbildung vielfältiger Bezugsgruppen. Diese fungieren wiederum als unternehmensrelevantes Publikum und Klientel für Unternehmensleistungen.

Durch ein vor allem **medial geprägtes Interesse an Familienunternehmen** sind Nachrichten und Neuigkeiten, die diese Organisationen und ihre Repräsentanten betreffen, bei den Medienrezipienten durchaus beliebt (s. Jansen, 2011, S. 141). Familienunternehmen interessieren Journalisten ebenso wie die breite Medienöffentlichkeit als spezifischer Unternehmenstyp mit einem komplexen Sozialsystem. Dieses Interesse steigert sich insbesondere im Falle spannender Einblicke hinter die Kulissen des familiären und unternehmerischen Miteinanders in guten wie in schlechten Zeiten. Das betrifft Geschichten von Aufstieg und Fall à la „Buddenbrook"[19] bis hin zu bewusst gestreuten, publikumswirksam verpackten „Fake-News". Also Themenstellungen, die gleichfalls gekoppelt sind mit entsprechenden kommunikationsstrategischen wie -taktischen Herausforderungen für die **Unternehmenskommunikation** („Corporate Communication")[20] und speziell für die PR[21]-Fraktion einer von derartigem Storytelling betroffenen Familienorganisation (vgl. Johann & Wagner, 2020, S. 99 ff.). Hierbei sind deren PR-Akteure inhaltlich wie instrumentell in der Kommunikationspraxis erfahrungsgemäß besonders gefordert (s. a. Abschn. 3.3.3.4).

Im „Wettbewerb um die Aufmerksamkeit des Publikums" (Eisenegger, 2005, S. 69) findet sich die geschilderte Form einer attraktiven Disposition von Familienunternehmen in medialen Mitteilungen und Meinungsäußerungen unterschiedlicher Provenienz und Machart wieder. Diese sind verortet im Newsstream des klassischen Systems von Wirtschafts-, Special Interest- und Boulevardmedien ebenso wie in populären Formaten im weitläufigen, vernetzten Diskurs- und Mitteilungsraum des Social Web. Diese Reportagen wiederum finden Resonanz in Rezeption und (Anschluss-)Diskursen des Medienpublikums. Dabei werden bestimmte, Familienunternehmen als spezielle Organisationsform charakterisierende Aspekte assoziiert und – im positiven wie im negativen Sinne – in

---

[19] May pointiert in diesem Zusammenhang – mit Verweis auf das berühmte Romanwerk von Thomas Mann – das sogenannte **„Buddenbrook-Syndrom"** mit Blick auf die Geschichte vom schillernden Aufstieg und fatalen Untergang einer renommierten Unternehmerfamilie (May, 2017, S. 10).

[20] Zur Definition des mehrschichtigen Begriffs „**Unternehmenskommunikation**" s. Zerfaß, [2]2014, S. 23 f. Wir verwenden in unseren Ausführungen der leichteren Einordnung halber nicht die englische Begriffsversion „**Corporate Communication**" – s. dazu die Erläuterungen u. a. bei van Riel ([2]1995).

[21] Zu PR-Perspektiven und Handlungsfeldern s. Zerfaß, [2]2004, S. 46 ff., Rademacher, 2009, S. 135 ff.; Mast, [5]2013, S. 9 ff.; Röttger et al., [2]2014, S. 17 ff.; Hoffjann, 2015, S. 13 ff., 93 f.

den öffentlichen Blick genommen, diskutiert und kommentiert. Dazu zählen von Familienunternehmen in ihren eigenen Aktivitäten und Kommunikationsauftritten dokumentierte Kriterien wie Beständigkeit, Verantwortungsbewusstsein, Wertvorstellungen und Kommunikationskulturen (s. Waibel, 2016, S. 17). Das betrifft aber auch auffallend problematische bzw. krisenbehaftete Themen (vgl. Wieselhuber, 2020, S. 13): Wie etwa mehr oder wenig erfolgreiche oder schlichtweg gescheiterte Familienkonstruktionen und Unternehmenskonstellationen, die in ihren jeweiligen Erscheinungsweisen und Eigenarten für eine breitere Öffentlichkeit beachtenswert erscheinen.

2.2.1   Hausgemachte Konflikte und andere Misshelligkeiten

Zur letzteren publicitystarken Drama-Kategorie zählen im negativen Sinne insbesondere innerfamiliäre Schwierigkeiten und diverse, zumeist hausgemachte **Konflikte** (s. dazu Klein, [2]2004, S. 87 ff.; May, 2012, S. 43 f.), die die strategischen und operativen Gestaltungsmöglichkeiten von Familienunternehmen behindern und sich auf deren weitere Entwicklung erfolgsschädigend auswirken können: beispielsweise wenn es um Zoff im Eigentümerkreis geht, der verursacht wird durch eine fehlende, disziplinierend-ausgleichende Kommunikations- und Konsenskultur. Und der sich verschärft durch ein nicht vorhandenes professionelles **Konflikt-** und **Krisenmanagement**.[22] Fernerhin entstehen und eskalieren Dissonanzen durch nicht entschiedene, falsche, fehlbesetzte und/oder unzureichend bis gar nicht kommunizierte Generationennachfolgeregelungen (s. Schlepphorst et al., 2011, S. 27 ff.) in Familienunternehmen (s. dazu Rüsen, 2017, S. 6; Felden et al., [2]2019, S. 272 f.).[23] Derartige Unstimmigkeiten und daraus resultierende persönliche Befindlichkeiten, gefühlsbetont-irrationale Differenzen sowie unvereinbare Individualinteressen innerhalb einer Unternehmerfamilie entwickeln sich schnell zum Krisenfall. Ein Fakt, der nicht zuletzt häufig dadurch befördert wird, dass – im Kontext einer akzeptierten und etablierten Corporate Identity – keine funktionierende bzw. konsequent (vor-)gelebte **Corporate Governance** im Familienunternehmen existiert.

So kann eine konfliktträchtige Situation im Streit zwischen Gesellschaftern beim Generationenwechsel in der Unternehmensführung durchaus eskalieren. Das geschieht immer wieder bei der Staffelübergabe von einem (mitunter allein agierenden) Firmengründer auf die Kinder oder dann, wenn ein Familienunternehmer nicht loslassen kann. Dieses Szenario zeigt sich häufig bei Familienunternehmen, die sich beim Führungs-

---

[22] Klein betont in diesem Zusammenhang die Bedeutung eines etablierten Konfliktmanagements innerhalb von komplexen Gebilden, wie sie Unternehmerfamilien mitunter darstellen. Er pointiert die Forderung: „Entscheidend aber ist unabhängig von den Methoden der Konflikthandhabung, dass alle Beteiligten darin geübt sind und bereit sind, den Konflikt als Chance zu begreifen und konstruktiv und nicht destruktiv mit ihm umzugehen" (Klein, [2]2004, S. 87).

[23] Zur Problematik der gelingenden Unternehmensnachfolge in Familienunternehmen s. Wössner, der auf die hohe Quote des Scheiterns bei der Staffelübergabe hinweist: „Die Gründe dafür liegen in der oftmals schwierigen Kommunikation und Verhaltenskultur" (Wössner, 1998, S. 22). Ohne Masterplan funktioniert eben kein Generationswechsel.

modell in einem Übergabe- bzw. Übergangsprozess befinden und die kein stabilisierendes, professionelles „Family Business Governance-Instrumentarium" (s. Felden et al., [2]2019, 31, 35; Rüsen et al., 2021, S. 45 ff.) bzw. keine Regelmechanismen einer funktionierenden Corporate Governance installiert haben (s. Hennerkes & Kirchdörfer, 2015, S. 354 ff.). Und die in deren Rahmen auch nicht über ein wirksames **Risikomanagement** (s. May, 2012, S. 160 f.) verfügen. Dieses Versäumnis kann in der Folge durch nicht system- bzw. regelkonformes Verhalten durchaus unheilvolle Konsequenzen für die Leistungsoptionen und Zukunftsfähigkeit des betroffenen Familienunternehmens und dessen Erhalt haben.

Deswegen lautet die Empfehlung, das Thema und Handlungsfeld der Corporate Governance den Mitgliedern der Inhaberfamilie zu vermitteln und in deren Alltags- und Entscheidungshandeln als bindende Maßgabe bzw. Leitmotiv zu etablieren. Zielvorgabe eines solchen Kodex „muss sein, durch geeignete Führungsstrukturen und Regeln die systemimmanenten Vorzüge eines Familienunternehmens bestmöglich zur Geltung zu bringen und ihre Schwächen in den Griff zu bekommen" (May, 2012, S. 142). Das Regelwerk einer funktionierenden Corporate Governance kann für einen professionellen Umgang mit Streitfällen sorgen. Insbesondere mit dem Ziel, durch Deeskalation und Entdramatisierung vorherrschende oder sich anbahnende Konflikte nach Möglichkeit lösungsorientiert von der emotional-dominierten Beziehungsebene auf die konstruktiv-diskursive Sachebene zu verlagern. In diesem Sinne leistet ein im Unternehmen prozessual ebenso wie kommunikativ anerkanntes und erprobtes Konfliktmanagement „einen signifikanten Beitrag zum Erhalt des Familienunternehmens" (May, 2017, S. 106). Ggf. bietet sich dazu eine begleitende externe Moderation und Mediation an. Dass dieses Prozedere nicht immer klappt, wird u. a. durch sozialpsychologische Konditionierungen bestimmt, die bekanntlich in der menschlichen Natur begründet sind.

Gerade der erwähnte Generationswechsel bzw. Nachfolgeprozess in einem Familienunternehmen ist als spezielles Veränderungsszenario eine wesentliche, herausfordernde Kommunikationsaufgabe (s. Felden et al., [2]2019, S. 272; vgl. u. a. Abschn. 3.3.3.3 und 3.7.1.1). Diese wird indes erstaunlicherweise immer noch vernachlässigt bzw. nicht konsequent auf allen dafür relevanten Kommunikationsebenen und -plattformen betrieben. Aber gerade aufgrund „der engen Beziehungsverhältnisse und der wechselseitigen Abhängigkeiten zum Familienunternehmen ist eine gute Kommunikation sowohl in der Familie wie im Unternehmen" (LeMar, [2]2014, S. 87) und darüber hinaus im **Kontaktmanagement mit den Stakeholdern** in externen Unternehmensumfeldern von nicht zu unterschätzender Bedeutung. Das betrifft prinzipiell die Erarbeitung einer konzeptionell fundierten **Kommunikationsstrategie** ebenso wie deren strukturiert-systematische Umsetzung. Doch zu diesem speziellen Handlungsfeld an anderer Stelle unserer Ausführungen mehr (s. Abschn. 3.3.3.3 und 3.3.3.4).

Die sich oftmals in Machtkämpfen manifestierenden Familienfehden werden mitunter auf öffentlicher Bühne offen ausgetragen. Dabei werden sie häufig durch Medienvertreter, die „auf der Suche nach dem Knüller" (Hennerkes & Kirchdörfer, 2015, S. 532) sind, medial voyeuristisch verstärkt und einem größeren sensationshungrigen, kritiksensiblen und empörungsempfänglichen Medienpublikum bekannt gemacht.

Negative Effekte auf das öffentliche Ansehen von Familienunternehmen können überdies Zielkontroversen und Rollenkonflikte haben: etwa der innerfamiliäre Streit um die Unternehmensführung bzw. Uneinigkeit über Führungsstile sowie die Konkurrenz im Eigentümerkreis über die Richtlinienkompetenz bei strukturellen Weichenstellungen in der künftigen Unternehmensausrichtung. Solche Konfliktsituationen sind wiederum häufig in multigenerationalen Unternehmerfamilien festzustellen. Diese und andere Prägungen und Spielarten von Auseinandersetzungen können als Störfaktoren unter Umständen auch die Sicherung der unternehmerischen Handlungsfähigkeit gefährden bzw. die Unternehmensinteressen negativ tangieren, weil krisenhaft schädigen.

Neben diesen primär systemisch-geprägten Kontroversen kann das zutage tretende individualistische Fehlverhalten eines eigenwilligen Familienmitglieds – z. B. in Form von Machtmissbrauch durch Einflussnahme im Alleingang auf die Geschäftspolitik und ein damit korrelierendes kommunikatives wie handlungsleitendes Dilemma – fatale Folgeerscheinungen nach sich ziehen. Ebenso problematisch erscheinen Überforderung dokumentierende Aktivitäten mit Misserfolgspotenzial. Dazu zählen ein schlecht gemanagter Veränderungsprozess und damit einhergehende strategische wie taktische Dissonanzen sowie in Wechselbeziehung stehende Fehlentscheidungen und Debakel, die Konsequenzen für die interne Unternehmensverfassung haben und auch die Wahrnehmung bei Stakeholdern im Unternehmensumfeld betreffen können. Derartige beziehungs- und kommunikationsrelevante **Spannungssituationen**, in denen kein partnerschaftlich-konstruktives Miteinander mehr möglich erscheint, können – mangels Bereitschaft zu gemeinsamen stabilisierenden[24] Konfliktlösungen – durchaus unheilvoll für Familie und Unternehmen (Rüsen et al., 2021, S. VII)[25] sein. Auch deshalb, weil solche Konstellationen schnell zu krisenhaften Konfliktlagen eskalieren können. Und diese Zustände zirkulieren ja nicht nur in Familienunternehmenskreisen, sondern interessieren und bewegen als Spektakel auch die allgemeine, mediengesteuerte Öffentlichkeit.

2.2.2 Kommunikationsdruck im Kontext von Problemthemen

In solchen Fällen ist insbesondere auf kommunikativer Ebene ein deeskalierend wirkendes **Krisenkommunikationsmanagement**[26] in sämtliche Richtungen und auf allen Ebenen im Kontakt mit beziehungsrelevanten Anspruchsgruppen/Stakeholdern in und von Familienunternehmen gefordert (s. dazu insgesamt Abschn. 3.7.2). Denn bei den „Stakeholdern der Medien-

---

[24] Durchaus sinnvoll erscheint in diesem Fall der Einsatz eines zwischen den Konfliktparteien vermittelnden Mediators, wie Klein betont (Klein, 2004, S. 92).

[25] S. dazu auch den von Kleve edierten Praxisleitfaden „Kommunikation in der Unternehmerfamilie" der Uni Witten/Herdecke (2021). Dieses Dossier gibt Tipps für die Gestaltung der sozialen Kommunikation innerhalb von Unternehmerfamilien (veröffentlicht unter: www.wifu.de/bibliothek – Zugriff 28.04.2023).

[26] Die auch für Familienunternehmen geltenden An- und Herausforderungen der **Kommunikation in Krisenlagen** werden an anderer Stelle beschrieben (s. Abschn. 3.7.2.4 und 3.7.2.5).

gesellschaft" (Merten, 2014a, S. 58) herrscht eine vermehrte Sensibilität für kritische, krisenhafte Unternehmensthemen. Eine Befindlichkeit, die oft verstärkt wird durch journalistisches Alarmschlagen (vgl. Kirf et al., [2]2020, S. 15) mittels publizistisch-investigativer, häufig realitätsverzerrender Stimmungsmache. Diese Form von medieninduzierter Agitation (vgl. Hennerkes & Kirchdörfer, 2015, S. 531 f.) ist vielfach verbunden mit tendenziöser Sprache, zugespitzten eindimensionalen Metaphern und Bildern. Sie ist Aggregator von kursierenden Verdächtigungen, Gerüchten und Tratsch, die sich gegenseitig im öffentlichen Raum befeuern und durch das Phänomen der „Aufschaukelung" (Kirf, 2015, S. 15) vervielfältigen. Dazu trägt insbesondere die disruptive „Kommunikationsdynamik des Social-Media-Gezwitschers" (Kirf et al., [2]2020, S. 16) bei (s. Abschn. 3.3.2.1 und 3.3.2.2). Faktische oder vermeintliche **Problemthemen** und Konflikthandlungen sind, mit Blick auf Einschaltquoten, Auflagen und Klickraten, Teil des medial verwertbaren Storytelling-Systems. Die durch die Mechanik mediengestützter Akklamation verbreiteten Meinungen und Bewertungen erlangen in der Vorstellungswelt von Medienrezipienten, die häufig gefangen sind in der „Wahrnehmungsdiffusion" zwischen „Real Life" und „digitalen Ablenkungen" (Kucklick, [2]2015, S. 94), kurzerhand einen vorgeblich objektiven Status (s. Köhler, 2006, S. 46).[27] In dieser Atmosphäre eines **medial angeheizten Skandalklimas** mobilisieren sich schnell aktiv-polyfone **Gegenöffentlichkeiten.**[28] Und dies vor allem in populären, online-gestützten Kommunikationskanälen und Formaten wie Instagram, Facebook und WhatsApp (s. a. Abschn. 3.7.2.3). Die hierbei publizierten, zügig weitererzählten und diffundierenden Äußerungen erhöhen durch „die Mobilisierung des öffentlichen Drucks" (Köhler, 2006, S 62) den internen wie externen **Kommunikationsdruck** auf betroffene Familienunternehmen. Eine solche Kommunikationsbelastung kann ebenso intrinsischer Provenienz sein und von (unzufriedenen Ex-)Mitarbeitern erzeugt werden. Ihre (Unmuts-)Äußerungen und Negativ-Meinungen über die Arbeitgebermarke platzieren sie z. B. auf speziellen Online-Bewertungsplattformen (wie „kununu"). Dadurch wiederum können sie dem kritisierten Unternehmen Rechtfertigungsdebatten mit hohem Eskalations- und Sanktionspotenzial aufdrängen.

Die geschilderten und andere, allgemein zugängliche, weil publik gemachte und rezipierte Erscheinungsformen von Kontroversen, Missständen, Dissidententum und Spielregelverletzungen (s. Felden et al., [2]2019, S. 331 ff.) können sich nachteilig auf die öffentliche Wahrnehmung der Betroffenen auswirken und der Zukunftssicherung eines Familienunternehmens merklich schaden (vgl. Hennerkes & Kirchdörfer, 2015, S. 63). Derartige Umstände machen insgesamt deutlich, „dass das weitere Überleben des Familienunternehmens vom erfolgreichen Management der Eigentümerfamilie abhängt" (Rüsen et al.,

---

[27] Die für die Mediengesellschaft charakteristisch vorherrschende **Durchdringung von medialer und sozialer Realität** hat Bolz mit medienwissenschaftlich kritischem Blick treffend beschrieben: „Deshalb ist es aber für eine moderne Kultur charakteristisch, dass Kommunikationswahrnehmung immer mehr an die Stelle der Weltwahrnehmung tritt. (...) Was sich heute der Wahrnehmung überhaupt darbietet, ist immer schon durch den Filter der Medien gegangen" (Bolz, 2007, S. 123).

[28] Zu Erscheinungsbild und Kommunikationsmöglichkeiten von digital-virtuell geprägten Öffentlichkeitsformen in der Mediengesellschaft und zur Begriffsprägung der „Gegenöffentlichkeiten 2.0." s. Wimmer, 2008, S. 210 ff.

2021, S. X). Diese Aufgabe ist häufig verbunden mit Coaching- und Mediationsbedarf bei der Erarbeitung einer „Family Governance" und der Konzeption und Umsetzung von geeigneten Lösungsstrategien und Maßnahmen im Konflikt- und Kommunikationsmanagement (s. Rüsen et al., 2021, S.122 ff.). Und zwar mit dem Ziel, den innerfamiliären Zusammenhalt zu stärken, die Überlebensfähigkeit zu sichern und zu verhindern, dass sich Spannungen und Missstimmungen auf das Familienunternehmen und die Familie selbst übertragen können.

Denn wenn der **Balanceakt zwischen** den „unterschiedlichen sozialen Systemen" (Rüsen et al., 2021, S. VI) **Unternehmen** und **Familie**, die Angleichung von Unternehmens- und Familieninteressen bzw. der Umgang mit sensiblen, konfliktfördernden (familiären) Themen nicht funktioniert, dann dienen in der Regel diese Szenarien – wenn sie bekannt werden – als willkommenes Futter für populistisch-öffentlichkeitswirksame **Skandalisierungen**[29] mit hoher Suggestiv- und Sprengkraft. Diese finden – wie bereits erwähnt – als populäres Medienereignis leicht ein breit gefächertes Interesse (s. Mast, [5]2013, S. 314) und taugen im Agenda-Setting für schlagzeilenträchtige Thematisierungen in unterschiedlichsten Kommunikationskontexten.[30]

Prominente **medienplatzierte Beispiele** für solche, mitunter systemimmanenten **Beziehungskonflikte** gibt es einige. Dabei geht es häufig um konfliktiv-instabile Beziehungen zwischen einzelnen Familienmitgliedern, die bei Bekanntwerden ein großes Medienecho gefunden haben und dadurch kommunikativ zu einem öffentlichen Thema wurden. Ein bekannter Fall ist der Kampf zwischen den Brüdern Adolf und Rudolf Dassler aus dem fränkischen Herzogenaurach. Besser bekannt und assoziiert mit den von ihnen repräsentierten Sportschuhmarken „Adidas" und „Puma", die beide ihrerseits zu den bekanntesten, global erfolgreichsten Sportmarken wurden und bis dato in vielen Sportbereichen verwendet werden. Das langjährige Dauerzerwürfnis der beiden Brüder hat in einer vergifteten Atmosphäre von Misstrauen und Missgunst zur Familien- und Firmenspaltung geführt. Nicht zuletzt, weil sich bekanntlich die Ehefrauen in den Konflikt einmischten und auch unter den Söhnen eine feindselige Haltung vorherrschte.[31] Die „Dassler-Saga" ist ein Paradebeispiel dafür, wie die auf verschiedenen Unternehmens- und Beziehungsebenen (Mikro- und Makroebene) institutionalisierten Konflikte „sogar über Generationen vererbt werden" und „sich über die Zeit in den Verhaltensweisen der be-

---

[29] Zu dem in der Mediengesellschaft kursierenden Kommunikationsphänomen der „öffentlichen Empörung" und den damit einhergehenden Gefahrenszenarien, die nicht nur Familienunternehmen und deren Repräsentanten tangieren können, s. insbesondere Eisenegger (2005), Bergmann & Pörsken (2009) sowie Ludwig et al. (2016).

[30] Zur reputationsgefährdenden Macht dieser speziellen Form von negativen Publizitätswirkungen finden sich an anderer Stelle dieses Buches vertiefende Ausführungen (s. Abschn. 3.7.2.1 und 3.7.2.2).

[31] Zum „Fall" der Dassler-Brüder ist schon viel – mehr oder wenig ausführlich und aus unterschiedlichen Perspektiven heraus – geschrieben worden. Der bekannte Bruderzwist wurde auch filmisch („Duell der Brüder") thematisiert. Zu den persönlichen Komponenten und wirtschaftlichen Implikationen, die die Dassler-Saga prägen, s. die Beschreibungen im Buch von Smit (2017).

teiligten Personen" (Felden et al., [2]2019, S. 338) aus dem Familienkreis manifestieren können.

Eine ähnliche Causa, wenn auch anders gelagert, ist der Geschwisterstreit in der Kaffeedynastie Herz (Tchibo-Erben), über den hierzulande medial in einflussreichen Top-Titeln (wie in der FAZ, Die Welt, Manager Magazin) in verschiedenen Facetten berichtet wurde. Oder der familiäre Streit im Zuge der Nachfolgeregelung in der traditionsreichen, auf eine langjährige Unternehmensgeschichte zurückblickenden Kaffeedynastie Darboven. Ein Konflikt zwischen den Fraktionen Vater und Sohn, der seinerzeit auch Medienresonanz mit entsprechenden, die Kontroverse plakativ benennenden Headlines in der etablierten Tages- und Wirtschaftspresse (u. a. in Handelsblatt, Capital, NZZ) gefunden hat.

2.2.3 Positive öffentliche Resonanzen und Würdigungen

Aber nicht nur familiäre Dramen und illustre Konfliktlagen werden in Medienberichten zu Familienunternehmen portraitiert, sondern es geht ebenso andersherum: Auch gegensätzliche Episoden von **im positiven Sinne** verortbaren Verhältnissen, Konstellationen und Interaktionen innerhalb und von Familienunternehmen und ihren Mitgliedern sind Bestandteil medialer Nachfrage und Beachtung. Dargestellt und massenmedial beifällig gewürdigt werden durchaus **reputationsfördernde Themen**, wie z. B. die manifestierte Kontinuität in einer Eigentümerstruktur im Sinne einer langfristigen Unternehmensausrichtung. Diese wird dann gedeutet als Demonstration eines planvollen, dezidierten Familienmanagements, das sich wiederum als verantwortungsvolles, nachhaltiglanglebiges Agieren in Markt und Gesellschaft ausweist. Dieser doppelte Umweltbezug bietet natürlich auch Inhalte und Kontexte, die geeignete Anlässe für das crossmediale Storytelling im Rahmen des strategischen **Themenmanagements** in der Eigen-PR von Familienunternehmen (s. Abschn. 3.4.5) darstellen.

Unternehmens- wie medienseitig wird auch gerne berichtet über die unternehmerische Performance in Handlungsfeldern, die rein ökonomisch angedachte Wachstumsziele überschreitet. Gemeint sind ökologische, soziale, kulturelle sowie technologische Aspekte, Denkmodelle und Leistungskategorien, die als einprägsame, weil publicitystarke Praxisbeispiele für eine nachhaltige Unternehmensführung und gewissenhaftes Wirtschaften (s. dazu Doll, 2016, S. 25 ff.) dienen. So beispielsweise in den wichtigen, zeitgemäßen Aktions- und Themenbereichen „Umweltschutz", „Digitalisierung", „gesellschaftliches Engagement", „Diversity", „New Work" und/oder „Industrie 4.0". Diese **aktuell-populären Sujets** weisen eine hohe Publikumsattraktion auf und sind auch für das eigeninitiierte, medienaffine PR-Storytelling reizvoll (s. Lies, 2017, S. 5 f.). Gerade der familiengeführte Mittelstand überrascht in solchen Fällen zweifellos die interessierte Öffentlichkeit und kann mit Blick darauf mit Platzierungsaktivitäten in der Unternehmens-PR punkten. Zudem lassen sich dadurch in Bezug auf die öffentliche Selbstdarstellung und Positionierung kommunikative Kooperationsgewinne für die Arbeit an der eigenen Reputationskonstruktion (vgl. Zerfaß & Volk, 2019, S. 115 ff. – s. ferner Abschn. 3.6) sinnvoll erzielen.

Ebenso von publizistischem Interesse für Medienvertreter sind **Persönlichkeiten aus Familienunternehmen**, die ihrerseits eindrucksvolle Führungsfähigkeiten, maßgebende Urteilskraft, realistischen Weitblick, Courage für ihr Business sowie vorbildlichen Unternehmergeist in diversen Tätigkeitsbereichen authentisch demonstrieren. Und das vor allem, indem sich diese Personenkreise mit progressiven Visionen, zukunftsträchtigen Ideen und wegweisender Innovationskraft – verbunden mit einer modernen, dynamisch-extrovertiert ausgerichteten Kommunikationshaltung – in ihren Konzepten und Initiativen als wesentlicher Treiber für den Unternehmenserfolg beweisen.

Solche Erzählungen dienen durchaus einer sympathie- und akzeptanzfördernden öffentlichen Profilierung und **Positionierung von Familienunternehmen**, ihrer Tätigkeitsfelder und Schlüsselfiguren. Und das auch in kommunikativer Abgrenzung und Differenzierung zu Nicht-Familienunternehmen. Es sind derartige **Narrative**, die sich auf Basis elaborierter Kommunikationsstrategien (s. Abschn. 3.3.3.2) und dramaturgisch-inhaltlich klug inszenierter PR-Auftritte für ein strategisches **Themenmanagement** (s. Abschn. 3.4.5) pro domo in der weiterführenden Anschlusskommunikation (s. Bolz, [2]1995, S. 16) mit wichtigen Stakeholdern in einschlägigen Unternehmensumfeldern gut nutzen lassen. Denn Familienunternehmen stehen erwiesenermaßen auch kommunikativ „in einem Spannungsfeld zwischen wirtschaftlichem Erfolgsstreben, familiären Erwartungen und gesellschaftlichen Umweltfaktoren" (Felden et al., [2]2019, S. 15). Dieses spezifische Spannungsverhältnis sollten Familienunternehmen auch in ihrer Kommunikationsplanung berücksichtigen und operativ kommunikativ bedienen. Und das geschieht selbstverständlich mit Blick auf die Konkurrenz um öffentliche Kommunikationswirkungen, Deutungs- und Themenhoheiten mit anderen kommunizierenden (Familien-)Unternehmen.

2.3   Kommunikationskulturen und Inszenierungsstile von Familienunternehmen: Merkmale, Eigenarten, Sichtweisen, Dispositionen

Betrachtet man das in erster Linie in medialen Berichterstattungskontexten und personenbezogenen Storytelling-Anlässen dokumentierte Kommunikationsverständnis und -verhalten, die Inszenierungsstile und Publizitätskulturen von Familienunternehmen bzw. Familienunternehmern, so lässt sich im **kommunikativen Mindset** ein **Oszillieren zwischen drei Polen** feststellen:

2.3.1   Verschlusssache: Die Öffentlichkeitsscheuen

Die eine Seite von Familienunternehmen und ihre Repräsentanten tendieren zu einer zurückhaltenden, oftmals konservativ-geprägten, **passiven Kommunikationshaltung**. Und zwar, indem sie möglichst keine PR betreiben bzw. wenn überhaupt, nur sehr wenig öffentlich kommunizieren und es dabei bei kurz angebundenen Kontakten belassen. Diese

Verschwiegenen wollen „Hidden Champions" bleiben. Sie halten sich unmerklich im Hintergrund, agieren verdeckt und geräuschlos. Bisweilen wird die kommunikative Zurückhaltung begründet mit der Furcht, Wettbewerber auf das eigene Familienunternehmen und dessen Erfolgsstrategien aufmerksam zu machen. So meiden die Kommunikationsskeptiker – nicht selten auch auf Druck von Familienmitgliedern bzw. Gesellschaftern hin – strikt die (mediale) Öffentlichkeit und eine damit verbundene Publicity. Sie halten nichts von PR-Rummel um die eigene Person oder das eigene Unternehmen. Sie tauchen ab, schützen bewusst und konsequent ihre Lebens- und Wirkungsbereiche und betätigen sich vorzugsweise unbeachtet im Stillen. Die „medienscheuen" Familienunternehmer geben keine Interviews, sie äußern sich nicht zu Unternehmensstrategien und Tätigkeiten. Ihnen scheint es egal zu sein, ob sie in ihrem zurückhaltenden Kommunikationsverständnis als antiquiert-verstaubt oder als nicht medien-zeitgemäß eingestuft werden.

Indem sie kommunikativ geräuschlos agieren, gewähren diese Publicity-Verweigerer Außenstehenden, allen voran Medienvertretern, keinerlei Einblicke in ihr Unternehmen sowie in ihre privaten Verhältnisse und Lebensstile. Die Unberechenbarkeit der medial erzeugten Aufmerksamkeit – durch möglicherweise gar reißerische Schlagzeilen in fetten Großbuchstaben mit Ausrufezeichen als publizistische Brandbomben konzipiert – ist diesen „Öffentlichkeitsverweigerern" und Verschwiegenen ein Gräuel. Eine solche, häufig aus Angst vor Skandalisierung „in Zeiten allgemeiner Boulevardisierung" (Bergmann & Pörsken, 2009, S. 18; s. a. Mast, [5]2013, S. 306) und medial lokalisierter „Entertainisierung" (Freda, 2014, S. 8) sowie damit einhergehender Resonanz begründete „Öffentlichkeitsscheu" kann mitunter negative Konsequenzen haben. Dieser Spirit einer von Skepsis getriebenen Zurückhaltung konditioniert auch die nicht vorhandene Bereitschaft, keine systematische Unternehmenskommunikation zu betreiben. Mal abgesehen von Kontakten zu Fachöffentlichkeiten, die für das eigene Business notwendig erscheinen. So sind es im Gegensatz dazu vielfach die anonymen Publikumsgesellschaften, die durch ihre Kommunikationsauftritte und gezielt inszenierten Kampagnen offensiv das Bild bestimmen, das sich die Öffentlichkeit „als Erzeugungsort öffentlicher Meinung(en)" (Röttger et al., [2]2014, S. 77) hierzulande von der Wirtschaft und ihren Akteuren macht.

Obwohl Familienunternehmen und Familienunternehmer in ihrem Umfeld allgemein durchaus ein gutes Renommée besitzen und in der öffentlichen Wahrnehmung positiv besetzt sind (s. Jansen, 2011, S. 141), lassen sich – außer Wolfgang Grupp und einer Handvoll anderer bewusst öffentlich präsenter Unternehmenslenker – kaum Familienunternehmer für bewusst medial-inszenierte PR-Auftritte – wie z. B. in TV-Talkrunden – gewinnen. Der Argwohn gegenüber Medienvertretern und ihren Berichterstattungsroutinen ist ein vorgebrachtes Argument und Motiv für eine derartige Abstinenz.

Diese Distanz schaffende Kultur einer **kommunikativen Reserviertheit** kann, auch über einen längeren Zeitraum hinaus, für Familienunternehmen verschiedener Größenordnungen und Branchenzugehörigkeiten wie auch für ihre Eigentümer als Strategie durchaus funktionieren. Gleichwohl müssen die Mitglieder dieses Personenkreises es auch aushalten können, wenn sie und das ihnen zugehörige Familienunternehmen medial-öffentlich kritisiert bzw. angeprangert werden. Und zwar egal, ob dies in der eigenen

Wahrnehmung und Interpretation als nicht angemessen oder sach- und fallbezogen berechtigt erscheint. Denn „es wird auch dann berichtet, wenn vom Unternehmen selbst kein Statement kommt" (Freda, 2014, S. 9). Dieser öffentlich-medial erzeugte Debattendruck und die in der Folge damit vielfach verbundenen rufschädigenden und reputationsgefährdenden „Beziehungs- und Kommunikationsstörungen" (s. Kirf, 2002, S. 38 ff.) bilden indes ein Faktum, das von den Betroffenen schlechtweg nicht ignoriert werden kann. Vor allem wenn jene, trotz aller bislang von ihnen zur Schau gestellten und durchgehaltenen kommunikativen Zurückhaltung, zum „Objekt öffentlicher Kommunikation" (Eisenegger, 2005, S. 22) geworden sind. Je nach Polemisierungsgrad erfordern solche Diskurslagen von medial-thematisierten Familienunternehmen eine adäquate Intervention in Form von konsistent-kommunikativen Reaktionen. Was natürlich PR-Kommunikatoren auf den Plan rufen muss. Und was ihrerseits strategische Überlegungen und geeignete, offensiv-taktische Verfahrensschritte für eine PR-gesteuerte (Krisen-)Kommunikation aktivieren sollte (s. Mast, ⁵2013, S. 344). Soweit PR-Verantwortliche denn in einem Familienunternehmen überhaupt eine Stelle innehaben und für Kommunikationsaktionen von der Unternehmensleitung autorisiert und beauftragt werden.

Die **öffentliche Meinung**, die damit korrelierende Beobachtungsgabe und Neugier des Stakeholder-Publikums (s. Kirf, 2002, S. 36) sowie dessen medial getriebene, potenziell unberechenbare Empörungskraft (s. Bergmann & Pörsken, 2009, S. 13 ff.) zu ignorieren, kann fatale Folgen haben. Sollte etwa im Familienkreis oder im Umfeld des Familienunternehmens etwas geschehen, das „ruchbar" wird, weil es in Couleur und Auswirkungen skandalös erscheint und in dieser Form irgendwann – durch bewusst gespielte, versehentliche oder leichtfertige Indiskretionen (vgl. Mast, ⁵2013, S. 313) – ins Rampenlicht dringt, so kann sich das Blatt rasch wenden. Denn ein „enthülltes", anstoßerregendes **Skandalon** (s. dazu Bergmann & Pörsken, 2009, S. 19 f.; Eisenegger, 2016, S. 43 ff.) bietet im medienöffentlichen Diskursraum vor allem dem „Erregungsjournalismus" (Precht & Welzer, 2022, S. 181), der Verdachtsberichterstattung des Boulevards und den Kolumnen der Yellow Press reichlich Gelegenheit für Investigation, Tuscheln, Geraune und Naserümpfen. Ein solches Narrativ wird in einer sensationslüsternen, schadenfreudigen, an Unregelmäßigkeiten und Verfehlungen sich ergötzenden Mediengesellschaft (s. Kirf, 2015, S. 7 f.) vom Publikum gerne rezipiert, interpretiert, kommentiert und in Territorien der Anschlusskommunikation weitererzählt. Und das natürlich verstärkt im vernetzten Diskursraum des **Social Web** (s. Abschn. 3.3.2.1) mit dem darin stattfindenden Embedding, Rating, Sharing und Following im Sinne eines reichweitenvergrößernden und vernetzungsstarken „Manyto-Many"-Prinzips. In diesem Fall funktioniert das Storytelling gleichsam als multifunktionales Instrument einer medial-technologie-getriebenen, investigativ-geprägten Meinungsmache[32] mit einem regem „Hang zum Polarisierenden, Simplifizierenden, Moralisierenden, Autoritären und Diffamierenden" (Precht & Welzer, 2022, S. 12).

---

[32] S. dazu den Artikel https://dienews.net/artikel/eine-gefahr-fuer-familienunternehmen (Zugriff 23.04.2023).

Dafür, wie schnell im öffentlichen Raum die Stimmung zu Handlungen und Statements von Familienunternehmen und deren Protagonisten, die sich nur ungern in die Karten schauen lassen, kippen kann, gibt es in Vergangenheit und Gegenwart interessante Beispiele. Gerade auch deshalb, weil der Kreis der insgesamt kommunikativ-reservierten Familienunternehmen mit Vorliebe unter journalistischer Beobachtung und Kommentierung – häufig als Folge investigativer Recherchen – stehen. Das gilt vor allem – in unserem Darstellungskontext – für jene Unternehmen in Familienbesitz, deren Geschäfts- und Produktionspraktiken medial-öffentlich vehement kritisiert wurden. Was teilweise in der Folge sogar die Politik auf den Plan gerufen hat. Für die Causa dieser weithin thematisierten und rezipierten öffentlichen „Aufreger" sei stellvertretend verwiesen auf die Unternehmen Wiesenhof und Tönnies.[33] Diese Fälle belegen die empirischen Muster und Topoi der Tendenz, sich mit teils unbedachten Äußerungen und öffentlichen Auftritten der Unternehmensinhaber die Finger zu verbrennen, in reputationsgefährdende Fettnäpfe zu treten und dadurch leicht zur **Projektionsfläche für mediengestützte Kritik** und damit einhergehender Skandalisierung coram publico zu werden.

Wobei fairerweise konstatiert werden muss, dass das Management beider Firmen scheinbar aus den medialen Debakeln der Vergangenheit mit zahlreichen Negativschlagzeilen um Unternehmen und Inhaber gelernt hat. Sie ducken sich mittlerweile kommunikativ nicht mehr vor der Medienöffentlichkeit weg. Vielmehr dokumentieren sie ihr PR-geleitetes Bemühen um Gesprächsbereitschaft und Imageverbesserung, indem sie sich aktiv mit selbst verfassten Statements und Berichten zu Marktsituation, Unternehmenstätigkeiten und anderen, für sie relevanten Themenstellungen äußern. Das geschieht sekundiert durch eigene Kommunikationsverantwortliche auch vor Kameras und Mikrofonen ebenso wie auf den jeweiligen Homepages und in anderen PR-Kommunikationskanälen.

2.3.2   Der kommunikative Mittelweg: Dosierte öffentliche Auftritte

Im Gegensatz zur genannten defensiven Wortkargheit und „Schweigeleistung" verharren andere Familienunternehmen und ihre Vertreter nicht in der Sphäre der kommunikativen Kokonisierung und der sie prägenden zurückhaltenden Diskretion. Vielmehr zeigen sie in ihren PR-Auftritten eine **Kommunikationspolitik**, die einen **kommunizierbaren „Mittelweg"** repräsentiert, indem sie – unternehmensintern wie extern – durchaus **aktiv-limitiert kommunizieren**. Dabei wird, wohlbedacht und mit Besonnenheit, in den unternehmensrelevanten Kontaktszenarien eine dosierte Sichtbarkeit und Wahrnehmung praktiziert. Diese eingeschränkt kommunizierenden Familienunternehmen vermitteln – sicherlich auch hinsichtlich bewusster kommunikativer Folgeabschätzungen ihres Erscheinungsbildes – ihrem Publikum nur das „Nötigste" bzw. „Sinnvollste" an Mitteilungen und Themen pro

---

[33] An einem „Deep-Dive" in die Materie interessierte Leser mögen sich an den vielfach dokumentierten und in digitalen Archiven verfügbaren Medienberichten zu beiden Familienunternehmen und ihren Patriarchen orientieren.

domo: z. B. im Kontakt mit an O-Tönen und weiterführenden Informationen interessierten Medienvertretern im Rahmen der PR-gesteuerten Medienarbeit.

Diese **disziplinierte kommunikative Umsicht** geschieht – idealiter – zudem mit Sensibilität für die speziellen Belange, Einstellungen, Befindlichkeiten und Dispositionen von Familienmitgliedern bzw. des Eigentümerkreises. Im Gegensatz zum Typus der „Verschwiegenen" haben die „Ausgeglichenen" prinzipiell von ihrer Haltung her einen größeren Spielraum, anlass- und situationsbezogen aktiv zu kommunizieren und ihre Botschaften und Themensetzungen gezielt an ihr Publikum zu bringen. Schon deshalb, weil diese kontrolliert-sortiert Kommunizierenden sich bewusst reflektierend und abwägend zwischen den verschiedenen Interessenlagen, Wahrnehmungs- und Bewertungsperspektiven in der Beobachtung und Rezeption ihrer **Stakeholder** bewegen. Als solche (s. a. Abschn. 3.5.1) bezeichnet man ja gemeinhin jene Personen/Gruppen von Menschen, die von den Entscheidungen und Handlungen eines Unternehmens mehr oder weniger stark betroffen sind und/oder mit ihrem eigenen, selbstinitiierten Handeln und ihrer Kommunikation ein Unternehmen und seine Aktivitäten beeinflussen sowie zu Reaktionen bzw. Interaktionen veranlassen können (s. Freeman, 2010, S. 24 ff., 52 ff.; Röttger et al., ²2014, S. 100 f.). Unsere Ausführungen folgen insgesamt dieser etablierten Deutung.

Angesichts dieses abwägenden Kommunikationskalküls erscheinen als erprobte **PR-Kommunikationsanlässe** für Familienunternehmen in **externer Ausrichtung** beispielsweise Pressekonferenzen (s. Hennerkes & Kirchdörfer, 2015, S. 535 f.) zu Jahresbilanzen in Präsenzformat oder virtuell-digital platziert. Oder bei Bedarf medientaugliche Verlautbarungen zu anderen PR-relevanten **Themen** der Unternehmensentwicklung, wie z. B. Akquisitionen, strategische Marktexpansionen und/oder Produktportfolioerweiterungen. Außerdem sind aktiv distribuierte Informationen zu schwierigen Unternehmensszenarien – wie Arbeitsplatzabbau, Standortschließungen oder im Kontext von Absatz- und Umsatzproblemen – situativ von Bedeutung. Sie werden von PR-Beauftragten und Management konzipiert und zweckbezogen in unternehmensexternen sowie -internen Kontaktarrangements platziert. Solche inhaltlich PR- bzw. Marketing-taktisch **anlassbezogenen Kommunikationsauftritte** können als Präsenzveranstaltungen durchgeführt werden: etwa in Form von Hintergrundgesprächen oder Interviews mit Journalisten, bei Bedarf sekundiert von Whitepapers für die Medienkontaktarbeit. Oder sie werden, wie in Post-Corona-Zeiten mittlerweile verbreiteter Usus, online per Teams-Sitzungen mit einem relevanten Adressatenkreis (z. B. mit ausgewählten Vertretern der Fach-, Tages- und Wirtschaftspresse) absolviert.

Professionell geplant und implementiert gilt bei solchen unternehmensspezifischen Kommunikationsanlässen natürlich die Regel: Nicht nur extern platzieren, sondern auch in **unternehmensinterner Kommunikationsrichtung** wichtige Themen besetzen und in der Informationsvermittlung gepaart mit Dialogangeboten – z. B. im Rahmen von Townhall-Meetings – aktiv gestalten. Dabei lassen sich im unternehmenseigenen **Storytelling** (s. Abschn. 3.4.1) auf allen Ebenen auch aktuelle „Gewinnerthemen" in internen (und selbstverständlich ebenso in externen) Kommunikationsaktionen in allseits bewährten Vermittlungsformaten glaubwürdig und ansprechend bespielen. Zu den kommunikativen „Gewinnerthemen" zählen beispielsweise Zukunftstechnologien, Nachhaltigkeitsaktivitäten, Fortschritte in der Digitalisierung und dadurch getriebene Transformationsszenarien (Stichwort: „Digital Change"), der wegweisende Einsatz von KI-Anwendungen in Forschung und Produktion eines Familienunternehmens, die Vermittlung des Unternehmens-„Purpose" sowie die vorzeigbare Umsetzung von modernen „New Work"-Anwendungen im Arbeitsalltag (s. a. Abschn. 3.3.3.3.15). Familienunternehmen, die diese aktuellen Themen in den Szenarien ihrer PR-Arbeit aktiv besetzen, haben per se keine Schwierigkeiten, eine für sie reputationsfördernde Publizität zu erlangen.

2.3.3 Die andere Seite der Medaille: Auf der Suche nach Publicity im medialen Rampenlicht

Insbesondere im Vergleich zur Kommunikationskultur der „Öffentlichkeitsscheuen" zeigt die genau umgekehrt gepolte Sorte von „Kommunikationsumtriebigen" aus Familienunternehmen indes keine von Skepsis und Scheu geleitete Zurückhaltung gegenüber „kommunikativen Tabuzonen". Diese „Extrovertierten" ziehen bewusst Aufmerksamkeit auf sich und beanspruchen „durch diesen Aufmerksamkeitsüberhang eben auch den Status der Repräsentativität" (Rademacher, 2009, S. 203). Sie machen sich meist keinen Deut daraus, was andere über sie denken oder sprechen. Vielmehr pflegen sie – durchaus auch im bewusst gesteuerten Kommunikations- und Positionierungswettbewerb mit anderen (Familien-)Unternehmen – eine **öffentlich aktive Kommunikationshaltung**. Diese Personengruppe nutzt für ihr **Storytelling** jede sich bietende Gelegenheit zur Herstellung von PR-nützlicher Öffentlichkeit durch aufmerksamkeitsstarke Sichtbarkeit und publikumsorientierte Äußerungen. Die PR-unterstützte Bereitschaft zur Profilierung, Konversation und Präsentation vollzieht sich vorzugsweise im **medialen Rampenlicht**. Begleitet werden solche Veranstaltungen von in verfügbaren Medienkanälen gestreuten Berichterstattungen. Auf diese Weise werden derartige Eigen-PR-Auftritte einem breiten Publikum, in und außerhalb des Familienunternehmens, zugänglich gemacht.

Eine prominente Verkörperung dieses personalisierten Repräsentations- und Kommunikationsstils ist Wolfgang Grupp,[34] seines Zeichens Chef und Eigentümer des Bekleidungsherstellers Trigema, der bekannt ist für Sport- und Freizeitkleidung. Dieser agile mittelständische Textilfabrikant mit Sitz in der Kleinstadt Burladingen zeigt eine aus-

---

[34] In Sachen konsequent bespielter Eigen-PR sei – neben Wolfgang Grupp – Willi Pfannenschwarz genannt, seines Zeichens Firmenchef des deutschen Lebensmittelunternehmens „Seitenbacher". Er spricht seine seit Jahren wohl bekannten Radio-Werbespots (zu Variationen des „Seitenbacher Müslis") persönlich ein und nimmt diese im eigenen Tonstudio auf. Diese Spots sind wegen des sie sprachlich bestimmenden Dialekts und ihrer simpel anmutenden, ständig wiederholten Werbeslogans für das angesprochene Publikum einprägsam. Wenn auch in ihrer Eigenwilligkeit von diesem nicht immer positiv rezipiert bzw. goutiert.

geprägte Kommunikationsaffinität. Grupp tritt nicht nur seit Jahren in eigenen TV-Werbespots (mit dem bekannten sprechenden Affen) auf, wirbt dabei zur besten Sendezeit persönlich für seine Marke und erscheint gleichsam als unverwechselbares „Markenzeichen". Durch diese Kommunikationsstrategie wurde Grupp auch so bekannt wie kaum ein anderer deutscher Familienunternehmer. Er macht darüber hinaus zusätzlich in anderen Kommunikationsauftritten – z. B. auf Kongressen, in Artikeln von Top-Medien (z. B. FAZ) oder in TV-Interviews (z. B. in der ARD) – seine dominierende Inhaberstellung[35] sowie seine unternehmerische Verantwortung als generelles denk- und handlungsleitendes Selbstverständnis bewusst zum Thema.

Der mittlerweile über 80-jährige Grupp nutzt die kalkulierte Publicity dieser Inszenierungskontexte zugleich als UCP (= „Unique Communication Proposition" – s. dazu Abschn. 3.3.4.1) für sich und sein Familienunternehmen Trigema im Rahmen breitenwirksamer **Eigen-PR**. Diese wird getragen von der bewussten Herstellung von Medienöffentlichkeit. Grupp macht bei dieser originären Art eines kommunikationsgestützten Reputationsmanagements bella figura. Der rhetorisch versierte Topmanager inszeniert sich gerne souverän als Unternehmer vom alten Schlag. Er pflegt das Image eines erfolgreichen, führungsstarken Firmenpatriarchs (s. dazu Felden et al., [2]2019, S. 30 f.) im korrekt sitzenden Maßanzug, der sich als Familienunternehmer verantwortungsvoll und wertschätzend um die Belange der vielen Menschen, mit denen er in seiner Firma arbeitet (mehr als 1100 in 2023), auch persönlich kümmert. Und zwar in guten wie in schlechten Zeiten. Frei nach dem populären, handlungs- und kommunikationsleitenden Motto: „Tue Gutes und rede auch öffentlich darüber." Mit Blick auf dieses soziale Engagement im Sinne von „Corporate Responsibility" (CR) betont Grupp stets die sein Selbst- und Werteverständnis leitende notwendige Vorbildfunktion des (Familien-) Unternehmers, der seinen persönlichen Ruf wie auch das Ansehen seiner Firma zu verteidigen hat. Zudem ist es für Grupp wichtig, dass die nachfolgende Generation ebenfalls für all jene Wertvorstellungen, die mit dieser Reputationskonstruktion verbunden sind, einsteht und dadurch den Unternehmenserfolg langfristig sichert.

Der **Storyteller** Grupp gibt sich streitlustig, ist prinzipientreu. Er erscheint dominant, demonstriert Führungsstärke und ist stolz auf das Erreichte. Er nimmt in Debatten kein Blatt vor den Mund, redet gerne über sich und den Zustand der Welt. Grupp scheut sich auch nicht, sich mit umstrittenen, polarisierenden Äußerungen öffentlich zu Wort zu melden und dabei für breite mediale Aufmerksamkeit zu sorgen. Auch wenn der Familienunternehmer damit vielen auf die Füße tritt und für Unmut sorgt. So z. B. mit seinem schlagzeilenträchtigen Veto gegen die Nutzung von Homeoffice, über das am 02./03.10.2023 in Leitmedien (wie Bild.de, Stern, Focus Online etc.) berichtet wurde. So lautete der provokante Headline-Tenor im Interview mit dem „Tagesspiegel": „Home-Office gibt es bei mir nicht. Wer zuhause arbeiten kann, ist unwichtig."

---

[35]Zu Bedeutung und Bestimmungsmerkmalen von „Einfluss" als Ordnungskriterium und Entscheidungsfaktor in inhabergeführten Familienunternehmen s. die Einschätzung von May, 2012, S. 27 f.

Sein Privatleben präsentiert Grupp als PR-Story offen gegenüber einer interessierten Medienöffentlichkeit. Er steht dabei mit seiner Familie für ein generationenübergreifendes, verantwortungsvolles Unternehmerverständnis. Am Familienunternehmen Trigema wird modellhaft deutlich, dass in dieser speziellen Unternehmensform „typischerweise der private und betriebliche Bereich sehr eng miteinander verbunden [ist] (…), sodass Wachstum und Reife des Unternehmens auch Familienaufgabe ist" (Felden et al., [2]2019, S. 17). Der Firmenlenker Grupp vertritt die Haltung, dass er die Inhaberschaft in der nachfolgenden Generation verfestigen und durch diese „Sicherungsstrategie" (May, 2012, S, 87) den Unternehmenserhalt gleichsam als Lebensaufgabe perpetuieren muss. Grupp nutzt und profiliert kommunikativ geschickt den **Inhaberbonus**. Für die Trigema-Inhaberfamilie sind Unternehmenserfolg, Produktivität, Wertschöpfung sowie die Schaffung und Sicherung von Arbeitsplätzen als langfristig orientierte Unternehmensausrichtung maßgebend. Diese Anliegen werden in der Unternehmenskommunikation und den persönlichen PR-Auftritten von Grupp immer wieder betont. Ein Anspruch, der aber über die Erzielung rein finanziell-monetärer Interessen hinausgeht. Am Beispiel Grupp/Trigema zeigt sich, dass im Familienunternehmen über den ökonomischen Nutzen hinaus ebenso „der **emotionale Wert der Inhaberschaft** eine große Rolle" (May, 2012, S. 220) spielt. Auch nach dem Grundsatz: „Erbe verpflichtet". Dieses Commitment für eine zu erzielende „Balance zwischen Ökonomie und Emotion, zwischen Wert und Werteorientierung" (May, 2012, S. 221 f.) lässt Familienunternehmen sui generis als „eine große Familie" erscheinen.

Im unternehmerischen Außen- wie Innenverhältnis verankert, wird eine solche Haltung auch als reputationsförderndes „Sozialkapital" und „Vertrauenskapital" kommuniziert. Das erfolgt bei Grupp in einer personalisierten Manier, die die eigenen Handlungen und Aussagen nicht unter ein karitatives Deckmäntelchen steckt oder unternehmerisches „Gutmenschentum" als bloße „Marketingmasche" verpackt, eindimensional im Sinne von „Greenwashing" fassadenhaft praktiziert.

Am 07.11.2023 hat Wolfgang Grupp schließlich verkündet, dass er, um den Fortbestand seines Familienunternehmens zu gewährleisten, die Unternehmensleitung per 01.01.2024 an seine beiden Kinder übergeben werde. Leitmedien (WiWo, Handelsblatt, ntv etc.) haben natürlich über Grupps Rückzug aus dem operativen Geschäft berichtet.

Als weiteres repräsentatives Beispiel für einen, in seinen Storytelling-Auftritten öffentlichkeitspräsenten Familienunternehmer sei noch kurz auf Claus Hipp verwiesen. Als Firmenlenker des größten – auch international tätigen – Herstellers für Säuglingsnahrung in Deutschland war Hipp viele Jahre auch kommunikativ in eigenen Belangen persönlich unterwegs. Hipp sen. erschien als ein Unternehmer, der lange Zeit in der eigenen Firmen- und Produktwerbung auftrat und dabei um Vertrauen und Sympathie seiner Kundschaft mit dem allseits bekannten Slogan geworben hat: „Dafür stehe ich mit meinem Namen." Doch Hipp war nicht nur Storyteller in eigener Sache. Er hat sich – wie Grupp – gleichfalls in öffentliche Debatten eingemischt und dabei persönlich Stellung bezogen, z. B. zur sozialen und ökologischen Verantwortung des Unternehmens in Markt und Gesellschaft. Mittlerweile wurde Hipp sen. von seinem Sohn Stefan Hipp beerbt. Ein – zumindest aus kommunikativer Perspektive – nicht allzu leichtes Unterfangen.

Doch offensiv kommunizierende (Familien-)Unternehmer wie Grupp und Hipp et al. müssen es zugleich aushalten können, wenn sie aufgrund ihrer medialen Exponiertheit Objekt öffentlicher Diskussion und Auseinandersetzung werden. Z. B. dann, wenn spekuliert wird über Nachfolgeregelungen bzw. infrage steht, wer aus der Familie das Rennen machen wird. Auch wenn es in einem solchen Fall einen Wettstreit der Kinder um Macht und Einfluss im Familienunternehmen vor den Augen der Medienöffentlichkeit gibt, mit möglicherweise drohender Vermögensvernichtung als Konsequenz. Das sind geeignete Debatten- und Publizitätsanlässe im öffentlichen Resonanzraum, um dadurch bei verschiedenen Stakeholdern in die Kritik zu geraten bzw. sich polemisch-tendenziösen, mitunter stigmatisierenden Bewertungen ihrer Personen und ihres Verhaltens ausgesetzt zu sehen. Somit ist die **öffentliche Wirkung** – in welcher Form und in welchem Format auch immer – als Konsequenz von Publizitäts- und Darstellungsentscheidungen, ihrer Selektionskriterien sowie Wirkungsperspektiven im **Agenda-Setting**[36] von kommunizierenden Familienunternehmen konzeptionell wie taktisch stets mitzudenken (s. Kirf, 2002, S. 35). Und zwar auch dann, wenn aus unterschiedlichen Gründen innerfamiliäre bzw. unternehmensbezogene Konflikte auftauchen und in einem Status des Ungeklärt-Seins an die Öffentlichkeit gelangen und dort für weiteren Wirbel sorgen. Auf solche Situationen, will man sie kommunikativ parieren, sollte ein Familienunternehmen auf jeden Fall im eigenen Kommunikationsmanagement in inhaltlicher und instrumenteller Ausrichtung und auf allen Kontaktebenen vorbereitet sein.

Mit Blick darauf kann man durchaus die Frage stellen, bei wem und in welchem inhaltlich-thematischen Kontext das die öffentliche Bühne suchende **„Publicity-Begehren"** von Geschichtenerzählern schiefgelaufen ist. Und welcher Auftritt, gleichsam als „PR-Unfall" gewertet, in der Folge negative, weil reputations- und imageschädliche Konsequenzen gehabt hat.

Als ein exponiertes Beispiel dafür ist das viel kommentierte „Kapitalismusbekenntnis" von Verena Bahlsen zu nennen. Dieses Statement wurde von ihr öffentlichkeitswirksam anlässlich einer Digitalkonferenz vorgebracht. Die bekennende Kapitalistin stammt aus der bekannten traditionsreichen Hannoveraner Keksdynastie in Familienbesitz. Neben ihrer Tätigkeit im Führungsteam des Familienkonzerns – aus der sie allerdings unlängst ihren Rücktritt angekündigt hat[37] – ist die 29-Jährige als dessen Teilerbin zudem selbst in der Rolle einer dynamischen Jungunternehmerin aktiv. Sie ist zugleich eloquent unterwegs im Einsatz als Advokatin für nachhaltiges Wirtschaften. Zudem ist sie in der Digitalszene präsent und dort mit ihren Projekten vielfach anerkannt. Kapitalismus und Nachhaltigkeit – so Bahlsens öffentlich geäußertes Selbstverständnis – sind keine Gegenpole, sondern mit nachhaltigem Unternehmertum lässt sich ihrer Ansicht nach gutes Geld verdienen. So weit, so gut.

---

[36] Zum Agenda-Setting-Konzept s. Herger, 2006, S. 180 f. und Rademacher, 2009, S. 152 f.

[37] S. dazu – u.v.a. Berichten in diesem Fall – den Beitrag: https://www.augsburger-allgemeine.de/wirtschaft/keks-erbin-fall-bahlsen-zeigt-last-eine-firma-zu-uebernehmen-id64433611.html (Zugriff 17.03.2023).

Doch anlässlich eines Interviews mit der „Bild"-Zeitung (2019) geriet Frau Bahlsen dann mit scheinbar unüberlegten Äußerungen über die Rolle von Bahlsen als Unternehmen in der NS-Zeit beim Einsatz von Zwangsarbeitern und deren Entschädigung massiv in die Kritik. Sie erntete im Nachgang vehementen Widerspruch, sowohl in der Folgeberichterstattung auflagenstarker Printmedien[38] wie auch in teils harschen Kommentaren auf Twitter und Facebook. Auch wenn hierbei Aussagen, Inhalte bzw. Sachverhalte teils ungerechtfertigt vermischt und verzerrt kommuniziert wurden, waren diese missglückten Auftritte in Summe keine gute Eigenwerbung. Weder für das Familienunternehmen Bahlsen noch für dessen junge Miteigentümerin selbst.

2.3.4 Empfehlung: Der kommunikativ klug inszenierte Mittelweg

Das „Erfolgsrezept" für eine „angemessen" praktizierte Kommunikationshaltung liegt für viele Familienunternehmen, ihre Repräsentanten und Kommunikationsverantwortlichen indes in der Mitte zu den vorab dargestellten Positionen. Und das mit dem klar gesetzten kommunikativen Handlungsanspruch: aus der „Vogel-Strauß-Versteckhaltung" bewusst herauszukommen und in eigens initiiertem **Storytelling** und **Themenmanagement** den Willen und die Fähigkeit zu Transparenz und Berechenbarkeit in kontinuierlichem Dialog und Informationsvermittlung zu demonstrieren. Dazu eignen sich selektiv-dosierte, mitunter personalisierte Outside-in-Einblicke ins eigene Familienunternehmen, seine gelebte Kultur, Organisationsstrukturen sowie Insights in einzelne, für Außenstehende interessante Tätigkeitsbereiche. Und dies nicht zuletzt mit dem **PR-Anspruch**, die eigene Unternehmens- und Arbeitgebermarke für Interessenten attraktiv erscheinen zu lassen. Dieses kommunikative Bestreben nutzt methodisch bewusst das Potenzial von verfügbaren **Unternehmensgeschichten**, um sich gegenüber diversen Stakeholdern gezielt mit unternehmenstypischen Themen und Nachrichten zu öffnen und mittels professionell aufgesetzter **Narrative** (s. dazu Abschn. 3.4.1 und 3.4.3) anschaulich und aufmerksamkeitsstark zu präsentieren.

Ein solches Vorgehen verlangt von Kommunikatoren jedoch nicht, in Selbstthematisierungen vollmundige Publicitymaximierung um jeden Preis zu praktizieren, sondern mit Augenmaß strategiebasiert, anlassbezogen und situationsbedingt zu kommunizieren. Das heißt, sich mit inhaltsorientiertem Blick sinnvoll, abgewogen begrenzt und organisiert mitzuteilen. In diesem Sinne sollen **Kommunikationsbotschaften pro domo** in der Medienöffentlichkeit systematisch-aktiv und mit möglichst wenig Streuverlusten platziert werden. Hierbei gilt die Forderung, strategisch wie taktisch konsistent und konsequent-authentisch bei der gewählten Kommunikationslinie zu bleiben. Und dadurch als verlässliche Kommunikationsadresse gegenüber Stakeholdern in Innen- wie Außenkontaktbereichen des Familienunternehmens ansprechbar zu erscheinen.

---

[38] Z. B. die kritische Beurteilung dieser Auftritte im renommierten Handelsblatt: https://www.handelsblatt.com/unternehmen/handel-konsumgueter/keks-dynastie-erbin-verena-bahlsen-sorgt-mit-aeusserung-ueber-zwangsarbeit-in-ns-zeit-fuer-empoerung/24335912.html (Zugriff 18.03.2023).

Zur Erreichung dieser Zielsetzungen ist vorab eine adäquate **Kommunikationsstrategie** konzeptionell zu entwickeln (s. dazu ausführlich Abschn. 3.3.2.1 und 3.3.2.2). Die Konzeption ist mit der Unternehmensleitung abzustimmen sowie von dieser zur Umsetzung freizugeben. Auf dieser Plattform können dann alle geplanten Kommunikationsmaßnahmen taktisch aufsetzen und innerhalb der gewählten Vorgehensweise realisiert werden. Damit dieses professionelle Verfahren en Detail funktioniert, ist insbesondere die zuständige, in unserem Fall primär PR-verortete **Kommunikationsabteilung** in Familienunternehmen gefordert. Soweit denn eine solche Instanz dort überhaupt existiert. Wenn dem so ist, sollte diese mit angemessenen Ressourcen und Kompetenzen ausgestattet und zum eigenverantwortlichen Handeln autorisiert sein (vgl. Sammer, 2015, S. 86).

Wenn Familienunternehmen eine **Selbstverpflichtung zur Kommunikation** wählen und dieser verantwortungsvoll nachkommen wollen, so sollten sie bei einem solchen Vorhaben für eine **gelingende Unternehmenskommunikation** ein **Erfolgsrezept** beachten: Die Kommunikationsverantwortlichen sollten generell im Vorfeld jeglicher Strategieentwicklung und Maßnahmenplanung immer eruieren und kritisch hinterfragen bzw. bewerten, wieviel und welche Art von Kommunikation ein Familienunternehmen in seinen internen wie externen Beziehungsarenen eigentlich braucht. Und welche Kommunikationsleistungen mit den vorhandenen Mitteln effektiv und effizient erbracht und umgesetzt werden können bzw. müssen. Zudem empfiehlt es sich, vorweg mit professionellem Blick – auch durchaus unterstützt durch kompetente externe Beratungsexpertise (s. Nöcker, 2015, S. 7 ff.) – zu analysieren, wie viele in der Kommunikationspraxis des Unternehmens schon funktionierende Kampagnen bzw. Projekte vorhanden sind. Bzw. es sollte eruiert werden, in welchen Funktionsbereichen (PR, Marketing, interne Kommunikation und/oder HR-Kommunikation) diese Maßnahmen bereits in welchem Ausmaß, mit welchem Aufwand und letztendlich mit welchem Erfolg bzw. Wirkungsnachweis platziert worden sind. Zudem sind Kommunikationsmaßnahmen zu bestimmen, auf die man inhaltlich, thema tisch und instrumentell sinnvoll aufbauen bzw. anschließen kann. Mit dem Ziel, dadurch nach Möglichkeit partiell oder in größerem Umfang **kommunikative Kooperations-** und **Synergiegewinne** im Unternehmensauftritt durch ein **integriertes Kommunikationsmanagement** (s. Abschn. 3.3.4.1) zu erzielen. Ein solches kann beispielsweise in der Fachpressearbeit inhaltlich-optisch gepaart sein mit einer Anzeigenkampagne im B2B-Bereich, die eine neue Verfahrenstechnik im Maschinen- und Anlagenbau oder eine modifizierte Produktlinie einem interessierten Fachpublikum vorstellt. Oder indem die HR-Abteilung relevante Medienkontakte (z. B. zu Redaktionen in der Lokal- und Regionalpresse) der PR-Kollegen anfragt und nutzt (s. Abschn. 3.3.3.4.8), um ihre Botschaften zur Profilierung der eigenen Arbeitgebermarke in der Nachwuchsrekrutierung für einen bestimmten Tätigkeitsbereich im Familienunternehmen gezielt zu platzieren: z. B. in Form von medial ansprechend gestalteten Selbstbeschreibungen zu den Attributen und Stärken der eigenen „Employer Brand", die in von den jeweiligen Adressatengruppen favorisierten Medienkanälen postiert werden können. Die sich für derartige und ähnliche Projekte in der Kommunikationspraxis von Familienunternehmen bietenden Darstellungspotenziale und Aktionsfelder werden wir im Nachgang näher beschreiben.

Literatur

Bergmann, J., & Pörsken, B. (Hrsg.). (2009). *Skandal! Die Macht öffentlicher Empörung*. Halem.

Bolz, N. (1995). *Am Ende der Gutenberg-Galaxis. Die neuen Kommunikationsverhältnisse* (2. Aufl.). Wilhelm Fink.

Bolz, N. (2007). *Das ABC der Medien*. Wilhelm Fink.

Doll, A. (2016). Nachhaltige Unternehmensführung. In P. Buchenau, M. Geßner, C. Geßner, & A. Kölle (Hrsg.), *Chefsache Nachhaltigkeit. Praxisbeispiel aus Unternehmen* (S. 25–42). Springer Gabler.

Eisenegger, M. (2005). *Reputation in der Mediengesellschaft. Konstitution – Issues Monitoring – Issues Management*. Springer VS.

Eisenegger, M. (2016). Negierte Reputation – Zur Logik medienöffentlicher Skandalisierungen. In M. Ludwig, T. Schierl, & C. von Sikorski (Hrsg.), *Mediated Scandals. Gründe, Genese und Folgeeffekte von medialer Skandalberichterstattung* (S. 33–57). Herbert von Halem.

Faßler, M. (1997). *Was ist Kommunikation* (2. Aufl.). Wilhelm Fink.

Felden, B., Hack, A., & Hoon, C. (2019). *Management von Familienunternehmen. Besonderheiten – Handlungsfelder – Instrumente* (2. Aufl.). Springer Gabler.

Freda, M. (2014). *Die Rolle von Top-Managern in der Unternehmenskommunikation. Erfolgsfaktoren der CEO-Kommunikation*. Igel.

Freeman, R. E. (2010). *Strategic Management. A Stakeholder Approach. Neuauflage*. Cambridge University Press.

Freeman, R. E., & Evan, W. M. (1993). *A Stakeholder Theory of the modern Corporation*. Cambridge University Press.

Gimeno, A., Baulenas, G., & Coma-Cros, J. (2010). *Familienunternehmen führen – Komplexität managen. Mentale Modelle und praktische Lösungen*. Vandenhoeck & Ruprecht.

Heidelmann, K. (2013). *Veränderungen in Familienunternehmen gestalten. Komplementäre Kommunikation von Eigentümern und Fremdmanagern*. Carl-Auer.

Hennerkes, B.-H., & Kirchdörfer, R. (2015). *Die Familie und ihr Unternehmen*. Campus.

Herger, N. (2006). *Vertrauen und Organisationskommunikation. Identität – Marke – Image – Reputation*. Springer VS.

Hoffjann, O. (2015). *Public Relations*. UVK Verlagsgesellschaft.

Jansen, S. A. (2011). Das Schweigen der Familienunternehmen. *brand eins, 13*(05), 140–141.

Johann, M., & Wagner, J. (2020). Neue Debatte, altes Dilemma? Die Herausforderungen des Phänomens „Fake News" für die Unternehmenskommunikation. In R. Hohlfeld, M. Harnischmacher, E. Heinke, L. S. Lehner, & M. Sengl (Hrsg.), *Fake News und Desinformation. Herausforderungen für die vernetzte Gesellschaft und die empirische Forschung* (S. 99–116). Nomos Verlagsgesellschaft.

Kirf, B. (2002). Off the records: Wenn andere über das Unternehmen sprechen. Intervention durch Kommunikation. In B. Kirf & L. Rolke (Hrsg.), *Der Stakeholder-Kompass. Navigationsinstrument für die Unternehmenskommunikation* (S. 34–45). F.A.Z. Institut.

Kirf, B. (2015). Krisen und Krisenkommunikation in der Mediengesellschaft 2.0. Eine Bestandsaufnahme. In G. Bentele, M. Piwinger, & G. Schönborn (Hrsg.), *Kommunikationsmanagement. Strategie – Wissen – Lösungen. 2.67* (S. 1–67). Luchterhand.

Kirf, B., & Rolke, L. (Hrsg.). (2002). *Der Stakeholder-Kompass. Navigationsinstrument für die Unternehmenskommunikation*. F.A.Z. Institut.

Kirf, B., Eicke, K.-N., & Schömburg, S. (2020). *Unternehmenskommunikation im Zeitalter der digitalen Transformation. Wie Unternehmen interne und externe Stakeholder heute und in Zukunft erreichen können* (2. Aufl.). Springer Gabler.

Klein, S. B. (2004). *Familienunternehmen. Theoretische und empirische Grundlagen* (2. Aufl.). Gabler.

Köhler, T. (2006). *Krisen-PR im Internet. Nutzungsmöglichkeiten, Einflussfaktoren und Problemfelder*. Springer VS.

Kübler, H.-D. (2009). *Mythos Wissensgesellschaft. Gesellschaftlicher Wandel zwischen Information, Medien und Wissen. Eine Einführung* (2. Aufl.). Springer VS.

Kucklick, C. (2015). *Die granulare Gesellschaft. Wie das Digitale unsere Wirklichkeit auflöst* (2. Aufl.). Ullstein.

LeMar, B. (2014). *Generations- und Führungswechsel im Familienunternehmen. Mit Gefühl und Kalkül den Wandel gestalten* (2. Aufl.). Springer Gabler.

Lies, J. (2017). *Die Digitalisierung der Kommunikation im Mittelstand. Auswirkungen von Marketing 4.0*. Springer Gabler.

Ludwig, M., Schierl, T., & von Sikorski, C. (Hrsg.). (2016). *Mediated Scandals. Gründe, Genese und Folgeeffekte von medialer Skandalberichterstattung*. Herbert von Halem.

Mast, C. (2013). *Unternehmenskommunikation. Ein Leitfaden* (5. Aufl.). UVK Verlagsgesellschaft.

May, P. (1998). Die Geschichte vom Aufstieg und Fall der Familie Max Müller – Nachdenkliches und Nachdenkenswertes zum Thema Familienunternehmen. In M. Miller, J. Deecke, C. Keyser, O. von Sperber, & A. Burfeind (Hrsg.), *Familienunternehmer heute. Herausforderungen, Strategien, Erfahrungen* (S. 31–42). Gabler.

May, P. (2012). *Erfolgsmodell Familienunternehmen. Das Strategie-Buch*. Murmann.

May, P. (2017). *Die Inhaberstrategie im Familienunternehmen. Eine Anleitung*. Murmann.

Merten, K. (2001). Determinanten des Issues Management. In U. Röttger (Hrsg.), *Issues Management. Theoretische Konzepte und praktische Umsetzung. Eine Bestandsaufnahme* (S. 41–57). Westdeutscher Verlag.

Merten, K. (2014a). PR, Image und Inszenierungsgesellschaft. In *Publizistik* 1 (S. 45–64). Springer VS.

Nöcker, R. (2015). *Agenturauswahl. Der Weg zur richtigen Kommunikationsagentur*. Springer Gabler.

Precht, R. D., & Welzer, H. (2022). *Die vierte Gewalt. Wie Mehrheitsmeinung gemacht wird, auch wenn sie keine ist*. S. Fischer.

Rademacher, L. (2009). *PR und Kommunikationsmanagement*. Springer VS.

Röttger, U., Preusse, J., & Schmitt, J. (2014). *Grundlagen der Public Relations. Eine kommunikationswissenschaftliche Einführung* (2. Aufl.). Springer VS.

Rüsen, T. A. (2017). *Krisen und Krisenmanagement in Familienunternehmen: Schwachstellen erkennen, Lösungen erarbeiten, Existenzbedrohung meistern* (2. Aufl.). Springer Gabler.

Rüsen, T. A., Kleve, H., & von Schlippe, A. (2021). *Management der dynastischen Unternehmerfamilie. Zwischen Familie, Organisation und Netzwerk*. Springer Gabler.

Sammer, P. (2015). *Storytelling. Die Zukunft von PR und Marketing*. O'Reilly.

Schlepphorst, S., Mirabella, D., & Moog, P. (2011). Nachfolge in Familienunternehmen: Keine Übergabe ohne Kommunikation. In P. Müller & T. Lüdeke (Hrsg.), *Kommunikation im Mittelstand. Unternehmerische Herausforderungen erfolgreich meistern* (S. 26–33). DIHK.

Seidel, W. (2019). *Die ältesten Familienunternehmen Deutschlands*. Finanz Buch.

Smit, B. (2017). *Drei Streifen gegen Puma. Wie aus einem Bruderzwist zwei Weltkonzerne entstanden*. riva.

Thomson, I., & Boutilier, R. G. (2011). The social license to operate. In P. Darling (Hrsg.), *SME Mining Engineering Handbook*. Colorado.

Van Riel, C. B. M. (1995). *Principles of Corporate Communication* (2. Aufl.). Prentice Hall.

Villalonga, B., & Amit, R. (2006). How do family ownership, control and management affect firm value? *Journal of Financial Economics, 80*(2) (S. 385–417).

Waibel, J. (2016). *Kommunikationskultur in Familienunternehmen. Unternehmer im Gespräch – von Führungsverantwortung über Konfliktlösung bis zur Nachfolgeregelung.* Haufe.

Wieselhuber, N. (2020). *Unternehmer gestalten Unternehmen.* Unternehmer Medien GmbH.

Wimmer, J. (2008). Gegenöffentlichkeit 2.0: Formen, Nutzung und Wirkung kritischer Öffentlichkeiten im Social Web. In A. Zerfaß, M. Welker, & J. Schmidt (Hrsg.), *Kommunikation, Partizipation und Wirkungen im Social Web. Grundlagen und Methoden* (Bd. I, S. 210–230). Herbert von Halem.

Winkler, L. (2020). *Organisationskommunikation im Mittelstand. Genese und Spezifik der Kommunikation mittelständischer Industrieunternehmen.* Springer VS.

Wössner, M. (1998). Familienunternehmen – Charakteristika und typische Problemfelder. In M. Miller, J. Deecke, C. Keyser, O. von Sperber, & A. Burfeind (Hrsg.), *Familienunternehmer heute. Herausforderungen, Strategien, Erfahrungen* (S. 19–23). Gabler.

Zerfaß, A. (2004). *Unternehmensführung und Öffentlichkeitsarbeit. Grundlegung einer Theorie der Unternehmenskommunikation und Public Relations* (2. Aufl.). Springer VS.

Zerfaß, A. (2006). Kommunikations-Controlling. Methoden zur Steuerung und Kontrolle der Unternehmenskommunikation. In B. F. Schmid & B. Lyczek (Hrsg.), *Unternehmenskommunikation. Kommunikationsmanagement aus Sicht der Unternehmensführung* (S. 431–465). Gabler.

Zerfaß, A. (2014). Unternehmenskommunikation und Kommunikationsmanagement: Strategie, Management und Controlling. In A. Zerfaß & M. Piwinger (Hrsg.), *Handbuch Unternehmenskommunikation. Strategie – Management – Wertschöpfung* (2. Aufl., S. 21–79). Springer Gabler.

Zerfaß, A., & Volk, S. C. (2019). *Toolbox Kommunikationsmanagement. Denkwerkzeuge und Methoden für die Steuerung der Unternehmenskommunikation.* Springer Gabler.

Anforderungen an ein gelingendes Kommunikationsmanagement von Familienunternehmen

3

Zusammenfassung

Familienunternehmen sind heutzutage mehr denn je auf eine professionell gestaltete Kommunikationspolitik angewiesen. In diesem Kapitel wird skizziert, warum gezielte Inszenierungs- und Positionierungsstrategien zum Repertoire erfolgreicher Unternehmensführung gehören. Zudem wird dargelegt, auf welche Weise Kommunikationsaktivitäten zur Wertschöpfung beitragen können. In diesem Verständnis erscheint Kommunikation auch für Familienunternehmen als strategischer Erfolgsfaktor, weil sie eine Differenzierung zum Wettbewerb ermöglicht. Diese Bedeutungszuweisung begründet, weshalb Familienunternehmen in marktwirtschaftlichen und gesellschaftlichen Diskursräumen systematisch und strukturiert kommunizieren müssen. Das gilt insbesondere für die Beziehungsgestaltung zu relevanten Stakeholdern. Vertrauens- und Reputationsbildung sind dabei wesentliche Zielgrößen von Kommunikationsbeziehungen, die der Etablierung eines positiven Meinungsklimas in internen wie externen Einflussbereichen dienen. Im Zuge der Darstellung dieser Zielsetzungen wird auch auf die Kenntnis der Kommunikationschancen und -risiken hingewiesen, die die modernen, medial geprägten Diskursverhältnisse, in denen sich Familienunternehmen bewegen, bestimmen. Mit Blick darauf sind Strategien und Programme der internen und externen Kommunikation von Familienunternehmen zu hinterfragen. Das betrifft auch deren Bestands- und Zukunftsfähigkeit in krisengeschüttelten Zeiten. Diese sind von vielerlei Problemstellungen und Unsicherheitsfaktoren geprägt und gelten als „The New Normal" in der „VUCA"-Welt. Von Familienorganisationen verlangt dieses Momentum teils neue Denkmodelle und konditioniert deren Kommunikationsgestaltung auf strategischer und operativer Ebene.

© Der/die Autor(en), exklusiv lizenziert an Springer Fachmedien Wiesbaden GmbH, ein Teil von Springer Nature 2024
B. Kirf, *Kommunikation von Familienunternehmen*,
https://doi.org/10.1007/978-3-658-44198-2_3

3.1 Kommunikation als unternehmerische Kernkompetenz und strategischer Erfolgsfaktor der Unternehmensführung

Kommunikation gilt gemeinhin in Praxis und Wissenschaft als Grundlage für strategische Managementhandlungen und Entscheidungsprozesse von und in Unternehmen jedweder Größe, Ausrichtung und Mission in Markt und Gesellschaft. Das betrifft Konzerne ebenso wie mittelständische und/oder große, alteingesessene und/oder jüngere **Familienunternehmen** gleichermaßen. Kommunikationsleistungen sind somit für diese Organisationen konstitutiver Bestandteil gelingender Unternehmenssteuerung und stellen prinzipiell einen wichtigen „Beitrag zur Strategierealisierung" (Zerfaß, [2]2004, S. 295) dar. Kommunikation erscheint somit auch für Familienunternehmen als unverzichtbare unternehmerische Kernkompetenz.

Ebenso unstrittig ist die Erkenntnis, dass die Umsetzung einer strategiebasierten, adressaten- und wirkungsorientierten Kommunikations-Roadmap einen **Beitrag zur unternehmerischen Wertschöpfung**[1] qua ökonomischer Erfolgssicherung leisten kann. Damit sollte eine Messung der Kommunikationswirkungen korrespondieren (vgl. Rolke & Jäger, 2009, S. 1021 ff.; Besson, 2012, S. 23 ff.).[2] Die Wertschöpfungsdiskussion wird in der kommunikations- und medienwissenschaftlichen sowie betriebswirtschaftlichen Forschung und Praxis seit längerem geführt. Dahinter steht der handlungsleitende Anspruch, dass die Protagonisten der Unternehmenskommunikation den spezifischen Wertschöpfungsbeitrag ihrer Maßnahmen durch deren Evaluation mittels systematischen Kommunikations-Controllings dokumentieren. Durch den Nachweis der Effektivität einer eingeschlagenen Kommunikationspolitik soll ermittelt werden, ob Investitionen in Kommunikationsprogramme zu einem Return on Investment (ROI) führen (s. dazu Abschn. 3.3.3.2, Abs. 7). Denn unternehmenskommunikative Aktivitäten sollen als Einflussgröße materielle wie immaterielle (vgl. Porák 2005, S. 163 ff.) Werte generieren (vgl. Zerfaß, [2]2014, S. 28 f.). Und zwar dadurch, dass sie die Realisierung von „Vision, Mission, Zielen und Strategien" (Schick, [5]2014, S. 9) eines Unternehmens essenziell unterstützen. Zu den ergebnis- bzw. wertbeeinflussenden Faktoren zählen neben Image, Reputation und Goodwill weitere in einem Unternehmen vorhandene und genutzte vorökonomische Größen wie Managementkompetenzen, intellektuelles Kapital (Humankapital), Unternehmensprozesse und -systeme (Strukturkapital), Standortfaktoren und die Qualität von Kommunikationsleistungen. Indem sie dazu beitragen kann, wertsteigernde Wachstums- und Profitabilitätspotenziale zu heben und unternehmensintern wie -extern zu nutzen, wird einer als effektiv bewerteten Unternehmenskommunikation somit immer auch ein spezifischer „Kapitalcharakter" zugemessen.

---

[1] Zur Bedeutung der Rolle von Kommunikation als Werttreiber für den Unternehmenserfolg in der Wertschöpfungskette von Unternehmen s. u. a. Zerfaß. [2]2004, S. 394 ff. und 2007, S. 21 ff. sowie Mast, [5]2013, S. 86 f.

[2] Zu Instrumenten, Methoden und Einsatzmöglichkeiten der Erfolgsmessung von Kommunikation s. a. Porák, 2005, S. 168 ff.; Zerfaß, 2006, S. 442 ff.

In diesem Verständnis erscheint **Kommunikation** auch für Familienunternehmen als „relevanter Bestandteil moderner **Unternehmensführung**" (Hoffjann, 2015, S. 214) und **strategischer Erfolgsfaktor**, weil sie zugleich „eine erfolgreiche Differenzierung vom Wettbewerb ermöglichen kann" (Bruhn, [8]2015, S. 27; s. a. Waibel, 2016, S. 17). Diese zweckrationale und managementorientierte Perspektive gilt überdies mit Blick auf die speziellen Ausprägungen der Kommunikationsverhältnisse[3] in der modernen „Mediengesellschaft" (s. Abschn. 3.3.2.1). In dieser Bezugsgröße und Begriffsdeutung wird Kommunikation der Status einer strategischen Managementaufgabe für die Leitungsgremien eines Unternehmens zugewiesen (s. van Riel, [2]1995, S. 25 f.; Rademacher, 2009, S. 110; Bruhn, [8]2015, S. 88 f.). Diese „geben über strategische Entscheide die Unternehmenspolitik vor, die den Rahmen der Kommunikationspolitik steckt" (Rademacher, 2009, S. 160). Der spezifische **Managementauftrag** des Kommunikationsarrangements betrifft sowohl die Sicherung des Markterfolgs von Produkt- und Leistungsangeboten als auch die Schaffung und Stabilisierung eines positiven öffentlichen Meinungsklimas durch PR-Aktionen für vertrauens-, akzeptanz- und absatzfördernde **Image-** und **Reputationskonstruktionen** (s. Abschn. 3.6.2). Diese sollen schließlich einen nachweislichen Effekt haben in allen für die Unternehmensperformance wesentlichen Wirkungskontexten und Einflussbereichen.

Die Geltung und das Ansehen – verstanden als „öffentlich vermittelte Form der Anerkennung" (Eisenegger, 2005, S. 24) – eines Unternehmens und seiner Repräsentanten bei allen wichtigen Stakeholdern sind bekanntlich maßgeblich abhängig von einer aufmerksamkeitsstarken und die Zielpersonen überzeugenden **Positionierung**. „Mit der Positionierung vermittelt das Unternehmen ein realistisches Idealbild. Es erläutert sein Selbstverständnis und vermittelt die Grundprinzipien seines Handelns (…) [und] wofür das Unternehmen steht, auf welchem Niveau es sich bewegt (…)" (Ulbrich & Leuz, 2020, S. 20). Diese **reputationsbasierte öffentliche Stellung** ist das „Ergebnis kommunikativer Vermittlungsleistungen und Inszenierungen" (Eisenegger, 2005, S. 22) im Wettbewerb von Unternehmen um Beachtung, Wertschätzung und Vertrauen (Herger, 2006, S. 40 ff.) in allen meinungsbildenden Umfeldern mit kommunikativer Deutungsmacht. Diese Kriterien haben – wie bereits erwähnt – letzthin einen bestimmenden Einfluss auf die für den Unternehmenserfolg so notwendige Betriebserlaubnis, die *„Licence to operate"* (vgl. Buchholz & Knorre, 2019, S. 61 ff.; Vanini, 2022, S. 175 – s. a. Abschn. 2.1).

Diese auch für Familienunternehmen erfolgsrelevante „Lizenzierung" (s. Preusse et al., 2013, S. 121) ist eine fragile Größe. Sie kann bekanntlich von den Stakeholdern aller Unternehmensumwelten (wie z. B. Belegschaft, Kunden, Lieferanten, Investoren, Journalisten, Nachwuchskräften, Politikern) verweigert oder erteilt werden. Im letzteren Sinne geschieht dies im Rahmen unterschiedlicher meinungsbildender und verhaltensleitender Akzeptanz- und Vertrauensbildung und damit zusammenhängenden bzw. darauf Bezug nehmenden (kommunikativen) Interaktionen.

---

[3] Schon Bolz hat 1995 in diesem Kontext auf das „Ende der Gutenberg-Galaxis" in seiner (immer noch lesenswerten) Deutung der Herausbildung von weitgehend medieninduzierten Spielarten und Effekten der „neuen Kommunikationsverhältnisse" verwiesen (Bolz, [2]1995, insbes. S. 111 ff.).

Die Auffassung einer notwendigen **kommunikativen Fundierung des Unternehmenserfolgs** bedeutet indes im Umkehrschluss für Familienunternehmen: Erfolgreiche Unternehmensführung muss sich konsequent und umfassend mit den speziellen Anforderungen, Funktionsweisen, Leistungen, Spielarten und Anwendungsbereichen strategisch-geplanter und systematisch-implementierter Unternehmenskommunikation in der zeitgenössischen Mediengesellschaft auseinandersetzen. Ein für deren erfolgversprechende Umsetzung zentraler Aspekt ist die Kenntnis der Gestaltung und Lenkung aller **Kommunikationsbeziehungen** eines Familienunternehmens im Umgang mit seinen wichtigen **Stakeholdern** (s. a. Abschn. 3.5.3), die ihrerseits in „medialisierten" Öffentlichkeiten[4] kommunikativ interagieren. Die verschiedenen Kontaktvernetzungen, Mediennutzungen und Diskurstendenzen dieser Gemeinschaften prägen wiederum dynamische, multidimensionale Kommunikationsbedingungen in der medial-digital-interaktiven Alltagskultur der **Mediengesellschaft**. Diese ausdifferenzierte „Netzverdichtung der Weltkommunikation" (Bolz, 2007, S. 129) wird beeinflusst durch die techno-mediale Karriere und Diskursexpansionen des Social Web (s. Kirf et al., [2]2020, S. 9). Und zwar mit all ihren augenfälligen Kommunikationschancen und -risiken für diejenigen Unternehmen, die in diesen Kommunikationsformationen präsent und aktiv sind, sein wollen bzw. müssen und ggf. ein Objekt von Fremdobservation, Kritik und Polemik darstellen.

3.2 Kommunikationsmanagement von Unternehmen in Zeiten des Wandels: Parameter, Positionen, Tendenzen

Die Erkenntnis ist fast schon banal, doch nach wie vor für unternehmerisches Denken und Handeln jedweder Ausprägung relevant: Wir leben in einer Welt des ständigen sozialen, ökonomischen, ökologischen, politischen und technologischen Umbruchs. „Wandel ist für Unternehmen eine prägende Konstante" (Mohr, 1997, S. 3) und bestimmt als permanenter Begleiter den anspruchsvollen Unternehmensalltag. **Transformation** und die damit verbundenen Aufgaben, Problemstellungen sowie Risiken[5] – und darüber herrscht allgemein Konsens – sind allgegenwärtig (s. Stumpf & Wehmeier, 2014, S. 7 ff.). Veränderungen sind jedoch nicht einzig als bedrohlich einzuordnen. Sie bergen durchaus strategisches Chancen-Reservoir sowie taktisches Erfolgspotenzial.

Somit ist das Bewusstsein für die Bedeutung der Einschätzung und Implementierung von **organisationalen Veränderungen** eine Obliegenheit für die erfolgreiche Führung auch von Familienunternehmen. Für deren Leitungspersonal stellt sich nicht die Frage, ob,

---

[4]Der mittlerweile populäre, in Theorie und Praxis verwendete Begriff „Medienöffentlichkeit" steht für eine spezielle Kategorie von Öffentlichkeit, die durch Massenmedien, deren jeweilige Agenda und die Rezeption ihrer Inhalte hergestellt wird und durch diese spezielle Vermittlungsleistung beim Medienpublikum wiederum selbst eine Form von „Medienrealität" kreiert – s. dazu u. a. die Ausführungen von Schulz, 1997, S. 86 f.

[5]Zur sogenannten „Semantik des Risikos" s. a. die fundierten Einschätzungen von Beck, 2007, S. 19 ff.

sondern wie, wann, in welchen Kontexten und in welchem Ausmaß sich ihre Organisation verändern kann bzw. reformieren soll. Weithin beliebtes Stichwort in diesem Sinn- und Aktionszusammenhang ist die **„Digitale Transformation"** („Digital Change" – s. u. a. Abschn. 3.3.3.3.15). Gemeint sind die spezifischen Fragestellungen, Entscheidungs-anforderungen, Erfolgsvoraussetzungen, Handlungskontexte und -konsequenzen, aber auch Stolpersteine von Transformationsprozessen, mit denen sich Familienunternehmen allerorten konfrontiert sehen und für die sie adäquate Lösungen entwickeln und implemen-tieren müssen. Und das nicht zuletzt auch in Arrangement und Organisation der eigenen Kommunikationsauftritte. Die Gesamtthematik ist im Kontext **„Digitalisierung"** mittler-weile umfassend erörtert (s. u. v. a. Cole, 2015, S. 18 ff.; Kreutzer & Land, 2015, S. 45 ff.; Keese, 2016, S. 56 ff.; Lies, 2017, S. 5 ff.). Wobei der konjunkturstark-verbreitete Begriff „Digitalisierung" kein Gesamtbild im Singular ergibt. Diese Benennung erscheint vielmehr mehrdeutig konnotierbar. „Digitalisierung" wird in zahlreichen Konfigurationen, Milieus und Effektzuweisungen unterschiedlich assoziiert, debattiert und perspektivisch inter-pretiert.[6] Unternehmenskommunikation, die im Bezugsrahmen und der Agenda von Digita-lisierung und den damit verbundenen speziellen (technologisch-induzierten) Entschei-dungs- und Anwendungsszenarien strategisch, operativ wie funktional angelegt ist, steht themenorientiert in Wechselbeziehung mit Implikationen der digitalen Transformation. Dazu zählen Big Data, Konnektivität, Robotik, Automatisierung in der Datenverarbeitung, Mobilität etc. (s. Kollmann & Schmidt, 2016, S. 43 ff.; Kirf & Eicke, 2016, S. 7 f.). Auch wenn diese Themenstellungen und ihre Facetten, die die Unternehmenskommunikation in digitalen Transformationsbereichen in verschiedenen Organisationsformen betreffen, viel-fach besprochen wurden bzw. aktuell noch werden, so haben noch nicht alle Unternehmen die genannten Faktoren als Impulse und Bedingungen in den Funktionsbereichen und Sze-narien ihrer eigenen organisationalen Kommunikationspraxis umfänglich realisiert. Es gibt hierbei noch einiges zu tun. Was auch immer wieder Medienberichten und den diesen vor-geschalteten bzw. sie sekundierenden öffentlichen Debatten zu entnehmen ist. Das gilt ebenso für die Modellierungen und Applikationen der digitalen Kommunikationsverhält-nisse in und von Familienunternehmen. Diese sind auf ihre „digitale Tauglichkeit" hin von den Verantwortlichen stets mit kritischem Blick zu validieren und ggf. systemisch, prozes-sual und technologisch anzupassen. Darauf werden wir nochmals an anderer Stelle unserer Themenerörterung eingehen (s. a. „Digital Change" – Abschn. 3.3.3.3.15).

3.2.1   Unternehmenskommunikation im Umbruch

„Transformation", d. h. das Voranschreiten bzw. Vorherrschen veränderter De-terminanten, Parameter und Spielregeln von Strukturen, Prozessen und Systemen betrifft

---

[6] Indes wird der in vielerlei Facetten und Perspektiven konnotierte und interpretierte Terminus, der den Wirtschafts-, Lebens-, Politik- und Kulturalltag mittlerweile usurpiert hat, an dieser Stelle nicht weiter erläutert bzw. ausgedeutet. Die interessierte Leserschaft sei dazu auf die im Literaturver-zeichnis aufgeführten Titel und die weiterführende Spezhallektüre verwiesen.

mithin auch die strategische wie operative Gestaltung und Ausrichtung moderner Unternehmenskommunikation. So sprechen wir in der gegenwärtigen Debatte um deren Trends und Tendenzen nicht nur von einer **Kommunikation der Transformation**, sondern ebenso von einer „**Transformation der Kommunikation**" (s. Kirf et al., [2]2020, S. 5 f.) selbst. Diese wird maßgebend determiniert „durch Digitalisierung und Vernetzung sowie veränderte kommunikative Rezeptionsbedingungen" (Kirf & Eicke, 2016, S. 5). Nicht zuletzt ermöglicht die zunehmende Vernetzung der am unternehmenseigenen Kommunikationsgeschehen Beteiligten deren „digitale Integration" (Kirf & Eicke, 2016, S. 18). In Anbetracht der digital-transformativ geprägten Handlungskontexte und -dimensionen befindet sich die Kommunikation in und von Unternehmen – und nicht nur die von Familienunternehmen, sondern von jeglicher Organisationsform und Größenordnung – mittlerweile an einem Wendepunkt bzw. sie hat diesen schon überschritten. Je nachdem, wie professionell-konstruktiv eine **digitale Roadmap** von der dafür zuständigen Kommunikationsfraktion und ihren Protangonisten instrumentell und inhaltlich bereits gestaltet und in welchem Ausmaß sie umgesetzt wird bzw. wurde.

Angesichts dieser Tendenzen ist die Erkenntnis auch nicht neu, dass Unternehmenskommunikation jedweder Couleur, Programmatik und Inszenierung ihren gesellschaftlich-ökonomisch-medialen Bezugsrahmen aktuell in einer **Mediengesellschaft** findet, die von den Parametern der omnipräsenten „Kultur der Digitalität" (vgl. Stadler, 2016, S. 95 ff.) geprägt wird. In Bezug auf die damit verbundenen kommunikativen Kerngrößen müssen auch Konzeptionen, Strategien und Programme der internen und externen Kommunikationsszenarien von Familienunternehmen entsprechend hinterfragt, eventuell angepasst bzw. in ihren Erscheinungsformen und Darbietungsrichtungen neu justiert werden. Ein Blick in die geläufige Kommunikationspraxis zeigt, dass dies bereits im Gange ist, dass dabei jedoch in einzelnen Handlungsfeldern noch Raum für Verbesserungen bzw. Erweiterungen besteht. Doch dazu später mehr (s. Abschn. 3.3).

3.2.2 „Wendezeit": Veränderte Rahmenbedingungen für Handlungs- und Kommunikationsmanagement von Familienunternehmen

„Die Welt ist aus den Fugen" (Beck, 2017, S. 11). So lautet die populäre, häufig lamentierte Zustandsbeschreibung einer sich rapide und markant wandelnden Welt. So sehen sich alle Unternehmensformen, deren Management und Belegschaften seit geraumer Zeit verortet in stürmischen Zeiten, die von schwierigen Verhältnissen dirigiert und navigiert werden. Diese heiklen, das Ordnungsgefüge bzw. die Verfasstheiten der globalisierten, vernetzten Weltläufe betreffenden Metamorphosen schaffen ebenso für **Familienunternehmen** prägende Umfeldbedingungen. Bei deren Beobachtung machen sich sowohl individuelle als auch kollektive Gefühle und Wahrnehmungen einer „**stabilen Instabilität**" breit. Die Geschwindigkeit, mit der sich umwälzende **Transformationsprozesse** in allen Bereichen und Branchen vollziehen, überfordert vielfach bestehende Unternehmensstrukturen. Dieser Sachverhalt verlangt insbesondere von der beteiligten Unternehmensführung neue, teils disruptive Denkmodelle (s. Cole, 2015, S. 37 f.) und zwingt Betroffene methodisch wie aktional zu mitunter überfälligen Revisionen und Neujustierungen. Diese Faktenlage ist indes bereits Common Sense in der darauf bezogenen öffentlichen, maßgeblich mediengestützten Denk- und Diskursagenda in Gesellschafts- und Wirtschaftskontexten.[7]

Blickt man auf die spezifischen Managementbedingungen, Handlungskontexte, Marktsituationen sowie Kommunikationsräume, in denen sich Unternehmen in Familienbesitz, ihre Entscheidungsträger und Crews in der sogenannten **„VUCA"-Welt** (s. Montua, 2020, S. 20 f.; Eicke & Kirf, [2]2021, S. 374 f.) heutzutage präsentieren und positionieren müssen, so erscheint die gegenwärtig turbulente, wirtschafts- wie weltpolitische Lage als kein saisonales Momentum. Das mittlerweile vielfach verwendete Akronym „VUCA" (s. Abb. 3.1)

Abb. 3.1 VUCA-Welt. (Quelle: eigene Darstellung)

---

[7]Zu den notwendigen, auch kommunikativen Gestaltungs- und Handlungsanforderungen, die vor allem an Führungskräfte von Unternehmen in „stürmischen" Zeiten gestellt werden, gibt es eine ausgewiesene praxisbezogene Fach- und Ratgeberliteratur (s. u. v. a. Deekeling & Barghop, 2003; Goldfuß, 2004; Kern, 2021). Die zahlreichen Veröffentlichungen zu diesem Themenfeld in ihren Aussagen darzustellen, würde indes den Rahmen der vorliegenden Ausführungen sprengen und bleibt daher anderen Publikationen vorbehalten.

steht für „Volatility, Uncertainty, Complexity, Ambiguity"[8] und thematisiert die An- und Herausforderungen, die an eine moderne, agile Unternehmensführung gestellt werden.

Dieses Einfluss-Szenario bedeutet für Familienunternehmen, in einer Welt mit vielfältigen Ambiguitäten situations- und kontextangemessen zu navigieren. Das tangiert zudem die Fähigkeit der Unternehmensführung (s. Buchholz & Knorre, 2019, S. 24 f.) und der Organisation insgesamt zu einem adäquaten kommunikativen Umgang mit ungeplanten Risiko- und Veränderungsszenarien und ihren möglichen Konsequenzen für die Unternehmensentwicklung (s. Abschn. 3.7.2.1).

Mithin scheinen Extremsituationen mit mannigfaltigen Unsicherheitsfaktoren ein auch von den Medien vielfach dargestellter und kommentierter Dauerzustand zu sein. Gesellschaft und Märkte stecken mittendrin in dynamisch-komplexen Verhältnissen mit hohem **Wandlungsdruck** sowie vielschichtigen Konflikt- und Krisenpotenzialen. Konkret werden diese **multiplen Konstellationen** für Familienunternehmen und für deren **Kommunikationsmanagement** durch folgende Einflussfaktoren bestimmt: die weltweit nachwirkende Corona-Pandemie; hohe Energiepreise; die Verknappung von Rohstoffen; Mehrkosten für Beschaffung und Produktion und damit verbundene schwer kalkulierbare, konjunkturhemmende Marktentwicklungen in diversen Wirtschaftszweigen; unberechenbare weltpolitische Unsicherheiten – etwa durch die Folgen des Ukrainekriegs und des Nahostkonflikts; Cyber-Attacken auf die digitale Infrastruktur von Unternehmen; der viel beschworene, demografisch begründete Fachkräftemangel in allen Bereichen; bürokratische Hemmschwellen, die Unternehmenshandeln unnötig erschweren; und nicht zuletzt die Auswirkungen des allseits spürbaren Klimawandels (Stichworte: Umweltschutz und Nachhaltigkeit).

Derartige – durchaus nicht nur singulär, sondern auch kombiniert auftretende – Phänomene und Problemlagen erscheinen mittlerweile vielen auf der Tagesordnung als *„The New Normal"*. Dessen merkliche Auswirkungen beeinflussen und bedrohen partiell wie generell die marktwirtschaftliche Stabilität, Handlungs- und Konkurrenzfähigkeit sowie die Kommunikationsaufstellung und -verfassung jeglicher Form und Stellung von Unternehmen. Auf diese Entwicklungen bezogen wird das Großphänomen der *„Wendezeit"* resp. *„Zeitenwende"*[9] seit längerem in verschiedenen Diskursformaten und Kommunikations-

---

[8] Umgekehrt kann der „VUCA"-Begriff perspektivisch eine semantische und handlungsrelevante Erweiterung erfahren und „auch mit positiven Bedeutungsinhalten" versehen werden. Ins Positive gedreht, bedeutet VUCA auch: „vision" (Vision), „understanding" (Verstehen), „clarity" (Klarheit) und „agility" (Agilität) (s. Eicke & Kirf, [2]2021, S. 374).

[9] Diese spezifische Begriffsprägung wird zwar Politikern, die den Terminus gerne als Sammelnamen für parteipolitische Profilierungen in medienbegleiteten Auftritten verwenden, zugeschrieben. Er hat dadurch nicht zuletzt publizistische Konjunktur. Die Bezeichnung ist aber „à la lettre" originär nicht auf jene zurückzuführen, sondern dieser fundamentale Veränderungen versinnbildlichende Ausdruck stammt ursprünglich von Fritjof Capra (1982), seines Zeichens Physiker, Philosoph und Systemtheoretiker. Er hat den Begriff **„Wendezeit"** prominent im Titel seines gleichnamigen Buches in einem zeitkritischen Kontext platziert. Capra fordert darin ein neues, ganzheitliches Denken bzw. eine neue Blickweise auf eine global vernetzte Welt, die eine holistisch-systemische Realitätssicht und einen damit verbundenen Paradigmenwechsel erfordert – u. a. mit Blick auf die Nutzung vorhandener Ressourcen.

anlässen als Situationsdeutung akzentuiert und thematisiert. Was dazu beiträgt, dass sich diese Begriffskarrieren im kollektiven Bewusstsein verfestigt haben. In diesem emotional wie rational geprägten Stimmungs- und Publizitätskontext des Momentums einer umfassenden Metamorphose (s. Beck, 2017, S. 55) verlieren tradierte Gewissheiten ihre Bestandsfähigkeit. Und etablierte Identitäten und Spielregeln müssen auch von betroffenen Familienunternehmen ggf. neu definiert und implementiert werden.

Wie dem auch sei: Die manifesten, mehr oder weniger prognostizierbaren Parameter und vielfach disruptiven Effekte der skizzierten Szenarien tangieren durch die Dramatik ihrer Entwicklungsgeschwindigkeit nicht nur ökonomisch-relevante Strukturen und Systeme, sondern sie betreffen auch alle Typen und Merkmale von unternehmenskommunikativen Beziehungsgeflechten und Kontaktfeldern. Infolgedessen ergibt sich daraus eine wichtige Funktion vor allem für das PR-gesteuerte Kommunikationsmanagement von Familienunternehmen. Deren Kommunikatoren müssen den für sie wichtigen Stakeholdern erklären, wie sie mit den neuen Verhältnissen und deren Folgeerscheinungen umgehen, in welcher Form sie auf die skizzierten Veränderungsszenarien reagieren, welche Strategien und Maßnahmen die davon erfassten Familienunternehmen zu geeigneten Lösungswegen parat haben bzw. umsetzen wollen und/oder können (s. Abschn. 3.7.1.4). Hierzu sind PR-versierte **Storytelling-Konzepte** und inhaltlich-thematisch situationsangepasste, intelligent aufgesetzte **Narrative** vonnöten. Zu deren Vermittlung sind zudem – vorzugsweise aus der Familienunternehmensspitze – parkettsichere **Storyteller** gefragt, die ihre PR-Botschaften allen Adressaten in Tenor und Diktion überzeugend und nachvollziehbar schildern, in deren Köpfe bringen bzw. dort letztlich verankern können (s. dazu Abschn. 3.4.1 und 3.4.3).

3.2.3   „Telling the good things": Nicht nur schwierige Themen bestimmen die Kommunikation in Zeiten des Wandels

Aber gibt auch eine andere Seite der Medaille: So lassen sich im Familienunternehmensalltag auch weniger gravierende Faktoren, Problem- und Konfliktthemen (sog. „Issues" – s. u. a. Abschn. 3.7.2.9.1)[10] und nicht so dramatisch erscheinende Veränderungsprozesse aufweisen. Diese können ihrerseits als Aufgabenstellungen und Projekte mit kommunikativer Eskorte entsprechend inhaltlich aufgesetzt und instrumentell begleitet werden. Dazu zählen etwa die notwendige Anpassung bzw. Überarbeitung eines lange gültigen, aber in seiner inhaltlichen Orientierung nicht mehr zeitgemäßen **Wertekanons** (s. Abschn. 3.3.3.3.9). Oder die Optimierung bestimmter Produktionsverfahren in einzelnen Unternehmensbereichen und die darauf bezogene gezielte narrativ-

---

[10] S. dazu die Darlegungen von Röttger. Sie definiert „Issues" als Sachverhalte, „die von öffentlichem Interesse sind; ein Konfliktpotenzial aufweisen; tatsächlich oder potenziell Organisationen und deren Handlungspotenzial tangieren; eine Beziehung zwischen Anspruchsgruppen/Teilöffentlichkeiten und Organisationen herstellen und im Zusammenhang mit einem oder mehreren Ereignissen stehen" (Röttger, 2001, S. 19); s. weiterhin Röttger & Preusse, 2008, S. 163 ff. und Mast, ⁵2013, S. 117 ff.

kommunikative **Positionierung** und **Profilierung** in relevanten (Fach-)Öffentlichkeiten. Das kann beispielsweise in selbst produzierten PR-Beiträgen auf LinkedIn erfolgen, in denen der CEO regelmäßig spannende Einblicke in technologische Themen gibt und seine persönlichen Followerzahlen vergrößern kann. Mit dem Bestreben, dadurch auch den Newsflow mit eigenen Themensetzungen zum von ihm repräsentierten Familienunternehmen zu erhöhen und somit dessen kommunikative Konkurrenzfähigkeit in maßgebenden Aktionsfeldern und Märkten zu steigern.

Ein weiteres signifikantes Projekt mit hoher kommunikativer Relevanz für involvierte Familienunternehmen in Zeiten des Wandels sei an dieser Stelle exemplarisch erwähnt: das **„ESG"-Szenario**[11] (s. Erchinger et al., 2022, S. 5 ff.). Dieses Aktionsfeld, das verortet ist im Kontext von „Corporate Responsibility" (**CR**), „Corporate Identity" (**CI**) und einer damit korrespondierenden Kommunikations- und Austauschkultur, wird aktuell in vielerlei Hinsicht diskutiert. Als Teil organisationaler Transformationsprozesse tangiert **ESG** (s. Abb. 3.2) in seinen spezifischen Kriterien und Ausprägungen („**E** = Environmental" – „**S** = Social" – „**G** = Governance") unternehmerisches Handeln und beeinflusst damit zusammenhängende entscheidungsrelevante Managementkonzepte und Positionierungsstrategien in vielen Bereichen. Das vollzieht sich in Kombination mit dazu in der öffentlichen Debatte verbreiteten **ESG-Subthemen**. Dazu zählen u. a. „Diversity", „nachhaltige Unternehmensführung", „Energieeffizienz", „Werteorientierung in Denken und Handeln" und „soziales Engagement".

Vor allem mit Blick auf die Darstellung des Engagements von Familienunternehmen für nachhaltige, verantwortungsvolle Geschäftspraktiken sollten diese Sujets auch inhaltlicher Bestandteil für ein integriert angelegtes Kommunikationsmanagement (s. Abschn. 3.3.4.1) sein. So kann im unternehmenseigenen **Storytelling** in verschiedenen kommunikativen Funktionsbereichen (wie PR- und HR-Kommunikation) durch Informations- und Dialogangebote im Einzelnen auf die ESG-Sachverhalte, -Kriterien und -Prozesse erklärend und orientierend hingewiesen werden. Zudem ist für deren Implementierung als „*Must have*" innerhalb der Mitarbeiterschaft, Führungsriege und ebenso der Inhaberschaft in einem Familienunternehmen überzeugend zu werben. Mit dem Ziel, die Adressaten für die **Chancen**, die sich jeweils aus einer konsequenten Verankerung und Umsetzung von ESG in Familienunternehmensroutinen ergeben, hinreichend zu sensibilisieren und zu aktivieren.[12] ESG-Kriterien werden mittlerweile auch von Investoren[13] in die Analyse von Unternehmensbewertungen mit einbezogen, um so-

---

[11]Zur Einschätzung und Bewertung der Bedeutung der ESG-Kriterien für aktuelles und künftiges Unternehmenshandeln (Familienunternehmen natürlich eingeschlossen(!)) in einer sich verändernden Welt s. u. a.: https://widersense.org/blog/wie-esg-kriterien-unternehmen-strategisch-voranbringen/(Zugriff 23.10.2023).

[12]Wie ESG-Kriterien Unternehmen zu Veränderungen veranlassen, wird dadurch deutlich, dass immer mehr Firmen auch die globalen „Sustainable Development Goals" (SDGs) der Vereinigten Nationen in ihre Strategien sowie Reporting-Systeme für Nachhaltigkeitsaktivitäten einbinden.

[13]Arnold hat auf die Bedeutung der kommunikativen Vermittlung von ESG-Themen auch in der Kapitalmarktkommunikation mit Zielrichtung Investor Relations hingewiesen (Arnold, 2011, S. 170 ff.).

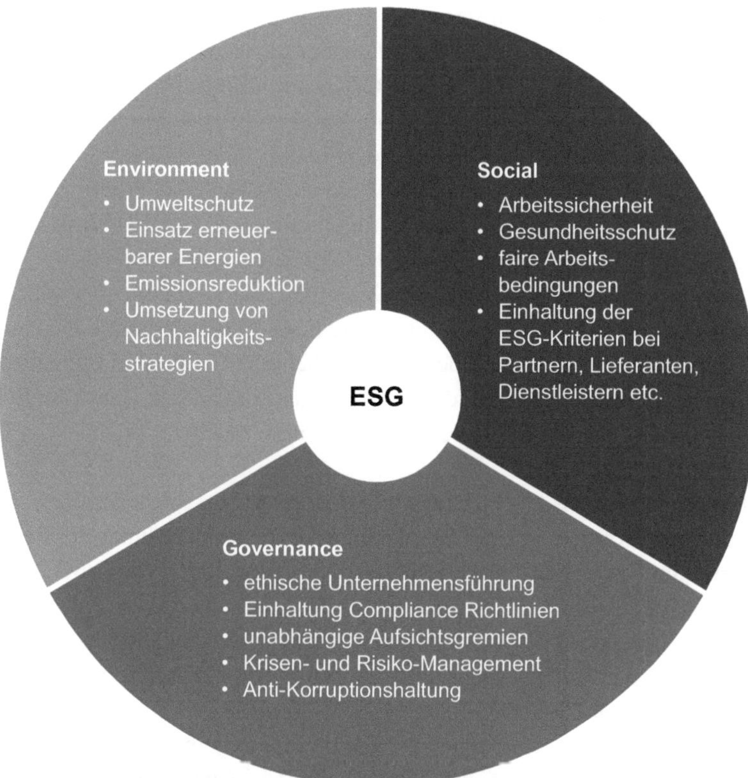

Abb. 3.2 ESG-Kriterien. (Quelle: eigene Darstellung)

ziale, ethische und ökologische Konsequenzen von Investitionen in Unternehmen zu berücksichtigen und zu bewerten. Denn es gilt als gesichert, dass nachhaltiges Wirtschaften einen Wettbewerbsvorteil darstellen kann und sich positiv auf den langfristigen Unternehmenserfolg auswirkt.

ESG sollte somit von Familienunternehmen als signifikante Opportunität verstanden werden. ESG muss Grundlage und „Purpose" (= Grundausrichtung von Sinn und Zweck) für die Organisation (vgl. Fink & Moeller, 2018, S. 23 ff.) sein. Gleichsam als kultureller Backbone verortet, sollte sich ESG als Querschnittsprogramm durch das ganze Unternehmen ziehen und dort nachvollziehbar etabliert werden. Gerade der aktuell in vielerlei Hinsicht diskutierte „**Purpose**" (s. dazu Näheres in Abschn. 3.3.3.3.10) muss in die Wertschöpfungskette und darauf bezogene Kommunikationsaktivitäten eines Familienunternehmens mit einbezogen sein (vgl. u. a. Bruce & Jeromin, 2020, S. 13).

Zur Erzielung dieses Verständnisses und Etablierung des Mindsets ist häufig noch unternehmensinterne Überzeugungsarbeit zu leisten. Dazu sind ebenfalls die Führungskräfte – in konsensualem Austausch und unterstützender Abstimmung mit der Unternehmensleitung, PR und HR – in ihrer Rolle als interne Kommunikatoren und Influencer im Kontakt mit ihren Kollegen tatkräftig gefordert. Die Führungsmannschaft muss dafür entsprechend rhetorisch-inhaltlich-formal in Workshops gecoacht und befähigt werden. Ausgestattet mit speziellen Infopaketen, Guidelines, Q&As und festgelegten KPIs können Führungskräfte in die Maßnahmen zum **ESG-Kommunikationsprozess** als Storyteller aktiv eingebunden werden. Die ESG-Ausrichtung ist praxisnah in Milestones umzusetzen. Das heißt, sie sollte im einem dialogisch geprägten Bottom-up-, Peer-level- und Top-down-Diskurs, der Teamplay und Kommunikation auf Augenhöhe fördert, gelebt werden. Damit dieser Anspruch gelingt, spielt eine funktionierende **Feedbackkultur** eine ausschlaggebende Rolle. Diese sollte dergestalt praktiziert werden, dass sie – gepaart mit einem offenen Informationsflow – alle Beteiligten zu Aufgeschlossenheit, Klarheit und Elan im partizipativen Miteinander motiviert. Die **ESG-Praktizierung** dokumentiert, für welche **Werte** ein Familienunternehmen steht. Daher sollte in diesem Sinne das projektierte ESG-Programm mit den vorhandenen Werten und Leitbildern – auch im Rekurs auf die propagierte Unternehmensstrategie – gematcht und inhaltlich möglichst in Einklang gebracht werden.

Weiterhin eignet sich das ESG-Themenfeld mit seinen verschiedenen Facetten für die Positionierung und Profilierung eines Familienunternehmens im Rahmen des **Beziehungsmanagements mit externen Stakeholdern**. Und zwar indem zu ESG in diversen Kommunikationskanälen und Anlässen unternehmensseitig Stellung bezogen und meinungsbildend Haltung gezeigt wird. Diese Art der öffentlichen Darstellung leistet auch einen Beitrag zur notwendigen Reputationskonstruktion und Imageprofilierung in den adressierten Unternehmensumfeldern.

Es gibt noch eine Anzahl weiterer, für Familienunternehmen maßgebliche interne wie externe Kommunikationsprojekte, die regelhafte sowie zukunftsweisende Sujets und Thematisierungsanlässe behandeln: wie z. B. der in verschiedenen öffentlich-medialen Kontexten teilweise kontrovers debattierte Einsatz von **KI** (= Künstliche Intelligenz) im Rahmen von Digitalisierungsanwendungen, deren technologisch-prozessuale Verankerung unternehmensweite Konsequenzen mit sich bringt. Solche Vorhaben und ihre kommunikative Begleitung bzw. stakeholderorientierten Vermittlungsstrategien werden noch an anderer Stelle unserer Ausführungen (s. u. a. Abschn. 3.3.3.3.14) skizziert. Sie bedürfen indes weiterer, den hiesigen Darstellungs- und Deutungsrahmen sprengender Erörterungen in anderen Publikationen, deren Autoren die Materie aus verschiedenen Blickwinkeln vertiefen können.

3.3   Herausforderungen und Handlungsfelder der Kommunikation von Familienunternehmen

Zusammenfassung

Vom Grundsatz her gelten für Familienunternehmen ähnliche kommunikative Gesetzmäßigkeiten und Prinzipien wie für andere Unternehmensformen. Aber es bestehen auch Unterschiede zum Kommunikationsmanagement und Stakeholder-Setting von Nicht-Familienunternehmen. Das betrifft insbesondere soziale und kommunikative Interaktionen auf der Sach- und Beziehungsebene im Inhaber- und Gesellschafterkreis von Familienunternehmen. Diese bilden eine spezielle Stakeholder- und Kommunikationsgemeinschaft. In diesem Kapitel wird erläutert, warum und wie diese Kriterien und Konditionen von Kommunikationsmanagern zu handhaben sind. Das betrifft die strategische wie operative Gestaltung einer Kommunikationspolitik, die an den Diskursinteressen der jeweiligen Adressaten ausgerichtet ist.

Zudem wird aufgezeigt, welche Einflussfaktoren die Kommunikationsauftritte von Familienunternehmen in den Kommunikationsszenarien der Mediengesellschaft bestimmen. Das gilt vor allem für die digital-vernetzte Medienwelt, die als Bezugssystem für kommunikative Interaktionen auch von Familienunternehmen fungiert. Für deren Gelingen spielt die Kenntnis der Funktionsweisen und Genres der Digitalität, insonderheit des Social Web, für die stakeholderorientierte Organisation der Unternehmenskommunikation eine maßgebende Rolle. Deren Akteure sollten die für sie relevanten Webdiskurse und deren Protagonisten kennen und für eigene Kommunikationsaktionen berücksichtigen. Wohl wissend, dass Kommunikationssteuerung in Bezug auf Themen- und Deutungshoheit im Newsstrom der vernetzten Medienöffentlichkeit schwieriger geworden ist. Gleichwohl fungiert diese Instanz als Bezugsgröße und Aktionsraum für Dialog- und Informationsangebote und Darstellungen unternehmerischer Entscheidungen und Handlungen.

3.3.1 Besonderheiten im Kommunikations- und Stakeholder-Management von Familienunternehmen

Die vorab geschilderten Trends, Tendenzen und Parameter in den **zeitgenössischen Kommunikationsverhältnissen** betreffen auch Familienunternehmen als spezifischer Organisationstyp. Sie erfordern von diesen ein situativ-adäquat aktives, „schnelles und flexibles unternehmerisches Handeln" (Heidelmann, 2013, S. 5). Diese gleichsam existenziell notwendige Anpassungsforderung betrifft nicht nur Bewusstsein und Bereitschaft für die Wandlungsfähigkeit in veränderten Weltläufen mit modifizierten Marktkonditionen und Wettbewerbsbedingungen. Auch die spezifischen Kommunikationshaltungen, Kommunikationsentscheidungen, Kommunikationssysteme und -auftritte von familiengeführten Unternehmungen in interner wie organisationsexterner Ausrichtung kommen gleichermaßen in den Betrachtungsfokus. Sie müssen entsprechend auf ihre Tauglichkeit für ein Gelingen derselben kontinuierlich überprüft und ggf. angepasst bzw. modifiziert werden.

Hinsichtlich der inhaltlichen Justierung, formalen Gestaltung und operativen Anwendbarkeit ihrer Kommunikationsaktivitäten gelten für Familienunternehmen vom Grundsatz her ähnliche **kommunikative Gesetzmäßigkeiten** und Prinzipien wie für andere Unternehmensformen. Aber es bestehen auch teilweise andere **Phänomene, Bedingungen** und **Regeln** als im Kommunikationsmanagement und Stakeholder-Setting von Nicht-Familienunternehmen. Das betrifft insbesondere die in Familienunternehmen im Rahmen der Inhaberschaft, Eigentümer- und Familienstruktur vorherrschenden personalen **Konstellationen**, sozialen und kommunikativen **Interaktionen** und die diese prägenden systemischen Aspekte sowie emotionale, rationale und kulturformende Diskurs- und

Wertedispositionen (s. Abschn. 2.1). Diese Merkmale wiederum sind aktional und kommunikativ verortet in einem speziellen „Spannungsfeld zwischen innerfamiliären und unternehmensspezifischen Erfordernissen" (May, 2017, S. 5). Und das mit allen Vor- und Nachteilen (s. May, 2012, S. 50) für die Unternehmensführung und Unternehmensentwicklung sowie mit Konsequenzen für Kommunikationsvorhaben und -auftritte.

Diese prägenden Kriterien und Konditionen müssen von den verantwortlichen Kommunikationsprotagonisten in und von Familienunternehmen berücksichtigt bzw. operationalisiert werden. Das betrifft vor allem die konzeptionelle wie operative Ausgestaltung und Zielzuweisung von Kommunikationsprojekten. Denn **Familien** – in ihrer Rolle als Privatpersonen, Inhaber und Gesellschafter von Familienunternehmen, ggf. mit aktiver Kontroll- und Managementbeteiligung – sind auch als eine spezielle **Kommunikations- und Stakeholder-Gemeinschaft** (s. a. Abschn. 3.5.2) zu verstehen und zu handhaben (vgl. Hinterhuber et al., 1994, S. 36). Insbesondere mit Blick auf komplexe, komplizierte und mitunter problembehaftete Verknüpfungen und Relationen von Familie und Unternehmen in diversen Handlungs- und Entscheidungsfeldern. Diese haben meist auch – nicht nur innerfamiliär, sondern auch im Außenverhältnis – **kommunikative Relevanz** auf der **Sach-** und **Beziehungsebene** und können diese zweifellos belasten: z. B. in der Nachfolge- bzw. Erbschaftsregelung, bei zu treffenden Standortentscheidungen oder bei strategischen Neuausrichtungen bzw. Korrekturen in der Geschäftspolitik, bei der Konzeption und Implementierung unternehmensweiter Digitalisierungsprojekte oder im Rahmen von notwendigen, indes erklärungsbedürftigen Restrukturierungsszenarien (s. dazu die Ausführungen in Abschn. 2.1 und 2.2.1).

Derartige weitreichende, mitunter durchaus problembelastete und konflikthafte Projekte verlangen selbstverständlich eine situations- und kontextadäquate Kommunikationsbegleitung in allen Beziehungsarealen des betroffenen Familienunternehmens. Dabei wird von den Unternehmenskommunikatoren, die auf der Gehaltsliste von Familienunternehmen, ihren Inhabern bzw. Leitungsorganen stehen, erwartet, dass sie für die Umsetzung ihrer Kommunikationsplanungen Fingerspitzengefühl, psychologisches Einfühlungsvermögen sowie diplomatisches Geschick im Umgang mit Stakeholdern aus dem Familienkreis zeigen. Insbesondere von Bedeutung sind die eingehende Kenntnis sowie das gewandte Handling bestimmter, den familienspezifischen Bezugsrahmen prägender Merkmale. Was natürlich auch in der Ansprache anderer wichtiger unternehmensinterner und externer Bezugsgruppen gefordert ist.

Für eine adäquate **kommunikative Interaktion mit Familien-Stakeholdern** sind folgende Aspekte zu berücksichtigen:

- Uneinheitliche Kommunikationsinteressen und Dialogbedürfnisse der Adressaten;
- vorhandene, in Interaktionen tradierte wie neu aufkommende personelle Konstellationen bzw. Beziehungsgeflechte, die charakteristisch sind für die Gegebenheiten zwischen unterschiedlichen Familienstämmen mit verzweigten Verwandtschaftsbeziehungen;
- variierende Lebensumstände, heterogene Lebensgewohnheiten und damit verbundene Anspruchs- und Werthaltungen;

- im Familienkreis offen bzw. verdeckt kursierende vielfältige Standpunkte, Einstellungen, Meinungen;
- demonstrierte Befindlichkeiten, emotional geprägte Sympathiebekundungen und Antipathien;
- versteckte und/oder offen zutage tretende Konfliktbereitschaften und im Alltagsumgang erwiesene Kollisionsneigungen;
- dokumentierte Solidaritäten und innerfamiliäre Seilschaften sowie sich anbahnende bzw. existierende Kooperationsbestrebungen, die auch über den „Inner Family Circle" in andere Personengruppen – auch außerhalb des Unternehmens – hineinreichen bzw. diese persönlich betreffen können.

Diese vielfältigen Kriterien können alle einen mehr oder minder prägenden Einfluss auf die **Kultur des mit-** und **untereinander Kommunizierens** haben. Zudem beeinflussen sie unternehmensinterne wie -externe Kommunikationsvorhaben: beispielsweise dann, wenn sich Diskrepanzen bzw. Widerstand im Gesellschafterkreis offenbaren gegen eine künftig offensivere **Kommunikationspolitik** in der PR-veranlassten Medienarbeit. Vor allem, wenn diese im Gegensatz zu jener Kommunikationshaltung steht, die sich bislang als eher reserviert-konservativ gezeigt hat. Und zwar getreu dem Motto:

> „Muss das denn alles überhaupt sein? Wir sind doch gut in der Vergangenheit damit gefahren, wenig von uns gegenüber Journalisten bzw. in der Öffentlichkeit preiszugeben und nicht allzu viel über unser Unternehmen in der Presse zu erzählen bzw. veröffentlicht zu sehen. Das sollte doch so bleiben."

Mit einer solchen normativ-ritualisierten Auffassung dokumentiert eine Partei ihren Veränderungsunwillen. Der Stellenwert, den Kommunikation einnimmt, ist gering. Man will lieber bei den gewohnten Kommunikationsverhältnissen bleiben.

Im Gegenzug dazu steht eine andere, ggf. altersmäßig jüngere Gruppe von veränderungsbereiten Gesellschaftern, die womöglich sekundiert werden von Leistungsträgern aus dem – auch nicht-familiären – Management. Dieser Personenkreis zeigt sich gegenüber den speziellen Kommunikationsanforderungen und -aufgabenstellungen, mit denen Familienunternehmen in der modernen Mediengesellschaft konfrontiert sind, prinzipiell aufgeschlossen. „Ein entscheidender Einflussfaktor bei der Professionalisierung der Kommunikation ist oft die Geschäftsführung" (Zerfaß et al., 2016, S. 5). Vor allem, wenn deren Mitglieder diesem Anspruch durch geeignete Strategien und Maßnahmen im Rahmen der externen, mediengestützten PR-Arbeit und in Maßnahmen der Marktkommunikation entsprechen wollen und ihre Kommunikationsaffinität diesbezüglich differenziert äußern:

> „Wir haben eine Vergleichsanalyse der kommunikativen Auftritte und Positionierungen unserer direkten Wettbewerber durchgeführt. Im Ergebnis haben wir festgestellt, dass die Art und Weise unserer dosiert-unsystematischen Unternehmenskommunikation, wenn sie denn (überhaupt) stattfindet, bis dato unmodern bzw. für die Zielgruppen instrumentell wie inhaltlich nicht ansprechend gestaltet ist bzw. nicht aufmerksamkeitsstark und schon gar nicht kontinuierlich umgesetzt wird. Um im Kommunikationswettbewerb nicht abgehängt zu wer-

den, müssen wir in allen Kommunikationsbereichen moderner bzw. zeitgemäßer werden. Vor allem, was die Themenbesetzungen in den für unsere Positionierung wichtigen Segmenten der PR und Medienarbeit betrifft ebenso wie in unseren Social-Media-Aktivitäten. Wir müssen auch eine eigene Social-Media-Community aufbauen und dieses Netzwerk kontinuierlich pflegen. Wenn wir uns nicht selbst zu den für uns wichtigen Sachverhalten und Materien aktiv äußern und keinen direkten Zugang zu unseren Bezugsgruppen haben, dann sprechen andere darüber und im Endeffekt auch über uns. Eine kommunikative „Öffnungsstrategie" ist daher dringend geboten. Aber auch in der internen Kommunikation gegenüber unserer Belegschaft und den Führungskräften zeigt sich deutlicher Verbesserungsbedarf hinsichtlich Informationsleistungen und Dialog. Zudem fehlt uns eine konzeptionelle Basis für die Gestaltung unserer Kommunikations-Roadmap. Und das müssen wir dringend alles ändern. Insbesondere, wenn wir in den für unseren Unternehmenserfolg relevanten Öffentlichkeiten im Innen- und Außenbereich unseres Familienunternehmens mit unseren PR- und Marketingbotschaften und Themen positiv-nachhaltig wahrgenommen und akzeptiert werden wollen."

Die Umsetzung einer solchen oder ähnlich formulierten **kommunikativen Programmatik** kann u. a. geschehen durch mehr kontinuierlich-gezielte, publikumsorientierte, PR-gesteuerte Medienpräsenz. Deren Platzierungen – ob klassisch-medial oder Social-Web-basiert – gründen auf einer darauf geeichten Themenstrategie und einem damit verbundenen Storytelling (s. Abschn. 3.4.1). Dieses wiederum sollte inhaltlich auf eine kontinuierliche Reputationspflege im Stakeholder-Beziehungsmanagement (s. Felden et al., 2019, S. 64) des betreffenden Familienunternehmens konsequent ausgerichtet sein.

Die Erfahrung zeigt indes, dass häufig viele Protagonisten bei **kommunikativen Richtungsentscheidungen** in und für Familienunternehmen – berufen oder mal weniger dienlich – mitreden wollen. Dabei veranstalten sie mitunter Kontrollspiele bzw. verfolgen ihre persönlichen Macht- und Einflussinteressen. Gleichwohl können in diesen Kontexten auch in Gesellschafterkreisen, Aufsichtsgremien, im familienintern oder -extern besetzten Unternehmensmanagement durchaus zweckmäßige Einigkeit, partnerschaftlicher Verständigungswille und pragmatische Konsensbereitschaft für die zu beschließende **Kommunikationsstrategie** vorherrschen: z. B. wenn bei den Entscheidern die Einsicht vorherrscht, dass die unternehmenseigene Social-Media-Präsenz in (Influencer-)Communities mit relevanten Follower-Gruppen inhaltlich und in gestalterischer Anmutung zu überarbeiten bzw. weiter auszubauen ist. Mit der erklärten Zielsetzung, die PR- und/oder marketing-gestützte Online-Sichtbarkeit, Wahrnehmung und positive Resonanz[14] von Unternehmens- und Arbeitgebermarke bei den dafür wichtigen Stakeholdern zu erhöhen. Solch ein Projekt kann ferner sinnvoll implementiert werden in Kombination mit einem in Semantik und Design ansprechend modern modellierten, ggf. in bestimmten Rubriken und strukturell wirkungsoptimierten Webauftritt. Und das selbstverständlich auch mit Blick auf die mobile Content- und Nutzerfreundlichkeit einer Unternehmenswebsite, die ihrerseits als Content-Hub dient. Das gelingt indes nur dann, wenn dazu entsprechende, gut strukturierte **Storytelling-basierte Kommunikationskonzepte** – vorzugsweise unter PR-Regie – entwickelt werden. Deren Module sind in der Umsetzung an den spezifischen

---

[14]Grundsätzlich ist festzuhalten, dass vor allem PR-Präsenz „immer einem Resonanzkalkül im Sinne der Organisation" (Rademacher, 2009, S. 199) unterliegt.

Kommunikationsinteressen und Standpunkten der anzusprechenden Adressaten orientiert. Etwa wenn diese aus dem Fachpublikum bzw. Kundenkreis einer zu profilierenden Produktlinie stammen. Die Darlegung der Sinnhaftigkeit von derartigen, strategisch-fundierten Kommunikationsmaßnahmen, die an die Verhältnisse der „modernen Aufmerk-samkeitsökonomie" (vgl. Abschn. 3.5.1) angepasst sind, verlangt gerade bei Familien-unternehmen mit einer eher „konservativen" Kommunikationsausrichtung von den Be-fürwortern ein gerütteltes Maß an Überzeugungskraft. Damit solche Projektvorhaben, nicht zuletzt mit den notwendigen Ressourcen ausgestattet, auch erfolgversprechend rea-lisiert werden können, besteht bei näherer Examinierung bestimmt an der einen oder an-deren Stelle noch organisationaler Edukationsbedarf. Vor allem in mittelständischen Familienunternehmen (s. Mast, [5]2013, S. 79; Kirf & Sommerwerck, 2015, S. 21) sind durchaus Verbesserungspotenziale zu identifizieren, die sich für den Kommunikationsall-tag in und außerhalb des Unternehmens vorteilhaft nutzen lassen.

Zudem sind in familiengeführten bzw. familienkontrollierten Unternehmen aller Größenordnungen und Tätigkeitsbereiche immer wieder Reibungen, Dissonanzen und konfliktive Uneinigkeiten über Strategie und Taktik eines präsentierten bzw. geplanten unternehmenskommunikativen Vorgehens festzustellen. In solchen Fällen müssen die ver-antwortlichen Kommunikatoren auch im vermittelnden **Konfliktmanagement** (s. Klein, [2]2004, S. 87 f.) möglichst einschlägige Kenntnisse vorweisen und es tatkräftig betreiben können. Wobei sie bei Bedarf durch externe Experten mit entsprechender Moderations- und Kommunikationserfahrung (z. B. aus PR-Agenturen) gecoacht und beratend unter-stützt werden können. Dabei müssen jene in ihrer **Moderatorenrolle** im Kontakt- und Austauschkontext zwischen Familienunternehmen (s. Felden et al., 2019, S. 62 f.) und den verschiedenen Parteien, ihren jeweiligen Positionen und möglichen Zielkonflikten ge-schickt vermitteln und ihre Gesprächspartner mit rhetorischer Energie argumentativ plau-sibel überzeugen. Eine Mobilmachung für die Unternehmenskommunikation auch in eige-ner Sache. Mit dem erklärten Ziel, den Personengruppen aus dem Unternehmer-/Familien-kreis aufzuzeigen, dass der vorgeschlagene kommunikative Weg inhaltlich und formal für das kommunizierende Familienunternehmen die richtige Wahl ist: so etwa, wenn es die externe Darstellung der eigenen Arbeitgebermarke betrifft, die punktgenau durch attraktiv-eingängige, stets aktualisierte Posts und Videosequenzen auf YouTube und ande-ren populären Digitalplattformen erfolgen kann. Dabei ist selbstverständlich die Online-Unternehmenspräsenz auf der eigenen Homepage mitzudenken. Durch eine solche PR-Strategie können die gewünschten Zielwirkungen in den kontaktierten Öffentlich-keiten – in diesem Fall im Werben um Nachwuchskräfte – ohne allzu große Streuverluste erreicht werden. Je nach Zielrichtung kann dadurch das kommunizierende Familienunter-nehmen bei den angesprochenen Stakeholdern im Storytelling anschaulich und schlüssig punkten.

Sich in dieser, für Familienunternehmen **speziellen Stakeholder-Ausprägung** (s. Abschn. 3.5.2) mit ihren typischen kommunikativen Orientierungen, Attitüden, Positio-nen und Rollenmustern adäquat zu bewegen, ohne allzu sehr anzuecken, ist kein einfacher Job für mandatierte Kommunikatoren. Denn für sie ist es ein vorrangiges To-Do, ihre Ideen und Konzepte überzeugend zu verkaufen. Dabei sind die aus ihrer Sicht richtigen Kommunikationsempfehlungen abzugeben, nachvollziehbare Kommunikationsentscheidungen zu treffen und aussichtsreiche Strategien zu entwickeln. Mit dem Ziel, diese unternehmensintern wie -extern möglichst zielführend umzusetzen. Dafür sind auch entsprechende Gestaltungsspielräume notwendig. Bei diesen Vorhaben sind nicht nur Anerkennung und Beifall zu erlangen. Vielmehr kann diese Betätigung die Akteure durchaus in Minenfelder mit manchen Unvorhersehbarkeiten und diversen Kommunikationsfallen führen. Darüber sollten sich diejenigen, die diesen Job qua Auftragserteilung machen, im Klaren sein. Sie müssen die mit ihrer Funktion korrelierenden Anforderungen und Facetten, aber auch Zumutungen ständig neu reflektieren und bewerten, um in den Konditionen und Konstellationen des Kommunikationsalltags von und in Familienunternehmen bestehen bzw. reüssieren zu können.

3.3.2   Einflussfaktoren der Kommunikation von Familienunternehmen

3.3.2.1 Digital geprägte Kommunikationsverhältnisse

Die Protagonisten des Kommunikationsmanagements von Familienunternehmen sind in der Praxis konfrontiert mit einer an Intensität und Tragweite zunehmenden Beschleunigung und Variationsbreite von Kommunikationsstilen (ob informativ, argumentativ oder persuasiv), Rezeptionsformen und Aktivitäten in einer stark medial-digital disponierten Alltagskultur. Und dieses Bezugssystem bestimmt in vielerlei Hinsicht die darin interagierenden und kommunizierenden Öffentlichkeiten (Stichwort: „Medienwandel" – s. dazu Rankl, 2017, S. 43 ff.).

In dieser Sphäre einer **kommunikativ vernetzten**[15] **Medienwelt**, die grundsätzlich konditioniert ist durch eine „tiefgreifende Mediatisierung" (Hepp, 2016, S. 227) mit medialem Überangebot, hat sich eine maßgebliche Verlagerung des Medienkonsums, kommunikativer Austauschformen und Foren in die virtuellen Spielarten des **Social Web** vollzogen (s. u. a. Fiege, 2012, S. 16 ff.). Am Ende der in vielen Bereichen zwischenzeitlich bereits überholten „Gutenberg-Galaxis" (s. Bolz, [2]1995, S. 9 ff.) und in den „medienpflichtigen" Routinen einer „digitalen Mediapolis" (s. Weichert et al., 2010, S. 16 ff.) angekommen, hat sich der Mitteilungs- und Rezeptionsraum der Sozialen Medien zu einem wesentlichen **Leitmedium** und **Leitmilieu** entwickelt. Mit seinem speziellen „Netzwerkeffekt" (Rankl, 2017, S. 4) hat dieses Forum den „digitalen Strukturwandel der Öffentlichkeit" (Weichert et al., 2010, S. 18)[16] mit seinen offenkundigen „Medialisierungsfolgen" institutionalisiert. Diese Transformation gilt als unmittelbare Folge der globalen

---

[15] „Vernetzung" ist eine geläufige Metapher für digital kommunizierende Weltläufe und Diskursverbindungen – s. u. a. Kirf et al., [2]2020, S. 3.

[16] Zum stark medienanimierten „Strukturwandel der Öffentlichkeit" – eine Begriffsprägung, die angelehnt ist an die bekannte Interpretation im gleichnamigen Werk von Jürgen Habermas (1962) – s. Donges & Imhof 2011, S. 121; Rademacher. 2009, S. 204; Weichert et al., 2010, S. 18 ff.. Hinsichtlich der sich wandelnden Kommunikationsverhältnisse hat Habermas zwischenzeitlich seine Ansichten zu einem „neuen Strukturwandel der Öffentlichkeit" erweitert und inhaltlich präzisiert (s. Habermas, 2022).

„Medialisierung der Gesellschaft". Mit Blick auf die mit diesem Paradigmenwechsel einhergehenden konstitutiven Veränderungen erscheint das klassisch-normative Modell von „Öffentlichkeit" antiquiert. Befreit von der Begrenzung öffentlicher Kommunikationsräume im traditionellen Mediensystem wird das Publikum im Umfeld von Unternehmen immer fragmentierter, vernetzter und kommuniziert mit einem wachsenden Inszenierungs- und Einflussnahme-Potenzial. Dieses veränderte Verständnis von „Öffentlichkeit" und „öffentlicher Meinung" ist stets auch „vor dem Hintergrund veränderter Medienlandschaft und Mediennutzung" (Bürker, 2011, S. 30) zu denken. Und es ist derweil für die Kommunikation von Familienunternehmen und ihren Protagonisten zu einem wesentlichen Aktionsfeld und Präsenzterrain geworden.[17]

Das **Social Web** liefert einem breiten Publikum für seine Meinungsbildung eine Vielzahl zugänglicher und nutzbarer Informationen, Stellungnahmen, Selbstoffenbarungen und Thematisierungen, die zugleich Familienunternehmen tangieren können. Auch, weil deren Aktivitäten, Verlautbarungen und Auftritte keinen Privatstatus haben. Vielmehr stehen sie „unter permanenter Beobachtung" (Kirf & Rolke, 2002, S. 35) diverser Öffentlichkeiten (s. Abschn. 3.5.1) und werden von diesen mit kritischem Bewertungs- und Zensurblick evaluiert (s. Abschn. 2.1). Das dadurch beeinflusste Denken und Verhalten des Unternehmenspublikums ist erfolgsbestimmend und bestandssichernd für ein dergestalt auditiertes Familienunternehmen (Stichwort: Erteilung der „Licence to operate").

Öffentliche und öffentlichkeitswirksame Debatten, Meinungssteuerungen, Konversationen und Kontroversen finden vermehrt in vernetzten Online-Terrains statt bzw. finden dort ihren Urspruch. In diesem Wirkungskreis treten „(digitale) Themenlobbyisten" (Kirf et al., [2]2020, S. 13) aus diversen (Mikro)Milieus als sog. **„Gatekeeper"** auf (s. u. a. Weichert et al., 2010, S. 34 ff.; Mast, [5]2013, S. 197 f.; Hennerkes & Kirchdörfer, 2015, S. 528). Sie bestimmen und besetzen mit ihren Narrativen und den darin geäußerten Standpunkten, Thesen, Wahrnehmungsmustern und Bilderwelten in häufig multiplikativ-meinungsprägender Manier (vgl. Rankl, 2017, S. 3 f.) die Denkweisen ihrer Rezipienten (s. Herbst, [4]2021, S. 53 ff.). Dieses Produktionsprinzip für die Erzeugung, Verteilung und Aneignung von Kenntnis- und Wissensständen folgt der bereits erwähnten **„Ökonomie der Aufmerksamkeit"** resp. **„Informationsökonomie"** (Franck, 1998, S. 66 f., 70; s. a. Bolz, 2007, S. 23; Franck, [2]2014, S. 194 ff.).[18] Die in diesem Wettbewerbsszenario Mitwirkenden zielen darauf, das knappe, instabile, ökonomisch, psychologisch wie habituell wertvolle Gut von interessengeleiteter Beachtung und Rezeption in der medialisierten

---

[17]Zu diesem Themenbereich, seinen Aktionsszenarien und -kontexten gibt es inzwischen in der Fachliteratur bereits eine Fülle von aufschlussreichen Beiträgen. Eine weitere Erörterung würde indes den Rahmen dieser Arbeit sprengen und bleibt daher anderen Publikationen vorbehalten.

[18]Dass mit zunehmendem Bestand an abrufbaren Informationen „Aufmerksamkeit" als knappe Ressource für diejenigen, die sie beanspruchen und kommunikativ wie ökonomisch nutzen wollen, immer wertvoller wird, hat Frank in seiner Studie zur „Aufmerksamkeitsökonomie" (Franck, 1998, S. 69 ff.), ebenso mit Blick auf deren spezifische Entwicklung im WWW, reflektiert und eindrücklich verdeutlicht.

Massenkommunikation für eigene Publizitäts- und Profilierungsvorteile substanziell nutzbar zu machen sowie vorteilhaft einzusetzen.

3.3.2.2 Die Konsequenz: Digital-medial verortete Diskurse, Interaktionsszenarien und deren Teilnehmer im Blick behalten

Die besondere publizistische Energie eines mittlerweile auf allen möglichen Plattformen etablierten „Parajournalismus der Laien" (Bolz, 2007, S. 30; vgl. Precht & Welzer, 2022, S. 157 ff.) hat synchron die Position der „Gatekeeper 2.0" (s. Schindler & Liller, 2011, S. 75 f.)[19] als digital-verortbare Meinungsmacher installiert und organisiert. Diese Gestalter von und Teilnehmer an Kommunikationsprozessen sind in ihrer manipulativen Meinungsbildungsmacht mit entsprechenden Abstrahlungseffekten (s. Rolke & Wolff, 2002, S. 20) nicht zu unterschätzen. Als selbstorganisierter Teil der Medienwelt bewerten, kommentieren, erzählen und inszenieren diese **Storyteller** eigenständig persönliche Angelegenheiten, Eindrücke und Emotionen sowie mehr oder weniger real nachweisbare Ereignisse und Phänomene. Oder auch vorsätzlich als „Fake News" bzw. „Fake Facts" lanciert (s. Nocun & Lamberty, 2020, S. 123 ff.; Johann & Wagner, 2020, S. 99 ff.) und gerne ideologisch-populär verbrämt als (vermeintliche) Aktualitätskonstruktionen dargestellt. Das geschieht meist ohne Überprüfung ihrer Kreationen durch professionelle Kontrollinstanzen. Auf diese Weise wird u. a. die Kommunikationsform des „Gerüchts"[20] in der öffentlichen „Gerüchteküche" informell und direkt befeuert bzw. durch Weitergabe mitunter krisenfördernd (s. Abschn. 3.7.2.1) weiterentwickelt (s. Mast, ⁵2013, S. 203 ff.). Die verbreiteten „Geschichten" – ob tatsachenbasiert oder erfunden – werden bekanntlich als sog. „User Generated Content" (s. Fiege, 2012, S. 31 f.) für bestimmte Follower-Kreise – mit Blick auf deren Likes, Traffic und Feedback – gezielt für einen anschlusstauglichen[21] **Newsstrom** verarbeitet. Mit der Absicht, diese Inhalte und Botschaften anschließend durch spezielle Hyperverlinkung „zu anderen Diensten in der Social Media Sphäre" (Fiege, 2012, S. 8) aufmerksamkeitsfördernd und reichweitenstark zu teilen. Das geschieht auf Content-Sharing-Plattformen und populären „Direktmedien" (Precht & Welzer, 2022, S. 10) wie TikTok, Telegram, Instagram, Facebook, X (vormals Twitter) und/oder WhatsApp. Diese sind – je nach Beliebtheits- und Verbreitungsgrad – weiter beliebig sortierfähig und modellierbar. Für die digitalen **Meinungsmacher**, die Kommunikationsprozesse aktiv (mit)gestalten, erscheinen „Digital First" und „Mobile First" als verpflichtende Wege und prägende Imperative zeitgemäßer Adressaten-

---

[19] Zur kommunikativen Funktion der gemäß ihrer technologisch-induzierten Kommunikationsverortung als **„Gatekeeper 2.0"** bezeichneten, in digitalen Diskursräumen agierenden und diese beeinflussenden Meinungsführer s. Fiege, 2012, S. 10 f. Auf die nummerische Kennzeichnung „2.0" – in beschreibenden Kontextzuweisungen zu diesem Personenkreis als Gattungsbezeichnung verwendet – wird an dieser Stelle allerdings nicht weiter eingegangen. Die Fortschreibung dieses Zahlencodes wird sich gemäß technologisch-induzierter Zuschreibung gewiss künftig noch ändern.

[20] Zu Genealogie, Morphologie, Interpretation, Erscheinungsweisen und Umgang mit dem Phänomen „Gerücht" in verschiedenen Kontexten s. die immer noch lesenswerte Monografie von Kapferer (1996).

[21] Auf die „Anschlusstauglichkeit" von Kommunikationsinhalten und Themen und ihre spezifische Relevanz und Funktionsweise als öffentliches Kommunikationsphänomen hat bereits Luhmann im Kontext seiner Begriffsprägung „Anschlusskommunikation" stilbildend hingewiesen (Luhmann, 1996, S. 171 ff. – s. dazu auch Abschn. 3.4.2).

anrede sowie einer damit verbundenen Beziehungsarbeit und Kontaktgestaltung. Der in diesem Setting vermittelte **„Content"** kann laufend in Echtzeit aktualisiert und modifiziert werden. Technisch und thematisch-inhaltlich auf dieses Genre der Mediennutzung hin anschlussfähig-verbreitbar ausgerichtet, sind die Posts für einen beliebig großen Empfängerkreis frei zugänglich. Subjektiv nach Relevanz sortiert und gefiltert.

Auf diese Weise entscheiden „virtuelle Federn" als „Influencer" darüber mit, was publik gemacht bzw. was öffentlich thematisiert und rezipiert wird: z. B. indem sie einen eigenen Blog betreiben und darin ihre spezielle, persönliche Sicht des allgemeinen Weltgeschehens oder regionale Vorkommnisse, in die ein Unternehmen involviert sein kann, beschreiben. Oder wenn sie ein selbstproduziertes Video zu einem bestimmten Thema, z. B. zu einer Produktbewertung, auf YouTube stellen und damit eine figurative, vermeintlich parasoziale Beteiligung am öffentlichen Kommunikationsprozess für interessierte Rezipienten bewerkstelligen.

Mit Blick auf diese praktizierten kommunikativen Motivlagen und Handlungsmuster lautet der „**kategorische Imperativ**", der das digital-virtuell-konditionierte Medienzeitalter mit seinen speziellen vernetzten Kommunikationsarenen und -effekten charakterisiert: „Kommuniziere so, dass andere anschließen können." (Bolz, 2007, S. 123) Treffend tituliert, frei nach Immanuel Kants geläufigem, in vielfacher Hinsicht zitierten philosophischen Aphorismus.

Das **Social Web** hat die Zugangsbarrieren zum traditionellen Mediensystem längst beseitigt (s. Bolz, 2007, S. 118 f.). So untergraben die bereits beschriebenen „Gatekeeper" in ihrer Rolle und Funktion als Publizisten und Kolumnisten mit multiplen Content-Produktionen und Veröffentlichungen nicht nur das publizistisch-journalistische Informations-, Deutungs-, Meinungsbildungs- und Entertainmentmonopol der traditionellen, „amtierenden" (Publikums-)Medien (s. Precht & Welzer, 2022, S. 80), die vorrangig den Mainstream bedienen (vgl. Jarvis, 2015, S. 141 ff.). Deren „Exklusivität zur Informations- und Meinungsselektion" (Herger, 2004, S. 10) ist darüber hinaus auch weitgehend abhandengekommen (s. a. Lies, 2015, s. 31) und sie stehen gegenüber „Hobbyjournalisten oder selbst ernannten Experten im Netz" (Weichert et al., 2010, S. 43)[22] zunehmend auf verlorenem Posten. Zudem können die digital verorteten Storyteller mit ihren Recherchen, Publikationen und Disputationen die Planungen und Initiativen von Unternehmenskommunikatoren tangieren. Vor allem im allgegenwärtigen Wettbewerb um Aufmerksamkeit,[23] in dem um Themen- und Deutungshoheit sowie Akzeptanz in Kontakten und Konversationen mit wichtigen Adressatengruppen (Journalisten, Kunden etc.) gerungen wird. Somit müssen sich die Kommunikationsakteure auch von Familienunternehmen darüber im Klaren sein, dass sie in den modernen Kommunikationsverhältnissen zunehmend die

---

[22] Über den Bedeutungsverlust und den Schwund des informellen Vermittlungs- und Deutungsmonopols sowie die Nachrichtenselektion der „traditionellen", journalistisch-professionell verfassten Massenmedien in den modernen Kommunikationsverhältnissen ist schon viel geschrieben, geredet und lamentiert worden. Es wird daher in diesem Zusammenhang nicht weiter thematisiert.

[23] Die Erreichung von **„Aufmerksamkeit"** als spärlich vorhandene Bindungs- und Akzeptanzressource ist im stakeholderorientierten Kommunikationsmanagement von Unternehmen in den Kommunikationsverhältnissen der Mediengesellschaft von großer Bedeutung – s. dazu die Ausführungen in Abschn. 3.4.1.

Einwirkung und Regie über das verlieren, was, in welcher Form, von wem, in welchen Kanälen und Szenarien über sie und ihre Organisation erzählt bzw. öffentlich behauptet wird.

Dieses Faktum hat zudem Konsequenzen für die inhaltlich-thematische wie instrumentelle Gestaltung und Umsetzung PR-mediengestützter Kommunikationsaktivitäten. Gerade auch deshalb, weil die Zahl der Kommunikationskanäle und Plattformen kontinuierlich wächst und die (ver)öffentlich(t)en Themen und Diskurse in Summe und Komplexität zunehmen. Und weil sich Rezeptionsmodi, Kommunikationsroutinen und -trends in den Publikumsarenen der Medienöffentlichkeit wiederholt wandeln. So wird es auch für **kommunizierende Familienunternehmen** immer schwieriger, für sie wichtige Botschaften und Themenbesetzungen an immer inhomogenere Empfängerkreise, die verortet sind in einer „neuen Form von Öffentlichkeit" (Himmelreich & Einwiller, 2015a, S. 185 – s. a. Abschn. 3.3.2.1), medial-kontrolliert zu (ver)senden, dadurch medieninduzierte Kommunikationsprozesse ohne größere Streuverluste inhaltlich zu besetzen und zu steuern. Gleichwohl sind die – in Fachdebatten und wissenschaftlichen Analysen vielfach erkundete und kommentierte – Medienöffentlichkeit[24] und ihre Wirkungsmechanismen (s. Viehmann, 2020, S. 185 ff.) im Kontext der „Konkurrenz der Meinungen und Entscheidungen in der Öffentlichkeit" (Habermas, 2022, S. 24) nach wie vor essenzielle **Bezugsgrößen** und **Aktionsrahmen** für die kommunikativen Demonstrationen, Schilderungen und Begründungen unternehmerischen Handelns und der dieses bestimmenden Motive, Initiativen und Kommunikationsprogramme.

Diese Lesart, das sei an dieser Stelle nochmals betont, ist auch typisches Phänomen und Folge der fortschreitenden Medialisierung der Gesellschaft (s. Röttger et al., ²2014, S. 66 f.). In deren Sphäre kann das medienkonditionierte Publikum in seinen Denkweisen und Handlungsmustern „immer weniger zwischen ferner Medien- und eigener Erfahrungsrealität" (Köhler, 2006, S. 46) unterscheiden. Weil, wie der kommunikationswissenschaftliche Common Sense mittlerweile aufweist, „massenmedialer Informationstransfer in Mediengesellschaften zum entscheidenden Konstitutionskriterium von Öffentlichkeit" (Röttger et al., ²2014, S. 80) geworden ist. Diese Übertragung ist als konstitutiver Teil von Wirklichkeitskonstruktionen durch Informations- und Diskursangebote im Rahmen und als Folge der Medialisierung zu verstehen. Letztere hat, wie wir noch sehen werden, auch Auswirkungen auf das PR-gesteuerte Kommunikationsmanagement von Familienunternehmen (s. u. a. Abschn. 3.3.3.4.3).

Bekräftigt wird der beschriebene Kurs noch durch die rasante, technologiegetriebene Umplatzierung von Kommunikation auf digitale Medien und mobile Endgeräte anstelle von langen vorherrschenden Formaten des Medienkonsums wie Radio, TV und Print. Indes haben diese Medienformate nach wie vor ihre Existenzberechtigung und werden von einem großen, demografisch diversen Publikum frequentiert und rezipiert. Gleichwohl ist die gesellschaftliche Alltagswelt für einen Großteil längst kommunikativ unverzichtbar mobil-digital geworden.

---

[24]Zum Verständnis von **„Medienöffentlichkeit"** als spezielle Kategorie und Institution von Öffentlichkeit, die ihrerseits durch die Massenmedien und Rezeption ihrer Angebote in Form von Sprach- und Bilderwelten konstruiert wird, s. Schulz, 1997, S. 86 ff.

Im **digitalen Diskursraum** und der ihn kennzeichnenden „Beschleunigung öffentlicher Kommunikation" (Schenk et al., 2008, S. 248) durch eine signifikante „digitale Meinungsvielfalt" (Kollmann & Schmidt, 2016, S. 35) ist folglich eine selbstorganisierte, vielstimmige, vielgestaltige, kommunikativ-mediatisierte Existenz zahlreicher untereinander verbundener Player erwachsen.[25] Die treibende Kraft für diesen Prozess ist auch eine ständig wachsende Zahl vor allem der an der digitalen Kommunität und in ihren Diskursarenen kommunikativ Mitwirkenden. Gemeint sind dabei jene Communities von „Digital Natives", „Digital Immigrants" und/oder „Digital Residents" und deren geläufige Anwendungen digitaler Kommunikations- und Human-Enhancement-Technologien,[26] datenbasierter und -verarbeitender Dienstleistungen (Stichwort: „Datafizierung")[27] sowie leicht verfügbarer IT-/KI-Supply beim kontinuierlichen Austausch von Informationen, Themen und Nachrichten. Und dies geschieht in vielfältigen, sich ständig modifizierten bzw. technologisch weiterentwickelnden Formen im Rahmen von Cloud Computing, mittels Smartphone-mobilen Kommunikationsanwendungen oder durch Kontaktpflege in Social Networks. In seiner verbreiteten digitalen Dauerpräsenz ist der Mensch schon längst zum vernetzt kommunizierenden „Homo Digitalis" geworden.

Die **Akteure der Kommunikation von Familienunternehmen** sollten die ihre Kommunikationsarbeit tangierenden Auswirkungen dieser Entwicklung verstehen und bei der Vermittlung ihrer Themen und Umsetzung der darauf bezogenen Maßnahmen berücksichtigen. Somit ist von ihnen gefordert, dass sie auch die Genres und Tendenzen der von „Digitalität" konditionierten Diskursformen und -domänen kennen und deren digitale Spezifik im Kommunikationsalltag für ihre unternehmensinternen und -externen Kommunikationsvorhaben aktiv nutzen: z. B. mittels „Adaption und Nutzung von Medieninnovationen wie mobilen Devices und audio-visuellen Online-Formaten in der Ansprache von Adressaten in B2B- oder B2C-Bereichen" (Kirf et al., [2]2020, S. 4 – s. dazu die Ausführungen in Abschn. 3.3.3.3 und 3.3.3.4 und den jeweiligen Unterabschnitten).

3.3.3   Aufgaben und Szenarien der Kommunikation von Familienunternehmen

Zusammenfassung

Dieses Kapitel widmet sich der Darstellung zentraler Aufgaben und Handlungsfelder des strategischen Kommunikationsmanagements von Familienunternehmen.

Zunächst wird die Entwicklung einer konzeptionellen Basis für Kommunikationsaktivitäten in unternehmensinternen und -externen Sektoren erörtert. Die Kenntnis der Spiel-

---

[25] Dieses Faktum ist in seinen Ausprägungen, Funktions- und Wirkungsweisen für die Unternehmenskommunikation auch in der Forschungs- und Praktikerliteratur hinlänglich erörtert worden und braucht daher nicht weiter vertieft werden.

[26] Zur Einordnung und weiterführenden Betrachtung s. die technologische Überblicksdarstellung bei Kollmann & Schmidt, 2016, S. 9 ff.

[27] S. die Erläuterungen zur Bedeutung dieser Begriffskonstruktion bei van Dijck, 2014, S. 198 ff.

regeln und Spielarten eines konzeptionell-basierten Kommunikationsmanagements in den Meinungsbildungskontexten und Stakeholder-Kontaktarenen der Mediengesellschaft ist ein Muss für alle Kommunikatoren von Familienunternehmen. Kommunikationskonzepte zu erarbeiten, gehört zu deren Basismethodenkompetenz. Mit Blick darauf werden in den folgenden Ausführungen die Grundlagen der Konzeptionsentwicklung beschrieben.

Konzepte sind als Planungsbasis und Steuerungsinstrument für Kommunikations-anlässe, darauf ausgerichtete Programme und Inszenierungen zu verstehen. Die Strategie-verpflichtung gilt als generisch für einen festgelegten kommunikativen Bezugs- und Handlungsrahmen, seine Zielvorgaben und angepeilten Kommunikationswirkungen. Kommunikationsbotschaften bilden die inhaltliche Substanz der Themensetzungen und Storytelling-Motive, die sich an Stakeholder-Diskursansprüchen orientieren. Diese bilden einen Kernpunkt konzeptioneller Überlegungen. Die Kommunikationsstrategie zeigt den Weg auf, wie man mit Narrativen in die Köpfe der Zielpersonen gelangen kann und bestimmt den operativen Mitteleinsatz in Form von Maßnahmenempfehlungen. Um die Effektivität und Effizienz von Kommunikationsleistungen quantitativ und qualitativ zu evaluieren, ist ein Kommunikations-Controlling aufzusetzen, das Wirkungsergebnisse dokumentiert und interpretiert. Dadurch lässt sich ausmachen, auf welche Art Kurskorrekturen in weiteren Strategiefestlegungen und Zielsetzungen vorgenommen werden müssen.

3.3.3.1 Plädoyer für eine konzeptionell-strategische Fundierung und Ausrichtung der Kommunikation von Familienunternehmen

Dass Kommunikation einen wesentlichen strategischen Erfolgsfaktor für die Bestandsfähigkeit, Weiterentwicklung und Zukunftssicherung von Familienunternehmen darstellt, „da sie eine erfolgreiche Differenzierung vom Wettbewerb ermöglichen kann" (Bruhn, 2015, S. 27), wurde in den vorangehenden Kapiteln hinreichend erläutert. Dabei sind Familienunternehmen gefordert, die inhaltliche und formale **Gestaltung der Kommunikationsarchitekturen** und -verbindungen in erfolgsrelevanten Diskurs- und Interaktionsarenen des Beziehungsmanagements mit ihren Stakeholdern immer wieder neu zu reflektieren. Damit sie auf den dafür relevanten internen und externen Individual- und Gruppenebenen kontaktfähig und beziehungstauglich agieren können. In diesem Zusammenhang ist auch das Erfordernis eines **konzeptionell-basierten Kommunikationsmanagements** für die Realisierung von wirkungsstarken Kommunikationsstrategien und -programmen in allen Kommunikationsfunktionen unbestritten (s. u. a. Bruhn, 2015, S. 113 ff.). „Ein konzeptioneller Prozess ist idealtypisch ein zielgerichtetes und damit wirkungsorientiertes kommunikationsstrategisches Denken und Entscheiden (…)" (Szyszka, 2008, S. 46).

Kommunikative Aufgaben und Problemstellungen in einem **Kommunikationskonzept**, das als Planungsbasis und Steuerungsinstrument gedeutet (s. Szyszka, 2008, S. 45 f.; Kirf, 2018, S. 122)[28] wird, methodisch-strukturiert zu fixieren und zu bearbeiten

---

[28]Aus der Fachdiskussion, die eine Kommunikationskonzeption als methodisch-systematisches Planungsverfahren auf den Ebenen von Analyse, Strategie, Taktik und Evaluation beschreibt, resultieren verschiedene Entwicklungsmodelle zur Konzeptionsarchitektur, auf die wir – wenn es angebracht erscheint – im Laufe der Erörterung verweisen. Nach wie vor grundlegend dafür ist die Monografie zur Konzeptionslehre von Leipziger ([3]2009).

(s. Leipziger, [3]2009, S. 16; Merten, 2013, S. 167 ff.), ist mittlerweile in allen Terrains der Unternehmenskommunikation praxisgerechter Gestaltungskonsens (s. Kirf, 2018, S. 118). Ein solches Verfahren ist sowohl im Kommunikationsalltag des PR-Bereichs Usus als auch in marketing-etikettierten Werbekampagnen. Und dieser Modus gilt auch für die Kommunikationsverantwortlichen familiengeführter Organisationen. Diese sollten in der Regel vom Management beauftragt werden, für anstehende Kommunikationsprojekte einen Fahrplan zu entwickeln. Dazu gibt es für Kommunikatoren bei Bedarf hermeneutischen Beistand in Form von Denk- und Gestaltungshilfen sowie Gebrauchsanweisungen im Curriculum der Literatur zur „Konzeptionslehre". Deren Begriffssysteme fungieren als Bezugs-, Deutungs- und Steuerungsrahmen für Kommunikationsplanungen.[29] Dabei steht eines fest: Die **Strategieverpflichtung** ist generisch für die gelingende Implementierung von Kommunikationsaktivitäten (s. Merten, 2013, S. 91 ff.; Kirf et al., [2]2020, S. 34). Die diese konstituierenden Dramaturgien und Inszenierungen (s. Lies, 2011, S. 18 f.) zur Realisierung von Kommunikationsanliegen gründen idealiter auf einem konzeptionellen Vorgehen: beispielsweise bei der Einführung einer neuen Produktlinie oder der PR-gesteuerten Bekanntmachung von Maßnahmen zur Umsetzung von Nachhaltigkeitsstrategien beim Einsatz von Zukunftstechnologie, die ein Familienunternehmen verfolgt. Konzeptionsarbeit wird grundsätzlich als ein strukturiert-methodischer Problemlösungsprozess mit anwendungsorientiertem Bezug verstanden (s. Leipziger, [3]2009, S. 47 f.). Die Unternehmensziele bilden den Visierkern und Kulminationspunkt praxistauglicher konzeptioneller Arbeit. Gemäß dem Credo: „Jedes Kommunikationskonzept muss am Ende des Tages auf die Organisationsziele einzahlen." (Leipziger, [3]2009, S. 27)

Für eine reüssierende Kommunikationskonstruktion von Familienunternehmen – und anderen Organisationsformen gleichermaßen – sind einige **handlungsleitende Kernfragen** ausschlaggebend, die sich Konzeptionsentwickler grundsätzlich vorab stellen und konkret beantworten müssen:

- Wie soll ein **Kommunikationskonzept aufgebaut** sein, was soll und kann es prinzipiell **leisten**?
- Welche konkreten **kommunikativen Probleme**, **Aufgabenstellungen** bzw. **Kommunikationsanlässe** bestehen und sind lösungsbedürftig bzw. darstellungsrelevant?
- Welche **Kernaussagen** und **Themensetzungen** sollen bei den Bezugsgruppen ein zum Wettbewerb differenzierendes, positiv wahrnehmungssteuerndes und imageprägendes Meinungsbild vermitteln?
- Welche **Methoden, Instrumente, Kanäle** und **Maßnahmen** eignen sich, die Adressaten/ Teilnehmer im geplanten Kommunikationsprozess ziel- und interessenorientiert sowie publicitystark anzusprechen und dadurch Deutungs- und Themenhoheit zu generieren?

---

[29] Zum sachbezogenen Überdenken und Erweitern eines evidenzbasierten Methodenwissens und der eigenen Konzeptionskompetenzen s. die Bibliografie bei Merten, 2013, S. 423 ff. Eine zusammenfassende Darstellung der Reflexionen zur „klassischen Konzeptionslehre" findet sich bei Bentele & Nothhaft, 2007, S. 359 ff.

3.3.3.2 Die Konstruktion eines Kommunikationskonzepts

Ein **professionell angelegtes Kommunikationskonzept** sollte prinzipiell in verschiedene Schritte und aufeinander aufbauende Phasen in der Komposition und Koordination einer **ganzheitlichen Planungschronologie** gegliedert sein (s. dazu die weiterführenden Hinweise und Erläuterungen zur Erstellung von Konzeptionen u. a. bei Herbst, 2003, S. 46 ff.; Schmidbauer & Knödler-Bunte, 2004, S. 33 ff.; Szyszka & Dürig 2008, S. 37 ff.; Leipziger, [3]2009, S 26 ff.; Tench & Yeomans, [2]2009, S. 174 ff.; Mast, [5]2013, S. 121 ff.; Merten, 2013, S. 167 ff.; Bentele & Nothhaft, 2014, S. 607 ff.; Bruhn, 2015, S. 69 ff.; Hoffmann, 2015, S. 209 ff.; Kirf, 2018, S. 123 ff.; Zerfaß & Volk, 2019, 28 ff.; Blank, 2022, S. 9 ff.):

1. Als erster Schritt im Planungsprozess ist eine gründliche, die Aufgabenstellung reflektierende **IST-Analyse der kommunikativen Ausgangssituation** vorgesehen. Diese umreißt die Sammlung und Verarbeitung von Daten zur Sach- und Faktenlage, Problemstellung bzw. -wahrnehmung und steckt die internen und externen Einflussfaktoren als kommunikativer Bezugs-, Entscheidungs- und Handlungsrahmen ab: z. B. die kritische Betrachtung der Auftritte der eigenen Familienunternehmensmarke im Vergleich zu Maßnahmen der kommunikativen Positionierung des direkten Wettbewerbs. Die Untersuchung soll – neben der Positionsbestimmung bzw. Problemdefinition – auch bestehende wie künftige **Erfolgschancen** sowie **Risikopotenziale** perspektivisch ausloten. Das betrifft die Kategorisierung und Feststellung von internen Stärken und Schwächen sowie der Chancen und Risiken von Entwicklungen in der externen Unternehmensumwelt. Diese Bewertungen werden im Tool einer **SWOT-Analyse** markiert. Je genauer dies geschieht, desto fokussierter können Rückschlüsse für das unternehmensintern wie -extern kommunikativ Notwendige und Machbare gezogen werden.

   Ein solches Vorgehen liefert dann eine konkrete **Bewertungs-** und **Entscheidungshilfe** für kommunikative Ideen und Handlungsempfehlungen: beispielsweise ob es zielführend ist, die unternehmenseigene Website grundsätzlich oder nur in Teilbereichen zu modernisieren (z. B. mit eigenen Social-Media-Auftritten zu verzahnen); oder inwieweit es angebracht ist, den Marken-Refresh einer bestimmten Produktlinie PR-fokussiert im Social-Media-Kontext kommunikativ zu lancieren.

   Dieses Dossier ist auf Basis eines vorab – vorzugsweise schriftlich – erstellten, ausführlichen **Briefings** zu bewerkstelligen. Darin werden die konzeptionellen Vorgaben, Leistungsrichtlinien, Lösungsansprüche und Zielvorstellungen des Auftraggebers der Konzeption konkretisiert sowie der vorgesehene Ressourceneinsatz festlegt.

2. Auf dieser Informationsquelle aufbauend, erfolgt die Beschreibung der **Aufgabenstellung**, die gepaart ist mit klaren Kriterien für kommunikationsverbindliche, realisier- und überprüfbare **Zielvorgaben.** Diese sind Ausdruck anvisierter **kommunikativer Soll-Zustände** bzw. Soll-Wahrnehmungen: wie etwa die Positionierung eines Familienunternehmens als gesellschaftlich verantwortlich handelnde Organisation; oder die Korrektur des Unternehmensimages in bestimmten Kontaktfeldern durch dafür geeignete Kommunikationsprogramme; oder eine Verbesserung der internen Kommunikation unter aktiver Beteiligung von Mitarbeitern in bestimmten Unter-

nehmensbereichen etc. Diese konkreten Zielsetzungen sind in ihren **Kategorien** (= primär bzw. sekundär, strategisch bzw. operativ-taktisch) und **Typologien** (= kognitiv, affektiv und/oder konativ) zu formulieren und zu hierarchisieren. Das geschieht mit Blick auf die anzustrebenden **Kommunikationswirkungen** bei den Adressaten, sprich: **Stakeholdern.**

Gerade bei den **Zieltypen** müssen Konzeptioner entscheiden, welche spezifischen informativen, edukativen und/oder emotionalen Effekte sie im Kommunikationsprozess bei den Zielpersonen kurz-, mittel- oder langfristig erzielen wollen. Es lassen sich drei Zielsetzungen, die auch aufeinander aufbauen können, unterscheiden:

- **Kognitive Ziele** streben danach, bei den Adressaten Wissen aufzubauen, zu erweitern und/oder auch zu modifizieren.
- **Affektive Ziele** peilen Einstellungen und Interessen der Adressaten an, wollen diese bestärken und/oder ggf. korrigieren.
- **Konative Zielsetzungen** beziehen sich auf die Mobilisierung von Handlungen und die Veränderungen von Stakeholder-Verhaltensweisen.

Die in dieser Konzeptphase anstehende präzise Formulierung von Zielinhalten und Bestimmung der vorgesehenen Zielwirkungen erleichtert die einzelnen Zielzuweisungen zu später umzusetzenden Kommunikationsprojekten.

3. Im Anschluss daran sind mit den Kommunikationszielen korrelierende **Kommunikationsbotschaften** und **-inhalte**, die ein Familienunternehmen vermitteln und darstellen will, zu formulieren. Diese bilden die inhaltliche Essenz und Substanz der **Themensetzungen**, die sich im Rahmen eines durchdachten **Themenmanagements** für das angestrebte **Storytelling** an den konkreten Informationsinteressen und Diskursansprüchen der Bezugspersonen orientieren. In ihrem **Stakeholder-Bezug** illustrieren die Kommunikationsinhalte, welche Aussagen und Schilderungen bei den Empfängern jeweils ankommen sollen, um die Kommunikationsziele zu erreichen.

Die zu vermittelnde **Story** bildet die inhaltliche Klammer für alle darauf bezogenen Maßnahmen. Botschaften müssen sprachlich so konsistent formuliert sein, dass sie verstanden werden und bei den Adressaten tendenziell Aufmerksamkeit und Interesse für das Erzählte mobilisieren. Nur so lässt sich im **Storytelling-Prozess** ein Maximum an **Kommunikationswirkungen** erzielen. Und das auch hinsichtlich kalkulierter anschlusskommunikativer Multiplikationen in den durch Aufmerksamkeitskonkurrenz geprägten, positionierungs- und reputationsbildenden Meinungstableaus der jeweiligen Unternehmensumfelder (Stichwort: Anschlusskommunikation). Folglich sollten Kommunikationsinhalte beim Publikum einprägsam Akzeptanz und Präferenzen für das Dargestellte schaffen: etwa durch klare Aussagen zu Mission, Vision und Wertekanon eines Familienunternehmens im Hinblick auf seine Profilierung als attraktiver Arbeitgeber. Dabei soll das Narrativ argumentative Orientierung geben. Das gilt insbesondere für die Vermittlung komplexerer Themenbereiche und Sachverhalte. Mit Blick darauf sollten die zu kommunizierenden Botschaften und Themensetzungen entsprechend ihrer Relevanz, ihrer Referenzebenen und Kontexte geclustert und klassifiziert werden. Das lässt sich in Form einer Inhalts- und **Themen-„Pyramide"** bewerkstelligen, die zwischen Kern- und Subthemen/-Botschaften unterscheidet und diese für deren kommunikative Verwendung hierarchisiert.

4. Auf diese Dokumentation folgt die Analyse und Festlegung des kommunikativ zu adressierenden **Zielpublikums**, d. h. der in den geplanten Kommunikationsprozess einzubeziehenden Bezugs- und Anspruchsgruppen, namentlich „**Stakeholder**". Auf sie bezieht sich die Kommunikationsarbeit. Und mit ihnen steht das kommunizierende Familienunternehmen in bestimmten Beziehungsverhältnissen und umgekehrt (s. a. Abschn. 3.5.2). Diese Personenkreise werden ihrerseits in einer **Stakeholder-Matrix** nach Stellenwert, interaktions- und kommunikationsrelevanten Aspekten, Interessenlagen und Rollenzuordnungen registriert, klassifiziert und priorisiert. Diese Bestimmungen werden geleitet u. a. von Erkenntnissen zu wesentlichen kennzeichnenden demografischen, sozioökonomischen, psychologischen und/oder mediennutzungsspezifischen Attributen, diversen Anspruchsperspektiven, Kommunikationshaltungen und Problemdispositionen. Die daraus gewonnenen Einsichten erlauben zudem Rückschlüsse zu möglichen **Kommunikationschancen** und -**risiken** im Beziehungsmanagement.

Damit das alles in dem gedachten Maße funktioniert, ist die Kenntnis der spezifischen Meinungen, Einstellungen und Erwartungen, die Denken und Verhalten der wichtigen Stakeholder-Segmente konditionieren, von Bedeutung (s. a. Abschn. 3.5.1). Das betrifft auch den Einblick in die Beziehungskontexte, Interessensphären, sozioökonomischen Verknüpfungen und möglichen Konfliktfelder, in denen Stakeholder kommunikativ und interaktiv unterwegs sind. Deren Kommunikationsdispositionen, Perspektiven und Präferenzbildungen orientieren sich erwiesenermaßen am wahrgenommenen, rezipierten Erscheinungsbild eines – in unserem Fall – Familienunternehmens. Und diese Präsenz ist sowohl insgesamt als auch in gesonderten Facetten vornehmlich das **Ergebnis von Kommunikationsleistungen**.

Als wesentliche unternehmensinterne und -externe Kontaktpunkte im geplanten Kommunikationsprozess bilden die **Stakeholder** für das **Beziehungsmanagement** einen Kernpunkt konzeptioneller Überlegungen. Denn ein Kommunikationskonzept muss Antworten darauf geben, welche Zielpersonenkreise in welcher Intensität und in welchen Kontexten qua Information und/oder Dialog im **Storytelling** (s. dazu die Thematisierung in Abschn. 3.4) angesprochen, erreicht und beeinflusst werden können bzw. müssen. In der Absicht, dadurch die gewünschten Positionierungsaussagen im Sinne der zu mobilisierenden Unternehmensziele im Bewusstsein der Rezipienten zu manifestieren. Und um in der Folge meinungs- und verhaltensprägende Resonanzen sowie weiterführende Anschlusskommunikation, sprich „Kommunikation über Kommunikation" und darauf bezogene Anschlussinteraktionen beim Zielpublikum zu erzeugen.

5. Basierend auf den vorab erarbeiteten Erkenntnissen und Vorstellungen erfolgt in dieser Konzeptionsphase die Formulierung einer verbindlichen Vorgehensweise in Form einer **Kommunikationsstrategie.** Diese für die Konzepterstellung zentrale Prozessbeschreibung fungiert gleichsam als Wegweiser. So wird im Strategieteil einer Konzeption der spezielle **Lösungsweg** als Denk- und Handlungsanweisung für eine realistische **Zielerreichung** aufgezeigt. Die Kommunikationsstrategie klärt Fragen wie:

- Auf welche Art und Weise, in welche Richtung und womit lässt sich durch den Einsatz eines geeigneten Kommunikationsinstrumentariums (z. B. einer Pressemitteilung aus dem PR-Repertoire) eine Aufgabenstellung mit den kalkulierten Zielwirkungen angehen?
- Wie kann man mit den vorab festgelegten Botschaften und Themen in die Köpfe der Zielpersonen gelangen?
- Und welche Kommunikationshaltungen und -stile (beispielsweise Personalisierung, Emotionalisierung, Aufklärung und/oder Aktivierung) eignen sich als Strategeme für die beabsichtigte Unternehmenspositionierung: etwa hinsichtlich der Entwicklung und Veröffentlichung publicityfördernder Unternehmensthemen und Standpunkte im Rahmen der Vermittlung der Corporate Story durch PR-bestimmte Medienarbeit (Print, online, audiovisuell).

Mit Blick auf diese Fragestellungen sollten **Storytelling** und dessen **Narrative** immer auch wesentlicher Bestandteil einer Kommunikationsstrategie sein. Die darzustellende „Geschichte" muss als roter Faden die inhaltliche Dimension des Themenmanagements ausfüllen. Sie qualifiziert sich dabei durch **Dramaturgie** und **Inszenierung**. Dazu ist ein Spannungsbogen gefordert und nicht ein sequenzielles Aneinanderreihen von Botschaften. Und zwar mit der Wirkungsabsicht, im Bewusstsein der Adressaten durch die Platzierung von Geschichten in dafür geeigneten Communities, Kanälen und Formaten die unternehmensseitig intendierten Inhaltsbeschreibungen, Erscheinungsbilder und Impressionen zu modellieren und kommunikativ zu verfesten.

Auch dieses Vorgehen folgt grundsätzlich bestimmten Kernfragen: Wie muss man verfahren, um durch den vorgesehenen **operativen Mitteleinsatz** (z. B. im Rahmen von Social-Media-Aktivitäten oder Fachpressearbeit) Wahrnehmungs- und Meinungsbildungsprozesse positiv zu gestalten und effektiv zu steuern? Und korrespondiert die **strategische Grundausrichtung** in der angewandten Mechanik letztlich mit den vorab festgelegten Kommunikationszielen?

Indes empfehlen sich bei der Konzepterstellung **keine Standardlösungen**. Jede kommunikative Aufgabenstellung erfordert individuelle, situationsbestimmte und kontextadäquate Denk- und Lösungswege. Und Kommunikationsstrategien können auch keine ewige Gültigkeit reklamieren. Vielmehr gelten sie immer nur für eine bestimmte Zeitspanne. Was momentan substanziell praktikabel erscheint, ist in anderen Deutungskontexten und Themensettings methodisch und instrumentell nicht mehr zielführend. Aus diesem Grunde müssen Kommunikationsstrategien von ihren Entwicklern turnusmäßig auf ihre Validität hin überprüft und bei Bedarf korrigiert bzw. weiterentwickelt werden.

6. In Anlehnung an den strategischen Ansatz werden zu dessen Umsetzung anschließend detaillierte, lösungsorientierte **Maßnahmenempfehlungen** abgeleitet: etwa in der Mitarbeiteransprache durch die Entwicklung oder Modifikation einer Mitarbeiterzeitung oder im Online-Community-Management für die Unternehmensdarstellung und -wahrnehmung in wichtigen Social-Media-Kontexten und Kontaktfeldern.

Diese Spezifikationen sind den jeweiligen Aktionsfeldern zur Operationalisierung bzw. Implementierung der **Kommunikationsstrategie** und ihres Zielerreichungsbeitrags in den festgelegten unternehmensinternen und -externen Kommunikationsbereichen zuzuordnen. Und das stets mit dem Anspruch, eigeninitiativ und möglichst resonanzstark reputationsfördernde Informations- und Dialogimpulse mit zweckmäßigen Instrumenten auf allen Kanälen in (virtuellen und analogen) Stakeholder-Kontaktszenarien zu setzen: so etwa in der Pressearbeit als instrumentell-thematische PR-Unterstützung zu einer Fachwerbekampagne im Rahmen der Propagierung einer neuen Technologieeinführung in der Produktion von Gussteilen für Metallpressen.

Zugleich sollten „neu" konzipierte Kommunikationsprojekte mit schon bestehenden Strategien und Programmen abgestimmt bzw. abgeglichen werden, um dadurch möglichst methodisch-instrumentelle Synergien bzw. kommunikative Kooperationsgewinne zu erzeugen. Das kann beispielsweise geschehen in der Dialog- und Feedbackgestaltung anlässlich von Führungskräfteevents, die als Workshops zu HR-Themen – wie „New Work", „agiles Arbeiten in Zeiten digitaler Transformation" – unter der Ägide der Personalabteilung in thematischer Abstimmung mit der PR-Kommunikation stattfinden. Ein solches integriertes Prozedere ist von Vorteil im Hinblick auf die Wiedererkennbarkeit und Verfestigung von zu transportierenden Botschaften und Themensetzungen (in Wording, Claims, Bilderwelten, Kampagnenlogos etc.).

Die Maßnahmenumsetzung erfolgt anhand einer **Roadmap**. Diese definiert den Instrumenten- und Kanaleinsatz sowie dessen zeitliche Dimension. Zudem kontingentiert die **Maßnahmenplanung** – in Abstimmung mit den an der Implementierung beteiligten Kommunikationsbereichen (z. B. HR und PR) – die dafür vorhandenen Budgets. Wichtig ist, dass bei der Gestaltung der Maßnahmenarchitektur Raum für Modifikationen und Optimierungen besteht.

Die Planung sollte anhand folgender **Leitfragen** bewerkstelligt werden:

- In welcher Form, mit welchen Tools, in welchem Zeitraum, mit welchen Synergiepotenzialen, wie oft und mit welchen Budgetmitteln werden Kommunikationsaktivitäten realisiert?
- Welche spezifischen Kommunikationsleistungen erbringen dabei die einzelnen Maßnahmenszenarien und das darin eingesetzte Instrumentarium?
- Und eignen sich die Projekte, die formulierten Botschaften und Themen – wie vom Konzeptioner gewünscht – in den Köpfen der Empfänger unmissverständlich und nachhaltig zu verankern?

7. Und zu guter Letzt findet in der Konzepterstellung idealerweise die Bestimmung präziser Maßstäbe für die Kontrolle der Performancequalität und Wirkungsbestätigung von Kommunikationsaktivitäten und deren **messbare Zielerreichung** statt (Stichwort: „Kommunikations-Controlling").[30] Als Teil des strategischen Kommunikationsmanagements ist **Wirkungskontrolle** (s. Piwinger & Porák, 2005b, S. 17 f.) eine

---

[30] Zur vertiefenden Auseinandersetzung mit dieser komplexen Thematik s. – neben dem Sammelband von Piwinger & Porák (2005a) – u. a. die weiterführenden Arbeiten von Rolke & Jäger (2009) und Besson (2012).

Methode, um den Kommunikationsprozess objektiv und standardisiert zu erfassen, in seinen Auswirkungen zu bewerten und zu kontrollieren. Es handelt sich um ein Steuerungsinstrument zur (operativen) Qualitätssicherung und -optimierung von Kommunikationsmaßnahmen. Eine Ergebniserfassung dient der Legitimation der Funktionalität sowie der Ermittlung des „Wertes" und des „Nutzens" sowie des Erfolgs oder Misserfolgs der Arbeit der verschiedenen Kommunikationsbereiche eines Unternehmens. Und das schließlich im Hinblick auf die Beantwortung der Kernfragen: In welchem Umfang wirkt Kommunikation eigentlich, und trägt sie als Wertbeitrag nachweisbar zur Unternehmenskonjunktur bei? Und lohnt sich überhaupt der Aufwand (Stichwort: „Kosten-Nutzen-/Input-Output-Bewertung" – s. dazu Piwinger & Porák, 2005b, S. 26)?

Kommunikation ist immer auch als Prozess zu verstehen, der potenziell auf Wirkungen hin angelegt und insofern immer auch als mehrdimensionale Wirkungskette zu denken ist (s. Rolke & Zerfaß, 2010, S. 50 ff.). Deren Effektivität ist wiederum vorzugsweise zu evaluieren. Diese Wirkungskette beginnt mit der konzeptionsbasierten Planung von Kommunikationsaktionen, die in ihrer Realisierung zu psychologischen Effekten (Emotionen, Einstellungen, Bewertungen) bei den adressierten Personenkreisen führen sollen. Und die letztendlich bei diesen ein für das kommunizierende Unternehmen „geldwertes", ökonomisch wertstiftendes Verhalten (Kauf, Weiterempfehlung, Loyalität) auslösen sollen. Auch wenn in der Praxis die multivariablen kommunikativen Wirkungsketten nicht so leicht zu entwirren sind, ist von Kausalitätsbeziehungen auszugehen.

Gleichwohl erscheint das Einfluss- und Wirkungsumfeld von Unternehmen komplex und vielschichtig. Daher ist, kritisch betrachtet, die **Interpretation von Wirkungsergebnissen** nicht einfach. Auch weil eindeutige Kausalitäten zwischen Kommunikationsmaßnahmen und ihren Wirkungen nicht vollständig erfasst werden können. Die Aufgabe des Kommunikations-Controllings besteht letztlich darin, solche Wirkungsketten/Kausalitäten durch tunlichst einfache **Modelle** so weit wie möglich erkenn- und nachweisbar und damit bewertbar und regulierbar zu machen.[31]

Somit unterstützt **Kommunikations-Controlling** – gemäß definitorischer Einordnung – „den arbeitsteiligen Prozess des Kommunikationsmanagements, indem Strategie-, Prozess-, Ergebnis- und Finanztransparenz geschaffen sowie geeignete Methoden und Strukturen für die Planung, Umsetzung und Kontrolle der Unternehmenskommunikation bereitgestellt werden" (Zerfaß, 2006, S. 438).

Die quantitative und qualitative **Erfolgskontrolle von Kommunikationsmaßnahmen** (vgl. Merten, 2013, S. 219 ff.; Hoffjann, 2015, S. 213 f.; Zerfaß & Volk, 2019, S. 181 ff.) dient – z. B. im Rahmen von PR-initiierter Medienarbeit – somit dem Nachweis ihrer Funktionalität, Effektivität und Effizienz und der Bestimmung ihres Wertbeitrags zur Unternehmenspositionierung und -entwicklung (s. a. Abschn. 3.1).

---

[31] Der an der Thematik interessierte Leserkreis sei zur Vertiefung auf die gut lesbaren Ausführungen von Besson (2012, S. 76 ff.) verwiesen, die auch praxisgerechte Tools beschreibt.

Diese Bilanz erfolgt idealerweise anhand bestimmter, vorab festgelegter Kennzahlen (s. a. die kritischen Anmerkungen zu vorhandenen Begrifflichkeiten und Methoden der Erfolgsmessung bei Zerfaß, 2006, S. 434; Besson, [3]2008, S. 71 ff.; Mast, [5]2013, S. 145 f.).

Dazu geeignet sind Messungsmethoden der empirischen Sozialforschung, wie z. B. qualitative Befragungen (Leitfaden-Interviews, Fokusgruppen, Mitarbeiterumfragen per Intranet), Inhalts- und Reichweitenanalysen oder medienbezogen in Form einer **Medienresonanzanalyse** (MERA – s. dazu u. a. Zerfaß, 2006, S. 453 ff.; Besson, [3]2008, S. 80 f.; Besson, 2012, S. 39 ff.; Zerfaß & Volk, 2019, S. 199 ff.).[32] Dies ist ein im Rahmen der PR-Arbeit (s. Porák, 2005, S. 170 ff.) vielfach angewandtes inhaltsanalytisches Verfahren und Kontrollinstrument, das „die Intensität der Medienberichterstattung auf aussagekräftige Kennwerte hin analysiert. Die Medienresonanzanalyse ist somit ein spezifischer Typ der Inhaltsanalyse." (Merten, 2013, S. 220; s. a. Mast, [5]2013, S. 149 ff.) Bei dieser Evaluationsmethode dokumentiert die Wirkungsmessung „einen Abgleich der medialen Fremdbeschreibung mit der eigenen Selbstbeschreibung. Diese Beobachtungsleistung wird in der Regel von der PR-Stelle einer Organisation übernommen." (Röttger et al., [2]2014, S. 67 f.) Anhand vorab festgelegter Messgrößen/KPIs lässt sich aufzeigen, ob kommunizierte Botschaften, Themen und Storytelling-Impulse auf der Output-Ebene von dem jeweiligen Medienpublikum in der geforderten Weise nachweisbar registriert, verstanden und vergleichsweise angenommen werden bzw. wurden. Medienclippings (in Printform und/oder online-basiert im Rahmen von Social-Media-Monitoring – s. a. Abschn. 3.7.2.9.2) werden inhaltlich codiert und im Hinblick auf verschiedene Frage- und Themenstellungen mit klar definierten Begriffen und Kategorien ausgewertet. Die Ergebnisse der Inhaltsanalyse werden zu durchgeführten Medienaktivitäten eines Unternehmens und den dabei erzielten Resonanzen in Bezug gesetzt: z. B. bei Themensetzungen in Pressemeldungen, Interviews, publizierten Artikeln und/oder Kommentaren. Durch die Messung dieses „Outcome (= Wirkung bei Stakeholdern) der Kommunikation" (Zerfaß, 2006, S. 458)[33] lassen sich im Rück-

---

[32] Nicht zu verhehlen sind an dieser Stelle die kritischen Einwände von Zerfaß, der seit langem bemüht ist um ein wissenschaftlich fundiertes Vorantreiben des Kommunikations-Controllings. Zerfaß übt Kritik an in der Praxis verbreiteten medienbezogenen Evaluationsmethoden, die den „Output" von mediengerichteter Unternehmenskommunikation bestimmen und deren Schwachpunkt darin besteht, dass „keine Aussage darüber getroffen werden kann, ob und inwieweit die veröffentlichte Meinung von den Betroffenen überhaupt wahrgenommen, für glaubwürdig erachtet, erinnert und in handlungsleitende Orientierungen transferiert wird" (Zerfaß, 2006, S. 453).

[33] So lässt sich Kommunikation als vielschichtiger Vorgang deuten, „der seine Wirkung in mehreren Dimensionen entfaltet und daher auch in verschiedener Weise scheitern oder erfolgreich sein kann" (Zerfaß, 2006, S. 436). An dieser Stelle sei auf die, in der Diskussion um die verschiedenen Wirkungsdimensionen unternehmenskommunikativer Aktivitäten und ihre Erfassungssystematik benannten, unterschiedlichen Erfolgsebenen verwiesen: „Output, Outgrowth, Outcome, Outflow" – s. dazu Porák, 2005, S. 168 f. Die Thematik wollen wir an dieser Stelle allerdings nicht weiter erörtern, sondern verweisen dazu auf die bereits benannten Sekundärquellen.

schluss ferner Indikatoren für die Inhaltsgestaltung des Storytellings im weiteren Themenmanagementprozess, der auf die Lenkung von Wahrnehmung und Rezeption der Adressaten angelegt ist, generieren. So können in der „veröffentlichten Meinung" – im Sinne der Dokumentation von medial dargestellten Interpretationen und Wertungen – dominante Themenstellungen und deren öffentliche Bedeutung bzw. Konjunktur identifiziert werden. Zudem können Meinungsbildungstendenzen im Stakeholder-Umfeld erfasst und aus diesem Wirkungsweg Rückschlüsse für die Ausrichtung und Qualität der künftigen unternehmensbezogenen Medienkommunikation gezogen werden.

Zudem erlaubt dieses Verfahren zu eruieren, ob bzw. wo ggf. kommunikative Schwierigkeiten und Schwachstellen in Bedeutungsvermittlungen durch Storytelling bestehen. Weiterhin lässt sich feststellen, auf welche Art noch umsetzungsbegleitende Kurskorrekturen, Neujustierungen bzw. Optimierungen in der Kommunikationsstrategie und ihren Zielsetzungen vorgenommen werden sollten. Insbesondere, um dadurch die Kommunikationsqualität zu verbessern (Stichwort: „Ergebnisevaluation/ Evaluation der Zielerreichung" – s. dazu Besson, 2012, S. 67 ff.). Die dabei gewonnenen Erkenntnisse können eine solide Basis für die folgende Planung und Steuerung von Kommunikationsprogrammen bilden und in der weiteren Kommunikationspraxis sinnvoll angewandt werden.

Alle geschilderten Konzeptionsschritte, die insgesamt als „Denken in kommunikativen Handlungsszenarien" (Leipziger, ³2009, S. 69) zu verstehen sind, werden prinzipiell als gradueller, **iterativer Prozess** (s. a. Zerfaß, 2006, S. 442) organisiert und für die einzelnen Phasen (s. Hoffjann, 2015, S. 209) jeweils mit **Feedback- und Korrekturschleifen** modelliert angelegt (s. Abb. 3.3). „Dieser Entwicklungsgang in Phasen folgt einer heuristischen Entscheidungslogik. Jeder Konzeptionsschritt soll aus dem vorausgegangenen Manöver resultieren." (Kirf, 2018, S. 120)

Iteration heißt auch, dass Konzepte insgesamt keinen Absolutheitsstatus haben. Sie können bei Bedarf revidiert und in den einzelnen Phasen auch Kursrevisionen unterzogen werden. Und sie sind dementsprechend zu adaptieren: z. B. hinsichtlich der Notwendigkeit modifizierter Zielvorgaben und darauf bezogener Umsetzungsmethoden durch sich verändernde Anforderungen und Einflussfaktoren von Kommunikationssituationen und ihrer Bewältigung. Oder dann, wenn ein Projekt bei den adressierten Bezugsgruppen nicht die gewünschten Resonanz- und Überzeugungseffekte zeigt. Denn Kommunikationskonzepte und ihre praxisbezogenen Regieanweisungen zielen – wie bereits betont – „stets auf eine geplante Wirkung beim Rezipienten (…)" (Merten, 2013, S. 86).[34] Wobei Kon-

---

[34] Doch Merten ist in seiner Einschätzung kritischer Realist. Und das sollten – bei aller Begeisterung für ein strukturiert-geplantes Kommunikationsmanagement – auch alle, im Auftrag von Familienunternehmen agierende Konzeptioner sein, „denn die Wirkungsforschung sagt ja ganz klar, dass nicht der Kommunikator, sondern der Rezipient durch sein Selektionsverhalten über die zustande kommende Wirkung entscheidet. (…) Die Konzeption ist also nichts anderes als der riskante Plan, geplante Wirkungen von Kommunikation bei den Empfängern auch zu erzielen" (Merten, 2013, S. 86).

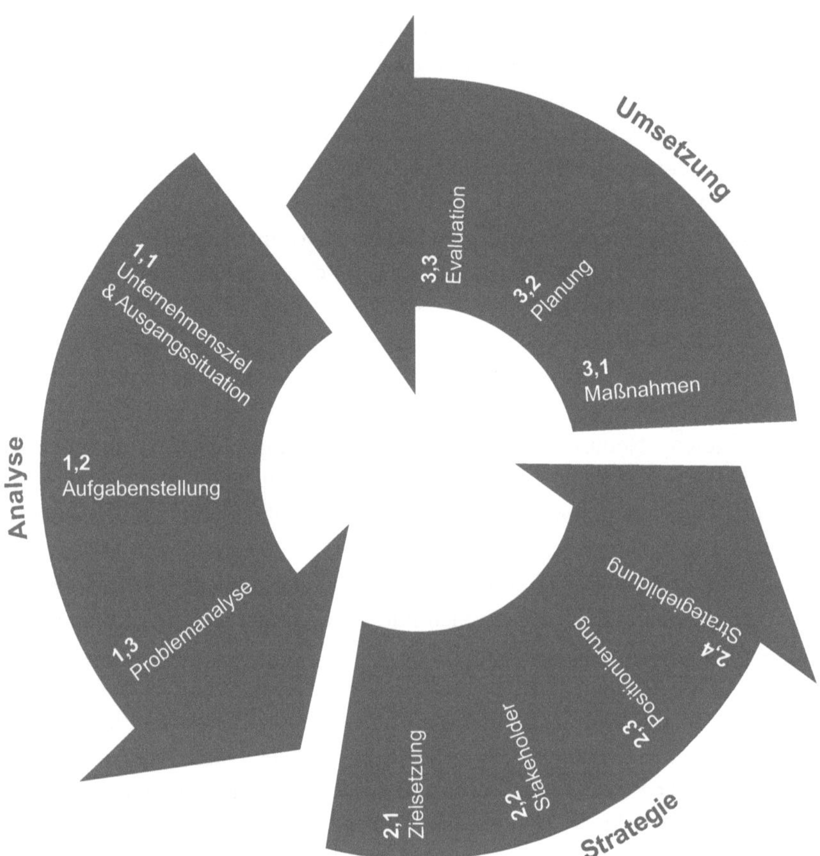

Abb. 3.3 Klassischer Konzeptionskreis. (Quelle: Leipziger, [3]2009, S. 20)

zeptioner bei deren Erarbeitung eine Maßgabe nicht außer Acht lassen dürfen: „Als intentionale Entscheidungshilfe, anwendungsorientierter Maßstab und ökonomische Planungsbasis definieren Konzeptionen die Funktionen, Mittel, Potenziale und Limits von Kommunikationsleistungen." (Kirf, 2018, S. 119)

Die intentional-planungsvolle **Programmatik** von Kommunikationsarchitekturen ist auch in den digital geprägten, vielgestaltig vernetzten und entwicklungsdynamischen Kommunikationsverhältnissen der Gegenwart von Bedeutung (s. Abschn. 3.3.2.1 und 3.3.2.2). Denn konzeptionelles Vorgehen ist (mit)verantwortlich für das Gelingen eines methodisch-kommunikativen Arrangements der Ansprache und Mobilisierung diverser Öffentlichkeiten im Beziehungsmanagement von Familienunternehmen. In der Aufmerksamkeitsrivalität und Wahrnehmungskonkurrenz, die in den Meinungsmärkten und Diskursterritorien der Mediengesellschaft vorherrschen, kann ein konzeptionell verankertes Kommunikationsmanagement „die Voraussetzungen für die Formulierung und Realisierung" (Zerfaß, [2]2004, S. 294) von Unternehmensstrategien und des darauf bezogenen ökonomischen Praxiskalküls organisieren. Diese Bereiche dienen wiederum als wesentlicher Bewertungs- und „Bezugspunkt aller Kommunikationshandlungen" (Zerfaß, ²2004, S. 297) in den internen und externen Unternehmenskontaktfeldern. Diese kommunikative Zielvorgabe ist für eine meinungslenkende und präferenzleitende sowie wertschöpfungsjustierte Kommunikation von Familienunternehmen eine zentrale Leistungsanforderung und strategische wie taktische Disposition.

3.3.3.3 Unternehmensinterne Kommunikationsszenarien

Zusammenfassung

In diesem Passus werden wichtige Zielrichtungen, Instrumente und Aktionsbereiche der internen Kommunikationssphäre von Familienunternehmen beschrieben. Funktional ist interne Kommunikation als Teilbereich der Unternehmenskommunikation auf die Erreichung der Unternehmensziele ausgerichtet. Primäre Adressaten sind Mitarbeiter und Führungskräfte aus allen Unternehmensbereichen und Hierarchieebenen. Aber auch der Kreis der Familienmitglieder ist als wichtige Stakeholdergruppe in der Modellierung unternehmensinterner Kommunikationsprozesse mitzudenken. Deren Aufgabenerfüllung sollte prinzipiell auf konzeptionellem Fundament beruhen. Programmatik und Komposition der Kommunikationsbeziehungen zu internen Stakeholdern werden gedeutet als zielgerichteter Verständigungsprozess über Arbeitsprozesse, Werte und Ziele eines Familienunternehmens. Interne Kommunikation ist Führungsaufgabe und Steuerungsinstrument des Managementhandelns. Die Unternehmensführung ist für die Sicherstellung eines unternehmensinternen Kommunikationskontinuums verantwortlich.

Dieses soll möglichst auf Dialog, Feedback und Partizipation angelegt sein und identitätsstiftende Orientierung und Integration ermöglichen. Mit Blick auf dieses Anforderungs- und Leistungsprofil wird auch die Erzielung von Kooperationsgewinnen verschiedener Kommunikationsfunktionen in Familienunternehmen beleuchtet. Hierbei kommt der Kommunikationsallianz zwischen HR und PR eine tragende Rolle zu. Die HR ist aufgefordert, ihre Leistungen zu thematisieren und zu erläutern, wofür ein Familienunternehmen als Arbeitgeber steht. Diese Profilierung bietet zudem die Gelegenheit, im internen Employer Branding gezielt PR für HR zu betreiben.

Dargestellt wird ferner, dass moderne Kommunikation in Familienunternehmen im Rahmen digitaler Transformationsszenarien stattfindet. Internen Stakeholdern sollten zur Digitalisierungsthematik verständnisfördernde Erklärungsangebote geliefert werden. Hierbei kann die HR unterstützende Beiträge zum Gelingen des „Digital Change" leisten.

3.3.3.3.1 Strategisch-konzeptionelle Ausrichtung der internen Kommunikation von Familienunternehmen

Eine prinzipielle Anmerkung vorweg: Zu Gestaltung und Verwendung der Apparatur, Spielarten, Sujets und Einsatzweisen von unternehmenskommunikativen Aktivitäten in interner sowie auch externer Ausrichtung ist schon viel nachgedacht und geschrieben worden.[35] Das notwendige Anforderungswissen zur Materie ist mithin vorhanden. Wir beabsichtigen daher, den sachkundigen Darstellungen an dieser Stelle nicht noch ein weiteres Duplikat hinzuzufügen und die Leser mit weitschweifigen Wiederholungen des bereits Gesagten unnötig zu belasten. Vielmehr wollen wir, eingedenk lokalisierbarer Defizite, Nachholbedarfe und trotz nachweislicher Professionalisierungserfolge in Konzeption und Umsetzung der Kommunikation von Familienunternehmen, an dieser Stelle einige aus unserer Sicht **wesentliche Aspekte** derselben komprimiert **skizzieren**. Diese werden zudem in ihren strategischen wie operativen Ziel- und Umsetzungsrichtungen kontextuell verortet. Mit Blick darauf beschäftigen wir uns zuerst mit relevanten **internen Kommunikationsszenarien als Teilbereich der Kommunikationsarrangements von Familienunternehmen**.

Will **interne Kommunikation** in ihrer Zielkonstruktion, Adressaten- und Wirkungsorientierung (vgl. Huck-Sandhu, 2013, S. 232 ff.) auf allen Bezugsebenen erfolgreich sein, so muss sie – genauso wie bei externen Kommunikationsaufgaben der Fall – konzeptionell-strategisch gestaltet, bedarfsgerecht und zielgerichtet „gemanagt" und umgesetzt werden. Das heißt. konkret, es müssen – wie im vorherigen Kapitel beschrieben – professionell angelegte **Kommunikationskonzepte** erarbeitet werden. Diese sind in ihren Aufgabenstellungen, Inhalten und Methoden mit der Unternehmensführung als Entscheidungsgrundlage abzustimmen. Sie dienen dann als kommunikativer Bezugs- und Handlungsrahmen für eine **Maßnahmenrealisierung in den unternehmensinternen Kommunikationsräumen.**

In diesem Kontext stellen sich indes weitere denk- und handlungsleitende **Kernfragen** für eine gelingende interne Kommunikationsarbeit in Familienunternehmen:

- Wie kann unternehmensinterne Kommunikation in Zeiten hybrider und asynchroner Kommunikationsszenarien erfolgreich agieren und einen sinnvollen Wertschöpfungsbeitrag zur Unternehmensentwicklung leisten?
- Welche Strategien, Konzepte und Themensetzungen sind dazu opportun, müssen ggf. überdacht bzw. inhaltlich, formal und instrumentell angepasst werden?
- Und welche darauf gemünzten kommunikativen Schwerpunkte setzen Kommunikationsverantwortliche?

Die Realität in Familienunternehmen – besonders in jenen mittelständischer Prägung – zeigt ein differenziertes Bild. Bei näherer Prüfung verfügen so manche noch über kein ausgearbeitetes, auf die Strukturierung, Projektierung, Steuerung und Kontrolle des innerbetrieblichen Kommunikationsgeschehens angelegtes Planungsdokument, das den Namen „Kommunikationskonzept" verdient. Doch damit interne Kommunikationsaktionen nicht

---

[35] Hier sei die Leserschaft u. a. auf die stets aktualisierten Publikationen von Mast verwiesen, die darin mit zahlreichen Literaturverweisen zur weiterführenden Lektüre anregt. Ebenso sind in diesem Zusammenhang die in mehreren Auflagen erschienenen Handbücher mit Lehrbuchcharakter von Zerfaß und Piwinger, Bruhn und Esch (s. a. Literaturliste) zu nennen. Sie liefern lesenswerte Beiträge zu den Rahmenbedingungen, Zielen, Strategien, Maßnahmen und Perspektiven der Kommunikationspolitik und Markenführung von Unternehmen.

unüberlegt, nach Gusto und Gefühl erfolgen, besteht eine **Konzeptionsverpflichtung** für die Konstruktion und Architektonik einer funktionierenden Kommunikations-Roadmap. Wichtig für deren Erfolg ist selbstredend, dass die Konzeptioner vor allem die Interessen, Standpunkte, Stimmungslagen, Wertvorstellungen und Erwartungshaltungen der unternehmensinternen Stakeholder kennen und die daraus abgeleiteten Erkenntnisse gezielt für die passgenaue Ausrichtung und Gestaltung der eigenen Kommunikationsarbeit nutzen (s. dazu Abschn. 3.3.3.2, Abs. 4, 3.5.1 und 3.5.3).

3.3.3.3.2 Interne Kommunikation: Integrator, Motivator und Moderator im Beziehungsgefüge von Familienunternehmen

Mit Blick darauf seien an dieser Stelle noch ein paar **grundlegende Hinweise** und **Anmerkungen** zur Thematik der internen Unternehmenskommunikation gestattet. Wie bereits beschrieben, wird Kommunikation weitgehend als Faktor für den Unternehmenserfolg (s. Zerfaß & Volk, 2019, S. 4), als Werttreiber (s. Quirke, 2016, S. 10) und Einflussgröße für materielle und immaterielle Wertgenerierung anerkannt (s. Abschn. 3.1). Mit Blick auf Gestaltungsmethodik, Funktionen, Zielsetzungen, Ausprägungen (s. dazu u. a. Hubbard, 2004, S. 66; Mast, [5]2013, S. 225 f.; Röttger et al., [2]2014, S. 190 ff.; Buchholz & Knorre, 2019, S. 8 ff.) und Wirkungsweisen auch **interner Kommunikationsprozesse** hat sich in Forschung und Kommunikationspraxis die Erkenntnis durchgesetzt: Ein werteorientiert gedachtes (s. Janke, 2015, S. 30), konzeptionell entwickeltes, systematisch implementiertes und in den Ergebnissen messbares (s. Montua, 2020, S. 134 ff.) internes Kommunikationsmanagement (s. Führmann & Schmidbauer, 2008, S. 20 ff.) kann einen wichtigen Beitrag zur Performancesicherung, Wertentwicklung, Image- und Reputationsbildung eines Unternehmens leisten. Im Umkehrschluss zeigt eine unzulängliche Kommunikation gepaart mit einem Mangel an Information und Dialog im Unternehmensinnenraum gegenteilige Effekte: Frustration, Demotivation, Unsicherheiten, Ressentiments, Verweigerungshaltungen und Fluktuation können in Belegschaften die Folge kommunikativer Defizite sein.

Als Teil ganzheitlich ausgerichteter Unternehmenskommunikation (s. Einwiller et al., 2006, S. 221; Führmann & Schmidbauer, 2008, S. 38 ff. – vgl. Abschn. 3.3.4.1) stellt professionell angelegte interne Kommunikation[36] einen signifikanten Produktions- und Wettbewerbsfaktor (Mast, [5]2013, S. 224; Montua, 2020, S. 4 f.) dar. Sie ist Voraussetzung für das Funktionieren und die Zielerreichung jeder Organisation. Diese Wertzuweisung, Leistungseinschätzung und Gestaltungsanforderung gilt selbstverständlich auch für die **interne Kommunikationspolitik von Familienunternehmen** gegenüber ihren Belegschaften.

Per definitionem umfasst „interne Unternehmenskommunikation (…) sämtliche kommunikativen Prozesse, die sich in einem Unternehmen zwischen dessen Mitgliedern abspielen" (Mast, [5]2013, S. 223). Dieser Sichtweise zufolge ist zudem unbestritten, dass die Komposition der **Kommunikationsbeziehungen zu internen Stakeholdern** auf Individual- und Gruppenebene als zielgerichteter Verständigungsprozess über Arbeitsprozesse,

---

[36]Zur Begriffsdeutung s. u. a. Hubbard, 2004, S. 27 ff.

Aufgaben, Vision und Mission (Meier, 2002, S. 17; Einwiller et al., 2006, S. 222 f.) eines Familienunternehmens prinzipiell eine wichtige **Führungsaufgabe** (s. Schick, [5]2014, S. 135 ff.; Freda, 2014, S. 2; Montua, 2020, S. 143 ff.) ist. Sie stellt somit ein strategisches Steuerungsinstrument des Managementhandelns dar (Meier, 2002, S. 34). Gemäß dem bekannten und viel zitierten Credo: „Führen durch Kommunikation". Im Klartext: Mitarbeiter sind „Kunden der Führung", und interne Kommunikation ist Chefsache! Voraussetzung für deren effektive Realisierung sind die Kommunikationsfähigkeit und der Wille zu Dialogbereitschaft und Interaktion der **Unternehmensspitze**. Deren Mitglieder fungieren als „zentrale Multiplikatoren (…) [und] als Mittler zwischen den Hierarchieebenen" (Mast, [5]2013, S. 243) im unternehmensinternen Kommunikationsarrangement. „Managementkommunikation" ist in ihrer konzeptionellen, inhaltlichen wie formalen Ausgestaltung als Aktions- und Mitwirkungsfeld idealiter – je nach Verfügbarkeit – eine Kooperationsaufgabe von Personal-/HR- und Unternehmens-/PR-Kommunikation (s. Kirf & Schach, 2011, S. 168) und an deren Schnittstelle unternehmensintern organisational angesiedelt (vgl. Mast, [5]2013, S. 246). Zu ihren spezifischen Kommunikationsaufgaben zählt die Informationsvermittlung zu Aufgabenerfüllungen, Arbeitsbedingungen, Rollenerwartungen und Entwicklungsperspektiven von Belegschaft und Führungsriege gleichermaßen ebenso wie verbindliche Aussagen zu Strategierealisierung (s. Hubbard, 2004, S. 49), und Zukunftsfähigkeit eines (Familien)Unternehmens.

Falls nötig, ist das Direktorium von Familienunternehmen in seiner Kommunikationskompetenz, in seinen Einsichten zu Wert und Nutzen von (dialog- und verständigungsorientierter) Kommunikation in beziehungsrelevanten Auftrittsszenarien als „Storyteller" kommunikativ fit zu machen. Diese Unterstützung kann durch entsprechendes Coaching und Trainingsangebote[37] stattfinden. Das erfolgt zugleich mit Blick auf eine dabei zu erzielende Akzeptanz und Glaubwürdigkeit der Protagonisten. Ein solches Vorgehen ist – je nach Situation und Kontext – gerade auch vonnöten in schwierigen, erläuterungsbedürftigen Zeiten. Die damit verknüpften Szenarien verlangen nach überzeugenden Antworten und Erklärungen.

Die spezifischen Leistungspotenziale von Familienunternehmen und deren Realisierung beruhen – wie bei anderen Unternehmensformen – gemeinhin auch auf **kommunikativen Beziehungsmustern**. Diese formen und koordinieren die Modalitäten und Prozesse von innerbetrieblichen Arbeitsabläufen, Handlungskoordinationen und Entscheidungsfindungsverfahren. Damit dieses Aktionsgeflecht und das damit verbundene rationalsachorientiert wie emotional-persönlich geprägte Kontakt- und Beziehungsgefüge funktionieren, obliegt es der Unternehmensleitung, ein systemförderndes unternehmensinternes **Kommunikationskontinuum** zu fördern. Mit dem Ziel, „eine konstruktive Kultur des Kommunizierens" (Hubbard, 2004, S. 59) optimal zu gewährleisten. Dabei sind deren Architekten tatkräftig von Führungskräfteteams (vgl. Barrett, 2016, S. 176 f.) zu unterstützen. Die in diesem Kommunikationsgeschehen initiierten Austausch-

---

[37] Diese Rollenerfüllung kann natürlich, falls erforderlich, durch externe Experten mit fachkundiger Hilfestellung sekundiert werden; s. dazu nützliche Hinweise und praktische Tipps u. a. bei Richter (1996) und Alter (2015).

beziehungen sollten prinzipiell auf Dialogbereitschaft, Feedback und Partizipation aller Beteiligten hin angelegt sein. Mit Blick darauf vollzieht sich unternehmensinterne Kommunikation in verschiedenen Gestaltungsformen, Perspektiven und Beziehungsebenen. Das heißt, als

- formelle und informelle,
- persönliche und medienvermittelte,
- vertikale und horizontale,
- top-down, bottom-up und peer-group-immanente Kommunikation.

Als Grundvoraussetzung für korporatives Handeln gelingt eine auf diesen Kommunikationsformen basierende **Kommunikations-** und **Interaktionskultur** (s. Abb. 3.4) indes nur auf Grundlage etablierter, tragfähiger Strukturen, Abläufe und Foren, die zur Bildung eines positiven Betriebs- und Meinungsklimas beitragen. Dieses wiederum wirkt bekanntlich durchaus auch wahrnehmungs- und interpretationssteuernd in äußere Unternehmensräume und deren Stakeholdergruppen hinein.

Das für eine erfolgreiche Unternehmensführung notwendige **Vertrauen** (s. Schick, [5]2014, S. 12; Barrett, 2016, S. 4) in das Management, seine Aussagen und Auftritte kann im glaubwürdigen Ausfüllen diverser Facetten seiner **Kommunikatorfunktion** gefestigt werden (s. Mast, [5]2013, S. 244 f.; Montua, 2020, S. 10). Damit das erfolgreich von statten geht, ist natürlich der „Kommunikationswille der Führung" (Höhler, 1991, S. 239) essenziell. Und dieser Anspruch wird vorzugsweise sekundiert durch das Bereitstellen zweckdienlicher Kommunikationsangebote und Storytelling-Wege für das Zielpublikum: z. B. durch persönlichen Meinungsaustausch des CEO mit dem mittleren Management im Rahmen von Town Hall Meetings; durch die Verfügbarkeit und Nutzung spezieller interner Social-

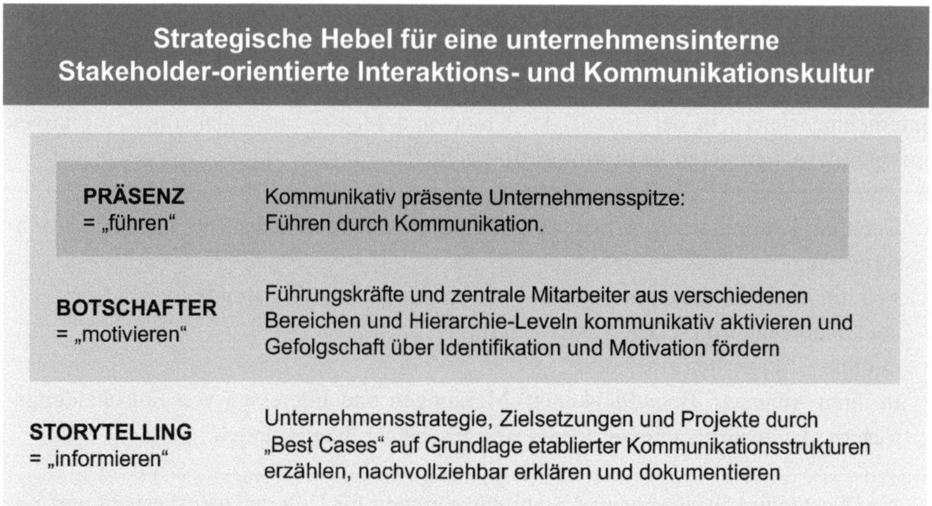

Abb. 3.4 Interne Interaktions- und Kommunikationskultur. (Quelle: eigene Darstellung)

Media-Plattformen als Informations- und Dialogforen oder in Form regelmäßig stattfindender Mitarbeiterumfragen (s. Abschn. 3.3.3.3.13), deren Ergebnisse von der Unternehmensspitze transparent kommuniziert und in der Folge in interne Prozesse eines Familienunternehmens integriert werden.

Diese Art von innerbetrieblicher „kommunikativer Kulturförderung" ist Bedingung für die Etablierung eines in Form, Tenor und Stil **offenen Kommunikationsklimas** (Stichwort: „Transparenzkultur"). Das ist seinerseits prägendes Element und Beleg einer „undogmatischen" Unternehmenskultur („Corporate Culture"). Natürlich auch eingedenk aller Chancen und Risiken, die mit einer solchen Kommunikationshaltung verbunden sind. Denn dass unternehmensinterne Informationsstände und Mitteilungsvorgänge – aus welchen Beweggründen und Zielsetzungen auch immer – in das äußere Unternehmensumfeld dringen bzw. überspringen und darin öffentlich Verbreitung bzw. Verwendung finden können, ist in den Kommunikationsbedingungen der vernetzten Mediengesellschaft durchaus an der Tagesordnung und lässt sich erfahrungsgemäß nicht verhindern (s. a. Abschn. 3.3.2.1 und 3.3.2.2). Hierüber müssen sich die Verantwortlichen prinzipiell im Klaren sein. Sie sollten initiativ abwägen, was, wie, auf welche Weise, zu welchem Anlass und Zeitpunkt über welche internen Medien und Instrumente (z. B. Intranet, Mails, Mitarbeiterzeitung, Vodcasts, Mitarbeitergespräche) innerhalb eines Familienunternehmens kommuniziert werden soll. Das bedingt im Vorfeld eine sorgfältige Inhalts- und Wirkungsanalyse sowie eine detaillierte Umsetzungsplanung des Themenmanagements in internen Kommunikationsprozessen.

Ein offenes Kommunikationsmilieu soll für alle Beteiligten auf der Denk- und Verhaltensebene eine sinnstiftende Orientierung ermöglichen (s. Huck-Sandhu, 2013, S. 227 f.; Quirke, 2016, S. 18). Dadurch können zugleich Identitätsstiftung (Identifikation mit Unternehmen), Motivation, Eigeninitiative, Mitverantwortung und Miteinander der Adressat gezielt gefördert und Loyalitäten – auch unter problematischen Umständen – im Unternehmen konsolidiert werden. Die dazu notwendigen Narrative sollten nicht allein aus der Perspektive der Unternehmensleitung stammen, sondern auch die Sichtweisen der Belegschaft berücksichtigen. Im Hinblick auf die Erfüllung dieses Anspruchs sollte unternehmensintern in der Essenz das Credo und Mantra einer planvollen, effektiven **stakeholderorientierten Kommunikation** gelten:

- Denn nur kontinuierlich, aktuell und offen über Unternehmenspläne und Ziele gut informierte,
- sich mit ihrem Unternehmen rational wie emotional identifizierende,
- am Unternehmensgeschehen aktiv beteiligte,
- mit ihren Tätigkeiten zufriedene,
- in ihren Anliegen, Befindlichkeiten, Meinungen und Interessen von Entscheidungsträgern glaubwürdig adressierte und wertgeschätzte Belegschaften …

… sind Beständigkeitsgewähr und Stabilitätsgaranten für Unternehmensbestand und Zukunftsfähigkeit. Bekanntlich sind es „die Mitarbeiterinnen und Mitarbeiter, die den Ausschlag geben, ob die unternehmerischen Ziele erreicht werden oder nicht" (Ulbrich & Leuz, 2020, S. 23). Daher sind, mit Blick auf diesen unzweifelhaften Sachverhalt, praktizierte unternehmensinterne Kommunikationsroutinen und Konzepte ständig kritisch auf ihre Validität bzw. Funktionalität hin zu überprüfen und ggf. zu korrigieren.

3.3.3.3.3 Konstruktive Kommunikationskontexte: Dialog, Feedback und Partizipation fördern

Simple, eindimensionale Sender- und/oder Empfängerkommunikationsmodelle sowie eine Informationskaskade „von oben nach unten" sind als alleinige Kommunikationswege in der Vermittlung von Botschaften und Themen nicht mehr zeitgemäß. Verlautbarungspolitik im Sinne gefilterter Hofberichterstattung, die von der Klientel möglichst nicht hinterfragt werden soll, ist passé. „Es hat ein Paradigmenwechsel von der Verteilkommunikation zu interaktiven Prozessen stattgefunden (…)." (Mast, [5]2013, S. 223) Neben **Informationsvermittlung** muss dieser Prozess auf **Dialogführung** (vgl. Bruhn, 2000, S. 14; Hubbard, 2004, S. 68, 74; Röttger et al., [2]2014, S. 191),[38] Verständigung, Beziehungspflege, Meinungstransfer, Interessenabstimmung, Partizipation sowie Commitment (s. Einwiller et al., 2006, S. 226) aller Mitwirkenden wechselseitig ausgerichtet sein. Und zwar über alle Hierarchiestufen, Beziehungs- und Kommunikationsebenen hinweg in verschiedene Richtungen. Natürlich unter Beachtung vorab festgelegter **Kommunikationsregeln** (s. Mast, [5]2013, S. 240; Schick, [5]2014, S. 11 f.) durch die Kommunikationspartner. Mit dem Ziel, kooperative **Austausch-** und **Feedbackprozesse** auf allen verfügbaren Kanälen effektiv zu ermöglichen und zu moderieren (s. Abb. 3.5). Und das auch mit dem Blick auf den offenen Umgang mit Problemthemen, Konflikt- und Krisenbewältigung. Dazu zählt u. a. die Strategie des „Rapid Response", d. h. die schnelle, zeitnahe und flexible Organisation, Kanalisierung und Verfügbarmachung entscheidungsrelevanter Informationen (s. Ellers, 2002, S. 174 ff.). Diese sollen den adressierten Stakeholdern auch Feedbackmöglichkeiten gewähren. Ein solches multimediales Verfahren kann taktisch substanziell sein, weil es Einfluss darauf haben kann, wie ein Unternehmen durch die schnelle Vermittlung zeitsensitiver Inhalte als Reaktion auf interne und/oder externe Ereignisse – z. B. im Falle einer technischen Betriebsstörung – situationsangemessen agieren bzw. kommunizieren kann.

In einem solchen **stakeholderorientierten Informations- und Austauschkontext** lassen sich die in einem Familienunternehmen vorhandenen **Wissenspotenziale** und Erfahrungsressourcen nutzen (Stichwort: „internes Wissensmanagement"): im Ablauf top-down, bottom-up und/oder auf peer-level. Und zwar unterschieden je nach Kommunikationsrichtung (Vgl. u. a. Hubbard, 2004, S. 73 f.; Mast, [5]2013, S. 233 ff.), Anlass, Wirkungskreis, Thematik und Zielsetzung. Gleichwohl ist, zugegebenermaßen, ein solches normativ-

---

[38] S. dazu auch Masts Plädoyer für den dialogischen Austausch zwischen Unternehmensmitgliedern: „Das persönliche Gespräch ist (…) die wirksamste und effizienteste Form der Kommunikation, da sie mehrere Funktionen gleichzeitig erfüllt: Information, Interaktion, Interpretation und Beeinflussung" (Mast, [5]2013, S. 242). Lesenswert sind in diesem Zusammenhang die aus persönlichen wie professionellen Erfahrungswelten gespeisten Anregungen und Begründungen für den Stellenwert der persönlichen Kommunikation, vor allem in digitalen Zeiten bei Turkle, 2015, S. 17 ff.

Eine zielorientierte Stakeholder-Ansprache sollte multimedial über verschiedene Kanäle und Austauschformate erfolgen, die in Informationsvermittlung und Dialogführung aufeinander aufbauen.

Führungskräfte	Mitarbeiter
Dialog + Digital (z. B. CEO-Präsenz in verschiedenen Kommunikationsszenarien)	**Dialog + Digital** (Nutzung von Storytelling-Anlässen – z. B. zu Phasen der Unternehmensentwicklung, mit Feedback-Möglichkeit)
Print + Digital (z. B. Tool Kit mit Führungsleitlinien und Kommunikationstipps)	**Digital + Digital** (z. B. Nutzung von Intranet-Subseiten mit Beiträgen zu zentralen Untermensthemen, mit digitaler Feedback-Möglichkeit)
Dialog + Event (z. B. Führungskräftetagungen)	**Event + Dialog** (z. B. Nutzung dialog-fokussierter Austauschformate wie „World Café")

Abb. 3.5 Multimediale interne Stakeholder-Ansprache. (Quelle: eigene Darstellung)

steuerndes Vorgehen in der Kombination häufig als idealtypische Gedankenkonstruktion einer internen Kommunikationsverfassung zu werten. Das gilt auch für das Dialogpostulat als erstrebenswerte Handlungsmaxime und konkrete Anforderung an die Ausgestaltung von Kommunikationsprogrammen. „In der Praxis stoßen solche Prozesse der internen Kommunikation noch auf vielfältigen Widerstand." (Mast, [5]2013, S. 231) Auch hier ist Unterweisungs- und Implementierungsbedarf sicherlich auch in Familienunternehmen identifizierbar. Dieses Erfordernis sollte von den dort agierenden Entscheidern entsprechend reflektiert und nach Möglichkeit – nicht zuletzt durch hinreichende Ressourcenallokationen unterstützt – inhaltlich, formal wie personell lösungsorientiert bedient werden. Dazu kann auch die Hinzuziehung externer Beratungs- und Coachingexpertise von Nutzen sein.

Die skizzierte, in vertikalen und horizontalen Abläufen angelegte **Kommunikationsstrukturierung** (vgl. Bruhn, [8]2015, S. 103) beabsichtigt, tragfähige interpersonell-informelle Vernetzungen und einen dialogischen Austausch fördernde Kommunikationsplattformen und -formate unternehmensweit zu etablieren (s. dazu Quirke, 2016, S. 177 f., 235 ff.). Dadurch können kommunikative Abläufe für die Bildung eines systemstützenden internen **Diskursklimas** und **Meinungsmilieus**, das Stimmungen und Emotionen berücksichtigt sowie das „Wir-Gefühl" (s. Einwiller et al., 2006, S. 223) stützt, initiiert und gesteuert werden. Damit ein solches Vorhaben gelingt, ist natürlich auch eine funktionierende, modern gestaltete **mediale Infrastruktur** (Print, digital, interaktiv) für bestimmte Kommunikationszwecke und Anlässe notwendig (vgl. Hubbard, 2004, S. 68; Schick, [5]2014, S. 52 ff.). Im Zusammenspiel diverser Medienkanäle und Diskursformate können

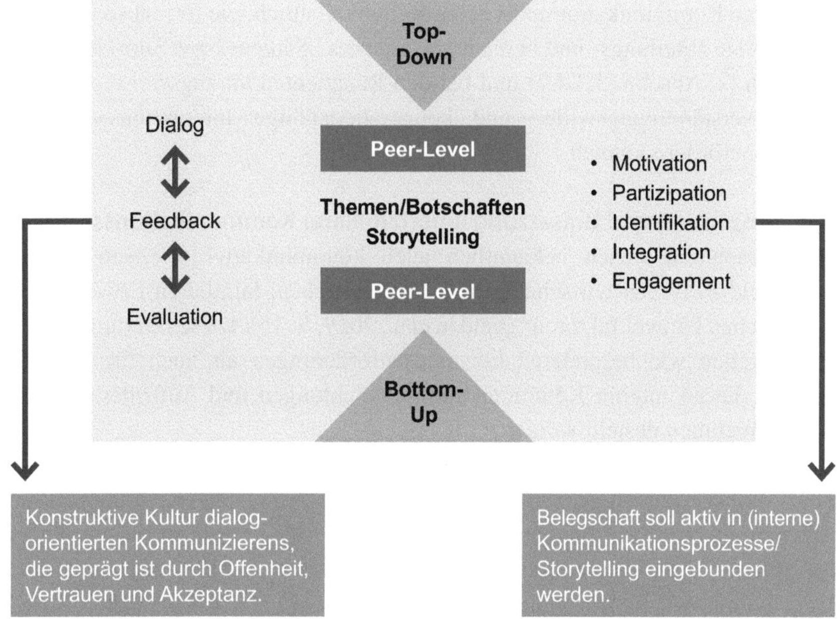

Abb. 3.6 Mechanik interne Kommunikation. (Quelle: eigene Darstellung)

Unternehmensnews, Fakten und Hintergrundwissen im Rahmen dieser Kommunikationsinfrastruktur wirkungsvoll transportiert und verstehbar in die Köpfe der Zielpersonen gebracht werden: Das reicht von einem in Printausgabe und/oder digital ansprechend gestalteten Newsletter für Führungskräfte, über Face-to-Face-Begegnungsarrangements im Rahmen von Weiterbildungsevents bis hin zu Podcasts und der Installierung und Nutzung von Apps im Social Intranet.

Durch dementsprechende Maßnahmen kann ein konstruktiver **Kommunikationskontext** hergestellt werden, der in seiner **Mechanik** (s. Abb. 3.6) adressatengerecht auf eine „kommunikative Integration" (Zerfaß ^{2}2004, S. 291 f.)[39] ausgerichtet ist. Dabei spielen natürlich – wie bereits erwähnt – die Führungskräfte in ihrer zugewiesenen Kommunikatorfunktion eine wichtige Rolle. Neben der Regelkommunikation in Normalsituationen soll dieser Bezugsrahmen ferner dazu dienen, eventuell aufkommende divergierende Zielvorstellungen und konfliktive Situationsdeutungen – wie z. B. im Zusammenhang von Veränderungsmaßnahmen (s. Abschn. 3.7.1.5) – innerhalb der Belegschaft allenfalls zurechtzurücken und möglichst einvernehmlich aufeinander abzustimmen (vgl. Schick, ^{5}2014, S. 101 ff.; Mast, ^{5}2013, S. 226). Die Empfehlung lautet: Unter-

---

[39] Zerfaß betont die Integrationsleistung der internen Kommunikation, die „zur zentralen Quelle der sozialen Integration" (Zerfaß, ^{2}2004, S. 291) im Unternehmen wird. Gesetzt den Fall, dass interne Kommunikationsmaßnahmen, indem sie das kooperativ-partizipative Miteinander fördern, zur Entstehung eines einheits- und identitätsstiftenden Wir-Gefühls (Stichwort: „Corporate Spirit") innerhalb der Belegschaft beitragen.

nehmensinterne Kommunikationsaktivitäten sollten inhaltlich wie formal so integriert anlegt sein, dass sie abteilungs- und bereichsspezifisches „Säulen- bzw. Silo-Denken" überwinden helfen (s. Abschn. 3.3.4.7) und bei den Rezipienten vorzugsweise einen dialogorientierten Verständigungswillen und kooperationsfähige Interaktionswege in der Organisation befördern können.

3.3.3.3.4 Konzeption und Umsetzung innerfamiliärer Kommunikationsszenarien

Familienunternehmen stehen bekanntlich auch kommunikativ in einem besonderen „Spannungsfeld zwischen wirtschaftlichem Erfolgsstreben, familiären Erwartungen und gesellschaftlichen Umweltfaktoren" (Felden et a., 2019, S. 15). Dieses Diktum gilt sowohl für die generellen wie besonderen Leistungsanforderungen als auch für die Erfolgserwartungen, die an interne Kommunikationsausrichtungen und Auftrittsszenarien von Familienunternehmen gestellt werden.

Mit Blick auf die Herausforderungen und Aufgabenstellungen in den internen Kommunikationszuständen von Familienunternehmen ist von Kommunikationsverantwortlichen zu beachten, dass in dieser speziellen Organisationsform auch teils **besondere Stakeholder-Beziehungsverhältnisse** vorherrschen. Sie sind jeweils differenziert in der Kommunikationsgestaltung zu betrachten bzw. zu berücksichtigen. Diese Konditionen haben vor allem Auswirkungen auf die Konstruktion, Merkmale und Modellierung des **kommunikativen Miteinanders** in der Gemeinschaft **von Familienmitgliedern**, die selbst als eine zentrale Stakeholdergruppe erscheinen bzw. als solche (inter)agieren (s. a. Abschn. 3.3.1). Denn die Kommunikation innerhalb der Familiengemeinschaft kann von prägender Bedeutung für die Unternehmensführung, -entwicklung und -verfassung sein. Dieser Austausch muss daher im Sinne der Pflege einer gemeinschaftsprägenden Corporate Identity als „integrative Identität" (Regenthal, ²2009a, S. 16)[40] initiiert und gefördert werden. Dieses Vorhaben ist als unternehmensinterne Kommunikations- und Handlungsaufgabe zugleich für die damit Beauftragten ein Muss. Und es ist mittels durchdachten Einsatzes moderner Kommunikationstechnologien und Instrumente kein Hexenwerk (s. May, 2017, S. 113).

Nichtsdestotrotz bedarf das kommunikative Agieren von Familienmitgliedern im eigenen Unternehmen eines **Regelwerks.** Darin ist u. a. zu klären, „wie sich die Familienmitglieder im Umgang mit ihrem eigenen Unternehmen verhalten sollen" (May, 2017, S. 105). Dabei den „richtigen Ton im Umgang miteinander zu treffen, ist keine leichte Sache. Während familiäre Kommunikation emotional geprägt ist, braucht die Kommunikation im und über das Unternehmen einen rationalen Tenor, (…) einen formellen Rahmen." (May, 2012, S. 250) Damit dies gelingt, ist die Entwicklung eines Familienmitgliederorientierten Themenmanagements zu empfehlen. Dieses Arrangement regelt inhaltlich,

---

[40]Regenthal präzisiert den Begriffsinhalt: „Diese integrative Identität beinhaltet nicht nur eine motivierende und emotionale Ausrichtung, sondern sie ist vernunftgeleitete Leitgröße zur Verbesserung realer Arbeitssituationen, zur klaren Erfolgsstrategie, zur Nutzenmaximierung und zur Profilierung" (Regenthal, ²2009, S. 16).

wie sich **Familienmitglieder in der Rolle als Kommunikator** zu welchen Themen äußern und wie sie auftreten sollen bzw. bei welchen Gelegenheiten sie eine Sprecherfunktion einnehmen können. Das kann beispielsweise als Redner im Rahmen eines Firmenjubiläums, anlässlich einer Betriebsversammlung oder anderen, intern platzierten Veranstaltungen stattfinden, die der Beziehungsgestaltung und Kontaktpflege sowie der Informationsvermittlung innerhalb der Unternehmens- bzw. Unternehmergemeinschaft förderlich sind.

Als ein **geeignetes Kommunikationsforum** bieten sich zudem regelmäßig stattfindende Gesellschafterversammlungen an. Solche Zusammenkünfte, in denen Mitglieder der Unternehmerfamilie und darüber hinaus angesiedelte Eigentümerkreise zusammenkommen, eignen sich formal wie inhaltlich als spezifische (Corporate-)**Storytelling-Anlässe**. Dazu zählen aktuelle unternehmensrelevante Themenstellungen, wie z. B. die wirtschaftliche Lagebeurteilung auf Grundlage eines vorliegenden Geschäftsberichts, die auch die Unternehmensleitung direkt tangieren und von dieser in der Darlegung kommunikativ besetzt werden. Des Weiteren kann in diesem Zusammenhang über Geschäftsmodelle, Wertschöpfungsketten, die Erschließung neuer Marktsegmente sowie weitere Aspekte und Perspektiven der Unternehmensentwicklung berichtet und dazu dem anwesenden Auditorium Rede und Antwort gestanden werden. Die dafür erforderlichen Daten und Fakten werden selbstredend übersichtlich und verständlich aufbereitet und als Informationsgrundlage und Basiswissen allen Anwesenden (in Print- und Digital-Version) zur Verfügung gestellt. Dadurch wird Wissensverteilung und Wissensmanagement organisationsweit gefördert (s. Rademacher, 2009, S. 106 f.; Mast, [5]2013, S. 226; Schick, [5]2014, S. 197 ff.). Dieses Verfahren ist „als Ausweis von Nachhaltigkeit einer der zentralen Werttreiber der Unternehmung" (Rademacher, 2009, S. 161). Somit ist auch festzustellen, dass „erfolgreiche Familienunternehmen (…) die Notwendigkeit einer professionellen Wissensvermittlung längst erkannt (…)" (May, 2017, S. 117) haben und als einen kollektiven Bezugsrahmen für unternehmensinterne Zusammenarbeit handhaben. Diese wiederum kann selbst Themen und Darstellungsanlässe für weiterführende interne Kommunikation liefern.

Zur **Wissensvermittlung in Familienunternehmen** zählen weiterhin sogenannte „Family-Education-Programme". Deren Curricula können bei Bedarf auch durch externe Bildungssortimente unterstützt bzw. ergänzt werden. Derartige Projekte sollen dazu beitragen, das für die professionelle Weiterführung eines Familienunternehmens notwendige Verständnis bzw. intellektuelle „Rüstzeug" in Form von praxisorientiertem Grundlagenwissen und weiterführenden (Lern)Programmen zu vermitteln. Die Teilnahme daran soll insbesondere den „Nachwuchs" aus dem Familien-/Gesellschafterkreis für „die Nachfolge in der Inhaberrolle" (May, 2017, S. 118) qualifizieren, indem jener auf obligatorische Führungsaufgaben und konkrete Rollenanforderungen im Unternehmensalltag vorbereitet und dazu befähigt wird. Das Prozedere lässt sich bei Bedarf auch mit Hilfe eines kompetenten Mentorings unterstützen. Dieser Edukationskontext bietet für die Beteiligten zudem die Möglichkeit, das eigene **kommunikative Mindset** dahingehend zu überprüfen und zu schärfen, dass der Wille und die Fähigkeit zur Transparenz in Dialogorientierung und Informationsvermittlung im Familienmilieu interaktiv gefördert und gefestigt wird.

Familienunternehmen sind in vielerlei Hinsicht durch die sogenannte „Familyness", die durchaus als Systemvorteil (s. Jansen, 2011, S. 140; May, 2012, S. 42) zu werten ist, charakterisiert. Nämlich durch die Tatsache, dass eine Familie Eigentümer des Unternehmens ist, ist dieses für (aktuelle und potenzielle) Arbeitnehmer attraktiv und kann als Employer Brand eine beziehungsstiftende, intern wie extern wirkende Anziehungskraft ausstrahlen. Ein Familienunternehmen besitzt durch das mit einer solchen emotionalen wie rationalen Wahrnehmung, Akzeptanz- und Attraktivitätszuweisung konnotierte „Sozialkapital" (s. Abschn. 2.1) einen gewissen komparativen Vorteil gegenüber eher anonymen Konzernen.

3.3.3.3.5 Ein weiteres Essential: CEO-Kommunikation nach innen

Wie bereits vermerkt, treten nicht nur Familienmitglieder als Kommunikator bzw. Storyteller auf, sondern auch die **Unternehmensleitung**. Unabhängig davon, ob das Management familienzugehörig und/oder von Fremdmanagern besetzt ist (s. Abschn. 2.1). Diese **Kommunikationsbesetzung** ist eine weitere wichtige Aufgabe des Kommunikationsarrangements in Familienunternehmen, für das auch das Petitum einer systematisch strukturierten Orchestrierung nach innen gerichteter Kommunikationsauftritte (vgl. Meier, 2002, S. 30) gilt. Innerhalb derer spielt die Unternehmensspitze, in Sonderheit der **CEO**, eine tragende Rolle (s. Deekeling & Arndt, 2006, S. 22 ff.). Eine ihrer/seiner Aufgaben ist es, eine **lebendige Kommunikationskultur** unternehmensintern zu mobilisieren und zu sichern. Neben Anlässen der Regelkommunikation zählt dazu auch der Auftrag, unternehmensrelevante Wandlungsprozesse mit vertrauensvoll-glaubwürdigem **Storytelling** in der Tiefe und Fläche erklärend und verständnisfördernd zu begleiten (s. a. Abschn. 3.7.1.4). In einem solchen Fall wird dem CEO – vorzugweise assistiert von seinem PR-Personal – die Kommunikationsmission zuteil, gleichsam als amtsführender „Storyteller" den Wirkungszusammenhang zu beschreiben, „der dem Change Rationalität und Plausibilität gibt" (Deekeling & Barghop, 2003, S. 42). Ein Anliegen, welches wiederum die Notwendigkeit der strategischen wie operativen (Mit)Verankerung interner Kommunikation auf Führungsebene (vgl. Ahlers, 2006, S. 17; Schick, [5]2014, S. 135 ff.) einfordert. Vom Unternehmensmanagement wird nämlich „ein klares, glaubwürdiges Bekenntnis zu einer wertorientierten, nachhaltigen Unternehmensführung gefordert" (Deekeling & Arndt, 2006, S. 19).

So muss erfolgskritische Regel- ebenso wie Veränderungskommunikation (s. a. Janke, 2015, S. 175 f.) die Programmatik, d. h. Status, Ziele, Inhalte und Tragweite von Unternehmensentscheidungen für die Betroffenen nachvollziehbar und anschaulich gestaltet erzählen[41] (s. Abschn. 3.7.1.4). Das kann, je nach Handlungs- und Kommunikationskontext, situativer Einordnung und unter Federführung der Unternehmensleitung auf verschiedene Weise erfolgen: in frontaler Berichtsmanier im Rahmen inszenierter und mediatisierter Ereignisse (z. B. auf Betriebsversammlungen), im dialogischen, auf Feedback angelegten

---

[41]Zu Konzept und Ausgestaltung des Storytellings in Change-Prozessen s. a. Rademachers Forderung einer „Professionalisierung des Organizational Storytelling" (Rademacher, 2009, S. 159), das als wichtige Teilaufgabe des strategischen Kommunikationsmanagements zu werten ist.

Austausch (etwa Face-to-Face im Gespräch mit Führungskräften) oder via Intranet. In diesem Kanal bietet sich beispielsweise ein CEO-Newsletter als probates Erzählformat mit Botschaften und News zu Milestones sowie aktuellen Unternehmensentwicklungen an (s. Schick, [5]2014, S. 144).

Dabei muss der **Storytelling-Modus** mit seinen Themenbesetzungen auch auf Stimmungen und Befindlichkeiten des jeweiligen Publikums einwirken. Zudem sollte diese Praktik durch die Bereitstellung von inhaltlichen Orientierungshilfen und Sinnbesetzungen ein dialogisches Miteinander anregen. Mit dem Ziel, bei den Kommunikationspartnern auch sinnvolle Denkrevisionen und Verhaltensänderungen, die „über Kommunikation als Mitteilungshandlung hinausgehen" (Lies, 2011, S. 23), zu motivieren bzw. zu initiieren. Kurzum lautet der Auftrag dieses kommunikativen Beziehungsmanagements[42]: so viele Stakeholder wie möglich plausibel anzusprechen, um – nicht zuletzt „durch den Appell an gemeinsame Wertbindungen" (Zerfaß, [2]2004, S. 296) – deren notwendige Akzeptanz und Sympathie für unternehmerische Entscheidungen zu erlangen und auf dem einzuschlagenden Kurs erfolgreich mitzunehmen (vgl. Schick, [5]2014, S. 100).

Zur Förderung von Anerkennung und Zuspruch sind thematisch transparent angelegte Kommunikationsplanungen angeraten. Deren Projekte sollten Leitmotive, Nutzen und Bestimmung von Transformationen in einer kybernetischen Sichtweise, die das Bestehende als Ausgangspunkt und Ressource für Umgestaltungen und Neuordnungen in den Fokus nimmt, konkret definieren und vermitteln. Dabei sind auch Raum und Entfaltungsmöglichkeiten für unterstützendes Mitgestalten seitens der von einem Change Betroffenen zu reservieren bzw. ermöglichen. Die dazu notwendigen Methoden und kommunikativen Erfordernisse werden an anderer Stelle unserer Ausführungen ausführlicher erörtert (s. Abschn. 3.7.1.4).

3.3.3.3.6 Vermittlung von Unternehmenswerten und -zielen

Die aktive Auseinandersetzung mit den eigenen, kollektiven **Werten,**[43] die die Art und Weise sowie das Verständnis des zwischenmenschlichen Miteinanders in Familienunternehmen entscheidend mitprägen, stellt eine wesentliche Aufgabe sowie Herausforderung für die Gestaltungsverantwortlichen interner Kommunikationsprozesse dar. **Wertevermittlung** ist zugleich für den CEO bzw. das mit ihm agierende Management eine verpflichtende **Kommunikationsaufgabe.** Denn Werte „bilden die Leitplanken für die praktische Kommunikationsarbeit. Sie beinhalten eine Zieldimension (als erstrebenswerte Zustände) und eine Handlungsdimension (als generalisierte Verhaltensstandards)." (Mast, [5]2013, S. 60)

---

[42] Vgl. dazu an dieser Stelle Führmann & Schmidbauer, die interne Unternehmenskommunikation in ihrer grundsätzlichen Stakeholder-Orientierung als eine „gezielte und differenzierte Beziehungskommunikation" (Führmann & Schmidbauer, 2008, S. 33) deuten.

[43] Zur Begriffsdeutung im organisationalen Kontext s. die Ausführungen und Literaturhinweise von Schmieja, 2014, S. 7 f.

Folglich sind die **Ziele** und die mit ihnen korrelierenden **Werte** (vgl. Barrett, 2016, S. 17), die ihrerseits in der „**Vision**" und „**Mission**" „den Kern des Selbstverständnisses" (May, 2012, S. 219) eines Familienunternehmens bilden, in überzeugend-nachvollziehbarer Weise innerhalb der Belegschaft und im Gesellschafter-/Inhaberkreis als Narrative mittels **Storytelling** zu transportieren und mit Leben zu füllen. Werte sind nicht nur zu deklarieren, sondern sie müssen von den Zielpersonen in ihrer für sie konkreten, sprich rationalen wie emotionalen Bedeutung verstanden werden (s. Schmieja, 2014, S. 2).

Gerade in instabilen Zeiten mit vielfältigen Veränderungsprozessen können Werte **Orientierung** im Unternehmensalltag bieten. Sie „vermitteln Identität – vor allem, wenn sie die Wünsche und Erwartungen der Stakeholder einbeziehen" (Mast, [5]2013, S. 87 – Stichwort: „Corporate Identity"). Werte „definieren, wofür die Organisation steht, und sie machen die Lücke zwischen Ist und Soll sichtbar" (Malik, 2007, S. 229). Und die damit verbundenen Zielsetzungen sagen aus, „wohin wir gehen; Werte bestimmen den Rahmen, innerhalb dessen wir uns dabei bewegen. (…) Erfolgreiche Unternehmerfamilien wissen das längst." (May, 2012, S. 219)

Werte und Ziele konkretisieren „das unternehmerische Selbstverständnis der Familie" (ebd.). Und gegenüber dem **werteorientierten „Selbstbild"** steht die Frage nach dem „**Fremdbild**". Das heißt, wie wird ein Familienunternehmen als Träger von Werten von seinen Stakeholdern in Wirklichkeit wahrgenommen, gesehen und beurteilt. Und nicht zu vergessen ist das erwünschte Selbstbild („**Wunschbild**") als Zielmarke aller Bestrebungen im Handlungs- und Kommunikationsmanagement (s. Abb. 3.7). Diese Perspektive sagt aus, mit welchen Werten und darauf bezogenen **Unternehmensthemen** (z. B. gesellschaftliche Verantwortung, Innovationsfähigkeit, Technologieführerschaft, Nachhaltigkeit im Wirtschaften, respektvolles Miteinander) ein Familienunternehmen in seinen Umfeldern vorzugsweise assoziiert werden will bzw. soll.

Solche publicityfördernden Auffassungen und Eindrücke sind auch Ergebnisse von Kommunikationsleistungen und -auftritten. Bei der Wertevermittlung und -etablierung in

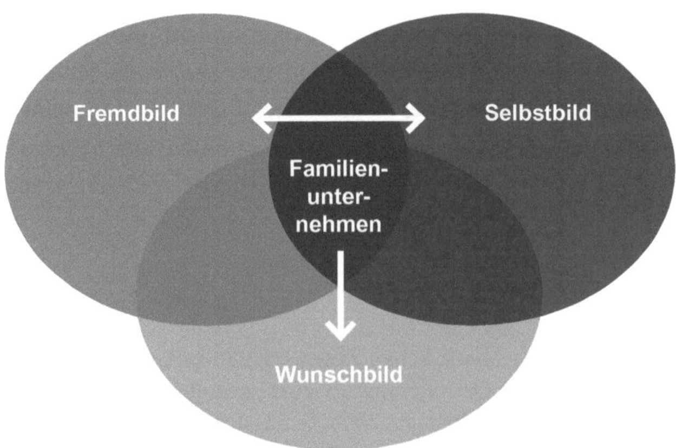

Abb. 3.7 Werteorientierte Wahrnehmungsfelder. (Quelle: eigene Darstellung)

einem Familienunternehmen kommt bekanntlich der **Führungsspitze** eine identitäts- und vertrauensstiftende Vorreiterrolle zu (s. Freda, 2014, S. 12). Deren Mitglieder sollten gegenüber der Belegschaft als Identifikationsfiguren agieren und durch ihr persönliches Verhalten und ihre Kommunikationsauftritte **Werte** vorbild- und leitbildhaft dokumentiert „vorleben" (s. Abb. 3.8). Auch deshalb, weil derweil „von Unternehmen und Marken erwartet [wird], dass sie die großen Themen unserer Zeit wie Umweltschutz, Nachhaltigkeit und soziale Gerechtigkeit in ihren Werten fest verankern und neben Gewinnstreben auch Verantwortung für diese übernehmen" (Bruce & Jeromin, 2020, S. 1).

Mit Blick auf diese Forderung kommt für Familienunternehmen der Darstellung von **Corporate Responsibility (CR)** und dazu passenden Projekten als gelebte Haltung und Ausdruck wertorientierten Handelns immer höhere Bedeutung im Rahmen interner Kommunikationsbestrebungen zu (s. Kirf & Eicke, 2017, S. 70 ff.). Das Werben für die Ausgestaltung und Realisierung dieses Aktionsfelds geschieht auch im Hinblick auf die **Unternehmenspositionierung** in Zeiten verstärkter gesellschaftlicher Aufmerksamkeit und Sensibilisierung für ethisch-verantwortungsvolles Unternehmenshandeln. Darauf

Abb. 3.8 Unternehmenswerte. (Beispiel – Quelle: eigene Darstellung)

bezogene **CR-Maßnahmen**, ihre konzeptionell-strategischen Soll-Vorgaben und operativen Szenarien-Zuweisungen sollten in einem **PR-initiierten Storytelling** anlassbezogen thematisiert und in alle Kommunikationsrichtungen erzählt werden (s. Schneider & Köhler, 2017, S. 159 ff.; Lies, 2011, S. 22). Die Narrative können sich z. B. beziehen auf Spendenaktionen für Flüchtlinge, Ehrenamtstätigkeiten von Mitarbeitern, die Erstellung von Nachhaltigkeitsberichten oder die Umsetzung innerbetrieblicher Gesundheitsförderungsprogramme. Das anschlusskommunikative Weitererzählen sollte sowohl seitens CR-projektinvolvierter Mitarbeitern als auch von der Unternehmensleitung erfolgen.

Anlässe dazu gibt es genug in persönlichen und geschäftlichen Kontaktbereichen, die zudem der **Imagepflege** und **Reputationsbildung** dienen können. Wobei der **HR** in diesem Setting eine wichtige Treiber- und Organisationsfunktion zukommt. Diese Rolle wird auch angetrieben von dem Ziel, „Vertrauen in die Glaubwürdigkeit der Organisation und Zustimmung zu den eigenen Intentionen oder aber Anschlusshandeln zu erzeugen" (Röttger, 2009b, S. 9). HR-Akteure können durch die gezielte Mitförderung von CR-Initiativen der von ihnen vertretenen **Arbeitgebermarke** (Employer Brand) öffentlich positive Geltung verleihen. Dadurch kann bei relevanten Stakeholdern die Vorstellung etabliert werden, dass ein Familienunternehmen ein Umfeld schafft, in dem nachhaltiges Arbeiten eine glaubhaft-nachvollziehbare Priorität hat und vorherrschende Werte im Unternehmensalltag authentisch reflektiert werden. Selbstredend sollten Aktionen unter dem CR-Label zur festgeschriebenen Unternehmensvision, -mission und der damit korrespondierenden **Unternehmenskultur** passen. CR-Projekte müssen in „das Leitbild des Unternehmens mit eingebunden sein bzw. auf dieses referieren. Sie sind schließlich ein direkter Beleg dafür, inwiefern Unternehmenswerte tatsächlich in der Praxis als Referenzsystem eine Entsprechung erfahren und stakeholderorientiert umgesetzt werden. Sie bilden somit einen Teil der Corporate Identity, die für Mitarbeiter auf allen Ebenen erlebbar und – auch über die Unternehmensgrenzen hinaus – kommunizierbar ist" (Kirf & Eicke, 2017, S. 71; s. a. Heinrich & Schmidpeter, 2013, S. 9 ff.). Je mehr diese Kriterien erfüllt werden, desto glaubwürdiger und sinnhafter erscheint ein ernsthaft betriebenes CR-Engagement und die darauf bezogene Werteorientierung, die in und außerhalb des Unternehmensgeschehens zum Tragen kommt.

3.3.3.3.7 Die Ausgestaltung werteorientierter Kommunikation

„Die Werte eines Unternehmens lenken die Führungssysteme, die Prozesse, die Organisationsentwicklung, das Verhalten. Sie sind die Basis jeglicher Sinnstiftung für alle relevanten Bezugsgruppen des Unternehmens." (Buchholz et al., 2019, S. 3) Dieses Prinzip gilt ebenso für Unternehmen in Familienbesitz. **Werteakzeptanz** und **-beachtung** sorgen dafür, dass persönliches und/oder organisationales Verhalten im täglichen Doing mit den gesetzten Werten in Einklang steht bzw. stehen soll und sich in Facetten des Unternehmensgeschehens auch konsequent widerspiegeln kann.

In diesem Sinne soll eine **werteorientierte Kommunikation in Familienunternehmen** dazu dienen, den Adressaten Werte zu erläutern, diese verstehbar und akzeptierbar zu machen und sie als verbindliche betriebswirtschaftliche wie handlungswirksame

Regelinstanzen in Bewusstsein und Verhaltensweisen gleichermaßen zu etablieren. Das heißt, eine auf Werte ausgerichtete Kommunikation trägt mit dazu bei, diese in der Gestaltung des Unternehmensalltags konkret anzuwenden. Und im Umkehrschluss trägt schlecht gemanagte, defizitäre Kommunikation, die für die Empfängerkreise keine Deutungs- und Verständnishilfe bietet, sowie keinen anschaulichen „psychologischen Zugang" zur Thematik leistet, dazu bei, Werte in Auftreten und Entscheidungen der Bezugsgruppen eben nicht zu realisieren bzw. schlimmstenfalls gar zu zerstören. Damit dies nicht passiert, sind natürlich auch ein **authentisch-wertezentrierter Führungs- und Kommunikationsstil** der Familienunternehmensspitze als deren Grundhaltung unumgänglich. Mit positiven Folgen für das Unternehmen. Denn ein dahingehendes „Vorleben" von Werten „kann schließlich in einer stärkeren Mitarbeiterzufriedenheit und Mitarbeiterbindung resultieren" (Schmieja, 2014, S. 107).

3.3.3.3.8 Das Leitbild als Orientierungsmarker

In dem „Wording" (Stichwort: „Corporate Language"), das Werte in einem Familienunternehmen sprachlich vermittelt, sind klar definierte, argumentativ konkrete[44] und im Design ansprechend gestaltete **Wertekataloge** von Kommunikationsprofis zu erarbeiten. Diese Dossiers sind unternehmensintern an Belegschaft und Führungskräfte zu verteilen und offensiv in ihrer Bedeutung als **Unternehmensleitbild** zu kommunizieren. Dabei kommt auch der **HR** in Kooperation mit der **PR** eine tragende Rolle zu (s. Klaußner, 2016, S. 9 f.). Inhaltlich wird im Leitbild der für die Empfänger maßgebliche kollektive Entscheidungs- und Handlungsoptionsrahmen festgelegt. Dieser Kontext sollte als sinnstiftender, denk- und verhaltenssteuernder „Orientierungsmarker" (Mast, [5]2013, S. 85 – s. a. Klaußner, 2016, S. 7 f.; Ulbrich & Leuz, 2020, S. 20) im Sinne eines bindungssicheren „Common Sense" plakativ-griffig formuliert sein. Ein Unternehmensleitbild soll schließlich das unverwechselbare, leicht nachvollziehbare Profil eines Familienunternehmens in seinen Innen- und Außenwahrnehmungen darstellen. Als Dokumente (in Printversion, digital via Intranet und Website) sind diese Grundsatzbreviers gleichsam sichtbarer Teil einer mehrdimensionalen Unternehmensstrategie und Geschäftspolitik. In dieser Funktion können sie den strategischen Anspruch und die Haltung eines Unternehmens im Sinne einer **werteorientierten Unternehmensführung** (vgl. Zerfaß, 2007, S. 27 ff.; Zerfaß, [2]2004, S. 27; Barrett, 2016, S. 245 f.) inhaltlich widerspiegeln; und sie sind Teil eines auf die Publizierung dieses Anliegens ausgerichteten Kommunikationsmanagements (s. Will, 2007, S. 24 ff.; Mast, [5]2013, S. 67 ff.; Schmieja, 2014, S. 23 ff.).

Die dabei getroffenen **Aussagen** sollten für die Rezipienten zu deren Anschauungsweisen passen. Und sie dürfen nicht aus vorliegenden Unterlagen anderer Organisationen abgeschrieben sein. Die Formulierung sollte dem sprachlichen Gestaltungsprinzip von für die Adressaten semantisch akzeptablen Leitbildern entsprechen: kurze und einfache Sätze,

---

[44]Buchholz, Schach und von der Haar betonen die tunliche Vermeidung von Abstraktionen in der Textgestaltung und darauf ausgerichteter Verstehensprozesse in der Rezeption derartiger Dokumente durch die Adressaten (Dies., 2019, S. 4; 29 ff.).

die das Wesentliche in authentischer Manier mitteilen. Leerformeln und wohlfeile Schönfärberei sowie diskursive „Diskrepanzen zwischen Vision und Realität" (Kalmus, 1995, S. 21) sind tunlichst zu vermeiden.

Neben eindeutigen Ausführungen zu Zielvorstellungen (Vision) und Zielerreichungswegen (Mission) sowie zu Erfolgspotenzialen unternehmerischen Denkens und Handelns – wie Wachstumsziele, Ressourcenverwendung, Rentabilität, unternehmerische Stabilität, Veränderungsbereitschaft – werden in einem solchen Regelwerk auch Vorgaben zu vertrauensbildendem und respektvoll-wertschätzendem Umgang mit unternehmensrelevanten Stakeholdern festgeschrieben (Stichwort: „Code of Conduct"). Dieser Anspruch bedeutet u. a. den Respekt vor kontroversen Meinungen, die Berücksichtigung kultureller Unterschiede und Akzeptanz verschiedener Lebensstile und Mentalitäten, die selbstverständliche Bestandteile und Grundsätze eines zeitgemäßen Kommunikationsgeschehens in Familienunternehmen darstellen sollten. Das Einhalten bzw. Nichtbeachten derartiger Standards beeinflusst das unternehmensinterne **Kommunikationsklima** und damit korrespondierende **Interaktionsformen**. Diese betreffen allerdings nicht nur Unternehmensangehörige. Sie adressieren ebenso externe Stakeholder wie Geschäftspartner, Kunden, Lieferanten, Medienvertreter, Kapitalgeber, NGOs etc. Die Kommunikation mit diesen für den Unternehmensbestand wichtigen Bezugspersonen folgt der Zielsetzung, sie in ihren Wahrnehmungen, Bewertungen und Verhaltensdispositionen (z. B. Kooperationsbereitschaft) auf rationaler, emotionaler und ökonomischer Ebene abzuholen, um sie eng und langfristig ans Unternehmen zu binden (Stichworte: „Stakeholder-Value; Shareholder-Value; Kunden- und Mitarbeiterbindung; Steigerung des Unternehmenswertes; Maximierung der Marktkapitalisierung").

Bei der **Leitbildformulierung** sollten unspezifische und zu allgemein gehaltene Aussagen, die immer wieder gerne Verwendung finden, vermieden werden. So liest man Äußerungen wie: *„Als Familienunternehmen sind wir uns unserer gesellschaftlichen Verantwortung bewusst."* *„Als technologieorientiertes Familienunternehmen treiben wir Innovationen voran."* Aber was heißt das konkret? Oder man erfährt: *„Wir sind als Unternehmen stets für unsere Kunden da und erfüllen deren Wünsche."* Wenn solche Statements getätigt werden, dann sollten sie auch an konkreten Beispielen und Szenarien aus der Unternehmensrealität für alle Beteiligten greifbar belegt werden. Die Empfehlung lautet: **Leitbildhafte Kernaussagen** müssen in zielorientierten Verhaltenserwartungen und Handlungsanweisungen **verifizierbar** erscheinen, „indem sie in sehr prägnanter Form festlegen, (…) auf welche Weise diese Ziele erreicht werden sollen" (Klaußner, 2016, S. 7). Zudem ist darauf zu achten, dass Formulierungen linguistisch in Tenor und Duktus der **Sprachwelt der Rezipienten** entsprechen, damit die Redewendungen als authentisch erfasst werden. Nur so entfalten die bekundeten Botschaften ihre beabsichtigte Integrationswirkung und degenerieren nicht in unverbindlicher, symbolischer Beliebigkeit.

Mit Blick auf eine adäquate Realisierung angepriesener Werthaltungen sollte ein Leitbildtext jenem Credo folgen, das für eine, von allen Ungereimtheiten befreite Homogenisierung und Konsistenz von Propagiertem und Handeln wirbt: *„Practice what you preach"* (s. Abschn. 3.6.1). Daher ist die Empfehlung opportun, die inhaltlich-redaktionelle

Ausrichtung der Leitbildgestaltung (s. a. Klaußner, 2016, S. 137 ff.) in einem Familienunternehmen an diesem konkreten Maßstab und dem ihm zugrunde liegenden
Kommunikationsverständnis – auch im Sinne einer Anwendungs- und Erfolgskontrolle –
zu überprüfen und ggf. anzupassen.

3.3.3.3.9 Werte als Themen im internen Storytelling

Ein Leitbildentwicklungsverfahren (s. dazu Ulbrich & Leuz, 2020, S. 39 ff.)[45] basiert idealiter auf einem intensiven Diskussionsprozess zum anzustrebenden Wertekanon. Dieses
gewünschte Regelwerk ist mit bestehenden Werten abzugleichen und inhaltlich zu bewerten. Eine sich auf diese **Inhaltsanalyse** stützende weiterführende Erörterung erfolgt
prozessual zunächst vorzugsweise im Rahmen von Workshops – z. B. in der „World
Café"-Variante. In diesem Kontext sollten Management, Führungskräfte und informelle
Meinungsführer aus vorab definierten Bereichen eines Familienunternehmens die Inhalte
der anvisierten Leitlinien gemeinsam erarbeiten (s. Klaußner, 2016, S. 62 ff.). Dieses
Regelwerk, das Zeit und Geld kostet, sollte indes nicht ungenutzt bzw. ungelesen in der
sprichwörtlichen Schublade derjenigen verschwinden, für die es gedacht ist. Um das zu
verhindern, empfehlen sich Anleitungstools und interne Informationskampagnen (z. B. via
Intranet/Webinare), die zur Leitbildverankerung aufgestellt und implementiert werden
können. Wichtig dabei ist, dass dieser Prozess prinzipiell **dialogisch** angelegt ist und auf
Feedback ausgerichtet im interaktiven Austausch mit den Zielpersonen erfolgt. Deren
Aussagen können wiederum Impulse geben zu Modifikationen bzw. Verbesserungen im
laufenden **Wertekommunikationsprozess** (s. dazu Janke, 2015, S. 215 ff.; Buchholz
et al., 2019, S. 31 ff.)[46] und im darauf bezogenen **Themenmanagement** (vgl. Mast, [5]2013,
S. 89). Hierbei sind Aspekte wie Verständnisnachweis, Akzeptanz- und Engagement-
kontrolle zu berücksichtigen. Denn auch in diesem Szenario geht es insgesamt um ein
„Denken in kommunikativen Handlungsszenarien" (Leipziger, [3]2009, S. 69). Dieses ist als
graduelles, iterativ-angelegtes, konzeptionell-basiertes Prozedere organisiert (s. a.
Abschn. 3.3.3.2, Abs. 7) und sollte idealiter zu „sichtbaren, d. h. im Falle von Unternehmen, zu quantifizierbaren Effekten" (von Groddeck, 2011, S. 16) führen.

Im dialogischen Austausch und Rollenwechsel zwischen Kommunikator und Rezipient bewusst zugelassene und ernst genommene Meinungen, Eindrücke, Erfahrungen,
Fragen und Kritikpunkte der Kommunikationspartner sind motivations- und handlungs-
relevant dafür, damit ein in sich stimmiger, gemeinsam verpflichtender, stakeholderorientierter Wertekanon (s. Janke, 2015, S. 219) letztendlich nicht als Papiertiger endet,

---

[45] Zum **Entwicklungsprozess eines Unternehmensleitbildes** – von der Analyse der IST-Situation
bis zur Definition des angestrebten SOLL-Zustandes – sind nach wie vor die Aussagen von Kalmus
(1995, S. 12 ff.) beachtenswert.

[46] Vgl. dazu die kritische Bestandsaufnahme zu Verfahrensweisen, Spielregeln, organisationaler An-
siedlung und Bewertung von **Wertekommunikation** in Unternehmen – auch im Kontext von Werte-
management – bei von Groddeck, 2011, S. 13 ff.; s. a. die Beschreibungen zur Thematik bei Janke,
2015, S. 87 ff., 203 ff.

sondern stattdessen im Gedächtnis der Adressaten haften bleibt und in der Unternehmens-normalität – wenngleich auch mit einkalkulierten Abstrichen – tatsächlich konstruktiv gelebt wird. Voraussetzung dafür ist, dass es „dem Kommunikationsmanagement gelingt, Verbindungen zwischen den Wertvorstellungen des Unternehmens und der Zielgruppen herzustellen sowie Inhalte zu kommunizieren, die in Bezug zu diesen Werten wahrgenommen werden (…)" (Mast, [5]2013, S. 85). Denn: „Wertekongruenz ist wichtig für die Bereitschaft, sich für ein Unternehmen einzusetzen" (Esch, 2021, S. 17). Und das gilt zweifellos auch für die speziellen Belange und Verhältnisse von und in Familienunternehmen.

3.3.3.3.10 Den „Purpose" erzählen: Wofür steht ein Familienunternehmen

Nicht nur der kommerzielle Erfolg eines Familienunternehmen ist von Bedeutung für seine Existenz und Zukunftssicherung. Vielmehr muss ebenso die „moralische" Bilanz der Unternehmenstätigkeiten stimmen und sollte als solche thematisiert werden. Hierbei müssen auch Familienunternehmen klar Position beziehen. Ein Blick in Beispiele aus der Praxis zeigt, dass sich schon viele Firmen dabei auf einem guten, vorzeigbaren Weg befinden (s. Fink & Moeller, 2018, S. 174 ff.; Bruce & Jeromin, 2020, S. 130 ff.). Im Zusammenhang mit der beschriebenen Wertekommunikation kommt der viel beschworene „**Purpose**", d. h. der Unternehmenszweck und -nutzen, das existenzielle „Warum" eines Familienunternehmens ins Spiel (s. Esch, 2021, S. 20 f.).[47] Denn ein wesentliches Ziel interner Kommunikationsgestaltung ist auch, Führungskräften und Mitarbeitenden die Gelegenheit zu geben, sich mit dem Paradigma normativer „Purpose"-Inhalte und -Ziele auseinanderzusetzen. Und zu hinterfragen, wie, ob und warum sich ihr Unternehmen in seinen Entscheidungen an einem Purpose orientiert.

Das geschieht idealerweise entlang von **Leitfragen**, die den **Unternehmenspurpose** (s. Abb. 3.9) und seine Prinzipien pragmatisch beschreiben:

- *Wofür gibt es unser Familienunternehmen?*
- *Weshalb existieren wir?*
- *Welchen speziellen Nutzen bzw. Mehrwert erbringen unsere Tätigkeiten?*
- *Für welche Überzeugungen und Werte stehen wir als Familienunternehmen ein?*
- *Was ist unser konkreter Beitrag für die Gegenwart und Zukunft von Gesellschaft und Umwelt?*
- *Welche besonderen Leistungen und Wirkungen zeigen unsere Produkte/Dienstleistungen/Technologien, um einen solchen Anspruch nachweislich zu erfüllen?*

Die **Antworten auf ein Purpose-Statement** werden vorzugsweise in kommunikativer Kooperation zwischen PR und HR und unter Federführung des Topmanagements (s. Esch, 2021, S. 53 f.) als Q&A formuliert. Für dessen erfolgreiche Platzierung im Unternehmen ist

---

[47]Das Purpose-Thema und die Beschäftigung damit hat Simon Sinek in Gang gesetzt (s. a. www.startwithwhy.com – Zugriff 23.08.2023).

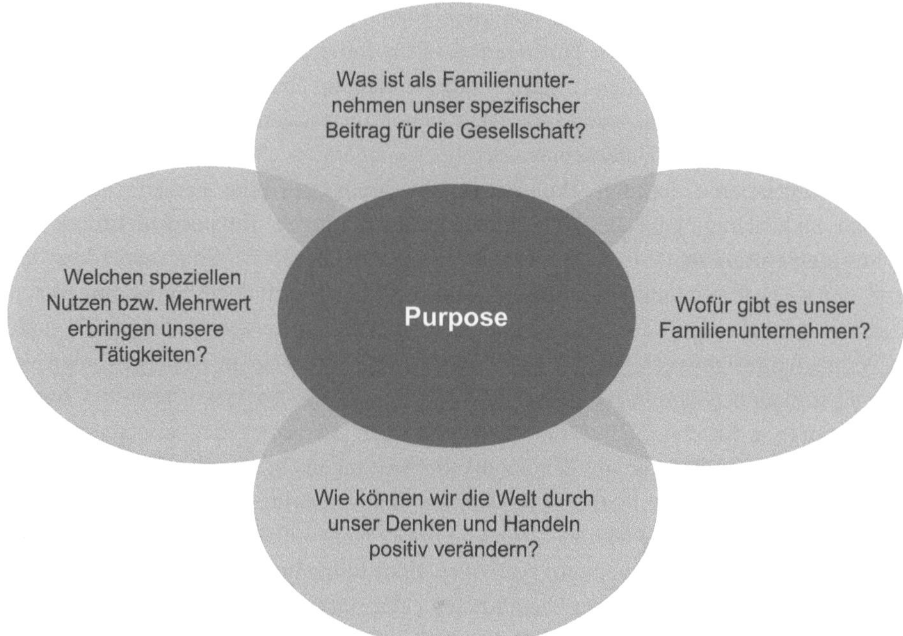

Abb. 3.9 Purpose. (Beispiel – Quelle: eigene Darstellung)

selbstverständlich Leadership gefragt. Alle Unternehmensmitglieder, die Purpose-bezogene Fragestellungen tangieren, sollen sich mit dem darauf bezogenen, gemeinschaftlich-verbindenden Denk- und Orientierungsrahmen sowie der darin liegenden Handlungslogik als Leitmaxime identifizieren und dazu miteinander kommunizieren (s. Fink & Moeller, 2018, S. 104 ff.; Buchholz et al., 2019, S. 37 ff.). Diesbezüglich kommen **Themen**, die auch öffentlich-mediale Debatten bestimmen und Aufmerksamkeit erzeugen, wie „Nachhaltigkeit", „soziales Engagement", „CO_2-Footprint" und/oder „grüne Technologie" aufs Trapez. Und das alles natürlich vorzugsweise im Sinne der Ausprägung der unternehmenseigenen „Corporate Identity" (**CI**) als integrativer Teil nachhaltiger Unternehmensführung (s. Regenthal, [2]2009a, S. 29 f.).

Kommunikation ist folglich ein Purpose-Treiber. Generelles Ziel der **Purpose-Kommunikation** ist eine Erhöhung der Identifikation mit dem spezifischen Daseinssinn, Zweck und Nutzen eines Unternehmens (s. Eicke & Kirf, 2021, S. 381). Diese Kenntnis der organisationalen „Daseinsberechtigung" (s. Esch, 2021, S. 21) soll den unternehmensinternen Bezugsgruppen als identitätsstiftende Assoziations-, Deutungs- und Aktionsleitplanken dienen. Zudem soll dieses Bezugssystem dazu beitragen, durch Loyalitäts- und Zufriedenheitssteigerung und über reines Absatzdenken und Profitstreben hinaus das sog. „People Engagement" im Unternehmen zu aktivieren. Mitarbeiter und Führungskräfte sollen motiviert sein, sich für ihr „sinn-volles" Unternehmen einzusetzen. Sie sollen zudem Wertschätzung im Arbeitsalltag empfinden bzw. erfahren und dadurch inspiriert werden, sich für bedeutungsvolle Tätigkeiten sinnorientiert und passioniert zu engagieren.[48] Dieser Anspruch wird getragen von der Hoffnung, damit korrelierende Performance-Leistungen in allen in Frage kommenden Unternehmensbereichen, Handlungsfeldern und Wertschöpfungsketten zu erhöhen und möglichst weiter zu festigen (s. Eicke & Kirf, 2021, S. 31 f.), um dadurch den Unternehmenserfolg zu steigern.

Zudem intendieren derartige Projekte für die Adressaten eine stärkere, vertrauensstiftende und richtunggebende **Arbeitgeberbindung durch Purpose-Identifizierung und -Implementierung** (s. u. a. Bruce & Jeromin, 2020, S. 35 f.). Eine solche klar definierte, der Kausalitätsdeutung und Komplexitätsreduktion geschuldete Sinnstiftung ist als Orientierungsmarker in Zeiten, die von unübersichtlichen, schwer einschätzbaren, komplexen Weltläufen (Stichwort: „VUCA" – s. Abschn. 3.2.2) und damit einhergehenden Veränderungssituationen dominiert werden, besonders wichtig. So bieten ebenso **Change-Situationen** (s. a. Abschn. 3.7.1.1) die Gelegenheit, den „Purpose" zu reflektieren, ggf. neu zu fixieren und als Thema im Kommunikationsmanagement zu platzieren. Auch ein Familienunternehmen steht hierbei in der kommunikativen Bringschuld. Gleichwohl sollte man dabei mit kritischem Blick den „Human Factor" nicht außer Acht lassen, der letztlich ausschlaggebend für das (Akzeptanz-)Verhalten eines Individuums bzw. Kollektivs ist und durch Kommunikation allein nicht beeinflussbar erscheint (s. Schmieja, 2014, S. 101).

Ein möglichst breit akzeptierter, **gelebter „Purpose"** wird als spezifische Grundausrichtung eines Familienunternehmens („Corporate Purpose") aus den Unternehmenswerten heraus entwickelt (s. Buchholz et al., 2019, S. 11 ff.; Esch, 2021, S. 72 ff.). Der Dreiklang zwischen Purpose, Vision und Mission (s. Abb. 3.10) sollte dabei ganzheitlich denk- und handlungsverpflichtend sein.

Der **Corporate Purpose eines Familienunternehmens** sollte in einer integrativen und vielfältigen Unternehmenskultur leitbildhaft installiert sein. Das heißt, er ist im Bewusstsein der Belegschaft als Treiber für das tägliche Agieren („Employee Purpose") denk- und

Abb. 3.10 Trias: Purpose – Mission – Vision. (Quelle: eigene Darstellung)

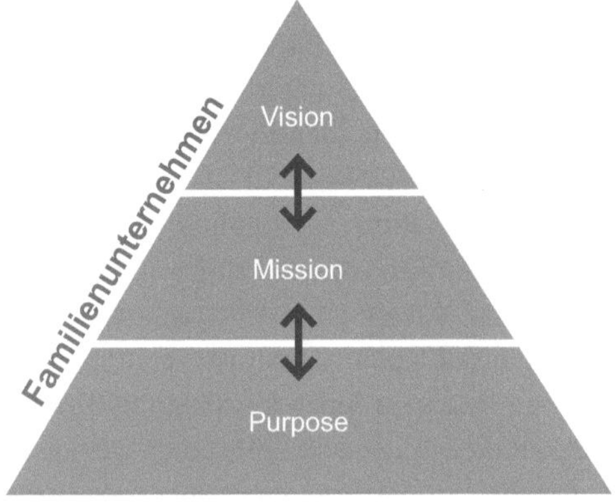

---

[48] S. dazu den Ansatz der Verknüpfung von Purpose und Passion in der individuellen Leistungserbringung bei Fink & Moeller, 2018, S. 32.

verhaltensprägend vermittelt und im Unternehmensalltag strukturell und prozessual verankert. Voraussetzung dafür ist eine Orientierung gebende Verstehensleistung. Nämlich dergestalt, „dass Mitarbeiter ihren Beitrag zur Erfüllung des Purpose kennen" (Esch, 2021, S. 17). Und das bezieht sich zudem auf die Beantwortung der Frage nach der Sinnhaftigkeit des eigenen Tuns. Dabei stellt sich gleichfalls die Frage, welcher Mitarbeiter passt überhaupt zu einem Familienunternehmen und wer nicht, um letztlich in der Rollenbesetzung die **Purpose-Ansprüche** („Purpose Fit") zu erfüllen bzw. diese Erwartungen in seinem Arbeitsumfeld bestmöglich realisieren zu können (s. Fink & Moeller, 2018, S. 84 f.). Das gleiche Diktum gilt für Kunden und Geschäftspartner eines Familienunternehmens: Für wen und mit wem will man Leistungen erbringen, arbeiten oder nicht. Und nicht zuletzt sind davon die Produkte und/oder Dienstleistungen („Brand Purpose") tangiert, die man selbst entwickelt und in Marktumfeld und Gesellschaft anbietet bzw. vertreiben will.

Idealerweise ist die **Formulierung des Purpose** einfach und prägnant. Ein oder zwei Sätze sollten genügen, um auszudrücken, weshalb ein Familienunternehmen existiert und wofür es einen nutzenstiftenden Beitrag jetzt und in Zukunft leistet. Das heißt, der Purpose sollte nicht in schicken Werbeslogan-Plattitüden oder als Marketing-Buzz (s. Bruce & Jeromin, 2020, S. 14 ff.) nach Schema-F formuliert, sondern authentisch und überprüfbar ausgedrückt[49] sein, ohne dabei ins Missionarische oder in salbungsvolle Phrasen zu verfallen, die kontraproduktiv wirken, weil sie vom „aufgeklärten" Publikum in der Regel schnell als solche entlarvt werden.

Ein Purpose sollte mithin für die Adressaten sowohl „erlebbar" als auch „lebbar" sein, d. h. er muss zum Unternehmen passen. Das bezieht sich auch auf die Entwicklung eines Themenclusters für das **Storytelling entlang des Purpose**. Darin liegt die Herausforderung für die Kommunikation bei der Vermittlung des jeweiligen unternehmensspezifischen Purpose-Anspruchs. Diesen in Worte zu fassen, bleibt indes jedem Familienunternehmen selbst überlassen und soll an dieser Stelle nicht weiter vertieft werden.

Damit der Purpose-Anspruch innerhalb eines Familienunternehmens auch erfolgversprechend kommuniziert und umgesetzt werden kann, sind entsprechende, inhaltlich-thematisch-informativ konstruierte Maßnahmen notwendig (vgl. Esch, 2021, S. 174 ff.). Natürlich sollten diese auch so angelegt sein, dass sie vorzugsweise in dialogisch-modellierten Szenarien mit entsprechenden Werkzeugen und Methoden realisiert werden: z. B. in Workshop-Formaten zum „Why"-Prozess oder der Installierung eines „Purpose Board" (s. Fink & Moeller, 2018, S. 231 ff.). Zu deren Gestaltung kommt – neben der **PR-Abteilung** – auch dem **HR-Bereich** eines Familienunternehmens eine maßgebliche Rolle zu. Denn Personaler sind qua Profession gefordert, im allgegenwärtigen „**War for**

---

[49] Als ein Beispiel sei auf die Purpose-Formulierung von Bosch Home Comfort Group verwiesen, die als Unternehmen innovative, nachhaltige Technologielösungen für den klimafreundlichen Gebäudesektor vertreiben: „*Make.Home.Comfort.Green*". Ein propagierter Unternehmenszweck, dessen Szenario in der kommunikativen Besetzung spannend und anspruchsvoll zugleich ist. Und das gerade vor dem Hintergrund der öffentlich viel diskutierten globalen Energiewende (z. B. im Kontext „Wärmepumpen"-Thematik) als aktuelle und künftige Herausforderung für Politik, Wirtschaft und Gesellschaft.

talents" Mitarbeiter ans Unternehmen zu binden bzw. neue zu finden und zu überzeugen, dass sie anheuern sollen. Ohne überzeugende öffentliche Darstellung des Unternehmens-Purpose wird ein solches Unterfangen schwierig. Die HR-Klientel schaut mittlerweile mit kritischem Blick darauf, wofür ein Unternehmen steht, wie es sich im Doppelbezug von Markt und Gesellschaft werteorientiert, sinnstiftend und verantwortungsbewusst generiert und welche Haltung es dabei empirisch dokumentiert.

Im **Purpose-Kontext** findet sich noch ein – auch für Familienunternehmen – zukunftsweisendes Thema, das für nachhaltige Unternehmensführung steht und in kommunikativer Besetzung und Vermittlung anspruchsvoll wie essenziell zugleich erscheint: „**ESG"**. Das sei an dieser Stelle nur erwähnt, weil schon bereits im Text beschrieben (s. Abschn. 3.2.3). Wichtig ist indes, nochmals zu betonen, dass, damit ein solches Szenario greift, unternehmensintern die Begeisterung und Motivation für diese strategische wie kulturelle Thematik, ihre einzelnen Aspekte und Kriterien glaubwürdig zu fördern (s. Erchinger et al., 2022, S. 17 ff.) und durch überzeugende Maßnahmen hochzuhalten sind. Beispielsweise mittels Kalibrierung und Nutzung eines Setups von speziellen, auch modular konzipierten und einsetzbaren Austausch- bzw. Begegnungsformaten und Tools für die Demonstration von „Good Practices" und „Best Cases". Das kann in Form von speziellen Informationsveranstaltungen und (physischen wie digitalen) Dialoganlässen geschehen: etwa im Rahmen von themenzentrierten Fokusgruppen oder Workshops mit Führungskräften und betrieblichen Meinungsführern (z. B. Betriebsrat). Gerade diese Stakeholdergruppe ist in ihrer Kommunikatorrolle zu befähigen, eine Purpose- und (Nachhaltigkeits-)Kultur unternehmensintern zu thematisieren und mit vorzuleben. Dabei ist überzeugend-authentisches „Leadership" im Rahmen einer kooperativ-partnerschaftlich gelebten **Führungskultur** (mit möglichst flachen Hierarchien) und damit dokumentierter unternehmerischer Verantwortungsbereitschaft gefordert, um die Belegschaft denk- und verhaltensprägend im Sinne einer ESG-Konformität zu motivieren und zu aktivieren.

3.3.3.3.11 Die Rolle der HR in internen Kommunikationsprozessen

Mit Blick auf die skizzierten Merkmals- und Anforderungskriterien für eine gelingende interne Kommunikation (**IK**[50]) von Familienunternehmen stellt sich ferner die Frage, welche Rolle der Unternehmensbereich Human Resources (**HR**) in diesem Aktionsrahmen und dem dazu gehörigen Kommunikations-Setup spielt. Auch deshalb, weil sich mitunter die Notwendigkeit einer inhaltlich-instrumentellen sowie strategisch-operativen Verzahnung der HR mit anderen kommunizierenden Organisationsfunktionen ergibt, um

---

[50]Eine erläuternde Anmerkung für den weiteren Darstellungsverlauf: Erfahrungsgemäß existiert in Familienunternehmen – vor allem mittelständischer Prägung – häufig keine eigene interne Kommunikationsabteilung. Die Gründe dafür sind unterschiedlicher Natur, werden aber an dieser Stelle nicht weiter kommentiert. Dafür würde sich indes durchaus eine separate empirische Untersuchung anbieten. Gleichwohl bleibt festzuhalten, dass in solchen Strukturen in Familienunternehmen interne Kommunikationsaufgaben häufig inhaltlich und instrumentell von PR-Verantwortlichen in Personalunion mit erledigt werden.

Kommunikationsaktivitäten in beziehungsrelevanten Innenverhältnissen (z. B. im Kontakt mit Betriebsrat oder Auszubildenden) möglichst effektiv zu gestalten. Auf diese Weise können – je nach Aufgaben und Themenstellungen – sinnvolle **Kooperationsgewinne** in gemeinsamen Kommunikationsauftritten erzielt werden: etwa in kommunikativer Verzahnung zwischen Personalern und PR-Abteilung im Rahmen der unternehmensinternen Thematisierung des Purpose.

Prinzipiell gilt: Der **Personalbereich eines Familienunternehmens** sollte – wie bei anderen Unternehmenstypen auch – mehr als nur Administration und das Ausfüllen damit verbundener Tätigkeiten darstellen. Als Querschnittsfunktion aufgestellt, ist HR gleichsam das Rückgrat des Unternehmens. Personaler sind Sparringspartner („Business Partner") von Belegschaft und Unternehmensleitung (vgl. Schrank, 2015, S. 61 ff.). Sie sind mitverantwortlich für die Herausbildung und Etablierung einer in den Innenverhältnissen positiv-motivierenden Unternehmenskultur, die als „System geteilter Werte und Ansichten (…) und gemeinsame Arbeits- und Umgangsbasis" (Einwiller et al., 2006, S. 223) anzusehen ist. Diese optimalerweise diskursiv angelegte „Philosophie" sollte es HRlern ermöglichen, in kommunikativer Interaktion vorherrschende Sichtweisen und Meinungen auf allen Hierarchiestufen mit einzubeziehen und die Mitarbeiterschaft als konstitutiven Teil des unternehmerischen Wertschöpfungsprozesses zu betrachten sowie in dieser Funktion anzusprechen. Es geht um die Schaffung eines damit verbundenen, auch kommunikativ begründeten „Akzeptanzklimas". Dieses sollte auf wechselseitigem Respekt, Feedback, dialogischer Beteiligung sowie der „Möglichkeit des überzeugten Mitmachens (…) und (…) [auf] Mitverantwortung" (Kalmus, 1995, S. 5 f.; s. a. Einwiller et al., 2006, S. 222) gegründet sein.

In diesem Sinne ist eine solche Atmosphäre von Vorteil für die positive Förderung der innerbetrieblichen Arbeitsmoral und fördert die zwischenmenschliche Verbundenheit von Belegschaft und Führungskräften. Diese, auch kommunikativ seitens der HR unterstützte Motivlage begünstigt ein von Leistungs- und Initiativbereitschaft, Kreativität und Produktivität getragenes Betriebsklima. Das wiederum kann positive Abstrahleffekte auf die Wahrnehmung und Resonanz eines Familienunternehmens im Arbeitsmarkt haben. Und das vor allem auch im Hinblick auf den Umgang der HR-Verantwortlichen mit den für sie relevanten, tiefgreifenden Herausforderungen und Problemstellungen, die die von disruptiven Umbrüchen und Instabilitäten geprägte **„VUCA"-Welt** (s. Abschn. 3.2.2) an das **Personalmanagement** eines Familienunternehmens stellt. Ein Szenario, das ebenso Auswirkungen hat auf die Konzeption und Organisation der **unternehmensinternen HR-Kommunikation**. Eine dadurch unterstützte HR-Arbeit soll mit dafür sorgen, dass ein Familienunternehmen mit den damit verbundenen anspruchsvollen, zunehmend strategisch angelegten **Aufgaben** bestandswahrend und zukunftssichernd umgehen kann. Das Spektrum reicht von der Strategiekonzeption zur Personalentwicklung und -sicherung, dem Active Sourcing und Social-Recruiting über die Talentsicherung und Nachwuchsförderung bis hin zum strategischen Management des Personalportfolios in Abstimmung mit der Unternehmensleitung. Diese Aspekte müssen sämtlich ebenfalls in den Innenverhältnissen eines Familienunternehmens für die unterschiedlichen Adressaten ansprechend und überzeugend kommuniziert werden.

3.3.3.3.12 PR für HR: HR-Leistungen und -Themen intern erzählen

Dazu eignen sich offensive **Themenbesetzungen im Storytelling** in den diversen Kommunikationsrichtungen und Handlungsfeldern der HR-Kommunikation (s. Eicke & Kirf, [2]2021, S. 376 ff.). **HR-spezifische Narrative**, die unternehmensintern erzählt werden sollten, um nicht zuletzt die eigene Arbeitgebermarke[51] zu positionieren, sind z. B.:

- Formen des agilen Arbeitens;
- die Förderung von Potenzialen, Stärken und Kompetenzen im Unternehmen;
- Vereinbarkeit von Familie und Beruf (Work-Life-Balance);
- angemessene Entlohnung;
- genderkonformer Umgang;
- Förderung von Diversität und Teamplay;
- Schaffung sicherer, attraktiver Arbeitsbedingungen;
- Talentmanagement und kompetenzfördernde Fortbildungsangebote;
- respektvolle zwischenmenschliche Verbundenheit im Unternehmensalltag;
- gelebte Fehlerakzeptanzkultur;
- die Festlegung gemeinsamer Zielsetzungen im kooperativ-partizipativen Miteinander von Führungskräften und Belegschaften;
- die Thematisierung eines sinnvollen Umgangs mit modernen Arbeitstechnologien, wie die Nutzung von Chat GPT oder der Einsatz von KI usw.

Diese **Sujets** beinhalten alle auch inhaltlich-thematische Potenziale für die Konzeption und Realisierung einer strategisch wie operativ aufgesetzten **PR für HR** (s. Laick, 2011, S. 142 f.; Eicke & Kirf, [2]2021, S. 377).

Diese Art der kampagnentauglichen **„Selbstvermarktung"** und innerbetrieblichen Eigenprofilierung (s. Abb. 3.11) ist auch deshalb angeraten, weil Personaler im eigenen Unternehmen oftmals über kein allzu gutes Image verfügen bzw. ihre Anliegen und Aufgaben nicht hinreichend verdeutlichen. Ein solches Bild entsteht, weil Personalverantwortliche in ihrem Leistungseindruck häufig eher als Verwalter und Ausführende angestammter Kernaufgaben (wie Personalverwaltung, Gehaltsmanagement, Stellenausschreibungen, Personalbericht, Digitalisierung von HR-Prozessen, Azubi-Marketing) angesehen werden. Und eben nicht als darüber hinauswirkende (Mit-)Gestalter von Mehrwert und Nutzen stiftenden Kommunikationsbeziehungen in und außerhalb eines Unternehmens (vgl. Jäger & Rolke, 2011, S. 13). Darin liegt ein wesentlicher Beweggrund, diese weiterführende **HR-Leistungszuständigkeit** mit unternehmensinterner wie auch -externer Ziel- und Wirkungsrichtung in erläuternde Narrative zu überführen: Dazu zählen die spezifischen Leistungsbeiträge, Inhalte, Themen und Produkte der HR-Arbeit („Best Practices") und deren Updates ebenso wie die HR-Akteure selbst. Solche Themen lassen sich allesamt image- und reputationsbildend „vermarkten". Daher sollten Persona-

---

[51]Zur spezifischen Bedeutung von „Storytelling" für die Positionierung einer Arbeitgebermarke in Employer-Branding-Szenarien s. a. Rupp, 2016, S. 230 ff.

Erhöhung des Ansehens
- des Personalbereichs und Etablierung als anerkannter Partner der GF, Führungskräfte, Arbeitnehmervertreter; sowie der Aufsichtsgremien – durch **Image- und Reputationsgewinne** gegenüber internen Stakeholdern.

Kommunikative Profilierung & Positionierung
- zwecks **Sicherung der Eigenständigkeit** des HR-Bereichs durch Betonung des strategisch-operativen (Nutzen-) Beitrags;
- durch Verbesserung der (internen) Kommunikation unter Beteiligung der Mitarbeiter.

Vertrauensbildung
- zur **Reduzierung von Unzufriedenheiten** mit der Leistungserbringung des HR-Bereichs und seinem spezifischen Produkt- und Dienstleistungsportfolio.

Akzeptanzsteigerung
- durch **Verdeutlichung der eigenständigen Bedeutung** des HR-Bereichs;
- für **Funktionen und Rollen** innerhalb des HR-Bereichs.

Abb. 3.11 Wesentliche Ziele der PR für HR. (Quelle: eigene Darstellung)

ler auch eine aktive Kommunikatorrolle einnehmen und als Thementreiber und Themenlotsen fungieren.

Eine auf die Erfüllung dieses Anspruchs abzielende **HR-Kommunikationsstrategie** (s. Abb. 3.12) soll für möglichst positive Assoziationen, Visibilität, Präsenz und Akzeptanz der „HR-Marke" bzw. der „Leistungswahrnehmung der HR-Arbeit" (Eicke & Kirf, [2]2021, S. 382) in relevanten Öffentlichkeiten sorgen. Denn eine generell „gut positionierte und kommunizierte HR-Marke sorgt für Bekanntheit, baut Vertrauen auf und gibt Orientierung" (Jäger & Rolke, 2011, S. 18). Die Erzählanlässe dazu sind vielfältig: Ob im Rahmen von Vorträgen über Recruiting-Strategien vor einem unternehmensinternen Auditorium aus unterschiedlichen Schlüsselpositionen und in anschließender Diskussion; oder auf Messen im Gedankenaustausch mit Standbesuchern, die auf Jobsuche sind und dazu mehr über ein präferiertes Familienunternehmen erfahren wollen. Die Diskursergebnisse können wiederum unternehmensintern rückgespiegelt werden. Solche Aufgabenstellungen bieten zudem die Chance, sektorübergreifende Kommunikationsallianzen im Sinne eines integrierten Kommunikationsmanagements (vgl. Immerschitt & Stumpf, [2]2019, S. 99 ff.; s. a. Abschn. 3.3.4.1) mit anderen Kommunikationsfunktionen zu schließen (s. o.). Soweit sie denn im Familienunternehmen vorhanden sind. Vor allem die PR kann gleichsam als interner „Servicedienstleister" (s. Steinke, 2015, S. 13) in kooperativem Spirit mit ihrem

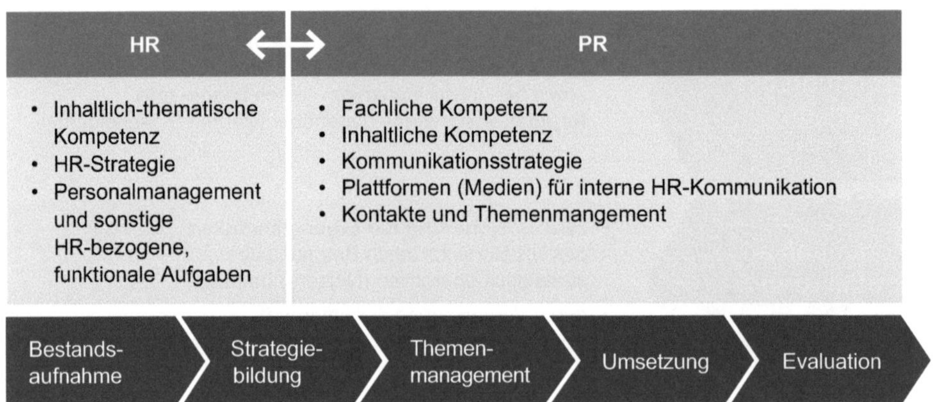

Abb. 3.12 PR für HR: Planungs- und Umsetzungsprozess. (Quelle: eigene Darstellung)

Spezialwissen den Protagonisten der HR-Kommunikation wertvolle Machbarkeitsimpulse und sachdienliche Umsetzungstipps für Kommunikationsauftritte zur **Profilierung der HR-Roadmap** (s. Jäger & Petry, 2012, S. 62) geben.

3.3.3.3.13 Die interne Positionierung der Arbeitgebermarke

Die **kommunikative Positionierung** und **Profilierung** einer starken **Arbeitgebermarke**[52] (s. Abb. 3.13) in alle unternehmensrelevanten Wahrnehmungsrichtungen ist auch deshalb von

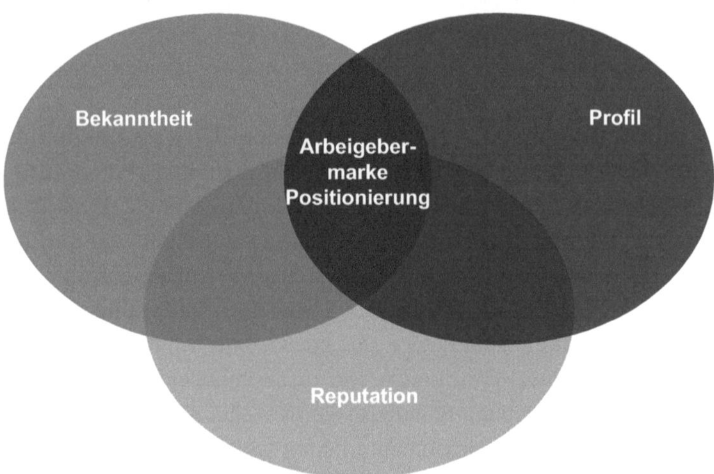

Abb. 3.13 Ziele Positionierung Arbeitgebermarke. (Quelle: eigene Darstellung)

---

[52] Zu den Methoden und Werkzeugen, die für die Arbeit an einer Arbeitgebermarke kommunikativ relevant sind, gibt es mittlerweile zahlreiche Darstellungen. Daher werden sie an dieser Stelle nicht weiter thematisiert. Einen praktischen Überblick gibt u. a. Wilbers, 2018, S. 94 ff.

Bedeutung, weil sie „die Arbeitgeberattraktivität und den Rekrutierungserfolg steigern und die emotionale Bindung der bestehenden Mitarbeiter erhöhen" (Walter & Kremmel, 2016, S. 4) kann. Ein Maßstab, der insbesondere vor dem Hintergrund sich wandelnder Arbeitsmärkte (Stichwort: Auswirkungen von Fachkräftemangel und demografischem Wandel) und mit Blick auf die Erfüllung der Ansprüche und Ambitionen gegenwärtiger und künftiger Belegschaften als relevante Adressaten (s. Hesse & Mattmüller, [2]2019, S. 6 ff.) des HR-Kommunikationsmanagements bedeutsam erscheint. Dessen Kommunikationsprogramme sollen Profil, Reputation und Bekanntheit einer Arbeitgebermarke illustrieren und ein Familienunternehmen für die eigene Personalsicherung als „Great Place to Work" darstellen.

Mittels dieser gezielten **Positionierung der Arbeitgebermarkeneigenschaften** lassen sich geeignete „Talente", qualifizierte Mitarbeiter und Führungskräfte als Leistungs- und Potenzialträger in allen Bereichen und Funktionen rational wie emotional an ein Familienunternehmen binden (s. Immerschitt & Stumpf, [2]2019, S. 83 f.). Hinzu kommt die Förderung von Loyalitäten, Identitätsstiftung und organisationalem Commitment (s. Schmidt, 2007, S. 88 ff.; Walter & Kremmel, 2016, S. 6; Kanning, 2017, S. 209 ff.) im unternehmensinternen Beziehungsmanagement. Das geschieht auch in dem Bestreben, Innovationskraft, Produktivität und wirtschaftliche Wettbewerbsfähigkeit als wichtige Differenzierungsdeterminanten im vermehrt globalisierten Marktgeschehen zu sichern bzw. zu steigern. Denn die Bewältigung unternehmerischer Herausforderungen hängt bekanntermaßen von der Verfügbarkeit des Humankapitals und einer nachhaltigen Nutzung der Ressource Mitarbeiter und Führungskräfte ab. In diesem Kontext ist die Kommunikation der sogenannten **„EVP"** („Employer Value Proposition") von Relevanz (s. Hesse und Mattmüller, [2]2019, S. 195 ff.). Die EVP (s. Abb. 3.14) illustriert und klassifiziert das spezifische **Werteversprechen** eines Unternehmens als Arbeitgeber und ist mit der Arbeitgebermarke gleichsam organisch liiert. Die EVP definiert all jene Faktoren, die ein Unternehmen für die Belegschaft, aber auch für potenzielle Bewerber interessant und attraktiv machen und die es in den kommunizierten Benefits von Wettbewerbern differenzieren. Die EVP folgt dabei einer ganzheitlichen Betrachtungsweise, indem sie die einzelnen Aktionsbereiche innerhalb des **Employer Branding** zusammengefasst darstellt.

Zugleich legt die EVP für die HR inhaltlich-thematisch **Handlungsfelder** fest, in denen sie kommunikativ im Werben um Talente und Nachwuchskräfte aktiv werden bzw. sich offensiv positionieren kann. Zur Realisierung dieser Aufgabenstellung bietet sich die **Kommunikationsallianz zwischen HR und IK** an (vgl. Jäger & Rolke, 2011, S. 14 ff.). Auch in diesem Fall ist die Interaktion zwischen beiden Funktionsbereichen Bestandteil eines integriert gestalteten Kommunikationsarrangements und schafft durch die Nutzung von Synergien sinnvolle **Kooperationsgewinne.**

Beispielhaft lässt sich dieses Vorgehen an der Planung, Durchführung und Auswertung einer **Mitarbeiterumfrage** (vgl. dazu Wilbers, 2018, S. 95 ff.) verdeutlichen (s. Abb. 3.15). In deren Projektrahmen können u. a. auch die EVP-Komponenten in ihrer Wahrnehmung und Bedeutung für interne Arbeitsabläufe und -gestaltung thematisiert werden. Eine Mitarbeiterumfrage kann exemplarisch als Grundlage und Führungsinstrument (s. u. a. Ladwig & Domsch, 2014, S. 533 ff.) für die Steuerung und laufende Optimierung des stakeholder-

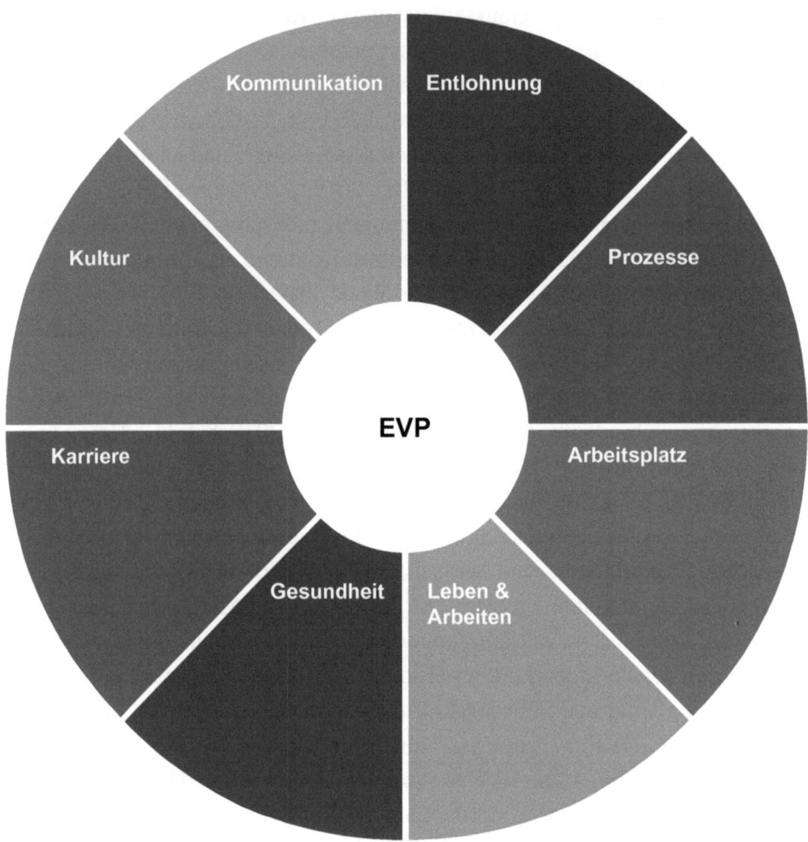

Abb. 3.14 Beispielhafte Inhaltsausrichtung einer EVP. (Quelle: eigene Darstellung)

orientierten internen Kommunikationsmanagements dienen. Sie ist gemeinsam mit der Führungsetage und der Arbeitnehmervertretung unter Federführung der HR zu konzipieren. Dieses Instrument lässt sich relativ einfach und flexibel handhaben, weil es auch digital anwendbar – z. B. im Intranet als „Quick-Poll" – und leicht auszuwerten ist. Auch Familienunternehmen sollten – in unterschiedlichem Umfang, Aufwand und Intervallen – derartige Befragungen durchführen, „um ein Stimmungsbild aus der Belegschaft zu gewinnen, Ideen und Meinungen zu sammeln und die Mitarbeiter einzubeziehen" (Petry, [2]2021, S. 362).

Erfragt werden Aspekte wie Arbeitgeberattraktivität, Mitarbeiterzufriedenheit, Commitment und Loyalitäten, Weiterempfehlungsbereitschaft, Wechselneigung, die Bewertung von Führungsverhalten und Leadership-Niveau, Standpunkte zum Umgang mit Ressourcen und zum Einsatz moderner Technologien, die Einstellung zur Unternehmenskultur, die Resonanz auf die Unternehmensstrategie sowie die Einschätzung der Effektivität von Kommunikationsaktivitäten im Unternehmensinnenraum und wichtigen Umfeld-Öffentlichkeiten. Die aus diesem Echo und Feedback gewonnenen Erkenntnisse sind wichtige Indikatoren und Informationen für die Unternehmensspitze, ob bis dato praktizierte

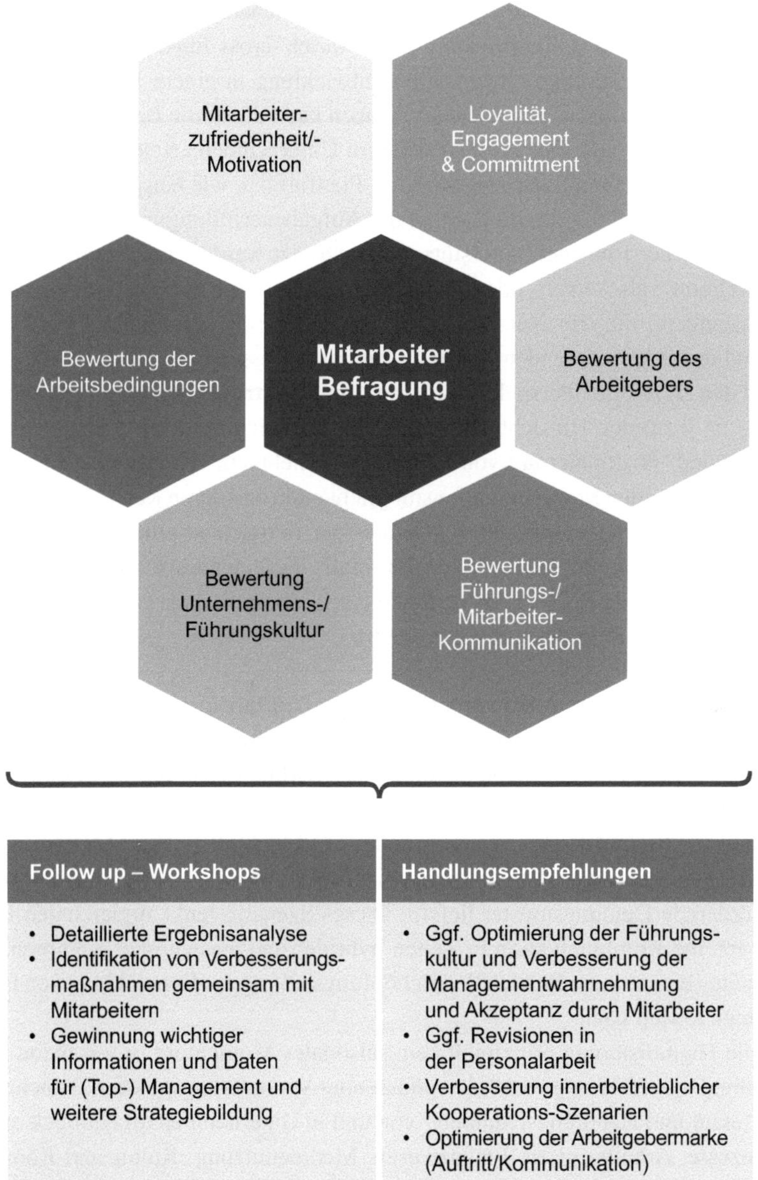

Abb. 3.15 Mitarbeiterumfrage – Themen und Prozedere. (Beispiel – Quelle: eigene Darstellung)

Strategien und Taktiken noch auf Kurs sind. Und die evaluierten Auskünfte und Resonanzen ermöglichen Einschätzungen und Handlungsempfehlungen für die Einplanung und Umsetzung von notwendigen Korrekturen und Optimierungen im unternehmensinternen Miteinander: wie z. B. Revisionen in der Personalarbeit hinsichtlich Maßnahmen zur Mitarbeiterbindung, die die HR-Abteilung durchzuführen hat; oder der Hinweis auf eine sinnvolle Umgestaltung abteilungsübergreifender Zusammenarbeitsformen für die Erzielung von werthaltigen Kooperationseffekten (etwa durch cross-funktionale Teamarbeit auf Augenhöhe), die die künftige Organisationsentwicklung in einem Familienunternehmen positiv beeinflussen können. Ein solches Vorhaben kann durch die Besetzung agiler digitaler Kommunikations- und Interaktionskanäle im Unternehmen erfolgen. Dazu eignet sich der Einsatz von modernen Social-Networking-Plattformen, wie beispielsweise „Yammer" (s. Zeichhardt, 2018, S. 8), die im Kontext der Aufgabenerfüllung im „Collaborative Working" verschiedener Einheiten unterstützend eingesetzt werden. Oder durch die Nutzung von „SharePoint" als server- oder cloudbasierte Plattform zum unternehmensinternen Datenmanagement, die den Nutzern beim Datenaustausch, Informations- und Wissenstransfer und damit korrelierenden Kommunikationsprozessen hilft.

Aus all den skizzierten Perspektiven heraus fungiert **strategisch angelegtes Employer Branding** in jedweder Hinsicht als ein wichtiger Teil effektiver Arbeitgebermarkenprofilierung und -positionierung von Familienunternehmen. Hierbei sind allerdings von diesen alle bestehenden Kommunikationsmöglichkeiten und deren Realisierungsreservoire noch nicht hinreichend ausgeschöpft. Gerade bei mittelständisch geprägten Familienunternehmen und ihren Personalabteilungen – falls diese denn überhaupt vorhanden sind bzw. über ausreichende Ressourcen verfügen (sic!) – besteht dazu gewiss noch Luft nach oben (s. dazu Müller & Lüdeke, 2011, S. 49 f.).

3.3.3.3.14 Interne Kommunikations-Challenge: Digitalisierung

Zeitgemäße Kommunikation von und in Familienunternehmen findet in interner – wie auch externer – Ausprägung, Komposition und Wirkungsrichtung in **digitalen Transformationsszenarien** statt (s. Kirf et al., [2]2020, S. 37 f.). Das **Storytelling zur Digitalisierungsthematik** als organisationales „Querschnittsthema" (Zeichhardt, 2018, S. 5) sollte den jeweiligen Bezugsgruppen hinreichende Erklärungsangebote und verständnisfördernde Deutungsmuster liefern. Dieses Szenario lenkt zugleich den Blick darauf, wie interne Kommunikation in Zeiten hybrider und asynchroner Kommunikationsgegebenheiten einen sinnstiftenden Wertschöpfungsbeitrag zur Entwicklung von Familienunternehmen leisten kann.

Dass die Digitalisierung prinzipiell kein saisonales Momentum ist, erscheint mehr als offenkundig. Digitalisierung wirkt als umfassender Veränderungsprozess „zunehmend auf die Architektur und Handlungsparameter von und in Unternehmen im Hinblick auf Strukturen, Prozesse, Arbeitsweisen, Finanzwesen, Mediennutzung, Kultur und Kommunikation ein" (Kirf et al., [2]2020, S. 1; s. a. Keese, 2016, S. 19 ff.). Diese fundamentale Entwicklung betrifft natürlich auch Familienunternehmen jedweder Größenordnung und Branchenzugehörigkeit. Gleichwohl fordern die **Digitalisierung** und die mit der **digitalen Transformation** (s. Abschn. 3.2) verknüpften Anforderungen, Einsatzmöglichkeiten, Initiativen und Handlungskontexte in der digitalisierten Arbeitswelt auch die unternehmensinternen Kommunikationsfunktionen heraus. Dabei wird ebenso deutlich, dass praktizierte Kommunikationsroutinen und -konzepte in Familienunternehmen ständig auf ihre Validität bzw. Funktionalität hin zu überprüfen und bei Bedarf zu modifizieren sind.

Damit das Paradigma des „digitalen Wandels" (Stichwort: „**Digital Change**") sich im Unternehmensalltag instrumentalisiert, sind Belegschaft und Führungskräfte auf die digitale Reise mitzunehmen. Sie müssen in ihren Einstellungen und Standpunkten zum „Digital Change" abgeholt und ihr „notwendiges Engagement für die gelingende digitale Transformation" (Eicke & Kirf, [2]2021, S. 383) aktiviert bzw. in den digitalen Aktionsbereichen unterstützt werden. Denn „Digitalisierung beginnt im Kopf" (Kirf et al., [2]2020, S. 41). So sind die Personaler eines Familienunternehmens gefordert, im Digitalisierungsaktionsfeld die diversifizierten und komplexen Szenarien kommunikativ zu besetzen und den Adressatenkreisen entsprechende Informations-, Verständnis- und Reflexionshilfen anzubieten (s. Abb. 3.16).

HR-relevante Themen sind dabei die „Digitalisierung der Arbeitswelt" und die damit verbundenen Veränderungen in Arbeitsorganisation und -gestaltung. Die durch den digitalen Wandel getriebenen neuen Formen der innerbetrieblichen Zusammenarbeit – wie hybrides, agiles, mobiles Arbeiten im Kontext von „**New Work**" mit abnehmender Präsenzkultur und mehr Selbstbestimmung – müssen mittels technischer, adaptiver und flexibler Lösungen realisierbar sein und kommunikativ vermittelt werden.

Damit diese Maßgabe zielführend kognitiv und erkenntnisleitend realisiert werden kann, sollte die HR-Abteilung im Sinne eines ganzheitlich zu denkenden und umzusetzenden Modells „als integraler Bestandteil einer digitalen Koalition mit anderen Unternehmensbereichen" (Eicke & Kirf, [2]2021, S. 375) praxisorientiert agieren. Als geeigneter Koalitionspartner empfiehlt sich – neben digitalen Spezialisten aus der IT-Abteilung (vgl. Zeichhardt, 2018, S. 12 ff.) – in Sonderheit die PR in ihrer ausgewiesenen Storyteller-Rolle,

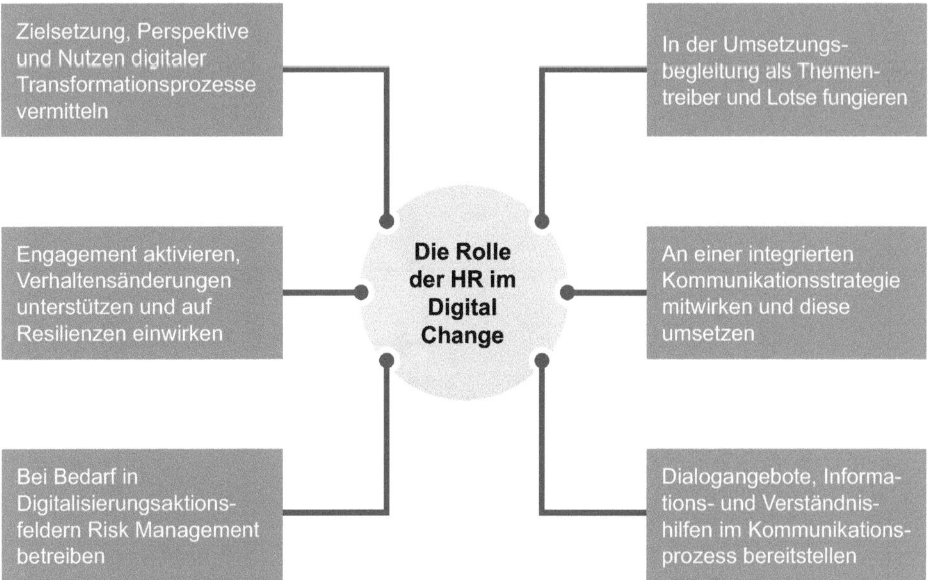

Abb. 3.16 Rolle der HR im Digital Change. (Quelle: eigene Darstellung)

Inhaltsvermittlungs- und Informationsfunktion. Deren Akteure können die HR-Kollegen bei ihrem text- und bildgestütztem **Storytelling** tatkräftig unterstützen. Das heißt, **HR und PR** agieren unternehmensintern als kommunikative Begleiter und Coaches von **Digitalisierungsprozessen**. Sie helfen gemeinsam mit bei deren Rollout und strukturell-systemischer Verankerung. Das geschieht z. B. dadurch, dass sie textliche Grundlagen erarbeiten, die dem Verständnis und der Erläuterung neuer Jobprofile im aktionalen Bezugsrahmen „Flexibilität und Agilität" dienen. Zudem können sie digitale Tools (vgl. Mülder, [2]2021, S. 126 ff.) – wie digitale FAQs, Video-Tutorials oder Blogs – bereitstellen und Schulungen – Webinare oder Präsenzseminare – zu deren Applikation organisieren.

Diese Angebote werden auf konzeptioneller und inhaltlicher Basis idealiter durch Einsichten und Verfahrenskenntnisse anderer Akteure unterstützt und fungieren gleichsam als erkenntnis- und verständnisfördernder Beistand in digitalen Lernformaten und Anwendungskontexten. Und zwar, indem sie Mitarbeitern und Führungsmannschaft die notwendigen Umsetzungs- und Etablierungsschritte, Zielsetzungen und Konsequenzen digitalisierender Strategien, Prozesse und Handlungsfelder in einem Familienunternehmen orientierend erläutern, diese verstehbar und somit für die anstehenden Aufgaben tragfähig und leistungssichernd gestaltbar machen.

3.3.3.3.15 Die Rolle der Führungskräfte im „Digital Change"

Gerade Führungskräften kommt bei der Bewältigung der Aufgaben des digitalen Wandels eine kommunikative wie handlungsleitende Schlüsselrolle zu (Stichwort: **„Digital Leadership"**) (s. Abb. 3.17 – vgl. Eggers & Hollmann, 2018, S. 43 ff.; Petry, [2]2021, S. 358 ff.). Denn **Transformation ist Führungsaufgabe** der „**Digital Leader**". In der neuen, digitalen Arbeitswelt ist klar: Führung bleibt Führung – nur (auch) anders gestaltet. **Führung** wird

Abb. 3.17 Prinzipien des Digital Leadership. (Quelle: eigene Darstellung)

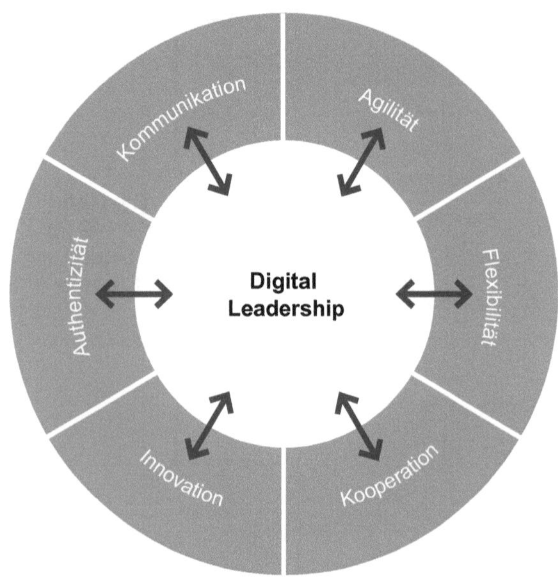

keineswegs aufgelöst zugunsten egalitärer Strukturen und sich selbst steuernder digitaler Systeme. Im Gegenteil: Führung spielt weiterhin eine zentrale Rolle, um in dem hohen Anpassungs- und Veränderungstempo, in dem sich Familienunternehmen und die darin agierenden Menschen in der **VUCA-Welt** bewegen, Orientierung und Halt zu vermitteln. In den Tätigkeitsszenarien der VUCA-Sphäre ist der Mensch – auch in seiner Ausprägung als „Homo Digitalis" – mit seiner Phantasie, Produktivität und Innovationskraft (vgl. Englert, 2019, S. 308) nach wie vor die wichtigste Ressource für ein Familienunternehmen. Und weil die Digitalisierung noch kein Ersatz bzw. keine Alternative für menschliches Denken und Handeln ist, kann das Digitale – zumindest partiell – noch weiterhin vom Analogen lernen (s. Hoffmann, 2015, S. 95 ff.).

Führungskräfte sind gefordert, ihren Teams die von der Digitalisierung geprägten Arbeitswelten (= „New Work" versus „Old Work") und die sie betreffenden Veränderungen, deren Chancen und Potenziale, aber auch erkennbare Problemfelder, im dialogisch-authentischen Meinungsaustausch anschaulich und akzeptabel zu erklären. Denn das „New Work"-Konzept ist auch ein kommunikatives Konstrukt, bei dessen Realisierung Führungskräften eine wesentliche Storyteller- und kommunikative Coach- und Moderatorfunktion zukommt. Sie agieren also als Thementreiber und Themenlenker. Dass zum „New Work"-Implementierungserfolg ebenso ein erkennbarer **Mindshift** im Kreise der Verantwortungsträger vonnöten ist, versteht sich von selbst.

Neben der kommunikativen Begleitung des „New Work"-Prozesses ist ein weiterer Aspekt erfolgsrelevant. Nämlich der, dass Führungskräfte selbstbestimmtes, flexibles (Zusammen-)Arbeiten ihrer Crews zulassen bzw. fördern. Die größte Herausforderung dabei lautet: Kontrolle aufgeben, aber Führung behalten. In diesem Verständnis sollen Führungskräfte in ihrem Entscheidungs- und Handlungsumfeld Leitplanken bieten, indem sie nicht autoritär, sondern partizipativ, offen für andere Sichtweisen und Innovationen, mit aktiver Einbindung aller Beteiligten auftreten und Arbeitsprozesse zielführend gestalten. Dabei sollte die bekannte Reihenfolge beachtet werden: „Structure follows Strategy, follows Culture, follows Leadership."

Somit ist für die zukunftsgerichtete Entwicklung und Performance eines Familienunternehmens von Bedeutung, den Führungskräften ein **modernes Leadership-Verständnis** zu vermitteln und dieses in ihrem Kreis pragmatisch zu verankern. Auch hierbei kommt der HR – im Hinblick auf ihre Kommunikationskompetenz und Handlungssouveränität – eine zentrale Rolle zu. Sie muss im Rahmen der **Führungskräfteentwicklung** dafür Sorge tragen, Führungskräfte persönlich-individuell, instrumentell-kommunikativ – z. B. durch gezielte Kommunikationskompetenzschulungen – und strukturell in die Lage zu versetzen, die spezifischen Betrachtungsweisen, Lesarten, Anforderungen und Erwartungen, die an moderne Personal- und Unternehmensführung im Digitalzeitalter gerichtet werden, zu erfüllen (s. Petry, [2]2021, S. 353 ff.). Dabei möglicherweise auftretende Schwierigkeiten, Spannungsverhältnisse und individuelle wie auch kollektive Problemfelderfahrungen sollten thematisiert, offen lösungsorientiert ausdiskutiert werden.

Um den **edukativen Aufgaben im „Digital Change"** entsprechen zu können, sind Führungskräfte auch kommunikativ zu präparieren. Hier sind HR und IK in konzertierter

Aktion gefordert. Sie erarbeiten entsprechendes Handwerkszeug in Form von Toolboxes und Leitlinien, die „zur Gewährleistung bzw. Unterstützung einer adäquaten Führung im Digitalzeitalter dienen können" (Petry, [2]2021, S. 358). Als darauf bezogene Schulungsmaßnahmen eignen sich zudem Workshops zur Vermittlung von Verfahrensweisen und Kommunikationsinhalten, wie Argumentationslinien, Q&As und weitere didaktische Hilfsmittel, die Führungskräfte im kommunikativen Miteinander mit ihren Teams bei Bedarf einsetzen können (s. Abb. 3.18).

Neben physischen, dialogbezogenen Direktkontakten ist zudem die kollaborative **Vernetzung über digitale Plattformen** (Stichwort: „Social-Collaboration"-Plattformen) zu empfehlen, die Austausch und Zusammenarbeit kommunikativ unterstützen und zu partizipativ-kooperativen Umgang und Feedback befähigen bzw. diesen/dieses erleichtern. Darauf aufbauende Erfahrungswerte aus der Unternehmenspraxis sollten durch Resonanz der Kommunikatoren in einem iterativen Prozess in die weitere Kommunikationsgestaltung einfließen. Persönlich-individuelle Komponenten wie Motivation, Überzeugungskraft und Charisma im verantwortungsvollen **Leadership-Handeln** und das dazu nötige Rollenverständnis sind natürlich nach wie vor für dessen Gelingen – auch in digitalen Zeiten – als tragendes Element unumgänglich. Diese Faktoren stehen im Fokus einer modernen **Führungskultur** in und von Familienunternehmen.

Damit das geschilderte Vorhaben insgesamt ohne größere Komplikationen verläuft, ist es eine von der HR mitgesteuerte Kernaufgabe, für die kontinuierliche Förderung der Medien- und Technologiekompetenz im kompetenten Umgang mit digitalen Applikationen innerhalb der Belegschaften zu sorgen (s. Kollmann & Schmidt, 2016, S. 37 f.) und zu helfen, deren allgemeine **„digitale Fitness"** (s. Kirf et al., [2]2020, S. 40) weiterzuentwickeln. In diesem Fall fungieren HR- und PR-Matadore zusammen in ihrem Unternehmen gleich-

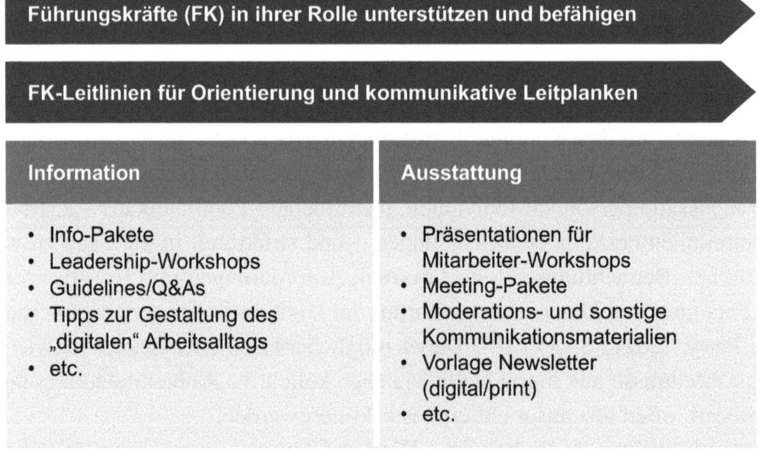

Abb. 3.18 Führungskräfte in Rollenerfüllung unterstützen. (Quelle: eigene Darstellung)

sam als „digitale Influencer".[53] Sie sind Begleiter, Treiber und Enabler des von den Konditionen, Kontexten und Mechanismen der Digitalisierung geprägten technologischen Wandels. In Koalition mit Führungskräften (s. Zeichhardt, 2018, S. 4) sorgen sie dafür, die Belegschaft für die **Partizipation an der digitalen Transformation** zu motivieren und operatives Rüstzeug zur aktiven Teilnahme am Digitalisierungsgeschehen mitzugeben. Das erfolgt mit der Maßgabe, die Vorteile des Digital Change im individuell-persönlichen wie kollektiven Doing erfolgsleitend und nutzenstiftend in allen Handlungsräumen eines Familienunternehmens zu realisieren.

Dass in diesem Bedeutungsrahmen Dialogangebote für Nachfragen und Erläuterungen bereitgestellt, rationale wie emotionale Besorgnisse und Unsicherheiten ausgeräumt sowie Feedbackaufforderungen für Erfahrungsberichte gestellt werden, ist selbstverständlich. Nur so gelingt die Realisierung eines systemstützenden, offenen und partizipatorischen Diskursklimas (s. Abschn. 3.3.3.3.3). Zudem besteht gleichzeitig die Anforderung an Personaler und die Akteure anderer Unternehmensbereiche, ihr eigenes „digitales Know-how gleichsam in einem Prozess permanenter Weiterbildung zu erweitern und bei den aktuellen kommunikativen Entwicklungen (…) auf dem Laufenden und dadurch handlungsfähig zu bleiben" (Eicke & Kirf, [2]2021, S. 383). In der Absicht, die digitalen Technologien in ihren Facetten formal, instrumentell wie inhaltsvermittelnd für die eigene (HR-)Arbeit sinnvoll nutzen zu können. Wobei festzuhalten ist, dass in der HR selbst die Digitalisierung durch den Einsatz digitaler Systeme in Familienunternehmen mittlerweile weitestgehend Einzug gehalten hat und beispielsweise in Bereichen wie Personaladministration und Gehaltsabrechnung durch EDV-Systeme ihre probate Anwendung findet.

Ein im dargestellten Handlungskontext nicht zu vernachlässigendes, zeitaktuelles Thema, für das sich PR und HR – in Koalition mit der IT-Abteilung, dem Krisen- und Risikomanagement und der Unternehmensführung – einsetzen sollten, ist **„Cyber-Security"**. Dieses Szenario ist für die Aufrechterhaltung der Unternehmenssicherheit von nicht zu unterschätzender Relevanz. Denn auch Familienunternehmen sind in digitalen Zeiten kriminell motivierten Machenschaften, wie (Hacker-)Angriffen auf ihre digitale Infrastruktur, ausgesetzt. Gerade mittelständische Firmen sind ein beliebtes Angriffsziel (vgl. Bartsch & Frey, 2018, S. 23 ff.). Und die Bedrohung besteht nicht nur von außen, sondern auch aus der eigenen Mitarbeiterschaft heraus. Daher ist in diesem Fall im Rahmen des Risikomanagements **digitale Präventionsarbeit** – auch im Sinne strategischer Krisenprophylaxe – unbedingt angebracht

3.3.3.3.16 HR-relevante Kommunikationsperspektiven: Inside-Out und Outside-In

Zufriedene, motivierte, sich mit ihrer Tätigkeit und ihrem Unternehmen identifizierende Mitarbeiter und Führungskräfte, die die organisationalen Ziele und Aktivitäten kennen und verstehen, können indes auch die **externe Meinungsbildung über ein Familienunter-**

---

[53] In diesem Kontext empfiehlt sich der Aufbau und Einsatz eines unternehmensinternen „Influencer-Netzwerks". Dieses dient einer bereichsübergreifenden Verbreitung und Vertiefung von Narrativen zu den Prozessen und Ausprägungen der digitalen Transformation in einer „Purpose"-getriebenen Organisation.

nehmen als Arbeitgeber beeinflussen. Und zwar, indem sie im Storytelling ihre positiven Dispositionen als Pendler zwischen Unternehmensinnen- und -außenwelt in ihre externen Lebensverhältnisse („Inside-Out") hineintragen. Das betrifft natürlich auch die Vermittlung negativer Befindlichkeiten und Eindrücke, die einer wohlwollend-zustimmenden Kommunikationsweise entgegenstehen, sich allerdings auch nicht gänzlich verhindern lassen.

Unternehmensangehörige fungieren vielfach als Multiplikatoren, die in ihrem sozialen Umfeld selbst in die Storyteller-Rolle schlüpfen können. Nämlich indem sie in verschiedenen Kanälen (z. B. via Social Media) und bei „privaten" Anlässen (z. B. im Freundeskreis) über „ihr" Familienunternehmen „erzählenswert" berichten. In positiver „PR-Manier" platziert, können dergleichen Narrative die externe Unternehmenskommunikation glaubwürdig im Reputationsmanagement verstärken. In dieser „Botschafterfunktion" sorgen sie dafür, dass in meinungskonstruktiven Interaktionsfeldern „das Unternehmen Gesprächsstoff ist – und zwar als Vorbild" (Frenzel et al., 2004, S. 122). Und umgekehrt sind Mitarbeiter und Führungskräfte wiederum eine wertvolle Informationsquelle für das Unternehmen selbst, indem sie gleichsam als „vorgeschobener Posten" das aktuelle Meinungsklima draußen und seine spezifische Stimmungslage wahrnehmen und diese Informationen in die Organisation hinein („Outside-In")[54] zurückspiegeln können. Die Anwendung dieser kommunikativen „Botenfunktion" hilft – bei entsprechender Kenntnisnahme der Botschaften durch die Unternehmensführung und Kommunikationsakteure – das unternehmenseigene Themenmanagement inhaltlich auf solche Informationen hin auszurichten. Dieses Setting kann in Aussagen, Sujets und angestrebter Kommunikationsrichtung bei Bedarf noch korrigiert bzw. revidiert werden. Hierbei zeigt sich, dass eine gelungene Mitarbeiterkommunikation auch zentraler Bestand der Unternehmenskommunikation sein kann.

3.3.3.3.17 Konstruktives Miteinander statt Abteilungsdenken

Unternehmensinterne Kommunikationsvorhaben funktionieren am besten, wenn reibungslose Abstimmungsprozesse und einwandfreie Arbeitsabläufe vorhanden sind und eingehalten werden. Gleichwohl ist **bereichsübergreifende Teamarbeit** in einem sich verstärkenden Zusammenspiel zwischen HR, PR und IK gerade in mittelständisch geprägten Familienunternehmen oft noch verbesserungsbedürftig bzw. ausbaufähig. Im Aufbrechen von „Lähmschichten" besteht hier durchaus Optimierungsnotwendigkeit für ein souveränes, erfolgskritisches Miteinander (s. a. Abschn. 3.3.4.7). Bei näherem Hinschauen erlebt man als Externer immer wieder in lehrbuchhaften Situationen, dass zwischen Bereichen, die Inseln der Beharrung gleichen, oft ein historisch gewachsenes und geprägtes Klima beziehungshemmender Sprachlosigkeit existiert. Oder dass nur wenig gegenseitiger Informationsaustausch und allenfalls rudimentäre Diskursbegegnungen auf Vertrauensbasis stattfinden. Von Transparenzkultur keine Spur. Informationsbesitz wird mancherorts noch als Stabilisierung von Machtpositionen missverstanden. Falls vorhandene Koalitionsresistenz und damit korrespondierende Abschottungshaltungen doch überwunden werden und eine Kooperation situativ und kontextbedingt (notgedrungen) stattfindet, wird eher in fragmentierten Einzelmaßnahmen statt in Prozessen bzw. Kampagnen (etwa Mitarbeiter-,

---

[54]Zu beiden Kommunikationsperspektiven s. die Ausführungen von Bruhn, 2015, S. 90.

Mobilisierungs-, Multikanal-Kampagnen)[55] gedacht. Ein konsistenter, strategisch geplanter und organisierter Kommunikationsauftritt „aus einem Guss", der konzertierte Aktionen – z. B. zwischen Marketing und PR – projektiert und umsetzt, steht nicht priorisiert auf der Agenda. Wollte man provozieren, könnte man behaupten: Keiner kennt, was der andere weiß bzw. will.

Daher die Empfehlung: Um einem „kommunikativen Cocooning" entgegenzuwirken und das Zusammenspiel der Kommunikationsfunktionen optimal zu gestalten, sollten sich deren Akteure weg vom Spirit der Vereinzelung und Polarisierung der Bereichsaktivitäten hin zu einer interdisziplinär abgestimmten Strategie zweckmäßig-konzertierter Aktionen aufeinander zubewegen. Auch mit dem Ziel, durch Teamarbeit das unternehmensinterne Verständnis für die eigene „Licence to operate" zu sichern (vgl. Abschn. 2.1).

Ein solches Zusammengehen muss indes institutionalisiert werden. Hierzu ist die Unternehmensspitze als Motivator und Enabler von kooperativen Kommunikationsformen gefordert, auch um deren Protagonisten für eine Beziehungspflege bzw. dazu nötige Haltungsänderungen zu sensibilisieren. Denn wenn dieser Verlinkungs- und Verständigungsprozess funktionieren soll, so benötigt er erfahrungsgemäß die Aufmerksamkeit und Unterstützung der Unternehmensleitung. Diese fungiert als treibende Kraft bei der Verfügbarmachung der strukturell-organisatorischen und entscheidungsfördernden Rahmenbedingungen für die effektive **Umsetzung eines integrationsfähigen Ansatzes** (s. Abschn. 3.3.4.1. und 3.3.4.3). Und falls nicht anders möglich, kann das sinnvolle Sich-Verbünden ggf. top-down dekretiert und als Zielvereinbarung in die Rollenbeschreibung der Verantwortlichen aufgenommen werden. Letztendlich geht es bei dem skizzierten Institutionalisierungsprozess um die strategische wie operative Optimierung bzw. Festigung der **Kommunikationsfähigkeit eines Familienunternehmens** an Schlüsselstellen. Soll ein solches Vorgehen im Kontinuum gelingen, so braucht es indes Zeit. Auf diese Bedingung müssen alle Prozessbeteiligten von vornherein eingeschworen werden. Und sie sollten eine entsprechende Entwicklungstoleranz in der Beziehungsgestaltung auf Basis konsentierter Interessen mitbringen.

3.3.3.4 Unternehmensexterne Kommunikationsszenarien

Zusammenfassung

Im Wettbewerb um Aufmerksamkeit, Akzeptanz und Reputation sollten Auftritte im externen Kommunikationsumfeld von Familienunternehmen auf resonanz- und reichweitenstarke Wirkungen in der Adressatenansprache ausgerichtet sein. Dazu sind entsprechende Kommunikationsplanungen umzusetzen. Die Unternehmensumwelten verlangen auch von Familienorganisationen immer mehr Transparenz und Rechenschaft über ihr Handeln. Dieses Darstellungs- und Erörterungsverlangen muss kommunikativ bedient werden. Dabei kommt der Medienarbeit als PR-Kerndisziplin besondere Bedeutung zu. Deren Aufgaben wird in dieser Passage besonderes Augenmerk gewidmet. Zum Gelingen

---

[55] Zur Typologisierung und Einordnung von disziplinären, instrumentellen und methodischen Kennzeichen von Kommunikationskampagnen s. Lies, 2011, S. 21 f.

mediengestützter Kommunikation gehören Kenntnis und Verständnis von Themenaffinitäten und journalistischen Routinen sowohl in der Ansprache klassischer Medienformate als auch im Umgang mit Diskursen im Digitalbereich. In diesem Zusammenhang wird die Frage erörtert, inwiefern Familienunternehmen zur Aufgabenerfüllung ihrer Media Relations aufgestellt sind und ob es dabei Optimierungserfordernisse gibt. Bei der öffentlichkeitswirksamen Repräsentation eines Familienunternehmens spielt dessen Führungsriege eine tragende Rolle. Deren Mitglieder – allen voran der CEO – personifizieren die von ihnen vertretende Organisation. Sie stehen und agieren im Fokus von Observation und Beurteilung medial beeinflusster Öffentlichkeiten. Das betrifft einerseits personalisierte Auftritte als Storyteller und Storyseller in der Regelkommunikation. Andererseits sind in Konfliktszenarien Zu-Wort-Meldungen von Unternehmensleitungen gefragt. Deren Unterstützungsbedarf ist im Hinblick auf die Umsetzung von PR-Strategien in der Mediengesellschaft merklich gestiegen.

3.3.3.4.1 Die Notwendigkeit externer Darstellung von Familienunternehmen

Die vorweg beschriebenen Rahmenbedingungen, Einflussgrößen, Facetten und Trends des unternehmensbezogenen Kommunikationsmanagements in den modernen Diskursverhältnissen (s. Abschn. 3.2.1 und 3.3.2.1) sind unbestritten maßgebend für Architektur und Handhabung von internen wie externen Kommunikationsauftritten, die auf resonanz- und reichweitenstarke Wirkungen in der Adressatenansprache angelegt sind. Dieses Faktum erkennen in zunehmendem Maße auch Führungsmannschaften und Kommunikatoren von Familienunternehmen. In einer medialisiert-vernetzten Gesellschaft unterliegen Familienunternehmen – ebenso wie andere Unternehmenstypen – im öffentlichen **Kommunikationswettbewerb** um Aufmerksamkeit, Akzeptanz, Unterstützung und Reputation grundsätzlich einer „diskursiven Beweislast". Die Unternehmensumwelt verlangt auch von Familienorganisationen immer mehr „Transparenz und Rechenschaft über umweltschonendes, sozialverträgliches und gesellschaftlich verantwortliches Handeln" (Meyer, 2013, S. 43). Es ist dieses Darstellungs-, Erörterungs- und Transparenzverlangen (vgl. Lobo, 2023, S. 44 ff.) ihrer Stakeholder, das von Unternehmen glaubwürdig und überzeugend kommunikativ bedient werden muss. Denn jede „fehlende Veröffentlichung lässt sich heute als absichtsvolle Verheimlichung deuten und auf diese Weise auch skandalisieren" (Lobo, 2023, S. 45). Somit konditioniert diese Anforderung unternehmerische Kommunikationsentscheidungen im Werben um die erfolgskonditionierende und wertgenerierende „*Licence to operate*" in allen meinungs- und verhaltensbildenden Foren von Markt und Gesellschaft (s. Abschn. 2.1 und 3.1). Die damit verbundene Tendenz und Verpflichtung zur Wertschöpfungssicherung hat auch Auswirkungen auf **externe Kommunikationsstrategien von Familienunternehmen**. Die Wertschöpfungsjustierung bestimmt die Planungen, Prozesse und Handlungsfelder, das formale und inhaltliche Design sowie die Regie und Inszenierung der **Roadmap** (s. Abb. 3.19) für ihre **Kommunikationsauftritte in den Unternehmensaußenräumen**.

Die Aufstellungen, Ausrichtungen, vorhandenen Spielarten und diversen Einsatzweisen extern gerichteter Unternehmenskommunikation als interessengeleitete Auftrags-

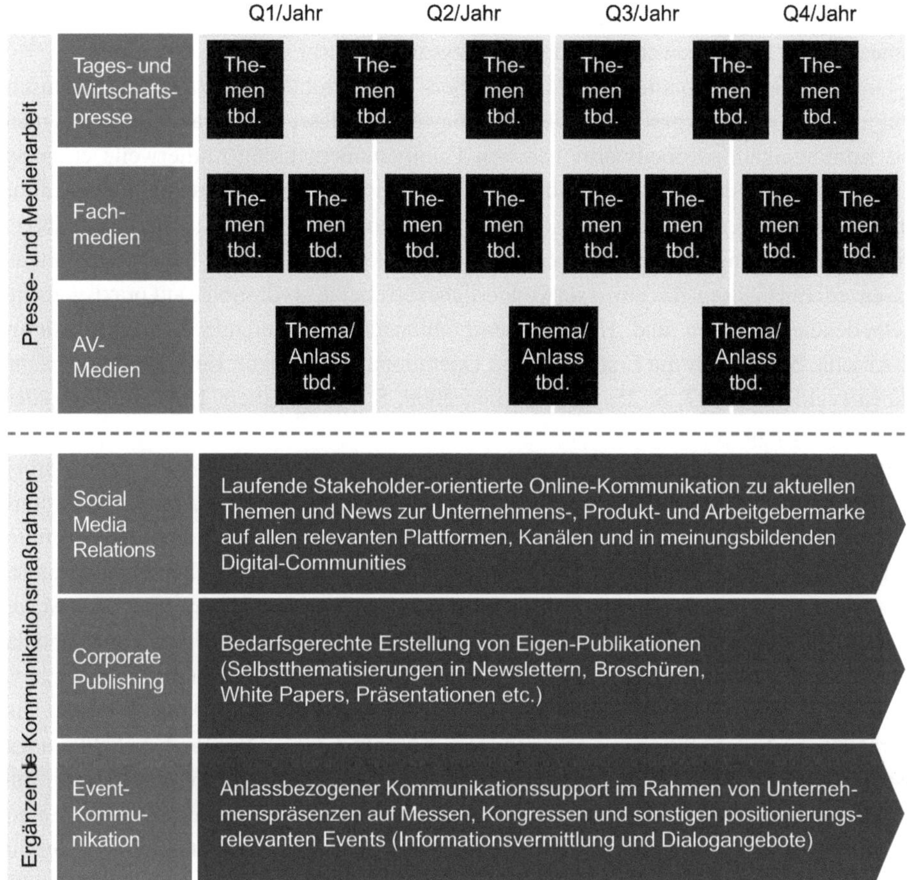

Abb. 3.19 Planung externe Kommunikationsauftritte. (Beispiel: Roadmap – Quelle: eigene Darstellung)

kommunikation sind aus Praktiker- und Wissenschaftssicht schon seit längerem vielgestaltig beschrieben worden (s. u. v. a. Herger, 2004 und 2006; Szyszka, 2004; Schmid & Lyczek, 2006; van Riel und Fombrun, [2]2008; Cornelissen, [2]2009; Rademacher, 2009; Mast, [5]2013 f.; Zerfaß & Piwinger, [2]2014; Lies, 2015; Zerfaß & Volk, 2019; Rommerskirchen & Roslon, 2020). Sie brauchen daher nicht wiederholt zu werden. Wir konzentrieren uns vielmehr in unserer Darstellung auf einige, **aus organisationsbezogener PR-Perspektive wichtige Aspekte**, die die externen Kommunikationsszenarien von Familienunternehmen wesentlich bestimmen.

3.3.3.4.2 Konzeptions- und Strategieverpflichtung

Will die externe Kommunikation von Familienunternehmen in ihrer Zielkonstruktion, Adressaten- und Wirkungsorientierung erfolgreich sein, so sollte sie – genauso wie bei internen Kommunikationsaufgaben – **konzeptionell-strategisch gestaltet** und **bedarfsgerecht**

operationalisiert werden. Zudem sollte sie Kenngrößen aufweisen, „an denen Ergebnisse gemessen und Erfolg bewertet werden" (s. Szyszka & Dürig, 2008, S. 20) können.

Die Erkenntnis, kommunikative Aufgaben- und Problemstellungen systematisch-strukturiert anzugehen bzw. zielbewusst zu bewältigen, lässt sich zwar bei Management und Kommunikationsverantwortlichen von Familienunternehmen mittlerweile erkennen bzw. professionalisiert sich zusehends. Gleichwohl gibt es erfahrungsgemäß noch Aufhol-erfordernisse im Verständnis für die Notwendigkeit und Nutzenstiftung einer planmäßigen Projektierung, Konstruktion und Regie von Öffentlichkeit herstellenden Unternehmens-präsenzen. Ein Faktum, das umso verwunderlicher erscheint, als dass eine auf praxisgerechte Methodendarstellungen und Handlungsempfehlungen rekurrierende **Konzeptionslehre** (s. Abschn. 3.3.3.1) für die Erstellung und Operationalisierung von Kommunikationsfahr-plänen (vgl. Will, 2007, S. 25; Rademacher, 2009, S. 110) existiert. Und zwar für jeder-mann zugänglich.

In diesem konzeptionellen Rahmen geht es für die externe Kommunikationsarbeit von Familienunternehmen um **handlungsleitende Kriterien** wie die Analyse kommuni-kativer Ausgangslagen, die Festlegung anzustrebender Zielsetzungen und die Formulie-rung von aufmerksamkeitsstarken Unternehmensbotschaften und Themenbesetzungen (s. Abschn. 3.4.1 und 3.4.5). Hinzu kommt die Bestimmung der zu adressierenden Stake-holder, die Organisation zweckmäßiger Programme zu deren effektiver Ansprache und da-rauf bezogener Verfahren der Wirkungskontrolle. Alles, was zur Bedarfseinschätzung eines strategischen Kommunikationsmanagements gehört, kann konzeptionell aus-gearbeitet und festgeschrieben werden (s. dazu Abschn. 3.3.3.2). Verstanden als Planungs-instanz und operative Regelungsfunktion mit definierter Nutzenorientierung und Wirkungsabsicht ist Kommunikationsmanagement folglich eine Prozessaufgabe, die auf mehrere Handlungsebenen und verantwortliche Rollenträger eines Unternehmens verteilt stattfinden sollte (s. Abschn. 3.3.4.1 und 3.3.4.3). Als modellierend-lenkende Tätigkeit ist ein **prozessorientiertes Kommunikationsarrangement** unternehmensextern an verbind-lichen Handlungsstrukturen, Entscheidungsabläufen und Verantwortlichkeiten aus-gerichtet. Das gilt für die Kontaktterritorien und Beziehungsareale aller Funktionsbereiche der Unternehmenskommunikation: Marktkommunikation, Public Relations, interne Kom-munikation und HR-Kommunikation.

Eine extern gerichtete Kommunikationshaltung von Familienunternehmen sollte prin-zipiell den Willen und die Fähigkeit zur Transparenz in **Informationsvermittlung** und **Dialogausrichtung** gegenüber externen Stakeholdern dokumentieren. Denn die von Medienkopräsenz und Mediennutzung geprägte Öffentlichkeit fordert prinzipiell von außen „Einblicke" in Unternehmensinnenräume. Diese Einsicht sollte wiederum getragen werden von dem Bestreben, aussagefähige und bedarfsgerechte Impressionen in ein Familienunternehmen zu ermöglichen. Auch in der Hinsicht, dass die Berechenbarkeit bzw. Einordbarkeit von Unternehmensentscheidungen nachvollziehbar erscheint bzw. gegenüber dem interessierten Unternehmenspublikum im Handlungsmanagement ein-gelöst wird (Stichwort: „Practice what you preach" – s. a. Abschn. 3.6.1).

3.3.3.4.3 Aufgaben und Spielarten der Medienarbeit

Im Anschluss an diese allgemein-einführenden Bemerkungen konzentrieren wir uns in der Folge auf **relevante Aufgabenstellungen der externen PR-Kommunikation von Familienunternehmen**. Im Fokus steht dabei die **Presse- und Medienarbeit** („Media Relations"). Diese gilt nach wie vor – auch für Familienunternehmen (s. Hennerkes & Kirchdörfer, 2015, S. 533 ff.) – als eine der PR zugeordnete Kerndisziplin auf planerisch-strategischer und operativ-instrumenteller Ebene (vgl. Mast, [5]2013, S. 312 ff.; Hoffjann, 2015, S. 218 ff.; Lies, 2015, S. 29 ff.). Als wichtiger Teilbereich organisationaler Kommunikation „generieren und verhandeln [PR] redaktionelle Inhalte" (Rademacher, 2009, S. 62), und sie sind in dieser Funktion im „Mediensystem" verortet (A. a. O., S. 47).

Die Arbeit mit den externen **Massenmedien** (Wirtschafts-, Fach- und Publikumspresse sowie TV, Radio und deren Online-Spielarten) ist als PR-Leistungsanspruch, PR-Standardrolle und PR-Aufgabenfeld ein prägender Teil externer Kommunikationsaktivitäten (s. u. a. Hoffjann, 2015, S. 671 ff.; Lies, 2015, S. 30 f.). Die in deren Kontext durch Storytelling initiierten Selbstbeschreibungsdiskurse, die durch **„Framing"** ein Unternehmen selbst zum Medienthema machen, orientieren sich an organisationalen Interessen. Es geht dabei maßgeblich um das Bereitstellen von auf Aktualität, Fakten und Realitäten bezogenen Informationen und Themensetzungen mit **„Nachrichtenwert"** (s. Lutz & Nitzsche, [2]2010, S. 21 f.; Mast, [5]2013, S. 313 ff.). Diese sind von PR-Akteuren gemäß journalistischen Interessen und Medienanforderungen aufzubereiten, um durch Beachtung dieser Selektionskriterien Anreize für eine potenzielle Berichterstattung zu schaffen (s. Abb. 3.20). Und zwar mit dem Ziel, durch „Selbstthematisierung" (Rademacher, 2009,

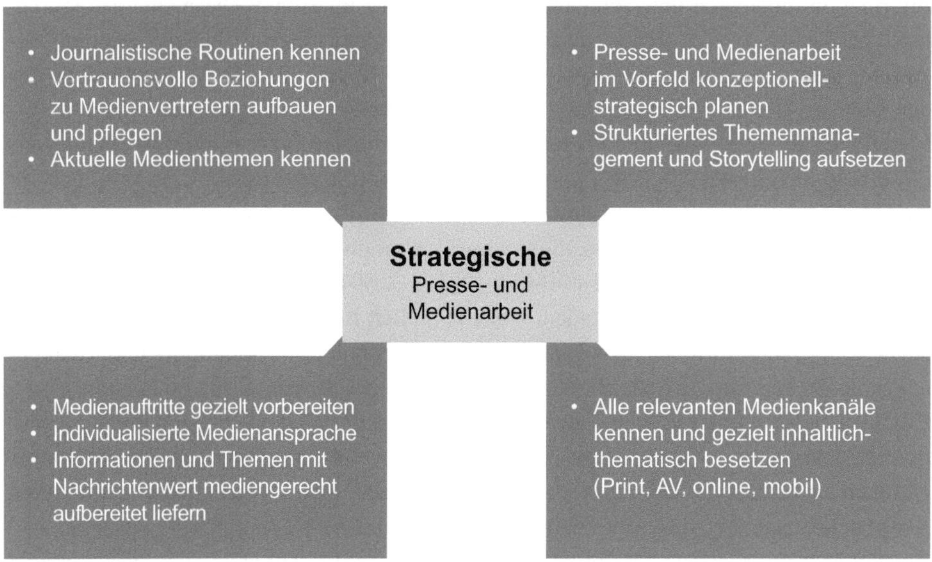

Abb. 3.20 Prinzipien strategischer Presse- und Medienarbeit. (Quelle: eigene Darstellung)

S. 162) unternehmenseigene Botschaften sowie Neuigkeiten zu Themengebieten und Begebenheiten, die in Zusammenhang mit Unternehmenshandlungen stehen, in Zielmedien zu platzieren und dadurch an relevante Publikumsgruppen medial gestützt zu übermitteln. „Die besondere Herausforderung für die Presse- und Medienarbeit ist es, Themen zu finden, die am Ende allen Interessen gerecht werden" (Hoffjann, 2015, S. 220).

Öffentlichkeit und öffentliche Meinung sind nicht nur Rahmenbedingungen für Unternehmenshandeln. Die Beobachtung und Beeinflussung von Öffentlichkeit, die Sensibilisierung und Mitgestaltung der primär medial vermittelten öffentlichen Meinungen sind zudem wesentliche Zielgrößen im Leistungsrahmen strategischer wie operativer Unternehmens-PR (s. u. a. Rademacher, 2009, S. 199 f.; Röttger et al., ^{2}2014, S. 76 ff.). Dabei gilt für PR-Treibende auch von Familienunternehmen das simple Erfahrungswissen, dass verschiedene Medienformate mit unterschiedlichem Status (s. Hoffjann, 2015, S. 221), mit kontrastierenden redaktionellen Konzepten und thematischen Ausrichtungen auch jeweils andere, differenziert auf sie zugeschnittene und aufbereitete Informationen und Nachrichten benötigen. So bewegen die Redaktion einer Tageszeitung in der Regel andere Informationsinteressen, Themengewichtungen und Nachrichtenaspekte als Redakteure, die für ein monatlich erscheinendes Fachmagazin tätig sind.

3.3.3.4.4 Individualisierte Medienansprache

Die allgemein in der Mediengesellschaft vorherrschende Informationsflut macht es indes immer schwerer, mit unternehmenseigenen Themen redaktionell durchzudringen, Publikationschancen zu erhalten und somit medial überhaupt stattzufinden. Darin besteht ein bekanntes PR-Dilemma. Redaktionen werden tagtäglich mit einem Übermaß an Informationsangeboten unterschiedlichster Provenienz überflutet. Diese sind aus journalistischer Perspektive zu sichten und auf ihre Verwendungsrelevanz hin zu bewerten. Angesichts eines „übersättigten Journalistenmarkts" (Hoffjann, 2015, S. 222) erscheint indes der standardisierte, breit gestreute Versand von Pressemitteilungen und anderen PR-Materialien an viele Medien mit heterogenen Rezipientengruppen – in der Hoffnung, veröffentlicht zu werden – wenig opportun (Stichwort: „Streuverluste"). So gilt auch für die **Medienarbeit von Familienunternehmen** die Empfehlung: Um durch Selbstthematisierung vorhandene Publikationsschwellen möglichst zu überwinden, ist eine „Individualisierung der Medienarbeit" (Mast, ^{5}2013, S. 307) angeraten. Diese besagt, dass, um redaktionelle Resonanz zu finden, von PR-Stellen maßgeschneiderte, auf individuell adressierte Medienformate zugeschnittene bzw. aufbereitete Informations- und Themenangebote (z. B. zum wirtschaftlichen Unternehmensgeschehen in der Finanzpresse) gezielt distribuiert werden sollten. Dabei ist vorab ein einordnendes Gespräch mit der jeweiligen Redaktion hilfreich, um deren Themenaffinitäten und darauf bezogene **Publikationschancen** auszumachen. Das heißt, die **individualisierte Form einer mediengerichteten Ansprache** „bedeutet, dass Unternehmen sich auf einzelne Medienformate einstellen und Redaktionen mit passgenauen Informationen versorgen. Individualisierung bedeutet aber auch, dass das Unternehmen die Möglichkeit hat, zielgruppengenaue Medienformate selbst zu schaffen" (Mast, ^{5}2013, S. 310).

> **Beispiel**
>
> Die geschilderte Methode lässt sich exemplarisch im Hinblick auf die Publikation einer ingenieurspezifischen Thematik zur Metallverarbeitung oder zu den Anwendungsbereichen innovativer Solartechnik einsetzen. Dies erfolgt in der Absicht, ein darauf spezialisiertes Familienunternehmen vorteilhaft medial zu positionieren, um ein Publikum mit professionellem Hintergrund zu erreichen. Dazu eignet sich eine exklusive Medienkooperation mit einem darauf fokussierten Fachtitel (inkl. der Platzierung in seinem Online-Ableger). In diesem Medium kann dann additiv ein das Thema illustrierendes Anzeigenmotiv veröffentlicht werden.[56] Zugleich lassen sich auf Social Media über unternehmenseigene X- (vormals Twitter) oder Facebook-Accounts die komprimiert aufbereiteten Inhalte dieses Fachmedienauftritts an einen dafür empfänglichen Adressatenkreis posten. Das kann die Wirkung der gesendeten Botschaften verstärken und für zusätzliche Publizität sorgen. Zudem bietet sich im Rahmen eines crossmedialen Managements von Medienbeziehungen die Nutzung eigener, in interner wie externer Kommunikationsrichtung verorteter Medien(-Kanäle) an – z. B. in Form von Intranet-News, Podcasts oder Online-Kundennewsletter (Stichwort: „Owned Media“). Diese Apparatur kann als interaktiv nutzbarer Kommunikationsweg durch „Corporate Publishing“ in Konzeption, Design, Visualisierung und Themensetzungen selbstverantwortlich kontrolliert und konstruiert werden. So lassen sich in der Stakeholder-Ansprache individuell zugeschnittene, nutzwertige Inhalte und Aussagen aktiv gesteuert einsetzen (Stichwort: „crossmediale Strategie der Push- und Pull-Kommunikation“). Medienarbeit ist allerdings nicht als Holschuld der Medien misszuverstehen und bedeutet keine Veröffentlichungshoheit für den Absender von Unternehmensnachrichten (s. Lutz & Nitsche, [2]2010, S. 12 ff.). Sondern sie ist eine Bringschuld eines kommunizierenden Familienunternehmens. In diesem Fall sollte der Berg primär zum Propheten gehen und nicht umgekehrt.

Als wesentliche **Zielgrößen der PR-Arbeit** werden (Unternehmens-)Öffentlichkeit und öffentliche Meinung (s. Röttger et al., [2]2014, S. 77) bekanntlich weitgehend über Medien und ihre Vermittlungsleistungen hergestellt. Auch in Zeiten digital-medial geprägter Kommunikationsverhältnisse mit Social-Media-Dominanz ist die „konventionell" betriebene Medienarbeit („Media Relations") eine zentrale PR-Kommunikationsdisziplin für Familienunternehmen, die in der öffentlichen Diskussion wahrgenommen werden und zu Wort kommen wollen. Erfolgreiche Medienarbeit setzt zum einen ein fundiertes Verständnis der Medienlandschaft und die genaue Kenntnis ihrer Publikumssegmente, die kommunikativ erreicht werden sollen, voraus. Andererseits wird sie getragen von der persönlichen, möglichst dialogisch geprägten, systematischen Kontaktpflege (s. Lies, 2015, S. 32) und vertrauensvollen Interaktion mit Redaktionen/Journalisten (s. Herbst,

---

[56] Zu den Formen der – mitunter bezahlten – Zusammenarbeit zwischen Medien und Unternehmen s. Steinke, 2015, S. 238 f.

2003, S. 99). Diese sind als zentrale PR-Zielgruppe zu betrachten und haben entsprechende Relevanz für das PR-Geschäft (s. Hoffjann, 2015, S. 81 ff.). Dabei kommen auch die mehrdimensionalen Rollen von Medienvertretern in den Blick, die ihrerseits als Rezipienten von Unternehmensmitteilungen, Storyteller (s. Jarvis, 2015, S. 26), Meinungsmacher und Social-Media-Nutzer (z. B. als Blogger) agieren.

Vorrangige **Zielsetzung dieser Medien-Beziehungsarbeit** ist es, PR-Akteursseitig durch die Informationspolitik in der Regelkommunikation von Familienunternehmen für diese eine möglichst positiv-objektive, **image- und reputationsfördernde Medienberichterstattung** zu generieren (vgl. Rademacher, 2009, S. 63). Zudem sollte in Problemsituationen der direkte Kontakt zu Medienvertretern ermöglicht werden, damit Unternehmensvertreter sich mit ihnen als Gesprächspartner zur Ereignisreportage vorab im Dialog verständigen können. „In der dialogischen Medienarbeit kommt die dynamische Komponente der Interaktion durch Vortrag des Unternehmens, (…) kritisches Nachfragen und Austausch von Gegenpositionen durch die journalistischen Gesprächspartner zum Tragen" (Lies, 2015, S. 32). Der professionelle Umgang mit der Journaille verlangt indes auch eine an den Medienroutinen ausgerichtete, konstruktive Distanz und authentische Kommunikationshaltung: nicht anbiedern oder boykottieren, vertuschen, verzerren, verwirren oder gar Medienschelte betreiben, sondern als verlässlicher Diskurspartner auftreten. Und die Tatsache akzeptieren, dass Journalisten durchaus unternehmenskritisch eingestellt sein können (s. Steinke, 2015, S. 23) und in Eigenleistung oppositionelle Beschreibungen und Deutungen vornehmen. Und dass sie das letzte Wort darüber haben, über welche Themen sie wie, wann, in welchem Tenor und Modus berichten (Stichwort: „Framing" – s. Rademacher, 2009, s. 156 ff.). Oder dass Redakteure, mit Blick auf (fehlende) Nachrichtenfaktoren, die den Nachrichtenwert beeinflussen, und hinsichtlich nicht erfüllter bzw. erfüllbarer Erwartungen ihres Publikums, eine Veröffentlichung verweigern. Medien jedweder Couleur brauchen halt für sich und ihre Rezipienten interessante, nutzwertige, auch emotional berührende und/oder unterhaltsame Geschichten, die „Orientierungspunkte im Alltag geben" (Rademacher, 2009, S. 50). Diese Narrative müssen – auch im Hinblick auf journalistischen Wettbewerbsdruck – stets obligatorische Nachrichtenfaktoren wie Aktualität, Relevanz, Tragweite, Prominenz, Dramatik, Überraschung etc. (s. Herbst, 2003, S. 103 f.; Mast, [5]2013, S. 313 f.) erfüllen, Auflage und Einschaltquoten sichern sowie reichlich Likes und Klicks in den Kommentarspalten von Onlineportalen generieren.

Wenn die von Familienunternehmen an Redaktionen übermittelten Informationsangebote diese Auswahlkriterien nicht erfüllen, steht am Ende durchaus die Ablage „P". Um einen solchen Vorgang von vornherein zu vermeiden, ist **Überzeugungsarbeit** (s. Hoffjann, 2015, S, 219) notwendig, damit Familienunternehmensthemen und ihre Hintergründe nicht als „Me-Too-Stories" gewertet werden. Vielmehr muss deutlich werden, dass sie für das kontaktierte Medium und sein Publikum präferierte, berichtenswerte Geschichten darstellen und durch Informationen in inhaltlich-ansprechender und visualisierter Form eine Leser-, Zuhörer- und/oder Zuschauerschaft begeistern können. Das gilt vor allem mit Blick auf die inter- und intramediäre Konkurrenz der Redaktionen (vgl. Mast, [5]2013, S. 312, 324 f.) um die immer begrenztere Aufmerksamkeitszuwendung und Gunstbeweise des zu erreichenden Medienpublikums (s. a. Abschn. 3.3.2.1) und dessen Empfänglichkeit und Rezeptionsbereitschaft für redaktionelle Angebote. Zudem sind Redaktionen heutzutage zeitlich und personell in ihrer Verfügbarkeit begrenzt und haben nur wenig Raum für ausgiebige Recherchen. Daher benötigen sie eine professionelle, „schnelle und passend aufbereitete Zulieferung von Inhalten" (Steinke, 2015, S. 234). Kontakte finden vermehrt per Videocall oder telefonisch statt. Die Zeit der klassischen Pressekonferenz ist langsam vorbei. Eine Präsenzbeteiligung ist für die Journaille häufig zu aufwendig. Auf diese veränderten Bedürfnisse der Medien und ihrer Operationsweisen (vgl. Hoffjann, 2015, S. 220) sollten sich auch die PR-Gestalter von Familienunternehmen in ihrer Arbeit einstellen.

Trotz veränderter Routinen und Spielregeln sind PR-getriebene Presse- und Medienarbeitsaktivitäten nach wie vor wichtiger Teil des **Reputationsmanagements** (s. Abschn. 3.6.1) von Familienunternehmen. Und zwar, indem sie mit Blick auf diese Orientierungsgröße im Eigeninteresse versuchen, die aus der Absenderperspektive generierten und aufbereiteten Narrative mit potenziellem Nachrichtenwert (s. dazu Herbst, 2003, S. 104 f.) im Storytelling auf verschiedenen Verbreitungswegen medial zu besetzen. Mit dem vorrangigen Ziel, damit reputationsfördernde Akzente zu setzen, um so auf die öffentliche Agenda zu gelangen.

Um Media Relations effektiv zu praktizieren, ist natürlich eine dafür zuständige **PR-Fachabteilung** und ein für die Aufgabe geeignetes Personal im Familienunternehmen vonnöten. Ggf. mit sachkundiger externer Unterstützung durch PR-Agenturen. Die Abteilungstätigkeiten (s. u. a. Steinke, 2015, S. 22 f.) rangieren von der kontinuierlichen Beobachtung der Medienlandschaft (Stichwort: „Media Monitoring"), der Erstellung und Distribution von situations- und aktualitätsbezogenen Pressemitteilungen über die Planung und Durchführung von Interviews mit der Unternehmensleitung und/ oder anderen kompetenten Gesprächspartnern aus dem Familienunternehmen. Hinzu kommen der möglichst kontinuierliche Dialog mit Medienvertretern und die Bearbeitung von deren Anfragen. Das betrifft auch solche aus dem Online-Journalismus- bzw. Social-Media-Bereich. Des Weiteren empfiehlt sich – je nach personeller und finanzieller Mittelverfügbarkeit – die themenorientierte Steuerung und Pflege eines speziellen „Newsrooms" (s. dazu Moss, 2016, S. 35 ff.) mit bestimmten Themendesks, die auch als kommunikatives Schaufenster auf der unternehmenseigenen Website platziert werden können. Diese fungiert dabei als „Content-Hub".

Grundsätzliche Regelwerke und brauchbare Ratschläge, auf welche Weise Medien angesprochen und erreicht werden können, finden sich zuhauf in der Praktikerliteratur älteren und neueren Datums zum PR-Arbeitsfeld „Medienarbeit": beispielsweise mit Tipps, wie eine Pressemitteilung professionell verfasst wird, wie Online-Nachrichtenportale zu nutzen und nach welchen Standards eine Pressekonferenz, Interviews oder dialogorientierte Kontakte mit Journalisten und Redaktionen in verschiedenen Spielarten zu organisieren sind. Diese Aspekte und Details werden von uns daher an dieser Stelle nicht weiter thematisiert (s. dazu sachdienliche Hinweise zu Dos und Don'ts bei Hepper, 2009, S. 12 ff.; Lutz & Nitzsche, [2]2010, S. 18 ff.; Mast, [5]2013, S. 319 ff.; Hoffjann, 2015, S. 671 ff.; Lies, 2015, S. 33 ff.; Steinke, 2015, S. 21 ff.; Mast, [13]2018, S. 515 ff.; Stenzel, 2022, S. 57 ff.; auch mit selbstkritischem Tenor verfasst bei Jarvis, 2015, S. 17 ff.).

3.3.3.4.5 Check: Wie sind Familienunternehmen für effektive Medienarbeit aufgestellt?

Uns interessieren an dieser Stelle vielmehr die Fragen, inwiefern Familienunternehmen in ihren Media Relations strukturell wie systemisch professionell aufgestellt sind? Ob, wie und mit welchem Instrumentarium die beauftragten Akteure eine PR-geleitete Kommunikationsarbeit in allen dafür wichtigen Szenarien praktizieren? Ob es dabei ggf. Optimierungserfordernisse gibt und was bei deren Umsetzung zu beachten ist? Und welche erkenntnis- und handlungsleitenden Voraussetzungen die Kommunikatoren für deren Gelingen im Einzelnen erfüllen sollten?

Folgende **praxisrelevanten Aspekte, Kriterien** und **Fragestellungen** sind u. a. erfahrungsgemäß für eine **gelingende Medienarbeit** von Familienunternehmen zu beachten:

1. Grundvoraussetzung ist das Vorhandensein einer **PR-Fachabteilung** im Familienunternehmen mit aufgaben- und tätigkeitsadäquater personeller, technischer und finanzieller Ausstattung. Bei Bedarf kann die PR-Funktion projektweise oder auf regelmäßiger Retainerbasis unter Hinzuziehung externer PR-Spezialisten (vgl. Lutz & Nitzsche, [2]2010, S. 169 f.) verstärkt werden. Gerade in mittelständischen Familienunternehmen ist dieses Prozedere vermehrt zu beobachten. Zudem ist aber auch festzustellen, dass PR-Leistungen wie Medienarbeit unter der Ägide des Marketings – häufig mit Schwerpunkt Produkt- und Vertriebs-PR – laufen bzw. nicht eigens klar getrennt vom „werbeorientierten" Bereich verortet sind. Je nach Unternehmensgröße und Stellenwert der Kommunikationsarbeit hängt das erfahrungsgemäß oftmals mit einer (zu) sparsamen personellen wie materiellen Ausstattung zusammen.

2. Falls eine **unternehmensinterne Fachkompetenz** für Media Relations nicht vorhanden bzw. als eigener Arbeitsbereich nicht etabliert ist, so sollte dringend seitens der Unternehmensleitung darüber nachgedacht und möglichst eine positive Entscheidung getroffen werden. Und das auch gerade mit Blick auf das kommunikative Eingebettet-Sein unternehmerischer Wahrnehmungen und Positionierung in die Kommunikationsverhältnisse der Mediengesellschaft. Mitunter ist in diesem Fall Rat und tatkräftige Unterstützung bei einem geeigneten externen PR-Dienstleister zu suchen (s. o.).

3. Weiterhin stellt sich die Frage, ob die Akteure die für eine strategische Planung und Umsetzung ihrer Arbeit maßgebende **Medienlandschaft**, ihre diversen Formate, Titel, Themengebiete und Publikumsgruppen hinreichend kennen. Sind sie mit dem notwendigen Instrumentarium und Maßnahmen der Medienarbeit vertraut bzw. mit dem nötigen Rüstzeug ausgestattet? Sind die Denk- und Arbeitsweisen, Routinen, Spezialisierungsgrade, Informationsbedürfnisse, Meinungen und Standpunkte der relevanten **Medienvertreter** (z. B. von Wirtschaftsmagazinen oder Regionalzeitungen in Print und Online-Auftritten) bekannt? Welche Medien sind – auch aus der Perspektive ihrer Nutzer – für die Informationsvermittlung und Meinungsbildung zum kommunizierenden Familienunternehmen besonders wichtig? Welcher Zugang besteht zu welchen Mediengruppen? Zudem ist zu klären, welche **Strategie** in der Medienarbeit umgesetzt werden soll: Ist ein reaktiver Angang, ein offensiver und/oder interaktiver An-

satz opportun? Gibt es – je nach Berichterstattungsanlass und Kontext – Mischformen und wie lassen sich diese jeweils praktizieren? Außerdem sollte Klarheit darüber bestehen, ob im Interaktionsgeflecht zwischen Familienunternehmen und Medienvertretern langfristig aufgebaute, belastbare, vertrauensvolle, kollaborative Beziehungen existieren. Als Resultate dieser Beziehungspflege sind vor allem Beständigkeit und Verlässlichkeit für ein glaubwürdiges Miteinander in Krisensituationen (z. B. bei einschneidenden Betriebsstörungen oder zutage tretenden Produkt-Qualitätsmängeln) und für deren kommunikative Bewältigung von Bedeutung (s. Abschn. 3.7.2.13).

4. Des Weiteren ist zu prüfen, ob Konzepte zu **Storytelling-Strategien** und -Inhalten und deren medialer Platzierung im Rahmen eines crossmedial-angelegten Themenmanagementprozesses vorhanden sind. Wird dieser systematisch-strukturiert praktiziert? Die Klärung dieser Fragestellung ist dahingehend wichtig, weil in der Medienarbeit Storyteller/Storyseller mit Unternehmensprovenienz auf ein Gegenüber auf der Medienseite treffen, das aus einer anderen Interessenlage handelt bzw. kommuniziert. Journalisten sind qua Profession selbst auch immer Storyteller/Storyseller.

5. Sind taugliche **Tools**, Basisdokumente bzw. weiterführende, recherche-unterstützende Informationsmaterialien für die Medienansprache vorhanden? Dazu zählen vorrangig ständig aktualisierte Medienverteiler, Pressemappen, themen- und kontextbezogene Hintergrundmaterialen, multimedial aufbereitetes Bild-, Grafik- und Videomaterial, O-Töne, Statements, Themen-Tracking, Faktensammlungen sowie eigene Publikationen (Flyer, Geschäftsbericht – in Printversion und digital).

6. Da der „klassische" Journalismus keine Gatekeeper-Monopolstellung mehr hat (s. Jarvis, 2015, S. 28 – s. a. Abschn. 3.3.2.2), ist auch die „digitale Fitness" (vgl. Abschn. 3.3.3.3.15) der Kommunikationsakteure eines Familienunternehmens für **Social Media Relations** bzw. für verlinkbare Auftritte in Social Networks zu überprüfen. Die Diagnose bezieht sich auf die Unternehmenspräsenz in eigenen Twitter/X-Accounts, auf Facebook, Xing, Instagram und/oder LinkedIn etc. Und das natürlich immer mit Blick auf eine mögliche Steigerung der Followerzahlen durch einen für die Adressatengruppen interessanten „Newsflow". Mit dem Ziel, dadurch – über die „klassische" Medienvertretergemeinschaft hinausgehend – mit Online-Communities, die für die eigene Unternehmenswahrnehmung und Akzeptanz wichtig sind, direkt in Kontakt zu treten und deren Kommunikationsbedürfnisse zu befriedigen. Damit das funktioniert, müssen Berufskommunikatoren verstehen, wie Themensetzungs- und Meinungsbildungsprozesse online funktionieren und wo welche Formen medialer Wirkungszusammenhänge bestehen. Und sie sollten wissen, wie Online-Kommunikationsangebote formuliert und implementiert werden, um sich an Social-Web-Diskursen inhaltlich plausibel beteiligen und diese strategisch wie taktisch in die Einflusssphäre des eigenen Kommunikationsmanagements einbeziehen zu können (Stichwort: „Shared Media").

7. Existiert für eine adäquate Stakeholder-Ansprache und deren formal-inhaltliche Realisierung in Digital-Communities auch eine entsprechende **Online-** und **Content-Strategie** als zeitgemäßes Prozedere für die Gestaltung virtueller Kommunikations-

beziehungen? Beherrschen die PR-Akteure das 1x1 digital-vernetzter Kommunikation?

8. Werden spezielle **Monitoring-Tools** (s. Abschn. 3.7.2.9.1 und 3.7.2.9.2) als Evaluationsinstrument für eine adäquate Social-Media-Kommunikationsraumüberwachung genutzt? Wie werden vorhandene Kenntnisse darüber, wer sich auf Online-Diskurs und -Präsenzplattformen wie Facebook, LinkedIn oder Instagram in welchen Kontexten und mit welchem Tenor zu einem Familienunternehmen äußert, für das unternehmenseigene Kommunikationssetting taktisch und strategisch genutzt?

9. Steht für die Storytelling- und Storyselling-orientierte Kommunikationsarbeit ein online-basierter „**Newsroom**" zur Verfügung? Dieser ist als Portal für die zielgerichtete Medienkontaktarbeit und Social Media Relations nutzbar. Dadurch können u. a. PR-Info-Materialien zum eigenen Unternehmen und seinen Aktionsbereichen interessierten Stakeholdern – allen voran Journalisten – nutzerfreundlich angeboten werden.

10. Findet eine **bereichsübergreifende Zusammenarbeit** der PR mit anderen, im Familienunternehmen vorhandenen Kommunikationsbereichen (Marketing, HR) statt? Wenn ja, wie funktioniert eine derartige Kooperation? Und auf welche Situationen, die instrumentell wie inhaltlich konzertierte Kommunikationsaktionen verlangen (z. B. in unvorhergesehenen Krisenlagen), ist dieses Zusammengehen vorausschauend angelegt?

11. Besteht zudem ein kontinuierlicher Austausch zwischen der PR und der **Unternehmensspitze** zu Fragen der strategischen und operativen Ausrichtung und inhaltlich-thematischen Gestaltung von Kommunikationsauftritten in interner wie externer Ausrichtung?

Weitere Aspekte, die für die professionelle Ausstattung und Arbeitsweise von PR-Abteilungen in Familienunternehmen relevant sein können, sind je nach Anforderungskatalog und Bedeutungszuweisung individuell zu prüfen und in der Ausführung situationsbezogen und kontextabhängig festzulegen. Das bleibt indes den verantwortlich Handelnden im Einzelfall selbst überlassen und wird an dieser Stelle nicht weiter thematisiert.

3.3.3.4.6 Management-/CEO-Kommunikation: Externe Positionierung der Unternehmensleitung

Wie bereits dargelegt (s. Abschn. 2.2) stehen – wie andere Organisationsformen auch – Familienunternehmen, ihre Aktivitäten und Akteure im Fokus der öffentlichen Wahrnehmung, Observation und Beurteilung vielfältiger **Öffentlichkeiten**. Diese sind mannigfach medial indoktriniert und in ihrer Meinungsbildung häufig beeinflusst von „Meinungskontrolleuren", die sich in ihrer Funktion als selbst ernannte und selbstkontrollierende „Gatekeeper" (s. Abschn. 3.3.2.1) auch „als Stimme der Öffentlichkeit" (Precht & Welzer, 2022, S. 50) verstehen. Um in diesen Diskurs- und Wahrnehmungskontexten überflüssige Konflikte und Fehltritte möglichst zu vermeiden, ist unternehmensseitig festzulegen, „durch wen, zu welchen Anlässen und Themen und mit welchen Inhalten das Familienunternehmen einerseits und die Inhaberfamilie andererseits gegenüber der Öffentlichkeit repräsentiert werden" (May, 2017, S. 105).

In Betracht kommen dabei zum einen **externe Kommunikationsauftritte von Familienmitgliedern**. Diese agieren – insbesondere mit Blick auf die offizielle Konstruktion und Expansion von Image und Reputation – „bei ihren öffentlichen Auftritten immer auch als Repräsentanten der Familie – ob sie dies wollen oder nicht. (…) Daher ist es sinnvoll, dass die Inhaberfamilie Regeln für den Außenauftritt ihrer Mitglieder aufstellt, die sich aus ihrem Werte- und Zielkanon ableiten lassen." (May, 2017, S. 104) Dabei sind immer auch Individual- und Gemeinschaftsinteressen in der öffentlichen Darstellung in Einklang zu bringen (s. a. Abschn. 3.5.3).

Darüber hinaus ist die **öffentlichkeitswirksame Platzierung und Profilierung** von Mitgliedern der **Unternehmensspitze von Familienunternehmen** relevant. Das gilt sowohl für Darstellungs- und Positionierungskontexte in der Regelkommunikation als auch für die kommunikative Besetzung von Krisenszenarien. Ähnlich wie bei Konzernen schon längst im strategischen Kommunikationsmanagement die Regel, haben sich seit geraumer Zeit auch die Leitungen von Familienunternehmen zunehmend in personalisierten Auftritten und individuellen Zu-Wort-Meldungen zu Ideen und Idealen kommunikativ präsentiert und positioniert (vgl. Abschn. 2.3.3). Das gilt sowohl für Organisationen, die in der Spitze mit Familienangehörigen besetzt sind als auch für solche, die von angestellten Fremdmanagern geführt werden. Durch diese spezifische Form der **Personalisierung** folgen Familienunternehmen einem geläufigen Darstellungstrend (vgl. Eisenegger, 2005, S. 67 f.; Mast, ⁵2013, S. 306 f.; Freda, 2014, S. 10 f. – s. a. Abschn. 2.2) in der Wahrnehmungskommunikation, die getragen wird von der Absicht, in die Köpfe des jeweiligen Publikums zu kommen. Das betrifft insbesondere die thematisch-inhaltliche Ausgestaltung der **Medienarbeit**, die, indem sie Aufmerksamkeit und Akzeptanz für Unternehmensnachrichten erzeugen will, in der Mediengesellschaft immer „auch eine Frage der Verpackung" (Mast, ⁵2013, S. 306) ist. Denn Personen sind ein Nachrichtenfaktor mit sowohl emotionalem wie rationalem News-Wert für die Journaille ebenso wie für das von ihr bespielte Medienpublikum.

Durch **personalisierte Medienpräsenz** wird die Unternehmensführung, und allen voran der **CEO** (vgl. van Riel & Fombrun ²2008, S. 16), ob aus dem Inhaberkreis stammend oder nicht, im externen Unternehmensumfeld existent und bekannt. Die Führungsspitze personifiziert das von ihr vertretene Familienunternehmen. Im beifälligen wie im negativen Sinne, als positiv besetztes unternehmerisches Vorbild wie auch im Falle öffentlicher Kritik. Unternehmensleitung, Unternehmensleistung und Unternehmensreputation sind in der öffentlichen Wahrnehmung oftmals eng verzahnt (s. Freda, 2014, S. 22). Der CEO eines Familienunternehmens verleiht diesem in der Öffentlichkeit ein Gesicht und eine Stimme, indem er bewusst in der **Rolle als Kommunikator** gegenüber denjenigen Stakeholdern agiert, deren Denken und Handeln für Unternehmenserfolg und Reputationspflege maßgeblich sind. Diese kommunikative Funktionszuweisung erfordert nicht nur ein gezieltes Themenmanagement (s. Abschn. 3.3.3.4.6) für eine möglichst positive, medial vermittelte Positionierung. Sie ist umso wichtiger, als dass Unternehmensmanagement „die Projektionsfläche für den Erfolg oder Misserfolg eines Unternehmens" (Deekeling & Arndt, 2006, S. 21; s. a. Freda, 2014, S. 2) darstellt und dadurch die organisationale **Re-**

putation (s. Herger, 2006, S. 190 – s. a. Abschn. 3.6.1) verkörpert. Das CEO-Image strahlt auf das öffentlich kursierende Wahrnehmungsbild des von ihm repräsentierten Unternehmens ab (vgl. Lies, 2015, S. 204 f.).

Bei den darauf zugeschnittenen mediengestützten Kommunikationsauftritten sollte es indes nicht um eitle Zelebrierung der eigenen Persönlichkeit gehen, sondern darum, authentisch und glaubwürdig Rede und Antwort zu stehen, auch zu problematischen Themen und konflikthaften Sachverhalten. Und zwar vorzugsweise in Kenntnis der medialen Spielregeln in den eigens von der PR-Abteilung arrangierten Kontaktszenarien im Rahmen der Medienarbeit. Wobei zu deren Gelingen, neben professioneller Vorbereitung,[57] insbesondere auch eine **aktive Kommunikationshaltung** und medienwirksame **Kommunikationsfähigkeit der Unternehmensspitze** erfolgsrelevant sind (s. Freda, 2014, S. 50 ff.).

Diese Qualifikationen sollten idealerweise gepaart sein mit „PR-Verständnis", „Medienkompetenz" und „Inszenierungsbereitschaft", um die Chancen positiver Berichterstattung zu erhöhen: etwa im Rahmen von One-to-One-Interviews und Statements zu Geschäftsentscheidungen, Leistungen und Wachstumsaussichten eines Familienunternehmens mit Vertretern wichtiger Redaktionsformate aus Fachmedien und Wirtschaftspublizistik. Journalisten setzen verstärkt „auf eine Personalisierung in der Berichterstattung, um die Akteure mit ihren Verantwortlichkeiten sichtbar werden zu lassen" (Mast, ⁵2013, S. S. 314). Und um daraus publikumsgerechte Geschichten zu entwickeln und als unterhaltsamen sowie aufschlussreichen Lesestoff aus der Geschäftswelt medial zu platzieren.

Eine **individualisierende Personalisierungsstrategie**, die einen CEO als „Role Model" und „Thought Leader" ins Zentrum von PR-induzierten Kommunikationsauftritten stellt, eignet sich zudem für einen dialogischen Austausch mit anderen Multiplikatoren aus Wirtschaft, Politik und gesellschaftlichem Umfeld. Das kann z. B. auf einem Fachkongress in einer Talk-Runde zur wirtschaftlichen Lage des Mittelstands geschehen. Bei solchen – auch medienwirksam inszenierten – Gelegenheiten lässt sich trefflich über multikausale Herausforderungen, Strategien, Wirkungszusammenhänge und Referenzprogramme der Organisationsentwicklung, aber auch über wesentliche gesellschaftspolitische Themen, die das Publikum interessieren, sprechen. Dazu eignen sich Berichte über eigeninitiierte Nachhaltigkeitsprojekte und deren Verortung im Rahmen einer werteorientierten bzw. Purpose-bezogenen Geschäftspolitik (s. a. Abschn. 3.3.3.3.10), die ein Familienunternehmen auszeichnet und es in Stakeholder-Kreisen sympathisch und populär erscheinen lässt.

Dabei stellen sich Kernfragen, wie: Lässt sich die Unternehmensführung in diesem Darstellungskontext als Visionär, der sich klare Ziele setzt, positionieren? Oder kann der CEO als Stratege präsentiert werden, der in Problemsituationen effektiv und effizient handelt? Derartige Fragestellungen, deren Beantwortung die Basis gut vorbereiteter, in

---

[57] Es sollte indes selbstverständlich sein, dass Unternehmensvertreter nie unvorbereitet an die Öffentlichkeit treten. Das gilt für unternehmensinterne wie auch für externe Kommunikationsauftritte. In diesem Zusammenhang sei nochmals auf die Sinnhaftigkeit von speziellen (Medien-)Trainings und individuellen Ertüchtigungsmaßnahmen verwiesen.

ihren Inszenierungs- und Wirkungsoptionen im Vorhinein analysierter **Storytelling-Chancen** ausmacht, bieten dem CEO die Möglichkeit, aus erster Hand seine Visionen, Überzeugungen und Motive in den für ihn wichtigen Entscheidungsperspektiven und Handlungskontexten differenziert zu erläutern (vgl. u. a. Cornelissen, [2]2009, S. 183). Allerdings ohne dabei in austauschbare Floskeln oder Bonmots aus dem Marketingbegriffsarsenal zu verfallen. In solchen Situationen kann der CEO eines Familienunternehmens als „**Storyteller**" seine Vorhaben und Konzepte gezielt thematisieren, das ihn prägende Leitbild und Selbstverständnis ansprechen und dabei **unternehmens-** sowie **publikumsrelevante Leitthemen** präzise herausstellen. Und das sollte auch über die reine BWL-Binnen-Perspektive hinaus gelingen. Dazu bieten sich „Gewinnerthemen" wie „Nachhaltigkeit", „Werteorientierung", „Partizipation", „Innovationsförderung" an. In diesem populären Setting können Botschaften gestreut werden, die als inhaltliche Fundamente und modellierende Bestandteile der eigenen Unternehmenskultur konkret dokumentierbar sind. Diese Storytelling-Manier bietet zudem die Möglichkeit, das für Familienunternehmen typische Oszillieren zwischen Traditionsbewusstsein, Besinnung auf Unternehmenswerte und -geschichte und einem zukunftsorientierten Fortschritts- und Innovationsstreben herauszustellen. Derart platzierte Narrative dokumentieren Offenheit, Initiative und Mut für die Entwicklung und den Einsatz neuer Technologien, Produkte und Leistungsangebote. Und sie zeigen, dass Familienunternehmen den Wandel der Zeit erkennen, annehmen und sich bietende Optionen tatkräftig nutzen.

In diesem Zusammenhang kann die Führungsspitze die Unternehmensmentalität erläutern und Service-, Marken- und Produktphilosophien, soweit sie erzählbar sind, thematisieren. Auch mit dem Ziel, sich dadurch vom Wettbewerb in Branche und Markt kommunikativ klar zu differenzieren.

3.3.3.4.7 Gezielte Themensetzung in der CEO-Kommunikation

In diesem Sinne lässt sich ein Familienunternehmen im Kontext strategischer Presse- und Medienarbeit beispielsweise als sachkundige Stimme des industriellen Mittelstands im Rahmen einer speziellen **PR-Kampagne** (vgl. dazu Röttger, 2009b, S. 9 f.) aufmerksamkeitsstark und thematisch-punktgenau positionieren. Als geeignete „dramaturgische Kommunikationsmethodik" (Lies, 2011, S. 16) empfiehlt sich dabei eine **personalisierte** und **aufklärerische Kommunikationshaltung**, die in ihren Narrativen eine bewusst „überspitzte" Position, gleichsam in Form einer „Soft-Skandalisierung" zu wichtigen Familienunternehmensthemen einnimmt. Erfahrungsgemäß wird mediale Wahrnehmung und Präsenz eher erreicht mit klugen Argumenten und eindeutigen Statements seitens der Unternehmensspitze zu aktuellen wirtschaftspolitischen Lageeinschätzungen. Die sie kennzeichnenden **Dauerbrenner-Themen** finden vor allem in reichweitenstarken Nachrichtenformaten öffentlich-rechtlicher und privater Fernsehsender und deren Online-Präsenzen immer gerne Resonanz, weil diese Formate sich dadurch einen kommunikativen Terraingewinn sichern können.

Ein Beispiel:

Das lässt sich an einem „Langzeit"-Kernthema verdeutlichen, das Bezug darauf nimmt, was vonseiten der Politik getan werden müsste, um bestimmte Sachlagen im Sinne betroffener Familienunternehmen konkret zu ändern bzw. praktische Lösungen anzubieten. Eine solche Fragestellung und ihre Beantwortung betrifft drängende Handlungsfelder wie Maßnahmen zur Strompreissenkung, Initiativen zum Bürokratieabbau, Lösungsideen zur Beseitigung von Planungsunsicherheiten oder das Ausbleiben zielführender Programme zur Eindämmung des akuten Fachkräftemangels. Denn neben anderen Faktoren wirken sich diese Sachverhalte negativ auf die wirtschaftliche Leistungs- und Wettbewerbsfähigkeit von Industrieunternehmen aller Größenordnungen und Branchen aus. In diesem Kontext kann die Chefetage eines Familienunternehmens sich mittels Platzierung eines Positionspapiers oder abgedruckten offenen Briefs an die Politik in der Wirtschaftsmedienarbeit als Kommunikator und Testimonial in einer Person aus der Deckung wagen, offensiv Stellung beziehen und im Angriffsmodus Haltung zeigen.

Auf diese Weise lassen sich die Dinge im Gespräch mit wichtigen Journalisten als meinungsbildende Stakeholdergruppe in aller Deutlichkeit mit realistischen Maßnahmenvorschlägen direkt beim Namen nennen. Eine solche Thematisierungsmanier, die als „Haltungskampagne" daherkommt, ist prinzipiell für alle Mediengattungen, Verlage und Sender interessant. Image- und reputationsfördernde Publizität und Berichterstattung sind garantiert, wenn die Belange präzise und mit überzeugenden Argumenten dargelegt werden. Zudem bieten derartige taktische Storytelling-Anlässe die Gelegenheit, im Sinne gezielter Eigen-PR die Unternehmensstärken positiv herauszustellen, auf wichtige laufende und zukünftige Projekte und Handlungsfelder sowie darauf bezogene Kommunikationsaktionen zu verweisen.

Dazu eignen sich auch „Medientage", die als „umgekehrter" Redaktionsbesuch von Medienvertretern in einem Familienunternehmen vor Ort gehandhabt werden können und den Besuchern moderierte Einblicke und aussagekräftige „Live"-Eindrücke in wichtige Unternehmensbereiche (z. B. den Einsatz von KI in technisch innovativen Produktionsverfahren) ermöglichen. Diese Form gezielter Medienansprache, die gewöhnlich von der PR-Sektion organisiert wird, bietet gleichfalls eine gute Gelegenheit, durch informative Pressehintergründe oder Fallstudien – mit Verlinkung zum Newsroom bzw. Presseportal auf der Unternehmenswebsite – den vertrauensbildenden Zugang zur Journaille zu erweitern und zu festigen. Ein solches Momentum kommunikativ zu nutzen, setzt – wie bereits erwähnt – natürlich auch den Willen zu einer offensiven Kommunikationshaltung und personalisierten Medienstrategie seitens des Absenders der Botschaften voraus (s. Abschn. 2.3.3). Auf diese Weise kann die mediale Aufmerksamkeit auf die Unternehmensspitze und den CEO in Persona sowie das von ihm vertretene Familienunternehmen taktisch gelenkt werden. Und als smarter kommunikativer Nebeneffekt lässt sich auf andere systemrelevante Industriebetriebe aus der jeweiligen Branche und deren spezifische Problem- und Themenstellungen verweisen. Somit könnte eine weiterführende Debatte in der Medien- und Fachöffentlichkeit zur thematisierten Problematik und ihren Herausforderungen (z. B. zum Einsatz von Zukunftstechnologien im Rahmen digitaler Transformationsprozesse) angeregt und „das Schaffen von Anschlusspotenzialen an laufende Thematisierungen" (Rademacher, 2009, S. 139) befördert werden. Vielleicht trägt diese spezielle Spielart von primär PR-induziertem Themenmanagement und ein dadurch getragenes Kommunikationsklima ja in der Folge zu potenziellen Veränderungen in der Unternehmenslandschaft bei. Storytelling „at its best". Ganz im Sinne des Erfinders.

Und Unternehmenslenker können in diesem Themenkontext – bei Bedarf unterstützt von unternehmenseigenen Experten aus den Fachbereichen IT, Vertrieb, Produktion – ebenso die Performancebilanzen, Wachstumsintentionen sowie personellen Konstellationen ihrer Organisation informativ veranschaulichen. Vorzugsweise kann dergleichen Storytelling verpackt in Form weiterer praxisnaher Geschichten mit hoher Anschauungskraft und Identifikationsleistung für die Rezipienten (s. van Riel & Fombrun, [2]2008, S. 10) initiiert werden. Diese Thematisierungsstrategie kann auch dem Anspruch einer „Führung mit Geschichten, mit narrativen Elementen" (Rademacher, 2009, S. 158) und der gezielten Platzierung von tragfähigen „**Leadership-Stories**" gerecht werden. „Es geht darum, Basisgeschichten zu liefern, diese in Erfolgsgeschichten zu wandeln, die starke Identifikationspotenziale auslösen und auch die Führbarkeit (in) der Organisation erhöhen" (ebd.).

Die erste Garde eines Familienunternehmens wird somit in der öffentlichkeitswirksamen Besetzung und Akzentuierung unterschiedlicher, funktionsbezogener Firmenthemen und Kompetenzfelder zu einem wesentlichen Faktor in der Planung und Operationalisierung des **stakeholderorientierten Themenmanagements** und der diesem zugrunde liegenden **Content-Strategie** (s. Abschn. 3.4.3). Die **Narrative mit Anschlusspotenzialen** lassen sich – je nach Content-Ausrichtung und Storytelling-Notwendigkeit – in lokalen, regionalen ebenso wie in internationalen Meinungsbildungs und Darstellungskontexten eingedenk grundlegender Storytelling-Prinzipien platzieren: Partizipation, Themenfokussierung, Stakeholder-Orientierung und Inszenierung. Dieses Vorgehen wird von der Zielsetzung geleitet, durch planmäßige Auftritte Unternehmensimage und -reputation auf allen dafür geeigneten Kommunikationsebenen in den adressierten Öffentlichkeiten überzeugend zu pflegen und erkennbar zu verfestigen.

3.3.3.4.8 Externe Darstellung der Arbeitgebermarke

Die Organisations- und Personalentwicklung von Familienunternehmen und die sie konstituierenden Sujets und Problemstellungen (s. Einwiller et al., 2006, S. 226 f.) sind teils kongruent zu den Szenarien der externen (vgl. Kirf & Schach, 2011, S. 165 f.) Unternehmenskommunikation zu sehen. Die Einbeziehung des HR-Arbeits- und Verantwortungssektors in das externe Kommunikationsarrangement eines Familienunternehmens gehört deshalb auch zum Aufgabenbereich des Personalmanagements. Als organisationale Querschnittsfunktion weist die HR inhaltlich-thematische Schnittstellen insbesondere zur PR-Sparte auf. Diese Schnittmengen sowie die dazugehörigen Handlungsfelder und Rollenverteilungen eignen sich – neben der organisationsinternen

(s. Abschn. 3.3.3.3.12) – ebenso für eine unternehmensextern ausgerichtete **Kommunikationskooperation zwischen PR und HR**. Vor allem instrumentelle Synergien können dabei strategisch wie operativ zweckmäßig genutzt werden. Das betrifft die PR-unterstützte **„Vermarktung" der Arbeitgebermarke** in profil- und akzeptanzstärkenden sowie image- und reputationsbildenden (medialen und personalen) Kontaktpunkten („Touchpoints") in den Unternehmensaußenräumen. Dazu zählen die Darstellung spezieller HR-Themen und Leistungsbeiträge ebenso wie die Präsentation von „Köpfen" aus dem Personalbereich, die eine Arbeitgebermarke gegenüber der Öffentlichkeit positionieren und kommunikativ repräsentieren können (s. Abb. 3.21).

Wir gehen davon aus, dass sich Personaler von Familienunternehmen der an sie gestellten Herausforderungen bewusst sind: „Um sich im Wettbewerb zu behaupten, gilt es, sowohl zukünftige als auch bereits vorhandene Mitarbeiter vom Status und von der Zu-

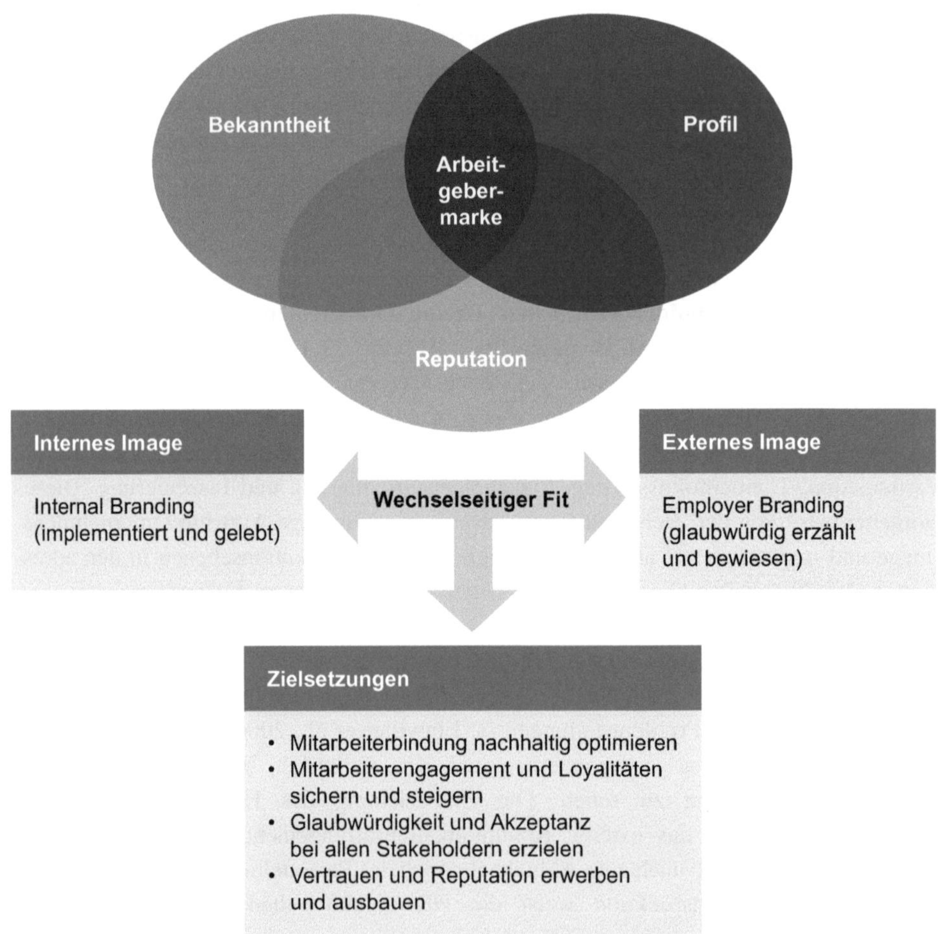

Abb. 3.21 Positionierung und Implementierung der Arbeitgebermarke. (Quelle: eigene Darstellung)

kunft des Unternehmens zu überzeugen, sie entsprechend zu motivieren und langfristig zu binden" (Ulbrich & Leuz, 2020, S. 24). Einen entscheidenden Beitrag dazu liefert bekanntlich die von Stakeholdern registrierte **Unternehmenspositionierung** und die damit assoziierten Fakten: z. B. ob und wie ein familiengeführtes Unternehmen als Arbeitgeber flexibel, souverän und produktiv auf Veränderungsnotwendigkeiten in seinen Marktsegmenten reagiert und sich an die jeweiligen Gegebenheiten in erfolgsbestimmenden Handlungsfeldern effizient anpasst. Und sich in diesem Kontext durch die professionelle Selbstthematisierung kommunikative Vorteile gegenüber den Wettbewerbern verschafft.

Maßnahmenanlässe, bei denen die PR mit ihren Kompetenzen und Expertisen die HR unterstützen kann, sind hinreichend vorhanden: wie etwa die **externe Präsenz der HR** auf speziellen Jobmessen, die der direkten Beziehungspflege mit potenziellen Kandidaten dienen, und die außerdem eine mediale Platzierung von HR-spezifischen Botschaften, die die Vorteile der eigenen, zu bewerbenden HR-Marke ausloben, ermöglichen. Wobei Letzteres exemplarisch in Form von Hintergrundgesprächen mit Journalisten verschiedener Mediensegmente stattfinden kann. Überdies können solche Auftritte begleitet werden durch die Nutzung ansprechend designter Personal-Marketing-Produkte (Flyer, Anzeigenmotive, HR-Image-Film, Arbeitgeber-Website etc.). Eine weitere wichtige, extern auszurichtende HR-Maßnahme, die auch **PR-kommunikativ** zu propagieren ist, sind Kooperationen mit Hochschulen, die fachlich für die akademische Nachwuchsrekrutierung geeignet sind. An diesen Institutionen kann zudem eine „Live-Präsenz" im Rahmen von Fachvorträgen und Lehrveranstaltungen sinnvoll sein, die von ausgewählten Unternehmensvertretern absolviert werden, die sich für positionierungsfördernde Storytelling-Auftritte eignen.

Solche Aktivitäten, die der externen **Profilbildung eines Familienunternehmens als attraktiver Arbeitgeber** dienen sollen, können im Sinne eines integrierten, multidirektionalen HR-Kommunikationsmanagements (s. Abb. 3.22) inhaltlich begleitet werden

Abb. 3.22 Instrumente externer HR-Kommunikation. (Quelle: eigene Darstellung)

durch digital-mediale Präsenzen, die spezielle Kommunikationsanforderungen und -bedürfnisse des HR-Publikums berücksichtigen.

Wobei die Arbeitgebermarke in ihren kommunizierten Positionen und Perspektiven auch der kritischen Beobachtung und öffentlichen Kommentierung durch diese Anspruchsgruppen standhalten muss. Was andererseits durchaus zu einem weiterführenden konstruktiven Austausch führen kann, der wiederum hilft, die eigenen Positionen und Routinen (selbst)kritisch zu hinterfragen und ggf. neue, alternative Interpretationen und authentische Wahrnehmungsangebote der eigenen Arbeitgebermarkenverfassung hervorzubringen.

Somit kann ein Familienunternehmen durch aktionale wie kommunikative Differenzierung gegenüber der Konkurrenz im viel beschworenen „War of Talents" in der öffentlichen Wahrnehmung und Beurteilung seiner Stakeholder aufmerksamkeitsbildend und erinnerungswürdig punkten. „Der Verdrängungswettbewerb auf den Rekrutierungsmärkten erfordert Strategien, die es Unternehmen ermöglichen, sich gegenüber internen wie externen Adressatenkreisen so differenziert und attraktiv zu positionieren, dass sie als bevorzugter Employer of Choice mit einer überzeugenden Employer Value Proposition mit klaren Botschaften und eindrucksstarken Touchpoints in der Ansprache aktueller und potenzieller Mitarbeiter wahr- und angenommen werden." (Kirf & Schach, 2011, S. 166 – s. a. Trost, 2013, S. 16 ff.)

3.3.3.4.9 HR-Publizität durch Media Relations

Als Form der Push-Kommunikation eignet sich im externen HR-Kommunikationsmanagement für ein gezieltes **Storytelling** auch die Nutzung der Medienkontakte, die der PR in ihrer täglichen Arbeit zur Verfügung stehen. Dazu bieten sich zielstrebige **Medienansprachen** und darauf abzielende Platzierungen in Medienformaten an, über die sich eine **reputationsfördernde HR-Publizität** zur „Steigerung des Bekanntheitsgrades und Profilierung der Arbeitgeber- und HR-Marke" (Jäger & Rolke, 2011, S. 17) herstellen lassen. Zudem können PRler den Kollegen aus dem Personalbereich durch ihre angestammte Sprach- und Textkompetenz sowie Formulierungs- und Stilqualitäten bestimmte „Begründungsformulierungen" liefern. Etwa dahingehend, warum das eigene Familienunternehmen als attraktiver Arbeitgeber in Sonderheit zu beschreiben ist und welche Assets es in den Personalthemen (u. a. „Work-Life-Balance", „flexibles Arbeiten", „Diversity" etc.) vom Wettbewerb abgrenzen.

Die HR und ihre Akteure werden selbst zum Kommunikationsobjekt bzw. -subjekt, indem sie öffentlich von ihrer Arbeit erzählen und bei dieser Gelegenheit deren Aufgabenstellungen, Leistungsanforderungen und Ergebnisse für ihr Publikum transparent und verstehbar machen. Durch mediale Inszenierungen sollen positive Abstrahleffekte für Akzeptanz und Sympathiebildung in der Stakeholder-Gemeinde erreicht werden. Und das nicht nur bei Fach- und Führungskräften. Das betrifft zugleich die **HR-Social-Media-Präsenz**, die sich vor allem auf den Recruitingbereich und das Personalmarketing in der Ansprache und Sicherung von Fachpersonal bezieht, wie im Kontaktmanagement mit den Mitgliedern der wichtigen Generationen „Y" und „Z" und deren Communities (s. Hesse & Mattmüller, [2]2019, S. 15 ff.). Darauf abzielende Stellenmärkte und Bewerbungsverfahren finden längst nicht mehr allein in Printanzeigen, sondern deutlich verstärkt webbasiert statt: z. B. auf entsprechenden digitalen Plattformen wie Monster, Stepstone, Indeed oder in populären, stark frequentierten Businessnetzwerken wie Xing und LinkedIn. Eine ähnliche Rezeptionsattraktivität haben Bewegtbildformate wie YouTube und Instagram, die **digital basiertes Storytelling** in für das jeweilige Zielpublikum ansprechender Form ermöglichen. Die Produktion unternehmenseigener **Bewegtbildinhalte** eignet sich hervorragend für deren Platzierung in zielgruppen-frequentierten A/V-Formaten. All das geschieht natürlich – auch mit Blick auf die Generationen „Y" und „Z" – unter Berücksichtigung der technischen Nutzungsmöglichkeiten mobiler Endgeräteapplikationen. In diesem öffentlichen **Multi-Channel-Medientrendkontext** müssen auch Familienunternehmen offensiv kommunikativ mitspielen und mit ihren Narrativen die Nutzer auf sich aufmerksam machen. Die Familien-Arbeitgebermarke und die sie illustrierende **EVP** können dabei interesseweckend-informativ erzählt und in ihrer Leistungsstärke und den Entwicklungspotenzialen reputationsunterstützend präsentiert werden. Vor allem mit der Zielsetzung, im Rahmen der Besetzung von Personalthemen die „Right Potentials" von der Arbeitgeberattraktivität eines Familienunternehmens zu überzeugen und dadurch Bewerbungsakte in relevanten Interessentenkreisen auszulösen.

Zur Erhöhung der auf **mediale HR-Präsenz** ausgerichteten Berichterstattungswahrscheinlichkeit empfiehlt sich eine direkte, personalisierte Ansprache von Key-Journalisten relevanter Medienformate (Tages- und Wirtschaftspresse, Fachpresse, Blogging-Plattformen etc.). Für eine Kontaktaufnahme eigenen sich beispielsweise Themenpräsentationen in der Angebotsform von Meinungsartikeln und/oder Interviews mit HR-Verantwortlichen, die sich mit Redaktionsbesuchen verknüpfen lassen. Dabei können außerdem aussagekräftige Hintergrundinformationen („Whitepaper"), Erfahrungsberichte als Dokumentation von HR-Kampagnen, Infografiken sowie Bildmaterial zur Verfügung gestellt werden, die das HR-Storytelling illustrierend unterstützen.

Denn eins ist sicher: Journalisten interessieren sich zunehmend für **Personalthemen**. Das betrifft ebenso Schwerpunkte und Strategien der Personalarbeit von Familienunternehmen. Darin besteht die Chance, diese für das unternehmensrelevante Medienpublikum sichtbarer, nachvollziehbarer und zustimmungsfähiger zu machen. Um die potenzielle journalistische Interessenlage inhaltlich adäquat zu bedienen, ist ferner zu beachten, dass HR-Kommunikatoren die spezifischen Frage- und Themeninteressen, Schreibstile und Mentalitäten der adressierten Medienvertreter kennen, um sie für die eigenen Darstellungsbelange überzeugend gewinnen zu können. So sollte vorab geklärt werden, ob die für eine geplante Themenplatzierung adressierte Redaktion überhaupt empfänglich ist für die Botschaften, die der (die) Personalchef(in) eines Familienunternehmens dorthin vermitteln will. Solche für ein treffsicheres Storytelling wesentlichen Informationen sollten in unterstützender Kooperation mit der PR-Abteilung recherchiert und in speziellen Medienprofilen, die der Kontakt- und Gesprächsvorbereitung dienen, dokumentiert werden.

Journalisten wollen mit klaren Argumenten überzeugt werden. Und je nach Mediensegment – z. B. im Kontakt mit Vertretern der Lokal- und Regionalpresse – sollten thematische Schwerpunktsetzungen variiert werden. So interessieren einen Lokalreporter insbesondere standortbezogene Berichterstattungsanlässe (wie Neueinstellungen von Azubis oder die Zusammenarbeit mit der örtlichen IHK bei der Nachwuchsförderung). Auflagenstarke Regionalmedien schreiben gerne mal über den Wechsel im Topmanagement oder in der Verwaltungsratsspitze einer Familienorganisation. Diese Berichterstattungstendenzen gelten für Print- und Online-Ausgaben gleichermaßen. Das mediale Informationsinteresse wird vor allem auch dann geweckt, wenn **Personalthemen** explizit zu **Unternehmensthemen** werden oder vice versa. Das sind vor allem jene, bei denen Unternehmensangehörige in ihrer Arbeitsumwelt persönlich betroffen sein könnten und die kritische Innen- wie Außenwirkungen haben, weil sie Interessenkonflikte provozieren und in diesem Spannungsfeld eine Interessenklärung – auch seitens der HR – erfordern. Dazu zählen vornehmlich Werksschließungen, die verbunden sind mit Arbeitsplatzverlust oder Aktionen im Rahmen temporärer Kurzarbeitszeitverordnungen infolge der wirtschaftlichen Schieflage eines Familienunternehmens.

Zudem sind Personen für Medien, die schon lange auf eine **Personalisierung** (s. Freda, 2014, S. 2) in der Berichterstattung setzen, Nachrichtenanlässe. Medial gesetzte Personalisierung (s. Abschn. 3.3.3.4.3) ist ein geeignetes Vehikel, um Geschichten publikumswirksam zu erzählen und durch „Storyselling" öffentlich Aufmerksamkeit für ein Thema zu erzielen (s. Abschn. 3.4.3). Das gilt ebenso für personalverantwortliche Akteure von Familienunternehmen. Indem Personalchefs durch Storytelling medial visibel sind, gestalten sie die PR ihres Unternehmens aktiv mit. Durch ihr persönliches Commitment besetzen Personaler Narrative, die nicht allein Publikumsmedien interessieren, sondern die sich wiederum gezielt in internen Kommunikationsräumen eines Familienunternehmens nutzen lassen: etwa wenn jene über den Einsatz von KI-Technologie in bestimmten Unternehmensbereichen berichten und den dafür notwendigen (Eigen-)Bedarf an Experten spezifizieren, die sich gerne als Bewerber in einem darauf ausgerichteten Recruiting-Prozess empfehlen können.

Um möglichst positive **Kooperationseffekte** durch ein partnerschaftliches Miteinander von HR und PR zu erzeugen, setzt eine solche Unterstützung allerdings zum einen voraus, dass PR-Akteure die Kernaufgaben, Funktionsweisen, Ziele, Sujets und Kommunikationskanäle des Personalwesens sowie deren Verortung inner- und außerhalb eines Familienunternehmens kennen. Das heißt, es muss auf der PR-Seite auch das Wissen darüber bestehen, wann, wo und wie Personalkommunikation stattfindet. Und umgekehrt, müssen Personaler – wie bereits angemerkt – ihrerseits für die Mechanismen und Methoden der PR-Arbeit sensibilisiert werden. Das betrifft auch die Kommunikationsberatung der Unternehmensführung. Eine Betreuungsleistung, die zu den internen PR-Kernaufgaben zählt. Die Chefetage ist stets in die Kommunikationspolitik als Bewertungs- und Entscheidungsinstanz einzubeziehen und hat das letzte Wort über die Kommunikationsstrategie und deren Umsetzung.

3.3.3.4.10 Nie unvorbereitet in Medienkontakte gehen

Noch ein Hinweis zum Abschluss dieses Kapitels: Für eine erfolgreiche Medienarbeit ist prinzipiell eine inhaltlich differenzierte **Vorbereitung** zu empfehlen. Das gilt für Personaler wie andere Kommunikatoren von Familienunternehmen gleichermaßen. Und zwar nicht nur langfristig projektiert, sondern auch für Ad-hoc-Auftritte, wenn Medienvertreter zeitnahe Informationen und Antworten zu einem aufgepoppten Problemthema („Issue" – s. a. Abschn. 3.7.2.9.1) von den dafür zuständigen Stellen im betroffenen Unternehmen verlangen: wie es z. B. bei einem Unfall mit Personenschaden oder Brand im Produktionsbereich eines Familienunternehmens der Fall sein kann. Diese Informationshaltung ist natürlich auch mit dem unternehmensseitigen Ziel verbunden, in einem solchen Fall durch klare Aussagen verlässliche Auskünfte und ordnende Sinnstiftungen zu geben, sodass Fehlinterpretationen bei Stakeholdern im Unternehmensumfeld tunlichst vermieden werden. Ein reflektierendes „Die-Angelegenheit-Durchdenken" gilt übrigens nicht nur für die Medienkontaktarbeit, sondern sollte selbstredend haltungsrelevant für die Kommunikationspolitik eines Familienunternehmens auch bei anderen informationsgestaltenden Kommunikationsanlässen sein.

Das heißt, alle für Medienkontakte vorgesehenen Akteure dürfen nicht planlos in jene hinein gehen. Vielmehr müssen sie für solche Begegnungen bei Bedarf durch **Medientrainings** kommunikationsfähig und parkettsicher präpariert werden. Der Medienumgang verlangt Fingerspitzengefühl, lässt sich aber auch erlernen. Mit Blick auf diese Anforderung können sich PRler als medienerfahrene Coaches und Kommunikationsberater empfehlen sowie wertvolle Impulse und qualifizierten Input liefern. Denn PR-Leute wissen in der Regel, welche Mikro- und Makrothemen für welche Medien interessant sind. Zudem sollten sie monitoren, mit welchem Tenor aktuelle Sujets debattiert werden und wie jene mit welcher Wirkung in einer Berichterstattung besetzt werden können. Ferner lassen sich dadurch diejenigen Themen identifizieren, die in ihrem Wahrnehmungskern und Wirkungspotenzial für ein Familienunternehmen problematisch sein könnten, Konfliktpotenziale beinhalten und in bestimmten Teilöffentlichkeiten negativ interpretiert werden: z. B. bei drohender Personalreduzierung im Rahmen von Werkschließungen oder durch angekündigte Produktionsverlagerungen ins Ausland, die wiederum Anlass für Streit und Streikaktionen unter Betriebsrats- und Gewerkschaftsbeteiligung mit entsprechender Öffentlichkeitswirkung liefern. Mit Blick darauf kann die PR-Abteilung – in ihrer Funktion als externe Stimmungsbeobachter und Meinungsanalytiker – präventiv auf kommunikative Folgewirkungen bestimmter Aktionen und Auftritte hinweisen und diese entsprechend für das weitere Kommunikationshandling präparieren helfen.

3.3.4 Bedeutung und Anforderungen eines integrierten Kommunikationsmanagements

Zusammenfassung

Um mit Botschaften, Bilderwelten und Positionierungsabsichten im Kommunikationswettbewerb mit anderen Organisationen vom Publikum wahrgenommen zu werden, erscheint für Familienunternehmen ein integriertes Management von Kommunikationsprozessen und -programmen sinnvoll. Dieses Prozedere betrifft das strategische und operative Zusammenwirken von Kommunikationsdisziplinen, -instrumenten und -kanälen. Damit korreliert die handlungs- und entscheidungsleitende Vernetzung aller verantwortlichen Akteure und ihrer Kernkompetenzen. Durch ganzheitlich modellierte Kommunikationsauftritte soll den Adressaten ein wiedererkennbares Erscheinungsbild des Absenders und der Bezugsobjekte seiner Kommunikation vermittelt werden. Diese Präsenz zielt auch auf die kommunikative Differenzierung im Wettstreit um Aufmerksamkeit und Anerkennung in meinungsprägenden Unternehmensumwelten. Durch Synergieeffekte bei den Kommunikationsaktivitäten soll eine Zersplitterung der beabsichtigten Wirkungen vermieden werden. Dass die Realisierung von Kooperationsgewinnen in einer integriert-angelegten Kommunikationsarbeit nicht frei von Komplikationen ist, zeigt ein Blick in den Familienunternehmensalltag. Gleichwohl gibt es praxistaugliche Organisationsmodelle, die als Planungshilfe und Lenkungsinstanz für die effektive, fach- und aufgabenbezogene Umsetzung von Kommunikationsprogrammen fungieren können.

3.3.4.1 Das Management von Kommunikationsprozessen

Im Hinblick auf die öffentliche Präsentation und Positionierung in den modernen Kommunikationsverhältnissen und die verschärften Bedingungen im Kommunikationswettbewerb ist – je nach Wirkungsabsicht und thematisch-inhaltlichem Bezugsrahmen – ein effektiv-effizientes **Management von** unternehmensinternen und -externen **Kommunikationsprozessen** auch für Familienunternehmen von Bedeutung. „**Kommunikationsmanagement**" wird im Kontext unserer Ausführungen – konsensual mit der in Praxis und Theorie verbreiteten Meinung – verstanden „als das Management *durch* Kommunikation und das Management *der* Kommunikation" (Mast, [5]2013, S. 13; vgl. Will, 2007, S. 50 ff.). Das heißt, es geht um den Prozess der strategischen Planung, gezielten Maßnahmenumsetzung und Erfolgskontrolle von unternehmenskommunikativen Aktivitäten (s. Röttger et al., [2]2014, S. 27).

Die Kompetenzen des Kommunikationsmanagements als zweck- und zielorientierte **Regelungsinstanz** lassen sich dahingehend beschreiben, „dass das Kommunikationsmanagement dazu da ist, das Kommunikationsprogramm der unternehmerischen Kommunikationspolitik kontrolliert auszuführen" (Rademacher, 2009, S. 160). Als ganzheitlich-kollektive Prozessaufgabe aller daran beteiligten Handlungsebenen und Funktionsträger gedeutet, kann Unternehmenskommunikation folglich in Summe definiert werden als das Management derjenigen **Kommunikationsprozesse**, die von Unternehmen ausgehen und zwischen diesen und ihren internen sowie externen **Beziehungsarealen** ablaufen. Im Fokus steht dabei der Anspruch einer konzeptionell durchdachten, auf ihre Konsequenzen und Wirkungen hin geprüften und eindrucksvoll inszenierten Kommunikation (s. Abschn. 3.3.3.2). Dazu zählt u. a. auch die Einbindung der PR als wichtige „gemanagte" Teilfunktion der Unternehmenskommunikation und die Darstellung sämtlicher PR-spezifischen Leistungsbeiträge, die von Unternehmen in der kommunikativen Beziehungsgestaltung in allen Kontaktfeldern ausgehen und dort realisiert werden.

Folglich bezieht sich das ganzheitliche Prozedere auf die konzeptionell und operativ gehandhabte Vernetzung von Kommunikationsinstrumenten und -kanälen (vgl. Lies, 2015, S. 332 ff.). Mit dem vorrangigen Ziel, eine Zersplitterung bzw. Fragmentierung der beabsichtigten Kommunikationswirkungen zu verhindern. Dabei hat sich das viel diskutierte

Konzept der „Integrierten Kommunikation"[58] einigermaßen etabliert. Unternehmenskommunikation in ihrer integrierten Konstitution und Tendenz wird in der Fachdiskussion[59] beschrieben als „ein strategischer und operativer Prozess der Analyse, Planung, Organisation, Durchführung und Kontrolle, der darauf ausgerichtet ist, aus den differenzierten Quellen der internen und externen Kommunikation von Unternehmen eine Einheit herzustellen, um ein für die Zielgruppen der Kommunikation konsistentes Erscheinungsbild des Unternehmens bzw. eines Bezugsobjekts der Kommunikation zu vermitteln" (Bruhn, [6]2014, S. 22). Folglich erscheint ein ganzheitlich-modelliertes, konzeptionell-fundiertes Kommunikationssetup als Norm und Steuerungsinstanz (s. Abschn. 3.3.3.1) im vernetzten **Zusammenwirken** aller **Kommunikationsfunktionen, Instrumente** und **Maßnahmen**: z. B. bei der Verzahnung und Koalition von Marketingaufgaben in inhaltlich-thematischer Kombination mit mediengestützten PR-Projekten oder – wie bereits dargestellt – im Zuge der Durchführung interner Kommunikationsprogramme, die in einem Familienunternehmen in gemeinsamer Planung und Abstimmung der zu vermittelnden Themen zwischen der PR- und HR-Abteilung stattfinden (s. Abschn. 3.3.3.3.12).

Dergleichen **Synergien** können von kommunizierenden Familienunternehmen für die eigene Positionierung und Profilierung in diversen Adressatenansprachen genutzt werden. Zielsetzung „des koordinierten Managements aller Kommunikationsquellen" (Kirchner, 2001, S. 36; s. a. Ahlers, 2006, S. 2) ist die Steigerung der Effektivität und Effizienz von Kommunikationsaktivitäten und ihrer Wirkungen mit entsprechendem **Stakeholder-Bezug**. Dabei soll das integrierte Vorgehen einerseits der Erzielung von ökonomischen Erfolgsgrößen wie der Steigerung von Absatz, Umsatz und ROI sowie dem Aufbau und der Pflege von Kundenbindungen in bestimmten Marktsegmenten dienen. Andererseits ist es von Bedeutung für die Verbesserung des Bekanntheitsgrads von bestimmten Unternehmensleistungen und -vorhaben sowie für die positive Imagebildung und Reputationskonstruktion in dafür relevanten Meinungsmärkten, um „die Beziehung zu Publikumsgruppen […] über reputationsrelevante Themen aufrecht zu erhalten oder neuerlich zu etablieren" (Thießen, 2011, S. 109). Diese Funktions- und Standortbestimmung ist eine wesentliche Kernaufgabe des strategischen Kommunikationsmanagements (vgl. Schmid, 2008, S. 36 f.), das als konsistenter Planungs- und Implementierungsvorgang angelegt sein sollte.

---

[58] Zum weiterführenden Verständnis der Gestaltungs- und Anwendungsmöglichkeiten von Konzepten, Strategien und Programmen „Integrierter Kommunikation" s. u. a. die fundierten Darlegungen von Zerfaß, [2]2004, S. 406 ff., Rademacher, 2009, S. 66 ff. und Bruhn, [8]2015, S. 87 f.

[59] Schon van Riel ([2]1995, S. 22 ff.) hat in seiner Begriffsdeutung von „Corporate Communication" [= Unternehmenskommunikation] als Managementprozess von Kommunikationsleistungen die **strategische Dimension des Integrationsgedankens** als definitorisches Kernelement in der Beschreibung der Funktionen und Aufgabenstellungen von Unternehmenskommunikation beschrieben. Er betont zudem, dass diese als intentionale, auf kommunikative Integration hin angelegte Vorgehensweise zur Stabilität von Handlungsabläufen und Interaktionsprozessen in Unternehmensumwelten beitragen soll, indem durch Kommunikationsleistungen auch strittige Situationsdeutungen ausbalanciert und divergierende Interessenlagen zwischen Unternehmen und Stakeholdern geklärt werden können.

In diesem Wirkungszusammenhang verortet, dient die Konzeption und Umsetzung integrierter Kommunikationsprojekte der Herstellung und Herausbildung einer profilbildenden und positionierungsleitenden *„Unique Communication Proposition"* (**UCP** – s. Abb. 3.23). Denn unter den kompetitiven Kommunikationsbedingungen in der Mediengesellschaft ist ein wesentlicher Bestimmungsfaktor für Unternehmenserfolg und Wertschöpfung (vgl. Fombrun, 1996, S. 10; Doorley & Garcia, 2007, S. 271 ff.), „dass die Unternehmen ein eigenständiges, konsistentes und vor allem einzigartiges kommunikatives Bild (…) in den Köpfen der Zielpersonen verankern" (Bruhn, [8]2015, S. 37; s. a. Szyszka, 2004, S. 211).

Die Herausbildung einer unverwechselbaren UCP (s. Bruhn, 2000, S. 12; Mast, [5]2013, S. 160) dient folglich kommunikativer Differenzierung im Wettstreit um Aufmerksamkeit, Vertrauen, Sympathie und Akzeptanz in verschiedenen Unternehmensumwelten. Die darauf ausgerichteten Kommunikationsinhalte und Themensetzungen sind „im Sinne eines strategischen Kommunikationsvorteils" (Bruhn, [8]2015, S. 37) operationalisiert, der seinerseits zur Erlangung von Wettbewerbschancen und als Bestimmungsfaktor für ein Reüssieren in Markt und Gesellschaft dienen soll (s. Ahlers, 2006, S. 3). Die Umsetzung kann u. a. erfolgen mittels multimedialer Themeninszenierungen und publicitystarker Markenkampagnen, die von PR-initiiertem Storytelling medial begleitet werden, um Unternehmensbotschaften ins Bewusstsein der angesprochenen Stakeholder zu tragen und dort möglichst eindrücklich zu postieren. Ein wesentlich in Echtzeit, mit rasanter Reaktionsfähigkeit auf Resonanz und Dialog ausgerichtetes integriertes Kommunikationsarrangement beinhaltet Formen und Verfahrensweisen der **Push-** und **Pull-Kommunikation**. Dabei sind die Bedürfnisse, Anliegen, Meinungen, Einstellungen und Emotionen der Ziel-

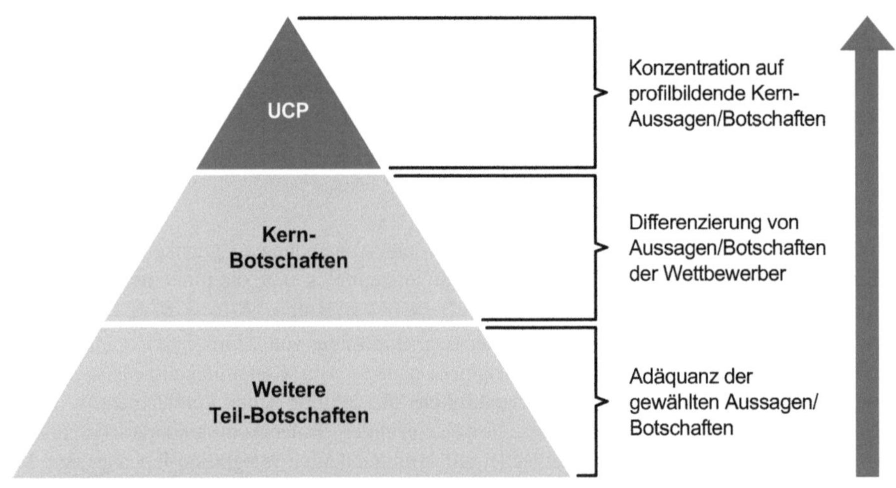

Abb. 3.23 UCP. (Quelle: eigene Darstellung)

personen[60] in die kommunikativen Planungsprozesse miteinzubeziehen. Durch den Push- und Pull-Charakter kommt der integriert angelegten Methodik sowohl eine **Ansprache**- als auch eine **Rezeptionsfunktion** (s. a. Abschn. 3.6.1) im Stakeholder-Kontakt zu. Diese duale Ausrichtung ist notwendige Voraussetzung für die Konfiguration und Aufrechterhaltung von beziehungsbildenden, verständigungsorientierten sowie reputationsfördernden Interaktionen zwischen den jeweiligen Kommunikationspartnern: sprich einem Familienunternehmen im kommunikativen Umgang mit seinen wichtigen Bezugsgruppen auf medialer, personaler und aktionaler Ebene.

Integriertes Kommunikationsmanagement kann somit als eine prozesssteuernde Aufgabe verstanden werden. Das heißt, Kommunikationsmaßnahmen werden in Planung und Umsetzung an vorab inhaltlich, formal und zeitlich (s. dazu Bruhn, [8]2015, S. 99 ff.) festgelegten Organisationsstrukturen und Entscheidungsabläufen ausgerichtet. Dabei sind die Projekte auf einzelne Aktions-, Reporting- und Evaluationsebenen sowie dafür im Unternehmen zuständige Funktionsträger (Schulz & Grimm, 2015, S. 40 f.) aus vorhandenen Kommunikationsabteilungen zu übertragen (Will, 2007, S. 25). Beispielsweise wenn ein PR-geleitetes Storytelling zur inhaltlich-thematischen Unterstützung in publikumstauglichen Print- und Online-Medienformaten für eine B2B- oder B2C-Produkteinführungskampagne herangezogen wird, die wiederum in Planung und Umsetzung unter der Regie der Marketingfraktion eines Familienunternehmens steht. In einem solchen Fall sollen vernetzte, multimedial-inszenierte Kommunikationspräsenzen dergestalt Öffentlichkeit herstellen, dass durch die Übereinstimmung in Semantik, Tenor und Design (vgl. Bruhn, [8]2015, S, 490 ff.) die Botschaften und Bilderwelten des Absenders in Verständnis und Wahrnehmung der Rezipienten möglichst nachhaltige **Wirkungen im Medienmix** erzeugen (s. Abb. 3.24).

Einem solchen Prozedere folgend, können kommunikative Auftritte und Leistungsinszenierungen von Produkt-, Unternehmens- und Arbeitgebermarken (Mast, [5]2013, S. 41) im **synergetischen Zusammenspiel** (Bruhn, [8]2015, S. 92 ff.) der in einem Familienunternehmen installierten **Kommunikationsbereiche**[61] und ihrer Instrumentarien erfolgen, um eine Aufsplittung der angestrebten Kommunikationseffekte zu vermeiden.

---

[60]Bruhn spricht in diesem Kommunikationsplanungskontext von der „Outside-in-Perspektive, d. h. das Unternehmen richtet seine Kommunikationsziele und -inhalte entsprechend den Informationsbedürfnissen der Rezipienten aus" (Bruhn, 2000, S. 14); vgl. dazu auch Rademacher, 2009, S. 77.

[61]An dieser Stelle dazu ein einordnender Hinweis: In der Fachliteratur kursiert teils noch das sog. „3-Säulen-Modell", das Zerfaß seinerzeit ausgearbeitet hat (Zerfaß, [2]2004, S. 289). In Weiterentwicklung der „three main forms of corporate communication" von van Riel ([21]1995, S. 8 f.) richtet dieses Funktionsmodell die Teilbereiche der Unternehmenskommunikation an unterschiedlichen Aufgaben und Zielsetzungen aus. Diese orientieren sich inhaltlich wie formal „an praktischen Problemlagen der Unternehmenspraxis" (Zerfaß, [2]2004, S. 289). Allerdings berücksichtigt dieser schwerpunktmäßig auf die Profilierung der Unternehmensmarke geeichte Zuordnungsansatz nicht den für die Darstellung der Arbeitgebermarke wichtigen Bereich der HR-Kommunikation. Diese fungiert mittlerweile vielfach in der Unternehmenskommunikationspraxis als eigenständiger Zuständigkeitsbereich und Querschnittskommunikationsfunktion. Zur spezifischen Bedeutungszuweisung und Ausprägung der modernen HR-Kommunikation s. u. a. Jäger & Rolke, 2011, S. 13–24.

Integriertes Kommunikationsmanagement

Presse- und Medienarbeit	Kunden- und Mitarbeiter-kommunikation	Online/ Mobile Kommunikation
• Pressemitteilungen/ Statements/Interviews • Pressehintergründe/ Fachbeiträge/ White Paper • Basis Pressemappe/ Corporate Story • Fokussierte Presseansprache • etc.	• Kundenmagazin (print/digital) • Newsletter (print/digital) • News Intranet • Town Hall Meetings • Umfragen • etc.	• Social Media • Aktuelle News und Themenbesetzungen • Website (ständige Aktualisierung) • etc.

Stakeholder/Adressaten

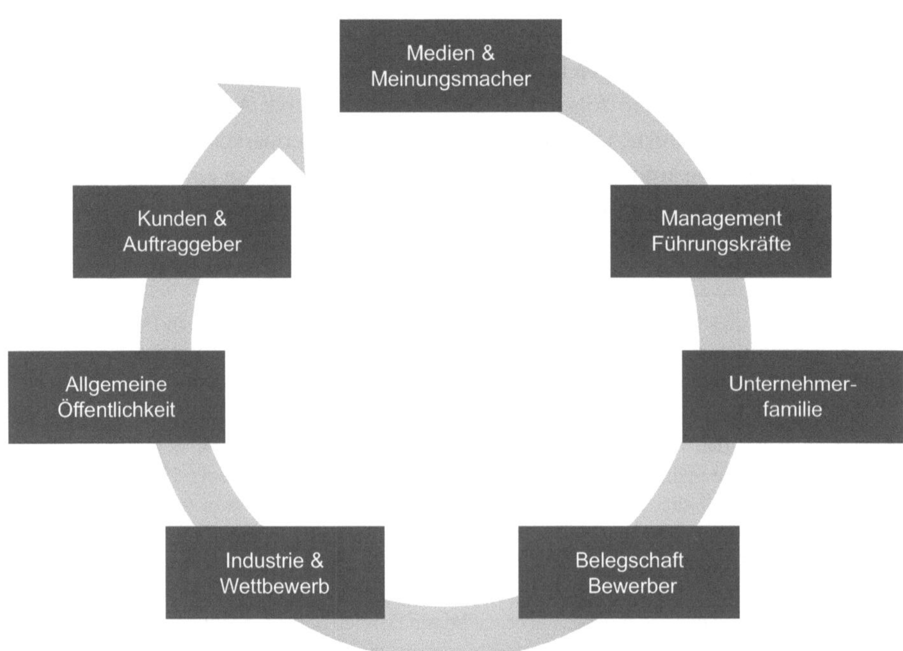

Abb. 3.24 Integrierte Kommunikation im Medienmix. (Beispiel – Quelle: eigene Darstellung)

3.3.4.2 Praxistaugliches Integrationsmodell: Institutionalisierte Kommunikationssteuerung

Im Hinblick auf die Organisation integrierter Kommunikationsarrangements lassen sich bei Familienunternehmen mittlerweile praxistaugliche Arbeitsweisen ausmachen, die „die Integration der Kommunikationsaktivitäten durch abteilungsübergreifende Koordinationsmechanismen" (Ahlers, 2006, S. 21) anstreben. Zielvorstellung ist dabei die Abstimmung vertikaler und horizontaler Kommunikationsinfrastrukturen (vgl. Kirchner, 2001, S. 260 und Abschn. 3.3.3.3.1) sowie eine entscheidungs- und handlungsleitende Synchronisation der mit Kommunikationsaufgaben unternehmensseitig betrauten Protagonisten, um dadurch Effizienz- und Effektivitätsintensivierungen in der Kommunikationsarbeit zu erlangen. „Die Kommunikationsmanager sollen dabei in ihren jeweiligen Tätigkeitsfeldern und Kompetenzräumen (wie PR, Marketing und HR) als Spezialisten operativ eigenständig tätig sein und organisatorisch dezentral angesiedelt bleiben. Gleichwohl müssen sie sich untereinander in ihrem Vorgehen in einzelnen Kommunikationsebenen formal wie inhaltlich auf Basis von vorab entwickelten Strategien – zur Sicherstellung ihrer zielkonformen Realisierung – abstimmen" (Kirf & Sommerwerck, 2015, S. 28). Durch eine mit diesem Organisationsmodell verbundene „Komplexitätsreduktion" können **Synergieeffekte** (s. Bruhn & Boenigk, 2000, S. 71) bei der Realisierung einer abgrenzungstauglichen Unternehmenspositionierung (vgl. Bruhn, [8]2015, S. 112) im allgegenwärtigen Kommunikationswettbewerb erzielt werden. Eine solche Differenzierung ist als Priorität der „Kommunikation mit sämtlichen Zielgruppen" (Ahlers, 2006, S. 144) anzusehen.

3.3.4.3 Lenkungsinstanz „Communication Board"

Für die Konzeption, Besetzung und Lenkung von Kommunikationsszenarien eignet sich die Einrichtung eines „**Communication Board**" (**CB**). Dieses zentrale **Steuerungsgremium** (s. Abb. 3.25), dessen Einsatz auch für Familienunternehmen opportun ist, fungiert als fach- und aufgabenbezogene Entscheidungs-, Koordinations- und Kontrollinstanz im Arrangement von unternehmensinternen und -externen Kommunikationsprozessen und -projekten: ob diese nun marketingaffin gestaltet oder PR-seitig konzipiert sind und/oder in Kombination der einzelnen Funktionen erfolgen.

Die ideale **personelle Besetzung des CB-Komitees** besteht aus Mitgliedern crossfunktionaler, interdisziplinär agierender Teams. Die Protagonisten entstammen den in einem Familienunternehmen vorhandenen Fachabteilungen – z. B. aus PR, Marketing und IK. Hinzu kommen bei Bedarf Experten aus kommunikationsrelevanten Unternehmensbereichen (z. B. Vertrieb) sowie ein Mitglied der Geschäftsführung oder der CEO selbst, denen der Arbeitskreis Bericht erstattet. Ggf. können auch externe Spezialisten (z. B. aus PR-Agenturen) als Berater für einzelne Aufgabenstellungen hinzugezogen werden.

Im CB sollte idealerweise die Leitung UK oder PR den **Vorsitz** innehaben. In dieser Zentralfunktion organisiert der/die CB-Vorsitzende regelmäßige Meetings zu Projektständen und Vorschlägen zu Maßnahmengestaltungen und gibt Anregungen für sinnvolle Strategie-Updates. Sie/er überwacht im Zusammenspiel mit den übrigen Leitungsfunktionen die ziel- und ablaufgerechte Realisierung von Kommunikationsentscheidungen und sorgt für die Befolgung der Kommunikationsdisziplin. In dieser Rolle hat die CB-

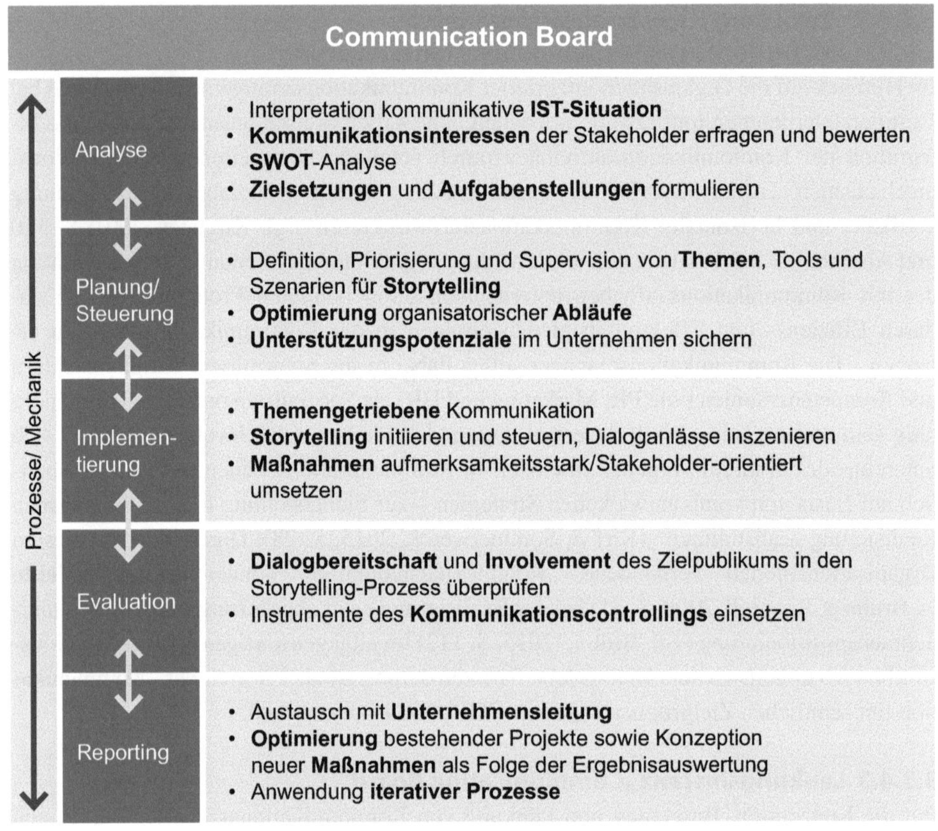

Abb. 3.25 Communication Board – Idealtypische Struktur & Prozesse. (Quelle: eigene Darstellung)

Leitung zugleich **Richtlinienkompetenz** in kommunikativen Kernfragen. Sie achtet auf Einhaltung der Prozesse bzw. unterstützt bei deren Optimierung. Das geschieht auch, um eventuelle Handicaps zu korrigieren bzw. bei aufkommenden Streitfragen und Problemen in der Arbeitsgestaltung in einer Coachingrolle zwischen den Akteuren zu vermitteln.

Die CB-Mitglieder definieren und empfehlen die kommunikativ-konzeptionelle Grundorientierung (= **Roadmap**). Sie entscheiden möglichst konsensual über die **Zuordnung von Tools** und **Ressourcen** und die **Zuweisung von Aufgaben** der Bereiche, die in die jeweilige Kommunikationsplanung einbezogen sind: z. B. bei der inhaltlichen Vermittlung von aktuellen Informationen zu Unternehmenszielen, Produktstrategien oder Personalmaßnahmen.

In diesem Fall empfiehlt sich die Erarbeitung einer speziellen **Content-Strategie**. Darin sind Inhaltsauswahl, Priorisierung, Umsetzung und Wirkungskontrolle von Content-Vermittlungsprojekten festgeschrieben. Dabei kann es sich um Narrative im Rahmen einer

Produktplatzierungskampagne oder um die inhaltliche Bestückung von Posts auf LinkedIn oder von Artikeln in einem online-distribuierten Kundennewsletter handeln. Die einzelnen Projektplanungsphasen, Produktions- und Umsetzungsschritte (s. Abb. 3.26) erfolgen dabei unter Federführung der CB-Leitung in Abstimmung mit den Projektverantwortlichen. Dadurch entspricht dieses Gremium der ihm zugewiesenen Supervisions- und Steuerungsfunktion bei der Projektierung und Implementierung eines Themensetups (s. Abschn. 3.4.2 und 3.4.3) und des darauf bezogenen crossmedialen (s. Mast, [5]2013, S. 309 f.) Transfers von Kernbotschaften, Bilder- und Tonwelten in geeignete Kommunikationskanäle. Dieses Prozedere folgt dem Grundsatz, „dass Themen nicht nur generiert, sondern entsprechend verknüpft (oder gerahmt) werden müssen" (Rademacher, 2009, S. 202). Dabei sollten aktuell-situative unternehmensinterne wie externe Einflussfaktoren, die für Wahrnehmungs- und Meinungsbildungsprozesse in den adressierten Öffentlichkeiten relevant sind, berücksichtigt werden.

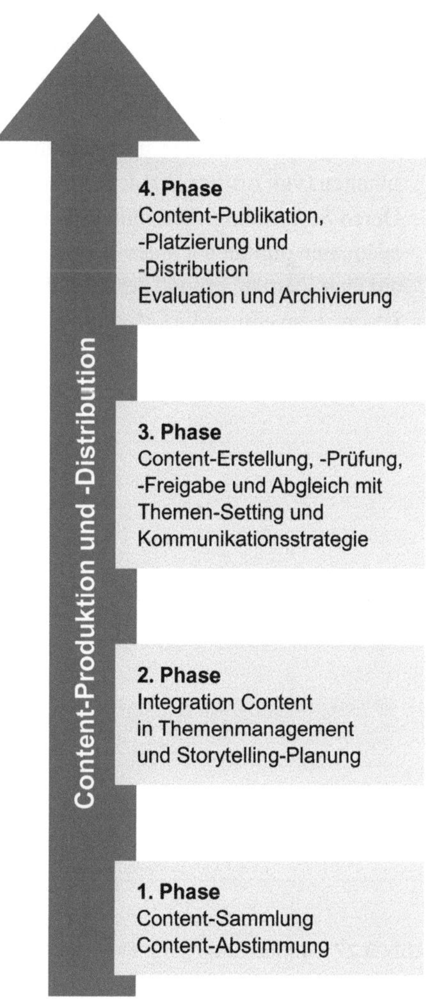

Abb. 3.26 Prozess der Content-Produktion und -Distribution. (Quelle: eigene Darstellung)

Die mit der Umsetzung der Content-Strategie, Themengenerierung und Content-Produktion betrauten Kommunikationsakteure sind angehalten, in direkter Abstimmung mit dem CB den kommunikationsstrategischen „Fit" aller Einzelmaßnahmen zu gewährleisten.

Ein **weiteres Beispielprojekt**, welches mit einer Content-Strategie-Entwicklung und -Umsetzung korrespondiert und das seinen konzeptionellen Ursprung im CB finden kann, ist die Entwicklung einer integrierten **Online-Strategie** (s. Abb. 3.27). Diese ist für die passgenaue Kommunikation mit Digital-/Social-Media-Communities sinnvoll. Ziel eines solchen Verfahrens ist es, die Themen und Botschaften für eine effektive Positionierung der Unternehmens- und Arbeitgebermarke in digitale Diskursräume hinein zu tragen.

Für die Realisierung empfiehlt sich die Installierung eines zentralen „Web Content Management Systems" (WCMS). Dessen Aufgabe und Zielsetzung ist die zentrale Steuerung und Qualitätssicherung unternehmensinterner und -externer Online-Auftritte im Rahmen des Kommunikationsarrangements eines Familienunternehmens. Aus der Online-Strategie leitet sich wiederum die Content-Strategie (s. Löffler, 2014, S. 47 ff.) ab. Konsequenz dieser Deduktion ist die Projektierung und Implementierung eines zentralen Themenmanagements (vgl. Abschn. 3.4.3). Dessen Schema sorgt für eine bereichsspezifische sowie übergreifende Abstimmung, Produktion und Distribution von Inhalten (vgl. Löffler, 2014, S. 65) aus den kommunizierenden Unternehmensbereichen. Deren Storytelling-Aktivitäten (s. Eck & Eichmeier, 2014, S. 150 ff.) sollen in nutzeradäquaten digitalen Content-Formaten und Kanälen stattfinden. Und das auch mit Blick auf eine „Verlängerung" der digital angelegten Kommunikation, ihrer Aussagen und Sujets in „konventionelle" Medienformate. Zur institutionalisierten Handhabung eines sol-

Abb. 3.27 Online-Strategie – Themen, Inhalte, Einflussfaktoren. (Quelle: eigene Darstellung)

chen Vorgehens – z. B. in Form von bereichsübergreifend kooperierenden Content-Teams – empfiehlt sich dessen prozessuale Verortung im CB, das dann als formale und inhaltliche Prozesssteuerungs- und Kontrollinstitution fungiert (s. Abschn. 3.3.4.3). Und das auch eingedenk der Tatsache, dass ein funktionierendes integriertes „Kommunikationsmanagement (…) eine Prozessaufgabe [ist], die auf viele Handlungsebenen und -träger der Organisation verteilt stattfindet" (Rademacher, 2009, S. 159).

Gerade bei der Implementierung einer Online-Strategie zeigt sich, dass die technomediale Karriere des **Social Web** und seiner dynamisch-multidimensionalen Diskursausdehnung nicht nur eine Gefahrenvermehrung im Hinblick auf reputationsgefährdende Krisenlagen (s. dazu Kirf, 2015, S. 26 f.) und rufbedrohende Skandalisierungen (s. Abschn. 3.7.2.3) darstellt. Der digital-vernetzte Diskursraum und seine speziellen Social-Media-Applikationen bieten für Familienunternehmen auch positive Möglichkeiten und Formen der **Direktkommunikation** mit allen wichtigen Adressaten auf Individual- und Gruppenebene – z. B. für die Markenführung in B2B- und B2C-Bereichen. Diese gezielte kommunikative Potenzialnutzung ist heute wichtiger denn je. Neben der „konventionellen" Vermittlung und Verbreitung von image- und reputationszentrierten Familienunternehmensbotschaften und Narrativen in „klassischen" Mediensegmenten eignet sich der virtuelle Kommunikationsmarkt für stakeholderorientierte Informationstransfers, Meinungsfindungen, Urteilsbildungen und Dialogangebote.[62] Beide Beispiele illustrieren, dass das Communication Board die instrumentelle und inhaltliche Planung und Umsetzung sowie die Erfolgskontrolle von Kommunikationsmaßnahmen im **Kommunikationsmix**[63] überwacht und steuert. Dabei gilt auch der Grundsatz: sich bietende **Kommunikationspotenziale** auf allen Ebenen wirkungsbezogen zu beurteilen und zu handhaben, um Interdependenzen in der Stakeholder-Ansprache zu erzielen. Solche Wechselwirkungen „liegen vor, wenn unterschiedliche Abteilungen ihre Kommunikationsaktivitäten auf die gleichen Zielgruppen ausrichten" (Ahlers, 2006, S. 76 f.).

3.3.4.4 Institutionalisierte Krisenkommunikation und Risikomanagement

Risikoszenarien und Krisensituationen sowie darauf bezogene öffentliche Debatten und Themenbesetzungen haben sich bekanntlich in der Mediengesellschaft für alle Unternehmenstypen potenziert (vgl. Abschn. 3.7.2.1). Deshalb stehen Risikomanagement und Krisenkommunikation sowie damit verbundene Prophylaxen und Strategien (s. Abschn. 3.7.2.6) bei den Kommunikationsakteuren auch von Familienunternehmen zunehmend im Observationsfokus. Wobei anzumerken ist, dass dahingehend vor allem in

---

[62] Stellvertretend für die mittlerweile breit gefächerte, auf Praxisbeispiele rekurrierende Ratgeberliteratur zu Möglichkeiten und Instrumentarium der Anwendung von „Enterprise 2.0" s. u. a. Back et al. ([2]2009), Kirf & Schömburg (2012) und Jäger & Petry (2012).

[63] Man kann in diesem Kontext von einem „Integrations-Controlling" mit Bezug auf den Erfolgsnachweis bei der praktischen Umsetzung des integrierten Kommunikationsmanagements sprechen; s. dazu Rademacher, 2009, S. 79.

mittelständisch geprägten Familienorganisationen noch Optimierungspotenzial besteht (s. Schütte, 2011, S. 10).

Im Hinblick darauf sollte auch ein Communication Board geeignete **Frühwarnsysteme** (vgl. Abschn. 3.7.2.9) – z. B. in Form von Issues Monitoring (vgl. Mast, [5]2013, S. 96 ff.) – in der Kommunikationsarchitektur strukturell-instrumentell und nutzungsorientiert verankern. Auf Basis vorbereiteter Planungsdokumente, die zur Ausstattung eines familienunternehmenseigenen Krisenmanagementsystems gehören, werden vom Communication Board zudem turnusmäßig krisenkommunikationsspezifische Trainingsprogramme konzipiert und organisiert. Das geschieht in der vorrangigen Absicht, in einem Krisenfall als betroffenes Familienunternehmen in internen und externen Unternehmensumfeldern reaktionsschnell und kommunikativ professionell agieren zu können. Damit dieses Prozedere praxiskonform funktioniert, lautet die Empfehlung, „dass die designierten Akteure das Interventionsinventar, d. h. Instrumente und Methoden für die adäquate Lagebeurteilung und kommunikative Situationsbewältigung kennen sowie ihren Gebrauch […] turnusmäßig fallspezifisch realitätsnah trainieren" (Kirf, 2015, S. 29).

3.3.4.5 Standardisierung von Kommunikationsprozessen

Die unternehmensinterne Installierung eines Communication Board als Steuerungsorgan, das die organisatorisch-strukturellen Voraussetzungen für die Konzeption und Implementierung von Kommunikationsvorhaben schafft, hat noch weitere Vorteile. Als ein probates Instrument bei der Umsetzung der vertikal-horizontalen Ausrichtung des Kommunikationsmanagements kann dabei ein sog. „**Communication Warehouse**" (**CW**) fungieren (s. Abb. 3.28). Dieses wird vom Communication Board eingerichtet. Die „Angebote" dieses „Warenhauses" können bei Bedarf für die (nationale wie internationale) Kommunikationsarbeit eines Familienunternehmens aktiviert werden. Das CW sollte vorzugsweise als Intranet-basierte Plattform angelegt und auf der Grundlage von definierten Strukturen und Prozessen konzipiert sein. Eine solche praxisorientierte Konstruktion stellt ihren Nutzern elementare sowie spezielle Kommunikationsmaterialien und Anwendungshinweise für bestimmte Projekte und Kommunikationsanlässe zur Verfügung.

Dieses Sortiment intendiert die geordnete **Standardisierung** unternehmenseigener Kommunikationsverfahren und -kompositionen. Diese sollten ihrerseits verortet sein in der Bereitstellung und Nutzung eines bereichsinternen wie -übergreifenden **Wissensmanagements** (vgl. Rademacher, 2009, S. 163 ff. – s. a. Abschn. 3.3.3.3.3) mit zugänglichen Kernkompetenzen, Wissensportfolios und Methodenbeschreibungen (s. Hubbard, 2004, S. 31).[64] Der verantwortungsvolle Umgang mit Wissenstransport, Kompetenztransfer und wechselseitigem Informationsaustausch fördert als produktive Kraft eine „Unternehmenskultur des Mitwissens, Mitentscheidens und Mitverantwortens (…)" (Ellers, 2002, S. 172).

---

[64] Unternehmensintern fehlt jedoch oft an zentraler Stelle eine Instanz, die Evaluationseinsichten und Erhebungsdaten zu Kommunikationsmaßnahmen systematisch sammelt und speichert. Diese Rolle könnte idealerweise durch einen „Evaluationsmanager" (s. Besson, [3]2008, S. 117) verkörpert werden.

Abb. 3.28 Communication Warehouse – Idealtypische Struktur & Prozesse. (Quelle: DJM COM)

Die Architektur des aufgeführten **CW-Tool-Spektrums** ist operative Basis und Programm zugleich für die systematisierte Umsetzung einer vom CB festgelegten Kommunikationsstrategie. Es liefert die Matrix für deren Instrumente und Maßnahmen sowie für das darauf bezogene Prozedere zu spezifischen (synchronisierten) Anwendungen und Ergebnisdokumentationen.

Beispiel

Dieser Modus lässt sich **praxisnah** illustrieren an der Organisation eines Projekts im Rahmen einer international ausgerichteten **Medienstrategie**, die in Märkten, die für die Aktivitäten eines Familienbetriebs und deren öffentliche Darstellung relevant sind, umgesetzt werden soll. Dazu kann als Grundlage der **Medienarbeit** zunächst eine Pressemitteilung (PM) – etwa zur Einführung eines neuen, international zu vertreibenden Maschinenbauprodukts im B2B-Sektor – in der PR-Abteilung entwickelt werden. Im Anschluss wird der Text mit Technik, Vertrieb und Marketing inhaltlich abgestimmt. Nach erfolgter Freigabe wird die PM der Kommunikationsorganisation durch das Platzieren im Newsroom des CW für die Weiterverwendung bzw. Verwertung – etwa in der Fachpressearbeit – zur Verfügung gestellt. Ferner kann das Skript sekundiert werden von speziellen Checklisten und Hintergrundinformationen zur Nutzung für potenzielle Journalistenkontakte. Die Distribution des Textes erfolgt dann über die Intranet-basierte CW-Plattform.

Von den Usern können für die adressatengerechte Vermittlung auch lokale Adaptionen bzw. sachgerechte Modifikationen am PM-Content – z. B. hinsichtlich der Berücksichtigung verschiedener länderspezifischer Idiome – vorgenommen werden. Falls notwendig, sind diese mit Feedback und weiterführenden Kommentaren zu inhaltlich-thematischen Kriterien zu versehen. Die Koordination zwischen dem CB/CW und den Kommunikatoren einzelner Unternehmensstandorte basiert auch in diesem Fall auf einem festgelegten Workflow mit dokumentierten Freigaben, Verwendungskompetenzen, Ressourcenallokationen usw. Der Versand der PM an Zielmedien erfolgt gemäß einem definierten Prozedere.

Die Bereitstellung von Materialien kann zudem für sinnvolle flankierende Kommunikationsmaßnahmen, wie die Einfügung des PM-Skripts in einen Kundennewsletter und andere integrierte Storytelling-Anlässe – etwa als Begleitmaterial für Messebeteiligungen – erfolgen. Die Resultate der Medienarbeit werden in Form eines Monitorings ausgewiesen und allen Nutzern des CW sowie dem CB zur Kenntnis gebracht. Das CB evaluiert und interpretiert schließlich die vorliegenden Ergebnisse des jeweiligen Kommunikationsprojekts und sorgt für die Integration der „Learnings" in den kommunikativen Regelkreis (s. dazu Abschn. 3.3.3.2, Abs. 7). Durch diesen **iterativen Dokumentationsprozess** fungiert die CW-Plattform zugleich als organisationaler Wissensträger, der, indem er die Standardisierung von konsistenten Kommunikationsprozessen im Unternehmensbezugsrahmen unterstützt, auch einen ökonomischen Benefit liefern kann. ◀

Im Hinblick auf die geschilderten Strukturen, Mechanismen und Methoden können somit auch Familienunternehmen in der Konzeption und Umsetzung eines ganzheitlichen Kommunikationsmanagements durchaus von anderen Unternehmen lernen. Und zwar von jenen, die integriert-angelegte Kampagnen und Kommunikationsauftritte bereits implementieren (s. dazu Bruhn et al., 2014, S. 10 ff., 49 ff.; Bruhn, [8]2015, S. 100 ff.) und dieses Vorgehen als wettbewerbsfördernden Erfolgsfaktor bewerten. In Praxis und Wissenschaft setzt sich immer mehr die Erkenntnis durch, dass „für eine erfolgreiche Kommunikationsarbeit nicht der isolierte Einsatz einzelner Kommunikationsinstrumente, sondern eine konsequente inhaltliche, formale und zeitliche Abstimmung sämtlicher Instrumente notwendig ist" (Bruhn et al., 2014, S. 1; s. dazu auch Bruhn, [8]2015, S. 99 f.). Dabei sollte man jedoch nicht zu vorschnell in euphorische Begeisterung verfallen, sondern auch rational-kritische Vorsicht in der Sachbeurteilung walten lassen. Denn es lassen sich in der Praxis durchaus nicht zu unterschätzende Stolpersteine und Komplikationen feststellen, die die Umsetzung holistisch angelegter Kommunikationsprogramme nicht so einfach bzw. reibungslos vonstatten gehen lassen, wie es sich die Apologeten derselben gerne wünschen. Und das betrifft nicht nur die Kommunikationsrealität innerhalb familien-/inhabergeprägter Organisationen.

3.3.4.6 Handicaps für ein funktionierendes integriertes Kommunikationsmanagement im Kommunikationsmix

Für eine möglichst reibungslose Planung und Realisierung der Strategie und Programme einer integrierten Kommunikations-Roadmap ist auch eine auf Integration und Vernetzung angelegte **unternehmensinterne Interaktionskultur** notwendig. Gleichwohl erscheint diese Erkenntnis vielfach eher vordergründig verargumentiert. Wenn man mit kritischem Blick von außen den Anspruch nach konstruktiver Interessen- und Ideenabstimmung im Kommunikationsalltag von Familienunternehmen – wie übrigens in anderen Unternehmensformen auch – genauer überprüft, so sind Kooperationsgewinne, Koordinationseffekte und Kombinationspotenziale zwischen einzelnen Kommunikationsfunktionen vielfach noch ein Desiderat (s. a. Abschn. 3.3.4.7). Die „mangelnde Verzahnung unterschiedlicher Kommunikationsdisziplinen – allen voran PR, Werbung, Mediaplanung und Vertrieb – ist eines der größten Hindernisse für erfolgreiche integrierte Kommunikation (…)" (Moss & Stog, 2016, S. 11). Damit dieser Anspruch in der Umsetzung gelingt, ist es wichtig, dass **unternehmensinterne** infrastrukturelle und kulturelle **Hemmschwellen** und **Barrieren** (s. dazu Ahlers, 2006, S. 11 ff.; Bruhn et al., 2014, S. 78 ff.), die eine integriert-angelegte Kommunikationsarbeit erschweren oder verhindern, erkannt und überwunden werden. Die Gründe für derartige Hindernisse sind vielfältig. Dazu zählen primär:

- Das Fehlen einer ordnenden kommunikationsleitenden Zentralinstanz im Unternehmen (Stichwort: „Communication Board");
- die separierende Fragmentierung von Kommunikationsaufgaben;
- ein bereichsbezogenes, separatistisches Silodenken;
- hierarchische Geltungsbedürfnisse, ausgeprägte Eigenwilligkeiten und Egomanien von Akteuren einzelner Kommunikationsfunktionen, die kontraproduktiv eine interdisziplinäre Kommunikationsarbeit und dafür notwendige Abstimmungsprozesse und Informationsflüsse zwischen Fachabteilungen boykottieren;
- eine zu geringe Personaldecke und zu wenig vorhandene materielle Ressourcen im Kommunikationsbereich
- sowie schlussendlich die Absenz von verbindlichen inhaltlichen und formalen Richtlinien für einen integrierten Kommunikationsauftrag.

„Kommunikationsaufgaben werden in solchen Strukturen oftmals als eine Reihe einzelner Funktionen betrachtet, die zur Realisierung abteilungsspezifischer Ziele, nicht jedoch im Hinblick auf übergeordnete Kommunikationsziele ausgeführt werden" (Ahlers, 2006, S. 13). Dieses Phänomen ist vorrangig das Resultat eines fehlenden Einklangs in der Institutionalisierung vertikaler und horizontaler Kommunikationsinfrastrukturen (s. Kirchner, 2001, S. 260), die die Voraussetzung für die Erzielung und Nutzung bereichsübergreifender Koordinations- und Operationsgewinne in Unternehmen darstellen.

3.3.4.7 Konsensorientiertes Teamplay statt kommunikatives Cocooning

Statt Verweigerungshaltung ist folglich interdisziplinäre Teamwork für die **Erzielung von kommunikativen Kooperationsgewinnen** gefragt. Wenn z. B. in Anzeigen unterschiedlich akzentuierte Kernaussagen zu einer neuen Produktlinie getroffen werden als in begleitenden Artikeln dazu in Fachmedien und selbstinitiierten Social-Media-Posts, dann ist eine solche „semantische Ungereimtheit" kontraproduktiv, weil verwirrend und erzeugt nicht die gewünschten Rezeptionseffekte. Damit so ein Fauxpas nicht passiert, müssen die in die Kommunikationsplanung und Umsetzung involvierten Entscheidungsträger lernen, systemisch zu denken und zu agieren. Idealerweise kann sich dabei jede/r als Coach und Empfehlungsgeber des anderen begreifen und sich initiativ in einen konsensorientierten Fachdialog einbringen. Die Kommunikationspartner sollten aufgabenbezogen als abteilungsübergreifende **Task Force** mit klar definierten Rollen und Kompetenzzuweisungen kooperieren. Abweichende Standpunkte und disparate Interessen werden dabei zugelassen und konstruktiv debattiert. Auf diese Weise lassen sich Bruchstellen identifizieren und durch Anregungen lösungsorientiert moderieren, Datenflüsse besser kanalisieren und Informationsschnittstellen strategisch und taktisch sinnvoll nutzen. Ein **diskursives Miteinander** lässt Raum für Kreativitätsimpulse und Inspirationen, kann Aktionismus verhindern und fördert die Meinungsbildung und Entscheidungsfindung in kommunikativen Belangen.

Ein Blick in die Unternehmenskommunikationspraxis – und nicht allein in die von Familienunternehmen, sondern bisweilen auch von organisatorisch und personell gut aufgestellten Konzerneinheiten – zeigt indes immer wieder die andere Seite der Medaille. Nämlich dass für den Zuwachs an kommunikativer Effektivität und Effizienz im Rahmen eines integriert-konstruierten Kommunikationsmanagements gelegentlich noch Raum für Revisionen und Verbesserungsanregungen besteht (s. Kirf, 2011, S. 11). Das hängt vor allem – wie bereits angemerkt – auch damit zusammen, dass die Umsetzung integrierter Kommunikationsvorhaben auf konzeptioneller, instrumenteller, operativer sowie interpersoneller Ebene (s. Bruhn, [8]2015, S. 519 f.) in der Praxis mit Schwierigkeiten (vgl. Bruhn & Boenigk, 2000, S. 79 f.) zu kämpfen hat und mitunter nicht konsequent erfolgt bzw. nicht hinreichend gelingt. U. a. deshalb, weil sich angesichts der speziellen Kommunikationszustände in der zeitgenössischen Mediengesellschaft und ihrer Effekte auf die Darstellungskonzepte und Positionierungsprojekte von Familienunternehmen eigeninitiierte Kommunikationsszenarien immer schwieriger dergestalt platzieren lassen, dass die gewünschten Wirkungsergebnisse eintreten.

Doch es gibt auch Lichtpunkte. Ein Kooperationsanlass und Schulterschluss zwischen Funktionsbereichen findet sich zumeist in brisanten Problem- und Krisenszenarien (s. Abschn. 3.7.2.12 und 3.7.2.13). Denn diese erfordern von allen verantwortlich involvierten Protagonisten ein lösungsorientiertes Handlungs- und Kommunikationsmanagement. Zum Beispiel, wenn Themen mit ausgeprägtem Konfliktpotenzial – wie „Personalabbau", „Werkschließungen" und ein damit einhergehender „Reputationsschaden" – virulent werden und sich in Summe zu einem brisanten **Krisenkommunikationsfall** entwickeln, der wiederum internen wie externen Anspruchsgruppen gegenüber dargestellt und argumentativ begründet werden muss. In solch heiklen Szenarien sind alle Kommunikationsfunktionen in enger Abstimmung mit der Unternehmensleitung angehalten, im Rahmen ihrer Aufgaben- und Verantwortungsbereiche als Task Force zusammenzuarbeiten. Sie sollen dabei gemäß der Anforderung handeln, dass in schwierigen Zeiten Ideenkapital zu mobilisieren, Wissenstransfer konstruktiv zu organisieren und im Verbund möglichst kreativ und überzeugend zu kommunizieren ist. Und zwar in der Hoffnung auf positive Wirkungseffekte bei den Adressaten – wie Nachvollziehbarkeit und Verständnis für das jeweilige Geschehen.

3.3.4.8 Erschwerte externe Kommunikationsbedingungen

Durch die omnipräsenten digital-virtuellen Diskursräume der Mediengesellschaft haben sich die Einflussmöglichkeiten auch von Familienunternehmen auf die Tagesordnung der öffentlichen Konversationen zu ihren Aktionen und Themen grundlegend gewandelt. Denn Stakeholder aus allen Unternehmensumgebungen entscheiden vermehrt selbst, welche Kommunikationsplattformen, -kanäle und -auftritte sie zur Information, Meinungsbildung und Anschlusskommunikation wann und wie nutzen, mit wem sie vernetzt kommunizieren und in Eigenregie interagieren (s. Abschn. 3.3.2.1). Gleichwohl können im Diskurskontext des Social Web Familienunternehmen selbst – auf Basis einer ausgefeilten **Social-Media-Strategie** – in eigener Sache und eigenem Kurs beziehungsgestaltend als aktiver Teil der Web-Community kommunizieren. Dabei lassen sich im medialen Diskurs auch reichweitenstarke, vom ihrem jeweiligen Social Media Publikum anerkannte „Influencer" in der Multiplikator-Rolle als populäre (Marken-)Botschafter (vgl. Rademacher, 2009, S. 204) pro domo nutzen. „Durch die Digitalisierung und Vernetzung sind zudem zahlreiche neue Möglichkeiten entstanden, um das Publikum in großem Stil in Gestaltungsprozesse einzubeziehen" (Stalder, 2016, S. 66). Für den Kommunikationsalltag von Familienunternehmen erfordern diese „Besonderheiten in der Netzöffentlichkeit (…) eine Umstrukturierung der Kommunikationsarbeit von Unternehmen" (Mast, [5]2013, S. 178). Das lässt sich daran festmachen, dass dieser Trend mit der wachsenden Bedeutung dialogorientierter,[65] interaktiver PR-Kommunikationsstrategien und Maßnahmen in allen Bereichen und Ebenen unternehmensbezogener Kontaktarbeit und Beziehungsgestaltung – vielfach unter erschwerten Kommunikationsbedingungen (s. Bruhn, [8]2015, S. 88 f.) – korrespondiert.

Doch angesichts der modernen, dynamisch-progressiven Kommunikationszustände und ihrer Auswirkungen auf den Kommunikationsalltag von Unternehmen im Allgemeinen sollte der modellhafte Anspruch einer vollständigen Integration aller Kommunikationsmaßnahmen von den verantwortlichen Planungsinstanzen in Familienunternehmen realistisch eingeschätzt werden. So zeigt ein kritischer Praxiseinblick, dass meist eine fallweise, situationsgeeignete und kontextabhängige „flexible" Abstimmung bzw. ein „gestuftes" Vorgehen im Sinne einer „bestmöglichen" Integration (Bruhn, [8]2015, S. 97 ff.) bei ganzheitlich angelegten Kommunikationsauftritten implementiert wird.

3.4   Storytelling und Themenmanagement: Strategien, Instrumente, Inhalte

Zusammenfassung

Wer Kommunikation in Markt und Gesellschaft, aber auch unternehmensintern in eigener Sache erfolgreich betreiben will, der muss Botschaften, Texte und Bilder aufmerksamkeitsstark platzieren und in ihrer öffentlichen Rezeption steuern können. Familienunternehmen stehen in einem zunehmenden Kommunikationswettbewerb um Aufmerksamkeit, Akzeptanz, Image und Reputation. Um ihre Stakeholder zu erreichen, sind wirkungs-

---

[65] Zur Dialogorientierung der PR s. u. a. Röttger et al., [2]2014, S. 168.

orientiertes Themenmanagement und Storytelling als zentrale Tools strategischer Unternehmenskommunikation unerlässlich. Gemäß dem Credo: mit interessanten Geschichten in die Köpfe und Herzen des Unternehmenspublikums zu gelangen. Jedes Familienunternehmen verfügt über ein Quantum an Story-tauglichen Unternehmensthemen. Es kann analog und digital erzählen, wofür es steht, was es tut und was es von der Konkurrenz unterscheidet. Diese transmedial angelegte Vermittlungsleistung betrifft positive Kommunikationsanlässe sowie auch die Thematisierung schwieriger Sachverhalte. Storytelling ist Ausdruck von Kontaktkompetenz und Beziehungsfähigkeit in Außen- und Innenwirkungsbereichen eines Familienunternehmens. Eingebettet in eine PR-Kommunikationsstrategie sollen geschickt platzierte Narrative dialogischen Austausch, Anschlusskommunikation und Interaktionen fördern und das Agenda-Setting in meinungsbildenden Unternehmensumwelten mitbestimmen. Dieses Kapitel zeigt auf, dass überzeugendes Storytelling immer auch Storyselling bedeutet und in Themenplanung, Inhaltsgestaltung und Umsetzung bestimmten Wirkungsdimensionen folgen muss.

3.4.1 Aufmerksamkeitsbindung durch maßgeschneidertes Storytelling

Die zunehmende Bereitstellung und der vermehrte Transfer von Informationen und News – insbesondere in digitalen Diskursräumen – bedeutet für Familienunternehmen zugleich einen vermehrten **Kommunikationswettbewerb** (s. Bruhn, [8]2015, S. 27) in der Erzielung und Steuerung von Aufmerksamkeit, Interesse und Wahrnehmung bei den adressierten Stakeholdern. Das gilt insbesondere für deren primär medieninduzierte Rezeption unternehmenseigener Themenbesetzungen. Mit Blick darauf ist für ein medienadäquates **Agenda-Setting** ein wirkungsorientiertes **Themenmanagement** unerlässlich. Dieses fungiert als integrale Komponente in der Architektur inhaltlich-nachhaltiger Kommunikationsarbeit für eine Unternehmens- und Arbeitgebermarke in ihren kommunizierenden Disziplinen: PR, Marketing, Interne Kommunikation und HR.

Auch in Zeiten digital induzierter Kommunikations- und Transaktionsprozesse vollzieht sich Unternehmenstätigkeit nach wie vor als **kommunikative Interaktion** auf allen Ebenen und Kanälen der Ansprache relevanter Stakeholder in den Unternehmensumwelten. Vorrangig mit dem Ziel, in diesen Kommunikationsarenen die für den Unternehmenserfolg wichtige Kontaktkompetenz und Beziehungsfähigkeit zu demonstrieren und zu sichern. Die darauf zugeschnittenen Maßnahmen, die Teil von Informations- und Dialogprogrammen sind, reichen von der Umsetzung einer „klassischen" Medienkampagnen-Roadmap bis hin zum Einsatz digitaler Applikationen: beispielsweise in Form eines regelmäßig installierten Führungskräfte- und Mitarbeiterinformationsaustauschs im internen Kommunikationssetting (via Intranet); oder bei systematisch aufgesetzten Themenplatzierungen in unternehmensexterner Kommunikationsrichtung durch PR-induzierte Medienarbeit in Text und Bild im B2B- oder B2C-Bereich. „Kommunikation lebt von Themen. Deswegen ist die Themenplanung ein zentrales Tool für die Planung strategischer Kommunikation" (Zerfaß & Volk, 2019, S. 124). Akzeptanzbildende und reputationsfördernde Themensetzungen sind somit auch als maßgeblicher Bestandteil des kommunikativen Stakeholder-Managements von Familienunternehmen zu verstehen.

Dabei kommt der althergebrachten Kommunikationsform des **„Erzählens"**, dem bewussten, zielgerichteten „Geschichtenerzählen"[66] – im kommunikationswissenschaftlichen wie -praktischen Sprachgebrauch als **„Storytelling"**[67] tituliert – besondere Bedeutung in internen wie externen Einsatzbereichen zu. Das gilt für die zeitgemäß gestaltete Kommunikation aller Unternehmensformen. Diese agieren kommunikativ in einer „Allgegenwärtigkeit narrativer Strukturen (…) in allen Formen von Informationsvermittlung, (…) überall dort, wo ein Austausch von Inhalten stattfindet" (El Quassil & Karig, 2021, S. 52).[68] Es geht dabei folglich um die Kreation und gezielte Platzierung eines Quantums **unternehmenseigener Geschichten** für eine Vielzahl von Stakeholdern. Auch Familienunternehmen haben eine eigene, sie prägende Chronik. Sie verfügen über ein Angebot an „erzählbaren" Geschichten und vielseitigen „Masterplots", die in Text- und Bildformaten dokumentiert sind (s. dazu Littek, 2011, S. 107 ff.; El Quassil & Karig, 2021, S. 51 ff.): Dazu zählen PR-induzierte Berichte über die Entwicklung neuer Produkte und innovativer Produktionsverfahren; oder Geschichten über das beeindruckende Engagement von Mitarbeitern und ihre Leistungen im betrieblichen Kontext oder gesellschaftlichen Umfeld eines Familienunternehmens; oder auch Reportagen über spezielle Herausforderungen von „Leadership" im Zuge fortschreitender Digitalisierung sowie über die Bedingungen und Spezifikationen von „New Work" in der Arbeitgebermarke. Zudem können Schilderungen über Kundenloyalitäten und damit liierte „Best Cases", die in Firmen-Jubiläumsschriften veranschaulicht sind, von Interesse für ein Fachpublikum sein. Ebenso liefern Dokumentationen über herausragende Kommunikationskampagnen zur Vermarktung bestimmter Zukunftstechnologien, damit verknüpfte Markterfolge sowie nachweislich gelingende Markenprofilierungen als effektvolle Bilanz in relevanten Märkten hinreichend **Stoff für spannende Narrative**.

Anwendungsspektrum, Aufgaben und **Kommunikationsziele von systematischem Storytelling** (s. Abb. 3.29) als eine kommunikative Grundhaltung betreffen allerdings nicht nur die Positionierung eines Familienunternehmens im Kontext positiver Kommunikationsanlässe und PR-Botschaften in guten Zeiten und favorisierten Verhältnissen (s. Frenzel et al., 2004, S. 120; Herbst, [4]2021, S. 15). So wie dies häufig in Form von Selbstdarstellungen bzw. Selbstvermarktungen (vgl. Rademacher, 2009, S. 159) durch „Success Stories" in der PR-Arbeit geschieht. Sondern Familienunternehmen und die in

---

[66] Zur Definition der Begriffe „Geschichte(n)" und „Geschichtenerzählen" im Kontext von Storytelling-Szenarien s. die Beschreibung bei Sammer, 2019, S. 86.

[67] Zur Historie des Storytellings s. Schmieja, 2014, S. 33 f. und Sammer, 2015, S. 19 ff.

[68] Dieses Autorenduo hat ein sachkundiges, amüsant-kurzweiliges Buch über Storytelling in den modernen Weltläufen verfasst, das sicherlich auch für Unternehmenskommunikatoren einige lehrreiche Feststellungen enthält.

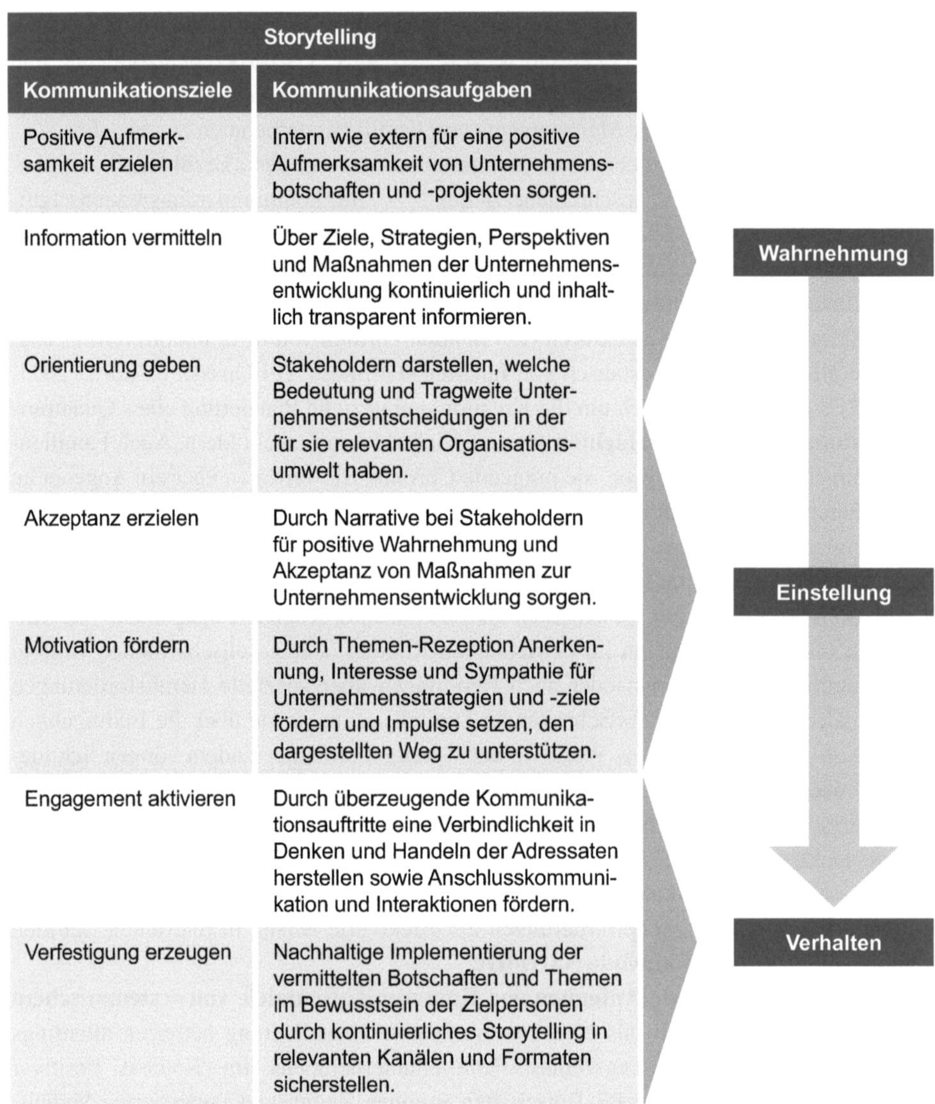

Abb. 3.29 Systematisches Storytelling – Aufgaben und Ziele. (Quelle: eigene Darstellung)

ihrem Auftrag agierenden Kommunikatoren sollten in ihrer **Erzählstrategie** auch schwierige Sachverhalte, Probleme und Konfliktthemen (s. Littek, 2011, S. 201 ff.) berücksichtigen, diese soweit möglich benennen und erzählerisch dem jeweils betroffenen Adressatenkreis nachvollziehbar nahebringen (s. a. Abschn. 3.7.1.4). Ein transparenter Kommunikationsstil hilft dabei, die Organisation in den Vorstellungswelten sowie emotionalen Befindlichkeiten ihrer Bezugsgruppen kommunikativ glaubwürdig und authentisch erscheinen zu lassen.

Zu beachten ist zudem, dass unternehmensgesteuerte Storytelling-Aktivitäten bisweilen Wahrnehmungs- und Akzeptanzhürden zu überwinden haben, um sich letztlich im Bewusstsein der Rezipienten einzuprägen und somit nach- bzw. werthaltige Bindungen an Marken, Produkte, Unternehmen und ihre Protagonisten (s. Haller & Twardawa, 2014, S. 81 ff.) herzustellen und zu verfestigen. Das inkludiert in Sonderheit die Lokalisierung im Kommunikationswettbewerb mit anderen Unternehmen in der Mediengesellschaft und der sie prägenden **Konkurrenz um Aufmerksamkeit** (s. Abschn. 3.3.2.1),[69] die auch als neue „Währung" unserer Zeit gewertet wird. Um sich in diesem kommunikativen Konkurrenzkampf eindrücklich zu positionieren und Zustimmung sowie Unterstützung für ihre spezifischen Strategien, Zielsetzungen und Tätigkeiten bei ihren Stakeholdern zu erzielen, sind auch Familienunternehmen angehalten, durch **analoges** wie **digitales Storytelling** „interessante und ansprechende Geschichten über sich erzählen" (Herbst, 2011, S. 7). Die damit beauftragten Kommunikatoren fungieren in dieser Rolle idealiter als aktive „Geschichtenerzähler". Sie haben die Aufgabe, von ihnen entwickelte **Narrative** mit ihren jeweiligen Erzählmustern, -motiven und Archetypen (s. Sammer, 2019, S. 93 ff.; Herbst, [4]2021, S. 54 ff.) aufmerksamkeitsstark in geeigneten Kommunikationskanälen „transmedial" zu platzieren und für das anvisierte Publikum rezipierbar zu machen. Wobei natürlich die realistische Einschätzung unternehmensseitig vorherrschen sollte, dass vom Absender nicht vollständig kontrolliert und beeinflusst werden kann, welche Teile und Aspekte eines Narrativs und seiner Botschaften im Publikum letztendlich wirken bzw. in einer möglichen Anschlusskommunikation verbreitet und mittels „Kommunikation über Kommunikation" weitererzählt werden. Denn eine absenderzentrierte Vorstellung, durch „Kommunikation erzielte Veränderungen einseitig an der Organisation oder an den Stakeholdergruppen festzumachen", greift erfahrungsgemäß zu kurz, weil sie die „Möglichkeit des Andersseins auf beiden Seiten der Kommunikation ausblendet" (Bürker, 2011, S. 31).

3.4.2 Transmediales Storytelling

Gleichwohl kann eine narrativ gestaltete **„Transmedialität"** (s. Sammer, 2015, S. 167 ff.; Rupp, 2016, S. 159 ff.) – im Gegensatz zu einer linearen Erzählweise – die Chance erhöhen, dass Bezugsgruppen, die verschiedene Mediensegmente als Diskurs- und Rezeptionsräume nutzen, erreicht werden. „Transmediales Storytelling heißt auch dezentrales und partizipati-

---

[69] Mit anwachsender Menge an verfügbaren Informationen und Daten wird „Aufmerksamkeit" als Ressource für all diejenigen, die sie beanspruchen bzw. bewusst für ihre Zwecke nutzen wollen, immer wertvoller. Aufmerksamkeit ist in der modernen Mediengesellschaft ein knappes Gut geworden. Dieses Faktum hat – wie schon erwähnt – vor allem Franck in seiner grundlegenden Publikation zur „Aufmerksamkeitsökonomie" betont. Und das auch mit Blick auf die spezifischen Entwicklungskurse und Strömungen im Internet und die damit einhergehenden verschärften Bedingungen für die Aufmerksamkeitsgenerierung in Konkurrenz mit anderen Kommunikationskanälen und Auftritten von Unternehmen – s. Franck, 1998, S. 49 ff.

ves Storytelling. Sobald eine Geschichte im Raum ist, steht sie dem Publikum zur Verfügung, um sie weiterzuerzählen oder auch umzuwandeln. Es äußert sich daher eher in der Interaktion mit ihren Zielgruppen und der entsprechenden Community-Strategie, wie Unternehmen ihre Story-Welt, Vision und Werte glaubwürdig transportieren" (Rupp, 2016, S. 165).

Dieses Prozedere macht vor allem deshalb Sinn, weil dadurch ein **konsistentes Wahrnehmungsbild** beim angesprochenen Unternehmenspublikum nachhaltig in dessen Erinnerung bleiben wird (s. Schulz & Grimm, 2015, S. 41) und somit denk- und verhaltensprägend sein kann. Ein konzeptionell strategisch gestaltetes,[70] „prozessuales Management von Geschichten über das Unternehmen" (Schmieja, 2014, S. 39) unterstützt das Kontakt- und Bindungsmanagement in unternehmerischen Einflusssphären und Wirkungsbereichen. Diesem Verständnis folgend, erfordert eine erfolgreiche „Kommunikation von morgen eine neue Qualität des Erzählens. Eine Qualität, die nicht nur in der Kunst inhaltlich guter Stories liegt, sondern die auch die Darstellung und Präsentation guter Geschichten betrifft" (Sammer & Heppel, 2015, S. 10).

Gerade Familienunternehmen und deren Kommunikationsakteure können vom „Brand Storytelling" im Rahmen der professionellen Kommunikationsauftritte populärer, begehrter und resonanzstarker Marken („Lovemarks")[71] wie Apple,[72] BMW, Vodafone, Red Bull, Nivea, Haribo oder Coca-Cola lernen. Das heißt, sie können sich von deren transmedialem Storytelling in Wort, Ton und Bild inspirieren lassen. Und zwar in der Weise, wie man „Geschichten" adressatengerecht konzipiert, aufmerksamkeitssteuernd komponiert und emotionalisierend inszenieren kann (s. Sammer, 2015, S. 15).[73] Der Vergleich zeigt auch, wie die Platzierung in verschiedenen Aktionsfeldern, Formaten und Ebenen der internen wie externen Unternehmenskommunikation erfolgreich einzusetzen ist. Dabei werden in digitalen Zeiten klassische Marketingansätze wie das „AIDA"-Modell nicht obsolet. Vielmehr behalten sie in ihren Bestandteilen und den angestrebten kommunikativen Zieldimensionen, nämlich Denk- und Verhaltenssteuerung, für die „Stakeholder bzw. Customer Journey" durchaus noch ihre Gültigkeit. „Im Gegenteil, Storytelling aktiviert in unseren Köpfen genau jene Aspekte (…): Aufmerksamkeit, Interesse, Bedürfnis und Handlung." (Rupp, 2016, S. 10)

---

[70] Zu den einzelnen Komponenten der Konzeptionsphasen von Storytelling-Prozessen s. die Ausführungen bei Herbst, ⁴2021, S. 158 ff. sowie Sammer, 2015, S. 187 ff.

[71] Vgl. dazu die Klassifizierung und kommunikative Positionierung beliebter, stil- und imagebildender „Lovemarks" bei Roberts, 2004, S. 36: „The great journey from products to trademarks and from trademarks to brands is over. (…) People are looking for new, emotional connections. They are looking for what they can love, (…) they need emotional pull to help them make decisions".

[72] Denkt man an die starke kommunikative Präsenz von Apple, so bleibt einem der begnadete Storyteller Steve Jobs als charismatischer Marken-Frontmann mit seinen eindrücklichen Publikumsauftritten in Erinnerung.

[73] Sammer zitiert in diesem Kontext auch Rosin Donnely's treffende Bemerkung zur erfolgreichen Markenpositionierung durch adäquates Storytelling: „The brands that are really succeeding today are the ones that differentiate through storytelling" (Sammer, 2015, S. 15).

3.4.3 Effektives Storytelling bedeutet immer auch Storyselling

Insofern lautet die kommunikative Empfehlung: Unternehmensbotschaften sind in wahrnehmungsfähigen und zugleich positionierungsstarken **Leitthemen** aufzubereiten und im **Storytelling**[74] auf digitalen[75] Plattformen wie auf analogen Wegen zu verbreiten. Dabei sind die jeweiligen Anliegen und Interessen der Empfänger zu reflektieren und anzusprechen. Zu den „erzählenswerten", Orientierung (s. Littek, 2011, S. 16) vermittelnden unternehmensbezogenen Leitthemen gehören u. a. der Purpose, seine Zielbilder und darauf rekurrierende Entwicklungsstrategien von Familienunternehmen. Diese lassen sich in Grundsätzen wie „Nachhaltigkeitsengagement", „Diversity" etc. inhaltlich dokumentieren und demonstrieren. Die solchen Themenstellungen innewohnenden Prinzipien und Leitmotive können beispielsweise anhand von „Corporate Insights", bei denen z. B. die HR Pate steht, textlich, visuell und auditiv vermittelt werden. Als Unternehmens-Content eignen sich „Employee Stories" oder themenspezifische Interviews mit Belegschaftsmitgliedern. Ebenso bieten sich Tools wie Podcats, Blogcasts, Corporate Videos oder Social Media Posts an, um die **„Corporate Story"** (s. Sammer, 2015, S. 70 ff.) innerhalb eines Familienunternehmens multimedial zu postieren. Auf diese Weise können kommunizierende Unternehmensmitglieder selbst zu authentischen Testimonials der eigenen Organisation werden. Als Storyteller agieren sie in verschiedenen Kommunikationsräumen und -richtungen und können dadurch die Funktion meinungsbildender „Corporate Influencer" ausfüllen. Denn Menschen, die Geschichten teilen bzw. deren Austausch fördern, bilden eine diskursive Community, die Beteiligung an Kommunikationsprozessen ermöglicht. Derartige Maßnahmen begünstigen das „soziale Kapital" eines Familienunternehmens, weil sie sich zur Stärkung des „Wir-Gefühls" (Stichwort: „Corporate Spirit") und zur Vermittlung sowie Verankerung einer **Corporate Identity** über die „gelebte" Corporate Story eignen.

Somit bedeutet Storytelling auch immer **Storyselling**: sprich das effektive, an die Frau/den Mann etc. zu bringende, attraktiv-anschauliche, den „richtigen Ton" treffende, emotionale wie rationale Vermitteln und gezielte Vermarkten von Erzählinhalten. Storytelling folgt dabei den Prinzipien von **Dramaturgie** und **Inszenierung**, „um sich aufmerksamkeitsbezogen aus der Vielfalt von Wahrnehmungsangeboten herauszuheben" (Lies, 2011, S. 18). Dramaturgisch geschieht dies durch Aufbau und Realisierung eines erzählerischen Spannungsbogens und inszenatorisch durch die Umsetzung eines Narrativ-Drehbuchs „als

---

[74]Zum Storytelling-Prinzip im strategischen Kommunikationsmanagement s. Rademacher, 2009, S. 158 f. und Mast, [5]2013, S. 53 ff. Einen einordnenden Überblick über die wichtigsten **Storytelling-Definitionen** gibt Schmieja, 2014, S. 38 f.

[75]Zu Methode und Spielarten des „digitalen" Storytelling vgl. Sammer (2015) sowie Herbst & Musiolik ([2]2022). Als weiterführende, praxisorientierte Erörterung zu Aufgaben, Komponenten, Strategien, Szenarien und Protagonisten des Storytellings in PR, Marketing und Social Media s. Rupp (2016), Sammer (2019) und Herbst (2021).

bewusste Gestaltung von Begegnungssequenzen, Szenarien und Handlungsabläufen" (Lies, 2011, S. 19).

Die Story bildet bei dieser Methodik die inhaltliche Klammer. Ein Prozedere, das in unserem Fall ebenso für kommunizierende Familienunternehmen gilt. Denn: „Die größte Herausforderung für Unternehmen heutzutage ist es, sich in dem Meer an Botschaften und Informationen wie ein Leuchtturm abzuheben und ihrem Publikum immer Orientierung zu geben. Gut erzählte Unternehmensgeschichten haben diese Wirkung und sind daher wichtiger denn je (…)" (Rupp, 2016, S. 19). Storytelling und Storyselling müssen strukturell, formal und inhaltlich in eine unternehmensintern wie -extern ausgerichtete **Kommunikationsstrategie** eingepasst sein. Wobei zu platzierende Narrative auf die Kommunikationsziele, die sich wiederum aus den Unternehmenszielen ableiten, einzahlen sollen. Ein solches Vorgehen wird – je nach Aufgabenstellung und Wirkungsabsicht – vorzugsweise inhaltlich und formal abgestimmt im Austausch kommunizierender Bereiche, wie z. B. zwischen HR-Abteilung und PR-Kommunikation (s. u. a. Abschn. 3.3.3.3.12).

Als Medium kollektiver Intelligenz, das der Informations- und Wissensvermittlung dient, helfen **Geschichten** mit, dass Unternehmen ihre eigene **„Identität"** definieren können (s. dazu Frenzel et al., 2004, S. 10, 67). Erzählungen formulieren diese Affirmation und verfestigen sie im Miteinander der Menschen, die in einem (Familien-)Unternehmen tätig sind. So bedeutet Storytelling als Methode immer auch, sich in die Horizonte, Gefühls- und Vorstellungswelten der Adressaten hineinzuversetzen und diese adäquat zu interpretieren. Auch in der Absicht, um durch wechselseitige Antizipation zu lernen und ggf. „eigene Positionen und Ziele zu verlassen" (Bürker, 2011, S. 27). Durch die Platzierung von Geschichten, deren Konstruktion diese „Vorarbeiten" berücksichtigen, lassen sich interpersonelle Beziehungen herstellen, Menschen mitnehmen, begeistern, emotionalisieren, zusammenschließen und vernetzen. In diesem Wirkungsbestreben erscheint Erzählen prinzipiell als „ein Akt des Verbindens und Verknüpfens und In-Beziehung-Setzens" (Frenzel et al., 2004, S. 10).

Was spricht also – angesichts der beschriebenen Storytelling-Leistungen – konkret für das **Storytelling von Familienunternehmen**? Als der bewusste, inhaltlich-geplante Umgang mit Geschichten ist Storytelling prinzipiell als eine offensiv angelegte beziehungs- und sinnstiftende sowie kollaborative Kommunikationshaltung (Frenzel et al., 2004, S. 10; Sammer, 2019, S. 51) zu betrachten. Storytelling ist Ausdruck eines dialogisch-verständigungsorientierten Stils, der abzielt auf **kommunikative Wechselwirkungen**, die zwischen den Kommunizierenden Bindungen stiften können. Familienunternehmen bestehen – wie andere Organisationen auch – bekanntlich aus vielerlei, für ihre Bezugsgruppen interessanten, positionierungs- und profilierungsstarken Geschichten. Indem diese situativ-gezielt und anlassbezogen erzählt und somit publik bzw. publiziert werden, fördern und würdigen sie ihrerseits Begegnungen und Interaktionen zwischen verschiedensten Personenkreisen. Das gilt sowohl für geschäftliche, soziale wie institutionelle Kontaktmotive, Kommunikationsebenen und Verständigungskontexte: z. B. zwischen dem Management eines Familienunternehmens und wichtigen Führungskräften, zwischen Vertrieb und Kunden, PR-Verantwortlichen und Medienvertretern, Marketers und Influencern etc. Geschichten erscheinen somit als „der Schlüssel zu einer gelungenen Kommunikation, denn sie transportieren viel mehr als nur Fakten. Sie verleihen Persönlichkeiten ein Profil und unserer Welt Struktur" (Adamczyk, [3]2019, S. 6). Und einprägsam formulierte, lebendig dargestellte Erzählungen lassen ein Familienunternehmen, seine Entscheidungswege und Handlungsfelder für seine Bezugsgruppen konkret-transparent und anschaulich-nachvollziehbar erscheinen. Eine Anforderung und Challenge zugleich. Eine Maßgabe, die sich für Storytelling-Vorhaben verantwortliche Kommunikatoren, die in verschiedenen Branchen und Szenarien mit unterschiedlichsten Stakeholdern kommunikativ (inter)agieren, immer wieder vor Augen halten müssen.

Als populäres Leitmotiv für eine aktive **stakeholderbezogene Kommunikationshaltung** verstanden, wird Storytelling mittlerweile vielfach angewandt und dabei als dialogbasiertes Verfahren eingestuft. Storytelling ist daher nicht eindimensional, sondern wird **bidirektional** praktiziert. Das heißt, der Storyteller kann im unmittelbaren Austausch mit seinem Gegenüber von diesem wiederum Feedback, Anregungen und Ideen zu den kommunizierten Inhalten erhalten. Diese Aussagen können, falls sie sinnhaft, konstruktiv und zielführend erscheinen, im Storytelling-Prozess weiter kreativ verwendet bzw. themengemäß verarbeitet werden. Somit ist Storytelling „immer von Anfang an eine **dialogische Methode.** Im Wechselspiel zwischen Erzählen und Zuhören, zwischen Weitererzählen und Mitdenken, zwischen Deuten und Weiterdenken der Geschichten und ihrer Botschaften entstehen Energien und neues Wissen, (…)." (Frenzel et al., 2004, S. 76)

Folglich eignet sich die Nutzung von Geschichten für Informationsaustausch, -weitergabe und -veränderung hervorragend im unternehmenseigenen **Erfahrungs-** und **Wissensmanagement.** Wobei diese Prozesse in ihrer Wirkung nicht unabhängig von einem gelingenden Kommunikationsmanagement zu denken sind (s. Rademacher, 2009, S. 163 ff.). In diesem „Wissensnetzwerk" verortet, können Geschichten auch in und für Familienunternehmen (neues) Orientierungswissen schaffen. Stories machen Ideen und Argumente von Kollegen greif- und teilbar, lassen Zusammenhänge und Perspektiven erkennen. Sie helfen mit, Phänomene und Problemstellungen zu verstehen sowie Eindrücke zu sortieren. Erzählerisch geteiltes Wissen fördert lösungsorientierte Kommunikation, Kreativität, Engagement, Kooperationsbereitschaft sowie Teambuilding (vgl. Sammer, 2019, S. 19 f.). Mitarbeiter und Führungskräfte lernen im dialogischen Wissensaustausch voneinander durch erzählte Eindrücke und berichtete Erfahrungen. In diesem Sinne praktiziertes Storytelling, das Anlässe und Möglichkeiten zu interpersonaler Vernetzung und beziehungsfördernder Community-Bildung im unternehmensinternen Raum ermöglicht und nutzbar macht, hilft mit, das interne „Wissenskapital" eines Familienunternehmens zu sichern und zu steigern (s. Frenzel et al., 2004, S. 67 f.). Diese Form des kommunikativen Miteinanders kann einen konkret-konstruktiven Beitrag zur zukunftssichernden, wettbewerbsfördernden Unternehmensentwicklung leisten. Und das gilt selbstverständlich auch für die in allen Bereichen anzustrebende Progression und Prosperität von Familienunternehmen.

3.4.4 Wirkungsvolles Storytelling kombiniert Text und Bildsprache

Folglich sollten Geschichten, um zu wirken, immer auch „anschlussfähig" (Frenzel et al., 2004, S. 11) konzipiert, platziert und verbreitet werden. Gute, gehaltvolle Narrative lösen durch das Weitererzählen der Sujets (s. Rademacher, 2009, S. 141) **Anschlusskommunikation**[76] und idealerweise auch **Anschlussinteraktion** (s. a. Ronneberger & Rühl, 1992, S. 252) aus. Diese Expansion vollzieht sich in stattfindenden Kommunikationen, die über die direkten Adressatenkreise hinausgehen. Letztendlich geht es um Geschichten, die in Text, Ton und Bild nachhaltig, weil merkfähig wirken, die im Gedächtnis bleiben, immer wieder assoziiert bzw. erinnert und somit – auch in Abwandlungen und Varianten – weitererzählt werden können. Kommunizierende Familienunternehmen bewegt also die Frage, auf welche Art und Weise sie Geschichten an ihr Zielpublikum transportieren können. Der „**Bildsprache**", dem „visuellen Geschichtenerzählen" („**Visual Storytelling**" – s. Sammer & Heppel, 2015, S. 31; S. 81 f.; Rupp, 2016, S. 189 f.; Herbst, [4]2021, S. 134 f.) kommt dabei eine besondere kommunikationsstrategische wie -taktische Bedeutung zu (s. Abb. 3.30). Insofern, weil Bilder, indem sie den Betrachter in ihren Bann ziehen, Beachtung und Resonanz wecken, emotional berühren und gedanklich entführen sowie selbst eine Geschichte erzählen (Stichwort: „**Visual Content**") können. Mit Blick auf ein mittlerweile verändertes Informations- und Rezeptionsverhalten reichen Texte bzw. reine Texterlebnisse alleine schon lange nicht mehr aus, um ein Publikum für Themen, ihre Aussagen und Darstellungsweisen zu begeistern. Das ist eine geläufige Erkenntnis, die sich Storyteller von Familienunternehmen zu eigen machen sollten, wollen sie mit ihren Botschaften und Sujets bei den Empfängern durchdringen und diese in deren Psyche nach-

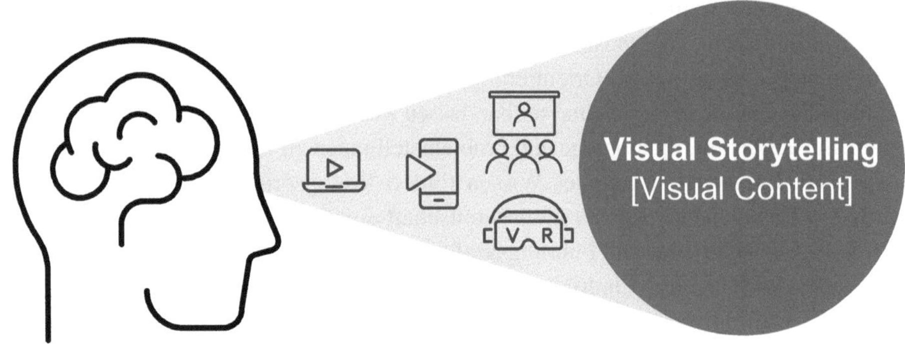

Abb. 3.30 Visual Storytelling. (Quelle: eigene Darstellung)

---

[76]Der sich intensiv mit gesellschaftlich relevanten Kommunikationsphänomenen beschäftigende Soziologe Luhmann hat das Phänomen der **„Anschlusskommunikation"** (s. dazu auch Bolz, [2]1995, S. 28) als „den Fortgang von Kommunikation zu Kommunikation" in ihrer spezifischen Funktionalität zur kommunikativen Verarbeitung und Verbreitung von Medienangeboten, Themen und Diskursinhalten in der „Realität der Massenmedien" stilbildend spezifiziert (Luhmann, 1996, insbes. S. 171 ff.). Immer noch lesenswert, auch als Erkenntnisgewinn für Kommunikatoren von Familienunternehmen.

drücklich platzieren. Denn in einer Zeit, in der sich medieninduzierte Kommunikation in allen Formaten und Kanälen immer stärker expressiv-visualisiert präsentiert, wirken Geschichten „besonders stark, wenn sie bildhaft sind. Dann nämlich lassen sie in den Köpfen der Bezugsgruppen Gedächtnisbilder entstehen, „innere Bilder" genannt, die stark verhaltenswirksam sind. (…) Gute Bilder (…) aktivieren und interessieren. (…) Bilder wirken direkt, ohne Umwege (…)." (Herbst, [4]2021, S. 58 f.; s. a. Sammer & Heppel, 2015, S. 66 ff.)

Demnach können und sollen Bilder Geschichten erzählen. Es geht um Storys, die eindrucks- und einstellungshaft mental etwas bewegen, indem sie beim Rezipienten innere Bilder erzeugen und sich im Bewusstsein verfestigen. Ob das nun online-vernetzt und in Echtzeit geschieht, per Smartphone oder mittels anderer „narrativer Turbotechnologie"-Anwendungen (s. El Quassil & Karig, 2021, S. 185 ff.), die stark bildbasiert sind – wie auf WhatsApp oder Live-Formate à la Instagram. Oder bei Aufnahmen, die per Bewegtbild in einem Beitrag zu Arbeitgeberinsides eines Familienunternehmens auf YouTube postiert werden und in der Visualisierung Anregungspotenzial zum „Weitererzählen" im Adressatenkreis sowie darüber hinaus bieten. Gerade das **„digitale" Storytelling**, d. h. das „Erzählen von Geschichten in digitalen Medien und mit digitaler Technologie" (Herbst & Musiolik, [2]2022, S. 8), gewinnt in der modernen, digital-gestalteten Unternehmenskommunikation mit ihren vielfältigen Medien- und Content-Formaten immer mehr an Bedeutung (s. Herbst, [4]2021, S. 218 ff.).

Als Teil des „Corporate Storytelling" werden Narrative in der vernetzten, interaktiven und integrativen Form somit für die User – unabhängig von Ort und Zeit – manifester, verfüg- und beschaffbarer, teil- und verlinkbarer. Und das auch deshalb, weil das Publikum selbst in die präsentierten Geschichten mit einbezogen werden kann und dessen Content-Beiträge wiederum je nach Gusto in den unternehmensbezogenen Kommunikationsprozess mit integriert werden können: z. B. mittels Crowdsourcing als kollaborative Ideenentwicklung (vgl. Gaßner, 2015, S. 126 ff.) sowie in der multimedial anschlusskommunikativen Verbreitung von (viralen) Ideen, Inhalten und Story-adäquaten Bilderwelten. Das heißt, jeder Rezipient von Unternehmensnachrichten und -themen ist tendenziell auch ein potenzieller Kommunikator.

Das Erzeugen und die Konsolidierung von mental-kognitiv verortbaren **Bildwelten** kann ferner bei den Adressaten befördert werden, wenn Storytelling-Projekte offline verortet sind: z. B. auf dialogische Weise im persönlichen Gespräch zu einem Unternehmensthema zwischen einzelnen Personen; oder dergestalt, dass ein Sujet „klassisch" PR-medial-journalistisch verwertet und als bebilderter Artikel über Unternehmenstätigkeiten in einem dafür relevanten Printmedium[77] platziert wird; oder wenn Bildwelten als selbstbestimmte Gestaltungsgrundlage für Design und Inhalt unternehmenseigener Publi-

---

[77] In hierzulande etablierten Fach-, Tages- und Wirtschaftsmedien (wie z. B. Handelsblatt, WirtschaftsWoche oder F.A.Z.) und ihren jeweiligen Online-Ablegern sind einige Journalisten auf das **Berichterstattungsfeld „Familienunternehmen"** thematisch spezialisiert. Diese können als meinungsbildende Multiplikatoren für die PR-Arbeit von Familienunternehmen mit mediengerecht aufbereiteten, für die Journaille und das jeweilige Medienpublikum interessanten Stories/Cases zu Unternehmens-News gezielt versorgt werden.

kationen genutzt werden. Zu Letzterem zählen u. a. Produkt- oder Corporate-Annoncen in Fachmedien, auf Websites, in Imagebroschüren, Kundenmagazinen, Mitarbeiterzeitschriften oder in Geschäftsberichten, die im Kontext von „Corporate Publishing" (s. dazu Mast, [5]2013, S. 266 ff.; Haumer, 2013, S. 107 ff.; Weichler, 2014, S. 767 ff.; Vaih-Buer, 2015, S. 50 ff.; Hoffjann, 2015, S. 217) entstehen. Multi-perspektivische, attraktiv-eingängige Bildwelten sollten idealiter mit dem „erzählenden" Unternehmen als Absender von den Bezugspersonen assoziiert werden. Und zwar vorrangig, wenn diese – neben der Direktansprache – in irgendeiner Art und Weise an das Unternehmen denken und darauf in Konversationen mit anderen Individuen in ihrer Lebenswelt verweisen (Stichwort: „Anschlusskommunikation"). Storytelling unterstützt somit die konkrete (Weiter-)Entwicklung und Verfestigung der mental-kognitiven Phänomene **Image** und **Reputation** als konstitutive Bestandteile eines differenzierenden Vorstellungsbildes, das die Öffentlichkeit zu einem Familienunternehmen für sich entwickelt hat. Denn ein solches Vorstellungsbild beruht in der Mediengesellschaft „in erster Linie auf massenmedialer Wahrnehmung" (Freda, 2014, S. 18) im öffentlichen Raum, die sich wiederum an der Medienlogik und am Mediensystem orientiert (s. a. Abschn. 2.2).

Nicht nur Neurowissenschaftler bestätigen (s. Rupp, 2016, S. 28 ff.) die theoretisch wie empirisch verbriefte Tatsache, dass gespeicherte Bilder folglich auch Meinungen, Einstellungen und Präferenzen prägen können und durch diese Potenziale erfahrungsgemäß denk- und verhaltenswirksam erscheinen. Wenn Familienunternehmen die Methode der erzählenden Gedankenführung, Bilderzeugung und Emotionsbildung in ihren Kommunikationsauftritten im Kontext beziehungs- und imageprägender Schnittstellen unternehmensintern und außerhalb der Organisation souverän und effizient beherrschen, dann können sie den Kommunikationswettbewerb mit anderen Unternehmen gewinnen, denen dieses Kommunikationstalent offensichtlich fehlt. Storytelling at its best.

3.4.5 Strategisches Themenmanagement im Medienmix

Wie bereits dargelegt, ist Storytelling als dialogische Methode zu verstehen, die das **kommunikative Beziehungsmanagement** zu allen wichtigen Personengruppen im Innen- und Außenwirkungsbereich eines Familienunternehmens effektiv unterstützen kann. Ein wesentliches Kriterium für ein gelingendes, dialogorientiertes Storytelling ist das Verständnis der Kommunikationsinteressen, Meinungen, Präferenzbildungen und Lesarten sowie auch der jeweiligen Resilienzen, die Bezugsgruppen beschäftigen und in ihrem Denken und Handeln beeinflussen. Zudem ist der Einblick des Storytellers in die Beziehungskontexte und Zonen, in denen sich das Unternehmenspublikum kommunikativ und interaktiv tummelt, von Bedeutung. Gerade deshalb, weil in diesen Kontaktnetzwerken auch ein aus kommunikativen Unternehmensauftritten resultierendes Erscheinungsbild kommentiert, bewertet und weitergegeben werden kann.

Die eigenen Botschaften und Sujets, die ein Familienunternehmen generiert und mittels Storytelling an die Stakeholder in den Unternehmensumwelten adressieren und möglichst passgenau kommunizieren will, bilden die Basis für Konzept, Struktur und System eines **stakeholderorientierten Themenmanagements** (s. Abb. 3.31). Dieses ist substanzieller Bestandteil des strategischen Kommunikationsmanagements.

Doch wie funktioniert das im Einzelnen? Und was müssen die als „Themenmanager" agierenden Kommunikationsverantwortlichen von Familienunternehmen bei der kurz- bis langfristig angesetzten Planung und Umsetzung von Storytelling-Projekten im Themenmanagement beachten? Dessen Aufgabe und Zielsetzung bestehen vorrangig „in der gezielten Analyse und Gestaltung von Themenstrukturen anhand ihrer aktuellen und potentiellen Vernetzungen. Es handelt sich daher um ein Management von Schnittstellen von Trend, Szene, Produkt, Marke usw. in den Vorstellungswelten der Konsumenten, Szenen und Stakeholder." (Liebl, 2000, S. 135)

Am Anfang dieses Prozesses stehen prinzipielle Fragen zu Zielsetzungen, Generierungsarten, Selektions- und Implementierungsmodi des Themenmanagements, die entsprechend beantwortet werden müssen. Dabei ist vor allem zu sondieren und grundsätzlich zu entscheiden: „Welche Themen, Inhalte, Aussagen, Botschaften oder Stilelemente passen zum Unternehmen" (Mast, [5]2013, S. 137)? Mit Blick darauf entwickelt das Themenmanagement funktional diejenigen „Entscheidungsstandards zur Herstellung und Bereitstellung **durchsetzungsfähiger Themen**, die – mehr oder weniger – mit anderen Themen in der öffentlichen Kommunikation um Annahme oder Verarbeitung konkurrie-

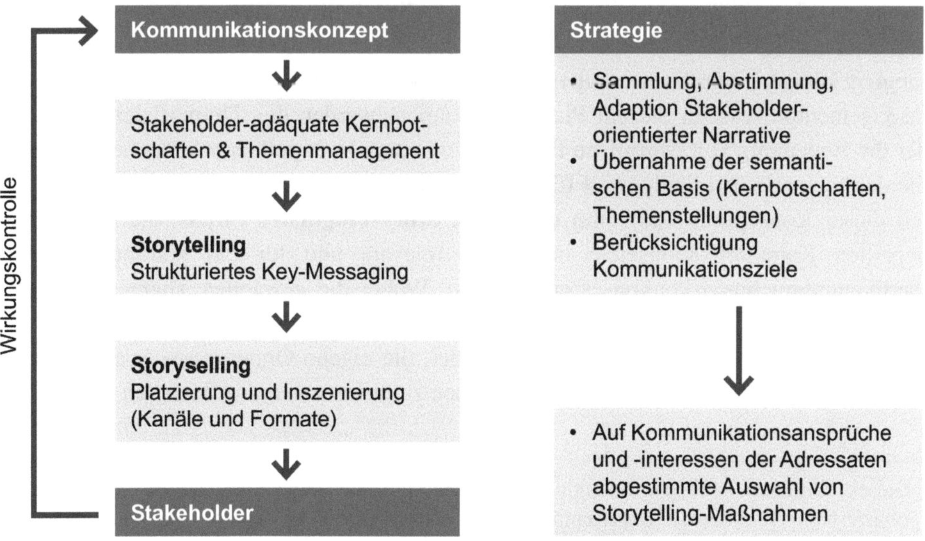

Abb. 3.31 Storytelling und Themenmanagement. (Quelle: eigene Darstellung)

ren" (Ronneberger & Rühl, 1992, S. 252). Das heißt, es ist im Sinne dieser **Relevanzbewertung** festzulegen:

- Welche Arten von Botschaften, Themen und/oder Kommentaren will bzw. kann ich als Familienunternehmen konkret besetzen?
- In welchen Kontexten, über welche Verbreitungswege (Medienkanäle, Dialogformate etc.), wann und wie zeitlich getaktet und welchen Stakeholdern gegenüber soll unternehmensseitig was initiativ kommuniziert werden?
- Welche unternehmensspezifischen Informationen und Sachverhalte oder auch bewusst gesetzte Akzente über das Unternehmensgeschehen hinaus haben einen Nachrichten- und Nutzwert für unterschiedliche Adressaten?
- Welche Materie ist für das Rezeptionsverhalten verschiedener Bezugspersonen interesseweckend, sinnhaft und von prägender Bedeutung?

Die Beantwortung dieser Fragen erfolgt mit dem Ziel, als Absender bei den Rezipienten ein möglichst passgenaues, einheitliches Bild zu erzeugen. Dazu müssen Botschaften, Argumente sowie (u. a. bereichs- oder landesspezifische) Schwerpunkte zu einzelnen Themenstellungen dergestalt aufbereitet und formuliert sowie auch ggf. komplexe Inhalte so verdichtet werden,[78] dass diese bei den Empfängern prägnant und verständlich rüberkommen.[79] Im Hinblick darauf wird als Basis für die Umsetzung einer Content-Strategie eine kreative, **crossmediale Themenbesetzung** in verschiedenen **Medien-Segmenten/ Medien-Typen** (z. B. Owned, Earned und Paid Media) erstellt (s. Abb. 3.32).

Dieses Verfahren erfolgt „unter Berücksichtigung unterschiedlicher Mediengattungen" (Mast, [5]2013, S. 308) und stellt ein „wirkungsvolles Tool zur Besetzung und Steuerung von Themen" (Zerfaß & Volk, 2019, S. 127) dar. Ein darauf ausgerichteter **Themenplan** fungiert als strategische wie operative Entscheidungsgrundlage für einen Themenmanagementprozess. In diesem Planungsdokument werden der **Thematisierungsgrad**, der die Bedeutung von Narrativen für die Rezipienten beschreibt sowie deren **Relevanz,** die den thematischen Stellenwert für die Kommunikation bestimmt, festgelegt. Bestandteil dieser Konzeption sind somit diejenigen **Story-tauglichen Sujets**, die für die angepeilten Kommunikationsziele individuell relevant und für das kommunizierende Familienunternehmen konkret-essenziell sind. Wobei die gewählten Themensetzungen letztlich auch belegbar und messbar sein müssen (Stichwort: „Wirkungsmessung/Erfolgsevaluation"). Das geschieht alles mit dem Ziel, die eigene Organisation kommunikativ klar von anderen konkurrierenden Unternehmen zu differenzieren und bei den Adressaten

---

[78] Dieses Verfahren kann ggf. inhaltlich kompetent und sachkundig sekundiert werden durch (publizierbare) prominente Expertenmeinungen, deren Einholung seitens der Unternehmenskommunikation in verschiedenen Formaten organisiert werden kann.

[79] Zur inhaltlichen Verdichtung von Botschaften im Sinne von „Komplexitätsreduktion" und Prägnanzbildung bietet sich das Verfahren der Konstruktion eines „Botschaftendreiecks" an; zum Einsatz dieses Tools s. die weiterführenden Ausführungen bei Zerfaß & Volk, 2019, S. 156 ff.

Abb. 3.32 Crossmediale
Themenbesetzung. (Quelle:
eigene Darstellung)

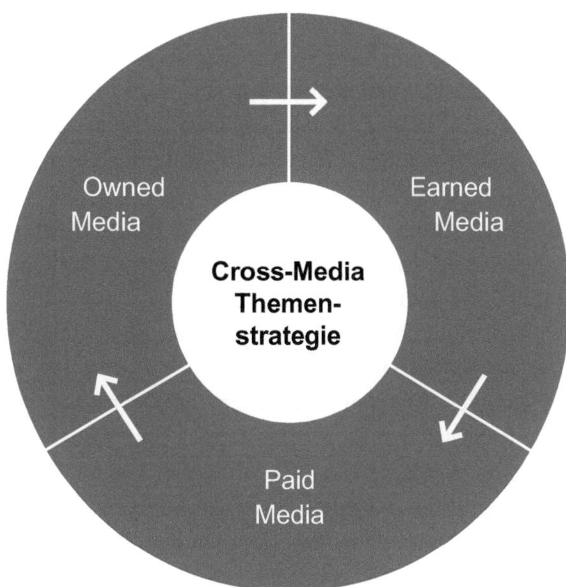

ein eindeutiges Verständnis für die Motive, Grundsätze, Kontexte und Tragweiten unternehmerischer Entscheidungen zu erreichen.

Zu **kommunizierbaren Themen**, die Stoff und Anlass für gezieltes Storytelling z. B. in der PR-Arbeit von Familienunternehmen bieten, zählen u. a.:

- Fakten und Zahlen zur Unternehmensentwicklung;
- Herausforderungen im Kontext digitaler Transformationsprozesse;
- Einsatz von Zukunftstechnologien (wie KI in Produktionsverfahren);
- Führungskultur und Führungsmodelle;
- ein existierender Wertekanon;
- nachhaltiges Wirtschaften und seine Prämissen;
- Anforderungen an eine sich dynamisch verändernde Arbeitswelt durch agiles Arbeiten, digitales Lernen und den dafür notwendigen Technologieeinsatz;
- notwendige Veränderungen im Portfoliomanagement.

Solche, ein Familienunternehmen allgemein wie speziell betreffende Themen sind unternehmensintern wie -extern zu recherchieren und zu interpretieren. Dazu eignen sich Themenworkshops, Trendanalysen, Opinion Mining oder Media-Monitoring. Auf Basis der gewonnenen Erkenntnisse lässt sich eine eigene **Themenagenda** entwickeln. Diese sollte in der Umsetzung auf zweckmäßige Verbreitungskanäle (z. B. Social Media), Platzierungsformate (z. B. Newsletter, Print und/oder digital) und Vermittlungsbereiche (z. B. in persönlicher Mitarbeiterinformation) zurückgreifen und diese bei Bedarf miteinander kombinieren können (s. dazu Zerfaß & Volk, 2019, S. 124 ff.). Dazu ist auch die Beachtung und Nutzung von Schnittstellen mit Fachabteilungen hilfreich.

Nachdem Narrative gesammelt wurden, sollten sie gefiltert, selektiert, gewichtet und für die Weiternutzung bzw. Verbreitung aus Unternehmenssicht projektiert werden. Hinsichtlich der **Adressatenorientierung** sind dazu kommunikationsstrategische, organisatorische wie taktische Fragen zu stellen. Diese sind dann im Sinne von **Themenselektion, -relevanz und -priorisierung** für ein effektiv-initiiertes Themensetting zu beantworten:

- Welche **Story-tauglichen Unternehmensthemen** sind für welche Stakeholder im Innen- und Außenwirkungsbereich eines Familienunternehmens überhaupt interessant bzw. von aktueller Bedeutung?
- Inwieweit haben die zu besetzenden Sujets einen klar erkennbaren **Bezug zu Unternehmensaktivitäten**?
- Sind diese Themen für **Medien** und deren Akteure (im professionellen wie auch laienjournalistischen Bereich) relevant? Und wie werden sie als Rezeptions-, Meinungsbildungs- und Resonanzfläche im öffentlichen Diskurs bewertet?
- Wie groß ist die **inhaltliche Konkurrenz**, Verwandtschaft und Komplementarität zu anderen, bereits medial-öffentlich platzierten bzw. priorisierten Themen?
- Welche Narrative sind geeignet, um strategische und taktische **Unternehmensziele** – wie beispielsweise eine höhere Bekanntheit, ein verändertes Image oder eine stärkere Produktnachfrage – voranzutreiben?
- Welche **Kommunikationskanäle** und **Verbreitungsformen** eigenen sich für deren Veröffentlichung?
- Wie hoch ist der Neuigkeits-, Aktualitäts-, Resonanz- und Relevanzwert sowie die **kommunikative Reichweite** eines Themas?
- Wie ausgeprägt sind dabei die **Dynamik** bzw. **Spannbreite** der Themenentwicklung und Themenverbreitung?
- Wie erfolgt die Umsetzung bzw. Übertragung der zu vermittelnden Story in stakeholderorientierte **Content-Formate**?
- In welchem **Zeitraum** soll ein Thema kommuniziert bzw. im Sinne einer kurz, mittel- und langfristigen Themenplanung in welchem Medium bzw. Kanal platziert werden?
- Welche Darstellungsinhalte sind in der internen sowie externen Kommunikationsrichtung **Pflichtthemen** und welche sind **Kürthemen**?
- Welche Narrative werden vom Unternehmen selbst bereits in Kommunikationsauftritten aktuell besetzt und in der Stakeholder-Ansprache genutzt?
- Welche Unternehmensthemen haben akzeptanz- und sympathiefördernde Bedeutung für die **Imagepflege** und **Reputationskonstruktion** in Beziehungs- und Kontaktarealen eines Familienunternehmens? Und welche bergen andererseits Problemkapazitäten und Konfliktpotenziale?
- Wie hoch bzw. ausgeprägt ist die soziale und **ökonomische Bedeutung** bzw. der **lebensweltliche Bezug** eines Themas für die Adressaten?
- Wie stark bzw. mit welchen Argumenten sind einzelne Materien **emotional** besetzt?

Für ein konzeptionell-fundiertes, stakeholderorientiertes Themenmanagement ist somit von Bedeutung, dass identifizierte und generierte **Themen** und deren **Inhalte** und **Bot-**

schaften, die im Kommunikationsfokus von Familienunternehmen stehen sollen, bewertet und geclustert werden. In diesem Kontext bietet sich das Tool der „**Themenpyramide**" an (s. Abb. 3.33). Sie dient dazu, „eine klare Themenstruktur zu etablieren, Kernthemen zu identifizieren und diese in Unterthemen sowie Botschaften herunterzubrechen" (Zerfaß & Volk, 2019, S. 152).

Diese Anordnung bietet die Möglichkeit, Themen nach Dimension, Originalität, Interessen- und Nachrichtenwert, Akzeptanzbildung und Sympathieerzeugung sowie Nutzenstiftung für die Adressaten zu bestimmen sowie geeigneten Kanälen und Medien für eine wirkungsvolle Vermittlung zuzuordnen. In diesem Zusammenhang sollte auch der „**Lebenszyklus**" bzw. die spezifische „**Karriere**" eines Themas (s. Schmidbauer & Knödler-Bunte, 2004, 159 f.) in bestimmten öffentlichen Kommunikationsarenen in den Blick genommen werden (s. Abb. 3.34). „Dabei bietet es sich an, die Themen hinsichtlich ihrer Reifephase, ihres Konkretisierungsgrades, ihrer Dringlichkeit und ihrer Dominanz zu beurteilen und diese qualitativen und quantitativen Einschätzungen in einer Matrix zu dokumentieren." (Zerfaß, [2]2004, S. 335)

Grundlage für diese Methode ist die systematische Zuordnung und Interpretation von Chronologie, Popularität, Substanz, Zirkulation und Reichweite von Themen, die in der öffentlichen Meinungsbildung kursieren und in der Auswahl für deren Diskursagenda relevant erscheinen. Im Rahmen eines darauf angelegten **Themenmonitorings** (s. dazu [5]Mast, 2013, S. 168) wird analysiert, in welchen Medien und Kommunikationskanälen welche Stoffe, Meinungen und Nachrichten präsent sind bzw. sich in ihrem Verlauf auf welche Weise entwickeln. Zudem wird bestimmt, wie Themen unternehmensseitig kommunikativ besetzt und in der Stakeholder-Wahrnehmung beeinflusst werden können bzw. sollen. Die darauf abzielende Analyse kann mittels Social Media Monitoring oder klassischen Medienresonanzanalysen (s. Zerfaß & Volk, 2019, S. 199 ff.) erfolgen (s. Abschn. 3.3.3.2, Abs. 7). Diese Form des Monitorings soll dazu beitragen, Themen frühzeitig in ihrer Bedeutung, Funktion und Aussagekraft für unternehmenseigene

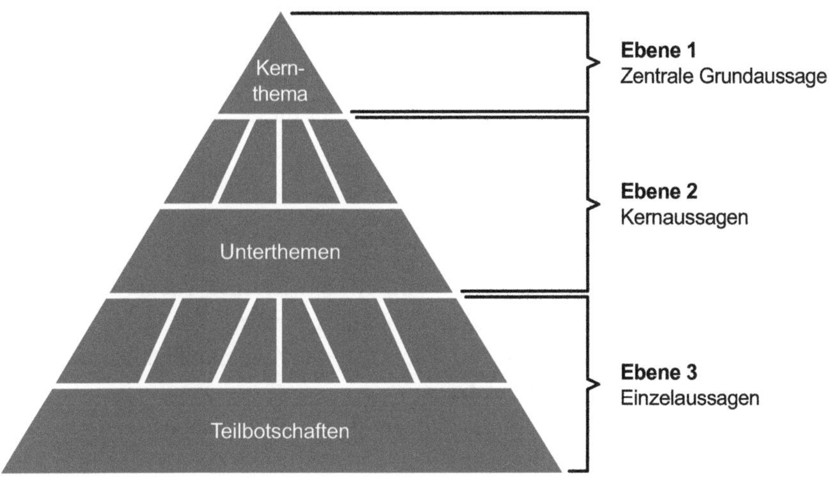

Abb. 3.33 Themenpyramide. (Quelle: eigene Darstellung)

Themen-Karriere

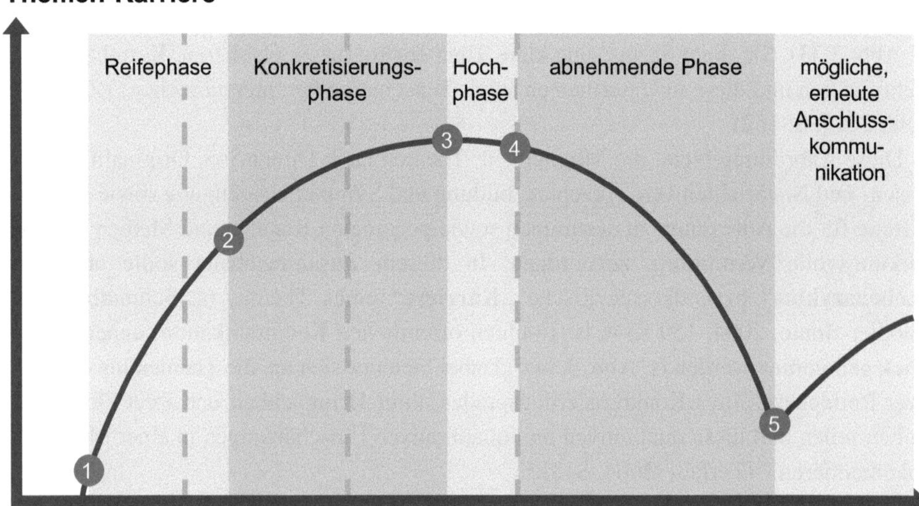

Abb. 3.34 Themen-Lebenszyklus – idealtypischer Verlauf. (Quelle: In inhaltlicher Anlehnung an Schmidbauer & Knödler-Bunte, 2004, S. 160)

Storytelling-Aktionen und deren Adressaten zu erkennen. Mit dem Ziel, Sujets initiativ besetzen zu können und dadurch nach Möglichkeit eine **Themen-** und **Deutungshoheit** im öffentlichen Diskursverlauf soweit möglich zu erlangen.

Um Themen von Unternehmensseite aktiv – z. B. als Content für Leuchtturmprojekte formuliert – zu diskurrieren (s. Liebl, 2000, S. 135) und empfängerorientiert voranzu-treiben, braucht es eine geeignete (mediale) **Themenplatzierungs-** und **Themenver-mittlungsstrategie**. Durch diese soll die Schlag- und Überzeugungskraft sowie eine situa-tions- und kontextadäquate Komposition der zu vermittelnden Darstellungsinhalte, die den Kommunikationsintentionen des Absenders Rechnung tragen, sichergestellt werden. Dazu werden in kommunikationswissenschaftlichen Veröffentlichungen und Ratgeber-titeln verschiedene **Thematisierungsmethoden** (s. u. a. Mast, [5]2013, S. 137 f.) für die Unternehmenskommunikation beschrieben, die wir an dieser Stelle nur benennen, aber nicht weiter kommentieren:

- *„Die Huckepack-Strategie"*: Hinter einem konsensfähigen Thema wird das Anliegen des Absenders kaschiert.
- *„Die Ablenkungs-Strategie"*: Zunächst wird ein unwichtiges Thema besetzt, das die Aufmerksamkeit des anzusprechenden Publikums binden soll. Wenn das Interesse daran erlahmt, wird das „eigentliche" Thema in die Kommunikationsarena gebracht und im Sinne des Unternehmens platziert.
- *„Die Testimonial-Strategie"*: Das Thema wird durch einen glaubwürdigen, prominenten Multiplikator/Influencer belegt und medienwirksam vertreten.

- Oder auch der Einsatz einer gezielten *„De-Thematisierungsstrategie"* kann ggf. opportun sein. Dieses Vorgehen dient dazu, im öffentlichen Diskursraum kritisch besetzte Story-felder, die im „Issue-Mapping" (s. Zerfaß & Volk, 2019, S. 160 f. – s. Abschn. 3.7.2.9.1) identifiziert werden, zu umgehen bzw. diese nicht durch eigeninitiierte Kommunikation inhaltlich zu besetzen.

Zusammengefasst lässt sich für die Organisation und Implementierung eines effektiven Themenmanagements Folgendes festhalten: Mit Blick auf das **Mediennutzungsver-halten**, die **Konversationsmanieren** und **Rezeptionsinteressen** von unterschiedlichen, am Kommunikationsgeschehen im Unternehmenskontaktumfeld beteiligten Stakeholdern ist eine für ein geplantes Storytelling inhaltlich wie formal maßgeschneiderte **Content-Strategie** (s. dazu Eck & Eichmeier, 2014, S. 106 ff. und Löffler, 2014, S. 47 ff.) zu ent-wickeln (s. Abb. 3.35).

Anhand eines solchen Vorgehens ist dann zu ermitteln, welcher über „Owned Media" (z. B. Website), „Earned Media" (z. B. PR), „Shared Media" (z. B. Social Media) und/oder „Paid Media" (z. B. Werbung) vermittelte unternehmensspezifische **Content** – sprich Bot-schaften, Sujets, Bilder- und Audiowelten – publizistischen Platzierungserfolg hat und da-durch zur angestrebten Meinungs- und Reputationsbildung beitragen kann. In Bezug auf eine reichweitenstarke „Vermarktbarkeit" von Themensetzungen im Storytelling geht es nicht um literarische Premiumware, Wortakrobatik und Gedankenspiele mit Unterhaltungs-

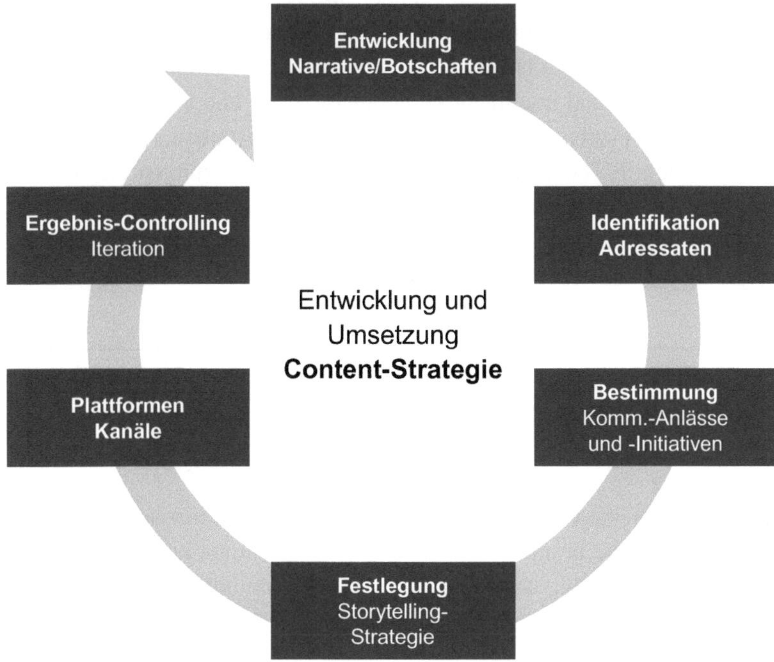

Abb. 3.35 Content-Strategie – Kernelemente. (Quelle: eigene Darstellung)

wert. Gemeint sind vielmehr Themen mit relevantem **Erzählwert**: d. h. diejenigen Inhalte, die für die Rezipienten eine konkrete Affinität zu unternehmerischen Entscheidungen, Tätigkeiten, Perspektiven aufweisen und damit auch – in dem jeweils gewählten Erzählmuster (s. Sammer, 2019, S. 93 ff.) – einen erkennbaren Bezug zur eigenen Lebenswirklichkeit, Welterfahrung und Gefühlswelt haben.[80] Also Themen, die ihrerseits vom Absender eine Erklärung und rationale wie auch emotionale Einordnung für die Adressaten verlangen. Diese Erzählstoffe müssen lokalisiert und registriert, nach Referenzebenen und Anlässen (s. Rupp, 2016, S. 13; 217 ff.) geordnet, auf **Anschlussmöglichkeiten** in Meinungs- und Reputationsbildungskontexten (s. Eisenegger, 2005, S. 52 f.) sowie auf einschätzbare Entwicklungen und Wirkungen in unternehmensrelevanten Kommunikationsszenarien beurteilt werden. „Themenselektion und Content-Fokussierung sind relevant, um Anschlusskommunikation und Anschlusshandeln bei adressierten Stakeholdern zu erzielen. Dieses Thematisierungskalkül (…) ist Teil der Mechanik reüssierender Storytelling-Präsenzen im Kommunikationswettbewerb von Unternehmen" (Kirf et al., [2]2020, S. 26).

Denn eins darf beim Nachdenken über die strategischen Intentionen und Wirkungsweisen von „Storytelling" im Themenmanagement nicht vergessen bzw. vernachlässigt werden: Diejenigen, an die sich eine Geschichte richtet, sollen mobilisiert werden, diese und ihre Rezeptionserfahrungen damit in ihren eigenen Kontaktfeldern weiterzuverbreiten. Auch Angehörige von Familienunternehmen sollen sich dadurch als Botschafter und Teil der eigenen Unternehmenskultur verstehen bzw. im aktiven Austausch von Geschichten als solche narrativ erleben.

Will ein im Unternehmensauftrag agierender **Storyteller** folglich sein Publikum überzeugen, motivieren und/oder im Endeffekt für ein Thema interessieren und begeistern, so sind von ihm differenzierte Botschaften zu entwickeln. Diese sollten eingebettet sein in stilistisch gut angelegte und intelligent komponierte Texte und nicht in solche, die bloße Propagandaplattitüden verbreiten und billige PR-Effekte anstreben. Überzeugendes Storytelling muss folglich in Themenplanung, Inhalten und Umsetzungsstrategie bestimmten, zu realisierenden **Wirkungsdimensionen** folgen. Nämlich: Aufmerksamkeit, Verständlichkeit, Glaubwürdigkeit, Überzeugungskraft, Merkfähigkeit, Partizipation und Lerneffekten (vgl. dazu Sammer, 2019, S. 175 f. und Herbst, [4]2021, S. 62 ff.).

3.5   Stakeholder-Management: Das Unternehmenspublikum kennen und gezielt ansprechen

Zusammenfassung

Die Kommunikationsakteure von Familienunternehmen sind mit der Aufgabe konfrontiert, die Stakeholder, die in unternehmensrelevanten Kommunikationsszenarien verortet sind, zu kennen. Dazu zählt das Verständnis der Kommunikationsbedürfnisse, Rollen

---

[80] Sammer verweist in diesem Zusammenhang auf das Storytelling-spezifische Wirkungsphänomen der „Immersion": „(…) und je tiefer ein Publikum in die Welt der Geschichte eintaucht (…), umso emotionaler bindet es sich an die Story und auch an deren Erzähler" (Sammer, 2019, S. 104).

sowie Konfliktneigungen der Adressatenkreise. Mit der Maßgabe, diese gezielt zu kontaktieren, um deren Aufmerksamkeit zu erreichen und eine kommunikative Interaktion zu ermöglichen. Doch das ist leichter gesagt als getan. Denn getrieben durch digitale Kanal- und Content-Vermehrung vervielfacht sich auch die Zahl derer, die am Kommunikationsgeschehen innerhalb und außerhalb von Unternehmensgrenzen teilnehmen.

Im Mittelpunkt dieses Kapitels steht die Erörterung der wichtigen Einflussgrößen und Beziehungskontexte, die eine stakeholderorientierte Kommunikationspolitik von Familienunternehmen prägen. Deren Tätigkeit vollzieht sich als kommunikative Interaktion mit unterschiedlichen Stakeholdern. Mit diesen steht ein Familienunternehmen in wechselseitigen Bindungsverhältnissen. Stakeholder sind für das Gelingen von Kommunikationsstrategien und Maßnahmen die zentrale Planungs- und Implementierungsinstanz.

Zudem wird in diesem Passus das kommunikative Beziehungsgefüge innerhalb der speziellen Stakeholder-Gemeinschaft von Familienunternehmen beleuchtet. In dieser Organisationsform bestehen teils andere Konstellationen und Regelwerke als im Stakeholder-Setting von Nicht-Familienunternehmen. Diese Aspekte sind verknüpft mit Chancen und Problemen für Architektur und Design von Kommunikationsplanungen und müssen von Kommunikatoren strategisch wie taktisch berücksichtigt werden.

3.5.1 Der Stakeholder-Ansatz: Generelle Einsichten und Erfahrungswerte

Ein wesentliches Kriterium für die kommunikative Fundierung des Erfolgs von Familienunternehmen und der daraufhin abzielenden, gelingenden Kommunikationsauftritte ist das Wissen um die Anliegen, Anspruchshaltungen, Kommunikationsbedürfnisse, Situationsdeutungen, denk- und handlungsleitenden Standpunkte sowie Profile und Rollenbesetzungen der anzusprechenden Personenkreise. Es geht folglich um die Identifikation und Kenntnis der für den Unternehmensprogress wichtigen Bezugs- bzw. Anspruchsgruppen – die sogenannten „**Stakeholder**" (s. Karmasin, 2005, S. 275; Röttger et al., [2]2014, S. 100 ff.) – sowie um das Verständnis der Beziehungs- und Einflusskontexte, in denen diese miteinander kommunizieren und in Unternehmensumwelten interagieren. Stakeholder sind – gemäß der in Fachdiskussionen/-publikationen etablierten Deutungs- und Darstellungsweise – als jene Einzelpersonen bzw. Gruppierungen zu verstehen, die von den Vorhaben und Maßnahmen eines Unternehmens in positiver oder negativer Form betroffen sind. Das betrifft sowohl Individuen oder Fraktionen aus dem wirtschaftlichen Umfeld wie aus nicht-ökonomischen Einflusssphären. Stakeholder können ebenso „gleichzeitig Mitglied unterschiedlicher Stakeholdergruppen sein, auch wenn diese logisch widerstreitenden Interessen folgen" (Lies, 2011, S. 22).

Des Weiteren können Stakeholder mit ihren eigenen, selbstinitiierten Handlungen ein (Familien-)Unternehmen, seine Interessen und Aktivitäten beeinflussen. Sie können Input geben, Gemeinsamkeiten äußern und/oder gegenteilige bzw. konfrontative Ansichten reklamieren. Dieses Zusammenspiel kann Unternehmen zu ein- oder wechselseitigen Beziehungen sowie kommunikativen Reaktionen bzw. Klärungen veranlassen (s. Freeman, 1984, S. 52).[81] Denn Unternehmenstätigkeit vollzieht sich bekanntlich auch als soziale Integration (s. Zerfaß, [2]2014, S. 33) und kommunikative Interaktion mit unterschiedlichen Stakeholdern. Die ihr Denken und Handeln prägenden „**Stakes**"[82] (= Ansprüche) können in ihren jeweiligen Spielarten und Ausrichtungen für alle Unternehmenstypen erfolgswirksam und somit kommunikationsrelevant sein. Diese rationalen und emotionalen Konditionierungen sollten auch unternehmensseitig kommunikativ beeinflusst bzw. durch die Bereitstellung maßgeschneiderter Kommunikationsangebote individuell „gemanagt" und soweit wie möglich gesteuert werden. Wobei von vornherein eines klar sein muss: „Die Ansprüche und Erwartungen, die unterschiedliche Stakeholder aus je spezifischen Beobachtungsperspektiven an Organisationen stellen, können organisationsseitig nie gleichzeitig und nur selten vollständig erfüllt werden (…)" (Röttger et al., [2]2014, S. 129). Das bedeutet zudem, dass auch nicht alle Stakeholder gleichermaßen pauschal und gleichzeitig bzw. gleichartig kontaktiert werden können.

Daher ist im Rahmen einer Kommunikationsstrategie eine **selektive** und **priorisierende Vorgehensweise** in der Stakeholder-Ansprache, Kontakt- und Bindungsarbeit angebracht. Deren Kriterien, Schwerpunkte und Konstellationen können sich im Zeitverlauf und situationsbedingt in ihrer Ausprägung und Bedeutung durchaus verändern. Sie müssen bei Bedarf neu justiert werden, damit sie kommunikativ zielführend – auch in kurzfristiger Reaktionsmöglichkeit – „bedient" werden können.

Mit Blick darauf ist die grundlegende Aufgabe eines **stakeholderorientierten Kommunikationsmanagements**[83] von Familienunternehmen, möglichst trennscharf festzulegen, welche Personen oder Gruppen in den meinungsprägenden Unternehmensumgebungen qua Informationsleistungen und/oder in dialogisch-praktizierter Kontaktpflege durch maßgeschneiderte Kommunikationsangebote zielgerichtet und wirkungsvoll erreicht bzw. für die Belange und Interessen eines Unternehmens gewonnen werden sollen bzw. können (s. Steinke, 2015, S. 4). Die unternehmensinternen und -externen Zielpersonen/-gruppierungen (s. Abb. 3.36), mit denen ein Familienunternehmen in diversen

---

[81] Freeman pointiert diesbezüglich: „Organizations have stakeholders. That is, there are groups and individuals who can affect, or are affected by, the achievement of an organization's mission" (Freeman, 1984, S. 52).

[82] Zur ursprünglichen Begriffsklärung s. Freeman, 1984, S. 25, 31. Das Stakeholder-Verhalten kann unternehmerische Entscheidungs- und Handlungsspielräume bestimmen.

[83] Zu Verständnis und Einordnung des Themenbereichs und Aktionsfeldes des stakeholderorientierten Kommunikationsmanagements in Fachliteratur und Unternehmenspraxis vgl. Karmasin, 2005, S. 271 ff. Zur weiteren Spezifizierung s. Kirf, 2018, S. 127 ff.; Lewis, [2]2019, S. 6 ff. und den weithin rezipierten **Stakeholder-Ansatz** von Freeman, 2010, S. 24 ff., 52 ff.: „The stakeholder theory does not give primacy to one stakeholder group over another, though there will surely be times when one group will benefit at the expense of others: In general, however, management must keep the relationships among stakeholders in balance. When these relationships become unbalanced, the survival of the firm is in jeopardy" (Freeman & Evan, 1993, S. 262).

Abb. 3.36 Stakeholder eines Familienunternehmens. (Quelle: eigene Darstellung)

Verlinkungen und **Beziehungsverhältnissen** steht und umgekehrt, sind für das Gelingen kommunikativer Aufgabenstellungen und Zielsetzungen gleichermaßen die zentrale Planungs- und Implementierungsinstanz in allen Interaktionsbereichen.

In unserem Fall gilt es, die Botschaften, Darstellungsweisen und Aktionen eines Familienunternehmens (z. B. zu Purpose, Werten etc.) kommunikativ zu fundieren. Damit lässt sich deren wert- und nutzenstiftende Wahrnehmung und Akzeptanz im Konnex der bereits erwähnten **„Aufmerksamkeitsökonomie"** (s. Franck, 1998, S. 49 ff.; Zerfaß, [2]2004, S. 394 ff.; Bolz, 2007, S. 23 ff. – s. a. Abschn. 3.3.2.1) in allen für den Unternehmenserfolg relevanten Innen- und Außenwelten fördern. Gelingende Kommunikationsauftritte und ihre Rezeption sollen ja die Anschlussfähigkeit des kommunizierenden Familienunternehmens an seine virtuellen und Real-Life-Wirkungskreise sichern bzw. ausbauen. Die dazu kommunikationsstrategisch abgeleiteten, vorzugsweise crossmedial ausgerichteten Kommunikationsofferten (in Analogformaten und Digitalanwendungen) orientieren sich an den vorab analysierten denk- und handlungsleitenden Vorstellungen der zu kontaktierenden Stakeholder (s. Kirf & Rolke, 2002, S. 36 f.).

Damit dies funktioniert, ist im Rahmen der dafür notwendigen **Stakeholder-Analyse** unternehmensintern wie -extern zu beobachten und zu prüfen, welche Adressaten/Akteure in fundamentalen Beziehungen zum Familienunternehmen stehen und aktuelle oder projektierte Unternehmensentscheidungen und Aktionen im Licht ihrer jeweiligen Interessen, Erwartungshaltungen und Weltbilder positiv, neutral und/oder negativ-spannungsgeladen bewerten. Diese **360°-Betrachtung** (s. Kirf & Rolke, 2002, S. 18 ff.; Kirf, 2018, S. 127) soll in einer Art **Beziehungsmatrix** („Stakeholder-Map") segmentiert aufzeigen (s. Freeman, 1984, S. 54 f.; Zerfaß & Volk, 2019, S. 33 ff.), wer mehr oder weniger zu „Betroffenen" von Unternehmensaktionen wird oder werden kann bzw. wer dies bereits ist und wie diese Art der Betroffenheit in der Eigenkommunikation begründet und ggf. coram publico einfluss- und interessengeleitet thematisiert wird (s. Abb. 3.37).

Die Bestandsaufnahme der Stakeholder-Analyse (s. u. a. Röttger et al., [2]2014, S. 101 f.) soll passende Antworten auf grundlegende Fragestellungen liefern. Diese sind von Bedeutung für die konzeptionelle Gestaltung und Umsetzung eines möglichst langfristig angelegten Stakeholder-Beziehungsmanagements. Und die Erkenntnisse sollten in die

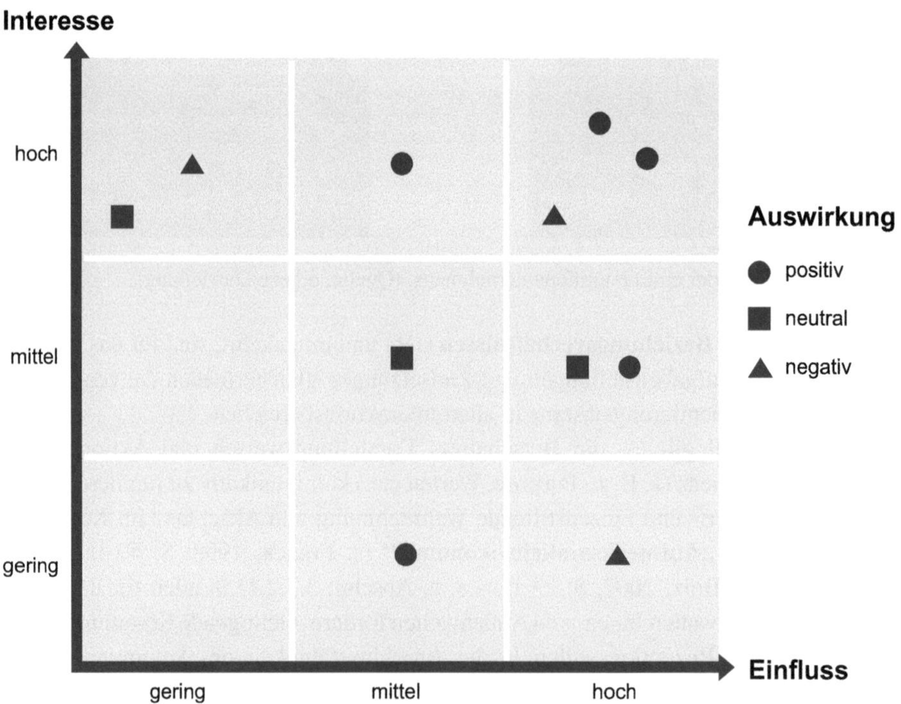

Abb. 3.37 Stakeholder-Beziehungsmatrix. (Quelle: In Anlehnung an „Power-Interest-Matrix" von Mendelow 1991, zit. Tench & Yeomans, 2009, S. 185).

Kommunikationsprogramme einer beabsichtigten **Stakeholder-Ansprache** inhaltlich und thematisch einbezogen werden. Wie beispielsweise:

- Wer sind die Adressaten meiner Kommunikationsbotschaften und wie lassen sich diese einzelnen Stakeholdergruppen zuordnen?
- Was wissen die Stakeholder über das Unternehmen und woher beziehen sie ihre Informationen?
- Wie setzen sich Stakeholder mit unternehmensspezifischen Themen und Aussagen auseinander und welche sind für sie relevant?
- Welche Beziehungsgeflechte, formellen und personellen Kontakt- und Kooperationsoptionen sind vorhanden und werden von wem in welchem Maße gestaltet, organisiert bzw. genutzt?
- Wie werden Unternehmensstrategien und Aktivitäten im organisationalen Umfeld von Stakeholdern wahrgenommen, bewertet und in eigenen Diskursen erörtert?
- Welche Medien nutzen wichtige Stakeholder? Und in welchen Medien kommunizieren sie untereinander zu welchen Sachverhalten bzw. organisieren und beeinflussen sich innerhalb ihrer Gruppierungen?
- Wer fungiert in diesem Kontext als Meinungsführer und Einflussgeber bzw. lässt sich in dieser Rolle identifizieren?
- Wie kann man den Erwartungs- und Interessenhorizont des Unternehmenspublikums im angestrebten Kommunikationsprozess treffen?
- Sind die von Stakeholdern an das Unternehmen gestellten Erwartungen und Ansprüche legitim und können sie mit den organisationalen Interessen in Einklang gebracht werden?
- Welche möglichen Interessenkonflikte lassen sich bei wem in welchem Ausmaß in den Unternehmensumfeldern identifizieren und lösungsorientiert angehen?
- Wer äußert sich wie in welchem Kontext/Szenario zu öffentlich bekannten unternehmensrelevanten Themen- und Problemstellungen und wie ist der persönliche Betroffenheitsgrad dazu ausgeprägt?
- Welche Informationsmodi, Feedbackchancen und Dialogwege kann ein Familienunternehmen im Kontakt mit seinen Bezugsgruppen interaktiv nutzen?
- Über welche Einfluss-, Konsens- und Goodwillpotenziale verfügen einzelne Stakeholder und/oder Gruppen?
- Welche „Sprache" sprechen die jeweiligen Stakeholder bzw. in welchen semantischen Kontexten bewegen sie sich?

Die Anwendung der in der Unternehmenskommunikation gängigen **Stakeholder-Erfassungsmethode** und ihrer **Modelle** (s. dazu Mast, ^{5}2013, S. 116 ff.; Zerfaß & Volk, 2019 S. 33 ff.) ist in mehrfacher Hinsicht von Nutzen. Sie unterstützt Familienunternehmen bei der Registrierung, wen man auf welchem Zugangsweg und mit welchen Inhalten ansprechen bzw. im Storytelling (s. a. Abschn. 3.4.1) an welchen „**Touchpoints**" (s. Zerfaß & Volk, 2019, S. 65 ff.) **digital** (via Suchmaschinen, Websites, Social Media, Apps etc.), **analog** (via Point of Sale, Events, Printmedien, Word of Mouth etc.) und/oder **dialogisch** (via Gesprächsanlässe etc.) erreichen kann. „Für die Unternehmenskommunikation ist die Frage nach den Touchpoints zentral, um herauszufinden, welche Medien und Kanäle die unterschiedlichen Stakeholder individuell bevorzugen und regelmäßig nutzen. Ziel dahinter ist es, ein ausgewogenes Medienportfolio sicherzustellen, um die Stakeholder adressatengerecht ansprechen zu können" (Zerfaß & Volk, 2019, S. 66). Dieses Vorgehen, **Kommunikation aus der Stakeholder-Perspektive** bewusst zu gestalten, lokalisiert des Weiteren, welche Stakeholder sich wie, wo und wem gegenüber zu bestimmten Themen und Phänomenen in welchem Tenor, mit welcher Legitimität, Dringlichkeit, Einflussmacht und Bedeutungszuweisung aktiv äußern. Zudem lässt die Ermittlung dieser Kriterien zur Beurteilung von Stakeholdern erkennen, in welchem Ausmaß (offensiv oder abwartend) sich Personen um Streitfragen und Problemstellungen herum eigeninitiativ kommunikativ organisieren und dadurch auch „das organisationale Gleichgewicht am wahrscheinlichsten stören können" (Röttger et al., [2]2014, S. 102).

Aus einer **Stakeholder-Typologie** (s. Abb. 3.38) lässt sich zudem ableiten, wer als Multiplikator oder Influencer für Unternehmensbelange im Kommunikationsgeschehen Einfluss auf die Meinungsbildung anderer Akteure ausüben kann und wer für diese Unterstützerrolle als Protagonist im Sinne der Erreichung von Kommunikationszielen gewonnen werden sollte (s. Schmidbauer & Knödler-Bunte, 2004, S. 113 f.; Kirf, 2018, S. 126 f.). Die Adaption dieser Zuordnungskriterien verdeutlicht, wo unter welchen Bedingungen **Kommunikationsbedarfe** und **Resonanzchancen** sowie kommunikative Supportpotenziale und Einflusskorrelationen existieren. Diese Zuweisungen können dann in der Umsetzung einer **Kommunikations-Roadmap** aktiv-unterstützend genutzt werden. Zugleich lassen sich durch ein solches Verfahren eventuelle Konfrontationsrisiken identifizieren. Diese können „kommunikative Entscheidungsdimensionen und Handlungsradien von Unternehmen in ihren Kontaktsektoren" (Kirf, 2018, S. 127) negativ tangieren. Darauf abzielende Gegenmaßnahmen sind dann entsprechend zu entwickeln und einzusetzen.

Die Kategorisierung und Verwertung valider Erkenntnisse und Daten einer derartigen Grundlagenarbeit sind ausschlaggebend für die Planung und Realisierung eines an konkreten Stakeholder-Bedürfnissen ausgerichteten und diese auf allen Kommunikationsebenen berücksichtigenden Kommunikationsarrangements.

Die **Ermittlung von Stakeholder-Daten** hilft dabei, eine für die adressatengerechte Vermittlung von Unternehmensbotschaften und Themen relevante **Stakeholder-Segmentierung** vorzunehmen. Auf Basis der Ergebnisse der Stakeholder-Analyse ist dies eine bewährte Methode zur „Strukturierung der Umweltbeziehungen von Unternehmen (…)" (Mast, [5]2013, S. 120). Diese Einteilung richtet sich nach Ordnungs-, Merkmals- und Prioritätskriterien (s. Schmidbauer & Knödler-Bunte, 2004, S. 111 f.; Zerfaß, [2]2004, S. 328 ff.; Bruhn, [8]2015, S. 207). Dazu zählen: soziodemografische Gesichtspunkte und psychologische Charakteristika, Annahmen zu Kommunikationsstilen und Rollenbesetzungen, darauf bezogene Bewusstseinslagen und Konsensspielräume sowie Goodwillpotenziale, die in der Interaktion zwischen Unternehmen und Stakeholdern nutzbar sind (s. Leipziger, [3]2009, S. 105 ff.). Je nach kommunikationsstrategischen und -prak-

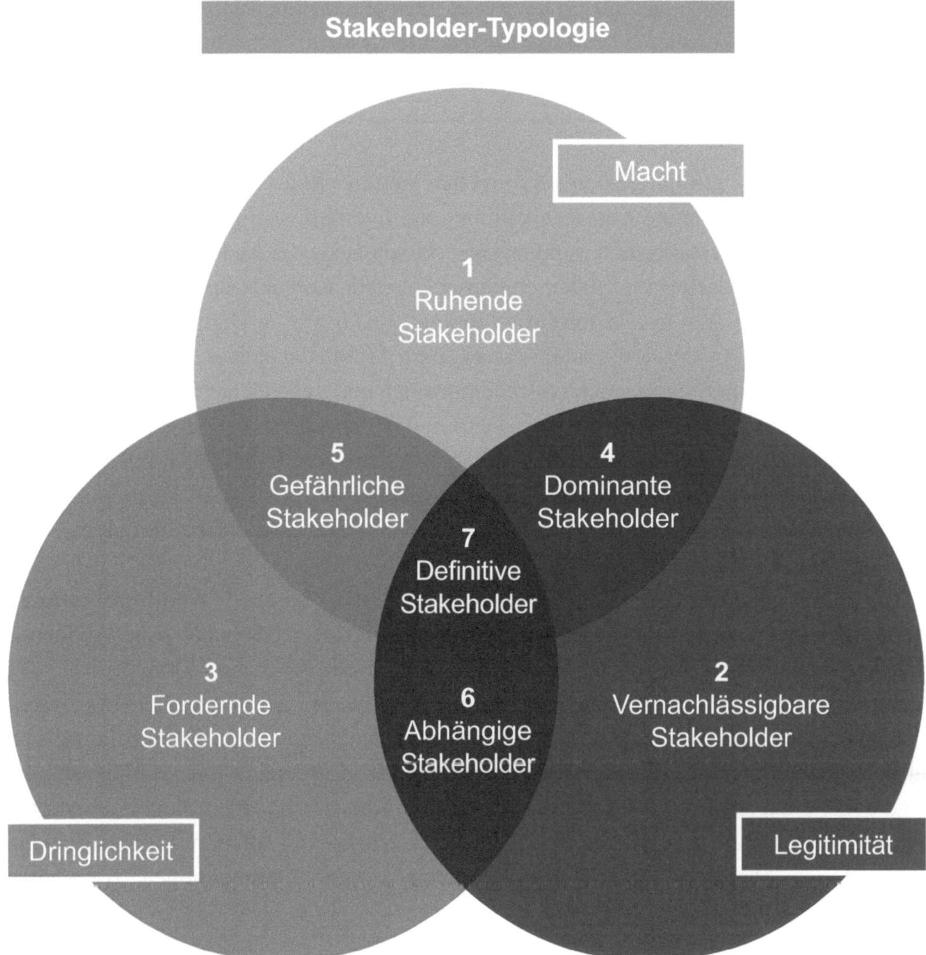

Abb. 3.38 Stakeholder-Typologie. (Quelle: Mitchell et al., 1997, S. 874)

tischen Erfordernissen können in einer solchen **Klassifizierung** alle Stakeholdergruppen aufgeführt bzw. visualisiert werden, die zur Leistungs- und Bestandsfähigkeit eines Familienunternehmens ihren Beitrag leisten und die nach ihrer kommunikativen Position im Kommunikationsprozess (s. Mast, [5]2013, S. 118 ff.; Kirf et al., [2]2020, S. 29 f.) unterteilt werden können. Mit Blick darauf kann differenziert werden zwischen:

- **„primären" Stakeholdern** – z. B. intern: Mitglieder der Unternehmerfamilie; Protagonisten aus dem Gesellschafterkreis; Angehörige der Führungsriege; Mitarbeiter; Aufsichtsgremien usw.;
- **„sekundären" Stakeholdern** – z. B. extern: Kunden; Lieferanten; Behörden; Gewerkschaften; Medienvertreter; die breite Öffentlichkeit usw. (s. dazu Felden et al., 2019, S. 197).

- Diese Gruppierungen lassen sich jeweils in ihrer unternehmensinternen wie -externen Verortung und Gewichtung (s. Mast [5]2013, S. 116 f.) sowie nach situativen und kontextbezogenen Einwirkungskapazitäten bzw. Mitwirkungs- und Aktivierungspotenzialen aufgliedern.

Die Segmentierung erfolgt je nach vorab recherchierten[84] Relevanzen der Stakeholder in den auf sie zugeschnittenen Kommunikations- und Interaktionsprozessen. Die in diesem Handlungsrahmen adressierten Gruppierungen lassen sich – je nach Profilzuweisungen, Kommunikationsbedarfen und unternehmensbezogenen Kontaktszenarien – bei Bedarf weiter ausdifferenzieren in **„Teilöffentlichkeiten"** (s. Grunig & Hunt, 1984, S. 138 ff.; Mast, [5]2013, S. 118 ff.).[85] Diese sind ihrerseits durch Affinitäten in ihren Kommunikationsstilen, Denkarten und Verhaltensmodi untereinander und gegenüber einem für sie maßgebenden Unternehmen charakterisiert. „Der Grad der Ausdifferenzierung bei der Profilbildung wird von der kommunikativen Aufgabenstellung bestimmt" (Kirf, 2018, S. 127). Diese ist konzeptionell mit kommunikationsstrategischer wie -taktischer Zielrichtung und Umsetzungsorientierung in den angepeilten Kommunikationsfeldern festzuschreiben (s. a. Abschn. 3.3.3.2 und 3.5.1).

Die bei der Ansprache der Kontaktgruppen beabsichtigten **Kommunikationswirkungen** und gewünschten **Resonanzen** sind an den in der Stakeholder-Analyse identifizierten **Kennziffern** ausgerichtet zu messen (vgl. Rolke & Jäger, 2009, S. 1033 ff.; Mast, [5]2013, S. 156 ff.): Zu den KPIs zählen Reichweite, Akzeptanzquotient, Durchdringungsindex, Share of Voice oder der Werbeäquivalenzwert. Die an dieser Bilanzierung ausgerichteten, quantitativen und qualitativen Messungsergebnisse liefern Rückschlüsse für die Justierung, Architektur, Organisation und den Kurs der geplanten Kommunikationsmission. Zudem lassen sich dadurch – unter Effektivitäts- und Effizienzgesichtsaspekten (vgl. Merten, 2013, S. 219 ff.) – Korrekturen bzw. Optimierungen vornehmen (s. Abschn. 3.3.3.2).

---

[84] Zu den – insbesondere auch für die konzeptionelle Arbeit – wesentlichen, nicht nur auf die quantitative wie qualitative Erfassung und Bestimmung der Adressaten von unternehmensbezogenen Kommunikationsofferten und Szenarien abzielenden Recherche-Methoden s. u. a. Schmidbauer & Knödler-Bunte, 2004, S. 63 ff.

[85] Das vielfach rezipierte Modell der (situativen) **Teilöffentlichkeiten** (= „publics") stammt von Grunig & Hunt (1984). Es handelt sich dabei um Personen oder Gruppen, die kognitiv, kommunikativ wie aktional mittels gemeinsamer – auch von Unternehmen ausgehenden bzw. diese betreffenden – Themen, Sachverhalte und Problemstellungen miteinander verbunden, davon direkt oder indirekt betroffen sind bzw. auf diese Einfluss ausüben können. „[Who] have something in common, they are affected by the same problem or issue (…) that members of a public discuss the issue and organize to do something about it." (Grunig & Hunt, 1984, S. 143 f.) Die Kommunikationsarbeit von Familienunternehmen sollte diese spezifischen Konstellationen und die damit verbundenen Handlungs- bzw. Reaktionsmöglichkeiten nicht außer Acht lassen und in das eigene **stakeholderorientierte Kommunikationsmanagement** integrieren. Die Lektüre von Grunig & Hunt *Managing Public Relations* ist – gerade auch mit Blick auf ihre Aussagen zum strategischen Kommunikationsmanagement – immer noch zur Vertiefung der Materie zu empfehlen (u. a. S. 6 ff.).

Die Klassifizierung der genannten Kriterien macht deutlich, wo, wie, in welchen Bereichen und wem gegenüber unter welchen Bedingungen und mit welchen Maßgaben konkrete **Kommunikationschancen** und Unterstützungsreservoire sowie momentane oder künftig aufkommende **Gefährdungen** bestehen. Diese Einschätzungen dienen als Leitplanken für die Planung und Realisierung von zielführenden Kommunikationsmaßnahmen. Mit Blick auf Risiko-, Schadens- und Sanktionspotenziale, die unternehmerisches Handeln tangieren können, lässt sich mittels dieser Methode zugleich lokalisieren, wer in den Unternehmensumfeldern zu welchen Streitfragen, in welcher Dimension und Hinsicht ein Interesse an Konfrontationen und damit korrelierenden konfliktiven Skandalisierungen hat. Diese können ja bekanntlich zu potenziellen Reputationsbedrohungen (vgl. Eisenegger, 2005, S. 68 ff.; Freda, 2014, S. 13 ff.) durch verstärkende „Resonanz in der Medienarena" (Eisenegger, 2016, S. 45) führen. Derartige Einsichten sind von Nutzen für die situations- und kontextbezogene Organisation und Anwendbarkeit des unternehmenseigenen Issues-Managements (s. Mast, 2013, S. 117 f.) bzw. für die Strategiebildung und Maßnahmenrealisierung der Krisenkommunikation (s. dazu Abschn. 3.7.2.4 und 3.7.2.12). Zudem liefern solche Erkenntnisse den Kommunikationsverantwortlichen von Familienunternehmen wichtige Anhaltspunkte zur **Rollenhierarchisierung** und kommunikativen **Bedeutungszuweisung von Stakeholdern**. Dadurch werden die präzise Modellierung und Handhabung von Methoden und Inhalten ihrer systematisch-strukturierten Ansprache ermöglicht.

Aus diesen Einschätzungen heraus ergibt sich für die Kommunikationsplaner von Familienunternehmen somit die Möglichkeit, zu bewerten, wer über welche spezifischen **Zugangs-** und **Feedbackwege** mit welchen Narrativen in welchem Ausmaß erreicht werden kann bzw. muss. Das sollte mit der Maßgabe geschehen, um mit unternehmensspezifischen Kommunikationsofferten bei den Empfängern die beabsichtigten Kommunikationswirkungen (s. Merten, 2013, S. 321 f.) zu erzielen: crossmedial konstruiert und platziert und/oder im Rahmen von persönlicher, dialogorientierter Kontaktpflege auf allen Kommunikationsebenen artikuliert und im Storytelling erläutert.

3.5.2   Die Stakeholder in Familienunternehmen

Wie schon erwähnt, bestehen in Familienunternehmen teilweise andere, in ihrer Ausprägung und Ausrichtung unterschiedliche Bedingungen, Dispositionen und Regelwerke als im Kommunikationsmanagement und dem **Stakeholder-Setting** von Nicht-Familienunternehmen (s. Abb. 3.39). Das betrifft insbesondere die **in Familienunternehmen** im Rahmen der Inhaberschaft bzw. Eigentümer- und Familienstruktur vorherrschenden **beziehungsprägenden Konstellationen** und **kommunikativen Interaktionen** (s. Abschn. 2.1 und 3.3.1). Familienunternehmen müssen daher unter Umständen auch mit anderen Akteursgruppen kommunizieren bzw. in Interaktion treten als dies in Nicht-Familienunternehmen bzw. nicht-eigentümergeführten Organisationen der Fall ist.

So üben **Familienmitglieder** häufig einen bestimmenden **Einfluss** auf das Unternehmensgeschehen und auch darauf aus, wie diese Vorgänge, Angelegenheiten und deren

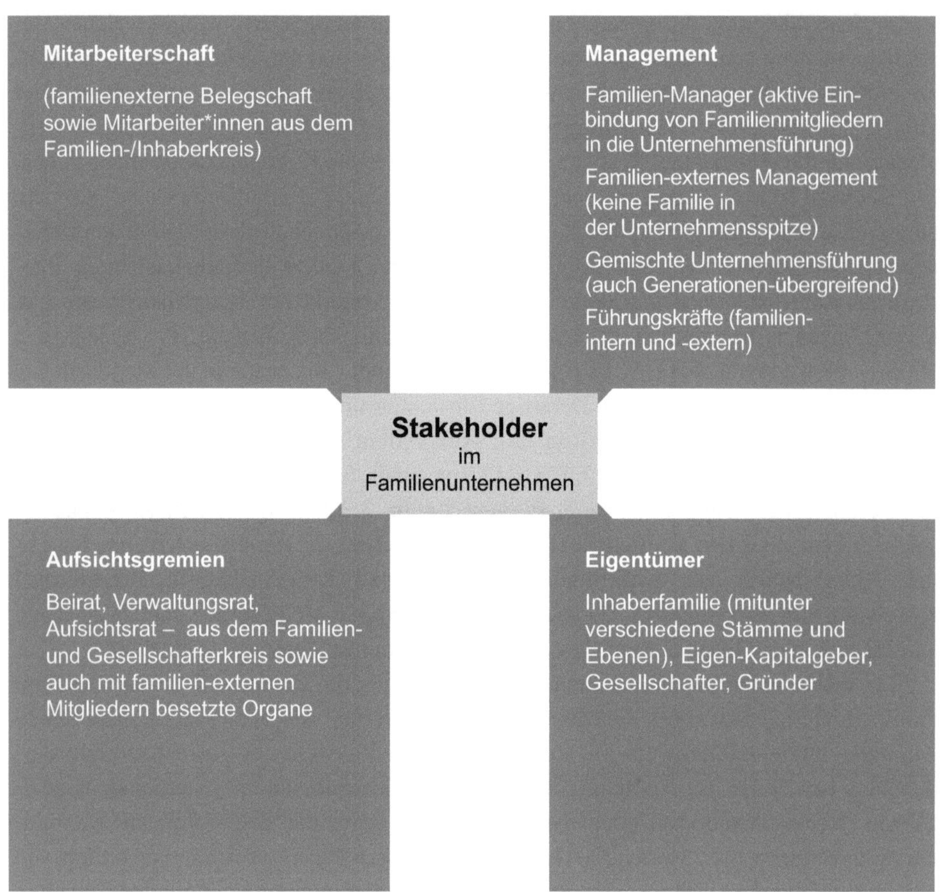

Abb. 3.39 Stakeholder-Setting innerhalb eines Familienunternehmens. (Quelle: eigene Darstellung)

Zusammenhänge kommunikativ unternehmensintern wie im Außenbereich darzustellen sind. Das geschieht u. a. dadurch, dass Familienangehörige mit einem Sitz im Beirat und/ oder Verwaltungsrat ihres Familienunternehmens einflussreich tätig sind. In diesen Funktionen können bzw. wollen sie durch ihre Gesinnung und ihr Verhalten die Geschicke der Familienorganisation entscheidend mitbestimmen. Das betrifft nicht zuletzt festzulegende Kommunikationshaltungen sowie Kommunikationsauftritte in den Unternehmensumfeldern. Und das geschieht ebenso dann, wenn das eigene Familienunternehmen durch **familienfremde Manager** geführt wird. Diese haben ihrerseits indes häufig eine eigene Vorstellung und Agenda dazu, wie sich die von ihnen verantwortete Firma kommunikationsstrategisch und -taktisch in Form und Design, bei welcher Gelegenheit und mit welchen Themen und Botschaften gegenüber (Teil-)Öffentlichkeiten positionieren und inszenieren soll. Zudem sind diese speziellen Konstellationen und Interaktionen ihrerseits verortet in einem rational-emotional verwickelten „Spannungsfeld zwischen innerfamiliären und unternehmensspezifischen Erfordernissen" (May, 2017, S. 5). Und das mit allen erdenklichen Chancen und Defiziten für Unternehmensführung und Unternehmensprogress sowie mit Auswirkungen auf Kommunikationsplanungen und ihre Umsetzungen inner- und außerhalb eines Familienunternehmens.

Derlei Aspekte sind von Kommunikationsverantwortlichen in Familienunternehmen in kommunikationsstrategischem wie -operativem Maße zu berücksichtigen. Denn **Familien** agieren auch als komplexe **Kommunikations-** und **Stakeholder-Gemeinschaften** (s. Hinterhuber et al., 1994, S. 36; vgl. Abschn. 3.3.1). Es ist ein beziehungsreiches Ensemble, dessen Mitglieder unter Umständen ihre Existenz und „ihr Schicksal mit dem der Unternehmung verbunden haben" (Hinterhuber et al., 1994, S. 20). Und die in einem solchen Beziehungsgeflecht mit durchaus multiplen **Rollenverteilungen** (vgl. Felden et al., 2019, S. 198) und vielschichtigen **Interessenlagen** agieren können. Dabei handelt es sich z. B. um diejenigen Akteure, die in ihrer Funktion als geschäftsführende (Mehr- und/oder Minderheits-)Gesellschafter an einem Familienunternehmen beteiligt sind und Einfluss (positiv oder negativ) auf die Unternehmensgeschicke ausüben oder gewisse Hegemonieansprüche für sich reklamieren. Oder jene Personen, die als Familienangehörige im eigenen Unternehmen als Angestellte – auch ohne Managementfunktion und direkte Unternehmensbeteiligung – arbeiten. Die genannte Rollenzuweisung betrifft auch Mitglieder der Unternehmerfamilie, die als externe Geschäftspartner über mitunter verzweigte Beziehungen zu Gesellschaftern und ein damit verbundenes Akzeptanz- und Vertrauensverhältnis („Stewardship") verfügen.[86] Oder diejenigen Protagonisten, die als Mitglied der Kontrollorgane dem Familienunternehmen – auch als Anteilseigner – mittelbar verbunden sind (s. dazu Felden et al., 2019, S. 192 ff.). Dazu zählen auch solche, die letztlich gar **mehrere Stakeholder-Rollen in einer Person** vereinigen können. Durch die Verknüpfung dieser beruflichen wie privaten Beziehungs- und Aktionsformen „wird Familie im Unternehmen aktiv gelebt (…)" (Felden et al., 2019, S. 193).

In den geschilderten Szenarien handeln die Protagonisten gleichwohl nicht nur in positiv verständigungsorientiertem Sinne in Situationen und Begleitumständen, deren entscheidungsprägende Konsensbedingungen allen familiären Stakeholdern klar sind, und die sich entsprechend einvernehmlich verhalten. Sondern sie agieren ebenso in problematischen, mit- und untereinander konkurrierenden und konfliktiven **Verknüpfungen von Familie und Unternehmen,** die sich in verschiedenen Resolutionsbereichen und Aktionsfeldern verorten lassen. Die damit verbundenen (Problem-)Themen haben immer auch eine kommunikative Bedeutung auf der Sach- und Beziehungsebene: wie etwa im Falle von Unstimmigkeiten und kontroversen Ansichten bei Nachfolgeregelungen oder bei Uneinigkeiten zwischen Verwaltungsrat und Unternehmensleitung bei zu treffenden Strategiefestlegungen in der künftigen Firmenpolitik. Weiterhin können lähmende Differenzen im Rahmen der Beschlussfassung zu kommunikativen Erneuerungsprogrammen hinsichtlich der Außendarstellung eines Familienunternehmens in wichtigen Kundensegmenten im B2B- oder B2C-Bereich (s. Abschn. 2.1) auftreten. Das sind partiell ebenso Sujets und Aufgabenstellungen, die in ihrer Veränderungsorientierung durchaus der Change- bzw.

---

[86]Eine Konstellation, die – je nach Ausprägung und Tragweite – in der Innen- und Außenwahrnehmung indes unter Umständen auch als „Vetternwirtschaft" (s. Felden et al., 2019, S. 194) anmutet und negativ interpretiert werden kann.

Krisenkommunikation zuzuordnen sind (vgl. dazu insgesamt Abschn. 3.7 und die Unterkapitel; s. a. Rüsen, 2017, S. 81 ff.).

3.5.3 Attribute des Stakeholder-Beziehungsmanagements von und in Familienunternehmen

Solche und andere Szenarien, in denen eine Unternehmensfamilie als genuin komplexe Interessengruppe auftritt, fordern situationsangepasste und kontextabhängige Kommunikationsbegleitungen bzw. ein spezielles Kommunikationsmanagement. Von den dafür verantwortlichen Unternehmenskommunikatoren wird entsprechendes Einfühlungsvermögen und diplomatisches Geschick im **Umgang mit den Stakeholdern aus dem Familienkreis** verlangt (vgl. Abschn. 3.3.1). Dieser mehrdimensionale – mitunter personell weit gefasste bzw. verzweigte – Circle impliziert „Familienmitglieder mit einer Beteiligung, aber eben auch Mitglieder, die offiziell gar nicht am Unternehmen beteiligt sind, aber durch Führungspositionen oder durch verwandtschaftliche Beziehungen zu Gesellschaftern einen Einfluss haben. Zudem können diese Akteure durch jahrelange Tätigkeit im Unternehmen ein spezifisches Wissen und damit auch einen Machtanspruch entwickelt haben. (…). Aus Perspektive des Stakeholder-Modells sind die Mitglieder der Unternehmerfamilie als primäre Stakeholder eines Unternehmens zu verstehen, die wie alle anderen (sekundären) Stakeholdergruppen auch entsprechend zu managen sind" (Felden et al., 2019, S. 196).

Neben der Gestaltung von Kommunikationsbeziehungen mit allen anderen Stakeholdergruppen, die für Existenz und Fortbestehen eines Familienunternehmens von Bedeutung sind, ist für Kommunikationsverantwortliche somit auch die Kenntnis und Beachtung von Merkmalen wichtig, die das divers-vielschichtig gestaltete **Stakeholder-Beziehungsgefüge innerhalb einer Unternehmerfamilie** kommunikativ prägen. Dazu zählen variierende Informationsansprüche und Dialoginteressen, damit korrelierende Anspruchshaltungen, Befindlichkeiten und Stimmungslagen (wie Sympathien und/oder Antipathien), Weltanschauungen, Lebenseinstellungen und Rollenverständnisse ebenso wie Konfliktneigungen und darauf bezogene Umgangsformen. Diese Kriterien können – wie bereits dargelegt – alle Einfluss auf die Art und Weise des **familiären Mit-** und **Untereinander-Kommunizierens** haben und auf Kommunikationsvorhaben jedweder Art einwirken.

Dies zeigt sich beispielsweise dann, wenn es unterschiedliche Auffassungen im Gesellschafterkreis zur generellen Gestaltung, Zielrichtung und den **Anforderungen der Kommunikationspolitik** gibt. Vor allem, wenn in diesem Zusammenhang eine Partei ihre konservativ-geprägte Veränderungsabneigung äußert und die andere Fraktion demgegenüber prinzipiell einen aktiv-progressiven Angang mittels geeigneter Maßnahmen im Kommunikationsauftritt eines Familienunternehmens einfordert (s. Abschn. 3.3.1).

So lassen sich in familiengeführten bzw. familienkontrollierten Firmen aller Dimensionen und Branchen immer wieder Uneinigkeiten über Strategie und Taktik eines unternehmenskommunikativen Vorgehens feststellen. Unterschiedliche Auffassungen können die Art und Weise betreffen, wie, wann, mit welchen Themen und Kernbotschaften und zu welchen Anlässen sich ein Familienunternehmen in der Öffentlichkeit präsentieren bzw.

positionieren soll: eher reaktiv-zurückhaltend oder mit aktivem Habitus in alle Richtungen kommunizierend. Die dabei immer wieder mal gestellte Frage lautet: *Müssen wir das denn in dieser Form überhaupt umsetzen?*

Darauf bezogen sind es oftmals fehlender Konsens in der Unternehmensführung, Dissonanzen in der Meinungsbildung sowie Sensibilitäten innerhalb der Familie, die sich auch auf die (kommunikative) Gestaltung und Bewältigung des Unternehmensalltags auswirken können. In solchen Fällen kommt Unternehmenskommunikatoren eine Vermittler- und Moderatorenrolle im **innerfamiliären Stakeholder-Management** zwischen unterschiedlichen Parteien zu. Insbesondere wenn es darum geht, die Situationsangemessenheit und Zielrationalität von Debatten einzuschätzen und diese Perspektive auch in der internen Kommunikationsgestaltung mitzuberücksichtigen.

In der Familienunternehmen kennzeichnenden **Stakeholder-Charakteristik** wird eines deutlich: nämlich dass bei Grundsatz- und Richtungsentscheidungen, was Art und Weise der Kommunikationspräsenz, Profilierung und Positionierung in Kontaktbereichen von Familienunternehmen betrifft, häufig Mitglieder aus dem Familienkreis mitdiskutieren und mitentscheiden wollen (s. Abschn. 3.3.1). Das geschieht entweder in abwartender oder abweisender Haltung, konsensbereit oder befürwortend gestimmt. Diese Faktoren sind von den Kommunikationsgestaltern in einem Familienunternehmen bei der Architektonik und Projektierung von Kommunikationsprozessen stets mitzudenken. Dabei ist eine diskursive Situationsbeurteilung gefordert. Darauf bezogen können kontextuell angemessene, kommunikativ abwägende Vorschläge gemacht werden. Insbesondere wenn es darum geht, die „richtigen" Kommunikationsstrategien und eine „adäquate" Kommunikationsattitüde zu konzipieren. Ein Vorhaben, das von der Absicht geleitet wird, bei den involvierten Entscheidern mit gebotener Sensibilität und Diplomatie die nötige Akzeptanz und Unterstützung für kommunikative Zielsetzungen und deren Implementierung zu erzielen. Unter dem Signum „Diskursrationalität" sollte dies vorzugsweise in einem dialogisch-angelegten „Argumentationsraum" erfolgen. In dessen Rahmen können sich die Kommunikationspartner auf der Vernunftebene möglichst wechselseitig anerkennend zur kontroversen Thematik austauschen.

Um die Obliegenheit und Erfordernisse von Vorhaben, die an die modernen Kommunikationsverhältnisse angepasst sind, plausibel zu verdeutlichen, wird gerade bei Familienunternehmen mit einer eher „konservativ-restaurativen" Kommunikationshaltung von den Verfechtern einer „modernen" Kommunikationspolitik einige Überzeugungskraft und stabilisierend-rationales **Moderationstalent** verlangt. Denn gerade konsensuale Kommunikation ist als Regulativ in Familienunternehmen mitunter in Summe nur schwer zu erreichen. Diejenigen, die diese Aufgabe erfüllen wollen bzw. müssen, sollten deren Anforderungen immer wieder neu überdenken und auf ihre Machbarkeit hin bewerten. Nur so können sie in den speziellen Bedingungen und Brennpunkten der **Kommunikationsrealität** von Familienunternehmen erfolgreich bestehen. Dass dabei nicht alles nach Plan verläuft, dass den Kommunikationsverantwortlichen schulterklopfende Zustimmung winkt und ihnen für ihre Arbeit nicht vorschnell Beifall gespendet wird, versteht sich von selbst. Vielmehr ist diese Betätigung mit manchen Paradoxien, Irrationalitäten, Barrieren, Resilienzen und Risikofaktoren verbunden und kann über Stolpersteine und Fallstricke in stellenweise unvorhersehbare Kommunikationsfinten führen.

Mit Blick auf das vorweg Geschilderte sind bei näherer Prüfung der Kommunikations-planungen und Austauschprozesse innerhalb von Familienunternehmen an manchen Stellen noch **Justierungsbedarfe** und **Optimierungspotenziale** festzustellen. Falls identifiziert, sollten sie in der internen und externen Kommunikationspraxis zielorientiert angegangen und gehandhabt werden. Um solche Potenziale en Detail zu lokalisieren, zu evaluieren und darauf rekurrierende Handlungsempfehlungen abzugeben, bedarf es allerdings noch anderer, weiterführender Untersuchungen und Veranschaulichungen als in den vorliegenden Ausführungen vorgesehen.

3.6   Obligatorische Image- und Reputationskonstruktion: Der gute Ruf als Positionierungsbonus im Kommunikationswettbewerb

Zusammenfassung

Dieses Kapitel thematisiert die Bedeutung von Imagepflege und Reputationsbildung für Familienunternehmen. Als Differenzierungskriterium ist der „gute Ruf" eines Familienunternehmens eine bestimmende Komponente für wirtschaftliche Performance und Erfolg in ökonomischen und gesellschaftlichen Kontexten. Eine wertschätzende Akzeptanz ist verbunden mit Referenzgrößen wie Vertrauen und Glaubwürdigkeit. Image und Reputation sind Leitwerte und Zieldimensionen des Handlungs- und Kommunikations-managements auch von Familienunternehmen. Und sie dienen funktional der Unternehmenspositionierung und beeinflussen individuelle wie kollektive Wahrnehmungen und unternehmensbezogene Thematisierungen in relevanten Unternehmensumfeldern. Eine im Stakeholder-Bewusstsein als negatives Meinungsbild verfestigte „schlechte Reputation" ist ein Fall für Krisenkommunikation. Imagedefizite und Reputationsdellen lassen sich – wie Beispiele zeigen – nur aufwendig korrigieren.

Image und Reputation sind als denk- und handlungsleitende Vorstellungsbilder in der Mediengesellschaft verwundbarer und skandalisierungsanfälliger geworden. Daher ist konzeptionell-fundiertes Reputationsmanagement nicht allein Aufgabe von PR-Akteuren, sondern als übergeordnete Managementaufgabe zu verstehen. Gleichsam als strategischer Wert zählt intern und extern ausgerichtete Image- und Reputationsgestaltung für Familienunternehmen zur unerlässlichen Apparatur der unternehmenseigenen Handlungssteuerung und Kommunikationspolitik.

3.6.1   Reputationsmanagement als Kardinaltugend der Kommunikation von Familienunternehmen

Über Image und Reputation als mental-kognitive Phänomene sowie die Notwendigkeit für deren Aufbau, Pflege und Verfestigung in den Innenverhältnissen und Außenwelten von Familienunternehmen sind in den vorigen Kapiteln schon einige Aspekte benannt und thematisiert worden (s. u. a. Abschn. 2.2.3, 3.1, 3.3.4, 3.4.2). Daher beschränken wir uns an dieser Stelle auf wesentliche Aussagen, die unserer Ansicht nach zur Erläuterung der Grundthematik dienen und dem bereits Gesagten verständnisfördernd hinzuzufügen sind.

Noch einmal ein Hinweis zur Begriffsdefinition[87]: Was versteht man unter Reputation? Was macht ein solches Konstrukt aus? **Reputation** wird gemeinhin verstanden als der **„allgemeine (gute) Ruf"**, die idealerweise positiv aggregierte, **kollektive „Anerkennung"** eines Unternehmens als Ganzes innerhalb von Markt und Gesellschaft. Das „öffentliche Ansehen, das eine Person, Institution, Organisation (…) mittel- oder langfristig genießt" (Eisenegger, 2005, S. 24), ist eine Ansicht, die bei diversen unternehmensrelevanten Stakeholdergruppen vorherrschen kann. So wird Reputation in der Debatte um sie gedeutet als ein „gruppenabhängiges Phänomen, das das Ergebnis eines mediengestützten Prozesses sein kann" (Lies, 2011, S. 15). Reputation ist folglich zu verstehen als Summe von „overall assessments of organizations by their stakeholders. They are aggregate perceptions by stakeholders of an organization's ability to fulfil their expectations (…)" (van Riel & Fombrun, [2]2008, S. 43; vgl. dazu Helm et al., 2011, S. 8). Reputation gilt durchweg als essenzieller materieller wie immaterieller[88] Unternehmenswert (s. u. a. Doorley & Garcia, 2007, S. 8; Hitzbleck, 2011, S. 20 ff.). Sie ist als „Differenzierungskriterium" (Peters, 2011, S. 63) eine bestimmende Komponente für wirtschaftliche Performance und Ressource für den Unternehmenserfolg. Diese wertschätzende, gemeinschaftliche Anerkennung ist verbunden mit Referenzgrößen und Einflussvariablen wie Vertrauen (vgl. Herger, 2006, S. 41 ff.), Glaubwürdigkeit, Sympathie und Verantwortungsbewusstsein. „Das **Reputationsmanagement** hat daher zum Ziel, die Wahrnehmung bei den Stakeholdern im positiven Sinne zu beeinflussen" (Zerfaß & Volk, 2019, S. 115) und dadurch „auch jenseits ökonomischer und hierarchischer Stellgrößen" (Zerfaß, 2006, S. 459) und Facetten möglichst langfristige Wirkungen im Zielpublikum zu erzielen (s. Abb. 3.40).

Dabei kommt vor allem den **PR-Verantwortlichen** in ihrer Arbeit „die besondere Aufgabe zu, die Reputation über interne und extern Kommunikationsaktivitäten zu steuern" (Zerfaß & Volk, 2019, S. 115). Das geschieht u. a. auf Basis von Erkenntnissen bzw. Hintergrundwissen aus bestimmten Analyse- und Messverfahren und daraus resultierenden Kommunikationsstrategien und -auftritten (s. Zerfaß, 2006, S. 458 f.; van Riel & Fombrun, [2]2008, S. 226 f.; Storck, 2014, S. 450 ff.) sowie im Hinblick auf den Umgang mit den spezifischen Kommunikationsbedingungen in der Mediengesellschaft. Diese stellen bekanntlich einen wesentlichen Referenzpunkt für die Tätigkeiten des PR-Funktionsbereichs von Unternehmen jedweder Art dar (s. Herger, 2006, S. 41).

---

[87] Zur Materie und ihrer semantischen Spezifizierung ist schon viel geschrieben worden; vgl. dazu u. a. die Zusammenfassung von Begriffsdefinitionen und die Darstellung damit verbundener Assoziations- und Handlungsfelder bei van Riel & Fombrun, [2]2008, S. 39 ff., Helm et al., 2011, S. 6 ff. und Röttger et al., [2]2014, S. 162 ff.

[88] Dazu zählen u. a. Wissenspotenziale, Kundenloyalitäten, Talente, geistiges Eigentum. Wobei immaterielle Werte selbstverständlich potenziell materielle Auswirkungen, gleichsam als „Return on Investment", haben können.

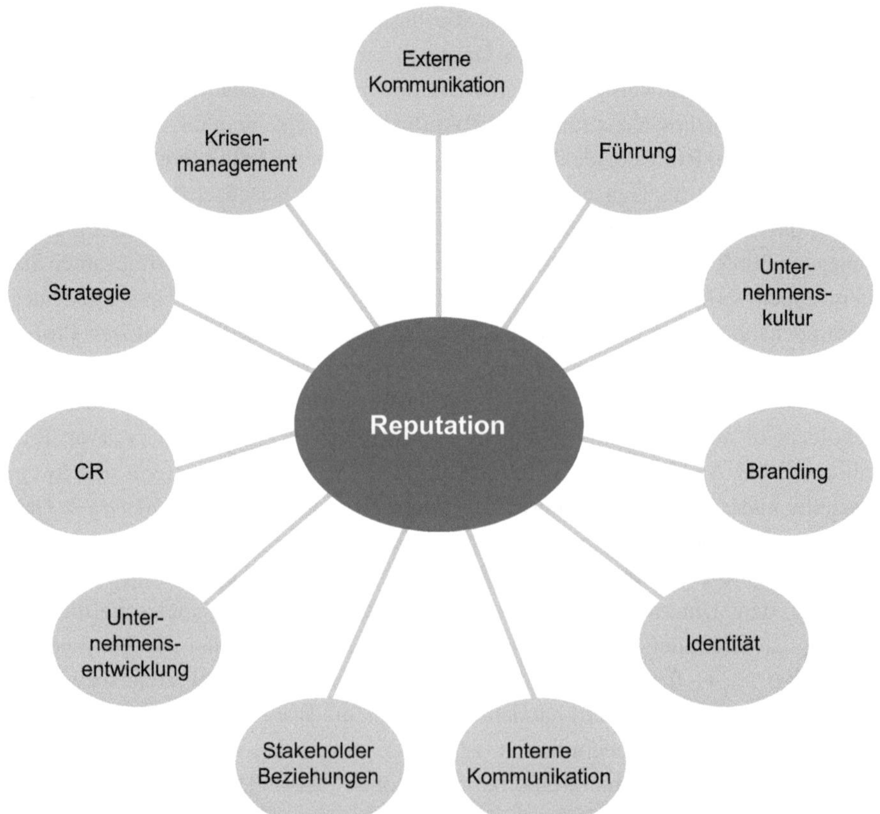

Abb. 3.40 Ganzheitliches Reputationsmanagement. (Quelle: eigene Darstellung)

3.6.2   Image und Reputation: Zwei Seiten einer Medaille?

Eine in der Öffentlichkeit langfristig verankerte, breitenwirksam angelegte **Reputation** beruht auf dem glaubwürdigen, widerspruchsfreien Auftritt und Erscheinungsbild eines Unternehmens, seiner Akteure, Visionen, Werte, Produkte, Dienstleistungen, Marken und Branchenzugehörigkeit. Parallel dazu steht der Begriff **„Image"**. Dieser wird in semantischen und kognitiven Kontexten gleichfalls von Kommunikationstheoretikern und Praktikern verwendet. Dabei bezeichnet Image gemeinhin das in der Momentaufnahme kurzfristige, leicht korrigier- und veränderbare, „(…) spontane, intuitive Bild eines Unternehmens bei einzelnen Stakeholdern" (Mast, [5]2013, S. 50; s. a. Röttger et al., [2]2014, S. 163; Hoffjann, 2015, S. 182 f.). Dieses Bild konstituiert sich im Hinblick auf individuell-subjektive Kenntnisse, Vorstellungen, Erwartungen, Erfahrungen und Wertungen von unternehmensbezogenen Eigenschaften, Symbolen, Bilderwelten und damit korrelierenden

Kommunikationsmaßnahmen.[89] Das betrifft auch Wahrnehmungen von personenbezogenen Auftritten, die aus den Kreisen von Führungsetagen initiiert werden und die das öffentlich vermittelte und von Stakeholdern rezipierte Unternehmensbild mit beeinflussen können.

Im Vergleich zur Image-Perspektive ist **Reputation** folglich „auf einer kollektiven Ebene" (Hoffjann, 2015, S. 183) zu verstehen als die **Summe aller individuellen Einzelimages** von Stakeholdern (s. Eisenegger, 2005, S. 24; Zerfaß, 2006, S. 459), die diese zu einem Unternehmen, seinen Erscheinungsweisen, Darstellungsformen und Profilierungen im Kopf haben und auch öffentlich artikulieren bzw. austauschen können. Wobei sich individuelle Images und eine öffentlich kommunizierte Reputation nicht unbedingt eins zu eins entsprechen müssen. So können einzelne Stakeholder aufgrund von individuellen Negativerfahrungen schlecht über ein Unternehmen denken und sprechen, während dieses jedoch in der kollektiven Wahrnehmung eine insgesamt positive Reputation genießt (vgl. Einwiller, 2014, S. 380).

Wie dem auch sei: Beide Referenzgrößen als **zentrale Werte des Kommunikationsmanagements** (s. Rademacher, 2009, S. 148) zu erzielen und in ihrem Zusammenwirken zu erhalten, erfordert viel Arbeit von allen dafür Verantwortlichen (Unternehmensführung, Kommunikatoren und andere Personengruppen). Und zwar sowohl konzeptionell-strategisch wie auf operativer Ebene in den Innenseiten und Außenverhältnissen von Unternehmen. **Image** und **Reputation** entstehen als **Vorstellungsbilder** „in den Köpfen der Menschen und sind dort verankert" (Kirchner, 2001, S. 116) und sind in ihrer Konstruktion „stets in Beziehung zur Öffentlichkeit zu denken" (Herger, 2006, S. 192; s. a. Rademacher, 2009, S. 142 ff.). Gleichsam als Produkte von Kommunikationsprozessen auch das „Ergebnis eines öffentlichen Deutungsprozesses" (Buß, 2007, S. 228) sind diese kognitiv und affektiv verankerten bzw. ausgeformten Konstrukte (s. van Riel & Fombrun, [2]2008, S. 212; Mast, [5]2013, S. 52) für die Zielpersonen meinungs- und einstellungsprägend sowie verhaltensmobilisierend und handlungsbestimmend. Sie haben andererseits wiederum „unmittelbare Auswirkungen auf das unternehmerische Handeln und leisten einen beträchtlichen Beitrag zum Erreichen der Unternehmensziele" (Ulbrich & Leuz, 2020, S. 27). Image und Reputation sind somit **Leitwerte** und **Zieldimensionen** des Handlungs- und Kommunikationsmanagements auch von Familienunternehmen. Sie dienen zudem funktional der „Zuschreibung von Legitimität" (Hoffjann, 2015, S. 155) und der darauf zugeschnittenen Vermittlung der Unternehmenspositionierung, und sie beeinflussen deren reflexive Wahrnehmungen und Thematisierungen in der Öffentlichkeit (s. Herger, 2006, S. 221 ff.). Dabei ist von den für die Konstruktion und Aufrechterhaltung von Image und Reputation zuständigen Akteuren – den sog. „reputation owners" (van Riel & Fombrun, [2]2008, S. 47) – die Übereinstimmung von Reden/Storytelling und Tun/Auftreten gefordert.

---

[89] Zur begrifflich-differenzierenden Typisierung vgl. die Ausführungen von Herger, 2006, S. 185 f.; s. a. die Betrachtung der multidimensionalen Konstrukte „Image" und „Reputation" bei Kirchner, 2001, S. 116 f. und Buß, 2007, S. 227 ff.

Gemäß dem Motto: *„Practice what you preach.*" Gar mancher, sich in der Öffentlichkeit positionierende Unternehmenslenker, folgt mehr oder weniger konsequent dieser Denk- und Handlungsverpflichtung. Sei es aus eigenem Antrieb oder fremdbestimmt infolge bestimmter Darstellungszwänge. Dieser Personenkreis kann dann u. a. als Storyteller in werbewirksam plakativ gestalteten, massenmedial vermittelten Auftritten durch Prestige-informationen persönlich mit seinem Namen für den „guten Ruf" des eigenen Unternehmens, seiner Produkte und auch der Unternehmerfamilie einstehen (s. a. Abschn. 2.3.3). Dergestalt wird dieses Mindset z. B. kommunikativ postiert und verkörpert durch den mittelständischen Familienunternehmer Claus Hipp[90] in seinen wohl bekannten, seit Jahren zur besten Sendezeit platzierten TV-Spots, die der Bewerbung von in seinem Unternehmen hergestellten Babynahrungsprodukten dienen.

Von Familienunternehmen und ihren Repräsentanten in eigener Sache kommunikativ promotete und profilbildend etablierte Vorstellungsbilder erfüllen „für die Rezipienten Orientierungs-, Entlastungs- und Zuordnungsfunktionen" (Mast, [5]2013, S. 64.).[91] Dabei entfalten sie ihre spezifischen Wirkungen auf verschiedenen Ebenen, d. h. kollektiv und/oder individuell. Diese Funktionsweisen finden ihre Emanation z. B. unternehmensintern in der Förderung von Motivation und Engagement für Aufgabenerfüllungen innerhalb eines Belegschaftsbereichs. Oder in der Vertrauens- und Sympathiebildung sowie akzeptanz-leitenden Denk- und Verhaltensweisen von Kunden zu bestimmten Produkten und Dienst-leistungen (Stichwort: „Markenbindung"), die in reputativen Wettbewerbskontexten[92] postiert sind. Mit Blick auf den Aspekt eines kommunikativ genutzten „Wettbewerbsvorteils" (s. Fombrun, 1996, S. 5) lässt sich der „gute Ruf" eines Familienunternehmens auch in der wahrnehmungssteuernden Darstellung und publicitystarken Positionierung einer Arbeit-gebermarke im allgegenwärtigen „War for Talents" (s. u. a. Kirf & Schach, 2011, S. 166) nutzen (s. a. Abschn. 3.3.3.3.10). Eine emotional und rational positiv ausstrahlende Reputation ist kommunikativ für ein effektives Recruiting nutzbar. Und sie entfaltet zugleich ihre Wirkungen in der Bildung und Festigung von Identifikation, Motivation und Loyalitäten innerhalb von Desk- und Non-Desk-Belegschaften. Auch der Abstrahleffekt einer positiv wahrgenommenen Unternehmensreputation auf die wichtige externe Stakeholdergruppe

---

[90] Seit 2021 fungiert sein Sohn Stefan Hipp als Gesicht des Unternehmens in öffentlichen Auftritten. Er führt fortan die weltweit bekannte Marke gemeinsam mit seinem Bruder Sebastian. Hier hat der Generationswechsel im traditionsreichen Familienunternehmen, der auch anlassbezogen medial propagiert und rezipiert wurde, funktioniert. Und im Unternehmen sind nach eigener Aussage zudem noch viele weitere Familienmitglieder tätig; man brauche im Familienunternehmen, so das Statement, kein Fremdmanagement; s. u. a. den Bericht zum erfolgreichen Generationswechsel in der „WirtschaftsWoche" vom 14.03.2021 oder in „Business Insider" vom 16.03.2021.

[91] Kirchner ergänzt in diesem Sinne – auch unter Berücksichtigung von Markenwirkungen: Diese Konstrukte erleichtern „(…) die Orientierung, indem komplexe Objekte oder Situationen auf eingängige, subjektive Muster reduziert werden. Auf diese Weise reduzieren sie die Komplexität der Informationsauswahl und -verarbeitung" (Kirchner, 2001, S. 116).

[92] Fombrun spricht von einem signifikanten **Reputationswettbewerb** (= „competition for reputation") in den modernen marktwirtschaftlichen Verhältnissen (Fombrun, 1996, S. 18).

der Medienvertreter zeigt sich dahingehend, dass bei diesen dann eine „geringere Skandalisierungsbereitschaft" (Röttger et al., [2]2014, S. 164) im Bewertungsstil ihrer Berichterstattung vorherrscht. Diese Haltung zahlt sich vor allem in Krisensituationen und den damit verbundenen Kommunikationsnotwendigkeiten und Darstellungsanforderungen seitens betroffener Familienunternehmen aus (s. Abschn. 3.7.2.1 und 3.7.2.2).

3.6.3   Image- und reputationsförderndes Themenmanagement

Ein konzeptionell-angelegtes und systematisch-umgesetztes, image- und reputationsprägendes **Themenmanagement** (s. Herger, 2006, S. 179) und darauf ausgerichtete Storytelling-Aktionen dienen dem Aufbau und der Stabilisierung solcher Wertedimensionen. Diese können im Stakeholder-Beziehungsmanagement gezielt kommunikativ genutzt werden: beispielsweise dann, wenn ein Familienunternehmen bzw. Mitglieder desselben – und nicht nur aus dem Management – sich kontinuierlich sozial engagieren (u. a. im Rahmen von jährlich durchgeführten Spendenaktionen) und somit als **Reputationsinstanzen**[93] öffentlichkeitswirksam agieren. Oder wenn sich die Unternehmensspitze zu aktuellen gesellschaftspolitischen Themen und Problemstellungen äußert: z. B., wenn der CEO in Meinungsartikeln in Wirtschaftsmedien zur unternehmerischen Verantwortung in schwierigen Zeiten ein Statement abgibt und authentisch Meinungsbildung betreibt und dadurch auch für aufmerksamkeitsfördernde Anschlusskommunikation sorgt.

Solche symptomatischen Aktivitäten und die sie unterstützenden Kommunikationsleistungen illustrieren **positive Reputationsindikatoren** wie Kompetenz, soziale Verantwortung, Werteorientierung, Einzigartigkeit und erhöhen den **Reputationswert** des Absenders sowie dessen Anerkennung innerhalb der adressierten Öffentlichkeiten (s. van Riel & Fombrun, [2]2008, S. 38 ff.). Dadurch wird sowohl der sympathiefördernden Wahrnehmung in externen Unternehmensumfeldern als auch der Förderung von Loyalität und Akzeptanz innerhalb wichtiger Bezugsgruppen Vorschub geleistet – Mitarbeiter und Führungskräfte der eigenen Organisation inklusive.

Beim Blick auf die andere Seite der Medaille soll allerdings ein **Risiko** nicht unerwähnt bleiben: Unternehmensbezogene Images und Reputation lassen sich intentional nicht unbegrenzt nach eigenem Gusto platzieren und steuern, sondern sie sind in ihren Manifestationen immer auch unabhängigen, fremden, mitunter **negativen Einflussgrößen** unterworfen. So kann die Reputation eines Unternehmens durch diverse **Akzeptanzbelastungen, Sympathierückgänge** und **Vertrauensverluste** (s. Herger, 2006, S. 31 f.) bei Stakeholdern in unterschiedlichen Unternehmensumwelten erodieren und durch das mit Spannungen und Abwertungen korrelierende Manko im Worst Case gar ruiniert werden. In einem

---

[93] Neben Unternehmern zählen zu Reputationsinstanzen ebenso Experten, Wissenschaftler, NGOs und Medienvertreter. Allerdings ist die Glaubwürdigkeit letzterer mittlerweile durch ihre eigene Arbeit und die dadurch ausgelösten öffentlichen Debatten auch in Teilen ihres Publikums angekratzt (Stichworte: „Verdachtsberichterstattung", „Meinungsmanipulation").

solchen Fall zeigen Reputationsindikatoren bei Nicht-Vorhandensein positiver Merkzeichen auch eine negativ wirkende Ausrichtung. Häufig ist der (vormals) „gute Ruf" eines Unternehmens gerade deshalb nachhaltig beschädigt, weil es zum öffentlichen Skandalobjekt wurde (s. u. a. Abschn. 2.3.1 und 3.7.2.1) und als solches im Bewusstsein des Medienpublikums fixiert ist. In der Folge wird die betroffene Organisation medial breitenwirksam gescholten und, begleitet von heftigem Social-Media-Gezwitscher, in manifesten Verhaltensweisen angeprangert. Dazu gibt es genug Beispiele in der Familienunternehmenslandschaft, in denen die „Licence to operate" (s. Abschn. 3.1) von der Öffentlichkeit in Teilen aberkannt wurde oder im Extremfall gänzlich verloren ging.

Man denke dabei nur an die „Schlecker"-Pleite. Dieses Skandalon hat als medial gut vermarktbares Krisenspektakel (vgl. Abschn. 3.7.2.2) in der Folge zu vielerlei Formen von Betroffenheiten und Empörungen geführt. Das geschah in der öffentlichen Debatte und bei publikumswirksamen Aktionen im Rahmen der Insolvenz, die schließlich auch im Medienrampenlicht die Justiz beschäftigte: z. B. in Form von Protesten auf Seiten der gegen ihren Arbeitsplatzverlust demonstrierenden „Schlecker-Frauen", die vielfach Berichterstattungsthema in prominenten Nachrichtensendungen zur Prime Time waren. Zudem fehlte in diesem Fall dem Familienunternehmen ein durchdachtes Konzept zur wirksamen Umsetzung einer situationsadäquaten Krisenkommunikation (vgl. Abschn. 3.7.2.8) auf professioneller Grundlage. Ein gravierendes Versäumnis, auch mit fatalen kommunikativen Konsequenzen. So wie es leider immer noch bei in eine Schieflage geratenen Familienunternehmen zu beobachten ist, die auf eine das eigene öffentliche Ansehen gefährdende **Krisensituation** nicht hinreichend kommunikationsstrategisch wie -taktisch vorbereitet sind. Das kann beispielsweise der Fall sein im Zuge des kommunikativen Umgangs mit bestandsgefährdenden Ertragskrisen oder bei einer gescheiterten Restrukturierung und ihrem defizitären Folgenmanagement.

Im Schlecker-Fall „wurde deutlich, dass eine Krisenkommunikation weder nach innen noch nach außen konsequent erfolgt ist. Weder bestand eine sichtbare Kommunikationsstrategie noch wurde proaktiv und systematisch Medien- und Pressearbeit geleistet. Statt der Eindämmung von Imageschäden hatte dies zur Folge, dass sich der Imageschaden für Schlecker bei bestehender Krise noch verstärkte" (Reinhardt, 2020, S. 181). Für eine in solchen Fällen strategisch wie operativ anzustrebende mögliche „Rückgewinnung von Vertrauen durch Kommunikation, z. B. durch die Auswahl oder Auswechselung geeigneter Führungspersonen, Änderung organisatorischer Strukturen (…) und vor allem eine professionellere Öffentlichkeitsarbeit" (Bentele & Seidenglanz, 2005, S. 354), war es längst zu spät. Vertrauen, Glaubwürdigkeit, Respekt und Goodwill gegenüber den Krisenverursachern waren in der Öffentlichkeit weitestgehend verspielt. Eine im Stakeholder-Bewusstsein als Meinungsbild verfestigte „Bad Reputation" lässt sich bekanntlich nur schwer und mit großem Ressourceneinsatz im Zeitverlauf korrigieren bzw. neu justieren (vgl. Mast, [5]2013, S. 51). Dazu gab es im Fall Schlecker keine Möglichkeiten mehr. Das weitere Schicksal von Familie und Unternehmen ist hinlänglich bekannt und braucht an dieser Stelle nicht weiter kommentiert zu werden.

Was schließen wir aus solchen Vorfällen für die **reputationsbasierte öffentliche Stellung von Familienunternehmen** (s. Abschn. 3.1) in den sie mitbestimmenden und mitbegleitenden Kommunikationsverhältnissen der zeitgenössischen Mediengesellschaft? In dieser sind Image und Reputation von Unternehmen, Personen, Produkten und Institutionen aller Art noch instabiler, für Schädigungen anfälliger, „verletzlicher und schutzbedürftiger" (Eisenegger, 2005, S. 13) geworden. Somit dürfen vertrauens- und akzeptanzbildender Reputationserwerb und das daraufhin ausgerichtete **Reputationsmanagement** (vgl. Doorley & Garcia, 2007, S. 8 ff.; Einwiller, 2014, S. 371 ff.) aus Unternehmensperspektive nicht Bestandteile einer kommunikativen Komfortzone sein. **Reputationskonstruktion und -pflege** sind nicht allein Aufgabe im Zuständigkeitsbereich der Kommunikationsakteure, sondern sollten „als übergeordnete Managementaufgabe verstanden werden" (Röttger et al., [2]2014, S. 165). Gleichsam als „strategischer Wert" („strategic value" – s. Fombrun, 1996, S. 5)[94] zählt dieses Engagement auch für Familienunternehmen zur unerlässlichen Apparatur des unternehmenseigenen Handlungs- und Kommunikationsmanagements. Image und Reputation gelten somit als zentrale Güter im Wettbewerb von Unternehmen um Aufmerksamkeit, Sympathie und Akzeptanz vielfältiger Publika, die ihrerseits Zielgruppen unternehmenskommunikativer Anstrengungen sind und diese wiederum in Kommunikationsbewertungen und -verhalten zurückspiegeln.

3.6.4   Zusammenspiel von Vertrauen und Reputation

Dabei wird die Akzeptanz- und Vertrauensfrage zur wesentlichen Voraussetzung „(…) für das kommunikative Handeln der Akteure (…), um Anschlusskommunikation in den Märkten und der Öffentlichkeit zu erhalten" (Herger, 2004, S 29). In dieser Einschätzung herrscht größtenteils Konsens unter den Kommunikationsschaffenden. Zwischen **Vertrauen** und **Reputation** (als Summe aller Einzelimages) und deren kommunikativer Konstruktion (vgl. Herger, 2006, S. 41 f.) besteht im öffentlich wirksamen Anerkennungsprozess von Unternehmen, Personen und Objekten erwiesenermaßen ein konstituierendes Wechselwirkungsverhältnis. So ist die Vertrauensbildung „auf die Leistungen der Kommunikation angewiesen" (Herger, 2006, S. 41). Und zwar kontinuierlich und konsistent. Das gilt insbesondere für die PR-Arbeit, der in Forschung und Praxis „Vertrauen als zentrales Ziel und als praktische Zielvorgabe" (Hoffjann, 2015, S. 165) für eine erfolgreiche Leistungserbringung zugewiesen wird.

Doch eines ist kritisch zu bedenken: **Vertrauen** ist immer auch eine durchaus risikobehaftete, schwierige „Vorleistung" (Luhmann, 2001, S. 148 ff.). Diese ist potenziell nicht frei von Enttäuschungen, weil Vertrauen durch Nichtbeachtung auch missbraucht werden

---

[94] In seinem, zu den lesenswerten Klassikern der „Reputationsliteratur" zählenden Basiswerk pointiert Fombrun die „Werthaltigkeit" und den strategischen „Kapitalcharakter" (Fombrun, 1996, S. 10) von Reputation für Unternehmen in ihrem allgegenwärtigen Kommunikations- und Aufmerksamkeitswettbewerb in Markt und Gesellschaft: „ (…) a reputation is of considerable strategic value because it calls attention to a company's attractive features (…)" (Fombrun, 1996, S. 5).

kann. So muss sich der „Vertrauensgeber" (Unternehmen und dessen Repräsentanten) sowohl in seinen Äußerungen als auch in den darauf bezogenen Handlungen gegenüber dem „Vertrauensnehmer" (Stakeholder), der seinerseits Vertrauensbereitschaft zeigt, als glaubwürdig und verlässlich, sprich „vertrauensvoll" und „vertrauenswürdig" erweisen. Nur durch die stimmige Kongruenz von Reden und (Vertrauens-)Handeln schafft Vertrauen Reputation und umgekehrt. In diesem Interdependenzverhältnis lassen sich Reputation und Vertrauen als die zwei Seiten eines Anerkennungsprozesses bestimmen. Denn der „gute Ruf" ist für die **Gewährung von Vertrauen** zentral.

Vertrauen und damit verknüpft Glaubwürdigkeit, Integrität und Akzeptanz sind per se **„Zielwerte** der Kommunikation von Unternehmen mit ihren Stakeholdern" (Mast, [5]2013, S. 245) in allen Dimensionen und Zielrichtungen. Für das Gelingen von Kommunikationsvorhaben ist zudem die Erkenntnis maßgeblich, dass erfüllte Anforderungen, Wünsche und Bedürfnisse von unternehmensrelevanten Anspruchsgruppen bei diesen Vertrauen erzeugen und stabilisieren. Und gelebtes bzw. geteiltes Vertrauen selbst unterstützt im Gegenzug die Reputationsbildung aus Sicht der Vertrauensnehmer. Doch wenn diese Disposition nicht funktioniert bzw. in deren Ausprägung und Wahrnehmung ein offensichtliches Manko besteht, so droht aus dieser Beeinträchtigung heraus nicht selten eine Reduktion von Vertrauenswerten. Diese Einschränkung kann sich in Formen und Ausdrucksweisen von Misstrauen manifestieren, die einen Verlust von Wertschätzung darstellen. Deren Ursache kann häufig auf kommunikative Diskrepanzen und Inkonsistenzen in der Aussagengestaltung und den damit korrespondierenden Sachverhalten bzw. wahrgenommenen (Kommunikations-)Auftritten von Unternehmen und ihren Repräsentanten zurückgeführt werden (vgl. Herger, 2006, S. 31 f.; Hoffjann, 2015, S. 166 f.). **Vertrauensverluste** sind häufig gepaart mit Akzeptanzschwund, Misstrauensbekundungen und gehen mit dem Entzug des für den Unternehmenserfolg notwendigen öffentlichen „Goodwills" einher. Ein Ausfall, der – wie bereits dargelegt – die legitimierende „Licence to operate" nachteilig tangieren kann. Verlorenes Vertrauen in der Beziehungsgestaltung zu Stakeholdern von Unternehmen wiederherzustellen, stellt bekanntlich ein kompliziertes Vorhaben dar. Denn dieses bedeutet für die von Vertrauensabwertung Betroffenen wiederum viel Wiederherstellungsaufwand in organisatorischer, monetärer wie zeitlicher Hinsicht. Und das gilt es – auch bei Familienunternehmen – unbedingt zu vermeiden. Denn im positiven Umkehrschluss gilt die Einsicht, dass in Hinsicht auf seine „Reputation (…) ein Unternehmen oder eine Führungskraft kommunikativen Einfluss ausüben und damit auch jenseits ökonomischer und hierarchischer Stellgrößen (wie Geld, formale Macht) etwas bewegen" (Zerfaß, 2006, S. 458 f.) kann, und dass sich Reputation als Zielgröße „immer wieder in konkrete Wettbewerbsvorteile ummünzen" (Zerfaß, 2007, S. 29) lässt.

So sind Image und Reputation als das auf ein Familienunternehmen und seine Repräsentanten bezogene, denkleitende und handlungsbeeinflussende Vorstellungsbild „vor allem dann relevant, wenn Bezugsgruppen ihre Entscheidungen – wie dies in ausdifferenzierten Gesellschaften üblich ist – nicht oder nur teilweise auf persönliche Erfahrungen stützen können" (Zerfaß, 2007, S. 458). Diese Erkenntnis bedeutet für das unternehmensgestützte, vornehmlich PR-kommunikativ gesteuerte Image- und Reputationsmanagement (s. Mast, [5]2013, S. 38; Zerfaß & Volk, 2019, S. 115 f.) und den dafür notwendigen Kommunikationseinsatz:

- Die vertrauensfördernde **Erfüllung von Stakeholder-Erwartungen** ist die Basis für eine erfolgreiche Image- und Reputationskonstruktion (vgl. Herger, 2006, S. 187). Die für deren Komposition maßgebende Bezugs- und Zielgröße „Vertrauen" basiert auf der über einen längeren Zeitraum hinweg gewachsenen Erfahrung, dass in der Vergangenheit Erwartungen nicht enttäuscht wurden. Das heißt, indem Unternehmen durch ihre Handlungsweisen und das diese begleitende Kommunikationsengagement zweifelsfrei und verlässlich den Ansprüchen und Erwartungshaltungen aller für den Unternehmenserfolg relevanten Stakeholder entsprechen, können sie das für die Reputationszuschreibung elementare Vertrauen gewinnen. Und Vertrauen schafft bekanntlich Bindungen (s. Barret, 2016, S. 4). Eine Erkenntnis und Forderung zugleich, die ebenso gilt für die Zuverlässigkeit von öffentlich verbreiteten Kommunikationsinhalten, die ihrerseits „Vertrauenswürdigkeitszuschreibungen" (Hoffjann, 2015, S. 169) einfordern.
- Ein solches strategisches wie taktisches **Erwartungsmanagement** verlangt zudem, einen auf Feedback angelegten **Dialog** mit den wichtigsten Anspruchsgruppen kontinuierlich und inhaltlich konsistent zu führen. Dabei sind deren Vorstellungen zu identifizieren und zu berücksichtigen und mit den eigenen Unternehmensinteressen möglichst abzugleichen bzw. zu harmonisieren.
- Gleichzeitig müssen frühzeitig image- und reputationsrelevante **Problemthemen** und potenziell destabilisierende **Konfliktszenarien** durch Issues Monitoring (s. Abschn. 3.7.2.9.1) im Unternehmensumfeld erkannt und unter Federführung der PR im Sinne einer Reputationsschadensabwehr (Herger, 2006, S. 191) kommunikativ bearbeitet bzw. proaktiv gehandhabt werden.

An dieser Stelle sei noch auf einen strategischen wie operativen Aspekt des Image- und Reputationsmanagements verwiesen: Als Evaluationsverfahren zielen **Image-** und **Reputationsmessungen** (s. u. a. Zerfaß, 2006, S. 458 f.; Besson, [3]2008, S. 165 ff.; Röttger et al., [2]2014, S. 165 ff) auf die Ermittlung von für Stakeholder denk- und handlungsleitenden Einstellungen, Meinungen, Vorstellungsbildern sowie Unterstützungspotenzialen. Diese sind als kumulierte Resultate („Outcome") von unternehmenskommunikativen Aktionen zu werten. Sie werden aber auch von anderen Einflussfaktoren in den Diskurs- und Handlungsfeldern relevanter Unternehmensbezugsgruppen getrieben. Bei deren Messungen geht es „um die Erhebung eines Gesamteindrucks, der vor allem im Zeitvergleich und im Benchmarking mit Wettbewerbern aussagekräftig ist" (Zerfaß, 2007, S. 458) und „die Wettbewerbsfähigkeit eines Unternehmens maßgeblich beeinflusst" (Zerfaß & Volk, 2019, S. 115).

In diesen meinungsbildenden und handlungsprägenden Kontexten haben sich **Stakeholder-Befragungen** als standardisiertes, mehrdimensionales Messverfahren für Ermittlung und Nachweis einer Unternehmensreputation und ihrer jeweiligen Ausprägungen bewährt. Anhand der Einschätzung von bestimmten Attributen (z. B. Vision, Leadership, wirtschaftliche Perfomance, soziale Verantwortung, Produktqualität etc.) wird der „Reputationswert" („Reputation Quotient") identifiziert (vgl. dazu Wiedmann et al., 2007, S. 325 f.). Das heißt, es wird anhand von Kennzahlen erfasst, wer in welchen Dimensionen wem (Unternehmen, Management etc.), in welcher Form und Gewichtung bestimmte Reputationswerte zuweist und welche Stakeholder welche Erwartungen und Ansprüche an ein Unternehmen stellen.

Das kann beispielsweise das positiv wirkende, arbeitgeberfreundliche Renommee eines Unternehmens sein, welches sich etwa in zustimmenden Social-Media-Kommentaren und Online-Bewertungen öffentlich kundtut. Solche Äußerungstendenzen können durch **Social Media Monitoring** (s. Abschn. 3.7.2.9.2) erfasst und als evaluiertes, vorteilhaft-populäres Vorstellungsbild in der HR-Kommunikation bei der Stakeholder-Ansprache im wettbewerbsintensiven „War for Talents" gezielt verwendet werden.

Exemplarisch sei noch eine andere Möglichkeit zur **Reputationsallokation** erwähnt, die auf einfache Weise durchgeführt werden kann. Beispielsweise im Rahmen einer Werksbesichtigung, die in einem Familienunternehmen in Begleitung dazu eingeladener lokaler und regionaler Politiker sowie ausgewählter Medienvertreter stattfindet. Die bei dieser Gelegenheit geäußerten (positiven) Stellungnahmen können von der unternehmens-eigenen PR-Fraktion erfasst und dokumentiert werden, um sie in einer image- und reputationsfördernden Anschlusskommunikation medientauglich weiterzuverwenden. Dazu könnten etwa Aussagen der Unternehmensspitze zu getätigten Investitionen im Zuge der Digitalisierung von Produktionsprozessen zählen, die den technologischen Vorsprung und die damit verbundene Positionierung des Familienunternehmens im Vergleich zum di-rekten Wettbewerb deutlich erhöhen. Idealerweise haben die Besucher davon selbst schon vorab aus der Berichterstattung in verschiedenen Medienformaten erfahren, die die PR-Abteilung mit entsprechenden Botschaften in Pressemitteilungen proaktiv initiiert hat. Die präsentierten Know-how-Aktivposten, profilbildenden Performance-Assets und ihre für den Unternehmenserfolg offenkundige Relevanz können dann im Nachgang auf der eigenen Unternehmenswebsite veröffentlicht und ferner durch LinkedIn-Posts in Bild und Text anschlusskommunikativ im Unternehmensumfeld verbreitet werden. Durch diese medial-gestützte Zugänglichkeit werden Narrative einem größeren, interessierten Publi-kum zur Kenntnis gebracht. Ein Verfahren, das auch die Kontakterhöhungswahrschein-lichkeit durch weiterführende Informations- und Dialogangebote – z. B. auf persönlicher Gesprächsebene mit Experten und Fachjournalisten anlässlich von Fachmesse-beteiligungen – fördern kann.

Die Liste derartiger, gezielt wahrnehmungssteuernder und akzeptanzunterstützender Kommunikationsmöglichkeiten von Familienunternehmen ließe sich beliebig er-gänzen. Es bleibt indes der Fantasie, Kreativität und dem Engagement der Leser über-lassen, ähnliche Anlässe in ihrer eigenen Kommunikationspraxis zu planen und um-zusetzen.

3.7 Kommunikation in schwierigen Zeiten: Anforderungen an Change-Kommunikation und Krisenkommunikationsstrategien von Familienunternehmen

3.7.1 Change-Kommunikation: Prinzipien und Verfahrensweisen

Zusammenfassung

Die Welt, in der Familienunternehmen lokalisiert und aktiv sind, verändert sich ständig. Transformationen vielfältiger Art, Intensität und Tragweite fordern ständige Anpassungen, um durch „Wandel im Wandel" die für den Unternehmensfortbestand notwendige Stärke zu erreichen und der Corporate Identity Stabilität zu sichern. Damit unternehmensrelevante Veränderungsprozesse zum Erfolg führen, müssen deren Zielbilder von allen Beteiligten akzeptiert und das Geschehen konstruktiv mitgetragen werden.

Dabei kommt der unternehmensinternen und -externen stakeholderorientierten Change-Kommunikation eine Schlüsselrolle zu. Mit Blick darauf stehen in diesem Kapitel die Zielsetzungen und Aktionsfelder der kommunikativen Gestaltung und Begleitung von Change-Szenarien im Fokus. In Sonderheit geht es um das auf Transformationsprozesse bezogene Themenmanagement und Storytelling. In diesem Kontext wird die Kommunikatorrolle des CEO ausführlich beleuchtet. Dieser muss als Chief Storyteller eine verständliche Interpretation der Change-Agenda liefern. CEO-Kommunikation soll Vertrauen schaffen, Orientierung geben sowie Veränderungsbereitschaft und Beteiligung bei allen von Veränderungsprozessen betroffenen Personenkreisen erreichen. Das betrifft auch den Umgang mit konfliktiven Meinungstableaus. Die Change-Story schafft für den Empfängerkreis einen Interpretationsrahmen und leistet hermeneutischen Beistand. Auf Basis eines strategischen Themenmanagements sollten Change-Narrative crossmedial angelegt sein. Dabei kommt der PR eine Schlüsselrolle zu. Das gilt sowohl für die Vermittlung der Change-Botschaften im Unternehmensinnenraum als auch für medientaugliche Erläuterungen in äußeren Kontaktbereichen.

3.7.1.1 Notwendigkeit kommunikativer Vermittlung von Veränderungsprozessen

Die Welt, in der Familienunternehmen ökonomisch wie soziokulturell verortet und aktiv sind, verändert sich ständig. Nicht nur die Fundamente, Prinzipien, Rollenmuster, Motive und Perspektiven des Miteinanders in privaten, unternehmerischen und gesellschaftlich-öffentlichen Lebenswelten werden von **Veränderungs-/„Change"-Prozessen**[95] und ihren Auswirkungen beeinflusst. Produkte, Dienstleistungen sowie Technologiezyklen werden kurzlebiger. Sie verlieren schneller ihr Verfallsdatum hinsichtlich Attraktivität, Gebrauchswert sowie Design. Und sie verschwinden rasch aus dem Aufmerksamkeits- und Nutzungsfokus von Bezugsgruppen und somit aus den Sortimenten und Offerten. Diese **Trans-**

---

[95] Beide Begriffe werden hinsichtlich ihrer Bedeutungszuweisung in der Folge synonym verwendet.

formationen verlangen von Konzernen wie auch von Familienunternehmen jedweder Größenordnung ständige Anpassungen an die für sie relevanten Umfeldbedingungen, um durch „Wandel im Wandel" die für den Unternehmensfortbestand notwendige Stabilität zu erreichen. Denn die Aufrechterhaltung derselben kann im Spannungsfeld von Veränderungsszenarien, die in und außerhalb einer Organisation stattfinden, gefährdet werden: etwa durch unumgängliche Restrukturierungsmaßnahmen in einem Familienunternehmen infolge von offenkundigen Wettbewerbsnachteilen und damit verbundenen strategisch-operativen Korrekturen, die zudem Marktstellungen und Geschäftsbereiche negativ beeinflussen können. Eine Situation, die sich im Endeffekt ebenfalls nachteilig auf das organisationale Gleichgewicht auswirken kann. Schließlich fungieren Stabilität und ihre Wahrnehmung als Garant und Movens für Engagement, Motivation und Loyalität von Belegschaften und Führungskräften. Und das auch im Hinblick auf deren Bereitschaft, sich mit Veränderungsprozessen zu identifizieren, diese im Einverständnis konstruktiv und aktiv mitzutragen und dadurch zum Erfolg zu führen. Das Gegenteil bewirkende Begleiterscheinungen, die unbedingt zu vermeiden sind, wären wiederum Transformationswiderstände, die ausgelöst werden durch Verunsicherungen, Existenzängste und den Verlust des Wir-Gefühls. Derartiger Psychodruck kann schnell spürbare Friktionen und negative Interferenzen bei den von organisationalen Reformen direkt wie indirekt Betroffenen nach sich ziehen.

Veränderungen in vielfältiger Art und Ausprägung sowie deren professionell-methodisches Handling, sprich das „**Change-Management**",[96] konditionieren stets die Entscheidungs- und Aktionsparameter in und außerhalb aller Unternehmenstypen. Das geschieht vor allem im Hinblick auf deren Konstitution, Organisation, strategische und operative Zielsetzungen sowie Wertekanons. Und nicht zuletzt haben die bereits geschilderten, momentan vorherrschenden Verhältnisse in Marktgeschehen und gesellschaftspolitischen Kontexten (s. Abschn. 3.2.2) gleichfalls Einfluss auf vorhandene Verhaltensmuster und Kommunikationskulturen in und von Familienunternehmen. Eine planvoll konzipierte und methodisch implementierte Kommunikation in unternehmensinterner Verankerung und externer Ausrichtung hat gerade in von Umbrüchen geprägten Zeiten besondere Geltung und Gewicht (s. Deekeling & Barghop, 2003, S. 16 f.). Das betrifft den **kommunikativen Umgang mit** allen Erscheinungsweisen und Spielarten von **Veränderungen**, auch über die aufgeführten Fälle und Terrains hinausgehend (s. Abb. 3.41). Dabei sollte Kommunikationsverantwortlichen und Führungsspitzen von Familienunternehmen ein Sachverhalt gleichermaßen bewusst sein: **Change-Kommunikation** ist – neben der Regelkommunikation – nicht bloß schmückendes Beiwerk. Denn ohne eine in allen Handlungsebenen und Funktionsbereichen optimal arbeitende Unternehmenskommunikation misslingt jeder Anspruch und jede Form von Veränderungsvorhaben (vgl. Kotter, 2011, S. 88 ff.).

---

[96] Über Change-Management und darüber, was Transformationen für Unternehmen und die darin tätigen Menschen bedeuten, ist mittlerweile schon viel nachgedacht und geschrieben worden. Wir verweisen die an der Materie interessierten Leser auf einschlägige Publikationen im Ratgeber- und Forschungskotext sowie auf die im Text zitierte Sekundärliteratur.

Change-Aspekte	**Kommunikative Handlungsfelder**
1. Transformationsprojekte, die strategisch wie operativ umgesetzt werden müssen, können für ein Unternehmen tiefgreifende Konsequenzen nach sich ziehen.	1. Restrukturierungskommunikation (intern/extern) sowie potenzielle Krisenkommunikationsszenarien (präventiv wie ad hoc) inhaltlich und prozessual vorbereiten.
2. Die im Change verunsicherten Belegschaften müssen von der Richtigkeit und Notwendigkeit des eingeschlagenen Weges überzeugt und aktiv mitgenommen werden.	2. Unternehmensintern muss der Change klar, in positiver Manier und überzeugend in alle Richtungen kommuniziert werden.
3. Eine defizitäre Kommunikationskultur würde einen reibungslosen Change-Verlauf behindern und kommunikative Gegenpole und Resilienzen verstärken.	3. Eine ggf. notwendige Weiterentwicklung der Kommunikationskultur ist anzustoßen (inkl. Führungskräftekommunikation) und kommunikativ zu etablieren.
4. Äußerungen und Performance von Unternehmensleitung und Führungskräften stehen unter Beobachtung in dieser für die Unternehmensentwicklung erfolgskritischen Situation.	4. Durch vertrauensbildende Maßnahmen kann das Vertrauen der Mitarbeiter in GF und Führungskräfte gestützt werden.
5. Gegenüber externen Stakeholdern (Kunden, Partnern etc.) muss der Change möglichst geräuschlos verlaufen und als positive Unternehmensveränderung wahr- und angenommen werden.	5. „Business-as-usual" in Marketing und Vertrieb sowie begleitende positive und systematische Darstellung und kommunikative Vermittlung der getroffenen Veränderungsmaßnahmen.

Abb. 3.41 Kommunikative Herausforderungen von Veränderungsprozessen. (Quelle: eigene Darstellung)

Eine Erkenntnis der kritischen Reflexion über Veränderungen und ihr kommunikatives Handling ist weiterhin zu berücksichtigen: Trotz aller bekannten und strategisch wie operational erprobten Kommunikations- und Handlungsparameter erscheint eine Reformsituation in der sie charakterisierenden Erscheinungsform, Realisierung und Intensität nicht gleichartig. Vielmehr ist sie immer formal und aktional individuell zu betrachten. Wandlungen divergieren von Fall zu Fall mit unterschiedlichen Erfolgsaussichten und Resultaten. Das methodische Einwirken auf Wandelszenarien kann diese – gleichsam auf dem Verordnungswege – nicht vollständig determinieren. Es bleiben immer Unwägbarkeiten und Black Boxes bestehen. Gerade weil, mit Blick auf Mindsets und Human Touch der Beteiligten, im Change „menschliches Handeln (…) immer zu einem Teil unbestimmbar" (Gattermeyer & Al-Ani, [2]2001, S. 8)[97] und deshalb nicht gänzlich steuerbar bleibt. Realistisch betrachtet gibt Change-Management daher „keiner ‚Machbarkeitsideologie' das Wort, sondern hilft, Veränderungsprozesse richtig zu proportionieren, zu planen und zu steuern, Beteiligte einzubinden und entsprechende Verantwortungen festzulegen" (ebd.).

Was uns in den vorliegenden Ausführungen vorrangig interessiert, sind die kommunikativen Aspekte, Parameter, Determinanten und spezifischen Handlungsfelder von Wandlungsprozessen, die die Führungsriegen, Kommunikationsakteure, Belegschaften sowie auch andere Stakeholder von **Familienunternehmen** betreffen. Somit stellen sich uns in diesem Zusammenhang folgende Fragen: Wie reagieren Familienunternehmen in ihrem Kommunikationsmanagement auf geplante oder nicht intendierte, ungewollt einwirkende bzw. von verschiedener Intensität[98] geprägte **Change-Szenarien?**[99] Und welche davon tangieren Familienunternehmen im Besonderen? Wie gehen diese **kommunikativ** mit systemimmanenten wie organisationsexternen Aufgaben und Themenstellungen in Veränderungslagen (vgl. Deutinger, [2]2017, S. 8 f.) um? Welche Herangehensweisen, Positionen, Einflussgrößen und Kommunikationserfordernisse lassen sich dabei identifizieren?[100]

3.7.1.2 Stakeholderorientiertes Kommunikationsmanagement

Von prinzipieller Bedeutung für ein kommunikatives Gelingen von Veränderungsvorhaben ist für alle betroffenen Firmentypen – also ebenso für Familienunternehmen – eine grundlegende **stakeholderorientierte Kommunikationshaltung** (vgl. Abschn. 3.3.3.3.1 und 3.5.1). Denn Stakeholder „have reactions to changes in their organizational lives. Those changes impact how they feel, how they relate to the organization, what they think they can get from and give to the organization, among many other reactions" (Lewis, [2]2019, S. 11). Und mit Blick auf die identifizierten und analysierten Stakeholder-Ansprüche und -Interessen (s. dazu Deutinger, [2]2017, S. 67 ff.; Zerfaß & Volk, 2019, S. 38 f.) sollten unternehmensseitig inhaltlich wie dramaturgisch sinnhaft modellierte und umgesetzte Kommunikationssequenzen korrespondieren. Dieser Anspruch gilt für Kommunikationsauftritte auf allen verfügbaren Plattformen, Kanälen und in wichtigen meinungsbildenden Mediensegmenten. Und das sowohl digital und analog verortet sowie informationsbasiert

---

[97] Diese Autoren zeigen einen erwähnenswert kritischen Blick auf die Möglichkeiten der Steuerung und Beeinflussbarkeit von unternehmensbezogenen Change-Projekten, in die immer auch Menschen involviert sind, die sich ihrerseits einer kompletten Steuerung entziehen.

[98] Zu den verschiedenen möglichen **Change-Intensitätsgraden** vgl. Deutinger, [2]2017, S. XV.

[99] Zu den speziellen Herausforderungen, Ausprägungen und Aufgabenstellungen der **Unternehmenskommunikation in Change-Situationen** gibt es mittlerweile eine Vielzahl von Veröffentlichungen mit wissenschaftlichen und/oder erfahrungsfundierten Ansätzen und Perspektiven. Diese Publikationen sind auf ihre Weise lesenswert. Stellvertretend sei auf die Darstellungen u. a. bei Mohr (1997), Deekeling & Barghop (2003) sowie Deutinger ([2]2017) verwiesen.

[100] Zu den Kommunikationsanforderungen im Change in Familienunternehmen s. Heidelmann, 2013, S. 98 ff. und 287 ff.

und dialogisch inszeniert. Das heißt, es geht in der Stakeholder-adressierten **Change-Kommunikation von Familienunternehmen** darum, alle diese Aspekte zu beachten und in die methodisch-formale Gestaltung und inhaltliche Ausrichtung des internen und externen Kommunikationsprozesses zu integrieren. Dazu eignet sich ein situationsadäquates, gut strukturiertes, inhaltlich-thematisch auf den konkreten Fall bezogenes **Storytelling** (s. Herbst, [4]2021, S. 51 – s. a. Abschn. 3.4.1). Dessen **Narrative** und die darin platzierten Botschaften rekurrieren auf die Informationsnachfrage und Kommunikationsbedarfe, Denkmuster und Erwartungshaltungen unterschiedlicher Anspruchsgruppen. Die Stories sollen den Rezipienten die spezifischen Beweggründe, Anlässe, Kontexte,[101] Zielsetzungen, Perspektiven und Konsequenzen von Change-Entscheidungen erklären sowie den Sinn und Zweck des darauf basierenden unternehmerischen Handelns verdeutlichen. Denn die Belegschaft, Führungsmannschaft und Eigentümergemeinschaft ebenso wie Kunden, Lieferanten oder Investoren von Familienunternehmen sollten sich möglichst nicht ihren eigenen Reim auf Change-Sachverhalte machen. Sondern sie müssen, um Fehlinterpretationen und Missverständnisse zu vermeiden, ein Veränderungsszenario in Summe verstehen und in der Tragweite für ihre eigene Situation abschätzen können. Gemäß der geläufigen, im Firmeninteresse liegenden Devise: Betroffene zu Beteiligten machen.

Dabei sind den unternehmensinternen und -externen Adressatenkreisen glaubwürdige, verlässliche und unmissverständliche **Antworten** auf aufkommende **Orientierungsfragen** zu geben:

- Weshalb, wie, wozu, wann und über welchen **Zeitraum** ist eine geplante Veränderung, die den Arbeits- und Geschäftsalltag sowie die Erfahrungswelt der Betroffenen tangiert, notwendig?
- Wann und in welchem Maße ist deren **Beteiligung am Veränderungsgeschehen** vorgesehen?
- Worin liegen die **Vorteile** und positiven Perspektiven, aber auch die **Nachteile**, Problemzonen und negativen Konsequenzen, die eine Transformation nach sich ziehen kann?
- Was und/oder wer soll konkret **verändert** werden?
- Welche speziellen **Herausforderungen** stellen sich und sind zu meistern?
- Was soll nach einem angestrebten Wandel anders sein als im vorherigen Status Quo (= **Zielbild**)?
- Wird das anzustrebende **Neue** (z. B. die Optimierung von unternehmenseigenen Strukturen und Routinen) in den Kontext der Erfahrungswelt des **Alten** integriert (z. B. in existierende Wissensbestände und technologische Verfahren)?
- Was von Letzterem hat künftig noch Bestand bzw. ist relevant für die weitere Unternehmensentwicklung und -performance?

---

[101] Interessant ist dazu das Apercu von Balogun & Hailey: „Successful change requires the development of a context-sensitive approach" (Balogun & Hailey, [2]2004, S. 2).

Um kommunikativ eine offizielle, für alle Adressaten **verständliche Interpretation der Ereignisse** zu liefern, sind folglich adäquate **Antwortstrategien** und **Argumentationslinien** zu entwickeln und im Kommunikationsgeschehen dezidiert ein- und umzusetzen. Dieses Prozedere verfolgt einerseits das Ziel, Vertrauen zu schaffen, Orientierung zu geben und Zuspruch für das sich Verändernde zu ermöglichen. Andererseits soll dadurch auf geäußerte bzw. eruierte Ängste, Unsicherheiten, Bedenken, Unruhe sowie Missbilligungen, die sich in darauf bezogenen Fragestellungen widerspiegeln können, argumentativ angemessen reagiert werden. Schließlich wirkt die Art und Weise, wie in diesem Fall Feedback gegeben wird, entweder motivierend und Verständnis fördernd. Oder sie kann im ungünstigen Fall zu Frustration und Demotivation beitragen. Rationale Argumente sind daher im kommunikativen Miteinander ebenso vonnöten wie deren bedeutungsmäßige Einbindung in symbolische und emotional erlebbare Kontexte.

Primäres **Wirkungsziel** dieses Verfahrens ist es, ein gemeinsames Problembewusstsein, Veränderungsbereitschaft, Wandlungsfähigkeit und Prozessbeteiligung so weit möglich zu erreichen durch die Schaffung von (emotionaler und rationaler) „Akzeptanz, Gefolgschaft und Mobilisierung" (Deekeling & Barghop, 2003, S. 22) bei den von Transformationsprozessen betroffenen Personenkreisen. Und das auch eingedenk der Erkenntnis, dass „die Menschen über ihre eigene Rolle im Prozess der Veränderung reflektieren, sodass der Wandel möglichst von innen heraus geschieht" (Stumpf & Wehmeier, 2014, S. 21). Denn es gilt immer noch der – manchem vielleicht banal anmutende – **Change-Grundsatz**: Nicht nur Organisationen müssen sich ändern, sondern gleichfalls die darin und dafür tätigen Menschen.

3.7.1.3 Die Unternehmensführung als Kommunikator im Change

Dabei kommt der **Kommunikationsrolle der Unternehmensführung** gegenüber den unterschiedlichen Interessengruppen im **Storytelling** zu einem Veränderungsgeschehen besondere Bedeutung zu. Damit z. B. ein Change-Projekt im Zuge einer Unternehmensfusion oder beim Umbau der Arbeitsorganisation nicht in die falsche Richtung läuft oder letzten Endes gar scheitert, muss das Management zunächst im Innenverhältnis allen Stakeholdern die notwendige inhaltlich-thematische Orientierung geben (s. Mast, [5]2013, S. 246). Diese ist erforderlich, um kognitive Dissonanzen aufzulösen und Komplexität zu reduzieren (s. Deutinger, [2]2017, S. 11). Die Unternehmensführung ist gehalten, diesen kommunikativen Anspruch durch die Demonstration und Formulierung eines dezidierten Verständnisses und klaren Commitments für notwendige Veränderungen zu dokumentieren. Das geschieht in der Absicht, als **gelebtes Vorbild** (Stichwort: „Role Model") die eigene Mitarbeiterschaft zu aktivem Mitgestalten des Geschehens zu motivieren. Und durch eine ermöglichte Einbindung in den Wandel (s. Wieselhuber, 2020, S. 86) bei den Adressaten die für einen **Change-Erfolg** erforderlichen **Einstellungs-** und **Verhaltensänderungen** in Gang zu setzen und so weit wie möglich zu lotsen (s. dazu Balogun & Hailey, [2]2004, S. 6 f.).

Dieses Engagement ist nicht zuletzt verbunden mit der Notwendigkeit, aufkommenden Fehlinterpretationen vorzubeugen sowie Gerüchte, Latrinenparolen, Flurfunk und Falschinformationen argumentativ zu korrigieren bzw. konsequent zu entkräften. Im schlimmsten Fall baut sich durch derartige Symptome, die charakteristisch sind „für ein schlecht funktionierendes innerbetriebliches Kommunikationssystem" (Kalmus, 1995, S. 4), ein Klima von Spekulationen und Mehrdeutigkeiten auf. In einer solchen Atmosphäre entsteht dann leicht „eine Parallel-Kommunikation (…), mit unrichtigen Informationen und Annahmen, die sich manifestieren und die Verunsicherung schüren" (Deutinger, [2]2017, S. 14).

Insofern rückt auch in Familienunternehmen die **CEO-Kommunikation**[102] **im Change** in das Blickfeld der zuständigen Kommunikationsplaner, die dieses Personalisierungsszenario strategisch-konzeptionell (s. Kraus et al., 2004, S. 57), umsetzungsrealistisch und wirkungsorientiert aufsetzen müssen. Hierbei ist darauf zu achten, wer in einem Familienunternehmen in dieser Kommunikatorrolle als Topmanager maßgeblich agiert: Ist der CEO originär ein Familienmitglied oder nimmt ein angestellter, familienfremder Geschäftsführer/Vorstand diese Spitzenstellung ein? Gleichwohl müssen sich beide Fraktionen in ihren Kommunikationsauftritten und der dabei bekundeten persönlichen Haltung im Rahmen der Kommunikationskultur, Führungs- und Handlungsrichtlinien, die in einem Familienunternehmen vorherrschen, bewegen (s. a. Abschn. 2.1 und 2.2). Die programmatische Leitfunktion der Unternehmensspitze, die in ihrer Position als oberster Kommunikator gerade in Transformationsszenarien im Rampenlicht von meinungsprägender Aufmerksamkeit und den Erwartungen unterschiedlicher Anspruchsgruppen steht, ist in diesem Zusammenhang besonders hervorzuheben. Dabei stellen sich folgende Fragen, deren Beantwortung kommunikationsstrategische wie operative Relevanz hat: Wieviel Kommunikation ist in welchem Umfang im Change notwendig? Wieviel Kommunikation kann, verträgt und braucht ein Familienunternehmen über welchen Zeitraum in welchen Beziehungsfeldern in einem Change-Prozess (vgl. Deutinger, [2]2017, S. XVII)? Mit Blick darauf ist zudem zu bedenken, dass Kommunikation intentional nicht allein Problemlöser sein kann. Sondern Kommunikation wird, wenn sie falsch, d. h. nicht situationsgerecht und inhaltsadäquat in Aktionen umgesetzt oder gar versäumt wird, schnell zum Problemerzeuger (vgl. dazu Stumpf & Wehmeier, 2014, S. 8).[103] Und das durchaus mit Folgen für die weitere Entwicklung, Prosperität und Fortune eines Familienunternehmens.

Im Hinblick auf die Lesart dieser Optionen muss der **CEO** als Topmanager, in enger Kooperation mit designierten Unterstützern, in seiner sichtbaren Kommunikationsrolle (s. Freda, 2014, S. 2 f.) und Diskursagenda als *„Chief Storyteller"* (s. Sammer, 2015, S. 82 ff.) unternehmensintern wie in äußeren Kontaktfeldern professionell auftreten. Dabei sollte er – etwa in Form von gut vorbereiteten und überzeugend präsentierten „Leadership-Stories" – auf „öffentlicher Bühne" Authentizität, Souveränität, Verlässlich-

---

[102] Zur weiterführenden Vertiefung in diese Thematik empfiehlt sich z. B. die Lektüre der Publikationen von Deekeling & Arndt (2006) und Freda (2014), die die Bedeutung, Ausprägungen und Erfolgsfaktoren dieser Kommunikationsdisziplin – integriert im Planungsprozess und Umsetzungskontext strategischer Unternehmenskommunikation – sachkundig herausarbeiten. Ein komprimierter Überblick zu den Studien zur CEO-Kommunikation findet sich bei Freda, 2014, S. 44 f.

[103] Auf die semantischen Fallstricke und kommunikativen Stolpersteine im Rahmen von Veränderungsprozessen gegenüber der Unternehmensöffentlichkeit verweisen u. a. Deekeling & Barghop, 2003, S. 39 f.

keit, Zugänglichkeit, Rationalität wie auch Empathie gegenüber seinem Publikum demonstrieren. Denn das Topmanagement, in Persona der CEO, ist „die Projektionsfläche für den Erfolg oder Misserfolg eines Unternehmens" (Deekeling & Arndt, 2006, S. 21) in Transformationsszenarien. Die Unternehmensspitze muss einen Change-Prozess in all seinen einzelnen Phasen (s. dazu Kraus et al., 2004, S. 108 ff.) transparent machen und verständlich erläutern können. Auch als Überbringer schlechter Nachrichten und Darsteller negativer Begleiterscheinungen, die Schmerzen und wenig Freude bereiten, die Gefolgschaft und Verständnis erschweren. Vor allem dann, wenn Transformationsprozesse potenziell krisenhafte Züge annehmen können: wie etwa im Falle von gravierenden Arbeitsplatzabbaumaßnahmen, Standortverlagerungen oder bei Umsatzrückgängen, deren Folgen für den Betrieb dramatisch sein können, die aber im Einzelnen auf den ersten Blick für die Betroffenen noch nicht gänzlich absehbar erscheinen und dadurch vielfach Unsicherheiten Vorschub leisten.

Das Topmanagement steht im Change ständig unter Beobachtung aller internen und externen Anspruchsgruppen und agiert nicht nur unter Legitimationszwang, sondern auch unter **Kommunikationsdruck**. Die Unternehmensleitung muss insbesondere die eigene Mannschaft im Wandlungsgeschehen zusammenführen, kommunikativ soweit möglich steuern und festigend zusammenhalten. „Aufgabe der Change-Kommunikation ist es, dieses Bekenntnis der Unternehmensspitze bekannt zu machen" (Deutinger, [2]2017, S. 113). Die Erwartungen, die dazu von allen Seiten bestehen und mehr oder weniger deutlich geäußert bzw. gezeigt werden, sind hoch. Nicht zuletzt auch dann, wenn es gilt, durch Akzeptanz und Transparenz sichernde Interventionen eventuell auftretende „Kommunikationsbarrieren oder -schwierigkeiten" (Kraus et al., 2004, S. 28) zu überwinden.

Eine **Change-Agenda** verläuft kommunikativ und aktional erfahrungsgemäß in verschiedenen, aufeinander aufbauenden **Phasen**: von der Erarbeitung und Vermittlung der Change-Vision und den Veränderungszielen über das „Empowerment" der Belegschaft durch Kooperation und Partizipation bis hin zur Verankerung der Veränderungskultur. Zur Unterstützung bei der Implementierung dieser Agenda benötigt die Unternehmensspitze auch eine tatkräftige Koalition und Kooperation mit der erweiterten Führungsriege im Unternehmen (s. Pfannenberg, 2007, S. 824). Dabei kommt dem **mittleren Management** bei der Realisierung der Veränderungsziele, die das Topmanagement konzipiert hat, eine wichtige Rolle als Mentor, Mobilisierer und Thementreiber zu. Diese Funktionen verbinden strukturell wie inhaltlich Führung und Arbeitsbereiche. Für die erwartete Rollenerfüllung sind diese Protagonisten auch kommunikativ zu befähigen. Zur Förderung dieser Selbstbefähigung eignen sich Coachings mittels Kommunikationsschulungen und die Bereitstellung von speziellen Kommunikationstools (vgl. Kraus et al., 2004, S. 94 ff.). Werden mittlere Führungskräfte im Sinne eines kommunikationsorientierten Führungsverständnisses „aktiv in Planung und Umsetzung von Change-Projekten integriert, kann ihr Potenzial für die Entwicklung der kommunikativen Inhalte und deren Aufbereitung gewinnbringend eingesetzt werden. In die Pflicht genommen werden sollten sie hierbei insbesondere bei Konzeption und Umsetzung der Dialogkommunikation, die die Veränderungsinhalte an die Mitarbeiter vermitteln und Vertrauen schaffen soll. (…). Dafür benötigen sie ein Grundmaß an kommunikativer Kompetenz, was insbesondere die Sensibilisierung, Diskurs- und Moderationsfähigkeit im Umgang mit auftretendem Widerstand anbelangt" (Guse & Wagner, 2014, S. 92; s. a. Mast, [5]2013, S. 246).

3.7.1.4 Storytelling: Den Change adäquat erzählen

Die Verantwortlichen müssen den **Erklärungsbedarf** der Programmatik und Vision **von Veränderungsprozessen** im Umgang mit diversen Unternehmensöffentlichkeiten erkennen und reflektieren: etwa im Kontext der Kennzeichnung von Business-Reengineering bei erfolgskritischen Reformen auf der Strukturebene in einem Familienunternehmen oder im Kontakt mit dessen externen Stakeholdern im Rahmen der Darstellung einer Neupositionierung in Kerngeschäftsfeldern. Die kommunikativen wie auch emotional-psychologischen Mindsets sind adressatenorientiert, inhaltlich-themengemäß und argumentativ-pointiert in verständlicher Sprache mit eingängigen, motivierenden Botschaften in der **„Change-Story"** (s. Deutinger, [2]2017, S. 104 ff.) zu bedienen. Sollte diese als steuernder „Interpretationsrahmen" für die Zielpersonen konzipierte „Einordnungshilfe" in den erforderlichen Informationsflüssen auf semantischer Ebene nicht funktionieren, so erweist sich dieser Mangel bzw. dieses Versagen schnell als Hemmnis für ein praktikables Change-Management. In der Folge könnte das Vorhaben nicht oder nur teilweise auf positive Resonanz und Kooperationsbereitschaft bei den Zielpersonen treffen.

Daher sollte eine **Change-Semantik** entwickelt werden, die mit Substanz und Perspektive problemlösende Antworten und Erläuterungen gibt, die auf konkrete Frageinteressen und Verständnisebenen der jeweiligen Adressaten eingehen. Dabei kann durchaus mit Symbolen und Metaphern gearbeitet werden. Allerdings sind dafür aus der Zauberkiste (oder auch Mottenkiste) der Wandlungsrhetorik hervorgeholte wohlfeile Schlagworte und Slogans eher ungeeignet. Vor allem, wenn sie verpackt an der Oberfläche in Hochglanzbroschüren oder gut gemeinten, aber von den Adressaten als banal und inhaltsleer empfundenen und deshalb verpuffenden Verlautbarungen im Managementsprech daherkommen. Es geht nicht um die Platzierung von Verwaltungsrhetorik, sondern letztlich darum, überzeugend und realistisch nachvollziehbar für die Motive, Notwendigkeit und Sinnhaftigkeit einer Transformation zu werben.

Folglich sollte eine situations- und kontextangemessene, auf Stakeholder-Interessen ausgerichtete Change-Kommunikation erzählerisch keine metaphysischen Luftschlösser bauen. Vielmehr ist auch die konkrete Thematisierung von Problemfeldern, Schwierigkeiten und Stolpersteinen zu empfehlen. Die Unternehmensführung ist zudem gut beraten, aktiv das konstruktive Gespräch mit allen Stakeholdern zu suchen und diesen ggf. „hermeneutischen" Beistand zu leisten. Und zwar auf einer Sprachebene, die die Veränderungssituation für den Empfängerkreis im **Storytelling** verständlich erläutert (s. Abb. 3.42). Ein für dieses Bestreben bewährtes Diskursdesign, das auf einen vertrauensbildenden, dialogisch angelegten Austausch der Teilnehmerschaft mit der Unternehmensspitze ausgerichtet wird, ist u. a. „Meet the CEO".

Storytelling im Change	
Kommunikationsziele	**Kommunikationsaufgaben**
Positive Aufmerksamkeit erzielen	Intern wie extern für eine positive Aufmerksamkeit der Change-Story sorgen.
Information vermitteln	Über Ziele, Inhalte, Maßnahmen, Vorgehensweise und den Spirit des Veränderungsprozesses kontinuierlich und transparent informieren.
Orientierung geben	Für Orientierung sorgen, welchen Stellenwert die angestrebten Transformationsprozesse für die Betroffenen hat – Nutzen und Perspektiven erzählen.
Akzeptanz erzielen	Für eine positive Wahrnehmung und eine Akzeptanz der Neuausrichtung bei allen Stakeholdern sorgen.
Motivation fördern	Alle relevanten Stakeholder zur inhaltlichen und formalen Umsetzung von Change-Maßnahmen durch Anerkennung motivieren; Aufmerksamkeit für den Prozess steigern.
Engagement aktivieren	Durch sichtbare, überzeugende Kommunikationsauftritte/Narrative unterstützende Resonanz, Identifikation und Loyalität für den Change-Prozess im Denken und Handeln der Adressaten herstellen.
Verfestigung erzeugen	Nachhaltige Implementierung des Change durch kontinuierliche Kommunikation und Diskurse sicherstellen.

Abb. 3.42 Storytelling im Change. (Quelle: eigene Darstellung)

Das in diesem und anderen Formaten gebrauchte **Wording** sollte verpackt sein in Geschichten, die die „Change-Story" plausibel illustrieren. Diese ist prinzipiell an unterschiedliche Medienformate und Kommunikationskanäle anzupassen (s. Sammer, 2015, S. 84). Selbstverständlich sollten die Narrative die Informationsinteressen, Sichtweisen, Horizonte und Erfahrungshintergründe der Stakeholder miteinbeziehen und auf deren Fragen präzise Antworten mit klaren Botschaften geben, um tunlichst Fehlschlüsse zu vermeiden. Auf diese

Weise lässt sich auf der semantischen Ebene (s. Deutinger, [2]2017, S. 107 f.)[104] des Transformations-Narrativs eine bei dessen Empfängern noch fehlende bzw. partielle Akzeptanz und Partizipation als Zielmarken in den Change-Abläufen leichter adressieren.

Somit ist im Change ein **Themenmanagement** gefragt, das die skizzierten Aspekte anspricht bzw. im Mindset der Adressaten reflektiv verankert. Das kann beispielsweise durch den Verweis auf in der Vergangenheit im eigenen Familienunternehmen erfolgreich absolvierte **Referenzprojekte** geschehen. Diese können Bestandteil der **Selbstthematisierungen im Change-Narrativ** sein. Referenzprojekte sind vorzugsweise exemplarisch zu erzählen, weil sie – falls vorhanden – bereits im Unternehmen funktioniert und positiv realisierte Veränderungseffekte bewirkt haben bzw. solche illustrativ bezeugen können. Wie im Falle der Überarbeitung bzw. Neujustierung eines seit langem existierenden, aber nicht mehr zeitgemäßen Wertekanons (s. Abschn. 3.3.3.3.9), der im Kontext eines unternehmensweiten, bereichsübergreifend stattfindenden kulturellen Wandels hinterfragt wird. Geglückt ist ein solches Projekt dann, wenn jeder Adressat versteht und nachvollziehen kann, was die im Leitbild formulierten Werte bzw. der damit liierte „Purpose" für ihn selbst real bedeuten und wie er diese Normen für sich personalisiert in der eigenen Rolle und im eigenen Aufgabenbereich in der Arbeitspraxis konkret anwenden kann (s. Alvesson & Sveningsson, 2008, S. 167 ff.).

In diesem Zusammenhang ist auch der Einsatz von loyalen **„Change-Agents"** (s. Stumpf & Wehmeier, 2014, S. 14; Deutinger, [2]2017, S. 116) sinnvoll. In der Unterstützerrolle sollen sie als Moderatoren, Multiplikatoren und Inspiratoren meinungsbildend und durch überzeugendes Auftreten in allen Phasen „die Notwendigkeit für Wandel in der Organisation vermitteln (…) und den Prozess des Wandels begleiten" (Stumpf & Wehmeier, 2014, S. 14; s. a. Kraus et al., 2004, S. 199). In dieser speziellen Rollenbesetzung werden vornehmlich **PR-geleitete Kommunikationsstrategien** angewandt, die ihrerseits bei den Adressaten verständigungsorientierte Interaktion (vgl. Hoffjann, 2015, S. 177) sowie die Verwirklichung einer lebendigen, zielführenden **Veränderungskultur** im Unternehmen fördern sollen. Führungskräfte und Belegschaft sollen angeregt werden, den Veränderungsprozess durch informellen sowie dialogischen Input und Beiträge auf kommunikativer, aktionaler und personaler Ebene taktisch zu begleiten. Beispielsweise indem Change-Agents – tatkräftig unterstützt durch die PR-Fraktion – adressatengerecht aufbereitete Informationen zum Change-Programm, dessen Strategie und Phasen sowie Zweck und Absicht des Vorhabens gezielt verbreiten. Dabei ist „eine hohe Kommunikationsintensität" (Pfannenberg, 2007, S. 825) gefordert und in der Umsetzung sicherzustellen, „denn das Verstehen von Gründen führt noch

---

[104] In dieser Hinsicht präzisiert Deutinger einen nicht zu unterschätzenden Aspekt in der **semantischen Ausgestaltung einer Transformations-Story**: „Zunächst gilt es, sich darüber im Klaren zu werden, welche ‚Sprachen' im eigenen Unternehmen gesprochen werden. Dann folgt die Überlegung, in welche dieser Subsprachen die Botschaften des Wandelvorhabens gegossen werden: In den kleinsten gemeinsamen Nenner der Sprache oder werden Botschaften für verschiedene Unternehmensteile immer neu zusammengestellt? Welche Botschaften gelten für alle ‚Sprachteilnehmer*innen' in der gleichen Weise, welche werden angepasst?" (Deutinger, [2]2017, S. 107).

nicht zu der Überzeugung, dass der Wandel auch richtig ist" (Stumpf & Wehmeier, 2014, S. 17). Also: Steter Tropfen höhlt bekanntlich den Stein. Lernen liegt erfahrungsgemäß in der Wiederholung. Auch über längere Strecken hinweg.

3.7.1.5 Gegenläufigkeiten: Change-Apologeten und Antagonisten

Es wäre naiv zu glauben, dass Storytelling allein a priori ausreicht, um Veränderungen herbeizuführen. Es geht beim Change immer auch um Dekonstruktion bestehender Aspekte und Formen des unternehmensinneren Miteinanders in Form von **„Kulturwandel"** (s. dazu Alvesson & Sveningsson, 2008, S. 3 f.). Mitunter ist die Herausbildung einer neuen **Corporate Identity** (s. Regenthal, [2]2009, S. 30) bzw. die Anpassung der **Unternehmens-DNA** (= Purpose, Vision, Mission, Werte, Markenkern, Verhalten) an veränderte unternehmensbezogene Rahmenbedingungen gefordert. Und das auch im Kontext der Auflösung gewachsener Strukturen und der Installierung neuer Identitätsangebote. Deshalb stellen sich am Anfang eines Change-Projekts den Verantwortlichen immer auch folgende Fragen: Wie werden die Betroffenen auf das Vorhaben reagieren? Wie werden sie sich verhalten? Welche Formen und Spielarten von Zustimmung und Resilienz könnten auftreten bzw. lassen sich – auch aufgrund vorhandener Erfahrungswerte – abschätzen? Und wie ist mit diesen Befindlichkeiten kommunikativ und handlungsleitend umzugehen?

Insbesondere mit Blick auf das interne Unternehmensumfeld gibt es nicht nur Befürworter von Wandlungsstrategien, deren Zielsetzungen und Maßnahmen. Es werden auch immer wieder **Antagonisten** und oppositionell gestimmte Nicht-Befürworter in Erscheinung treten. Von Wandelverweigerern werden gerne Gegenmeinungen, alternative Vorstellungen und diskrepante Argumentationslinien zu **fehlender Veränderungsbereitschaft** im Laufe eines Transformationsgeschehens vorgebracht und gestreut. Wobei die „Beweggründe des Widerstandsverhaltens" (Kraus et al., 2004, S. 62)[105] vielgestaltig und symptomatisch individuell begründet und erzählt werden können. Diese Narrative erscheinen meist entgegengesetzt zur „offiziellen", aus der Managementperspektive heraus vorgetragenen Sichtweise. Und zwar in der Weise, dass Change-Blockierer beispielsweise die aus ihrem Betrachtungswinkel vorherrschenden Nachteile des Wandels herausstellen und darauf abzielende vermeintlich gegenläufige Entwicklungen aufzeigen. Radikale Transformationsgegner erscheinen nicht für Umgestaltungen und Neuordnungen empfänglich bzw. motivierbar. Sie stemmen sich, häufig negativ emotional aufgeladen und getrieben (s. Deutinger, [2]2017, S, 50 f.), prinzipiell gegen Veränderungsfälle. Aus unterschiedlichen Motiven – wie Angst vor Arbeitsplatzverlust, Sorge um Machtverlust – sind die Antagonisten für gute, rationale Argumente nicht empfänglich bzw. erreichbar. Sie

---

[105] Kraus et al. (2004, S. 62 ff.) beschreiben in der Unternehmensrealität auftretende, typische passive wie aktive **Widerstandsformen in Change-Prozessen**, die von bewusster Gerüchtestreuung, über innere Kündigung bis hin zu Intrigen und aktiv angezettelter Verhinderung einer Projektumsetzung gehen können. Um mit diesen Haltungen umzugehen, bedarf es adäquater kommunikativer Reaktionen und konsequenter Aktionen seitens der Führungsmannschaft, damit interne negative Stimmungsmache nicht unkontrolliert um sich greift und das Klima in der Belegschaft vergiftet.

schaffen um sich herum ein vergiftetes Klima als negative Change-Begleiterscheinung. Die Kontrahenten verleihen ihrem Unmut und Aufbegehren, ihrer Ablehnung und Negativstimmung – gepaart mit Irritationen bis hin zu Aggressionen – auch coram Publikum passioniert Ausdruck. Diese Blockadehaltung steht dabei für Reaktanz als Form von Opposition (s. Deutinger, [2]2017, S. 54).

Konflikte, die u. a. durch Widerstände in Wandlungsfällen entstehen, sind indes als Reibungskräfte gleichsam „natürlicher" Teil eines vielfältigen Organisationslebens (s. Lewis, [2]2019, S. 205 ff.). Konfliktlinien, die in Change-Situationen unternehmensintern mehr oder weniger offen auftreten, sollten – auch im Bewusstsein vorherrschender Parteilichkeiten, Polaritäten und Antagonismen – in ihrer jeweiligen Erscheinungsform erkannt und akzeptiert werden sowie die Chance haben, lösungsorientiert ausgetragen zu werden. Roadblocker sind daher nicht prinzipiell kalt zu stellen. Vielmehr sollten sie im Sinne eines dialogisch-diskursiven Miteinanders, das Kontroversen nicht scheut und Raum gibt für die konstruktive **Auseinandersetzung mit gegenläufigen Meinungstableaus**, die Möglichkeit haben, ihre Argumente und Standpunkte vorzutragen. Auch dann, wenn sie am Ende in ihren Meinungen und Einstellungen verharren und daher den Wandel nicht mittragen wollen bzw. können. Keine(r) wird letztendlich gezwungen, sich zu verändern. Change-Betroffenen wird ohnehin die Möglichkeit eingeräumt, ein Unternehmen zu verlassen, um sich in anderen Kontexten und Wirkungsfeldern neu zu orientieren.

Im Gegensatz zu antagonistischen Abwehrreaktionen und Verweigerungshaltungen können die bereits erwähnten „Change-Agents" als **(kommunikativer) Gegenpol** und Verbündete bei der Realisierung des Wandels in Familienunternehmen fungieren. Für die Befürworter-Rolle könnten nicht nur transformationsüberzeugte Führungskräfte oder Belegschaftsmitglieder, die in ihren Teams hohe Akzeptanz und Überzeugungskraft genießen, gewonnen werden, sondern auch Mitglieder der Eigentümerfamilie, die einen solchen Vermittlerpart aus Überzeugung heraus in ihren Stakeholder-Kontakten übernehmen wollen. Dabei kommt dem **Dialog** (s. Kraus et al., 2004, S. 27 f.) als verständigungsorientierter Kommunikationsform (vgl. Röttger et al., [2]2014, S. 167 ff.) in familienunternehmensinternen Interaktionskonstellationen auf allen Hierarchiestufen besondere Bedeutung zu. In diesen Kontexten sind die von verschiedenen Determinanten und Ursachen geleiteten Änderungswiderstände der Antagonisten von den Change-Agents in Gesprächsangeboten zu thematisieren. Das geschieht im Rahmen einer stakeholderorientierten Kommunikationstendenz. Die daran ausgerichteten Informations- und Dialogmaßnahmen, die gepaart sind mit transparenten Rückkoppelungen zum laufenden Transformationsprozess, sind unter Einbeziehung auch gegenläufiger Ansprüche und Haltungen der Kommunikationspartner zu modellieren. Das geschieht in der Absicht, deren (kommunikative) Partizipation (s. Lewis, [2]2019, S. 72, 81 f.) am Veränderungsgeschehen zu ermöglichen und gezielt zu fördern, um so letztendlich Störungen und Blockierungen nach Möglichkeit zu überwinden bzw. in ihren Auswirkungen zu minimieren. Denn Veränderungskommunikation funktioniert nicht allein Top-Down. Die Informations- und Diskurshoheit sollte nicht nur bei der Unternehmensleitung liegen. Will Beteiligung und Engagement im Change konstruktiv gelingen, so ist auch der kommunikationskulturelle Aspekt des Bottom-Up- und Peer-Levels

(s. Abschn. 3.3.3.3.3) taktisch zu berücksichtigen. Dabei ist eine kommunikative Kombination aus „Push" und „Pull" zu gewährleisten. Und das vor allem, um durch dialogisch-argumentatives Aufeinander-Zugehen und tolerant-produktives Miteinander-Agieren eine erfolgsrelevante Gefolgschaft und Identifikation mit der Change-Notwendigkeit und -Zielsetzung sicherzustellen.

Durch kommunikativen Austausch soll idealiter eine kollektive Basisvorstellung des Wandels als gemeinsames Projekt erwachsen und ein mobilisierendes **„Wir"-Gefühl im Change** soweit möglich gefördert und rational wie emotional verinnerlicht werden (vgl. Schick, [5]2014, S. 113 ff.). Dieses Verständnis wird somit gleichsam von innen heraus systemimmanent gebildet und reflektiert. Die Unternehmensmitglieder sollen motiviert und überzeugt werden, dass letztendlich nur durch die Gesamtheit ihrer Beiträge ein Transformationsprozess funktioniert, um dadurch im „makroskopischen Ordnungsmuster" (Stumpf & Wehmeier, 2014, S. 12) eines Unternehmens schließlich wieder stabile Zustände zu erreichen.

3.7.1.6 Integriertes Kommunikationsmanagement im Change

Auch für Familienunternehmen gilt die Empfehlung: Um das kommunikative Gelingen eines Veränderungsprozesses und den Change-Erfolg effektiv zu unterstützen, ist ein **ganzheitlich-mehrdimensionaler Kommunikationsansatz** (s. a. Abschn. 3.3.4.1) zu befürworten. Dieser ist in Strategiekonzeption und Maßnahmenumsetzung inhaltlich-thematisch und instrumentell auf die Veränderungslage im organisationalen Bezugsrahmen abzustimmen und berücksichtigt die Komplexität und Multidimensionalität der internen und externen Kommunikationsanforderungen im Change. Das integrierte Vorgehen fokussiert sich auf die Nutzung verschiedener Instrumente, Kommunikationskanäle und die Einbeziehung aller in einem Familienunternehmen existierenden Kommunikationsdisziplinen (s. Abschn. 3.3.3.3 und 3.3.3.4 sowie die jeweiligen Unterkapitel). Das soll auch mit Blick auf deren strategisch-operative Kooperations- und Verzahnungsnotwendigkeit für einen wirksamen Storytelling-Prozess (s. Sammer, 2015, S. 83) geschehen. Dabei kommt der organisationsinternen Kommunikationsausrichtung als integraler Bestandteil von Change-Prozessen besondere Bedeutung zu. Begründung: Durch ihre spezifischen Storytelling- und Vermittlungsleistungen in informell wie dialogisch ausgerichteter Ansprache von Führungskräften, Belegschaften, Eigentümern, Beiräten etc. werden **interne Kommunikationsprogramme** „zum Taktgeber und bestimmenden Faktor des Veränderungsprozesses" (Deekeling & Barghop, 2003, S. 6). Die Konzeptioner und Umsetzer interner Kommunikationsszenarien müssen dazu beitragen, Unklarheiten, Kontroversen und Spannungen sowie darauf bezogene Unsicherheiten und Fehlinterpretationen in unternehmensinternen Beziehungs- und Konversationsräumen frühzeitig zu erkennen, explizit zu thematisieren und nach Möglichkeit diskursiv zu beseitigen. Dabei ist eine enge Kooperation mit der HR-Abteilung (s. Kirf, 2011, S. 11 ff.) zu empfehlen.

Das betrifft vor allem ein aktuelles Transformationsthema und seine unternehmensinterne kommunikative Besetzung: Die Rede ist vom viel debattierten **„Digital Change"**. Gerade mit Blick auf die Digitalisierung der Arbeitswelt (s. Abschn. 3.3.3.3.14), die in vollem Gange ist, sehen sich Belegschaften auch von Familienunternehmen vor mehr oder weniger große Veränderungen gestellt. In deren Zuge entstehen neue, hybride Arbeitsmodelle (Stichwort: „**New Work**"). Diese beinhalten veränderte Interaktionsformen, die eine agile Arbeitsorganisation und Methodengestaltung mit neuen „Work Style"-Optionen beeinflussen und dadurch erklärungsbedürftig sind (Stichworte: „Scrum", „Kanban", „Design Thinking", „Social Forecasting"). Unabhängig davon, ob es dabei um die Gestaltung flexibler Arbeitszeiten geht, um partizipative Teamarbeit auf Augenhöhe, um mehr Selbstbestimmung, abnehmende Präsenzkultur oder um die Anwendung technischer Lösungen (z. B. „Share-Point"), die agiles Arbeiten fördern. Alle diese Szenarien eines „Smarter Working", ihre Chancen und Potenziale, aber auch Problemfälle müssen erläutert, begründet und akzeptierbar in die Köpfe der Zielpersonen kommen, damit sie wirken und in der Praxis zielführend umgesetzt werden können.

Auch die „**Corporate Identity**" ist vom digitalen Wandel betroffen. Alle von diesem Setting tangierten Familienunternehmen können mit einem – wie auch immer gearteten – „**Kulturwandel**" konfrontiert sein (Sichtwort: „Cultural Change"). Im Kontext eines Wandels der Unternehmenskultur („Corporate Culture") müssen Vision, Mission und Werteverfassung (s. a. Abschn. 3.3.3.3.6) eines Familienunternehmens überdacht und ggf. modifiziert werden, um an die Verhältnisse der digitalen Welt angepasst werden zu können. Ein solcher Prozess erfordert zu seinem Gelingen auch eine Veränderung in Mindset und Habitus von Mitarbeitern und Managementteams. Das gilt natürlich ebenso für die Inhaberschaft eines Familienunternehmens. Diese Personengruppen müssen allesamt die Notwendigkeit verstehen, dass „Digital Change" auch „Cultural Change" bedeutet. Es ist ein tiefgreifender Lernprozess, der zu seiner Entfaltung ein offenes, partizipatorisches Diskursklima (s. Abschn. 3.3.3.3.3) benötigt. Die Probanden durchlaufen dabei eine Art „Denkschule", damit sich Bewusstseinswandel und Verhaltensänderungen im Rahmen einer agilen „Mitmachkultur" zum Wohle aller Beteiligten durchsetzen können. Und diese zudem motiviert werden, als aktive Begleiter und Treiber des Digital Change in ihrem Unternehmen zu wirken. Natürlich läuft dabei nicht alles nach Plan. Es sind auch Widerstände zu überwinden. Und hier kommt Kommunikation ins Spiel. Denn will ein Schlüsselprojekt wie die systemisch-strukturelle Implementierung der digitalen Transformation erfolgreich verlaufen und dazu notwendigerweise in den Köpfen der Adressatengruppen nachvollziehbar verankert werden, bedarf es entsprechender konsistenter **Storytelling-Angebote** und **-Auftritte**. Deren thematisch-strategische Konzeption und darauf ausgerichtete Maßnahmen sollten im Sinne einer ganzheitlichen Denkweise ein Gemeinschaftsprojekt vorzugsweise von UK, PR/IK, HR und der Führungsmannschaft sein. Vor allem letzterer kommt bei der kommunikativen Begleitung bzw. Vermittlung von Veränderungsprojekten jedweder Art in der Storyteller- und- Multiplikatoren-Rolle eine prägende Funktion zu.

Die Macher von Kommunikationsprozessen innerhalb von Familienunternehmen sind indes gut beraten, ein Kriterium zu beachten: Sie sollten nicht nur über die erkennbaren Fortschritte und skalierbaren strukturellen wie operativen Erfolge eines Change-Programms berichten, dessen Vorteile darstellen und den unternehmensinternen Austausch dazu bereichsübergreifend initiieren. Neben positiven Aspekten sind ebenfalls existierende Problemzonen, Negativposten und Konfliktbereiche aufzugreifen und zu erläutern.

So ist auch in Familienunternehmen die unterstützende **Rolle der Kommunikationsabteilungen** und ihres Personals im Change immer mitzudenken: In Summe zeichnet die Unternehmenskommunikation verantwortlich dafür, die Strategie und eine darauf aufsetzende Dramaturgie und Inszenierung einer **integrierten Kommunikations-Roadmap** zu realisieren. Und das stets in enger Konsultation und Abstimmung der Kommunikationsplanung mit der Unternehmensspitze. Ohne deren Zustimmung und Freigabe läuft gar nichts. Denn Change-Kommunikation ist wie jeder andere kommunikative Funktionsbereich im Unternehmen immer auch „Auftragskommunikation" (Rademacher, 2009, S. 137).

Die Kommunikationsakteure von Familienunternehmen sollten zudem instrumentell, inhaltlich und prozessual auf alle (negativen) Eventualitäten vorbereitet bzw. angemessen gerüstet sein. Das gilt insbesondere für die **Krisenkommunikation** (s. Abschn. 3.7.2 und Unterkapitel) in Change-Problemlagen und Momenten des Scheiterns. Denn es spricht erfahrungsgemäß manches dafür, dass Veränderungen (wie Neuorientierung oder Umdenken), wenn sie von den Betroffenen nicht verstanden und am Ende nicht mitgetragen werden, immer auch in der Nähe von Risiko, Konflikt und Krise stehen bzw. in **Krisensituationen** münden können. Diese Sachlage ist wiederum mit speziellen Handlungskonsequenzen sowie Kommunikationsanforderungen für betroffene Familienunternehmen verknüpft. In einem solchen Szenario ist insbesondere ein kommunikationsorientiertes Führungsverständnis des Managements gefragt. Dieser Aspekt muss in der Projektierung, Gestaltung und Formulierung von Kommunikationsaktionen für alle unternehmensrelevanten Beziehungskontexte und Diskursebenen intern wie extern berücksichtigt werden, damit Change-Kommunikation in Summe gelingt (s. Abb. 3.43).

3.7.1.7 Externe Kommunikation im Change

Auch die **Außendarstellung des Wandels**, seiner prägenden Phasen, Kontexte und Konsequenzen für die Aufstellung und Performance eines Familienunternehmens ist als kommunikatives Konstrukt in den externen Organisationsumfeldern zu bewerkstelligen. Dafür sind Kommunikations- und Themenbesetzungsstrategien zu erarbeiten, damit sich die Change-Botschaften in alle externen Richtungen dramaturgisch und inhaltlich ansprechend vermitteln lassen. Zum Beispiel, indem in der **Medienarbeit** Vertreter der schreibenden Zunft in der Tages-, Fach- und Wirtschaftspresse und ihren Online-Ablegern in Hintergrundgesprächen (vgl. Lies, 2015, S. 36 – s. a. Abschn. 3.3.3.4.3) themenzentriert über den Stand von unternehmensspezifischen Transformationen bzw. Reformen in strategischen Handlungsfeldern (vgl. Felden et al., [2]2019, S. 284 f.) informiert werden. Das kann im Rahmen einer Präsentation zu Fortschritten bei der Digitalisierung von Geschäftsmodellen eines Familienunternehmens (s. Wieselhuber, 2020, S. 122 ff.) im Zuge des „Digital Change" und seiner spezifischen Transformationsanforderungen geschehen. Gerade der digitale Wandel erfordert eine dezidierte kommunikative Begleitung auch in den **mediengeprägten Außenkontaktbereichen** eines Familienunternehmens.

Hierbei kommt die Unternehmensspitze ins Spiel, namentlich der **CEO** als Führungspersönlichkeit und oberster Macher, der im Change-Management von Familienunternehmen die Fäden in der Hand behält und dabei seine prägenden „Spuren hinterlässt"

Voraussetzungen für gelingende Change-Kommunikation

Intern	Extern
• Kommunikationsmaßnahmen müssen einer geplanten **Dramaturgie** und **Inszenierung** folgen (Kampagnenlogik). • Kontinuierliche Platzierung der **Change-Narrative** in allen Kommunikationsrichtungen, Ebenen und Kanälen. • Geschäftsführung/ **CEO** ist als Vorbild (Inspirator, Motivator) für den Change kommunikativ präsent. • **Führungskräfte** müssen als Treiber/ Multiplikatoren den Change aktiv mittragen können bzw. wollen und diese Rolle glaubwürdig in Kommunikations- und Handlungsmanagement in der Belegschaft vermitteln.	• Reaktive und proaktive, integriert-angelegte **Kommunikationsmaßnahmen** sind situativ und kontextbezogen auf Basis einer **Roadmap** zu erstellen und anzuwenden. • Kommunikationsauftritte in **Medien-Kontexten** sind strategisch zu planen und in der Umsetzung in ihren Wirkungsdimensionen abzuwägen. • **Stakeholder-orientierte Kommunikation** (z. B. gegenüber Kunden und Geschäftspartnern) verfolgt eine systematisch-strukturierte Vermittlung des Change. • Entwicklung einer **Krisenkommunikationsstrategie** für potenziellen Einsatz in allen Innen- und Außenbereichen des Unternehmens.
Ziel	**Ziel**
Wahrnehmung, Verständnis, Unterstützung und Commitment für den Wandel erreichen.	Image und Reputation in der Außenwirkung stärken und langfristig sichern.

Abb. 3.43 Gelingende Change-Kommunikation. (Quelle: eigene Darstellung)

(Wieselhuber, 2020, S. 120). Das betrifft vor allem seine Kommunikatorrolle in damit korrelierenden Außenauftritten. Diese verlangen von ihm auch eine adäquate **Medienkompetenz** (s. Freda, 2014, S. 50 ff.): d. h. das Verstehen der Medienlogik, die Kenntnis journalistischer Routinen, Produktionsbedingungen und Selektionskriterien sowie das Gespür für die Folgen und Wirkungsweisen medialer Darstellungen und Inszenierungen. Hinzu kommt das Verständnis dafür, wie man **Change-Botschaften** und Statements **medientauglich** komponiert und aufmerksamkeitsstark platziert. Ein Wissen, das für den kompetent-professionellen **Umgang mit Medienvertretern** (s. a. Abschn. 3.3.3.4.4) als Pflichtveranstaltung und „Managementanforderung" (Freda, S. 54) in der Mediengesellschaft unabdingbar ist und ein darauf gerichtetes, zielführendes kommunikatives Handeln unterstützt.

Denn der CEO ist gehalten, „aus seiner unternehmerischen eine kommunikative Agenda" (Deekeling & Arndt, 2006, S. 27) abzuleiten. Dazu ist die stakeholderorientierte Kommunikationsfähigkeit der Spitze von Familienunternehmen auf der öffentlichen

Bühne – insbesondere was Medienpräsenz anbelangt – sicherzustellen bzw. zu fördern. Dazu bieten sich vorbereitende **Medientrainings** an. Diese helfen dabei, „mediale Ausrutscher" (Deekeling & Arndt, 2006, S. 53) zu vermeiden, die die eigene Reputation und die des Familienunternehmens durch unnötige Skandalisierungen in der Medienberichterstattung beschädigen können. Was – nicht zuletzt hinsichtlich der Positionierung und des Bestehens im Wettbewerb mit anderen Organisationen – auch negative Auswirkungen auf das Funktionieren intendierter Veränderungen und ihrer öffentlichen Wahrnehmung und Akzeptanz haben kann.

Solche und andere externe **Storytelling-Anlässe**, die den Change medial unterstützt darstellen und erklären, sollten auch genutzt werden für eine **Anschlusskommunikation**, die die Change-Thematik bewusst positiv besetzt und weitererzählt. Die Verbreitung sollte in allen für die Weiterentwicklung und Zukunftssicherung eines Familienunternehmens wichtigen Stakeholder-Kontaktkreisen (s. u. a. Abschn. 3.5.1) stattfinden. Beispielsweise bei Kunden, Lieferanten, Partnern und Investoren, denen gegenüber die als positiv wahrzunehmende Veränderung in der Ausrichtung der Programme und Aktionen eines Transformationsprozesses verdeutlicht werden sollte: wie etwa die Darstellung eines strategischen Kurswechsels bzw. einer kommunikativen Neujustierung und Positionierung der Familienunternehmensmarke, die der gezielten Steigerung der Wettbewerbsfähigkeit als wichtige Determinante in erfolgsrelevanten Kernmärkten dienen soll.

Aber auch nachteilige Aspekte und **negative Auswirkungen von Transformationsprozessen** sind natürlich nicht zu verleugnen. Dazu zählen u. a. Thematisierungen von Maßnahmen, die Arbeitsplatzreduktion oder Standortschließungen und dadurch entstehende Gewinner-Verlierer-Konflikte in Familienunternehmen betreffen. Potenziell **krisenhafte Szenarien** also, die ggf. ein krisenkommunikatives Eingreifen erfordern. Diese Umstände sollten Teil des Themenmanagements sein. Sie sind souverän, auf Deutungshoheit des Absenders ausgerichtet, in Außenkontakten bei Bedarf aktiv anzusprechen und darzulegen. Und zwar nicht in Sonntagsreden und mit Feigenblattargumenten, die vom Publikum schnell als Schönwetterkampagnen entlarvt werden. Sondern Tacheles reden ist angesagt. Das trägt eher zu Verständnisförderung und Vertrauensbildung bei. Auch wenn es mitunter schwerfällt und Mut zur Offenheit braucht. Diese Form der selbstgesteuerten und -verantworteten Transparenz ist indes opportun, weil sich ungünstige und skandalverdächtige Sachverhalte in der Mediengesellschaft schnell „herumsprechen". Vor allem, wenn sie – u. a. auf Social-Media-Plattformen platziert und verbreitet – im Umkreis eines Familienunternehmens von anderen Diskursteilnehmern (z. B. von Vertretern des direkten Wettbewerbs) auf mitunter durchaus abschätzige Weise kommunikativ besetzt bzw. skandalisiert werden können (s. Abschn. 3.3.2.1).

3.7.2   Krisenkommunikation von Familienunternehmen

Zusammenfassung

Dieses Kapitel beschreibt den Stellenwert professioneller Krisenkommunikation für Familienunternehmen. Und was diese tun müssen, um Krisenlagen strategisch und taktisch lösungsorientiert begegnen zu können. Gerade in Zeiten, die geprägt sind von vielfältigen Risikopotenzialen und kritischen Mediendebatten haben sich reputationsgefährdende und bestandsbedrohende Dispositionen auch für Familienunternehmen in Markt und Gesellschaft erhöht. Diese Sachlage hat Konsequenzen für deren Kommunikationspolitik und Handlungsstrategien.

Grundlage für ein erfolgversprechendes Krisenkommunikationsmanagement sind erprobte Werkzeuge und routinierte Methoden, zu denen Issues Monitoring als Teil funktionierender Krisenprophylaxe gehört. Dazu zählt die Beobachtung digitaler Diskursräume. Darin auftauchende Konversationen und Themenbesetzungen mit reputativen Risiken müssen rechtzeitig erkannt und kommunikativ pariert werden. Vor allem deshalb, weil Storytelling im Social Web häufig als Krisentreiber in der Medienöffentlichkeit wirkt.

Kommunikation in Krisenkonstellationen ist ein ganzheitlicher Planungs- und Umsetzungsprozess. Dieser umfasst alle kommunikativen Strategien und Maßnahmen, die zur Bewältigung von Krisenereignissen beitragen. Hierzu sind intervenierende und nachsorgende Kommunikationsinitiativen gefordert. Das dazu eingesetzte Instrumentarium ist fester Bestandteil des Krisenmanagementsystems von Familienunternehmen und in das Regelwerk der PR integriert.

3.7.2.1 Krisenfördernde Diskursverhältnisse in der Mediengesellschaft

Wie bereits vorab vermerkt, haben sich in der Mediengesellschaft die **Skandalisierungsanfälligkeit** (vgl. Kirf, 2002, S. 35; Freda, 2014, S. 13 f. – s. a. Abschn. 2.2 und 2.3.1) und **reputationsgefährdende Krisendispositionen** aller Arten von Unternehmen summa summarum vervielfacht. Und das Risiko steigt weiter. Auch weil Unternehmen sich in Markt und Gesellschaft in wirtschaftlich wie politisch schwierigen, unsicheren, transformativen Zeiten mit hohem Veränderungsdruck sowie vielschichtigen Konflikt- und Risikopotenzialen und damit korrelierenden **Krisenszenarien** bewegen (s. Abschn. 3.2.2). Was in diesen Kontexten zudem Konsequenzen für die Kommunikationspolitik von Familienunternehmen haben kann. Um ein Beispiel zu nennen: Zu den für unternehmerisches Handlungs- und Kommunikationsmanagement entscheidungsrelevanten Szenarien zählt der Ukraine-Konflikt und seine Auswirkungen auf das Business von Familienunternehmen. Und das auch im Hinblick auf die begründende Erläuterung und Interpretation des konkreten Umgangs mit dieser Situation gegenüber Belegschaften, Führungskräften, dem Eigentümerkreis sowie Stakeholdern im Unternehmensumfeld (z. B. Medienvertretern und politischen Instanzen). So kann sich intern und unternehmensextern Kritik an der Geschäftspraxis äußern, wenn – trotz bekannter Sanktionen und deren vorgeblicher Beachtung – offensichtlich weiterhin profitorientierte Geschäftsbeziehungen nach Russland gepflegt werden. Ein solcher Fall bietet unternehmensintern eventuell Raum für eine breitere Wertediskussion und Moraldebatte innerhalb der Belegschaft, in deren Folge es reaktive Verweigerungshaltungen – bis hin Eigenkündigungen – geben könnte. Und das auch mit polemisierenden, imageproblematischen Wirkungen in der Außenkommunikation: z. B., wenn negative Medienkommentare aufpoppen und eine darüber hinausgehende ungünstige Anschlusskommunikation im Social-Media-Sektor anfeuern. Solche Situationen können – je nach Ausprägung und öffentlicher Auslegung – durchaus auch eine **krisenkommunikative Relevanz** haben. Sie verlangen dann unternehmensseitig überzeugende Antwort- und Handlungsstrategien und ein für die Adressatengruppen vertrauensvolles Kommunikationsverhalten. Denn wer kommunikativ „Moral einfordert, muss sie auch für sein eigenes Verhalten gelten lassen" (Luhmann, 1997, S. 242).

Diese Forderung gilt auch angesichts der Tatsache, dass Beziehungen zwischen Organisationen und ihren Öffentlichkeiten fragiler, problembehafteter, vertrauensbelasteter und somit potenziell konfliktiver geworden sind. So münden mutmaßliche wie auch nachweislich stattfindende **Skandale** durch die primär medial inszenierte, „öffentliche Rekursivität der Themenbehandlung" (Luhmann, [2]1996, S. 28) für betroffene Unternehmen zusehends in reputationserschütternde und bestandsgefährdende Krisensituationen (s. Thießen, 2011, S. 82 f.).

Dem geläufigen Verständnis nach lassen sich **Krisen** primär als „ungeplante und ungewollte Prozesse von begrenzter Dauer und Beeinflussbarkeit sowie mit ambivalentem Ausgang" (Krystek, 1987, S. 6) klassifizieren.[106] Krisenlagen können ihrerseits „die Handlungsautonomie stark einschränken und zum Teil zu existenzbedrohenden Unternehmenskrisen führen" (Köhler, 2006, S. 38). In diesen Kontexten entwickelt sich vor allem die signifikante „Kommunikationsdynamik des Social-Media-Gezwitschers" (Kirf et al., [2]2020, S. 16) in den webinduzierten Kommunikationsverhältnissen leichthin zum nicht kontrollierbaren „Eskalationstreiber" (Kirf, 2015, S. 19). Die Beschleunigung wird vor allem bedingt durch die publizitätsfördernde Geschwätzigkeit und anschlusskommunikative Diskursivität (s. Abschn. 3.3.2.2) im **Social Web**, die häufig nur schwer kalkulierbare Multikanal-Kettenreaktionen nach sich zieht. Der beobachtbare negative Folgeeffekt dieser ungünstigen Konstellation: In den vernetzten Diskursgemeinschaften, Interaktions- und Meinungsbildungsarenen des Social Web steigt generell die **medieninduzierte „Krisenanfälligkeit"** (Köhler, 2006, S. 15) von Unternehmen (s. Abschn. 3.7.2.3). Diese gelten weithin als für jedermann wahrnehmbare und rezipierbare „öffentlich exponierte Organisationen" (Dyllick, [3]1992, S. 15; vgl. Freda, 2014, S. 9).[107] Sie stehen unter „einer Vielzahl unterschiedlicher Fremdbeobachtungen" (Röttger et al., [2]2014, S. 126) und werden damit konfrontiert. Die „sozialen Netzwerke haben für das Skandalpublikum neue Möglichkeiten geschaffen, ihrer Empörung öffentlich Luft zu verschaffen" (Eisenegger, 2016, S. 48). Und je profilierter bzw. wahrnehmbarer (Familien-)Unternehmen, ihre Aktivitäten und Akteure im kritischen Observationsfokus von umfänglich „medialisierten" Öffentlichkeiten auftauchen, umso größer ist für sie die potenzielle Bedrohung durch „Skandalisierungsrisiken" (Herger, 2004, S. 14) und „Viktimisierung". Und zwar vornehmlich dann, wenn (Familien-)

---

[106] Die Leitterminologie von „Krise" sowie „Krisenmanagement" ist in der Fachliteratur hinlänglich beschrieben. Der Krisenbegriff wird dabei indes inflationär verwendet. Wir folgen der **Krisenklassifikation** von Krystek, 1987, S. 29 ff., der zwischen unterschiedlichen Krisenursachen und Krisenverlaufsphasen differenziert; zur Begriffsverwendung s. a. die Übersicht von Köhler, 2006, S. 19 ff.

[107] Dyllick leitet aus der **„öffentlichen Exponiertheit" von Unternehmen** ihre gesellschaftlichen „Begründungs- und Legitimationszwänge" ab: „Unter dem Begriff ‚öffentliche Exponiertheit' soll allgemein die Tatsache verstanden werden, dass Unternehmungen durch ihre Tätigkeit öffentliche Interessen berühren, aber auch umgekehrt durch Handlungen, die im Namen öffentlicher Interessen ausgeübt werden, selber betroffen werden" (Dyllick, [3]1992, S. 15).

Unternehmen selbst ins Rampenlicht rezeptions- und resonanzstarker Kritik und damit verknüpfter kompromittierender, konflikttreibender und **krisenerzeugender Themenbesetzungen** und **Themenkarrieren** gelangen.

3.7.2.2 Krisen als Medienereignis

Und das geschieht gerade deshalb, weil die etablierten Leitmedien in ihrer Position als Meinungsbildner für publicityaffine Themensetzungen selbst Nutznießer der Tendenz von boulevardesker „Empörungskultur" (Steinke, 2015, S. 237), vermarktungsfähiger „Skandalkommunikation" (Ludwig & Schierl, 2016, S. 23) und trivialisierender „Sensationierung" (Precht & Welzer, 2022, S. 215) sind. Zur **Rolle der Medien**, ihrer Darstellungen und Debatten beim „Publik-Machen" bzw. der „Verstärkung" von Konflikten, Katastrophen und Krisen (vgl. Wiske, 2020, S. 16) in der öffentlichen Wahrnehmung und Interpretation herrscht im Fachdiskurs weitgehend Konsens (s. u. a. Thießen, 2011, S. 83). Schwierige Verhältnisse und spektakuläre Malheurs zählen gemeinhin zu vorrangigen Attraktoren journalistischer Interessen und Routinen. Die ausgeprägte Sensibilität des Journalismus für „kritische" Themen, ihre Ursachen, Sinnzusammenhänge, Verläufe und Konsequenzen, fördert sogenannte **mediale „Framing-Prozesse"**,[108] die die Konstruktion der Nachrichtenvermittlung bestimmen. Und nicht zuletzt deshalb geht mit Krisen ein gesteigertes Medieninteresse einher, weil sie als prominente Nachrichtenereignisse wiederum Auflagen, Einschaltquoten und Klicks garantieren. Der Wettbewerb mit digitalen Informationsanbietern und Social-Media-Akteuren verstärkt tendenziell eine distanzlose „Impulsberichterstattung" im aufmerksamkeitsheischenden „Meinungs- und Empörungsjournalismus" (Steinke, 2015, S. 238). In ihrer Doppelrolle als teilnehmende Beobachter, Interpreten und Kommentatoren der Weltläufe profilieren sich die Massenmedien gerne als Meinungsführer in Krisenfällen, als deren Auslöser sie selbst wiederum fungieren können.[109]

Die tendenziöse Polemik der Negativ-Berichterstattung suggeriert dem Medienpublikum, dass das Geschehen unter medialer Kontrolle[110] sei. Das mediale **Agenda-Setting** bestimmt dabei die **Publikumsagenda**. Das Mediensystem[111] konstruiert die Wirklichkeitsimpressionen und damit korrelierende Einstellungen der Öffentlichkeit zu Krisenursachen und Verursachern sowie Ereignisentwicklungen und Kausal-

---

[108] Zum „Framing"-Ansatz in seiner Relevanz für die mediale Nachrichtenproduktion und die Publikumsrezeption s. Rademacher, 2009, S. 152 f.

[109] Dass Krisenereignisse in Entstehung und Spielarten natürlich auch andere Ursachen haben können, als durch (Medien-)Berichterstattung initiierte, ist unstrittig.

[110] Zu dieser speziellen **Rollenfunktion der Medien** in der Herstellung von öffentlicher Meinung und zu den Effekten medialer Thematisierungsprozesse s. die immer noch lesenswerte Interpretation von Chomsky, 2003, S. 28 ff.

[111] Zu Funktion und Einfluss des Mediensystems bei der **„Herstellung von Öffentlichkeit"**, den Auswirkungen des damit korrelierenden Agenda-Settings, seiner Realitätswahrnehmungs- und Deutungsofferten bei der „Entwicklung der öffentlichen Meinung" ist nach wie vor die Einschätzung von Luhmann relevant: „Was wir über unsere Gesellschaft, ja über die Welt, in der wir leben, wissen, wissen wir durch die Massenmedien" (Luhmann, ²1996, S. 9).

zuweisungen.[112] In der Mediengesellschaft sind Massenmedien sui generis Katalysatoren für Themenkarrieren aller Art. Gleichwohl kann die Schnelllebigkeit sowie die damit verbundene Halbwertzeit derselben gegenüber anderen neu gesetzten Nachrichten diese rasch wieder in den Hintergrund und durch den „medialen Aktualitätstempus" (Eisenegger, 2005, S. 63) aus dem Bewusstsein des Publikums drängen. Durch diese Form medialer Bedeutungszuweisung und Suggestion werden häufig Krisenverläufe noch stimuliert. Denn in der Mediengesellschaft werden Krisenlagen „prinzipiell so wahrgenommen, wie sie (medial) kommuniziert, konsumiert bzw. interpretiert werden" (Kirf, 2015, S. 13). Folglich ist eine Krise mangels Medieninteresse und ohne „medial veranstaltete Veröffentlichkeit" (Eisenegger, 2005, S. 22) eigentlich keine (wahrgenommene) Krise. Ein Krisengeschehen findet ohne **Medienthematisierung** öffentlich einfach nicht statt. Gerade weil das Ereignis dann nicht im Aufmerksamkeits- und Relevanzfokus des Medienpublikums steht bzw. dieses durch fehlende Persuasion und Resonanz keinen Zugang zu einer Krisenlage erhält. Gemäß dem Grundsatz: „Was nicht in den Medien ist, kann nicht relevant sein" (Merten, [2]2014, S. 165; vgl. auch Luhmann, [2]1996, S. 28). Weil es folglich auch keine öffentlich verhandelte Angelegenheit ist. Und die Medienöffentlichkeit entscheidet mit „darüber, ob sich ein Umstand zur Krise entwickelt" (Wiske, 2020, S. 17).

In diesem Sinne gilt die **Tendenz zur Dramatisierung** von in der Medienberichterstattung gesetzten Themen gleichfalls als Beschleunigungsursache bei Krisenverläufen. Als Themenprozessoren wissen die Massenmedien, dass die Aufmerksamkeitszuwendung ihrer Kundschaft prinzipiell selektiv und als Kontingent begrenzt ist. Je nach Publicity-Attraktivität und **Vermarktbarkeit eines Krisenspektakels** und seiner (thematischen) Karriere[113] kann sich das **mediale Interesse** schnell ausweiten. Nachrichtenmeldungen wirken dabei im öffentlichen Raum wie Maximen. Auf deren Resonanzboden verfestigen sich Entrüstungen, Ressentiments und Klischees und beeinflussen die Probleminterpretationen der mehrheitlich mediengläubigen Nachrichtenrezipienten (vgl. Merten, [2]2014, S. 162 f.). „Mediengläubigkeit" und damit einhergehende Meinungsmanipulation des Publikums durch persuasives **Medien-Storytelling** sind auch wesentliche Komponenten der Psychologie von Krisen und ihren Verläufen.

So entstehen eindrucksvolle Reportagen und Chroniken über verhängnisvolle Unternehmensschieflagen, spektakuläre Unglücke oder empörende Verfehlungen von Unternehmenslenkern. Kombiniert mit plakativen, emotionsgeladenen Schnappschüssen und O-Tönen (s. Köhler, 2006, S. 71) machen derlei Geschichten negative Furore in Schlagzeilen und eignen sich dadurch wiederum als Objekt öffentlicher Anschlusskommunikation.

Im „fröhlichen Medienmix" (Bolz, 2007, S. 33) greifen der Boulevard und seine Ableger in der klassischen Mediensphäre für die Inhalte, Bilder und Motive der eigenen

---

[112] Zum Phänomen der „Attributionsprozesse" s. Schwarz, 2010, S. 14. Er verweist auf die Ursachen- und Verantwortlichkeitszuschreibungen einer vermeintlichen „Krisenschuld" und die darauf rekurrierende Kommunikation in der Öffentlichkeit zu einem Krisenfall; zu diesem Phänomen vgl. auch Thießen, 2011, S. 93.

[113] Zur Systematisierung von Themenkarrieren anhand eines Phasenmodells s. Rössler, 2005, S. 363 f.

kommunikativ-tendenziösen „Skandalbewirtschaftung" (Eisenegger, 2016, S. 47) gerne auch zurück auf Brisanzthemen mit hohem Nachrichtenwert, die in der **Social-Web-Sphäre** kursieren und von digitalen Storytellern (s. Abschn. 3.3.2.2) publikumswirksam modelliert werden. Deren Dimension und Wirkungsspanne werden durch diesen medialen Transferprozess für die Wahrnehmung und Rezeption eines breit gefächerten Medienpublikums deutlich erweitert und dynamisiert.[114] Denn dieses besitzt seinerseits wiederum ein kritiksensibles Bedeutungs- und Bewertungswissen (vgl. Kirf, 2002, S. 35) über Unternehmensauftritte und Kommunikationsaktivitäten. Der bereits in der Forschungsliteratur und Kommunikationspraxis hinreichend bekannte „Spill-Over-Effekt" (Himmelreich & Einwiller, 2015, S. 190) kann sich für die Betroffenen zugleich als Ursache und Folgewirkung von „medieninduzierten Reputationsschäden" (Eisenegger, 2005, S. 71; s. a. Thießen, 2011, S. 98 ff.) erweisen. In ihrer entsprechenden Krisenwirkung können sich diese Beeinträchtigungen zudem schlagartig „auf den Handlungsspielraum bzw. die Zielerreichung von Organisationen auswirken" (Schwarz, 2010, S. 13).

3.7.2.3 Das Web als spezieller Krisentreiber

Mit der öffentlichkeitswirksamen Wissenskonstruktion des **Web-Agenda-Settings** schaffen viele Köpfe eine Art „Schwarmintelligenz", die in einer kollektiven, diskursprägenden „Macht des Wir" im Rahmen öffentlicher Kommunikationsanlässe Gestalt gewinnt. Durch diese offene, anschlussfähige „Weisheit der Menge" (Bolz, 2007, S. 142) werden viele durch die aktive „Beteiligung an Kommunikation" (Ders., 2007, S. 124) zu „Mitwissern" und „Mitgestaltern" von Themensetzungen. Deren Impetus kann kommunikative Bedeutung gewinnen. Das gilt insbesondere im Rahmen einer sich in bestimmten Situationen und Kontexten konstituierenden Protestkultur von „Gegenöffentlichkeiten" (s. Abschn. 2.2.2), die vor allem in Krisensituationen bedrohliche Züge für die Zielobjekte der Kritik annehmen kann. Zu einem solchen Kritikobjekt kann auch schnell ein Familienunternehmen werden. Etwa wenn die unternehmensstrategische Ausrichtung von der eigenen Mitarbeiterschaft offenkundig nicht mitgetragen bzw. im kommunikativ-informellen Miteinander angeprangert wird (Beispielkontext: sanktioniertes Russland-Geschäft). Kritisch gestimmte interne Stakeholdergruppen können gezielt den Weg nach außen an die (vernetzte) Öffentlichkeit suchen; entweder durch indiskrete Weiterleitung von (vertraulichen) Informationen an die (investigative) Presse oder mittels Narrativ-Platzierungen im Social-Media-Diskursraum.

Auch wenn das Phänomen in vielfacher Art und Weise bereits erörtert wurde, sei an dieser Stelle nochmals angemerkt: Es gibt mittlerweile eine große Anzahl von digitalen Möglichkeiten und Kontexten, in denen sich deren User – positiv, neutral oder abschätzig – einzeln oder in Communities zu Unternehmen, ihren Strategien, Produkten, Dienstleistungen, Arbeitsbedingungen oder Führungspersonal äußern. Somit können sich zu-

---

[114] Aufgrund dieser **Dialektik der Medienproduktion** und **-distribution** (s. Bolz, 2007, S. 34) behalten „traditionelle" Massenmedien auch weiterhin ihre Bedeutung und Rolle als Meinungsführer bei der Attribuierung und Popularisierung publikumsrelevanter (Krisen-)Themen (s. Abschn. 3.3.2.2).

nächst „harmlos" erscheinende (Mitarbeiter- oder Kunden-)Beschwerden in der digitalen wie analogen Kommunikationsverdichtung als durchaus „negativ" kampagnenfähig erweisen und in der Verbreitungskonsequenz Image und Reputation des Empörungsobjekts – in unserem Fall eines Familienunternehmens oder seiner Mitglieder – beschädigen.

Somit fungieren das WWW und insbesondere seine Social-Media-Spielarten für deren User nicht nur als populäre Informationsquelle, libertäre Dialogbühne oder virtueller Smalltalk-Diwan. Diese **digitalen Diskursräume** sind darüber hinaus zum Aggregator für Gerüchtebildung, Kompromittierungen, Verschwörungen, Verdächtigungen, Spekulationen und böswillige Stimmungsmache geworden. Die offene Struktur des vielfach beschworenen „Mit-mach-Webs" erleichtert es Kritikastern, Querulanten, Fatalisten, Diskursrowdys und profilierungssüchtigen „Themenlobbyisten"[115] (s. Abschn. 3.3.2.1) sowie vermeintlichen Experten sich in (Problem-)Debatten und Kontroversen auf selbstkonstruierten Podesten oder fremdinitiierten (Veto-)Plattformen einzumischen. Und zwar dadurch, dass sie dort plakativ ihr Publikum mit den von ihnen besetzten Narrativen in „One-to-Many"-Manier thematisch adressieren.[116] Auf Ausstrahlungswirkung bedacht nutzen diese Inszenierungsprofis je nach Gusto die „Medienöffentlichkeit prinzipiell als eine hochselektive Schaubühne" (Meyer, 2001, S. 139). Das geschieht vor allem, wenn sie in einer selbst gewählten „Whistle-Blower"-Rolle als streitsüchtige Anwälte für – reale oder vermeintliche öffentliche Interessen und Sachverhalte – auftreten und mit ihrem investigativen, mitunter plakativ-tadelnden Storytelling unkontrolliert und unzensiert kommunizieren. Durch derartige Thematisierungsstrategien sollen gezielt die Perzeption, Einstellungen sowie das Entscheidungsverhalten ihres jeweiligen Publikums gegenüber ins Visier genommenen (Familien-)Unternehmen und Personen beeinflusst werden.

Somit beginnen immer mehr Unternehmenskrisen im Web. **Netzdiskurse** und das durch sie begründete Agenda-Setting können in ihrer breitenwirksamen medialen „Kommunikationsdurchdringung" (Herger, 2004, S. 46) als Brandbeschleuniger und Eskalationstreiber krisenverursachender bzw. **krisenpotenzierender Themenkarrieren** mit Expansionskraft erscheinen. Das betrifft sowohl mutmaßliche als auch real existierende Problemsujets mit Relevanz-erzeugenden, vielfach meinungsbildend-polarisierenden Effekten. Auch unbegründetes Alarmschlagen mit Überreaktionen gehört dazu. Seine negative Zuspitzung findet diese Prozedur mitunter im Auslösen eines in Tenor und Duktus emotional-skandalisierenden „Shitstorms" (vgl. Steinke, 2014, S. 14 f.) als Ausdruck digitaler Protestkultur, die disputierender Polemik und Brüskierung Vorschub leistet. Aufgrund ihrer diskursausdehnenden Eigenschaften werden **webinduzierte Unruhesubstrate**

---

[115] Zum Phänomen der mit den medienwirksamen Auftritten dieser Akteure häufig einhergehenden Haltung einer „parasitären Publizität" und ihrer spezifischen Typologie in den Kommunikationsbedingungen der Mediengesellschaft s. Meyer, 2001, S. 133 f.

[116] Der Leserschaft unserer Ausführungen bleibt es selbst überlassen, gezielt das Netz zu durchstreifen, um auffallende Beispiele für diese Inszenierungspodien auszumachen, hinter deren Konstruktion sich durchaus skandalisierungsorientierte Kommunikationsstrategien verbergen können. Zu Protestformen und ihren inhaltlichen Besetzungen im Internet s. Köhler, 2008, S. 236 f.

und **Entrüstungsquellen** gerne im journalistischen Blickfeld von Redaktionen in klassischen Massenformaten als vermarktungsfähig-attraktiver Motivgeber aufgegriffen (s. Bolz, 2007, S. 33; Schindler & Liller, 2011, S. 38). Und, je sensationeller deren Nachrichtenwert erscheint, desto eher lassen sich derartige Themensetzungen durch **tendenziöse Sensationsberichterstattung** intensivieren und in der Storytelling-Wirkungsspanne ausdehnen. Allerdings werden Wahrheitsgehalt und Zuverlässigkeit von parajournalistisch angehauchten Web-Informationsofferten auf den ersten Blick kaum angezweifelt. Was dazu führt, dass sich durch unreflektiertes publizistisches Spektakulum und den damit verbundenen Rummel der öffentlichen „Resonanzaufschaukelung"[117] auch die Eintrittswahrscheinlichkeit von Krisenlagen erhöhen kann.

Durch die plakative „Mobilisierung öffentlichen Drucks" (Köhler, 2006, S. 62)[118] wird der **Kommunikationsdruck** (vgl. Herger, 2004, S 46) und damit die Entscheidungslast und der **Handlungszwang** für betroffene (Familien-)Unternehmen und ihre Repräsentanten erhöht. Ein interessantes Beispiel dafür ist die sog. „Yale-Liste" (= „Liste der Schande"). Darin werden Unternehmen, die noch im Kontext des Ukraine-Kriegs in Russland wirtschaftlich agieren, über das Web öffentlich, für jede(n) einsichtbar, aufgelistet und an den Pranger gestellt. Diese Initiative der Yale University hat – auch mit Blick auf die Aktivitäten deutscher Unternehmen – ein entsprechendes Medienecho gefunden (s. dazu Berichte in der FAZ, Focus etc.). Und sorgt dadurch nicht nur für Handlungsdruck bei betroffenen Firmen, sondern inspiriert – auf nationaler wie internationaler Ebene – zudem weitere (mediale) Anschlusskommunikation in diversen Öffentlichkeiten und ihren meinungsbildenden Diskursforen.

Verkündete Einzelansichten und Standpunkte gewinnen in dergleichen medialen Konstellationen rasch einen mutmaßlich „objektiven" Status in der öffentlichen Meinung. In diesem Bezugsrahmen bilden sich insbesondere im Social Web kurzerhand vielstimmige, interaktiv-koalierende **oppositionelle Öffentlichkeiten.**[119] Sie sind durch eine eigene Kommunikationsautonomie charakterisiert (vgl. Wimmer, 2008, S. 210 ff.). Damit verbundene Maßnahmen von Online-Resistenzen zur öffentlichkeitsfördernden Artikulation

---

[117] Im Hinblick auf die modernen digital-dominierten Kommunikationsverhältnisse hat Peter Kruse seinerzeit diesen Vorgang wie folgt kommentiert: „(…) wir haben tatsächlich die Situation, wo wir permanent mit der Möglichkeit der Aufschaukelung rechnen können und damit in einer ganz anderen Grundsituation von Kommunikation sind." [zitiert nach http://www.carta.info/28445/von-rueckkopplung-selbstverstaerkung-aufschaukelung-und-resonanz-im-falle-koehler – Zugriff 14.03.2023].

[118] Mit Blick auf die augenfälligen Kommunikationswirklichkeiten in der Mediengesellschaft lässt sich konstatieren, dass „die Mobilisierung öffentlichen Drucks stets auch als Medienkommunikation bzw. Medienereignis geplant ist, um **Multiplikations-** und **Publizitätseffekte der Massenmedien** sowie die emotionale Suggestivkraft audiovisueller Massenmedien zu nutzen" (Köhler, 2006, S. 62 f.). Und Dyllick stellt klar, dass die Mobilisierung öffentlichen Drucks eine zentrale Rolle in einer **Kriseneskalation** spielt (Dyllick, ³1992, S 58 f.).

[119] Zum Phänomen der Herausbildung von speziellen **Öffentlichkeitsformen durch Digitalität** und **Virtualisierung** und zum Begriff rebellisch-gesinnter **„Gegenöffentlichkeit"** und ihren Auftritts- und Darstellungsmöglichkeiten der „digitalen und virtuellen Kommunikation" s. Ludwig, 1998, S. 180.

und Durchsetzung spezieller Anliegen und Forderungen reichen von der Nutzung diverser Plattformen wie Instagram und YouTube, dem Betrieb eigener Blogs, der Durchführung digital-partizipativ angelegter Petitionen bis hin zur Gestaltung spezieller Protest-Websites mit inhärenter Vetomacht. Spektakuläre Online-Protestaktionen können über die Websphäre hinaus in den „realen Kommunikationsraum"[120] hineinreichen, um durch diese Verlagerung zusätzliche Multiplikatoren und Unterstützerkreise zu rekrutieren. Denn Diskurs- und meinungsprägende „Gegenöffentlichkeiten", die mit ihren Anliegen nachhaltige Wirkungen erzielen wollen, bedürfen auch einer wahrnehmungsverstärkenden und aufmerksamkeitssteuernden Präsenz außerhalb des virtuellen Diskursraums. Das geschieht, indem sie Informations- und Meinungsaustausch über die Online-Kommunikation hinausgehend mit anderen Diskursformen und -räumen verbinden. Dabei ist auch die publizistische Beteiligung „klassischer" Medienformate erwünscht, die dann ihrerseits über Protestformen und -auftritte berichten. Dieser mediengestützte Kommunikationsmix kann dazu beitragen, krisenbehaftete Themendiskussionen kampagnenorientiert anzuheizen und im öffentlichen Raum weiter zu verbreiten. Die Ausbreitungsmechanik und damit korrelierende Risikopotenzierungen sind für Kommunikatoren aller Unternehmenstypen ein wichtiges Phänomen, das sie für die eigene Krisenkommunikationsstrategie und Taktik stets im Blick halten müssen.

Zudem vergisst das Netz bekanntlich nichts. In seiner Erinnerungsfunktion speist es als Push- und Pull-Technologie das kollektive Nutzergedächtnis mit Informationen und Content in **digitalen Archiven**. Was einmal auf Webplattformen publiziert wird, ist dauerhaft jederzeit für jede(n) verfüg- und rezipierbar. Durch diese ewige Dokumentenlage können Themen wiederkehren, die scheinbar längst abgehakt scheinen. Das betrifft natürlich auch Narrative zu vergangenen Krisenfällen. Diese schlummern nur so lange, bis sie eine interessierte Person oder Gruppe recherchiert, sie kommunikativ wiederbelebt und dadurch zum neuerlichen Storytelling-Objekt-Subjekt der Begierde im Tamtam öffentlicher Diskursarenen stilisiert. Dadurch kann auch ein neuer bzw. modifizierter Deutungsrahmen kreiert werden, der – je nach Involviertheit und Tragweite – letztendlich betroffene Unternehmenskommunikationsakteure und ihre Auftraggeber erneut beschäftigen kann. Mit Blick auf den betreffenden Sachverhalt und Bezugsrahmen müssen diese die Frage klären, „inwiefern das Internet zur Durchsetzung spezifischer Anliegen gegenüber Unternehmen genutzt werden kann und ob [und wie – Anm. Verf.] sich öffentlicher Druck auch mittels des Internets mobilisieren" (Köhler, 2006, S. 64) lässt. An dieser Einschätzung orientiert sich dann die Konzeption und Umsetzung einer möglichen kommunikativen Intervention.

---

[120] Prototypisch für die kommunikative Vehemenz und Mobilisierungsmacht solidarisierter Unmutsäußerungen und Negativkommentare von Interessengruppen und ihrer speziellen Gefolgschaft steht seinerzeit die Anti-Nestlé-Kitkat-Kampagne von Greenpeace aus dem Jahr 2010. Greenpeace hat Nestlé – nicht ohne deren sie selbst kompromittierende, krisenkommunikative Unprofessionalität – im Kommunikationsmix nicht nur auf YouTube und Facebook, sondern auch in der Kombination mit klassischen Medien und besonderen Real-Life-Aktionen in die Bredouille gebracht (u. a. mit Boykottaufrufen und Störaktionen vor der Unternehmenszentrale); s. dazu den Artikel von T. Hillenbrand auf Spiegel-Online (16.04.2010: „Unternehmen im sozialen Netz: Die Facebook-Falle").

3.7.2.4 Die Notwendigkeit eines strategischen Krisenkommunikationsmanagements von Familienunternehmen

Im Hinblick auf solche konfliktiven Kontexte und mediengetriebene Konfrontationen sowie ihre potenziellen Effekte sind auch Familienunternehmen gut beraten, sich für solche Szenarien intern wie extern präventiv zu präparieren, um im auftretenden „Ernstfall" professionell reagieren und sich adäquat kommunikativ bewegen zu können. Dafür bietet das etablierte **Instrumentarium der Krisenkommunikation**[121] als konstitutiver Teil des **Krisenmanagements** valide Hilfsmittel und praxiserprobte Methoden an. Diese sollten ihrerseits als elementares Handlungsfeld prinzipiell fester Bestandteil des modernen Kommunikationsmanagements unter Krisenbedingungen (s. Nolting & Thießen, 2008, S. 10 f.) von Familienunternehmen sein.

Doch entgegen dem verfügbaren Wissensstand und der damit einhergehenden Klärung der Grundlagen der Krisenkommunikation ist die strategisch-geplante und kenntnisreich implementierte Bewältigung von krisenhaften Ereignissen in der **Kommunikationspraxis familiengeführter Unternehmen** noch überraschenderweise unzulänglich bzw. ausbaufähig (vgl. Mast, [5]2013, S. 339). Das betrifft, neben der Sensibilisierung für unternehmensspezifische Risikoszenarien, vor allem die **Prävention**. Gemeint ist das methodisch-systematische, er- und geprobte Vorbereitet-Sein auf den „Tag X" im Sinne eines erfolgversprechenden (kommunikativen) Umgangs mit (eventuellen) Problemsituationen und ihren negativen Auswirkungen für ein davon betroffenes Familienunternehmen. So zeigt ein Blick in den Kommunikationsalltag insbesondere mittelständisch geprägter Unternehmen (s. Kirf & Schömburg, 2018, S. 5 ff.),[122] die bekanntlich vorwiegend in Familienbesitz sind, dass eingespielte **Task Forces**, ausgearbeitete **Krisenhandbücher** oder detaillierte Kommunikationsleitfäden für situationsadäquate, präventiv-konsolidierte Unternehmensauftritte in Krisenkonstellationen bisweilen Mangelware sind. Eine Sachlage, die freilich ungern bestätigt wird. Gleichwohl sind weitere Professionalisierungsbestrebungen hier dringend angeraten.

Jenes Versäumnis überrascht umso mehr, als unternehmerisches Handeln prinzipiell immer auch mit **Risiken, Konflikten** und **Krisen** verbunden ist und dieses Wissen eigentlich in Familienunternehmen vorhanden sein sollte. Fehlentscheidungen des Manage-

---

[121] Es finden sich zahlreiche Veröffentlichungen – als Forschungsarbeit oder Praxisleitfaden verfasst – zu kommunikativen Risiken und Gefahren, die Unternehmen jeglicher Verfasstheit und Größenordnung treffen und in reputationsgefährdende Schadenslagen ausarten können. Diese wiederum verlangen zu ihrer Bewältigung nach adäquaten **Strategien** und damit korrelierenden **Maßnahmen der Krisenkommunikation**. Aus der das Themenfeld aus verschiedenen Aspekten betrachtenden Literatur sei zur weiterführenden Lektüre verwiesen auf: Köhler (2006), Nolting & Thießen (2008), Thießen (2011 und [2]2014), Kirf (2015), Möhrle ([3]2016). Die Autoren machen deutlich, dass Krisen – bei entsprechender Lernbereitschaft der davon Betroffenen – selbst kathartische „Chancenpotenziale" für Veränderung, Neubeginn bzw. Neubesinnung beinhalten können. Gemäß dem Credo: „Nach der Krise ist vor der Krise."

[122] Gerade der Mittelstand kommuniziert in Krisenlagen erfahrungsgemäß mitunter eher subjektiv reaktiv und intuitiv als planvoll gestaltet.

ments oder Einflussfaktoren aus dem Unternehmensumfeld können erfahrungsgemäß rapide in Krisenverhältnisse münden. Krisen haben viele Gesichter, Erscheinungsformen und Ursachen. Sie weisen ein breites Spektrum multikausaler Faktoren auf und können jede Organisation jederzeit treffen. **Krisenlagen variieren** in Entstehung, Entwicklung, Wirkungsintensität und Folgeerscheinungen. Und es sollte nicht unterschätzt werden, dass diese komplexen Prozesse mit eigenen Spielregeln für die Betroffenen leicht zu systembedrohenden Konstellationen eskalieren können. Krisenereignisse erscheinen für beteiligte Unternehmen schleichend oder abrupt, verschuldet oder abwendbar, durch schwache Signale aus dem Unternehmensumfeld oder mittels offenkundiger Warnhinweise angezeigt: wie z. B. durch erodierende Flüsterpropaganda und Latrinenparolen zu realen oder vermeintlichen Unternehmensschieflagen und Macken und einer damit verknüpften Medienneugier, die durch Thematisierungen wiederum variierende Reaktionen[123] in der Öffentlichkeit auslösen bzw. verstärken kann.

Zudem kritisieren Medien diffusen Aktionismus von krisenerschütterten Unternehmen sowie deren defizitäres Krisenkommunikationsmanagement und einen den Umständen entsprechend unangemessenen Kommunikationsstil. Ein solches Manko lässt Rückschlüsse zu auf eine mögliche Überforderung der Verantwortlichen im situations- und kontextangemessenen Umgang mit Konfliktparteien, Medienvertretern, Behörden und/oder mit direkt bzw. mittelbar Ereignisbetroffenen. Vor allem die medial gestützte **Thematisierung von Kommunikationskrisen**, die aus einem solchen Bündel an Fehlverhalten resultieren, ist inzwischen Usus und eine Story wert.[124] Durch deren Rezeption hat die medialisierte Öffentlichkeit zudem ein Gespür dafür entwickelt, auf welche Weise eine Krisenlage von den davon Betroffenen kommunikativ behandelt bzw. nicht oder nur unzureichend gemanagt wird.

3.7.2.5 Komponenten und Architektur der Krisenkommunikation von Familienunternehmen

So wird indes – vor allem getrieben durch die Diskurs- und Publizitätsdynamik im Social Web (s. Abschn. 3.3.2.1) – ein wesentlicher Zweck der Krisenkommunikation von Unternehmen häufig beeinträchtigt: nämlich die gezielte kommunikative Intervention und Mitprägung der öffentlichen Debatten zu einem Krisenereignis im Sinne einer gebotenen Versachlichung und Entdramatisierung.

Mit Blick darauf und dem schon benannten, primär medienbewirkten „Strukturwandel der Öffentlichkeit" (s. Abschn. 3.3.2.1) korreliert eine Revision der Krisenkommunikation, die als Herzstück des Kommunikationssettings auch von Familienunternehmen in den zeitgenössischen Weltläufen anzusehen ist. In diesem Kontext sind die (hoffentlich) familien-

---

[123] Zu möglichen (unternehmens-)endogenen und exogenen Krisenursachen, Krisenphasen und Krisenverläufen s. die Übersicht von Thießen, 2011, S. 70 f.

[124] Als illustrer Fall sei an dieser Stelle nochmals auf die Berichterstattung zum fehlgeschlagenen Krisenkommunikationsmanagement des Nestlé-Konzerns als Reaktion auf die kritische Social-Media-Kampagne von Greenpeace UK (2010) verwiesen (s. o.).

unternehmensintern vorliegenden **Konzepte und Instrumente des Krisenkommunikationsmanagements** auf ihre Zeitgemäßheit und Anwendbarkeit hin zu überprüfen und bei Bedarf neu zu justieren. Denn Krisenkommunikation muss in den Kommunikationsverhältnissen der virtuellen, wie realen Unternehmensumwelten „parkettsicher" funktionieren. Gerade deshalb, weil es in Krisenfällen für krisenbetroffene Familienunternehmen unmöglich ist, nicht zu kommunizieren und sich der öffentlichen, medieninduzierten Vorfalldebatte durch eine diskursverweigernde Vogel-Strauß-Haltung zu entziehen. „Krisen (…) stellen Kommunikationsverantwortliche vor die Notwendigkeit, in den öffentlichen Dialog zu treten" (Thießen, 2011, S. 109). Sie müssen Position zum Vorgefallenen und zur Faktenlage beziehen und in diesem Zusammenhang selbst medienvermittelte Kommunikation betreiben. Dabei ist stets zu bedenken, dass leichtfertige kommunikative Fehleinschätzungen und sprachliche Fauxpas Krisenverläufe schnell als mediale Selbstläufer auf allen Kanälen verstärken und für die Betroffenen letzthin unkontrollierbar machen können. Öffentliche Kritik wird dann nicht mehr allein am Sachverhalt festgemacht, sondern auch an der Kommunikation und ihren Protagonisten geübt.

So erscheint mitunter ein **defizitäres Krisenkommunikationsmanagement** von krisenbetroffenen (Familien-)Unternehmen nicht geeignet, zur notwendigen Objektivierung und Entdramatisierung der Ereignisdiskussion im öffentlichen Raum und den damit einhergehenden Meinungsbildungsprozessen beizutragen. Ganz im Gegenteil. So finden sich immer wieder unternehmensseitig ungeschickte, missverständlich formulierte Äußerungen zu einem krisenhaften Sachverhalt in Live-Interviews vor laufender Kamera, die zur besten öffentlich-rechtlichen wie privaten Sendezeit ausgestrahlt werden; oder emotionslos-rationale Rechtfertigungsversuche und Unschuldsbeteuerungen, die aus der Defensive heraus vorgetragen und überdies durch bewusst betriebene Schönfärberei verschärft werden; ferner eine beharrliche Abschottungstaktik der Verantwortlichen, die sich „tot" stellen und nichts verlautbaren, in der Hoffnung, dass eine Krise von selbst vorübergeht. Derartige Darbietungen forcieren nur die Problematisierung bzw. Skandalisierung der Situation (s. Eisenegger, 2005, S. 68 ff.) und provozieren öffentliche Entrüstungsstürme. Eine diskontinuierliche Kommunikationspolitik ist häufig Ausdruck dessen, dass deren Akteure ihrerseits die Komplexität und Dynamik eines Krisenverlaufs unterschätzen. Wenn keine überzeugende Beziehungsarbeit mit allen krisenbetroffenen Stakeholdern unter Berücksichtigung ihrer jeweiligen Standpunkte, Betroffenheiten, Stimmungslagen und Kommunikationsinteressen geleistet wird, dann kann dieses Versäumnis als Skandalon leicht selbst zum Krisentreiber mutieren und sich krisenintensivierend auswirken.

3.7.2.6 Krisenprävention und Krisenmanagement-Organisation

Um zu verhindern, durch unangemessenen Kommunikationsaktionismus, verpatzte Auftritte oder Fremdverschulden in die Bredouille zu geraten, müssen Familienunternehmen und ihre Krisenakteure auf brenzlige Situationen organisatorisch, kommunikativ und mental prophylaktisch vorbereitet sein. Was von den Protagonisten zudem ein einschlägiges Wissen zu Parametern, Spielarten und Funktionsweisen gelingender Krisenkommunikation unter den in der Mediengesellschaft vorherrschenden Kommunikationsbedingungen verlangt.

Mit Blick darauf zeigt die Inventur des **Reflexionswissens zu Krisenszenarien** und ihrer spezifischen Interventions- und Bewältigungsstrategien: Ein Krisenverlauf, seine öffentliche Wahrnehmung und Beurteilung durch relevante Stakeholder (vgl. Schwarz, 2010, S. 14) in prägenden Unternehmensmilieus kann auch weitgehend von der Fachkenntnis im Situationshandling der dafür zuständigen Kommunikatoren, die meist der PR-Profession entstammen, abhängen. Krisenlagen stellen durchweg vehemente **Kommunikationsherausforderungen**, extreme Entscheidungsbelastungen sowie Handlungsdruck mit hohem Stressfaktor und vielen Verdrussmomenten für die involvierten Personenkreise (vgl. Mast, [5]2013, S. 350) dar. Um in einem Krisenkontext der jeweiligen Gesamtlage und den sie prägenden Sachverhalten und Konstellationen im Handlungs- und Kommunikationsmanagement entsprechend angemessen (re-)agieren zu können, müssen sich die Akteure im Vorfeld eines potenziell auftretenden Krisenereignisses zwingend **präventiv** mit möglichen „Worst-Case"-Szenarien und den damit korrelierenden Kommunikationsanforderungen beschäftigen. Dazu zählen u. a. reputationsgefährdende Mediendiskurse mit konvergierenden unternehmensinternen und -externen Stakeholder-Aufmerksamkeiten und -Reaktionen. „Unternehmen sollten sich frühzeitig mit möglichen Krisensituationen auseinandersetzen", lautet die vielfach wiederholte Forderung von Krisenkommunikationsexperten (Ditges et al., 2008., S. 57).

Hinsichtlich lauernder Bedrohungsszenerien sollte in Familienunternehmen das „Antizipieren und Einüben der Prozesssteuerung von unternehmensrelevanten Krisenszenarien" (Kirf, 2015, S. 56) zu ihrer professionell-kommunikativen Bewältigung in jeder **Krisenkommunikationsplanung** prinzipiell festgeschrieben sein. Dabei kommt der **Krisenprophylaxe** ein hoher Stellenwert zu (vgl. Hoffmann, [3]2016, S. 145 ff.; Kirf & Schömburg, 2018, S. 26). Folglich sollte die Forderung für Familienunternehmen und ihre **Krisenmanager** darin bestehen, dass diese frühzeitig Signale für Bedrohungslagen wahrnehmen und auf Notfälle sowie damit einhergehende Problemstellungen bestmöglich vorbereitet sind.

Somit gehört zum Pflichtbestandteil einer strukturiert-systematischen Krisenvorbereitung, dass die designierten Protagonisten das **Interventionsinventar**, d. h. die **Instrumente** und **Methoden** für eine adäquate Lagebeurteilung und kommunikative Situationsbewältigung kennen sowie ihren Gebrauch turnusmäßig und fallspezifisch-realitätsnah **trainieren.** Die Übungen sollten in Form von Krisenstabsübungen mit realistisch gestalteten Notfallszenarien, Medientrainings für Krisenstabsmitglieder und Führungskräfte sowie speziellen Social-Media-Krisen-PR-Schulungen für Personalverantwortliche oder Marketers erfolgen. Wichtig ist dabei zu beachten, dass die Kurse tunlichst „auf der Basis von Szenarien möglicher Krisen und Analysen der vorhandenen Risiko- und Krisenpotenziale" (Röttger et al., [2]2014, S. 202) stattfinden.

Als ein **Trainingsbeispiel** sei an dieser Stelle auf die Vorbereitung für den Fall der Fälle bei „**Cyber-Kriminalität**" verwiesen. Ein solches Krisenszenario stellt ebenfalls spezifische An- und Herausforderungen für die Krisenkommunikation dar. Cybercrime kann jedes (Familien-)Unternehmen in seiner digitalen Exponiertheit treffen, wie auch in Medienberichten vielfach nachzulesen ist. Wobei Verlagshäuser selbst Opfer von Cyber-Attacken werden können – wie z. B. die „Rheinische Post" Mediengruppe im Juni 2023.

Die Erscheinungsweisen von Cybercrime reichen von Betrugsvorgängen durch KI-Einsatz – z. B. in Form von täuschend echten Fake-Anrufen oder Phishing-Mails – bis hin zu Hackerangriffen, die in Tateinheit mit räuberischer Erpressung von außen auf die gezielte (Zer-)Störung von IT-Infrastrukturen abzielen. Oder der Schaden kann durch unternehmensinternen Datenmissbrauch (z. B. Datendiebstahl bis hin zum Systemausfall) durch eigene Mitarbeiter entstehen. Auf den lösungsorientierten Umgang mit solchen Fällen muss auch ein Familienunternehmen strukturell, prozessual und ebenso psychologisch vorbereitet sein. Dazu gehört eine durchgängige Sensibilisierung der Desk- und Non-Desk-Mitarbeiterschaft, die über die spezifische Gefahrenlage durch KI-Missbrauch und den Umgang damit aufzuklären ist. Hinzu kommen die Aufstellung und Anwendung von Regeln, die besagen, wie sich Unternehmensangehörige im Social Web kommunikativ bewegen sollten. Darüber hinaus ist eine kontinuierliche Überprüfung und Optimierung von IT-Sicherheitsmaßnahmen – wie doppelte Datensicherung etwa über eine Cloud oder die analoge Spiegelung der digitalen Infrastruktur – angeraten. Zudem empfiehlt sich ein adäquater Versicherungsschutz eines Familienunternehmens gegen Attacken aus Digitalsphären sowie die Erweiterung des vorhandenen Krisenhandbuchs mit konkreten Praxisempfehlungen zum Handling von Cybercrime-Fällen und der Festschreibung des damit verbundenen Kommunikationsmanagements.

Weiterhin sollte die Ausbildung der unternehmenseigenen Disposition geschärft werden, dass Krisen als solche erkannt, in Spielarten, Ursache, möglichen Entwicklungen und Konsequenzen richtig eingeordnet und beurteilt werden. Damit sie in alle Richtungen effektiv behandelt bzw. bewältigt werden können. Das gilt sowohl auf Managementebene, im Krisenstab, in der Kommunikation mit der Belegschaft, im Austausch mit wichtigen Stakeholdern im Außenkontakt als auch in der PR-relevanten Medienarbeit. Die Kommunikationsakteure in Familienunternehmen sollten, ebenso wie ihre Vorgesetzten, dahingehend konsequent „krisengeschult" werden. Und sie müssen im internen **Krisenstab** des Unternehmens (s. Steinke, 2015, S. 188 f.; Möhrle, [3]2016, S. 26 f.) so positioniert sein, dass sie als **Task Force** im Ernstfall rechtzeitig in alle krisenbewältigenden Prozesse und Entscheidungen mit eingebunden werden (s. Abb. 3.44).

Die personelle **Besetzung eines Krisenstabs** setzt sich modellhaft aus folgenden Unternehmenseinheiten zusammen:

- Krisenstabsleiter (auch durch Geschäftsführung vertreten)
- Krisenmanager
- Vertreter aus Unternehmenskommunikation/PR
- HR
- Recht/Compliance
- IT
- Vertreter des von einer Krise betroffenen Unternehmensbereichs
- Assistenz/Krisendokumentation
- (externe) Berater aus unterstützenden Bereichen (Krisenmanagement, PR, Recht etc.).

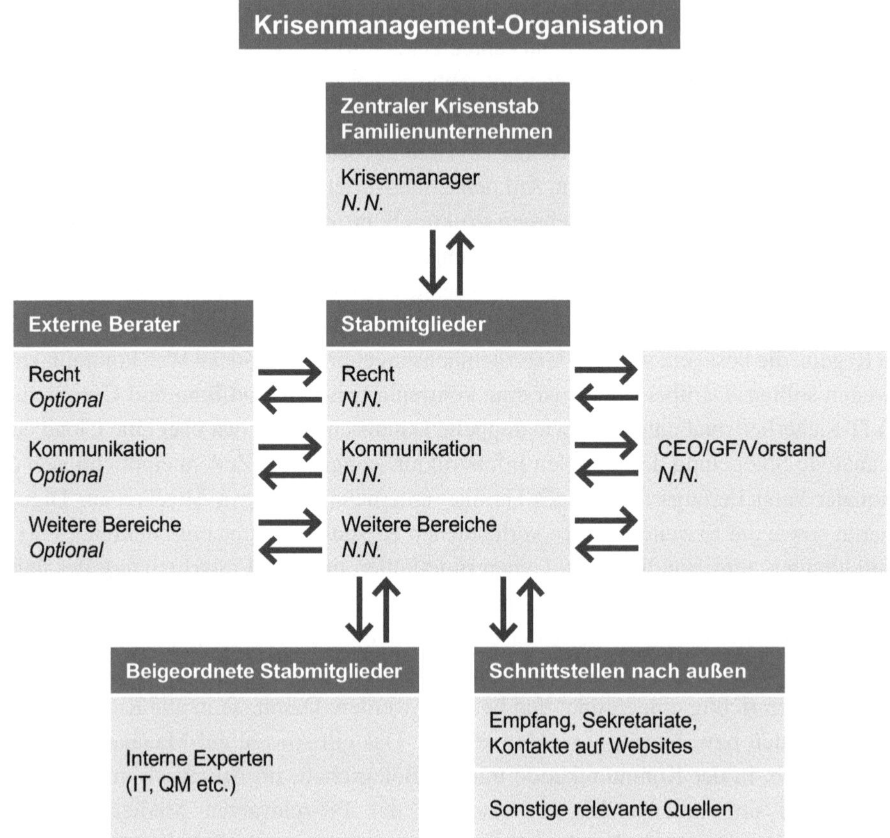

Abb. 3.44 Krisenmanagement-Organisation. (Quelle: DJM COM)

Die Leitung des Krisenstabs ist verantwortlich für die Ablauforganisation – u. a. die Einweisung der Task Force und die Arbeitsaufträge – und für die Gestaltung der Phasen einer **Krisenabwehrreaktion** im Handlungskontext des Krisenmanagements (s. Abb. 3.45). Die Krisenstabsmitglieder sind weiterhin zuständig für die konkrete Ereignisbeurteilung bzw. Risikobewertung, eine detaillierte Lagebilderstellung (inkl. unternehmensinterne Ereignismeldung und Alarmierungskette), die darauf ausgerichtete Kommunikationsplanung, die Schnittstellenbildung zu weiteren Gefahrenabwehrkräften (z. B. Polizei, Feuerwehr), die Personalsteuerung und Betreuung von möglichen Krisenbetroffenen, die Maßnahmenumsetzung und Kontrolle, die korrekte Falldokumentation, die Eigensicherung, den Informationsschutz sowie für die Krisennachsorge.

Für diese **vielfältige Aufgabenerfüllung** muss ein Krisenstab zudem entsprechend technisch auf dem neuesten Stand ausgestattet sein, damit er in jeder Lage kommunikati-

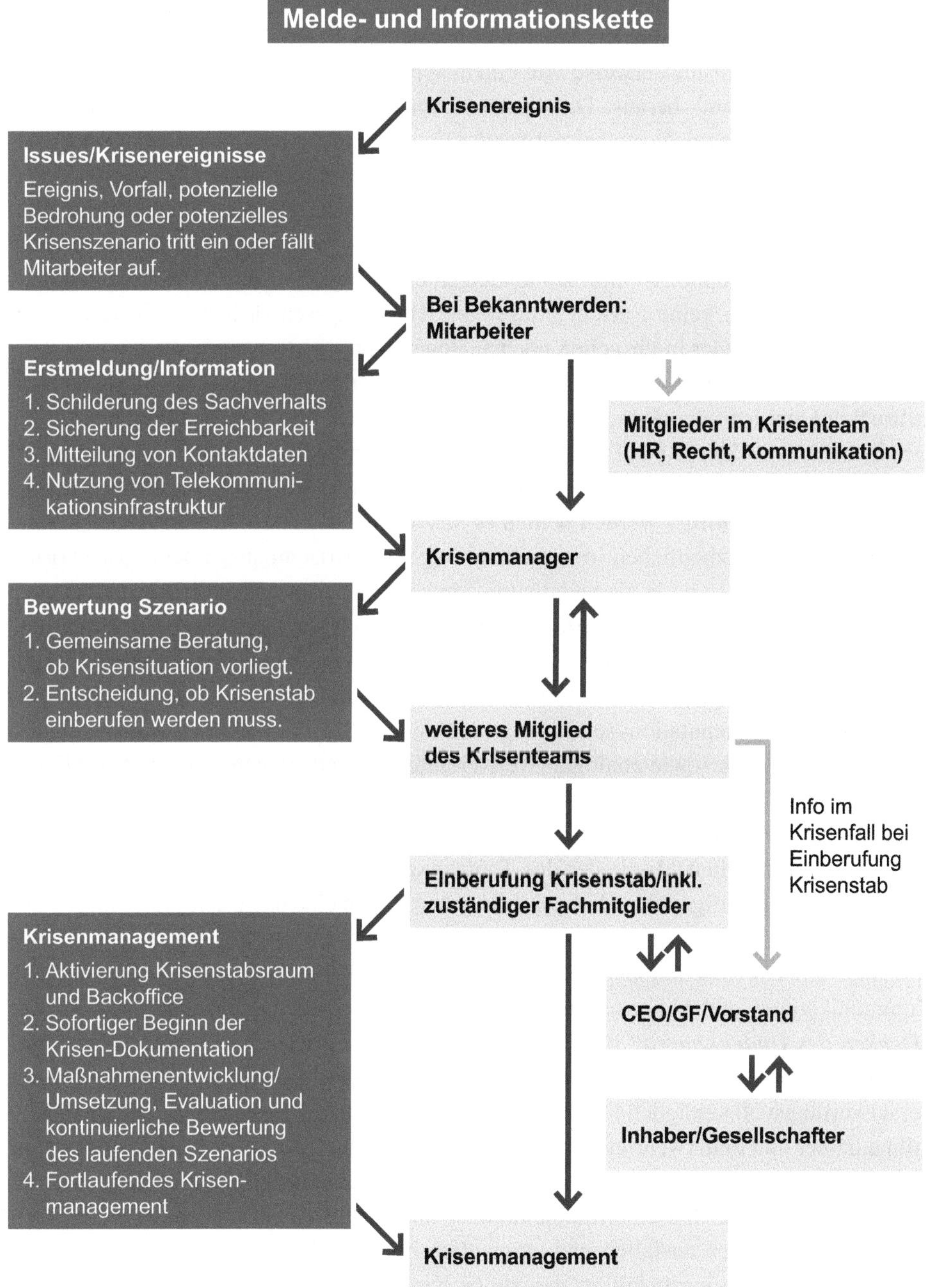

Abb. 3.45 Handlungsrahmen Krisenmanagement. (Quelle: DJM COM)

ons- und arbeitsfähig ist. Dazu zählen selbstredend Intranet- und Webzugänge, Laptops, Smartphones, Krisenhandbücher, Wandtafeln und Notfallpläne in digitaler Version etc. Der Krisenstab agiert idealerweise von einem separaten, gegen Fremdeinwirkungen geschützten „War Room" heraus. Das kostet sicherlich alles Geld und organisatorischen Aufwand. Das Engagement ist aber notwendig für ein umfassendes, professionelles Handling eines Krisenfalls, in den jedes Familienunternehmen hineingeraten kann.

Wenn die genannten Anforderungen an die Krisenmanagement-Organisation erfüllt sind, kann aus dem Krisenstab heraus im kommunikativen Kontakt mit allen relevanten Öffentlichkeiten situations- und kontextangemessen agiert werden. Schließlich entschuldigt eine Krise keine Entscheidungs- und Handlungsschwächen sowie Kommunikations-Fauxpas, weder in virtuellen noch analogen Unternehmensumwelten.

Daraus resultiert auch der Anspruch für die Etablierung einer spezifischen **„Krisenkultur"** in Familienunternehmen. Und zwar in dem Sinne, dass Krisensituationen für die verantwortlichen Akteure nicht als Ausnahmeerscheinung wirken, sondern von diesen als Regelfall eingeschätzt werden. Das heißt, im Endeffekt, dass Krisen zur aktionalen und kommunikativen **Routine** werden sollten (s. dazu Thießen, 2011, S. 90). Als fester Bestandteil eines ganzheitlichen unternehmenseigenen Krisenmanagements ist Krisenkommunikation per se nicht als Sedativum, sondern als Selbstverständlichkeit zu denken und dezidiert in Organisationsabläufe inhaltlich-thematisch wie methodisch-infrastrukturell zu integrieren (s. Möhrle, [3]2016, S. 19.ff.). Denn Krisen und damit korrelierende öffentliche „Skandalisierungskommunikation" (Freda, 2014, S. 14, 22), die immer auch als „Ernstfall" für die Reputationsgefährdung (s. Thießen, 2011, S. 98 ff.) zu werten sind, erscheinen in digitalen sowie analogen Weltverläufen als „ein Regelfall für potentiell jede Organisation in der Mediengesellschaft" (Mast, 2008, S 104).

Diese Gefahr besteht gleichfalls für Familienunternehmen und ihre Vertreter. Wobei letztere – in Sonderheit Mitglieder des Topmanagements oder Eigentümer – gerade bei Krisenzuständen häufig in der Medienkritik stehen und in eine das Blickfeld bestimmende Interpretationslogik einer medial-angeheizten Öffentlichkeit geraten. Aus diesem Grunde verzeihen Krisenkonstellationen bei den Betroffenen keine Defizite und Versäumnisse im Kommunikations- und Aktionsmanagement. Das bedeutet, dass auch das immerwährende **„Denken des Undenkbaren"** gleichsam als mentale Orientierung zum notwendigen Repertoire der **Krisenintervention** zählt. Eine solche Einstellung demonstrieren schließlich verantwortungsvoll tagtäglich Dilemma erprobte und Ernstfall geschulte Akteure wie Notfallmediziner und Feuerwehrleute während ihrer Einsätze.

Je intensiver und umfänglicher die klassifiziert-systematische **Vorbereitung** der Verantwortlichen für das Krisenkommunikationsmanagement ausfällt, desto versierter können deren Reaktionen ausfallen und umso effektiver der öffentliche Wirkungsgrad ihrer Aktionen im Kriseneintrittsfall erscheinen (s. Kirf & Schömburg, 2018, S. 27). Folglich sollten sich Krisenkommunikatoren ihrer spezifischen Rolle immer wieder bewusstwerden, um dann im Ernstfall situations-adäquat zu „funktionieren". Sie fungieren insofern idealiter als Seismograf, Organisator, Problemlöser, Stabilisator und Moderator in einer Person. Neben der frühzeitigen Festlegung, Ausarbeitung und Einübung von klar definierten Rollenmustern, praxisrelevanten „Fahrplänen", Regeln, Techniken und Prozessabläufen,[125] basiert professionelle Krisenprävention auch auf der (Vor-)Formulierung von Botschaften und Themensetzungen für die **krisenbewältigende kommunikative Beziehungsgestaltung** mit allen wichtigen Stakeholdern (vgl. Steinke, 2015, S. 191 f.). Dadurch soll in einem Krisenkontext der kommunikative Handlungsspielraum erhalten werden. Und zwar informativ und dialogisch. Zu den Adressaten zählen nicht nur Medienvertreter und andere relevante Personengruppen als externe Rezipienten öffentlicher Informations- und Kommunikationsofferten.[126] Nicht zu vergessen ist auch die eigene Desk- und Non-Desk-Belegschaft im Rahmen der Umsetzung unternehmensinterner Kommunikations- und Kontaktprogramme.

3.7.2.7 Das Krisenkommunikationshandbuch

Alle sachverhaltsschildernden Kommunikationsinhalte und ihre adressatengerechten Vermittlungs- und Darstellungsweisen sind in einem **Krisenkommunikationshandbuch** ausformuliert und verbindlich festzuschreiben.

Um konkret zu werden, sei an dieser Stelle die modellhafte Konzeption und Gliederung eines Kommunikationsleitfadens als fester Bestandteil des Krisenmanagements aufgezeigt:

- **Einleitung:**
  Beschreibung der Leitfadennutzung,
  Einordnung und Bedeutung von Krisensituationen,
  Erfolgsfaktoren der Krisenkommunikation.
- **Handlungsrahmen der Krisenkommunikation:**
  Unternehmensspezifische Krisenpotenziale und Krisentypen,
  Krisenprävention: Risikoanalyse und Issues Management,
  Situationsbeurteilung und Risikoeinschätzung,
  Organisation des Krisenstabs und weitere Unterstützungsfunktionen,
  Meldekette und Alarmierungswege.
- **Krisenkommunikationsmanagement:**
  Krisenreaktion: Was ist kommunikativ zu tun?
  Abläufe, Strukturen und Strategien der Krisenkommunikation,
  Beschreibung stakeholderorientierter Kommunikationsstrategien,
  Kommunikationsinhalte, Botschaften, Narrative und Themenmanagement,
  Regelkommunikation in Krisenlagen.

---

[125] S. dazu die detaillierten infrastrukturellen, instrumentellen und handlungsorientierten Einsichten und Empfehlungen von Ditges et al., 2008, S. 74 ff. sowie Möhrle, ³2016, S. 137 ff.

[126] Zur rezeptionsorientierten Perspektive der Konzeption und Implementierung eines funktionierenden Kommunikationsmanagements im Krisenfall s. Schwarz, 2010, S. 101 ff., 227 ff. und Mast, ⁵2013, S. 349.

- **Krisennachbereitung:**
  Kommunikationsstrategien und kommunikative Handlungsfelder.
- **Dokumente:**
  Checklisten, Protokolle und Vorlagen.

Das Krisenkommunikationshandbuch beinhaltet Erläuterungen zu möglichen unternehmensspezifischen Risikothemen und Gefahrenkontexten, wie z. B. Produktfehler, Arbeitsunfälle, Cyberattacken, KI-gesteuerte Kriminalität. Hinzu kommt die Beschreibung verschiedener Issues und Krisenarten (z. B. Liquiditätskrise, Umweltkrise) sowie die Darstellung von Krisenmerkmalen und Ereignisverläufen. Des Weiteren finden sich im Kompendium Informationen zu unternehmensinternen Verantwortlichkeiten, Meldeketten, Sprachregelungen sowie Empfehlungen für Interventionsmaßnahmen, die auch zur Sicherstellung einer funktionierenden **Ad-hoc-Kommunikation** notwendig sind. Diese muss in allen Richtungen und Szenarien des notwendigen Kontakt- und Beziehungsmanagements in den ersten 24 Stunden nach einem krisenauslösenden Ereignis erfolgen. Zudem werden konkrete Workflows, Checklisten und Vorlagen zu den zuvor beschriebenen Aktionsfeldern und Prozessen hinterlegt. Dazu zählen Textentwürfe wie Basis-Q&As, Aussagen in der direkten Kommunikation mit Führungskräften und Mitarbeitern sowie vorformulierte Medienstatements in Form von fallbezogenen Pressemitteilungen.

Diese Dokumente stehen in Bezug zu einzelnen Ereignisverläufen, zu den sie prägenden Handlungskonstellationen und Kommunikationsbedingungen und zu darauf bezogenen Bewältigungsstrategien des Krisenmanagements in verschiedenen **Krisenphasen** (s. Abb. 3.46).

Allerdings sollte ein solches Krisenmanual (s. Hoffmann, [3]2016, S. 163 f.) nicht stillschweigend zum Papiertiger verkommen, der ohne organisationalen Rückhalt und Akzeptanz in der Ablage von Schreibtischschubladen verschwindet und dort unbeachtet verkümmert. Vielmehr muss das Dokument regelmäßig hervorgeholt, durchgesehen und inhaltlich aktualisiert und ggf. modifiziert werden. Und zwar je nach Status Quo festgestellter Spannungsfelder und Demarkationslinien in internen und externen Beziehungs-

Abb. 3.46 Krisenphasen und Krisenmanagement. (Quelle: Roselieb, 1999, S. 96)

bereichen eines Familienunternehmens und dem darauf bezogenen Erkenntnisstand und Erfahrungsfundus in Situationsbewertungen und Szenario-Einschätzungen.

Eine Nutzungserleichterung kann auch ein „One-Paper" schaffen, in dem kurzgefasst die **„Essentials" der Krisenkommunikation** zusammengefasst werden. In beiden Dokumenten bilden die Koordinaten, Inhaltszuweisungen und Themenbesetzungen vorgedachter Krisenszenarien eine **verpflichtende Richtschnur** und strategisch-operative Ordnungslinie für das strukturierte, prozessgeleitete kommunikative Handeln aller Unternehmensbereiche (von Risiko- und Qualitätsmanagement bis hin zu Vertrieb, HR und PR) im Ernstfall (s. Hoffmann, [3]2016, S. 167).

Dass ein derartig essenzielles Grundlagenwerk in vielen Familienunternehmen häufig (noch) nicht existiert oder nur lückenhaft ausgearbeitet bzw. institutionalisiert ist, überrascht angesichts der vielfältigen Gefährdungslagen und Risikoszenarien, denen jene in ihren Aktionsbereichen in Markt und Gesellschaft potenziell ausgesetzt sind. Und die – wie vielfach dokumentierbar (s. u. a. Möhrle, [3]2016, S. 47 ff.) – im Ernstfall stets schnelle, situationsgerechte Reflexionen, Reaktionen und Bewältigungsstrategien erfordern. So geht es bei Krisenkommunikationskompendien nicht um große, stilistisch wohlfeile Entwürfe im Hochglanzformat, sondern vielmehr um den konkreten Benefit und die praktikable Verwendbarkeit derartiger Dokumente.

3.7.2.8 Konzeptionelle Fundierung der Krisenkommunikation

Parkettsicher angewandte Krisenkommunikation ist als ein ganzheitlich-konsistenter Planungs- und Umsetzungsprozess zu verstehen, „in dem sich präventive und bewältigende Kommunikationsmöglichkeiten durchaus überlagern können" (Köhler, 2008, S. 234). Diese umfassen alle kommunikativen Strategien und Maßnahmen, die zur möglichen Schwächung, Ausbreitungsvermeidung und/oder Bewältigung von Krisenereignissen beitragen. Das dazu eingesetzte Instrumentarium ist generell **Bestandteil des Krisenmanagementsystems** von Unternehmen und normalerweise integriert in das **Regelwerk der PR** (s. Liebl, 2003, S. 65) als zentraler Funktionsbereich der Unternehmenskommunikation.

Der maßgebliche **PR-spezifische Beitrag** (vgl. dazu Herger, 2004, S. 238) **gelingender Krisenkommunikation** zielt insbesondere darauf, dass sie durch geeignete, in internen und externen Unternehmensumfeldern platzierte Maßnahmen ggf. auftretende kommunikative Dissonanzen und Diskrepanzen (s. Thießen, 2011, S. 115) verhindern bzw. bearbeiten soll. Mit der Maßgabe, eine angeschlagene **Reputation** nach Möglichkeit zu stabilisieren bzw. Reputationsverluste in der Folge wieder herzustellen (vgl. Zerfaß & Volk, 2019, S. 115 ff.). Zudem soll in Frage gestelltes bzw. verloren gegangenes **Vertrauen**[127] in der unternehmenseigenen Interaktionsgestaltung und Meinungspflege pro domo mit allen relevanten Stakeholdern möglichst zurückgewonnen werden. Die mit dieser Aufgabe betrauten PR-Akteure fungieren dabei in ihrer gestaltenden Rolle „als Vertrauensvermittler zwischen Organisationen und den spezifischen Teilöffentlichkeiten" (Bentele & Seidenglanz, 2005, S. 356).

---

[127] Zur konstitutiven Verbindung von Krisenkommunikation und Vertrauensmanagement s. u. a. die Ausführungen von Thießen, 2011, S. 114 ff.

In der PR-Praxis setzt Vertrauensbildung, will sie im Stakeholder-Beziehungsmanagement funktionieren, insbesondere auf „dialogische Formen, offenes, Transparenz förderndes Verhalten im kommunikativ-diskursiven Miteinander, die Fähigkeit zu selbstkritischer Betrachtung und zur Revision von (als falsch erkanntem) Verhalten" (Bentele & Seidenglanz, 2005, S. 357). Diese symmetrische Ausrichtung gelingender Kommunikation[128] zeigt, dass eine im Grundsatz verständigungsorientierte Gestaltung von Kommunikationsprozessen mit allen wichtigen Anspruchsgruppen eines Unternehmens in den einzelnen Krisenphasen „zentrales Steuerungsinstrument [ist], [um] die Beziehung zu Publikumsgruppen kurzfristig über reputationsrelevante Themen aufrechtzuerhalten oder neuerlich zu etablieren" (Thießen, 2011, S. 109).

Damit dieser Anspruch im Fall der Fälle auch funktioniert, muss Krisenkommunikation **konzeptionell-fundiert** durchdacht und aufgebaut sein und in ihrem Maßnahmenvorgehen systematisch-strukturiert organisiert und in den erzielten Resultaten evaluiert (s. Piwinger & Porák, 2005b, S. 47 f.) werden. Dies geschieht, indem schon bei der vorbereitenden, vorausschauenden und zielorientierten Planung von unternehmensbezogenen Kommunikationsanstrengungen in einem potenziellen Krisenereignis ein „**Kommunikationsfahrplan**" mit entsprechenden Prozessschritten erstellt wird. Als ganzheitlicher Planungsvorgang ist diese Roadmap von den für deren Umsetzung Verantwortlichen einzustudieren: ausgehend von der **Umfeld-** und **Problemanalyse** über die Einsatzanleitung zu Inhalten, Themensetzungen und Vermittlungswegen in der **Maßnahmengestaltung** einer situationsadäquaten Stakeholder-Ansprache bis hin zur Festlegung von praktikablen Methoden der **Erfolgskontrolle** (vgl. Ditges et al., 2008, S. 41 f.) für die Erfassung von Kommunikationswirkungen.

Dabei sind selbstverständlich die Begriffssysteme, Methodenbeschreibungen und Handlungsmuster der **Konzeptionslehre** von Nutzen (s. dazu Abschn. 3.3.3.2). Für deren praxisleitende Funktion gilt, dass die Konzeptionierung ein Kernelement strategischer Kommunikation ist. Als „zielgerichtete Entscheidungshilfe, praktische Richtschnur und ökonomische Planungsbasis definiert es [das Konzept] die Mittel, Möglichkeiten und Grenzen von Kommunikationsleistungen" (Kirf, 2011, S. 7; vgl. Leipziger, ³2009, S. 10). Auf der strategischen Prozessplanung (s. Köhler, 2006, S. 83) gründen alle lösungsorientierten Kommunikationsoptionen und handlungsleitenden Instruktionen im Krisenfall (s. Schwarz, 2010, S. 17).[129] Und nicht zuletzt können die Krisenkommunikationsakteure

---

[128] S. dazu den Entwurf der symmetrischen Kommunikation – „the two-way symmetric model" – in ihrer konzeptionellen Grundlegung im Standardwerk zur strategisch angelegten und implementierten PR von Grunig & Hunt, 1984, S. 22 ff.

[129] An dieser Stelle sei darauf verwiesen, dass wir uns auf das aus unserer Sicht für eine effektive Krisenprävention bzw. Krisenintervention wichtige Instrumentarium der Situations- und Umfeldanalyse von krisenfördernden Risiko- und Konfliktpotenzialen konzentrieren. Diese können in unternehmensrelevanten Umfeldern entstehen und erfordern eine zielstrebige Behandlung. Krisentypologien, Instrumente, Methoden und Strategien der Krisenkommunikation sind bereits an anderer Stelle ausführlich beschrieben worden. Sie bedürfen daher in dieser Bestandsaufnahme keiner weiteren Darstellung; s. dazu den Überblick bei Thießen, 2011, S. 162 ff. und Töpfer, 2006, S. 356 ff.

durch die konzeptionell-strategische Orientierung der Arbeit in ihrem Kompetenzbereich unternehmensintern an Akzeptanz und Expertenprofil gewinnen.

3.7.2.9 Frühwarnsysteme

Eine systematische Vorbereitung auf den „Ernstfall" ist daher in jeder Hinsicht sinnvoll. Damit das Kommunikationsmanagement von Familienunternehmen in (krisenhaften) Problem- und Risikolagen funktioniert, müssen die damit zusammenhängenden Sachverhalte und Konstellationen frühzeitig antizipiert und sachkundig eingeschätzt werden, „um entweder das Thema selbst zu besetzen und damit die Diskussion mitzugestalten oder um organisationspolitische Entscheidungen zu ändern, um Konflikten auszuweichen" (Köhler, 2006, S. 86). Dazu müssen die Kommunikationsverantwortlichen von Familienunternehmen über effektive **Frühwarnsysteme** als Prognose- und Prophylaxe-Instrumente verfügen und diese kompetent nutzen können (s. dazu Röttger & Preusse, 2008, S. 159 ff.; Fischer-Appelt, 2008, S. 185 ff.; Thießen, 2011, S. 88 f.; Hoffmann, [3]2016, S. 145 ff.).

Denn wenn Kommunikationsmanager keine oder kaum Kenntnis sowie verlässliche Informationen darüber haben, in welchen Kontexten und Milieus das von ihnen repräsentierte Familienunternehmen, seine Produktangebote und/oder Services in analogen wie digitalen Kommunikationsarealen wie und von wem mit kritisch-polemischem Blick begutachtet und beurteilt werden, haben sie offenkundig ein Problem. In diesem Fall fehlen ihnen Optionen der direkten kommunikativen Intervention, Partizipation und Klärung durch eigeninitiiertes Agenda-Building, das auf Thematisierungsprozesse und damit einhergehende Debatten ausgerichtet ist. Und damit dieses anspruchsvolle Vorhaben auch zielführend gelingt, sind Kommunikatoren ebenso verantwortlich dafür, dass sie ihre eigene Kommunikations- und Medienkompetenz kontinuierlich hinterfragen und ggf. revidieren, um ihrerseits in Diskursräumen versiert und plausibel aufzutreten, dialogbereit und verständigungsbezogen mitzuwirken.

3.7.2.9.1 Issues und Issues Monitoring

Das einen Kriseneintritt erfahrungsgemäß meist charakterisierende bzw. treibende Kriterium der Überraschung bzw. des Unvorhergesehenen führt unweigerlich zu den Fragen: Hat ein krisenbetroffenes Familienunternehmen im Vorfeld geeignete **Frühwarnsysteme** installiert? Und nutzt es diese konsequent, um rechtzeitig Hinweise und Informationen zu eventuellen Risiken und aufkommenden Problemfällen zu erhalten und damit lösungsorientiert umzugehen?

Insbesondere mit Blick auf die bereits geschilderten Kommunikationsverhältnisse in der Mediengesellschaft (s. u. a. Abschn. 3.3.2.2) mit ihren Bedrohungskonstellationen, Skandalisierungsrisiken und Reputationsgefährdungen für Unternehmen jedweder Art, Branche und Größenordnung hat das **Issues Monitoring**[130] als Prognoseapparat und

---

[130] Nach wie vor lesenswert ist die grundlagenstiftende Erörterung von Röttger (2001) mit fundierten Beiträgen zur unternehmenskommunikativen Bedeutung und zu den Verfahren des Issues Managements. Weitere sinnvolle Hinweise und Bestimmungen finden sich dazu bei Ingenhoff, 2004, S. 40 ff., Eisenegger, 2005, S. 122 ff. sowie Röttger & Preusse, 2008, S. 159 ff.

Diagnoseinstrument der systematischen **Früherkennung** von **krisenfördernden Problemlagen** an Bedeutung gewonnen. Der Fokus dieses Verfahrens liegt auf der planvollen Registrierung (s. Hoffmann, [3]2016, S. 169) und Überprüfung kommunikativer Einflussgrößen und Tendenzen von für Unternehmen ausschlaggebenden Differenzen und Diskontinuitäten mit Auseinandersetzungs- und Konfliktpotenzial im öffentlichen Raum. Diese Beobachtung ist verknüpft mit der Bewertung ihrer medieninduzierten Thematisierungen. Zudem ist die Erkennung und Einschätzung von damit verbundenen Argumentations- und Deutungsmustern sowie offensichtlichen Relevanzen und Kontextualisierungen innerhalb des Agenda-Settings unterschiedlicher Stakeholdergruppen[131] (s. Abschn. 3.5.1) in bestimmten (sozialen, ökonomischen, ökologischen, kulturellen) Unternehmensumfeldern von Belang. Die Rechercheergebnisse bestimmen den kommunikativen und interaktionsleitenden Umgang mit einem derartig registrierten Phänomen. Wer einem „Issue" sachgemäß begegnen will, muss es folglich früh erkennen: z. B. dann, wenn ein Familienunternehmen mehrfach schlechte Arbeitgeber- oder Produktbewertungen auf einschlägigen, von einem größeren Rezipientenkreis genutzten Online-Portalen erhält. Und wenn diese Beurteilungen wiederum im Unternehmen wahrgenommen und innerhalb der Belegschaft diskutiert werden und dort teilweise für schlechte Stimmung sorgen. In solchen Fällen ist das Management gefordert, kommunikativ und handlungsbezogen gegenzusteuern.

Zur **„Issue"-Begriffsdeutung** selbst gibt es mittlerweile einen hinreichend gesicherten Wissens- und Erfahrungsbestand.[132] Mit Blick auf den **externen** wie auch **internen Unternehmensbezug** bzw. die organisationale Gesamtperspektive (s. Ingenhoff, 2004, S. 41) lassen sich Issues definieren als strittige, von Stakeholdern kontrovers debattierte Sachverhalte, Anliegen und Ereignisse, „die von öffentlichem Interesse sind; ein Konfliktpotenzial aufweisen; tatsächlich oder potenziell Organisationen und deren Handlungspotenzial tangieren; eine Beziehung zwischen Anspruchsgruppen/Teilöffentlichkeiten und Organisationen herstellen und im Zusammenhang mit einem oder mehreren Ereignissen stehen" (Röttger, 2001, S. 19; vgl. Ingenhoff & Röttger, 2006, S. 325). An dieser Stelle sei auf eine „Issue-Definition" verwiesen, die aus kommunikationspraktischer Perspektive auch für **Familienunternehmen** von Bedeutung ist:

> *„Unternehmensrelevante Issues sind die von den Anspruchsgruppen und Organisationsakteuren interpretierten und gestalteten Themen über ein aktuelles oder angekündigtes Ereignis, die öffentlich und kontrovers diskutiert werden und eine Strategierelevanz infolge eines Organisationsbezugs aufweisen. Sie können sowohl aus unternehmensinternen als auch unternehmensumweltspezifischen Ereignissen entstehen, die potenziell oder aktuell den Handlungsspielraum des Unternehmens durch Risiken oder Chancen tangieren."* (Ingenhoff, 2004, S. 44)

---

[131] Herger spricht in diesem Kontext – insbesondere mit Blick auf das Issue-fördernde Phänomen des „Vertrauensverlusts" – von der funktionalen unternehmensseitigen „Beobachtung der Beobachter" (Herger, 2006, S. 32).

[132] Zur **Definition des Issue-Begriffs** sei u. a. auf die Beschreibungen von Liebl, 2003, S. 62 f., Röttger, 2001, S. 17 ff. und Ingenhoff, 2004, S. 40 ff. hingewiesen. Letztere verweist auf die verschiedenen Forschungsrichtungen und Deutungsansätze, die sich aus unterschiedlichen Perspektiven speisen.

Bei Issues handelt es sich folglich um konkrete, lösungsbedürftige Streitfragen, kritische Themenstellungen und Agendapunkte, die von Bedeutung bzw. Interesse für bestimmte **unternehmensinterne** und **-externe Anspruchsgruppen** sind: etwa, wenn sie sich kritisch zu für die Umwelt schädlichem Verhalten oder zu defizitären Beschäftigungsverhältnissen eines Familienunternehmens artikulieren. Als „Gegenstand öffentlicher Kommunikation" (Ingenhoff, 2004, S. 43)[133] können Issues ferner für meinungsprägende Medienaufmerksamkeit sorgen. Durch solche Resonanz- und Thematisierungseffekte erzeugen Issues in ihrer „Karriere" durchaus systemische, reputative und/oder wirtschaftliche **Risiken** für ein betroffenes Familienunternehmen.

Das Just-in-Time-Erfassen, Analysieren und Interpretieren von Issues ist auch essenziell für eine „frühzeitige Krisenerkennung und damit für die Gewinnung von Entscheidungszeit" (Roselieb, 1999, S. 94). Dadurch lassen sich Reaktions- und Eingriffsmöglichkeiten für betroffene Organisationen im Vorfeld eines Kriseneintritts bestimmen. Denn das identifizierte und analysierte Aufkommen von Issues-lastigen Problem- bzw. Themenstellungen auf verschiedenen Diskurs- und Ereignisebenen im Unternehmensumfeld lässt noch Raum und Zeit für deren kommunikative Therapie und die Ableitung darauf abgestimmter Maßnahmen. Deren Einsatz sollte vor allem mit Blick auf die Auseinandersetzung mit kritischen Öffentlichkeiten erfolgen: etwa in der Kontaktaufnahme und Diskussion mit Personengruppen, die sich als Anwohner gegen die geplante Erweiterung des Betriebsgeländes eines Familienunternehmens aussprechen und dazu auch örtliche Behörden und lokale Medienvertreter aktiv in die Debatte einbeziehen bzw. als einflussreiche Unterstützer für ihre Interessen mobilisieren.

Damit der notwenige Spielraum beim „(Mit-)Verhandeln von Issues durch Teilnahme am öffentlichen bzw. medialen Diskurs" (Liebl, 2003, S. 65) und daraufhin dosierte Lösungsstrategien realisierbar werden, ist die Kenntnis des **Lebenszyklus eines Issues** (s. Abb. 3.47) mit seinen verschiedenen Entwicklungsphasen[134] (s. Ingenhoff, 2004, S. 45 f.) notwendig: angefangen in der „latenten" Phase mit schwachen, unstrukturierten Signalen bis hin zur „Abschwungphase" mit abnehmendem öffentlichen Interesse.

Für ein effektives Issue Monitoring als Fremdbeobachtungssystem ist die Einsicht maßgeblich, dass, „je weiter fortgeschritten ein Anliegen in seinem Lebenszyklus ist, desto weniger Möglichkeiten der Reaktion verbleiben der Unternehmensführung. (…) Parallel dazu wird auch die Zeit reduziert, die der Unternehmensführung verbleibt, um eigene Strategien durchzuführen (…)" (Dyllick, ³1992, S. 247). Das heißt, im Umkehrschluss: Je schneller Issues aufgespürt und kommunikativ „bearbeitet" werden können, umso eher lassen sich die dabei gewonnenen Erkenntnisse und Informationen in ein unter-

---

[133] Ingenhoff präzisiert dieses Faktum weiter: „Ein Issue muss die Privatsphäre des Einzelnen überschreiten und öffentliche Relevanz durch eine Medialisierung des Anliegens in der Öffentlichkeit haben (…)" (Ingenhoff, 2004, S. 43).

[134] Vgl. das Issues-Lebenszyklus-Modell von Lütgens, 2001, S. 64 f. Er betont, dass „für die Akteure, die mit der Behandlung eines Issues befasst sind, neben der Kenntnis der Sachdimension vor allem die Zeitdimension des Konzeptes von entscheidender Bedeutung" (a.a.O., S. 65) ist.

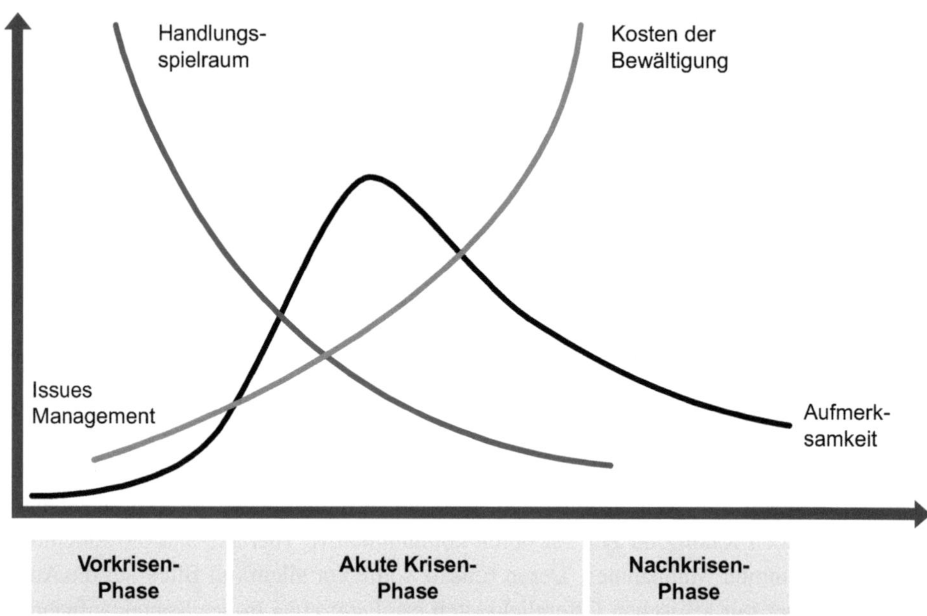

Abb. 3.47 Idealtypischer Issue-Lebenszyklus. (Quelle: Röttger & Preusse, 2008, S. 166)

nehmensinternes Wissensmanagement (vgl. Liebl, 2003, S. 72) und in die damit einhergehenden Entscheidungsprozesse integrieren. Mit dem klaren Ziel, einem möglichen Schadensaufkommen interventiv begegnen bzw. dieses gar vermeiden zu können.

Mit Blick darauf lässt sich feststellen, dass Issues – und durch sie ausgelöste Krisensituationen – „zeitlich determinierten Gesetzmäßigkeiten folgen" (Hergern, 2004, S. 296), und dass deren öffentliches Diskurrieren und die mediale Darstellung bestimmte **Intensitäts-** und **Wahrnehmungskarrieren** durchschreiten. Deshalb haben Issues – je nach durchlaufender Phase – eine unterschiedliche Relevanz und Involviertheit für ein Issuetangiertes Unternehmen. Diese Betrachtungsweise wird in der Literatur durch **prozessorientierte Stufenmodelle** gestützt, die die Identifikation und Behandlung von Issues im darauf bezogenen **Issues Managementprozess** (s. Abschn. 3.7.2.10), der notwendigerweise in die Unternehmensstrategie einzubinden ist (s. Ingenhoff, 2004, S. 42), idealtypisch abbilden.[135]

Zur Issues-Erfassung, -Entwicklungs- und Verlaufskontrolle existieren mittlerweile probate Tools. Vielfach Verwendung findet die quantitativ-qualitative Beobachtung des laufenden Medieninputs. Dazu zählen **Resonanzanalysen** (vgl. Ditges et al., 2008, S. 80) aller zugänglichen Medienformate (z. B. Tages- und Wirtschaftspresse) als Seismografen für Issues-fördernde Zustände und Entwicklungen. Hinzu kommen **Inhaltsanalysen** von konfrontativen Meinungs- und Darstellungsbeständen sowie Themenbildungen in relevanten Diskursarenen (z. B. im Social Web). Auch interpersonale Erhebungen der darin statt-

---

[135] S. dazu das Ablaufmodell für das Issues Management von Lütgens, 2002, S. 147 ff.

findenden Diskussionen und Auseinandersetzungen durch empirisch-methodisch bewährte Erhebungsinstrumente können in den Analyseprozess einbezogen werden. Dafür eignen sich u. a. **Befragungen** mit wichtigen Stakeholdergruppen (s. Merten, 2001, S. 51).

Als deduktives Verfahren einer strukturiert-fokussierten Umfeldbeobachtung[136] bezieht sich das **Issues Profiling** gleichsam als „Krisenradar" zudem auf die präventive Erfassung und Interpretation digitaler Konversationen, die für Stakeholder von Issues-tangierten Familienunternehmen Relevanz besitzen. Dadurch sollen Issue-charakteristische Online-Diskurse mit ihren verschiedenen Inhalten, thematischen Brennpunkten und individuellen Meinungsäußerungen von Kritikern, Tadlern, aber auch Anhängerschaften in „Communities, Blogs und Bewertungsportalen" (Fiege, 2012, S. 65) sowie ihre jeweiligen Entwicklungsverläufe ermittelt werden. Diese Methode zielt darauf ab, unternehmensseitig eine proaktive Auseinandersetzung mit den Themen- und Diskursbesetzungen, die das öffentlich-meinungsprägende Agenda-Setting im Issues-Verlauf prägen, zu ermöglichen.

3.7.2.9.2 Social Media Monitoring

Wie schon in unseren Ausführungen erwähnt (s. Abschn. 3.3.2.1), ist kein Diskursraum so redselig und salbadrig wie das Social Web mit seiner speziellen Netzwerkrhetorik (vgl. Winkler, 2015, S. 31 ff.). Durch die Rasanz und Anschlussfähigkeit virtueller Kommunikationsprozesse, die in diesem geschwätzigen „Supermarkt der Ideen" (Bolz, 2007, S. 23) verursacht werden, nimmt die Dynamik von **Issues-Entstehungen** und **-Verbreitungen** (s. Köhler, 2008, S. 240) und deren inhärenter Thematisierungs-, Statement- und Reaktionsdruck deutlich zu. In Summe konditionieren diese Fakten auch den Zeitverlauf von Krisenentwicklungen. Das wirkt sich wiederum auf den verfügbaren Reaktionszeitraum bzw. Aktionsradius für Krisenkommunikationsstrategien und den darauf bezogenen Kommunikationsmitteleinsatz aus.

Um dieser speziellen Herausforderung im Rahmen der Unternehmenskommunikation zu begegnen, kommt dem **Social Media Monitoring**[137] besondere Bedeutung zu. Dieses seismografische Verfahren zur Registrierung von Bedrohungspotenzialen mittels „Identifikation, Beobachtung und Analyse benutzergenerierter Inhalte" (Peters, 2011, S. 173) ist im Rahmen einer unternehmenseigenen **Social Media Strategie** (s. van Looy, 2016, S. 51 ff. – s. u. a. Abschn. 3.3.4.8) anzusiedeln und fungiert als Erweiterung des Web-Monitorings. Als Bestandteil des Issues Monitorings und somit des unternehmenseigenen Reputationsmanagements ist Social Media Monitoring (s. Sutherland, 2020, S. 134 ff.) in

---

[136] In der Kommunikationswissenschaft und -praxis wird zwischen „Issues-Scanning" und „Monitoring" unterschieden: „Scanning ist dabei die induktive Beobachtung der Umwelt weitgehend ohne Vorgaben (…). Monitoring dagegen geht schon von bestimmten Vorgaben aus, ist also eine deduktive Beobachtung der Umwelt (…)" (Merten, 2001, S. 50 f.).

[137] Informationen zu den Einsatzgebieten, methodischen und technologischen Nutzungsansätzen des Social Media Monitorings s. Fiege, 2012, S. 66 ff. Neben der Applikation in der Krisenkommunikation kommt das Social Media Monitoring auch in anderen unternehmenskommunikativen Anwendungsfeldern zum Einsatz: wie z. B. in der Wettbewerbsbeobachtung, im Trendmanagement oder in der Marktforschung.

seiner Radarfunktion „auch ein Schlüssel zur Risikominimierung innerhalb Social Media" (Fiege, 2012, S. 65). Soziale Medien werden mit Blick auf „Opinion Mining" (Hoffman, ³2016, S. 172) nach kritischen, (potenziell) krisenhaltigen Beiträgen zu einem Unternehmen durchforstet. Dabei sollen in Echtzeit heikle, reputationsschädigende Stimmungsbilder (z. B. Verärgerung über umweltschädigende Produktionsmethoden) erkannt und Meinungstrends, die thematische Vorboten einer Krisenlage sein können, präventiv identifiziert werden. Der Fokus liegt dabei auf Scanning, Analyse und Handling der kommunikativen Einflussgrößen und Tendenzen von Diskontinuitäten und ihrer Thematisierungen bei Stakeholdern in Unternehmensumfeldern (s. Kirf, 2015, S. 44 f.).

Wie vorab dargestellt (s. Abschn. 3.3.2.2), fungiert das **Social Web** in der global vernetzten Online-Vergemeinschaftung „als Infrastruktur einer interaktiven Weltkommunikation" (Bolz, 2007, S. 118). Zudem wird dieser Diskursraum für Unternehmen vermehrt zur Krisenquelle und zum kommunikativen Konflikttreiber (s. Abschn. 3.7.2.2). „Ein Unternehmen, das in einem solchen Fall nicht oder zu spät reagiert, weil es die Kritik nicht wahrnimmt, riskiert die epidemische Ausbreitung negativer Mundpropaganda." (Fiege, 2012, S. 65)

Die Gründe für Social Media Monitoring als präventiv inhaltsanalytisches Frühwarnsystem gelten also auch für eine erfolgreiche Gestaltung **online-gestützter Krisenkommunikation**[138] (vgl. Hoffjann & Pleil, 2015, S. 183 ff.) von Familienunternehmen. Deren Akteure sollten wissen, ob, wo, in welcher Art und Ausprägung das Internet als ein für jedermann frei zugänglicher Kommunikationsraum konfliktbehaftete, krisenfördernde Entrüstungen und Renitenzen (s. Hoffmann, ³2016, S. 161) ermöglicht. Sie müssen erkennen, inwiefern diese Narrative ein Risiko darstellen, indem sie öffentliche Aufmerksamkeit und Anregungen für weiterführende Diskursbestrebungen mobilisieren können. Umgekehrt ist das Wissen, wer sich wie z. B. auf Instagram, Facebook oder Snapchat in welchen Themenkotexten mit welchem Tenor zu einem Familienunternehmen, seinen Aktionsfeldern und darin agierenden Protagonisten kritisch zu Wort meldet, wichtig für die Gestaltung virtueller Kommunikationsbeziehungen in Krisenzuständen.

Damit diese Art und Weise des „Kommunikationsraum-Screenings" im Tagesgeschäft funktioniert, müssen Kommunikationsverantwortliche von Familienunternehmen auch als Experten für digital vernetzte Kommunikation auftreten und als solche in den entsprechenden Stakeholder-Kontaktszenarien überzeugend agieren. Sie sollten die mit der Digitalsphäre korrelierenden Entwicklungslinien kennen, kontinuierlich reflektieren und sich diesen Tendenzen in Kommunikationskonzepten und -programmen anpassen. Und das natürlich eingedenk der Tatsache, dass das einst vorherrschende Gestaltungs- und Absendermonopol der Unternehmenskommunikation in Zeiten von virtuell-partizipativem

---

[138] Die Einsatzmöglichkeiten, aber auch die Grenzen eines **onlinebasierten Krisenkommunikationsmanagements,** seiner Instrumente und Strategien für die Gestaltung von Kommunikationsbeziehungen auf Einzel- und Gruppenebene – wie z. B. die Entwicklung von *„Darksites"* als Plattform für die selbstkontrollierte Informationsbereitstellung über das unternehmenseigene Webangebot – hat Köhler ausführlich erörtert (2006, S. 186 ff. und 2008, S. 241 ff.).

Embedding, Rating, Sharing und Following schon längst gestrichen ist zugunsten eines reichweiten- und vernetzungsstarken „Many-to-Many"-Modus mit unübersichtlichem kommunikativen Schwarmverhalten (s. Abschn. 3.3.2.2).

In Kombination mit der Anwendung spezieller **Social Media Management Tools** – z. B. in Form von „Social Listering" (vgl. Sutherland, 2020, S. 143 ff.) – ist **Social Media Monitoring** (s. Abb. 3.48) Teil effektiver Krisenprävention und damit verbundener Krisenbewältigungsstrategien. Die aus den Webdiskursanalysen gewonnenen Erkenntnisse lassen sich crossmedial sowohl für die digitale wie auch figurative Krisenkommunikation nutzen. Und zwar in der Verzahnung von monodirektionaler Informationsvermittlung und bidirektionaler Dialoggestaltung.

Ein Fakt ist indes zu beachten: Social Media Monitoring kostet Zeit und Geld. Es kann als quantitativ-qualitativ aufgesetzter Prozess (vgl. Fiege, 2012, S. 66 f.) – je nach Intensitätsgrad und Aufwand – erhebliche personelle und technische **Ressourcenallokationen** im Unternehmen erfordern. Daher empfehlen Sachkenner, dieses Verfahren – wenn möglich – nicht allein mit Bordmitteln zu betreiben, sondern ggf. an spezialisierte externe Dienstleister auszulagern.[139] Es ist jedoch zu berücksichtigen, dass die Verbreitungs-

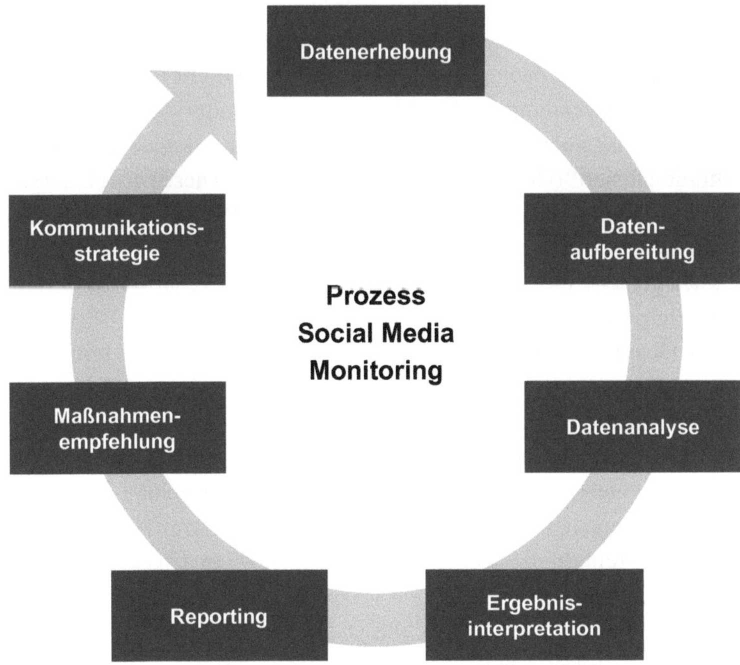

Abb. 3.48   Social Media Monitoring-Prozess. (Quelle: eigene Darstellung)

---

[139] Ein solcher Support weist allerdings websystemimmanent bedingte Grenzen auf – s. dazu Fiege, 2012, S. 77.

dynamik der Zu-Wort-Meldungen, die Vielstimmigkeit der Meinungen und die schiere Zahl von zu sichtenden Datenmengen[140] im Social Web aufgrund von (rechtlich sowie technisch bedingten) Zugangsbeschränkungen zu Communities, Plattformen und Foren von außen durch Suchmaschinen nicht komplett erfassbar bzw. zugänglich ist. Somit ist Mut zur Lücke gefragt.

Des Weiteren ist prinzipiell zu bedenken: Der Issues-bezogene **Profiling- und Prognoseblick** sollte nicht allein in externe Unternehmensbereiche gerichtet und dort für die Krisenprophylaxe bzw. Konfliktbehandlung genutzt werden. Risikobehaftete, konfliktive Szenarien und die damit verbundenen Kommunikations- und Interaktionsagenden (wie z. B. Widerstand in der Belegschaft bei Change-Projekten – s. Abschn. 3.7.1.5) können ebenso im Unternehmensinnenraum auftauchen und daselbst eine negative Eigendynamik durch kommunikative und soziale Vernetzung entwickeln. Vor allem dann, wenn in einem darauf ausgerichteten Kommunikations- und Handlungsmanagement von den Verantwortlichen nicht konsequent gegengesteuert wird. Also auch ein Job für die interne Unternehmenskommunikation und ihre Auftraggeber.

3.7.2.10   Issues Management

Sobald ein unternehmensbezogenes internes oder externes Issue lokalisiert, analysiert und die Informationen hinsichtlich ihrer Risikofaktoren und Gefahrenpotenziale bewertet sind, kommt das dem Monitoring nachgelagerte **Issues Management** (s. Ingenhoff & Röttger, 2006, S. 323)[141] zur Anwendung (s. Abb. 3.49). Issues Monitoring ist somit konstitutiver Teil des Issues Managements, das wiederum als organisationale „Kommunikationsfunktion institutionalisiert" (Herger, 2006, S. 190) sein sollte. Diese wird als „organisationsbezogene Technik kommunikativer Vorsorge" (Merten, 2001, S. 42) gedeutet. Als „ein zentrales Verfahren der Unternehmenskommunikation" (Röttger & Preusse, 2008, S. 172) hat Issues Management die Aufgabe, mögliche Problemszenarien in „Auswirkungspotenzial und Eintrittswahrscheinlichkeit" (Röttger et al., ²2014, S. 196) zu gewichten, kommunikative Gegenmaßnahmen zu entwickeln und auf den Weg zu bringen.

Auf Basis der Beobachtungserkenntnisse und Interpretationsergebnisse ist es Aufgabe der Kommunikationsakteure von Familienunternehmen, eine geeignete Strategie (s. Ingenhoff & Röttger, 2006, S. 324) zur weiteren Behandlung eines Problem- bzw. Konfliktthemas zu entwickeln. Mit der vorrangigen Zielsetzung, lösungsgeeignete Handlungsentscheidungen, Kommunikationsoptionen und Narrative in Issue-betroffenen Stakeholder-Kontaktfeldern frühzeitig umzusetzen bzw. in Eigenkommunikation re-

---

[140] Zum „Mengenproblem" s. Köhler, 2006, S. 182.

[141] Weitere grundlegende Erläuterungen zum Instrumentarium des Issue-Management-Verfahrens finden sich bei Ingenhoff & Röttger, 2006, S. 323 f.; vgl. dazu ebenso Röttgers Beschreibung dieser proaktiven Auseinandersetzung mit (potenziell) kritischen Themen als „strategische Funktion im Rahmen des Kommunikationsmanagements von Organisationen" (Röttger, 2001, S. 12). Die verschiedenen Spielarten des Issue Managements – auch als PR-Strategie manifestiert – beschreibt Liebl, 2003, S. 65 ff.; zur Bedeutung dieses Instrumentariums s. a. die Ausführungen von Röttger & Preusse, 2008, S. 160.

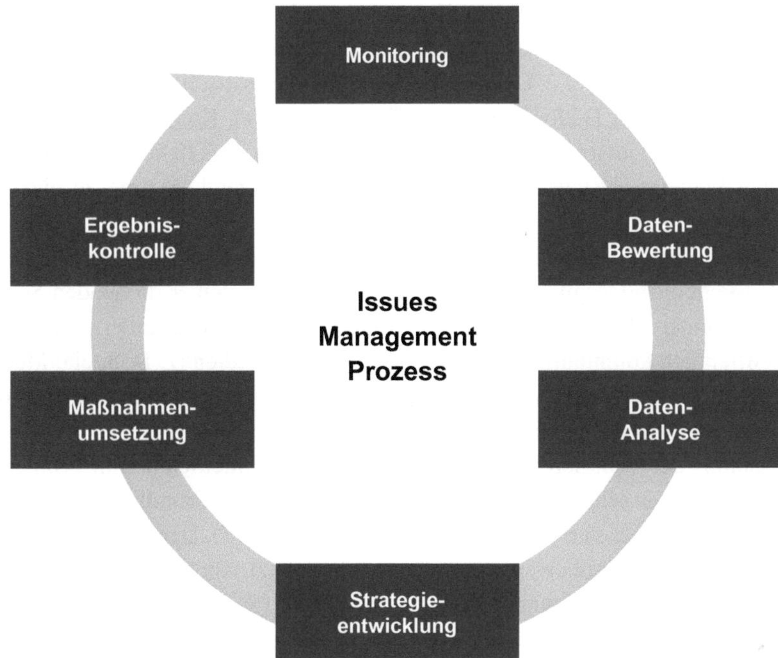

Abb. 3.49 Issues Management-Prozess. (Quelle: Eigene Darstellung)

aktiv zu platzieren (vgl. Rössler, 2005, S. 361; Freda, 2014, S. 19). Die Möglichkeiten eines auf Bewältigung angelegten Mitgestaltens an der Entwicklung eines konflikt-geladenen, reputationsgefährdenden Reizthemas sind für ein (Familien-)Unternehmen am größten im Stadium seiner Inkubation. In dieser Phase ist meist dem „Großteil der Unternehmensumwelt (…) die sich abzeichnende Krise (…) noch nicht bekannt" (Rött-ger et al., [2]2014, S. 202).

Issues Management wird in Literatur und Praxis als typischer **Aufgaben-** und **Kompe-tenzbereich der PR** kategorisiert (s. Merten, 2001, S. 42; Röttger, 2001, S. 25). Da die PR-Funktion für die kommunikative Beziehungs- und Reputationsgestaltung zwischen einem Unternehmen und seinen diversen Stakeholder-Gemeinschaften (s. u. a. Abschn. 3.6.1) wesentlich (mit)verantwortlich zeichnet, lassen sich Projektierung und operative Platzierung von Issues Management auch als Teil des PR-Aktionsfelds verorten. So entspricht die Struk-turierung des Issues Management-Prozesses der Anordnung von PR-Konzeptionen und darin festgeschriebenen Verfahren zur Lösung von Kommunikationsproblemen: von der Situations- und Kommunikationsfeldanalyse mit der Issue-Lokalisierung und -Bewertung (z. B. Protestäußerungen von Interessengruppen auf Social Media) über die Kreation von Maßnahmen für die Umsetzung einer Kommunikationsstrategie (z. B. in der Kontaktpflege zu Key-Journalisten) bis hin zum Kommunikations-Controlling (vgl. Röttger & Preusse, 2008, S. 166 ff.), das als prozessbegleitende Feedbackmethode die Performancequalität des Kommunikationsmanagements überprüfen soll (s. dazu Abschn. 3.3.2.2).

Für die adressatenorientierte Realisierung kommunikationsstrategischer Vorgaben nutzt konzeptionell-fundiertes Issues Management erprobte **PR-Tools** wie Szenarien der Medienarbeit (s. Abschn. 3.3.3.4.3) oder die inhaltlich-thematische Gestaltung und selbst-initiierte Besetzung von Dialogszenarien auf der personalen Kommunikationsebene mit Meinungsbildern im Unternehmensumfeld (s. Köhler, 2008, S. 248 ff.). In der Absicht, am öffentlichen Meinungsaustausch und diskurstreibenden Agenda-Setting zu einem Issue unternehmensseitig aktiv mitwirken zu können.

Das Wissen, bei wem welche Issue-Wahrnehmungen und damit verbundene be-urteilende Meinungsbilder und Relevanzannahmen (z. B. zu einer drohenden Schieflage eines Familienunternehmens) bestehen, wer in welcher Rollenbesetzung (z. B. als Journa-list) dazu öffentlich kommuniziert und wer über welche Medien (z. B. Social Media Ap-plikationen) wie angesprochen bzw. erreicht werden kann, ist für eine **differenzierte Stakeholder-Ansprache**[142] unerlässlich (s. dazu Abschn. 3.5.1).

Die Kenntnis der Wahrnehmung und Bewertung von Unternehmen in Problemfällen und Krisensituationen seitens relevanter Stakeholder bildet die Grundlage „für eine strate-gisch gestaltete Krisenkommunikation" (Schwarz, 2010, S. 17). Denn das kommunikative Reüssieren bei „der Krisenbewältigung hängt nicht zuletzt von der Erreichbarkeit unter-nehmensrelevanter Anspruchsgruppen ab" (Köhler, 2008, S. 238).

3.7.2.11 Umsetzungsprobleme des Issues Managements

Trotz aller optimistisch gestimmten Darlegungen und Bedeutungszuweisungen,[143] die in der Sekundär- und Ratgeberliteratur vorgebracht werden, wollen wir an dieser Stelle auch einen kritischen Blick auf die praktischen „Grenzen der Beobachtungsfähigkeit" des Issues Managements (vgl. Röttger, 2001, S. 20 f.) werfen. Das betrifft vor allem die nicht immer vollumfänglich ausgeprägte Wahrnehmungsfähigkeit für Störungen in den Um-feldern von (Familien-)Unternehmen, die das Prognoseverfahren – wenn überhaupt – mehr oder weniger konsequent in der Praxis betreiben. Diese Erfahrung korreliert ins-besondere mit dem sog. „weak signal"-Problem und der damit einhergehenden Schwierig-keit, „Issues-affine Themenentwicklungen im Unternehmensumfeld rechtzeitig zu lokalisieren, als solche zu identifizieren und dabei eine system- und situationsspezifische Relevanzeinschätzung der Informationen vorzunehmen" (Kirf, 2015, S. 46). Die Kommunikationswirklichkeit – nicht nur von Familienunternehmen – mindert oft jene an der Prognosepraxis ausgerichteten Ansprüche, die wiederum an das kommunikative Engi-neering gestellt werden. Begründung: „Issues Manager beobachten die Umwelt – ob sie wollen oder nicht – durch die gefärbte Brille der Relevanzkriterien der auftraggebenden Organisation" (Röttger, 2001, S. 22). Diese Einschätzung sollte immer mal wieder selbst-kritisch hinterfragt werden.

---

[142] Zur spezifischen **Stakeholder-Exploration** s. Ingenhoff & Röttger, 2006, S. 343. Diese kann in einer „problemorientierten Stakeholder-Matrix" (s. Zerfaß, 2004, S. 331) dargestellt werden. Auf dieser Erkenntnisgrundlage können situationsadäquate Kommunikationsstrategien aktiviert werden.

[143] Liebl spricht in diesem Zusammenhang von „Prognoseoptimismus" (2003, S. 66).

Um eine „Funktionsfähigkeit des Issues Managements" (Röttger, 2001, S. 16) hinreichend zu gewährleisten, empfiehlt sich dessen Einbindung in einen **ganzheitlichen Ansatz.** Dieser sollte organisatorisch so angelegt sein, dass er interdisziplinär alle relevanten Funktionsbereiche in den Prozessablauf der Prognose, Analyse und des Handlings festgestellter Issue-Signale in Form eines unternehmensinternen Know-how-Sharings mit festgelegten Rollenzuordnungen[144] einbezieht. Denn die „Transformation von Informationen in den strategischen Planungs- und Entscheidungsprozess gehört zu den Leistungen des Issues Managements" (Herger, 2001, S. 87 f.).

Um ein **integriertes Wissensmanagement** (s. a. Abschn. 3.3.4.5) im Kontext eines erweiterten Krisenkommunikationsmanagements mit etablierten Informationsnetzwerken, Kontakt- und Dialogschnittstellen in der Unternehmenspraxis auch von Familienorganisationen wirksam zu realisieren, setzt dies „zugleich eine erhöhte organisationsinterne Flexibilität und Innovationsbereitschaft voraus, ohne die die gewonnenen Umfeldinformationen nicht adäquat verarbeitet werden können" (Röttger, 2001, S. 16). Damit diese Maßgabe auch als abteilungsübergreifende Denkhaltung funktioniert sowie auf der operativen Ebene technologisch- und instrumentell-gestützt effektiv erfüllt werden kann, ist indes erfahrungsgemäß mitunter noch Aufklärungs- und Überzeugungsarbeit zu leisten. In unserem Fall insbesondere mit Blick auf die Verhältnisse in mittelständisch geprägten Familienunternehmen (s. Kirf & Sommerwerck, 2015, S. 26 f.).

3.7.2.12 Krisenkommunikationsstrategien

Neben der Prävention ist das Issues Monitoring ebenso für **krisenintervenierende** sowie **krisennachsorgende Kommunikationsstrategien** (s. dazu Ingenhoff, 2004, S. 75; Kohler, 2006, S. 242 ff.; Thießen, 2011, S. 88 ff.) auf allen Kommunikationsebenen (medial, aktional und personal) relevant. Mit Blick auf die darauf ausgerichteten PR-Leistungen betrifft dies vor allem die PR-unterstützte Gestaltung der **Medienarbeit.** Denn neben „aktiv-kritischen Teilöffentlichkeiten sind im Rahmen der Krisenprävention und -bewältigung daher auch die Massenmedien" (Köhler, 2006, S. 71) als relevante Bezugsgruppen in einer crossmedial angelegten Verzahnung von Informationsvermittlung und Dialoginitiierung zu berücksichtigen.

Die darauf bezogene Konzeption und Implementierung eines unternehmensseitigen **Themenmanagements** (s. Abschn. 3.4.5) sollte so angelegt sein, die in Krisenlagen häufig defizitäre Definitionssteuerung und Deutungshoheit über ein damit verbundenes Themensetting soweit möglich (wieder) zu erlangen. Das gilt auch dann, wenn dieses Bestreben in den Empfängerkreisen nur teilweise durch die aktive Eingabe von positiv auszulegenden Themenaspekten pro Absender gelingt. Ein im Bedingungsrahmen der spezifischen Kommunikations- und Rezeptionsmodalitäten der Mediengesellschaft zugegeben kompliziertes Unterfangen, das nicht immer von Erfolg gekrönt ist.

---

[144] S. dazu auch Röttger & Preusse, 2008, S. 170, die Rollenbezeichnungen und damit korrelierende Funktionsbeschreibungen im Rahmen der Operationalisierung des Issue Managementprozesses definiert haben als: „vom Scanner bis zum Issue Owner".

Um überhaupt eine Chance zu haben, den öffentlichen Diskurs zu einem Krisenthema im Sinne aktiver Themenbesetzung und Deutungshoheit halbwegs zielführend mitzugestalten, sollten Kommunikatoren von Familienunternehmen für das eigene **stakeholderorientierte Agenda-Building** (s. dazu Abschn. 3.5.1) passende Antwortstrategien parat haben zu Fragen wie: Bei welchen Stakeholdern existieren in welcher Form und Relevanz krisenbehaftete Standpunkte, kontroverse Meinungstrends und divergente Wahrnehmungsbilder? Wen treibt was wie und warum um? Wie sieht das jeweilige Informationsverarbeitungsverhalten aus (s. Kirchner, 2001, S. 120)? Diese Fragestellungen und ihre Beantwortungen gelten vor allem im Hinblick auf die Kenntnis und Einschätzung von im Social Web vorkommenden Meinungsäußerungen. Schließlich ist eins unbestritten: Der bereits vorab geschilderte webinduzierte **Thematisierungsdruck**, der in der Regel durch polyfone Anschlusskommunikation (s. Abschn. 3.3.2.2) noch verschärft wird, kann auch Folgen für das Kommunikationsverhalten von Familienunternehmen bei Krisenereignissen haben.

Denn durch die spezielle Verbreitungsdynamik der Zu-Wort-Meldungen vieler Akteure am Kommunikationsgeschehen wird ein wesentliches Ziel der Krisenkommunikation erschwert: nämlich die Mitgestaltung der öffentlichen Informations- und Deutungsprozesse, die den Absender in die Lage versetzen soll, kommunikativ-initiativ zu agieren, statt bloß zu reagieren. Aus einer pragmatischen Position heraus betrachtet ist dieses Bestreben unerlässlich für eine überzeugende Informationsvermittlung mittels dialogbasierter (s. Töpfer, 2006, S. 381 f.; Köhler, 2006, S. 57 ff.) und interaktionsorientierter Adressatenansprache, die mit der Absicht einer **vertrauensprägenden Wahrnehmungs-** und **Interpretationslenkung** erfolgen sollte. Dieses Engagement ist „nicht nur als Austausch von Argumenten zu verstehen, sondern als kommunikative Auseinandersetzung mit anderen Positionen, die auch die Möglichkeit einschließt, das eigene Verhalten zu korrigieren" (Bentele und Seidenglanz, 2005, S. 357).

Es geht unternehmensseitig folglich um verständigungsorientierte und reputationsunterstützende Kommunikationsaufritte und ein dadurch veranschaulichtes Lösungshandeln. Eine Haltung, die auf **Vertrauens- und Akzeptanzbildung** ausgerichtet ist und die Absicht zur Krisenbewältigung dokumentieren soll. „Denn in Krisen gilt es unter anderem, einen inhaltlichen Interpretationsrahmen mit Hilfe von reaktiven Antwortstrategien zu schaffen und zu steuern" (Thießen, 2011, S. 88). Mit dem Ziel, durch ebensolche überzeugend-intervenierenden Manöver möglichst ein Informationsvakuum zu vermeiden, vorhandene Wissens- und Deutungsdefizite aktiv anzugehen bzw. korrigierend auszugleichen. Dazu sollten moderierte **Interpretationshilfen** bereitgestellt werden, die sich an alle Öffentlichkeiten richten, die eine Krisenlage wahrnehmen, ihren Verlauf beobachten bzw. vom Ereignis selbst betroffen sind. Das dazu formulierte und zu vermittelnde (PR-Basis-)**Narrativ** kann in Duktus und Tenor lauten:

> „Wir kennen das Problem. Wir übernehmen soweit möglich Verantwortung für das Geschehene. Wir kümmern uns unternehmensseitig um eine lückenlose Aufklärung desselben. Wir erarbeiten adäquate Lösungsstrategien und setzen diese konsequent um, um möglichen

Schaden von Betroffenen weitestgehend abzuwenden und negative Auswirkungen einzudämmen. Wir treffen sämtliche notwendigen Maßnahmen und Vorkehrungen, dass sich ein solcher Vorfall künftig nicht wiederholt!"

Wenn dergleichen **Kernbotschaften** von einem krisenbetroffenen Familienunternehmen zu Ereignisbeginn offensiv in der (Medien-)Öffentlichkeit in allen Kanälen zielgerichtet platziert werden, kann ein solches kommunikationsstrategisches und operativ-aktionales Krisenhandling – mit Blick auf einen Krisenverlauf und mögliche Schadenswirkungen – durchaus deeskalierend wirken (s. Ditges et al., 2008, S. 29). Mit gebotenem Maß an Sensibilität und Souveränität initiiert hat diese Methode, neben ihren Kommunikationsleistungen, auch Symbolcharakter und ist selbst Ausdruck einer verantwortungsprofilierten Einstellung und **vertrauensbildenden Kommunikationshaltung**. Denn eins ist klar: Vorhandenes bzw. wiedererlangtes Vertrauen ist die wichtigste Basis für erfolgreiche Krisenbewältigung (s. Thießen, 2011, S. 115).

Gelingende Krisenkommunikation (s. Abb. 3.50) muss in ihrem Wirkungsbestreben grundsätzlich bipolar angelegt sein. Das heißt, sie sollte Kopf und Herz der jeweiligen Adressatenkreise erreichen. Darüber herrscht auch in Expertenkreisen mehrheitlich Einigkeit. Unternehmensinterne und extern angesiedelte Stakeholder sind vom Absender der platzierten Botschaften und Kommunikationsinhalte zu einem Krisenereignis schnell, zuverlässig, umfassend, kontinuierlich und tendenziell dialoggeprägt zu informieren. Die Zielpersonen verlangen Klarheit über Kausalitäten, Kontexte, Verlauf und Konsequenzen problematischer Begleiterscheinungen unternehmerischen Handelns und dessen Lösungsansätze bzw. Bewältigungsanstrengungen. Wenn diese Ansprüche erfüllt werden, sind sie in geringerem Maße verunsichert, agieren weniger misstrauisch und zeigen mehr potenzielle Verständnis- und Kooperationsbereitschaft.

Denn ein Sachverhalt ist für das angezeigte kommunikative Handling eines krisenhaften Szenarios nicht zu unterschätzen: Die im Zuge der medialen Themenprozessierung zu einem Krisenfall aufkommenden emotionalen Positionen, Interpretationsverfälschungen, Persiflagen, Verantwortungsverschiebungen und Wahrnehmungsverzerrungen können, falls sie

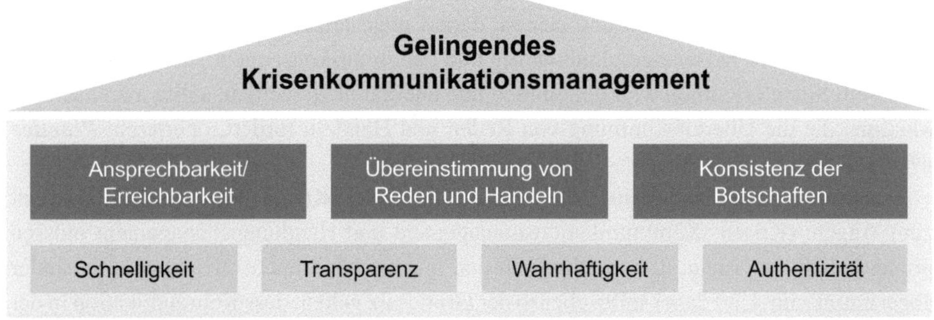

Abb. 3.50 Kriterien des Krisenkommunikationsmanagements. (Quelle: eigene Darstellung)

durch aktive, im Wesentlichen von der PR initiierte Kommunikationsangebote nicht (diskursiv) „entschärft" werden, die Negativität des Geschehens verstärken. So orientieren sich Tenor und Perspektive der medialen Krisendarstellung „nicht selten an Gut-und-Böse-Schemata, die in der Regel zu Ungunsten betroffener Unternehmen ausfallen. Dies unterstreicht einmal mehr, dass Medien als strategische relevante Anspruchsgruppe im Rahmen der unternehmerischen Krisenprävention und -bewältigung eine zentrale Rolle spielen (…)" (Köhler, 2006, S. 71). Als Referenzpunkt ist die Glaubwürdigkeit und Akzeptanz **medialer Krisenmache** (s. Abschn. 3.7.2.2) bei den Rezipienten häufig größer als die vorgebrachten, faktisch-rationalen Sachverhaltsinformationen und Positionsschilderungen im Kommunikationsauftritt von krisengeschüttelten (Familien-)Unternehmen (vgl. Ditges et al., 2008, S. 52). Diesen gelingt es ihrerseits zuweilen nicht, ihre öffentlich mit gutem Vorsatz vorgebrachten Argumente wertneutral und unbefangen in den Medien zu platzieren. Insbesondere dann, wenn Journalisten als wichtige meinungsbeeinflussende und -vermittelnde Stakeholder selbst negativ geprägte (Vor-)Einstellungen und Standpunkte zur Informationsquelle besitzen. So ist nicht selten eine starke Asymmetrie zwischen der Art der Vermittlung krisenbezogener PR-Botschaften und interessengebundener Aussagen durch den Absender (= Unternehmen) und deren medialer Wiedergabe zu verzeichnen (vgl. Thießen, 2011, S. 99). Das sollte man als PR-Akteur von Familienunternehmen wissen und die Gegebenheit als Usus in den Kommunikationsverhältnissen der Mediengesellschaft billigen.

Doch es ist noch weitere Vorsicht geboten: Die in einer Krisenlage prinzipiell notwendige öffentlich-offensive Öffnung und kommunikative Offenheit eines Familienunternehmens gegenüber seinen Bezugsgruppen wird von diesen oftmals misstrauisch beäugt. Vor allem, wenn die in einer Krisensituation notwendige **Empathie** und **Sensibilität** in der Art und Weise der Narrativvermittlung fehlt, kann sich diese Kommunikationshaltung kontraproduktiv auswirken. Und zwar insbesondere dann, wenn die Transparenzgesinnung des Absenders von den Adressaten als anbiedernd, einschmeichelnd und nicht authentisch empfunden wird. Derartige Kommunikationsauftritte können Misstrauenshaltungen und Verdachtszuweisungen – potenziert in der medialen Ereignisbeobachtung und Kommentierung – provozieren (s. Köhler, 2008, S. 243).

Damit eine Krisensituation nicht weiter eskaliert, ist darauf zu achten, dass es zu keinen Diskrepanzen zwischen öffentlich getätigten Aussagen im Storytelling des Krisenverursachers oder -beschuldigten und seinem darauf abgestellten Verhalten kommt. Um im Umgang mit einer Krisenlage glaubwürdig und handlungskonsequent zu erscheinen bzw. in diesem Sinne öffentlich wahrgenommen und anerkannt zu werden, sollte man nach der Maxime, die die Übereinstimmung von Reden und Handeln fordert, operieren: *Practice what you preach* (s. a. Abschn. 3.3.3.3.8 und 3.6.2).

In diesem Kontext kommt auch die Devise gelingender (Krisen-)Kommunikationsarbeit zum Tragen: (Krisen-)Kommunikationsmanagement und Handlungsmanagement müssen grundsätzlich kongruent, d. h. methodisch und instrumentell nachvollziehbar aufeinander abgestimmt sein. Und dabei sollte ebenso der Grundsatz gelten, dass Kommunikation in der Entscheidungsinstanz und im kommunikativen Selbstverständnis der verantwortlichen Träger auch als Chefsache[145] betrachtet und gehandhabt wird. Somit ist Krisenkommunikation zugleich als Teil der über eine Krisensituation und ihr kommunikatives Handling hinausreichenden strategischen Unternehmensführung zu verstehen und zu praktizieren.

3.7.2.13   Lessons learned

Die geschilderte Risikopotenzierung im Kontext der mediengesellschaftlichen Kommunikationsbedingungen bewirkt die Notwendigkeit, ein **professionelles Krisenkommunikationsmanagement** als Teilbereich der Unternehmenskommunikation von Familienunternehmen fest zu verankern. Auch mit der Maßgabe, seine **Web-** bzw. **Social-Media-Tauglichkeit** in allen Prozessen, Konstellationen und Eskalationsstufen sicherzustellen, um somit eine kommunikative Bewältigung von Krisenlagen – online wie offline – rundum zu gewährleisten. Wenn Krisenkommunikatoren ihre Botschaften effektiv vermitteln wollen, „so müssen sie die mit dem Web 2.0.-Paradigma verbundenen Akteurskonstellationen und deren kommunikative Routinen in der Relevanz für die eigene Einflusssphäre verstehen und den daraus resultierenden Herausforderungen für Kommunikationskonzepte und deren Problemlösungsstrategien begegnen" (Kirf, 2015, S. 56).

Neben ihrer Problemimmanenz beinhalten Krisen zudem potenziell „konstruktive Wirkungen" (Roselieb, 1999, S. 98). Diese können in der **Phase der „Krisennachsorge"**[146] für Handlungsoptionen und Kommunikationsauftritte genutzt werden. Das betrifft auch eine notwendige „Nacharbeit" an Image und Reputation. Zum einen geht es um kommunikative Positionierungsperspektiven, beziehungsfördernde Diskursgestaltungen und Storytelling-Chancen in allen Unternehmenseinflussbereichen. Zum anderen sind Denk- und Verhaltensänderungen in den Blick zu nehmen, die im Rahmen der strategischen wie operativen Unternehmensführung angezeigt sind. Diese Post-Krise-verortete „Regenerationsphase" bietet die Möglichkeit, im Sinne von **„Lessons learned"** eine kathartisch-selbstkritische Analyse aller vorhandenen organisationalen Prozesse vorzunehmen, z. B. in der Modifikation des Krisenhandbuchs. Für ein künftiges Krisenaufkommen lassen sich durch die gezielte (Weiter-)Entwicklung von **Krisenwissen** und **Krisenbewusstsein** sowie durch die Implementierung von Konzepten zur Krisenvermeidung sinnvolle Lehren ziehen. Diese Zuweisung von „Lern- und Organisationsentwicklungsprozessen" (s. Töpfer, 2006, S. 360) beinhaltet die Erkenntnis, dass überstandene Krisenereignisse zugleich gewisse Chancenpotenziale beinhalten. In dieser Einschätzung sind sich Krisenberater und -manager weitgehend einig. In einem krisenbetroffenen Familienunternehmen kann die **Chancen-Lokalisierung in der Krisenfolge** zu strategischen und operativen Anpassungen und Neujustierungen führen, wenn von Entscheidern und Belegschaften aus dem Vorkommnis verwendbare Lehren gezogen werden. Dazu zählt die Fähigkeit, „durch eine (weiter-)entwickelte Krisen-Sensorik bzw. Krisen-Mentalität die zentralen krisen-

---

[145] Zu dieser „Faustregel" besteht Konsens in Stellungnahmen in der zugeordneten Fachliteratur: Vgl. dazu u. a. Deekeling & Arndt, 2006, S. 44 ff. und Ditges et al., 2008, S. 20.

[146] Vgl. dazu das von Thießen entwickelte „Phasen-Modell" (Thießen, 2011, S. 89).

fördernden ‚Lagerfeuer' zu identifizieren und von ‚Strohfeuern' mit ihren oftmals banalen und für die Unternehmensentwicklung und -positionierung schlichtweg irrelevanten Themen und damit korrelierenden Diskussionen zu unterscheiden. Nicht jede auf einem Verbraucherportal und in einem Kundenkommentar auf Facebook geäußerte Beschwerde ist direkt krisenauslösend. (…) Bleibt also – nicht nur für Kommunikatoren im Krisenteam – die berechtigte Beurteilungsfrage: Ist alles echte Krise?" (Kirf, 2015, S. 52)

Eingedenk dieser Fragestellung und auch darüber hinaus sollte für Familienunternehmen generell gelten: Das bewusste Antizipieren und vorbereitende Einüben der konzeptionell-operativen Handhabung und Prozesssteuerung von potenziellen Krisenlagen und das Reflektieren der Programme und Verfahren ihrer kommunikativen Bearbeitung und Bewältigung müssen fester Bestandteil eines jeden Krisenmanagementsystems sein. Gemäß der Devise, dass konsequente Vorbereitung und das „Denken des Undenkbaren" erfolgsentscheidend sind. Eine Krisensituation und ihre Lösung sollte im Ranking der unternehmerischen Routinen und innerhalb der Unternehmenskommunikationsbereiche einen oberen Platz einnehmen. Weil Krisen sui generis kein vermeidbarer Notfall, „sondern ein Regelfall für potentiell jede Organisation in der Mediengesellschaft" (Mast, 2008, S. 104) sind.

Literatur

Literatur zu 3.1 und 3.2

Arnold, J. (2011). *Die Kommunikation gesellschaftlicher Verantwortung am nachhaltigen Kapitalmarkt. Konzeptionelle Grundlegung eines kommunikativen Handlungsfeldes der Kapitalmarktkommunikation.* Springer VS.

Beck, U. (2007). *Weltrisikogesellschaft. Auf der Suche nach der verlorenen Sicherheit.* Suhrkamp.

Beck, U. (2017). *Die Metamorphose der Welt.* Suhrkamp.

Besson, N. (2012). *PR-Evaluation und Kommunikationscontrolling. Public Relations optimieren und steuern.* Dr. Besson Verlag.

Bolz, N. (1995). *Am Ende der Gutenberg-Galaxis. Die neuen Kommunikationsverhältnisse* (2. Aufl.). Wilhelm Fink.

Bolz, N. (2007). *Das ABC der Medien.* Wilhelm Fink.

Bruhn, M. (2015). *Kommunikationspolitik. Systematischer Einsatz der Kommunikation für Unternehmen* (8. Aufl.). Franz Vahlen.

Buchholz, U., & Knorre, S. (2019). *Interne Kommunikation und Unternehmensführung. Theorie und Praxis eines kommunikationszentrierten Managements.* Springer Gabler.

Bruce, A., & Jeromin, C. (2020). *Corporate Purpose – das Erfolgsrezept der Zukunft. Wie sich mit Haltung Gemeinwohl und Profitabilität verbinden lässt.* Springer Gabler.

Capra, F. (1988). *Wendezeit. Bausteine für ein neues Weltbild.* Knaur.

Cole, T. (2015). *Digitale Transformation. Warum die deutsche Wirtschaft gerade die digitale Zukunft verschläft und was jetzt getan werden muss.* Franz Vahlen.

Deekeling, E., & Barghop, D. (Hrsg.). (2003). *Kommunikation im Corporate Change. Maßstäbe für eine neue Managementpraxis.* Gabler.

Eicke, K.-N., & Kirf, B. (2021). Digitalisierung der HR-Kommunikation. In T. Petry & W. Jäger (Hrsg.), *Digital HR. Smarte und agile Systeme, Prozesse und Strukturen im Personalmanagement* (2. Aufl., S. 373–390). Haufe.

Eisenegger, M. (2005). *Reputation in der Mediengesellschaft. Konstitution – Issues Monitoring – Issues Management.* Springer VS.

Eisenegger, M. (2016). Negierte Reputation – Zur Logik medienöffentlicher Skandalisierungen. In M. Ludwig, T. Schierl, & C. von Sikorski (Hrsg.), *Mediated Scandals. Gründe, Genese und Folgeeffekte von medialer Skandalberichterstattung* (S. 33–57). Herbert von Halem.

Erchinger, R., Koch, R., & Schlemminger, R. B. (2022). *ESG(E)-Kriterien – die Schlüssel zum Aufbau einer nachhaltigen Unternehmensführung. Eine Eignungsanalyse ausgewählter Standardkriterien.* Springer Gabler.

Fink, F., & Moeller, M. (2018). *Purpose Driven Organizations. Sinn – Selbstorganisation – Agilität.* Schäffer-Poeschel.

Goldfuß, J. W. (2004). *Führen in schwierigen Zeiten. Sicher durch Krisen- und Umbruchsituationen lenken.* Campus.

Herger, N. (2006). *Vertrauen und Organisationskommunikation. Identität – Marke – Image – Reputation.* Springer VS.

Hoffjann, O. (2015). *Public Relations.* UVK Verlagsgesellschaft.

Keese, C. (2016). *Silicon Germany. Wie wir die digitale Transformation schaffen.* Knaus.

Kern, D. (2021). *Erfolgreiche Unternehmensführung in herausfordernden Zeiten. Analyse anhand der Covid-19 Krise.* GRIN.

Kirf, B., & Eicke, K.-N. (2016). Zehn Thesen zu Trends und Tendenzen des künftigen Kommunikationsmanagements. In G. Bentele, M. Piwinger, & G. Schönborn (Hrsg.), *Kommunikationsmanagement. Strategie – Wissen – Lösungen. 1.49* (S. 1–28). Luchterhand.

Kirf, B., Eicke, K.-N., & Schömburg, S. (2020). *Unternehmenskommunikation im Zeitalter der digitalen Transformation. Wie Unternehmen interne und externe Stakeholder heute und in Zukunft erreichen können* (2. Aufl.). Springer Gabler.

Kollmann, T., & Schmidt, H. (2016). *Deutschland 4.0. Wie die digitale Transformation gelingt.* Springer Gabler.

Kreutzer, R. T., & Land, K.-H. (2015). *Dematerialisierung. Die Neuverteilung der Welt in Zeiten des digitalen Darwinismus.* Future Vision Press.

Lies, J. (2017). *Die Digitalisierung der Kommunikation im Mittelstand. Auswirkungen von Marketing 4.0.* Springer Gabler.

Mast, C. (2013). *Unternehmenskommunikation. Ein Leitfaden* (5. Aufl.). UVK Verlagsgesellschaft.

Mohr, N. (1997). *Kommunikation und organisatorischer Wandel. Ein Ansatz für ein effizientes Kommunikationsmanagement im Veränderungsprozess.* Gabler.

Montua, A. (2020). *Führungsaufgabe Interne Kommunikation. Erfolgreich in Unternehmen kommunizieren – im Alltag und in Veränderungsprozessen.* Springer Gabler.

Porák, V. (2005). Methoden zur Erfolgs- und Wertbeitragsmessung von Kommunikation. In M. Piwinger & V. Porák (Hrsg.), *Kommunikations-Controlling. Kommunikation und Information quantifizieren und finanziell bewerten* (S. 163–193). Gabler.

Preusse, J., Röttger, U., & Schmitt, J. (2013). Grundlagen und Begründung einer unpraktischen PR-Theorie. In A. Zerfaß, L. Rademacher, & S. Wehmeier (Hrsg.), *Organisationskommunikation und Public Relations. Forschungsparadigmen und neue Perspektiven* (S. 117–141). Springer VS.

Rademacher, L. (2009). *PR und Kommunikationsmanagement.* Springer VS.

Röttger, U. (2001). *Issues Management. Theoretische Konzepte und Praktische Umsetzung. Eine Bestandsaufnahme.* Westdeutscher Verlag.

Röttger, U., & Preusse, J. (2008). Issues Management. In T. Nolting & A. Thießen (Hrsg.), *Krisenmanagement in der Mediengesellschaft. Potenziale und Perspektiven der Krisenkommunikation* (S. 159–184). Springer VS.

Rolke, L., & Jäger, W. (2009). Kommunikations-Controlling. In M. Bruhn, F.-R. Esch, & T. Langner (Hrsg.), *Handbuch Kommunikation* (S. 1021–1041). Springer Gabler.

Schick, S. (2014). *Interne Unternehmenskommunikation. Strategien entwickeln, Strukturen schaffen, Prozesse steuern* (5. Aufl.). Schäffer Poeschel.

Schulz, W. (1997). *Politische Kommunikation. Theoretische Ansätze und Ergebnisse empirischer Forschung zur Rolle der Massenmedien in der Politik.* Westdeutscher Verlag.

Stalder, F. (2016). *Kultur der Digitalität.* Suhrkamp.

Stumpf, M., & Wehmeier, S. (Hrsg.). (2014). *Kommunikation in Change und Risk. Wirtschaftskommunikation unter Bedingungen von Wandel und Unsicherheiten.* Springer VS.

Ulbrich, N., & Leuz, F. (2020). *Workbook Leitbildentwicklung. Werte, Vision und Mission in Unternehmen gestalten und integrieren.* Haufe.

Vanini, U. (2022). Nachhaltigkeitscontrolling. In *WISU – Das Wirtschaftsstudium, 51*(2), 175–185.

Van Riel, C. B. M. (1995). *Principles of Corporate Communication* (2. Aufl.). Prentice Hall.

Waibel, J. (2016). *Kommunikationskultur in Familienunternehmen. Unternehmer im Gespräch – von Führungsverantwortung über Konfliktlösung bis zur Nachfolgeregelung.* Haufe.

Zerfaß, A. (2004). *Unternehmensführung und Öffentlichkeitsarbeit. Grundlegung einer Theorie der Unternehmenskommunikation und Public Relations* (2. Aufl.). Springer VS.

Zerfaß, A. (2006). Kommunikations-Controlling. Methoden zur Steuerung und Kontrolle der Unternehmenskommunikation. In B. F. Schmid & B. Lyczek (Hrsg.), *Unternehmenskommunikation. Kommunikationsmanagement aus Sicht der Unternehmensführung* (S. 431–465). Gabler.

Zerfaß, A. (2007). Unternehmenskommunikation und Kommunikationsmanagement: Grundlagen, Wertschöpfung, Integration. In M. Piwinger & A. Zerfaß (Hrsg.), *Handbuch Unternehmenskommunikation* (S. 21–70). Gabler.

Zerfaß, A., & Piwinger, M. (Hrsg.). (2014). *Handbuch Unternehmenskommunikation. Strategie – Management – Wertschöpfung* (2. Aufl.). Springer Gabler.

Literatur zu 3.3

Bolz, N. (1995). *Am Ende der Gutenberg-Galaxis. Die neuen Kommunikationsverhältnisse* (2. Aufl.). Wilhelm Fink.

Bolz, N. (2007). *Das ABC der Medien.* Wilhelm Fink.

Bürker, M. (2011). Zum Management von Kampagnen auf Basis von Theorien der Öffentlichkeit und öffentlichen Meinung. In R. Spiller, C. Vaih-Baur, & H. Scheurer (Hrsg.), *PR-Kampagnen* (S. 25–57). UVK Verlagsgesellschaft.

Donges, P., & Imhof, K. (2011). Öffentlichkeit im Wandel. In O. Jarren & H. Bonfadelli (Hrsg.), *Einführung in die Publizistikwissenschaft* (S. 101–133). UTB. Verlag Paul Haupt.

Felden, B., Hack, A., & Hoon, C. (2019). *Management von Familienunternehmen. Besonderheiten – Handlungsfelder – Instrumente* (2. Aufl.). Springer Gabler.

Fiege, R. (2012). *Social Media Balanced Scorecard. Erfolgreiche Social Media-Strategien in der Praxis.* Springer Vieweg.

Franck, G. (1998). *Ökonomie der Aufmerksamkeit. Ein Entwurf.* Carl Hanser.

Franck, G. (2014). Jenseits von Geld und Information: Zur Ökonomie der Aufmerksamkeit. In A. Zerfaß & M. Piwinger (Hrsg.), *Handbuch Unternehmenskommunikation. Strategie – Management – Wertschöpfung* (2. Aufl., S. 193–218). Springer Gabler.

Habermas, J. (2022). *Ein neuer Strukturwandel der Öffentlichkeit und die deliberative Politik.* Suhrkamp.

Heidelmann, K. (2013). *Veränderungen in Familienunternehmen gestalten. Komplementäre Kommunikation von Eigentümern und Fremdmanagern.* Carl-Auer.

Hennerkes, B.-H., & Kirchdörfer, R. (2015). *Die Familie und ihr Unternehmen.* Campus.

Hepp, A. (2016). Kommunikations- und Medienwissenschaft in datengetriebenen Zeiten. *Publizistik, 61*(3), 225–224.

Herbst, D. (2021). *Storytelling in den Public Relations. Erzählen Sie die spannende Geschichte Ihres Unternehmens* (4. Aufl.). Herbert von Halem.

Himmelreich, S., & Einwiller, S. (2015). Wenn der ‚Shitstorm‘ überschwappt – Eine Analyse digitaler Spillover in der deutschen Print- und Onlineberichterstattung. In O. Hoffjann & T. Pleil (Hrsg.), *Strategische Onlinekommunikation. Theoretische Konzepte und empirische Befunde* (S. 183–205). Springer VS.

Hinterhuber, H. H., Rechenauer, O., & Stumpf, M. (Hrsg.). (1994). *Die mittelständische Familienunternehmung.* Peter Lang.

Jarvis, J. (2015). *Ausgedruckt! Journalismus im 21. Jahrhundert.* Plassen.

Johann, M., & Wagner, J. (2020). Neue Debatte, altes Dilemma? Die Herausforderungen des Phänomens „Fake News" für die Unternehmenskommunikation. In R. Hohlfeld, M. Harnischmacher, E. Heinke, L.S. Lehner, & M. Sengl (Hrsg.), *Fake News und Desinformation. Herausforderungen für die vernetzte Gesellschaft und empirische Forschung* (S. 99–116). Nomos Verlagsgesellschaft.

Kapferer, J.-N. (1996). *Gerüchte. Das älteste Massenmedium der Welt.* Kiepenheuer.

Kirf, B., & Rolke, L. (Hrsg.). (2002). *Der Stakeholder-Kompass. Navigationsinstrument für die Unternehmenskommunikation.* F.A.Z. Institut.

Kirf, B., & Sommerwerck, M. (2015). Strategisches Kommunikationsmanagement im Mittelstand. In G. Bentele, M. Piwinger, & G. Schönborn (Hrsg.), *Kommunikationsmanagement. Strategie – Wissen – Lösungen. 2.70* (S. 1–54). Luchterhand.

Kirf, B., Eicke, K.-N., & Schömburg, S. (2020). *Unternehmenskommunikation im Zeitalter der digitalen Transformation. Wie Unternehmen interne und externe Stakeholder heute und in Zukunft erreichen können* (2. Aufl.). Springer Gabler.

Klein, S. B. (2004). *Familienunternehmen. Theoretische und empirische Grundlagen* (2. Aufl.). Gabler.

Köhler, T. (2006). *Krisen-PR im Internet. Nutzungsmöglichkeiten, Einflussfaktoren und Problemfelder.* Springer VS.

Kollmann, T., & Schmidt, H. (2016). *Deutschland 4.0. Wie die digitale Transformation gelingt.* Springer Gabler.

Luhmann, N. (1996). *Die Realität der Massenmedien* (2. Aufl.). Westdeutscher Verlag.

Mast, C. (2013). *Unternehmenskommunikation. Ein Leitfaden* (5. Aufl.). UVK Verlagsgesellschaft.

May, P. (2012). *Erfolgsmodell Familienunternehmen. Das Strategie-Buch.* Murmann.

May, P. (2017). *Die Inhaberstrategie im Familienunternehmen. Eine Anleitung.* Murmann.

Nocun, K., & Lamberty, P. (2020). *Fake Facts. Wie Verschwörungstheorien unser Denken bestimmen.* Bastei Lübbe.

Precht, R. D., & Welzer, H. (2022). *Die vierte Gewalt. Wie Mehrheitsmeinung gemacht wird, auch wenn sie keine ist.* S. Fischer.

Rademacher, L. (2009). *PR und Kommunikationsmanagement.* Springer VS.

Rankl, D. (2017). *Stakeholder-Kommunikation im Web 2.0. Alte Theorien für neue Medien.* Springer Gabler.

Röttger, U., Preusse, J., & Schmitt, J. (2014). *Grundlagen der Public Relations. Eine kommunikationswissenschaftliche Einführung* (2. Aufl.). Springer VS.

Rolke, L., & Wolff, V. (Hrsg.). (2002). *Der Kampf um die Öffentlichkeit. Wie das Internet die Macht zwischen Medien, Unternehmen und Verbrauchern neu verteilt.* Luchterhand.

Schenk, M., Taddicken, M., & Welker, W. (2008). Web 2.0 als Chance für die Markt- und Sozialforschung. In A. Zerfaß, M. Welker, & J. Schmidt (Hrsg.), *Kommunikation, Partizipation und Wirkungen im Social Web. Grundlagen und Methoden* (Bd. 1, S. 243–266). Halem.

Schindler, M.-C., & Liller, T. (2011). *PR im Social Web. Das Handbuch für Kommunikationsprofis.* O'Reilly.

Schulz, W. (1997). *Politische Kommunikation. Theoretische Ansätze und Ergebnisse empirischer Forschung zur Rolle der Massenmedien in der Politik.* Westdeutscher Verlag.

Van Dijck, J. (2014). Datafication, dataism and dataveillance: Big Data between scientific paradigm and ideology. *Surveillance and Society, 12*(2014), 197–208.

Viehmann, C. (2020). *Korsett und Machtressource. Die Medienöffentlichkeit in Verhandlungen von gesellschaftlichen Entscheidern.* Springer VS.

Weichert, S., Kramp, L., & von Streit, A. (2010). *Digitale Mediapolis. Die neue Öffentlichkeit im Internet.* Herbert von Halem.

Zerfaß, A., Fink, S., & Winkler, L. (2016). *Mittelstandskommunikation 2016. Studie zur Professionalisierung, Digitalisierung und Führung der Unternehmenskommunikation.* Leipzig und Wiesbaden. www.mittelstandskommunikation.com Zugegriffen am 21.07.2023.

Literatur zu 3.3.3

Bentele, G., & Nothhaft, H. (2007). Konzeption von Kommunikationsprogrammen. In A. Zerfaß & M. Piwinger (Hrsg.), *Handbuch Unternehmenskommunikation* (S. 357–380). Gabler.

Bentele, G., & Nothhaft, H. (2014). Konzeption von Kommunikationsprogrammen. In A. Zerfaß & M. Piwinger (Hrsg.), *Handbuch Unternehmenskommunikation. Strategie – Management – Wertschöpfung* (2. Aufl., S. 607–632). Springer Gabler.

Besson, N. (2008). *Strategische PR-Evaluation. Erfassung, Bewertung und Kontrolle von Öffentlichkeitsarbeit* (3., überarb. u. erw. Ausgabe). Springer VS

Besson, N. (2012). *PR-Evaluation und Kommunikationscontrolling. Public Relations optimieren und steuern.* Dr. Besson Verlag.

Blank, C. (2022). *Das Kommunikationskonzept. Einführung in die Entwicklung von Kommunikationskonzepten – In zehn Schritten zum Erfolg.* Springer Gabler.

Bruhn, M. (2015). *Kommunikationspolitik. Systematischer Einsatz der Kommunikation für Unternehmen* (8. Aufl.). Franz Vahlen.

Kirf, B. (2018). Das Kommunikationskonzept als Kernelement des strategischen Kommunikationsmanagements. In C. Kochhan & A. Moutchnik (Hrsg.), *Media Management. Ein interdisziplinäres Kompendium* (S. 115–133). Springer Gabler.

Kirf, B., Eicke, K.-N., & Schömburg, S. (2020). *Unternehmenskommunikation im Zeitalter der digitalen Transformation. Wie Unternehmen interne und externe Stakeholder heute und in Zukunft erreichen können* (2. Aufl.). Springer Gabler.

Leipziger, J. (2009). *Konzepte entwickeln. Handfeste Anleitungen für bessere Kommunikation* (3., aktual. Aufl.). F.A.Z. Buch.

Lies, J. (2011). Definition und Merkmale von PR-Kampagnen. In R. Spiller, C. Vaih-Baur, & H. Scheurer (Hrsg.), *PR-Kampagnen* (S. 13–24). UVK Verlagsgesellschaft.

Merten, K. (2013). *Konzeption von Kommunikation. Theorie und Praxis des strategischen Kommunikationsmanagements.* Springer VS.

Piwinger, M., & Porák, V. (2005). Grundlagen und Voraussetzungen des Kommunikations-Controllings. In M. Piwinger & V. Porák (Hrsg.), *Kommunikations-Controlling. Kommunikation und Information quantifizieren und finanziell bewerten* (S. 11–55). Gabler.

Porák, V. (2005). Methoden zur Erfolgs- und Wertbeitragsmessung von Kommunikation. In M. Piwinger & V. Porák (Hrsg.), *Kommunikations-Controlling. Kommunikation und Information quantifizieren und finanziell bewerten* (S. 163–193). Gabler.

Röttger, U., Preusse, J., & Schmitt, J. (2014). *Grundlagen der Public Relations. Eine kommunikationswissenschaftliche Einführung* (2. Aufl.). Springer VS.

Rolke, L., & Jäger, W. (2009). Kommunikations-Controlling. In M. Bruhn, F.-R. Esch, & T. Langner (Hrsg.), *Handbuch Kommunikation* (S. 1021–1041). Springer Gabler.

Rolke, L., & Zerfaß, A. (2010). Wirkungsdimensionen der Kommunikation. In J. Pfannenberg & A. Zerfaß (Hrsg.), *Wertschöpfung durch Kommunikation. Kommunikations-Controlling in der Unternehmenspraxis* (S. 50–60). FAZ Buch.

Szyszka, P. (2008). Analyse- und Entscheidungsmodell strategischer PR-Planung. In P. Szyszka & U.-M. Dürig (Hrsg.), *Strategische Kommunikationsplanung* (S. 37–73). UVK Verlagsgesellschaft.

Szyszka, P., & Dürig, U.-M. (Hrsg.). (2008). *Strategische Kommunikationsplanung.* UVK Verlagsgesellschaft.

Tench, R., & Yeomans, L. (2009). *Exploring Public Relations* (2. Aufl.). Prentice Hall.

Zerfaß, A. (2004). *Unternehmensführung und Öffentlichkeitsarbeit. Grundlegung einer Theorie der Unternehmenskommunikation und Public Relations* (2. Aufl.). Springer VS.

Zerfaß, A. (2006). Kommunikations-Controlling. Methoden zur Steuerung und Kontrolle der Unternehmenskommunikation. In B. F. Schmid & B. Lyczek (Hrsg.), *Unternehmenskommunikation. Kommunikationsmanagement aus Sicht der Unternehmensführung* (S. 431–465). Gabler.

Zerfaß, A., & Volk, S. C. (2019). *Toolbox Kommunikationsmanagement. Denkwerkzeuge und Methoden für die Steuerung der Unternehmenskommunikation.* Springer Gabler.

Literatur zu 3.3.3.3

Ahlers, G. M. (2006). *Organisation der Integrierten Kommunikation. Entwicklung eines prozessorientierten Organisationsansatzes.* Gabler.

Alter, U. (2015). *Grundlagen der Kommunikation für Führungskräfte: Mitarbeitende informieren und Führungsgespräche erfolgreich durchführen.* Springer.

Barret, R. (2016). *Werteorientierte Unternehmensführung. Cultural Transformation Tools für Performance und Profit.* Springer Gabler.

Bartsch, M., & Frey, S. (Hrsg.). (2018). *Cybersecurity Best Practices. Lösungen zur Erhöhung der Cyberresilienz für Unternehmen und Behörden.* Springer Vieweg.

Bruce, A., & Jeromin, C. (2020). *Corporate Purpose – das Erfolgsrezept der Zukunft. Wie sich mit Haltung Gemeinwohl und Profitabilität verbinden lässt.* Springer Gabler.

Bruhn, M. (2000). Integrierte Kommunikation und Relationship Marketing. In M. Bruhn, S. Schmidt, & J. Tropp (Hrsg.), *Integrierte Kommunikation in Theorie und Praxis. Betriebswirtschaftliche und kommunikationswissenschaftliche Perspektiven* (S. 3–20). Gabler/Westdeutscher Verlag.

Bruhn, M. (2015). *Kommunikationspolitik. Systematischer Einsatz der Kommunikation für Unternehmen* (8. Aufl.). Franz Vahlen.

Buchholz, U., & Knorre, S. (2019). *Interne Kommunikation und Unternehmensführung. Theorie und Praxis eines kommunikationszentrierten Managements.* Springer Gabler.

Buchholz, U., Schach, A., & von der Haar, V. (2019). *Werte und Metaphern in der Unternehmenskommunikation. Sensemaking, Mindset, Sprache.* Springer VS.

Deekeling, E., & Barghop, D. (Hrsg.). (2003). *Kommunikation im Corporate Change. Maßstäbe für eine neue Managementpraxis.* Gabler.

Deekeling, E., & Arndt, O. (2006). *CEO-Kommunikation. Strategien für Spitzenmanager.* Campus.

Eggers, B., & Hollmann, S. (2018). Digital Leadership – Anforderungen, Aufgaben und Skills von Führungskräften in der „Arbeitswelt 4.0". In F. Keuper, M. Schomann, L. I. Sikora, & R. Wassef (Hrsg.), *Disruption und Transformation Management. Digital Leadership – Digitales Mindset – Digitale Strategie* (S. 43–70). Springer Gabler.

Eicke, K.-N., & Kirf, B. (2021). Digitalisierung der HR-Kommunikation. In T. Petry & W. Jäger (Hrsg.), *Digital HR. Smarte und agile Systeme, Prozesse und Strukturen im Personalmanagement* (2. Aufl., S. 373–390). Haufe.

Einwiller, S., Klöfer, F., & Nies, U. (2006). Mitarbeiterkommunikation. In B. F. Schmid & B. Lyczek (Hrsg.), *Unternehmenskommunikation. Kommunikationsmanagement aus Sicht der Unternehmensführung* (S. 217–256). Gabler.

Ellers, M. (2002). Corporate Broadcasting – Unternehmen machen Programm. Das Firmenintranet muss zum umfassenden Informationsmedium werden. In L. Rolke & V. Wolff (Hrsg.), *Der Kampf um die Öffentlichkeit. Wie das Internet die Macht zwischen Medien, Unternehmen und Verbrauchern neu verteilt* (S. 169–181). Luchterhand.

Englert, M. (2019). HR goes digital and sustainable – Exzellente HR-Kommunikation und der Weg zu Human Relations. In A. Ternès & M. Englert (Hrsg.), *Digitale Unternehmensführung: Kommunikationsstrategien für ein exzellentes Management* (S. 307–318). Springer Gabler.

Erchinger, R., Koch, R., & Schlemminger, R. B. (2022). *ESG(E)-Kriterien – die Schlüssel zum Aufbau einer nachhaltigen Unternehmensführung. Eine Eignungsanalyse ausgewählter Standardkriterien.* Springer Gabler.

Esch, F.-R. (2021). *Purpose und Vision. Wie Unternehmen Zweck und Ziel erfolgreich umsetzen.* Campus.

Felden, B., Hack, A., & Hoon, C. (2019). *Management von Familienunternehmen. Besonderheiten – Handlungsfelder – Instrumente* (2. Aufl.). Springer Gabler.

Fink, F., & Moeller, M. (2018). *Purpose Driven Organizations. Sinn – Selbstorganisation – Agilität.* Schäffer-Poeschel.

Freda, M. (2014). *Die Rolle von Top-Managern in der Unternehmenskommunikation. Erfolgsfaktoren der CEO-Kommunikation.* Igel.

Frenzel, K., Müller, M., & Sottong, H. (2004). *Storytelling. Die Kraft des Erzählens fürs Unternehmen nutzen.* Hanser.

Führmann, U., & Schmidbauer, K. (2008). *Wie kommt System in die interne Kommunikation? Ein Wegweiser für die Praxis.* UMC University Press.

Heinrich, P. (Hrsg.). (2013). *CSR und Kommunikation. Unternehmerische Verantwortung überzeugend vermitteln.* Springer Gabler.

Heinrich, P., & Schmidpeter, R. (2013). Wirkungsvolle CSR-Kommunikation – Grundlagen. In P. Heinrich (Hrsg.), *CSR und Kommunikation. Unternehmerische Verantwortung überzeugend vermitteln* (S. 1–25). Springer Gabler.

Hesse, G., & Mattmüller, R. (Hrsg.). (2019). *Perspektivwechsel im Employer Branding. Neue Ansätze für die Generationen Y und Z* (2., akt. u. erw. Ausgabe). Springer Gabler.

Höhler, G. (1991). *Spielregeln für Sieger.* Econ.

Hoffmann, K. (2015). *Web oder stirb! Erfolgreiche Unternehmenskommunikation in Zeiten des digitalen Wandels.* Haufe.

Hubbard, M. (2004). *Markenführung von innen nach außen. Zur Rolle der internen Kommunikation als Werttreiber für Marken.* Springer VS.

Huck-Sandhu, S. (2013). Orientierung von Mitarbeitern – ein mikrotheoretischer Ansatz für die interne Kommunikation. In A. Zerfaß, L. Rademacher, & S. Wehmeier (Hrsg.), *Organisationskommunikation und Public Relations. Forschungsparadigmen und neue Perspektiven* (S. 223–245). Springer VS.

Immerschitt, W., & Stumpf, M. (2019). *Employer Branding für KMU. Der Mittelstand als attraktiver Arbeitgeber* (2. Aufl.). Springer Gabler.

Janke, K. (2015). *Kommunikation von Unternehmenswerten. Modell, Konzept und Praxisbeispiel Bayer AG.* Springer VS.

Jansen, S. A. (2011). Das Schweigen der Familienunternehmen. *brand eins, 13*(05), 140–141.

Jäger, W., & Rolke, L. (Hrsg.). (2011). *Personalkommunikation. Interne und externe Öffentlichkeit für HR-Themen gewinnen.* Luchterhand.

Jäger, W., & Rolke, L. (2011). Grundlagen der Personalkommunikation – Relevanzarenen und Handlungsfelder. In W. Jäger & L. Rolke (Hrsg.), *Personalkommunikation. Interne und externe Öffentlichkeit für HR-Themen gewinnen* (S. 13–25). Luchterhand.

Jäger, W., & Petry, T. (Hrsg.). (2012). *Enterprise 2.0. – die digitale Revolution der Unternehmenskultur.* Luchterhand.

Kalmus, M. (1995). *Produktionsfaktor Kommunikation. Zielgruppe unbekannt?* Otto Schwartz.

Kanning, U. P. (2017). *Personalmarketing, Employer Branding und Mitarbeiterbindung. Forschungsbefunde und Praxistipps aus der Personalpsychologie.* Springer.

Keese, C. (2016). *Silicon Germany. Wie wir die digitale Transformation schaffen.* Knaus.

Kirf, B., & Eicke, K.-N. (2017). Integrierte CR-Kommunikation und interne Stakeholder-Orientierung. In R. Wagner, N. Roschker, & A. Moutchnik (Hrsg.), *CSR und Interne Kommunikation. Forschungsansätze und Praxisbeiträge* (S. 67–86). Springer Gabler.

Kirf, B., Eicke, K.-N., & Schömburg, S. (2020). *Unternehmenskommunikation im Zeitalter der digitalen Transformation. Wie Unternehmen interne und externe Stakeholder heute und in Zukunft erreichen können* (2. Aufl.). Springer Gabler.

Klaußner, S. (2016). *Partizipative Leitbildentwicklung. Grundlagen, Prozesse und Methoden.* Springer Gabler.

Kollmann, T., & Schmidt, H. (2016). *Deutschland 4.0. Wie die digitale Transformation gelingt.* Springer Gabler.

Kremmel, D., Hofer-Fischer, S., & von Walter, B. (2016). Kommunikationsprogramm: Arbeitgebermarke kommunikativ umsetzen. In B. von Walter & D. Kremmel (Hrsg.), *Employer Brand Management. Arbeitgebermarken aufbauen und steuern* (S. 169–199). Springer Gabler.

Ladwig, D. H., & Domsch, M. E. (2014). Mitarbeiterbefragung als Führungsinstrument. In A. Zerfaß & M. Piwinger (Hrsg.), *Handbuch Unternehmenskommunikation. Strategie – Management – Wertschöpfung* (2. Aufl., S. 533–547). Springer Gabler.

Laick, S. (2011). HR als „Brand" durch HR-Excellence und Kommunikation. In W. Jäger & L. Rolke (Hrsg.), *Personalkommunikation. Interne und externe Öffentlichkeit für HR-Themen gewinnen* (S. 139–145). Luchterhand.

Leipziger, J. (2009). *Konzepte entwickeln. Handfeste Anleitungen für bessere Kommunikation* (3., akt. Aufl.). F.A.Z. Buch.

Lies, J. (2011). Definition und Merkmale von PR-Kampagnen. In R. Spiller, C. Vaih-Baur, & H. Scheurer (Hrsg.), *PR-Kampagnen* (S. 13–24). UVK Verlagsgesellschaft.

Malik, F. (2007). *Management. Das A und O des Handwerks.* Campus.

Mast, C. (2013). *Unternehmenskommunikation. Ein Leitfaden* (5. Aufl.). UVK Verlagsgesellschaft.

May, P. (2012). *Erfolgsmodell Familienunternehmen. Das Strategie-Buch.* Murmann.

May, P. (2017). *Die Inhaberstrategie im Familienunternehmen. Eine Anleitung.* Murmann.

Meier, P. (2002). *Interne Kommunikation von Unternehmen.* Orell Füssli.

Montua, A. (2020). *Führungsaufgabe Interne Kommunikation. Erfolgreich in Unternehmen kommunizieren – im Alltag und in Veränderungsprozessen.* Springer Gabler.

Mülder, W. (2021). Überblick zu Potenzialen neuer Technologien in der HR. In T. Petry & W. Jäger (Hrsg.), *Digital HR. Smarte und agile Systeme, Prozesse und Strukturen im Personalmanagement* (2. Aufl., S. 125–148). Haufe.

Müller, P., & Lüdeke, T. (Hrsg.). (2011). *Kommunikation im Mittelstand. Unternehmerische Herausforderungen erfolgreich meistern.* DIHK.

Petry, T., & Jäger, W. (Hrsg.). (2021). *Digital HR. Smarte und agile Systeme, Prozesse und Strukturen im Personalmanagement* (2. Aufl.). Haufe.

Petry, T. (2021). Führung im Digitalzeitalter – Darstellung einer Digital-Leader-Toolbox. In T. Petry & W. Jäger (Hrsg.), *Digital HR. Smarte und agile Systeme, Prozesse und Strukturen im Personalmanagement* (2. Aufl., S. 353–371). Haufe.

Quirke, B. (2016). *Making the connections. Using Internal Communications to turn Strategy into Action* (2. Aufl.). Routledge.

Rademacher, L. (2009). *PR und Kommunikationsmanagement*. Springer VS.

Regenthal, G. (2009). *Ganzheitliche Corporate Identity. Profilierung von Identität und Image* (2. Aufl.). Gabler.

Richter, G. (1996). *Führungsinstrument Kommunikation: Die sozialen Beziehungen im Unternehmen partnerschaftlich gestalten*. Gabler.

Röttger, U. (2009b). Campaigns (f)or a better world? In U. Röttger (Hrsg.), *PR-Kampagnen. Über die Inszenierung von Öffentlichkeit* (4., überarb. u. erw. Aufl., S. 9–23). Springer VS.

Röttger, U., Preusse, J., & Schmitt, J. (2014). *Grundlagen der Public Relations. Eine kommunikationswissenschaftliche Einführung* (2. Aufl.). Springer VS.

Rupp, M. (2016). *Storytelling für Unternehmen. Mit Geschichten zum Erfolg in Content Marketing, PR, Social Media, Employer Branding und Leadership*. Mitp Verlags GmbH.

Schick, S. (2014). *Interne Unternehmenskommunikation. Strategien entwickeln, Strukturen schaffen, Prozesse steuern* (5. Aufl.). Schäffer Poeschel.

Schmieja, P. (2014). *Storytelling in der internen Unternehmenskommunikation. Eine Untersuchung zur organisationalen Wertevermittlung*. Springer Gabler.

Schmidt, H. J. (2007). *Internal Branding. Wie Sie Ihre Mitarbeiter zu Markenbotschaftern machen*. Gabler.

Schneider, A., & Köhler, J. (2017). Wertevermittlung durch Storytelling in der CSR-Kommunikation. In R. Wagner, N. Roschker, & A. Moutchnik (Hrsg.), *CSR und Interne Kommunikation. Forschungsansätze und Praxisbeiträge* (S. 155–168). Springer Gabler.

Schrank, V. (2015). *Das Ulrich-HR-Modell in Deutschland. Kritische Betrachtung und empirische Untersuchung*. Springer Gabler.

Steinke, L. (Hrsg.). (2015). *Die neue Öffentlichkeitsarbeit. Wie gute Kommunikation heute funktioniert: Strategien – Instrumente – Fallbeispiele*. Springer Gabler.

Turkle, S. (2015). *Reclaiming Conversation. The power of talk in a Digital Age*. Penguin Press.

Ulbrich, N., & Leuz, F. (2020). *Workbook Leitbildentwicklung. Werte, Vision und Mission in Unternehmen gestalten und integrieren*. Haufe.

Von Groddeck, V. (2011). *Organisation und Werte. Formen, Funktionen, Folgen*. Springer VS.

Von Walter, B., & Kremmel, D. (Hrsg.). (2016). *Employer Brand Management. Arbeitgebermarken aufbauen und steuern*. Springer Gabler.

Wilbers, M. (2018). *Employer Branding-Projekte erfolgreich gestalten. Ein praxisorientierter Leitfaden zur Entwicklung einer Arbeitgebermarke*. Springer Gabler.

Will, M. (2007). *Wertorientiertes Kommunikationsmanagement*. Schäffer-Poeschel.

Zeichhardt, R. (2018). E-Leader, CDOs & Digital Fools – eine Führungstypologie für den digitalen Wandel. In F. Keuper, M. Schomann, L. I. Sikora, & R. Wassef (Hrsg.), *Disruption und Transformation Management. Digital Leadership – Digitales Mindset – Digitale Strategie* (S. 3–21). Springer Gabler.

Zerfaß, A. (2004). *Unternehmensführung und Öffentlichkeitsarbeit. Grundlegung einer Theorie der Unternehmenskommunikation und Public Relations* (2. Aufl). Springer VS.

Zerfaß, A. (2007). Unternehmenskommunikation und Kommunikationsmanagement: Grundlagen, Wertschöpfung, Integration. In M. Piwinger & A. Zerfaß (Hrsg.), *Handbuch Unternehmenskommunikation* (S. 21–70). Gabler.

Zerfaß, A. (2014). Unternehmenskommunikation und Kommunikationsmanagement: Strategie, Management und Controlling. In A. Zerfaß & M. Piwinger (Hrsg.), *Handbuch Unternehmenskommunikation. Strategie – Management – Wertschöpfung* (2. Aufl., S. 21–79). Springer Gabler.

Zerfaß, A., & Volk, S. C. (2019). *Toolbox Kommunikationsmanagement. Denkwerkzeuge und Methoden für die Steuerung der Unternehmenskommunikation*. Springer Gabler.

Literatur zu 3.3.3.4

Cornelissen, J. (2009). *Corporate Communication. A guide to theory and practice* (2. Aufl.). SAGE Publications.

Deekeling, E., & Arndt, O. (2006). *CEO-Kommunikation. Strategien für Spitzenmanager*. Campus.

Einwiller, S., Klöfer, F., & Nies, U. (2006). Mitarbeiterkommunikation. In B. F. Schmid & B. Lyczek (Hrsg.), *Unternehmenskommunikation. Kommunikationsmanagement aus Sicht der Unternehmensführung* (S. 217–256). Gabler.

Eisenegger, M. (2005). *Reputation in der Mediengesellschaft. Konstitution – Issues Monitoring – Issues Management*. Springer VS.

Freda, M. (2014). *Die Rolle von Top-Managern in der Unternehmenskommunikation. Erfolgsfaktoren der CEO-Kommunikation*. Igel.

Hepper, E. (2009). *Erfolgreiche Pressearbeit. Der souveräne Umgang mit den Medien*. Dashöfer.

Herbst, D. (2003). *Public Relations. Das professionelle 1x1*. 2., völlig überarbeitete Auflage. Cornelsen.

Herger, N. (2004). *Organisationskommunikation. Beobachtung und Steuerung eines organisationalen Risikos*. Springer VS.

Herger, N. (2006). *Vertrauen und Organisationskommunikation. Identität – Marke – Image – Reputation*. Springer VS.

Hesse, G., & Mattmüller, R. (Hrsg). (2019). *Perspektivwechsel im Employer Branding. Neue Ansätze für die Generationen Y und Z* (2., akt. u. erw. Ausgabe). Springer Gabler.

Hoffjann, O. (2015). *Public Relations*. UVK Verlagsgesellschaft.

Jarvis, J. (2015). *Ausgedruckt! Journalismus im 21. Jahrhundert*. Plassen.

Jäger, W., & Rolke, L. (2011). Grundlagen der Personalkommunikation – Relevanzarenen und Handlungsfelder. In W. Jäger & L. Rolke (Hrsg.), *Personalkommunikation. Interne und externe Öffentlichkeit für HR-Themen gewinnen* (S. 13–25). Luchterhand.

Kirf, B., & Schach, M.-O. (2011). Das Kommunikationskonzept als Steuerungsinstrument strategischer HR-Kommunikation. In W. Jäger & L. Rolke (Hrsg.), *Personalkommunikation. Interne und externe Öffentlichkeit für HR-Themen gewinnen* (S. 165–181). Luchterhand.

Lies, J. (2011). Definition und Merkmale von PR-Kampagnen. In R. Spiller, C. Vaih-Baur, & H. Scheurer (Hrsg.), *PR-Kampagnen* (S. 13–24). UVK Verlagsgesellschaft.

Lies, J. (Hrsg.). (2015). *Praxis des PR-Managements. Strategien – Instrumente – Anwendung*. Springer Gabler.

Lobo, S. (2023). *Die große Vertrauenskrise. Ein Bewältigungskompass*. Kiepenheuer & Witsch.

Lutz, A., & Nitzsche, I. (2010). *Praxisbuch Pressearbeit. So machen Sie sich, Ihr Unternehmen, Ihre Organisation bekannt* (2., akt. Aufl.). Linde.

Mast, C. (2013). *Unternehmenskommunikation. Ein Leitfaden* (5. Aufl.). UVK Verlagsgesellschaft.

Mast, C. (Hrsg). (2018). *ABC des Journalismus. Ein Handbuch* (13., völlig überarb. Aufl.). Herbert von Halem.

May, P. (2017). *Die Inhaberstrategie im Familienunternehmen. Eine Anleitung*. Murmann.

Meyer, J.-A. (2013). Transparenzmanagement als Kommunikationsaufgabe. Ein Entwurf für mittelständische Unternehmen. In J.-A. Meyer (Hrsg.), *Kommunikation kleiner und mittlerer Unternehmen* (S. 43–63). Josef Eul.

Moss, C. (2016). Themenorientierte Steuerung: Das Newsroom-Modell in der Unternehmenskommunikation. In C. Moss (Hrsg.), *Der Newsroom in der Unternehmenskommunikation. Wie sich Themen effizient steuern lassen* (S. 35–57). Springer VS.

Rademacher, L. (2009). *PR und Kommunikationsmanagement*. Springer VS.

Röttger, U. (2009b). Campaigns (f)or a better world? In U. Röttger (Hrsg.), *PR-Kampagnen. Über die Inszenierung von Öffentlichkeit* (4., überarb. u. erw. Aufl., S. 9–23). Springer VS.

Röttger, U., Preusse, J., & Schmitt, J. (2014). *Grundlagen der Public Relations. Eine kommunikationswissenschaftliche Einführung* (2. Aufl.). Springer VS.

Rommerskirchen, J., & Roslon, M. (2020). *Einführung in die moderne Unternehmenskommunikation. Grundlagen, Theorien und Praxis.* Springer Gabler.

Schmid, B. F., & Lyczek, B. (Hrsg.). (2006). *Unternehmenskommunikation. Kommunikationsmanagement aus Sicht der Unternehmensführung.* Gabler.

Steinke, L. (Hrsg.). (2015). *Die neue Öffentlichkeitsarbeit. Wie gute Kommunikation heute funktioniert: Strategien – Instrumente – Fallbeispiele.* Springer Gabler.

Stenzel, C. (2022). *Moderne Presse- und Öffentlichkeitsarbeit für KMU. Strategie, Umsetzung, Tools und Evaluation.* Springer Gabler.

Szyszka, P. (2004). Integrierte Kommunikation als Kommunikationsmanagement. In T. Köhler & A. Schaffranietz (Hrsg.), *Public Relations – Perspektiven und Potenziale im 21. Jahrhundert* (S. 199–215). Springer VS.

Szyszka, P., & Dürig, U.-M. (Hrsg.). (2008). *Strategische Kommunikationsplanung.* UVK Verlagsgesellschaft.

Trost, A. (Hrsg.). (2013). *Employer Branding: Arbeitgeber positionieren und präsentieren.* Luchterhand.

Ulbrich, N., & Leuz, F. (2020). *Workbook Leitbildentwicklung. Werte, Vision und Mission in Unternehmen gestalten und integrieren.* Haufe.

Van Riel, C. B. M., & Fombrun, C. F. (2008). *Essentials of Corporate Communication .Implementing practices for effective reputation management* (2. Aufl.). Routledge.

Will, M. (2007). *Wertorientiertes Kommunikationsmanagement.* Schäffer-Poeschel.

Zerfaß, A., & Piwinger, M. (Hrsg.). (2014). *Handbuch Unternehmenskommunikation. Strategie – Management – Wertschöpfung* (2. Aufl.). Springer Gabler.

Zerfaß, A., & Volk, S. C. (2019). *Toolbox Kommunikationsmanagement. Denkwerkzeuge und Methoden für die Steuerung der Unternehmenskommunikation.* Springer Gabler.

Literatur zu 3.3.4

Ahlers, G. M. (2006). *Organisation der Integrierten Kommunikation. Entwicklung eines prozessorientierten Organisationsansatzes.* Gabler.

Back, A., Gronau, N., & Tochtermann, K. (Hrsg.). (2009). *Web 2.0 in der Unternehmenspraxis. Grundlagen, Fallstudien und Trends zum Einsatz von social Software* (2., akt. Aufl.). Oldenbourg.

Besson, N. (2008). *Strategische PR-Evaluation. Erfassung, Bewertung und Kontrolle von Öffentlichkeitsarbeit* (3., überarb. u. erw. Ausgabe). Springer VS.

Bruhn, M. (2000). Integrierte Kommunikation und Relationship Marketing. In M. Bruhn, S. Schmidt, & J. Tropp (Hrsg.), *Integrierte Kommunikation in Theorie und Praxis. Betriebswirtschaftliche und kommunikationswissenschaftliche Perspektiven* (S. 3–20). Gabler/Westdeutscher Verlag.

Bruhn, M., & Boenigk, M. (2000). Integrierte Kommunikation in deutschen Unternehmen – Ergebnisse einer empirischen Untersuchung. In M. Bruhn, S. Schmidt, & J. Tropp (Hrsg.), *Integrierte Kommunikation in Theorie und Praxis. Betriebswirtschaftliche und kommunikationswissenschaftliche Perspektiven* (S. 65–85). Gabler/Westdeutscher Verlag.

Bruhn, M. (2014). *Integrierte Unternehmens- und Markenkommunikation. Strategische Planung und operative Umsetzung* (6. Aufl.). Schäffer-Poeschel.

Bruhn, M., Martin, S., & Schnebelen, S. (2014). *Integrierte Kommunikation in der Praxis. Entwicklungsstand in deutschsprachigen Unternehmen.* Springer Gabler.

Bruhn, M. (2015). *Kommunikationspolitik. Systematischer Einsatz der Kommunikation für Unternehmen* (8. Aufl.). Franz Vahlen.

Doorley, J., & Garcia, H. F. (2007). *Reputation Management. The key to successful Public Relations and Corporate Communication*. Routledge.

Eck, K., & Eichmeier, D. (2014). *Die Content-Revolution im Unternehmen. Neue Perspektiven durch Content-Marketing und -Strategie*. Haufe.

Ellers, M. (2002). Corporate Broadcasting – Unternehmen machen Programm. Das Firmenintranet muss zum umfassenden Informationsmedium werden. In L. Rolke & V. Wolff (Hrsg.), *Der Kampf um die Öffentlichkeit. Wie das Internet die Macht zwischen Medien, Unternehmen und Verbrauchern neu verteilt* (S. 169–181). Luchterhand.

Fombrun, C. J. (1996). *Reputation. Realizing Value from the Corporate Image*. Havard Business School press.

Hubbard, M. (2004). *Markenführung von innen nach außen. Zur Rolle der Internen Kommunikation als Werttreiber für Marken*. Springer VS.

Jäger, W., & Rolke, L. (2011). Grundlagen der Personalkommunikation – Relevanzarenen und Handlungsfelder. In W. Jäger & L. Rolke (Hrsg.), *Personalkommunikation. Interne und externe Öffentlichkeit für HR-Themen gewinnen* (S. 13–25). Luchterhand.

Jäger, W., & Petry, T. (Hrsg.). (2012). *Enterprise 2.0. – die digitale Revolution der Unternehmenskultur*. Luchterhand.

Kirchner, K. (2001). *Integrierte Unternehmenskommunikation. Theoretische und empirische Bestandsaufnahme und eine Analyse amerikanischer Großunternehmen*. Westdeutscher Verlag.

Kirf, B. (2011). Das Kommunikationskonzept als Steuerungsinstrument strategischer Unternehmenskommunikation. In G. Bentele, M. Piwinger, & G. Schönborn (Hrsg.), *Kommunikationsmanagement. Strategie – Wissen – Lösungen. 2.39* (S. 1–38). Luchterhand.

Kirf, B., & Schömburg, S. (2012). Enterprise 2.0. in der internen Personalkommunikation. In W. Jäger & T. Petry (Hrsg.), *Enterprise 2.0. – die digitale Revolution der Unternehmenskultur* (S. 93–105). Luchterhand.

Kirf, B. (2015). Krisen und Krisenkommunikation in der Mediengesellschaft 2.0. Eine Bestandsaufnahme. In G. Bentele, M. Piwinger, & G. Schönborn (Hrsg.), *Kommunikationsmanagement. Strategie – Wissen – Lösungen. 2.67* (S. 1–67). Luchterhand.

Kirf, B., & Sommerwerck, M. (2015). Strategisches Kommunikationsmanagement im Mittelstand. In G. Bentele, M. Piwinger, & G. Schönborn (Hrsg.), *Kommunikationsmanagement. Strategie – Wissen – Lösungen. 2.70* (S. 1–54). Luchterhand.

Lies, J. (Hrsg.). (2015). *Praxis des PR-Managements. Strategien – Instrumente – Anwendung*. Springer Gabler.

Löffler, M. (2014). *Think Content. Content-Strategie, Content-Marketing, Texten fürs Web*. Rheinwerk.

Mast, C. (2013). *Unternehmenskommunikation. Ein Leitfaden* (5. Aufl.). UVK Verlagsgesellschaft.

Moss, C., & Stog, N. (2016). Integrierte Kommunikation im Newsroom als Beitrag zum Unternehmenswert. In C. Moss (Hrsg.), *Der Newsroom in der Unternehmenskommunikation. Wie sich Themen effizient steuern lassen* (S. 7–17). Springer VS.

Rademacher, L. (2009). *PR und Kommunikationsmanagement*. Springer VS.

Röttger, U., Preusse, J., & Schmitt, J. (2014). *Grundlagen der Public Relations. Eine kommunikationswissenschaftliche Einführung* (2. Aufl.). Springer VS.

Schmid, B. F. (2008). Medien- und Kommunikationsmanagement – Begriffsbestimmung und Aufgabenfelder. In M. Meckel & B. F. Schmid (Hrsg.), *Kommunikationsmanagement im Wandel* (S. 21–52). Gabler.

Schulz, C., & Grimm, S. (2015). Perspektiven und Wandel in der Digitalen Revolution. In L. Steinke (Hrsg.), *Die neue Öffentlichkeitsarbeit. Wie gute Kommunikation heute funktioniert: Strategien – Instrumente – Fallbeispiele* (S. 31–48). Springer Gabler.

Schütte, D. (2011). *Mittelstands-PR in Deutschland. Eine Studie zur Kommunikationsarbeit mittelständischer Unternehmen*. UVK Verlagsgesellschaft.

Stalder, F. (2016). *Kultur der Digitalität*. Suhrkamp.

Szyszka, P. (2004). Integrierte Kommunikation als Kommunikationsmanagement. In T. Köhler & A. Schaffranietz (Hrsg.), *Public Relations – Perspektiven und Potenziale im 21. Jahrhundert* (S. 199–215). Springer VS.

Thießen, A. (2011). *Organisationskommunikation in Krisen. Reputationsmanagement durch situative, integrierte und strategische Krisenkommunikation.* Springer VS.

Van Riel, C. B. M. (1995). *Principles of Corporate Communication* (2. Aufl.). Prentice Hall.

Will, M. (2007). *Wertorientiertes Kommunikationsmanagement.* Schäffer-Poeschel.

Zerfaß, A. (2004). *Unternehmensführung und Öffentlichkeitsarbeit. Grundlegung einer Theorie der Unternehmenskommunikation und Public Relations* (2. Aufl.). Springer VS.

Literatur zu 3.4

Adamczyk, G. (2019). *Storytelling – Mit Geschichten überzeugen* (3. Aufl.). Haufe.

Bolz, N. (1995). *Am Ende der Gutenberg-Galaxis. Die neuen Kommunikationsverhältnisse* (2. Aufl.). Wilhelm Fink.

Bruhn, M. (2015). *Kommunikationspolitik. Systematischer Einsatz der Kommunikation für Unternehmen* (8. Aufl.). Franz Vahlen.

Bürker, M. (2011). Zum Management von Kampagnen auf Basis von Theorien der Öffentlichkeit und öffentlichen Meinung. In R. Spiller, C. Vaih-Baur, & H. Scheurer (Hrsg.), *PR-Kampagnen* (S. 25–57). UVK Verlagsgesellschaft.

Eck, K., & Eichmeier, D. (2014). *Die Content-Revolution im Unternehmen. Neue Perspektiven durch Content-Marketing und -Strategie.* Haufe.

Eisenegger, M. (2005). *Reputation in der Mediengesellschaft. Konstitution – Issues Monitoring – Issues Management.* Springer VS.

El Quassil, S., & Karig, F. (2021). *Erzählende Affen. Mythen, Lügen, Utopien. Wie Geschichten unser Leben bestimmen* (4. Aufl.). Ullstein.

Franck, G. (1998). *Ökonomie der Aufmerksamkeit. Ein Entwurf.* Carl Hanser.

Freda, M. (2014). *Die Rolle von Top-Managern in der Unternehmenskommunikation. Erfolgsfaktoren der CEO-Kommunikation.* Igel.

Frenzel, K., Müller, M., & Sottong, H. (2004). *Storytelling. Die Kraft des Erzählens fürs Unternehmen nutzen.* Hanser.

Gaßner, V. (2015). Crowdsourcing – die kollaborative Entwicklung von Ideen. In L. Steinke (Hrsg.), *Die neue Öffentlichkeitsarbeit. Wie gute Kommunikation heute funktioniert: Strategien – Instrumente – Fallbeispiele* (S. 125–141). Springer Gabler.

Haller, P., & Twardawa, W. (2014). *Die Zukunft der Marke. Handlungsempfehlungen für eine neue Markenführung.* Springer Gabler.

Haumer, F. (2013). *Der Wertschöpfungsbeitrag von Corporate Publishing. Effekte formaler und inhaltlicher Gestaltungsmerkmale von Kundenmagazinen.* Springer VS.

Herbst, D. (2011). *Storytelling* (2. Aufl.). UVK Verlagsgesellschaft.

Herbst, D. (2021). *Storytelling in den Public Relations. Erzählen Sie die spannende Geschichte Ihres* Unternehmens (4. Aufl.). Herbert von Halem.

Herbst, D., & Musiolik, T. H. (2022). *Digital Storytelling. Spannende Geschichten für interne Kommunikation, PR und Werbung* (2. Aufl.). Herbert von Halem.

Hoffjann, O. (2015). *Public Relations.* UVK Verlagsgesellschaft.

Kirf, B., Eicke, K.-N., & Schömburg, S. (2020). *Unternehmenskommunikation im Zeitalter der digitalen Transformation. Wie Unternehmen interne und externe Stakeholder heute und in Zukunft erreichen können* (2. Aufl.). Springer Gabler.

Liebl, F. (2000). *Der Schock des Neuen. Entstehung und Management von Issues und Trends.* Gerling Akademie.

Lies, J. (2011). Definition und Merkmale von PR-Kampagnen. In R. Spiller, C. Vaih-Baur, & H. Scheurer (Hrsg.), *PR-Kampagnen* (S. 13–24). UVK Verlagsgesellschaft.

Littek, F. (2011). *Storytelling in der PR. Wie Sie die Macht der Geschichten für Ihre Pressearbeit nutzen.* Springer VS.

Löffler, M. (2014). *Think Content. Content-Strategie, Content-Marketing, Texten fürs Web.* Rheinwerk.

Luhmann, N. (1996). *Die Realität der Massenmedien* (2. Aufl.). Westdeutscher Verlag.

Luhmann, N. (1997). *Die Gesellschaft der Gesellschaft* (Bd. 1). Suhrkamp.

Mast, C. (2013). *Unternehmenskommunikation. Ein Leitfaden* (5. Aufl.). UVK Verlagsgesellschaft.

Rademacher, L. (2009). *PR und Kommunikationsmanagement.* Springer VS.

Roberts, K. (2004). *Lovemarks. The future beyond brands.* Power House Books.

Ronneberger, F., & Rühl, M. (1992). *Theorie der Public Relations. Ein Entwurf.* Westdeutscher Verlag.

Rupp, M. (2016). *Storytelling für Unternehmen. Mit Geschichten zum Erfolg in Content Marketing, PR, Social Media, Employer Branding und Leadership.* Mitp Verlags GmbH.

Sammer, P. (2015). *Storytelling. Die Zukunft von PR und Marketing.* O'Reilly.

Sammer, P., & Heppel, U. (2015). *Visual Storytelling. Visuelles Erzählen in PR & Marketing.* O'Reilly.

Sammer, P. (2019). *What's your story? Leadership Storytelling für Führungskräfte, Projektverantwortliche und alle, die etwas bewegen wollen.* O'Reilly.

Schmidbauer, K., & Knödler-Bunte, E. (2004). *Das Kommunikationskonzept. Konzepte entwickeln und präsentieren.* UMC University Press.

Schmieja, P. (2014). *Storytelling in der internen Unternehmenskommunikation. Eine Untersuchung zur organisationalen Wertevermittlung.* Springer Gabler.

Schulz, C., & Grimm, S. (2015). Perspektiven und Wandel in der Digitalen Revolution. In L. Steinke (Hrsg.), *Die neue Öffentlichkeitsarbeit. Wie gute Kommunikation heute funktioniert: Strategien – Instrumente – Fallbeispiele* (S. 31–48). Springer Gabler.

Vaih-Buer, C. (2015). Corporate Publishing. In J. Lies (Hrsg.), *Praxis des PR-Managements. Strategien – Instrumente – Anwendung* (S. 50–54). Springer Gabler.

Weichler, K. (2014). Corporate Publishing: Publikationen für Kunden und Multiplikatoren. In A. Zerfaß & M. Piwinger (Hrsg.), *Handbuch Unternehmenskommunikation. Strategie – Management – Wertschopfung* (2. Aufl., S. 767–785). Springer Gabler.

Zerfaß, A. (2004). *Unternehmensführung und Öffentlichkeitsarbeit. Grundlegung einer Theorie der Unternehmenskommunikation und Public Relations* (2. Aufl.). Springer VS.

Zerfaß, A., & Volk, S. C. (2019). *Toolbox Kommunikationsmanagement. Denkwerkzeuge und Methoden für die Steuerung der Unternehmenskommunikation.* Springer Gabler.

Literatur zu 3.5

Bolz, N. (2007). *Das ABC der Medien.* Wilhelm Fink.

Bruhn, M. 2015. *Kommunikationspolitik. Systematischer Einsatz der Kommunikation für Unternehmen* (8. Aufl.). München: Franz Vahlen.

Eisenegger, M. (2005). *Reputation in der Mediengesellschaft. Konstitution – Issues Monitoring – Issues Management.* Springer VS.

Eisenegger, M. (2016). Negierte Reputation – Zur Logik medienöffentlicher Skandalisierungen. In M. Ludwig, T. Schierl, & C. von Sikorski (Hrsg.), *Mediated Scandals. Gründe, Genese und Folgeeffekte von medialer Skandalberichterstattung* (S. 33–57). Herbert von Halem.

Felden, B., Hack, A., & Hoon, C. (2019). *Management von Familienunternehmen. Besonderheiten – Handlungsfelder – Instrumente* (2. Aufl.). Springer Gabler.

Franck, G. (1998). *Ökonomie der Aufmerksamkeit. Ein Entwurf.* Carl Hanser.

Freda, M. (2014). *Die Rolle von Top-Managern in der Unternehmenskommunikation. Erfolgsfaktoren der CEO-Kommunikation*. Igel.

Freeman, R. E. (1984). *Strategic Management. A Stakeholder Approach*. Pitman Publishing.

Freeman, R. E. (2010). *Strategic Management. A Stakeholder Approach*. Neuauflage. New York: Cambridge University Press.

Freeman, R. E., & Evan, W. M. (1993). *A Stakeholder Theory of the modern Corporation*. Cambridge University Press.

Grunig, J. E., & Hunt, T. (1984). *Managing Public Relations*. HBJ College Publishers.

Hinterhuber, H. H., Rechenauer, O., & Stumpf, M. (Hrsg.). (1994). *Die mittelständische Familienunternehmung*. Peter Lang.

Karmasin, M. (2005). Stakeholder-Management als Ansatz der PR. In G. Bentele, R. Fröhlich, & P. Szyszka (Hrsg.), *Handbuch der Public Relations. Wissenschaftliche Grundlagen und berufliches Handeln* (S. 268–280). Springer VS.

Kirf, B., & Rolke, L. (Hrsg.). (2002). *Der Stakeholder-Kompass. Navigationsinstrument für die Unternehmenskommunikation*. F.A.Z. Institut.

Kirf, B. (2002). Off the records: Wenn andere über das Unternehmen sprechen. Intervention durch Kommunikation. In B. Kirf & L. Rolke (Hrsg.), *Der Stakeholder-Kompass. Navigationsinstrument für die Unternehmenskommunikation* (S. 34–45). F.A.Z. Institut.

Kirf, B. (2018). Das Kommunikationskonzept als Kernelement des strategischen Kommunikationsmanagements. In C. Kochhan & A. Moutchnik (Hrsg.), *Media Management. Ein interdisziplinäres Kompendium* (S. 115–133). Springer Gabler.

Kirf, B., Eicke, K.-N., & Schömburg, S. (2020). *Unternehmenskommunikation im Zeitalter der digitalen Transformation. Wie Unternehmen interne und externe Stakeholder heute und in Zukunft erreichen können* (2. Aufl.). Springer Gabler.

Leipziger, J. (2009). *Konzepte entwickeln. Handfeste Anleitungen für bessere Kommunikation* (3., akt. Aufl.). F.A.Z. Buch.

Lewis, L. K. (2019). *Organizational change. Creating change through strategic communication* (2. Aufl.). Wiley & Sons.

Lies, J. (2011). Definition und Merkmale von PR-Kampagnen. In R. Spiller, C. Vaih-Baur, & H. Scheurer (Hrsg.), *PR-Kampagnen* (S. 13–24). UVK Verlagsgesellschaft.

Mast, C. (2013). *Unternehmenskommunikation. Ein Leitfaden* (5. Aufl.). UVK Verlagsgesellschaft.

May, P. (2017). *Die Inhaberstrategie im Familienunternehmen. Eine Anleitung*. Murmann.

Merten, K. (2013). *Konzeption von Kommunikation. Theorie und Praxis des strategischen Kommunikationsmanagements*. Springer VS.

Röttger, U., Preusse, J., & Schmitt, J. (2014). *Grundlagen der Public Relations. Eine kommunikationswissenschaftliche Einführung* (2. Aufl.). Springer VS.

Rolke, L., & Jäger, W. (2009). Kommunikations-Controlling. In M. Bruhn, F.-R. Esch, & T. Langner (Hrsg.), *Handbuch Kommunikation* (S. 1021–1041). Springer Gabler.

Rüsen, T. A. (2017). *Krisen und Krisenmanagement in Familienunternehmen: Schwachstellen erkennen, Lösungen erarbeiten, Existenzbedrohung meistern* (2. Aufl.). Springer Gabler.

Schmidbauer, K., & Knödler-Bunte, E. (2004). *Das Kommunikationskonzept. Konzepte entwickeln und präsentieren*. UMC University Press.

Steinke, L. (Hrsg.). (2015). *Die neue Öffentlichkeitsarbeit. Wie gute Kommunikation heute funktioniert: Strategien – Instrumente – Fallbeispiele*. Springer Gabler.

Zerfaß, A. (2004). *Unternehmensführung und Öffentlichkeitsarbeit. Grundlegung einer Theorie der Unternehmenskommunikation und Public Relations* (2. Aufl.). Springer VS.

Zerfaß, A., & Volk, S. C. (2019). *Toolbox Kommunikationsmanagement. Denkwerkzeuge und Methoden für die Steuerung der Unternehmenskommunikation*. Springer Gabler.

Literatur zu 3.6

Barret, R. (2016). *Werteorientierte Unternehmensführung. Cultural Transformation Tools für Performance und Profit.* Springer Gabler.

Bentele, G., & Seidenglanz, R. (2005). Vertrauen und Glaubwürdigkeit. In G. Bentele, R. Fröhlich, & P. Szyszka (Hrsg.), *Handbuch der Public Relations. Wissenschaftliche Grundlagen und berufliches Handeln* (S. 346–360). Springer VS.

Besson, N. (2008). *Strategische PR-Evaluation. Erfassung, Bewertung und Kontrolle von Öffentlichkeitsarbeit* (3., überarb. u. erw. Ausgabe). Springer VS.

Buß, E. (2007). Image und Reputation – Werttreiber für das Management. In M. Piwinger & A. Zerfaß (Hrsg.), *Handbuch Unternehmenskommunikation* (S. 227–244). Gabler.

Doorley, J., & Garcia, H. F. (2007). *Reputation Management. The Key to successful Public Relations and Corporate Communication.* Routledge.

Einwiller, S. (2014). Reputation und Image: Grundlagen, Einflussmöglichkeiten, Management. In A. Zerfaß & M. Piwinger (Hrsg.), *Handbuch Unternehmenskommunikation. Strategie – Management – Wertschöpfung* (2. Aufl., S. 371–391). Springer Gabler.

Eisenegger, M. (2005). *Reputation in der Mediengesellschaft. Konstitution – Issues Monitoring – Issues Management.* Springer VS.

Fombrun, C. J. (1996). *Reputation. Realizing value from the Corporate Image.* Havard Business School press.

Helm, S., Liehr-Gobbers, K., & Storck, C. (Hrsg.). (2011). *Reputation Management.* Springer.

Herger, N. (2004). *Organisationskommunikation. Beobachtung und Steuerung eines organisationalen Risikos.* Springer VS.

Herger, N. (2006). *Vertrauen und Organisationskommunikation. Identität – Marke – Image – Reputation.* Springer VS.

Hitzbleck, S. (2011). *Reputation als Schlüssel zum Unternehmenserfolg. Wie Kommunikation Unternehmenswert schafft.* Nomos.

Hoffjann, O. (2015). *Public Relations.* UVK Verlagsgesellschaft.

Kirchner, K. (2001). *Integrierte Unternehmenskommunikation. Theoretische und empirische Bestandsaufnahme und eine Analyse amerikanischer Großunternehmen.* Westdeutscher Verlag.

Kirf, B., & Schach, M.-O. (2011). Das Kommunikationskonzept als Steuerungsinstrument strategischer HR-Kommunikation. In W. Jäger & L. Rolke (Hrsg.), *Personalkommunikation. Interne und externe Öffentlichkeit für HR-Themen gewinnen* (S. 165–181). Luchterhand.

Lies, J. (2011). Definition und Merkmale von PR-Kampagnen. In R. Spiller, C. Vaih-Baur, & H. Scheurer (Hrsg.), *PR-Kampagnen* (S. 13–24). UVK Verlagsgesellschaft.

Luhmann, N. (2001). Vertrautheit, Zuversicht, Vertrauen. Probleme und Altnativen. In M. Hartmann & C. Offe (Hrsg.), *Vertrauen. Die Grundlage des sozialen Zusammenhalts* (S. 142–160). Campus.

Mast, C. (2013). *Unternehmenskommunikation. Ein Leitfaden* (5. Aufl.). UVK Verlagsgesellschaft.

Peters, P. (2011). *Reputationsmanagement im Social Web. Risiken und Chancen von Social Media für Unternehmen, Reputation und Kommunikation.* Social Media Verlag.

Rademacher, L. (2009). *PR und Kommunikationsmanagement.* Springer VS.

Reinhardt, F. (2020). Der Fall Schlecker. In J. Wiske (Hrsg.), *Krisenkommunikation komplex. 11 Analysen prominenter Fälle mit medialer Einordnung und Nachbetrachtung beteiligter Experten* (S. 165–183). Herbert von Halem.

Röttger, U., Preusse, J., & Schmitt, J. (2014). *Grundlagen der Public Relations. Eine kommunikationswissenschaftliche Einführung* (2. Aufl.). Springer VS.

Storck, C. (2014). Stakeholderbefragungen und Reputationsanalysen. In A. Zerfaß & M. Piwinger (Hrsg.), *Handbuch Unternehmenskommunikation. Strategie – Management – Wertschöpfung* (2. Aufl., S. 549–566). Springer Gabler.

Van Riel, C. B. M., & Fombrun, C. F. (2008). *Essentials of Corporate Communication. Implementing practices for effective Reputation Management* (2. Aufl.). Routledge.

Ulbrich, N., & Leuz, F. (2020). *Workbook Leitbildentwicklung. Werte, Vision und Mission in Unternehmen gestalten und integrieren.* Haufe.

Wiedmann, K.-P., Fombrun, C., & van Riel, C. B. M. (2007). Reputationsanalyse nach dem Reputation Quotient. In A. Zerfaß & M. Piwinger (Hrsg.), *Handbuch Unternehmenskommunikation* (S. 321–337). Gabler.

Zerfaß, A. (2006). Kommunikations-Controlling. Methoden zur Steuerung und Kontrolle der Unternehmenskommunikation. In B. F. Schmid & B. Lyczek (Hrsg.), *Unternehmenskommunikation. Kommunikationsmanagement aus Sicht der Unternehmensführung* (S. 431–465). Gabler.

Zerfaß, A. (2007). Unternehmenskommunikation und Kommunikationsmanagement: Grundlagen, Wertschöpfung, Integration. In M. Piwinger & A. Zerfaß (Hrsg.), *Handbuch Unternehmenskommunikation* (S. 21–70). Gabler.

Zerfaß, A., & Volk, S. C. (2019). *Toolbox Kommunikationsmanagement. Denkwerkzeuge und Methoden für die Steuerung der Unternehmenskommunikation.* Springer Gabler.

Literatur zu 3.7.1

Alvesson, M., & Sveningsson, S. (2008). *Changing organizational culture. Cultural change work in progress.* Routledge.

Balogun, J., & Hailey, V. H. (2004). *Exploring strategic change* (2. Aufl.). Pearson Education Ltd.

Deekeling, E., & Barghop, D. (Hrsg.). (2003). *Kommunikation im Corporate Change. Maßstäbe für eine neue Managementpraxis.* Gabler.

Deekeling, E., & Arndt, O. (2006). *CEO-Kommunikation. Strategien für Spitzenmanager.* Campus.

Deutinger, G. (2017). *Kommunikation im Change. Erfolgreich kommunizieren in Veränderungsprozessen* (2. Aufl.). Springer Gabler.

Felden, B., Hack, A., & Hoon, C. (2019). *Management von Familienunternehmen. Besonderheiten – Handlungsfelder – Instrumente* (2. Aufl.). Springer Gabler.

Freda, M. (2014). *Die Rolle von Top-Managern in der Unternehmenskommunikation. Erfolgsfaktoren der CEO-Kommunikation.* Igel.

Gattermeyer, W., & Al-Ani, A. (Hrsg.) (2001). *Change-Management und Unternehmenserfolg. Grundlagen – Methoden –* Praxisbeispiele (2. Aufl.). Gabler.

Guse, S., & Wagner, E. (2014). Die Rolle mittlerer Manager bei der Kommunikation von Veränderungen. In M. Stumpf & S. Wehmeier (Hrsg.), *Kommunikation in Change und Risk. Wirtschaftskommunikation unter Bedingungen von Wandel und Unsicherheiten* (S. 75–93). Springer VS.

Heidelmann, K. (2013). *Veränderungen in Familienunternehmen gestalten. Komplementäre Kommunikation von Eigentümern und Fremdmanagern.* Carl-Auer.

Herbst, D. (2021). *Storytelling in den Public Relations. Erzählen Sie die spannende Geschichte Ihres Unternehmens* (4. Aufl.). Herbert von Halem.

Hoffjann, O. (2015). *Public Relations.* UVK Verlagsgesellschaft.

Kalmus, M. (1995). *Produktionsfaktor Kommunikation. Zielgruppe unbekannt?* Otto Schwartz.

Kirf, B. (2011). Das Kommunikationskonzept als Steuerungsinstrument strategischer Unternehmenskommunikation. In G. Bentele, M. Piwinger, & G. Schönborn (Hrsg.), *Kommunikationsmanagement. Strategie – Wissen – Lösungen. 2.39* (S. 1–38). Luchterhand.

Kotter, J. P. (2011). *Leading Change. Wie Sie ihr Unternehmen in 8 Schritten erfolgreich verändern.* Franz Vahlen.

Kraus, G., Becker-Kolle, C., & Fischer, T. (2004). *Change-Management. Steuerung von Veränderungsprozessen in Organisationen. Einflussfaktoren und Beteiligte. Konzepte, Instrumente und Methoden.* Cornelsen.

Lewis, L. K. (2019). *Organizational change. Creating change through strategic communication* (2. Aufl.). Wiley & Sons.

Lies, J. (Hrsg.). (2015). *Praxis des PR-Managements. Strategien – Instrumente – Anwendung.* Springer Gabler.

Mast, C. (2013). *Unternehmenskommunikation. Ein Leitfaden* (5. Aufl.). UVK Verlagsgesellschaft.

Mohr, N. (1997). *Kommunikation und organisatorischer Wandel. Ein Ansatz für ein effizientes Kommunikationsmanagement im Veränderungsprozess.* Gabler.

Pfannenberg, J. (2007). Veränderungskommunikation: Unterstützung von Change-Prozessen. In M. Piwinger & A. Zerfaß (Hrsg.), *Handbuch Unternehmenskommunikation* (S. 819–832). Gabler.

Rademacher, L. (2009). *PR und Kommunikationsmanagement.* Springer VS.

Regenthal, G. (2009). *Ganzheitliche Corporate Identity. Profilierung von Identität und Image* (2. Aufl.). Gabler.

Röttger, U., Preusse, J., & Schmitt, J. (2014). *Grundlagen der Public Relations. Eine kommunikationswissenschaftliche Einführung* (2. Aufl.). Springer VS.

Sammer, P. (2015). *Storytelling. Die Zukunft von PR und Marketing.* O'Reilly.

Schick, S. (2014). *Interne Unternehmenskommunikation. Strategien entwickeln, Strukturen schaffen, Prozesse steuern* (5. Aufl.). Schäffer-Poeschel.

Stumpf, M., & Wehmeier, S. (Hrsg.). (2014). *Kommunikation in Change und Risk. Wirtschaftskommunikation unter Bedingungen von Wandel und Unsicherheiten.* Springer VS.

Wieselhuber, N. (2020). *Unternehmer gestalten Unternehmen.* Unternehmer Medien GmbH.

Zerfaß, A., & Volk, S. C. (2019). *Toolbox Kommunikationsmanagement. Denkwerkzeuge und Methoden für die Steuerung der Unternehmenskommunikation.* Springer Gabler.

Literatur zu 3.7.2

Bentele, G., & Seidenglanz, R. (2005). Vertrauen und Glaubwürdigkeit. In G. Bentele, R. Fröhlich, & P. Szyszka (Hrsg.), *Handbuch der Public Relations. Wissenschaftliche Grundlagen und berufliches Handeln* (S. 346–360). Springer VS.

Bolz, N. (2007). *Das ABC der Medien.* Wilhelm Fink.

Chomsky, N. (2003). *Media Control. Wie die Medien uns manipulieren.* Europa.

Deekeling, E., & Arndt, O. (2006). *CEO-Kommunikation. Strategien für Spitzenmanager.* Campus.

Ditges, F., Höbel, P., & Hofmann, T. (2008). *Krisenkommunikation.* UVK Verlagsgesellschaft.

Dyllick, T. (1992). *Management der Umweltbeziehungen. Öffentliche Auseinandersetzungen als Herausforderung* (3. Aufl.). Gabler.

Eisenegger, M. (2005). *Reputation in der Mediengesellschaft. Konstitution – Issues Monitoring – Issues Management.* Springer VS.

Eisenegger, M. (2016). Negierte Reputation – Zur Logik medienöffentlicher Skandalisierungen. In M. Ludwig, T. Schierl, & C. von Sikorski (Hrsg.), *Mediated Scandals. Gründe, Genese und Folgeeffekte von medialer Skandalberichterstattung* (S. 33–57). Herbert von Halem.

Fischer-Appelt, B. (2008). Frühwarnsysteme in der Krisenkommunikation. In T. Nolting & A. Thießen (Hrsg.), *Krisenmanagement in der Mediengesellschaft. Potenziale und Perspektiven der Krisenkommunikation* (S. 185–192). Springer VS.

Freda, M. (2014). *Die Rolle von Top-Managern in der Unternehmenskommunikation. Erfolgsfaktoren der CEO-Kommunikation.* Igel.

Grunig, J. E., & Hunt, T. (1984). *Managing Public Relations.* HBJ College Publishers.

Herger, N. (2001). Issues Management als Steuerungsprozess der Organisationskommunikation. In U. Röttger (Hrsg.), *Issues Management. Theoretische Konzepte und Praktische Umsetzung. Eine Bestandsaufnahme* (S. 79–101). Westdeutscher Verlag.

Herger, N. (2004). *Organisationskommunikation. Beobachtung und Steuerung eines organisationalen Risikos.* Springer VS.

Herger, N. (2006). *Vertrauen und Organisationskommunikation. Identität – Marke – Image – Reputation.* Springer VS.

Himmelreich, S., & Einwiller, S. (2015). Wenn der ‚Shitstorm' überschwappt – Eine Analyse digitaler Spillover in der deutschen Print- und Onlineberichterstattung. In O. Hoffjann & T. Pleil (Hrsg.), *Strategische Onlinekommunikation. Theoretische Konzepte und empirische Befunde* (S. 183–205). Springer VS.

Hoffjann, O., & Pleil, T. (Hrsg.). (2015). *Strategische Onlinekommunikation. Theoretische Konzepte und empirische Befunde.* Springer VS.

Hoffmann, P. (2016). Krisenprävention – Gefahren erkennen und Chancen ergreifen. In H. Möhrle (Hrsg.), *Krisen-PR. Risiken und Krisen souverän managen. Das Handbuch der Kommunikationsprofis* (3. Aufl., S. 145–176). F.A.Z. Buch.

Ingenhoff, D. (2004). *Corporate Issues Management in multinationalen Unternehmen.* Springer VS.

Ingenhoff, D., & Röttger, U. (2006). Issues Management. Ein zentrales Verfahren der Unternehmenskommunikation. In B. F. Schmid & B. Lycek (Hrsg.), *Unternehmenskommunikation. Kommunikationsmanagement aus Sicht der Unternehmensführung* (S. 319–350). Gabler.

Kirf, B. (2002). Off the records: Wenn andere über das Unternehmen sprechen. Intervention durch Kommunikation. In B. Kirf & L. Rolke (Hrsg.), *Der Stakeholder-Kompass. Navigationsinstrument für die Unternehmenskommunikation* (S. 34–45). F.A.Z. Institut.

Kirf, B. (2011). Das Kommunikationskonzept als Steuerungsinstrument strategischer Unternehmenskommunikation. In G. Bentele, M. Piwinger, & G. Schönborn (Hrsg.), *Kommunikationsmanagement. Strategie – Wissen – Lösungen. 2.39* (S. 1–38). Luchterhand.

Kirf, B. (2015). Krisen und Krisenkommunikation in der Mediengesellschaft 2.0. Eine Bestandsaufnahme. In G. Bentele, M. Piwinger, & G. Schönborn (Hrsg.), *Kommunikationsmanagement. Strategie – Wissen – Lösungen. 2.67* (S. 1–67). Luchterhand.

Kirf, B., & Schömburg, S. (2018). Krisenmanagement im deutschen Mittelstand. Eine Studie zur Fitness der kommunikativen Krisenprävention und -bewältigung mittelständischer Unternehmen. In G. Bentele, M. Piwinger, & G. Schönborn (Hrsg.), *Kommunikationsmanagement. Strategie – Wissen – Lösungen. 2.86* (S. 1–28). Luchterhand.

Kirf, B., Eicke, K.-N., & Schömburg, S. (2020). *Unternehmenskommunikation im Zeitalter der digitalen Transformation. Wie Unternehmen interne und externe Stakeholder heute und in Zukunft erreichen können* (2. Aufl.). Springer Gabler.

Köhler, T. (2006). *Krisen-PR im Internet. Nutzungsmöglichkeiten, Einflussfaktoren und Problemfelder.* Springer VS.

Köhler, T. (2008). Gefahrenzone Internet – Die Rolle der Online-Kommunikation bei der Krisenbewältigung. In T. Nolting & A. Thießen (Hrsg.), *Krisenmanagement in der Mediengesellschaft. Potenziale und Perspektiven der Krisenkommunikation* (S. 233–252). Springer VS.

Krystek, U. (1987). *Unternehmenskrisen. Beschreibung, Vermeidung und Bewältigung überlebenskritischer Prozesse in Unternehmungen.* Gabler.

Leipziger, J. (2009). *Konzepte entwickeln. Handfeste Anleitungen für bessere Kommunikation* (3., akt. Aufl.). F.A.Z. Buch.

Liebl, F. (2003). Erkennen, abschätzen, Maßnahmen ergreifen. Issues Management auf dem Weg zum integrierten Strategiekonzept. In M. Kuhn, G. Kalt, & A. Kinter (Hrsg.), *Chefsache Issues Management. Ein Instrument zur strategischen Unternehmensführung – Grundlagen, Praxis, Trends* (S. 62–73). F.A.Z. Buch.

Ludwig, J. (1998). Öffentlichkeitswandel durch „Gegenöffentlichkeit"? Zur Bedeutung computervermittelter Kommunikation für gesellschaftliche Emanzipationsprozesse. In E. Prommer & G. Vowe (Hrsg.), *Computervermittelte Kommunikation. Öffentlichkeit im Wandel* (S. 177–209). UVK.

Ludwig, M., & Schierl, T. (2016). Mediated Scandals und ihre Folgeeffekte. Eine einführende Betrachtung der Risiken und Relevanz medialer Skandalberichterstattung. In M. Ludwig, T. Schierl, & C. von Sikorski (Hrsg.), *Mediated Scandals. Gründe, Genese und Folgeeffekte von medialer Skandalberichterstattung* (16–32). Herbert von Halem.

Lütgens, S. (2001). Das Konzept des Issues Managements: Paradigma strategischer Public Relations. In U. Röttger (Hrsg.), *Issues Management. Theoretische Konzepte und praktische Umsetzung. Eine Bestandsaufnahme* (S. 59–77). Westdeutscher Verlag.

Lütgens, S. (2002). *Potentiellen Krisen rechtzeitig begegnen – Themen aktiv gestalten. Strategische Unternehmenskommunikation durch Issues Management.* mtVerlag.

Luhmann, N. (1996). *Die Realität der Massenmedien* (2. Aufl.). Westdeutscher Verlag.

Luhmann, N. (1997). *Die Gesellschaft der Gesellschaft* (Bd. 1). Suhrkamp.

Luhmann, N. (2001). Vertrautheit, Zuversicht, Vertrauen. Probleme und Altnativen. In M. Hartmann, & C. Offe (Hrsg.), *Vertrauen. Die Grundlage des sozialen Zusammenhalts* (S. 142–160). Campus.

Mast, C. (2008). Nach der Krise ist vor der Krise – Beschleunigung der Krisenkommunikation. In T. Nolting & A. Thießen (Hrsg.), *Krisenmanagement in der Mediengesellschaft. Potenziale und Perspektiven der Krisenkommunikation* (S. 98–111). Springer VS.

Merten, K. (2001). Determinanten des Issues Management. In U. Röttger (Hrsg.), *Issues Management. Theoretische Konzepte und praktische Umsetzung. Eine Bestandsaufnahme* (S. 41–57). Westdeutscher Verlag.

Merten, K. (2014). Krise, Krisenmanagement und Krisenkommunikation. In A. Thießen (Hrsg.), *Handbuch Krisenmanagement* (2. Aufl., S. 155–175). Springer VS.

Meyer, T. (2001). *Mediokratie. Die Kolonisierung der Politik durch die Medien.* Suhrkamp.

Möhrle, H. (Hrsg.). (2016). *Krisen-PR. Risiken und Krisen souverän managen. Das Handbuch der Kommunikationsprofis* (3. Aufl.). F.A.Z. Buch.

Nolting, T., & Thießen, A. (Hrsg.). (2008). *Krisenmanagement in der Mediengesellschaft. Potenziale und Perspektiven der Krisenkommunikation.* Springer VS.

Peters, P. (2011). *Reputationsmanagement im Social Web. Risiken und Chancen von Social Media für Unternehmen, Reputation und Kommunikation.* Social Media Verlag.

Piwinger, M., & Porák, V. (2005). Grundlagen und Voraussetzungen des Kommunikations-Controllings. In M. Piwinger & V. Porák (Hrsg.), *Kommunikations-Controlling. Kommunikation und Information quantifizieren und finanziell bewerten* (S. 11–55). Gabler.

Rademacher, L. (2009). *PR und Kommunikationsmanagement.* Springer VS.

Rössler, P. (2005). Themen der Öffentlichkeit und Issues Management. In G. Bentele, R. Fröhlich, & P. Szyszka (Hrsg.), *Handbuch der Public Relations. Wissenschaftliche Grundlagen und berufliches Handeln* (S. 361–376). Springer VS.

Röttger, U. (2001). *Issues Management. Theoretische Konzepte und Praktische Umsetzung. Eine Bestandsaufnahme.* Westdeutscher Verlag.

Röttger, U., & Preusse, J. (2008). Issues Management. In T. Nolting & A. Thießen (Hrsg.), *Krisenmanagement in der Mediengesellschaft. Potenziale und Perspektiven der Krisenkommunikation* (S. 159–184). Springer VS.

Röttger, U., Preusse, J., & Schmitt, J. (2014). *Grundlagen der Public Relations. Eine kommunikationswissenschaftliche Einführung* (2. Aufl.). Springer VS.

Roselieb, F. (1999). Empirische Befunde zu Frühwarnsystemen in der internen und externen Unternehmenskommunikation. In M. Henckel von Donnersmarck & R. Schatz (Hrsg.), *Frühwarnsysteme* (S. 85–105). InnoVatio.

Schindler, M.-C., & Liller, T. (2011). *PR im Social Web. Das Handbuch für Kommunikationsprofis.* O'Reilly.

Schwarz, A. (2010). *Krisen-PR aus Sicht der Stakeholder. Der Einfluss von Ursachen- und Verantwortungszuschreibungen auf die Reputation von Organisationen.* Springer VS.

Steinke, L. (2014). *Bedienungsanleitung für den Shitstorm. Wie gute Kommunikation die Wut der Masse bricht*. Springer Gabler.

Steinke, L. (Hrsg.). (2015). *Die neue Öffentlichkeitsarbeit. Wie gute Kommunikation heute funktioniert: Strategien – Instrumente – Fallbeispiele*. Springer Gabler.

Sutherland, K. E. (2020). *Strategic Social Media Management: Theory and Practice*. Palgrave Macmillan/Springer Nature.

Thießen, A. (2011). *Organisationskommunikation in Krisen. Reputationsmanagement durch situative, integrierte und strategische Krisenkommunikation*. Springer VS.

Thießen, A. (Hrsg.). (2014). *Handbuch Krisenmanagement* (2. Aufl.). Springer VS.

Töpfer, A. (2006). Krisenkommunikation. Anforderungen an den Dialog mit Stakeholdern in Ausnahmesituationen. In B. F. Schmid & B. Lyczek (Hrsg.), *Unternehmenskommunikation. Kommunikationsmanagement aus Sicht der Unternehmensführung* (S. 353–397). Gabler.

Van Looy, A. (2016). *Social Media Management. Technologies and Strategies for creating Business Value*. Springer International.

Wimmer, J. (2008). Gegenöffentlichkeit 2.0: Formen, Nutzung und Wirkung kritischer Öffentlichkeiten im Social Web. In A. Zerfaß, M. Welker, & J. Schmidt (Hrsg.), *Kommunikation, Partizipation und Wirkungen im Social Web. Grundlagen und Methoden* (Bd. I, S. 210–230). Herbert von Halem.

Winkler, P. (2015). Wider die reine Netzwerkrhetorik – Plädoyer für eine netzwerk-soziologisch informierte Online-PR. In O. Hoffjann & T. Pleil (Hrsg.), *Strategische Online-Kommunikation. Theoretische Konzepte und empirische Befunde* (S. 31–53). Springer VS.

Wiske, J. (Hrsg.). (2020). *Krisenkommunikation komplex. 11 Analysen prominenter Fälle mit medialer Einordnung und Nachbetrachtung beteiligter Experten*. Herbert von Halem.

Zerfaß, A., & Volk, S. C. (2019). *Toolbox Kommunikationsmanagement. Denkwerkzeuge und Methoden für die Steuerung der Unternehmenskommunikation*. Springer Gabler.

Umfrage

4

Zusammenfassung

Die vorangegangenen Überlegungen und Einsichten zu Szenarien und Wirkungsweisen eines gelingenden Kommunikationsmanagements von und in Familienunternehmen werden in diesem Kapitel auf ihre Praxisrelevanz hin überprüft. Dies geschieht im Rahmen einer stichprobenartigen, qualitativen Befragung von Topmanagern aus Familienunternehmen. Diese waren und sind ihrerseits aktiv in unternehmensbezogene Kommunikationsentscheidungen und -prozesse involviert. Sie verfügen daher über ein kommunikationspraktisches Wissen und eine persönliche Erfahrungssicht. Mit Blick darauf wird Fragen nachgegangen, welche Rolle methodisch aufgesetzte Kommunikation bei Familienunternehmen konkret einnimmt, wie und in welchen strategischen und operativen Handlungskontexten sich diese im Kommunikationsalltag manifestiert. Zudem wird aufgezeigt, wo konkreter Optimierungsbedarf besteht. Die vorgenommene Stichprobe liefert nutzwertige Einschätzungen von Profis zu den Themen- und Problemstellungen der vorherigen Kapitel. Zudem werden kritische Sichtweisen und divergierende Meinungen der Befragten thematisiert. Aus den getroffenen Aussagen lassen sich denk- und handlungsleitende Anregungen für die Gestaltung und Umsetzung in der Kommunikationspraxis von Familienunternehmen ableiten.

4.1 Methodische Vorüberlegungen

Die grundlegenden Positionen, Problemstellungen, Überlegungen und Einsichten aus den vorangegangenen Kapiteln zum erörterten Themenkomplex fließen ein in den empirischen Untersuchungsteil der Arbeit. Dieser dient der erläuternden Ergänzung zum theoretisch-analytischen Vorgehen und der Illustration der Praxiserfahrungen und Handlungs-

© Der/die Autor(en), exklusiv lizenziert an Springer Fachmedien Wiesbaden GmbH, ein Teil von Springer Nature 2024

265

B. Kirf, *Kommunikation von Familienunternehmen*,
https://doi.org/10.1007/978-3-658-44198-2_4

empfehlungen, die in die multiperspektivische Darstellung eingebracht wurden. Dabei sollen die Ausführungen in den beschriebenen Themenfeldern überprüft und die getroffenen Aussagen auf ihre Praxisrelevanz für Familienunternehmen hin begründet werden. Das geschieht anhand einer auf zehn Teilnehmer (n = 10) begrenzten **stichprobenartigen, qualitativen Befragung** von ausgewählten, in Familienunternehmen[1] tätigen Topmanagern aus dem deutschen Wirtschaftsraum.[2] Es wurden solche befragt, die in Familienunternehmen auch diverse Kommunikationsstrategien und -projekte beauftragen bzw. diese absegnen. Zudem treten sie in Kommunikationsszenarien – insbesondere im Corporate- und PR-Bereich – als Protagonisten selbst aktiv kommunikativ auf. Das Profil der Befragungsteilnehmer setzt sich zusammen aus Mitgliedern des (nicht zwingend familien- bzw. inhaberbesetzten) **Topmanagements von Familienunternehmen** (= CEOs, Geschäftsführer[3]), die als Entscheider in diesen Funktionen aktuell (n = 9) tätig sind oder ehemals (n = 1) beschäftigt waren. Die Zugehörigkeit zu einer bestimmten Branche (z. B. Maschinenbau) hatte für die Probandenauswahl keine Bedeutung. Als Auswahl- und Teilnahmekriterium entscheidend war, dass jene zur Beantwortung der Fragen zur Thematik über ein hinreichendes kommunikationspraktisches Wissen sowie eine damit korrelierende Erfahrungssicht und relevante Verantwortungsexpertise verfügen.

Durch diese Standpunkte und Perspektiven lässt sich die Aussagekraft der Stichprobe sicherstellen. Diese Einschätzung beruht auf der zuverlässigen Kenntnis der Terminologie-Vertrautheit und des Themenverständnisses der adressierten Personen. Deren Einstellungen und Auslegungen wurden im Vorfeld durch intensive Einzelgespräche eruiert. Der Fragebogen wurde zudem vorab in einem Probelauf mit zwei Kommunikationsverantwortlichen, die nicht an der Befragung teilnahmen, auf Validität und Repräsentativität hin inhaltlich getestet.

Auch wenn durch die vorgenommene Stichprobe eine Repräsentativität im Sinne einer einschlägigen Grundgesamtheit nicht gegeben ist, so handelt es sich jedoch um adäquate Einschätzungen von Profis zur Themen- und Problemstellung des Buchs. Für dessen Leserschaft sind die getroffenen Aussagen insofern nutzwertig, weil sich daraus quali-

---

[1] Da es den Rahmen dieser Publikation sprengen würde und daher anderen Untersuchungen vorbehalten ist, eine relevante Grundgesamtheit von Zielpersonen zu befragen, wurde eine Stichprobe gebildet. Es wurden gezielt kontaktierte Akteure sowohl aus unterschiedlichen, größeren produzierenden mittelständisch-geprägten Familienunternehmen (Jahresumsatz ab 300 Mio €) als auch von diversifiziert agierenden Familienunternehmen mit Konzernstrukturen (Jahresumsatz ab 1000 Mio €) in die Befragung miteinbezogen.

[2] Die Beschränkung der Befragung auf Experten aus dem deutschen Wirtschaftsraum, die gleichwohl ihrerseits auf einschlägige internationale Erfahrungen in ihren Tätigkeitsbereichen zurückgreifen können, liegt vor allem darin begründet, dass eine international ausgerichtete Exploration eine umfangreichere Einbeziehung weiterer Faktoren und einer größeren Grundgesamtheit erfordert hätte. Diese Anforderung hätte jedoch den Umfang der Bearbeitung des Sujets in der vorliegenden Arbeit gesprengt. Sie bleibt daher anderen Studien vorbehalten.

[3] Neben ihrer Managementtätigkeit wirken die Befragungsteilnehmer auch teils in Doppelfunktion als Mitglieder von Aufsichtsgremien in größeren Familienunternehmen.

fizierte, denk- und handlungsleitende Learnings für die Kommunikationspraxis in und von Familienunternehmen ergeben können.

Aus dem Arsenal bewährter Erhebungsmethoden stammend, erfolgte die selektiv angelegte **Expertenbefragung**[4] in schriftlicher Form anhand eines strukturierten Fragebogens mit offenen, insgesamt zwölf **Fragestellungen** und freier Formulierungsmöglichkeit der Antworten. Die Fragen gliedern sich in **drei Bereiche** (F1, F2, F3), die sich auf verschiedene Themenkomplexe beziehen. Insgesamt sind die Fragen in der Abfolge festgelegt und für alle Teilnehmer identisch verfasst. Damit wurde sichergestellt, dass gleichartige Informationen erfasst werden.

Das **Befragungsziel** liegt vornehmlich darin, valide Aussagen zu gewinnen, welche persönlichen Meinungen, Einstellungen, Wissensbestände und Erfahrungswerte zu Gestaltung, Umsetzung und Wirkungsweisen des Kommunikationsmanagements von Familienunternehmen bei den Befragten bestehen. Dabei wird ebenso der Frage nachgegangen, welche Rolle methodisch aufgesetzte Kommunikation in Familienunternehmen konkret einnimmt, wie und in welchen strategischen und operativen Ausprägungen, Planungsszenarien und Handlungskontexten sich diese im Kommunikationsalltag manifestiert. Bei der Expertenbefragung ging es nicht darum, quantitativ-repräsentative Erkenntnisse zum Themenfeld in großem Stil zu gewinnen. Vielmehr lag das Hauptaugenmerk auf der Exploration von dezidierten Praxiserfahrungen und der Gewinnung von wesentlichen, qualifizierten Aussagen, die gematcht bzw. kontrastiert werden können mit den vorab dargestellten Themenbereichen. Zudem sollten ggf. Ergänzungen dazu identifiziert werden.

Die ausgewählten Zielpersonen wurden zunächst in einem Telefonat persönlich vom Autor über das Buchprojekt als Ganzes sowie über die inhaltliche Zielrichtung und thematische Strukturierung der Befragung ausführlich informiert und zur Beteiligung motiviert. Zudem wurde Vertraulichkeit vereinbart. Und es wurde, da nicht alle mit der Nennung ihres Namens einverstanden waren, eine generelle Anonymität bei der **Veröffentlichung der zusammengefassten Ergebnisse**[5] im Sinne einer einheitlichen Darstellung im Buchkontext zugesichert. Die DSGVO wurde im Prozess vollumfänglich eingehalten.

Die Teilnehmer erhielten die Liste mit den Leitfragen und einem erläuternden Anschreiben per Mail. Sie konnten im Nachgang bei Bedarf noch klärende Fragen an den Autor stellen. Dieses Angebot wurde von vier Probanden angenommen. Alle Teilnehmer haben den ausgefüllten Fragebogen zurückgesendet (Rücklaufquote = 100 %) und damit ihre Beiträge für die geplante Veröffentlichung autorisiert.

---

[4]Expertenbefragungen gehören zur Methode der sog. „Leitfadenbefragung", die zur qualitativen Befragung als empirische Erhebungsform zählt. Im vorliegenden Fall folgte die Erhebung identischen Fragestellungen zu festgelegten Themenfeldern, was eine Vergleichbarkeit der Antworten ermöglichte.

[5]Eine Detailauflistung ihrer einzelnen Aussagen wurde mehrheitlich (7 von 10) von den Befragungsteilnehmern abgelehnt. Sie plädierten lediglich für eine zusammenfassende Darstellung ihrer Ausführungen.

Der Befragungszeitraum erstreckte sich von Mai bis September 2023. Diese Zeitspanne ist primär unter Berücksichtigung der persönlichen Arbeitssituationen der Teilnehmer zu erklären.

4.2 Fragenkomplexe und Themen

Um den Teilnehmern eine semantisch-inhaltlich logische Anordnung zu bieten, erfolgte eine Strukturierung der Fragen in drei **thematische Fragenkomplexe (= F1, F2, F3)**. Eine zusammenfassende Inhaltsbeschreibung der vorliegenden Antworten und darin dokumentierter Meinungstendenzen geschah im Rahmen der Auswertung im Anschluss.

F1 (Fragen 1–5) enthält allgemeine Fragen zum Verständnis von Bedeutung, Stellenwert, Tendenzen und Merkmalen der Kommunikation in und von Familienunternehmen.

F2 (Fragen 6–10) behandelt Fragen zur Einschätzung von Nutzung und Einsatzweisen spezieller Kommunikationsaufgaben und -programme wie PR-, HR-, CEO-, Change- und Krisenkommunikation in Familienunternehmen.

F3 (Fragen 11–12) befasst sich mit persönlichen Auffassungen und Wertungen der Befragungsteilnehmer hinsichtlich der Prämissen und Handlungsfelder eines professionellen Kommunikationsmanagements von Organisationen in Familienbesitz.

Fragenkomplex 1 (F1)

1. Kommunikation gilt gemeinhin als unternehmerische Kernkompetenz und ist ein wesentlicher Treiber für den Unternehmenserfolg. Welchen Stellenwert hat Ihrer Meinung nach Unternehmenskommunikation bei Familienunternehmen – insbesondere mit Blick auf Positionierungsstrategien und Reputationsmanagement und darauf bezogene Maßnahmen?

2. Welche Positionen und Tendenzen lassen sich bei Familienunternehmen in deren kommunikativer Innen- und Außendarstellung identifizieren?

3. Das Interesse an Familienunternehmen und ihren Repräsentanten ist in der Mediengesellschaft gestiegen. Warum sind familienkontrollierte Unternehmen immer noch zurückhaltend in ihrer öffentlichen Kommunikationspräsenz?

4. Gibt es spezielle Merkmale, Besonderheiten und Rollenmuster bei den Stakeholdern in Familienunternehmen, die bei der Kommunikationsgestaltung zu beachten sind?

5. Unterscheidet sich das interne und externe stakeholderorientierte Kommunikationsmanagement eines Familienunternehmens strategisch und operativ von der Kommunikationskultur, den Kommunikationskonzepten und -präsenzen anderer Unternehmensformen?

Fragenkomplex 2 (F2)

6. Mit Blick auf die Verhältnisse am Arbeitsmarkt (Stichwort: „War for Talents") stellt sich die Frage, welche Kommunikationsstrategien Familienunternehmen im Rahmen ihrer Arbeitgebermarkenprofilierung praktizieren sollten. Lassen sich Kooperationsgewinne für effektives Employer Branding in der Zusammenarbeit von HR und PR erzielen?

7. Existieren spezielle Strategien und Kommunikationsprogramme zur Vermittlung von Werten in und außerhalb von Familienunternehmen? Wenn ja, wie sind diese Maßnahmen gestaltet und wie werden sie mit Blick auf die Adressaten realisiert?

8. Die kommunikative Positionierung und Inszenierung der Unternehmensspitze verleiht einer Organisation in der Öffentlichkeit Stimme und Gesicht und kann sich image- und reputationsfördernd auswirken. Wie ist die CEO-Kommunikation in Ihrem Unternehmen aufgestellt?

9. In welcher Art und Weise werden Themenmanagement und Storytelling in der internen und externen Stakeholder-Kommunikation von Familienunternehmen gezielt eingesetzt?

10. Wir leben in schwierigen Zeiten, in einer Welt des ständigen Wandels. Sind Familienunternehmen in ihrem Kommunikationsmanagement für die Bewältigung von Change-Prozessen wie auch Krisenszenarien hinreichend gerüstet?

Fragenkomplex 3 (F3)

11. In welchen kommunikationsrelevanten Handlungsfeldern und Themenstellungen sehen Sie aktuell und künftig in Familienunternehmen konkrete Verbesserungsbedarfe und Professionalisierungspotenziale?

12. Welche persönlichen Meilensteine zur Etablierung eines professionell geplanten und umgesetzten Kommunikationsmanagements in und von Familienunternehmen haben Sie in Ihrer Karriere aktiv begleitet?

4.3 Auswertung und Zusammenfassung der Umfrageergebnisse

Grundlage der Auswertung bilden die eingereichten schriftlichen Antworten der Befragten. Mit deren Einverständnis wurden die **Befragungsergebnisse** für die Veröffentlichung in einer komprimierten **Inhaltsanalyse** pro Fragestellung **zusammengefasst** und jeweils in einer **Tabelle** gemäß der erfolgten **Nennungen** nach Anzahl der Antworten zu den einzelnen Themenfacetten aufgeführt und quantifiziert (n = 1–10). Aus den verzeichneten Standpunkten lassen sich konkrete Meinungsbilder zu den erfragten Sujets ableiten. Die Erwähnungen sind dabei im Einzelnen auch zahlenmäßig in Klammern erfasst.

Die Aussagen sind vereinbarungsgemäß **anonymisiert** festgehalten, sodass keine Rückschlüsse auf Personen und von ihnen repräsentierte Familienunternehmen gezogen werden können.

Bei dem angewandten Auswertungsverfahren handelt es sich um eine funktionale Vorgehensweise. Die Auswertung des Fragebogens soll einen validen Interpretations- und Argumentationsrahmen bieten, innerhalb dessen identifizierbare **Gemeinsamkeiten** und **Unterschiede** in den individuellen Meinungen, Begründungen und Wissensständen der befragten Experten zur jeweiligen Thematik aufgezeigt werden können. Die Resultate decken sich weitgehend mit den in den vorherigen Kapiteln getroffenen Aussagen und spiegeln die darin beschriebenen Parameter und Tendenzen im Kommunikationsmanagement von Familienunternehmen wider.

Es ist indes anzumerken, dass das ermittelte Befragungsergebnis nicht als absolut gewertet werden kann, weil die einzelnen Schilderungen nicht pauschal als generalisierbar gelten. Vielmehr müssen sie als subjektive Einschätzungen und Gewichtungen der erörterten Themenbereiche betrachtet werden und bilden bloß einen Ausschnitt der Realität ab. Gleichwohl können die dokumentierten Statements als Basis für weitergehende Denkanstöße und Handlungsempfehlungen herangezogen werden.

4.3.1   Antworten zum Fragenkomplex 1 (F1)

Antworten zu Frage 1
Themenbereich: Stellenwert von Kommunikation in Familienunternehmen

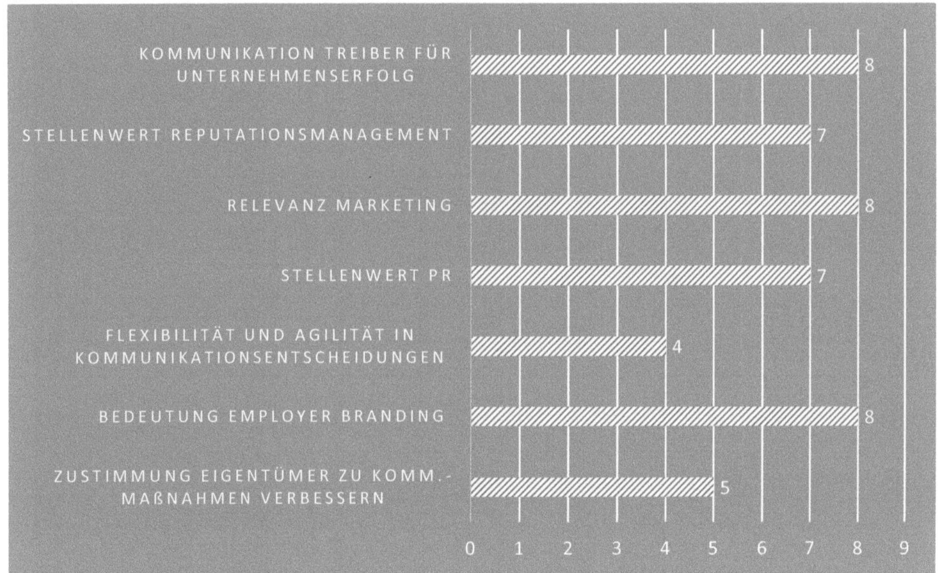

Kommunikation erscheint nicht bloß als Appendix, sondern wird von den Befragten als ein maßgeblicher Faktor und Treiber für den Erfolg von Familienunternehmen in Markt und Gesellschaft gewertet (8). Besondere Bedeutung haben die Kommunikationsbereiche Marketing (8), Employer Branding (8) und PR (7). Wobei zwischen Wunsch und Wirklichkeit in der Kommunikationspraxis einzelner Bereiche durchaus noch strategische wie operative Diskrepanzen zu verzeichnen sind (s. a. die Beantwortung der Folgefragen).

Betont wird der wachsende Stellenwert des strategischen Reputationsmanagements im Rahmen der Unternehmenspositionierung in diversen, für den Unternehmenserfolg relevanten Öffentlichkeiten (7). Die Zustimmung zur Umsetzung von darauf einzahlenden Kommunikationsmaßnahmen hängt auch von Einstellung und Kommunikationsverständnis der Eigentümer ab. Dabei bestehe indes noch Verbesserungspotenzial (5). Von Kommunikationsverantwortlichen wird erwartet, dass sie Flexibilität und Agilität in Kommunikationsentscheidungen und Handlungsfeldern zeigen (4).

Antworten zu Frage 2
Themenbereich: Kommunikative Positionen und Tendenzen

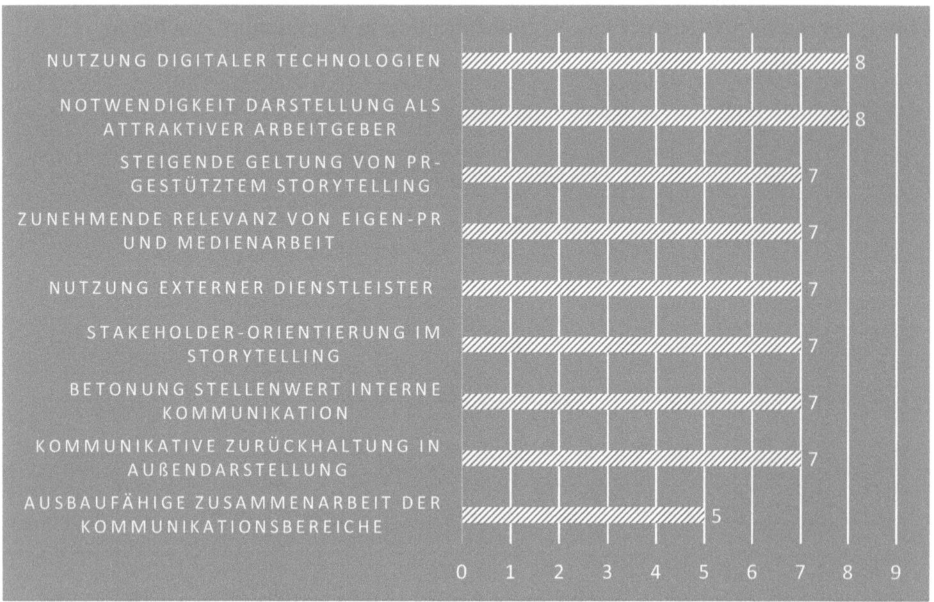

Familienunternehmen zeigen teilweise noch Vorsicht und Zurückhaltung bei externen Kommunikationsauftritten (7). Die Notwendigkeit, sich als attraktiver Arbeitgeber kommunikativ offensiv zu präsentieren, wird allerdings meist anerkannt (8).

Die Bedeutung interner Kommunikation wird betont: Diese soll auf Dialog und Information in allen Kontaktbereichen abzielen (7). Die Zusammenarbeit der einzelnen Kommunikationsbereiche ist ausbaufähig (5).

Eigen-PR, Presse- und Medienarbeit werden für die externe Unternehmenspositionierung als tendenziell wichtig eingeschätzt (7). In diesem Kontext wird die zunehmende Relevanz von PR-gestütztem Storytelling für die interne wie externe Unternehmensdarstellung verdeutlicht (7). Dabei sind Ansprüche, Standpunkte und Interessen der Adressaten in der stakeholderorientierten Ansprache durch Storytelling zu berücksichtigen (7).

Der praxisbezogenen Nutzung digitaler Kommunikationstechnologien wird hohe Bedeutung zugesprochen (8). In allen Kommunikationsbereichen wird Unterstützungsexpertise durch externe Dienstleister zunehmend genutzt (7).

Antworten zu Frage 3
Themenbereich: Kommunikationshaltung von Familienunternehmen

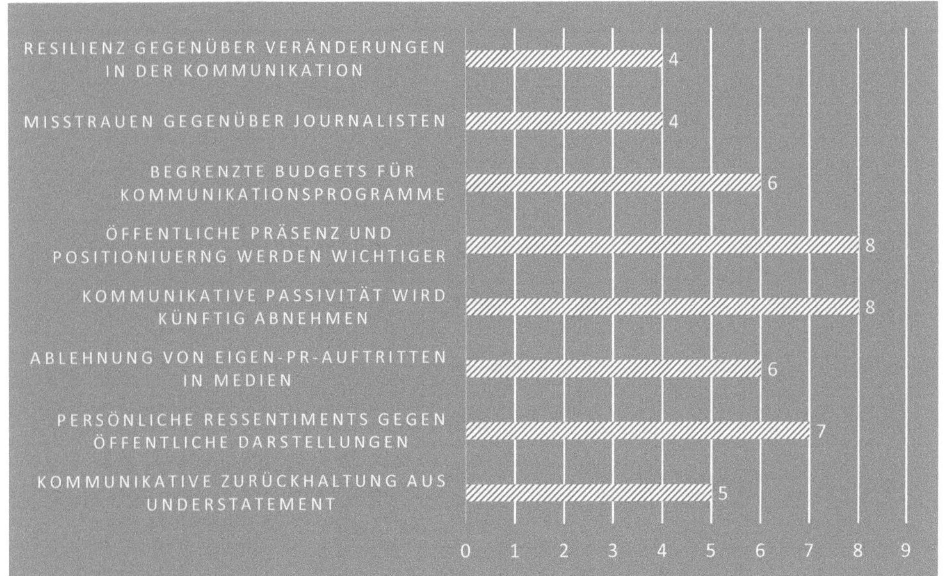

Understatement ist ein wesentlicher Grund für kommunikative Reserviertheit von Familienunternehmen (5). Viele Familienunternehmer lehnen öffentliche Darstellungen und Diskussionen über ihre persönlichen Verhältnisse ab (7). Diese Haltung wird durch Misstrauen gegenüber Journalisten begründet (4). Eigen-PR-Auftritten in den Medien steht man, auch aus Angst vor negativer Berichterstattung, skeptisch gegenüber (6).

Einige Befragte verdeutlichen die Resilienz von Familienunternehmen gegenüber Veränderungen in der internen wie externen Kommunikationsarbeit (4).

Gleichwohl betonen die Befragungsteilnehmer, dass kommunikative Zurückhaltung künftig abnehmen wird bzw. muss (8). Weil sich die Erkenntnis durchsetzt, dass öffentliche Kommunikationspräsenz und Positionierung für Familienunternehmen in ihren Kontaktbereichen immer wichtiger erscheinen (8).

Gleichwohl stellen Firmeneigentümer häufig nicht ausreichende Budgets für die Realisierung von Kommunikationsprogrammen zur Verfügung (6).

Antworten zu Frage 4
Themenbereich: Stakeholder in Familienunternehmen

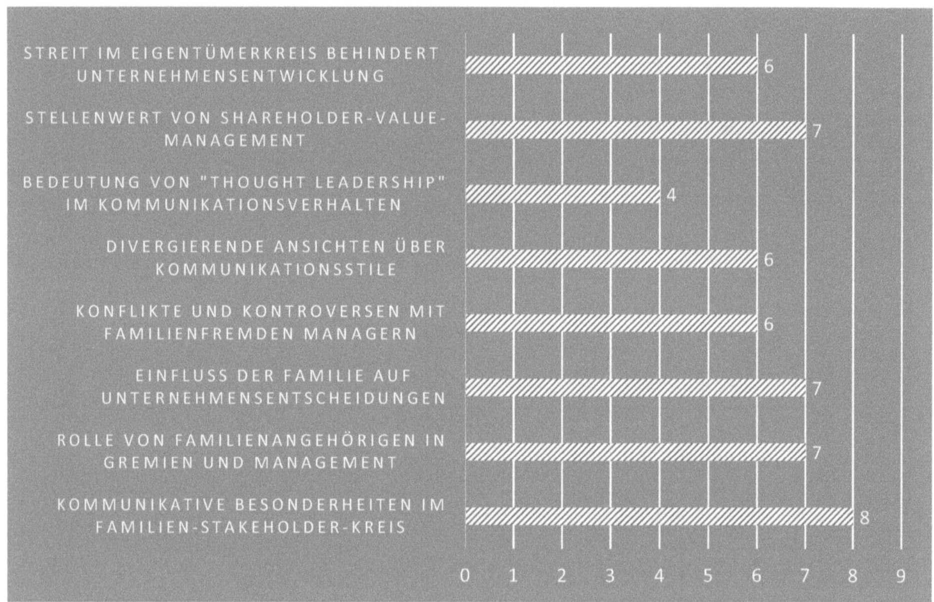

Familienunternehmen zeigen Besonderheiten in ihren Stakeholder-Gruppierungen, die die Kommunikation beeinflussen (8). Ein Merkmal ist die aktive Rolle von Familienangehörigen in Aufsichtsgremien und im operativen Management (7). Diese unterscheidet sich von Nicht-Familienunternehmen.

Streit in der Eigentümergemeinschaft kommt vor und kann die Unternehmensentwicklung behindern (6). Die Inhaberfamilie nimmt häufig Einfluss auf Unternehmensentscheidungen (7). Dies kann wiederum zu Konflikten und Kontroversen mit familienfremden Managern führen, die eigene Vorstellungen von Unternehmensführung haben (6). Das betrifft auch divergierende Ansichten, wie Familienunternehmen im Kontakt mit ihren Stakeholdern in puncto Kommunikationsstil auftreten sollen (6).

Hervorgehoben wird von einigen Befragten die Rolle von „Thought Leadership" im Kommunikationsverhalten und damit verbundene Einflussmöglichkeiten des Managements (4). Zudem müssen Shareholder-Value-Management und der kommunikative Umgang damit auf der Agenda stehen (7).

Antworten zu Frage 5
Themenbereich: Unterschiede im Kommunikationsmanagement zu Nicht-Familienunternehmen

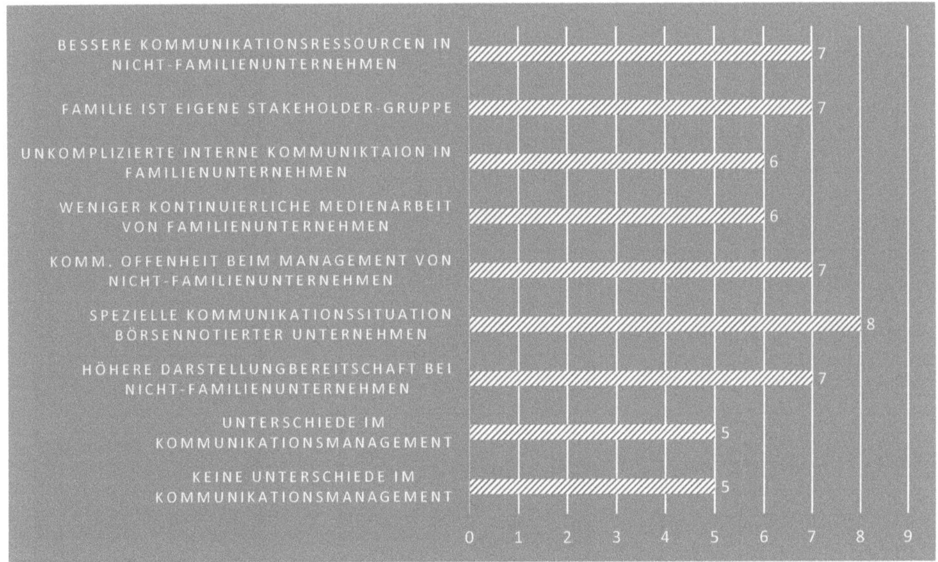

Die Meinungen zu Unterscheidungskriterien variieren. Eine Fraktion erkennt keine pauschalen Unterschiede im Kommunikationsmanagement zwischen Familienunternehmen und anderen Unternehmenstypen und sieht ähnliche Gesetzmäßigkeiten und Gestaltungsprinzipien (5).

Andere konstatieren Differenzmerkmale (5). Das betrifft insbesondere den kommunikativen Umgang zwischen Familienangehörigen, die eine eigene Stakeholder-Gruppierung bilden (7). Zudem wird als Unterscheidungskriterium auf eine ausgeprägtere kommunikative Darstellungsbereitschaft von nicht familiengeführten Unternehmen hingewiesen (7). Das gilt besonders für börsennotierte Firmen mit ihren speziellen Kommunikationsverpflichtungen gegenüber verschiedenen Öffentlichkeiten (8). Das Management von Nicht-Familienunternehmen zeige sich zudem aufgeschlossener für Medienauftritte und darauf abzielende Strategien (7). In jenen ist auch die Ressourcenzuweisung für Kommunikationsprojekte besser (7).

In Familienunternehmen hingegen wird die Bedeutung kontinuierlicher Medienarbeit und ihr Einfluss immer noch unterschätzt bzw. ist verbesserungsbedürftig (6).

Die interne Kommunikation in Familienunternehmen sei tendenziell unkomplizierter und persönlicher als in nicht-inhabergeführten Firmen (6).

4.3.2   Antworten zum Fragenkomplex 2 (F2)

Antworten zu Frage 6
Themenbereich: Stellenwert Kommunikation Arbeitgebermarke

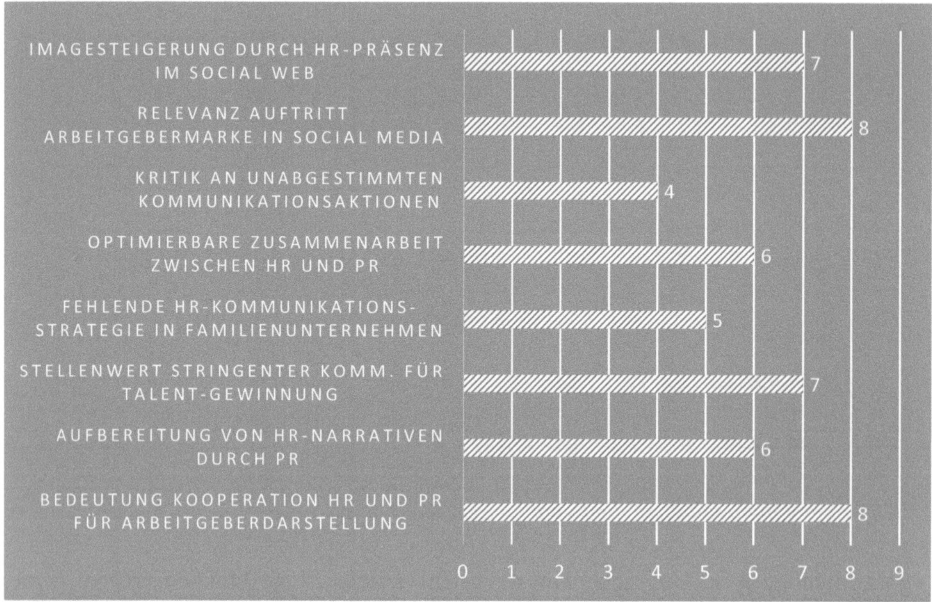

Die Kooperation von HR und PR zur Darstellung von Familienunternehmen als attraktiver Arbeitgeber wird vom Großteil der Befragungsteilnehmer befürwortet (8). Ohne eine stringente Arbeitgebermarkenkommunikation wird Talentgewinnung problematisch (7). PR-Experten können helfen, HR-Narrative für mediales Storytelling im Employer Branding kompetent aufzubereiten (6). Jedoch fehle, vor allem in mittelständisch geprägten Familienunternehmen, oft eine spezielle HR-Kommunikationsstrategie (5), auf der die Realisierung einer solchen Aufgabenstellung basiert.

Die Zusammenarbeit zwischen PR und HR verläuft im Employer Branding nicht immer reibungslos und ist an manchen Stellen optimierbar (6). Unabgestimmte, nicht integrierte Kommunikationsaktionen der einzelnen Bereiche werden bemängelt (4).

Positiv entwickeln sich – laut Auffassung der Befragten – Aktivitäten in Auftritt und Darstellung von Familienunternehmen als Arbeitgebermarke im Social-Media-Bereich (8). Eine durchdachte HR-Präsenz und die damit verbundene Adressatenorientierung kann im Social Web Image und Bekanntheit eines Familienunternehmens steigern (7).

Antworten zu Frage 7
Themenbereich: Wertekommunikation und -vermittlung

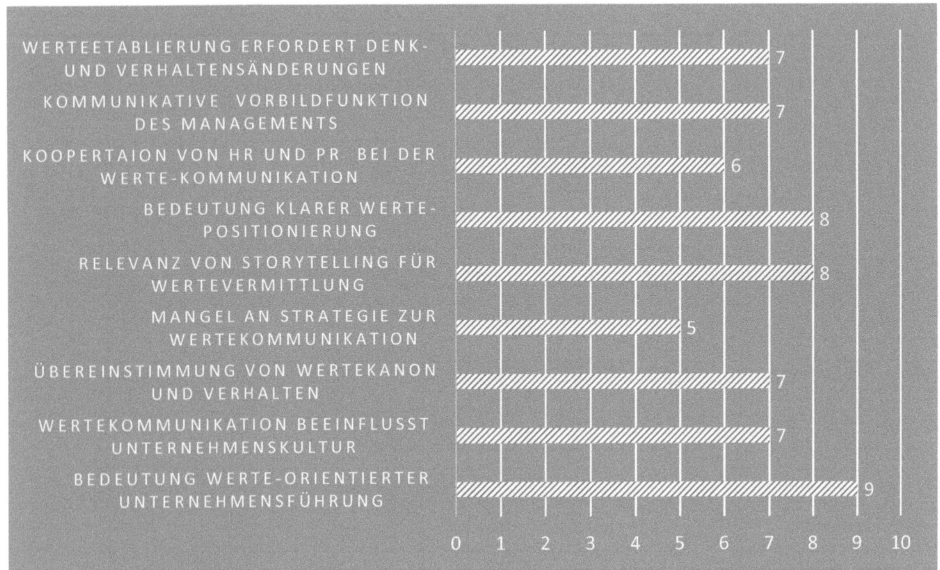

Werteorientierter Unternehmensführung in Familienunternehmen wird von den Befragungsteilnehmern insgesamt ein hoher Stellenwert zugemessen (9). Eine damit korrelierende Wertekommunikation zahlt auf die Unternehmenskultur ein (7). Dabei bedarf es unternehmensintern wie in externer Wahrnehmung einer Übereinstimmung von propagiertem Wertekanon und tatsächlichem Verhalten (7).

Trotzdem fehlen in Familienunternehmen teilweise geeignete Kommunikationsstrategien und -programme, um Werte effektiv zu vermitteln (5). Darauf bezogene Narrative werden befürwortet, erfordern jedoch eine klare Storytelling-Roadmap. So kann Storytelling als narrative Methode ein gemeinsames Werteverständnis fördern (8). Bei der Umsetzung kommen der Kooperation von HR-Abteilung und PR-Kommunikation konzeptionelle wie operative Rollen- und Aufgabenzuweisungen zu (6).

Werte müssen verstanden, damit sie gelebt werden. Daher ist eine klare Wertepositionierung in der Unternehmenskultur und ihrer öffentlichen Darstellung anzustreben (8). Dialogangebote unterstützen die Werteveranschaulichung und die kommunikative Vorbildfunktion des Managements (7).

Doch Kommunikation allein kann keine Etablierung von Werten bei den Adressaten bewirken. Dazu sind Denk- und Verhaltensänderungen im gesamten Familienunternehmen erforderlich (7).

Antworten zu Frage 8
Themenbereich: Stellenwert von CEO-Kommunikation

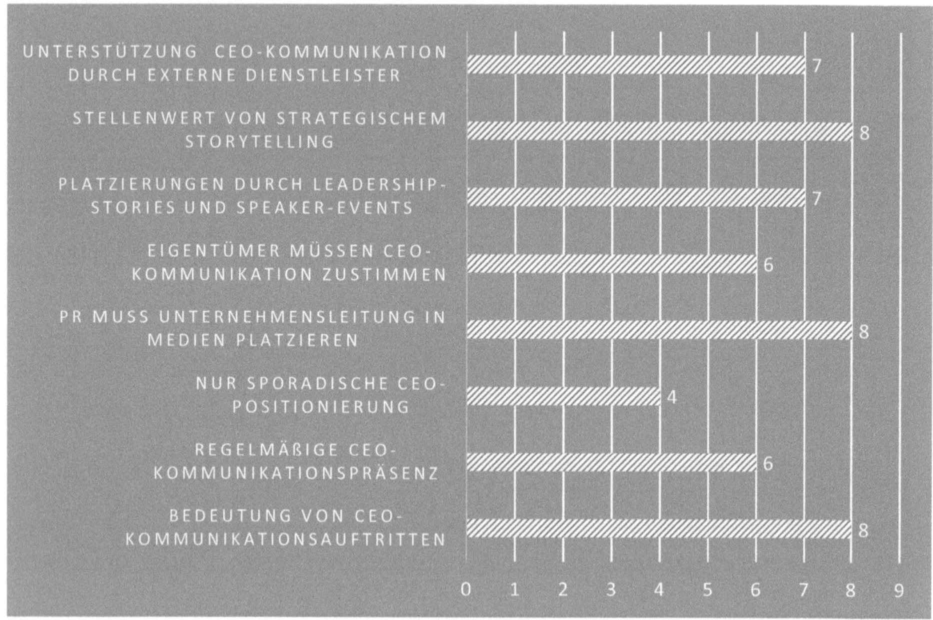

Die Befragungsteilenehmer unterstreichen die Bedeutung von Auftritten des Topmanagements/CEOs in der internen und externen Kommunikationspräsenz von Familienunternehmen (8).

Einige (6) sind regelmäßig in CEO-Kommunikationsmaßnahmen persönlich eingebunden. Bei anderen finden solche Positionierungsaktivitäten nur sporadisch statt (4). Auch deshalb, weil in ihrem Tätigkeitsfeld diesbezüglich Zurückhaltung bzw. kommunikative Passivität angesagt ist.

Die unternehmenseigene PR-Fraktion sollte die Unternehmensführung/den CEO dabei unterstützen, sie in ihrer Kommunikatorrolle in relevanten Mediengattungen zu platzieren (8). Zur Umsetzung dieser Personalisierungsstrategie eignen sich mediale Platzierungen u. a. von Leadership-Stories sowie Auftritte des Managements im Rahmen von Speaker-Events (7). In diesem Inszenierungs- und Resonanzrahmen lässt sich strategisches Storytelling in eigener Sache und in Unternehmensangelegenheiten wirkungsorientiert betreiben (8). Davon muss bisweilen aber auch der Eigentümerkreis überzeugt werden bzw. seine Zustimmung für dergleichen Kommunikationsmaßnahmen erteilen (6).

Damit ein vornehmlich PR-getriebenes CEO-Themenmanagement in dafür relevanten Meinungsbildungs- und Darstellungskontexten gelingt, sprechen sich die Experten teils auch für Unterstützungsleistungen durch externe Kommunikationsdienstleister aus (7).

Antworten zu Frage 9
Themenbereich: Themenmanagement und Storytelling

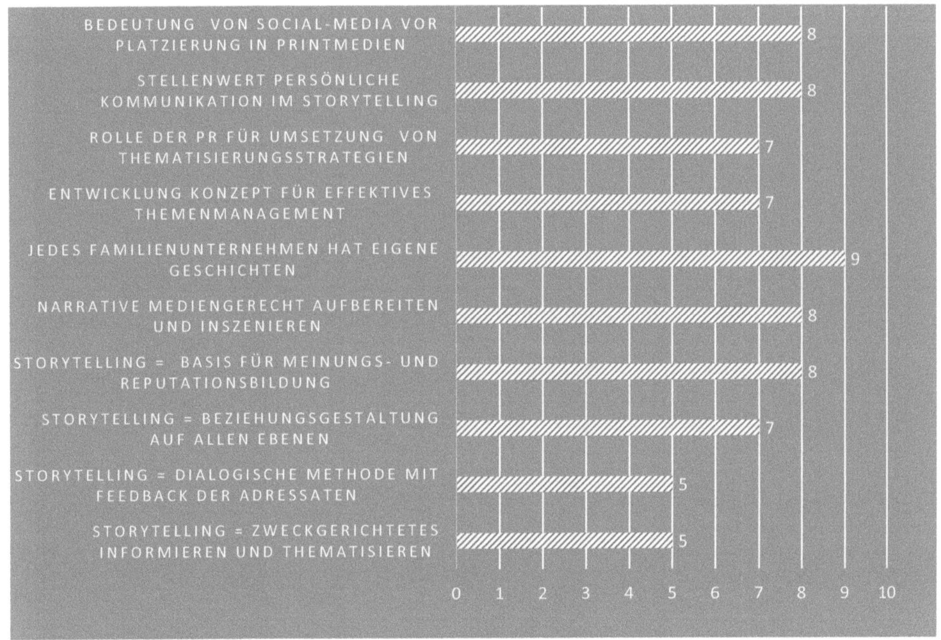

Die Befragten äußern unterschiedliche Auffassungen zu Storytelling und seinen spezifischen Leistungen: vom zweckgerichteten Erzählen, das Informationen und Themen in interner wie externer Zielrichtung transportiert (5) bis zur dialogischen Methode, die Feedback der Adressaten bewusst einbezieht (5). Als Prozessaufgabe dient Storytelling der Stakeholder-Beziehungsgestaltung auf allen Ebenen (7).

Storytelling wird mehrheitlich als Basis für unternehmensbezogene Meinungskonstruktion und Reputationsbildung von Familienunternehmen gewertet (8). Dabei helfen Narrative, die mediengerecht aufbereitet sind und inszeniert werden (8). Jedes Familienunternehmen hat ein Repertoire an berichtenswerten Geschichten (9). Um deren Botschaften dem Zielpublikum zu vermitteln, ist ein Themenmanagement für eine effektive Dramaturgie und Inszenierung zu konzipieren und stakeholderorientiert umzusetzen (7).

Als wirksamste Form für Storytelling wird persönliche Kommunikation angesehen (8), noch vor der medial vermittelten. Wobei Social Media ein höherer Verbreitungs- und Wirkungsgrad zugemessen wird (8) als der Platzierung von Erzählinhalten in Printmedien.

Bei der Umsetzung von Thematisierungsstrategien kommt der PR eine Schlüsselfunktion zu (7).

Antworten zu Frage 10
Themenbereich: Krisen- und Change-Kommunikation
  10.1 Krisenkommunikation

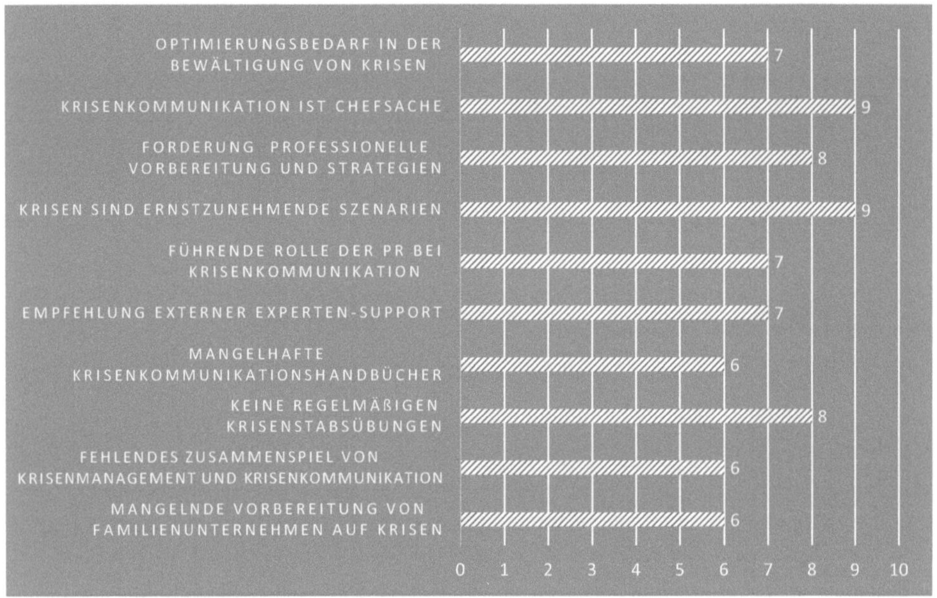

Ein Teil der Befragten konstatiert, dass Familienunternehmen kommunikativ wie organisatorisch mangelhaft auf Krisenszenarien vorbereitet sind (6). Es fehlt oft an einem erprobten Zusammenspiel zwischen Krisenmanagement und Krisenkommunikation (6). So würden auch Krisenstabsübungen, die alle Verantwortlichen miteinbeziehen, nicht konsequent durchgeführt (8). Zudem seien Krisenkommunikationshandbücher in Familienunternehmen Mangelware bzw. noch ausbaufähig (6). Hierbei empfehle sich der Support externer Experten (7). Krisenkommunikation wird in Planung und Umsetzung vorrangig dem PR-Sektor zugeordnet (7). Gleichwohl ist Krisenkommunikation immer auch Chefsache (9).

Krisen werden als ernstzunehmende Szenarien mit akutem Entscheidungs- und Handlungsbedarf gewertet (9). Zu deren Bewältigung seien professionelle Vorbereitung, Konzepte und Strategien im unternehmensinternen wie -externen Handlungs- und Kommunikationsmanagement gefordert (8). In der Krisenbewältigung gebe es in Familienunternehmen allerdings noch Optimierungs- bzw. Revisionsbedarf (7).

10.2 Change-Kommunikation

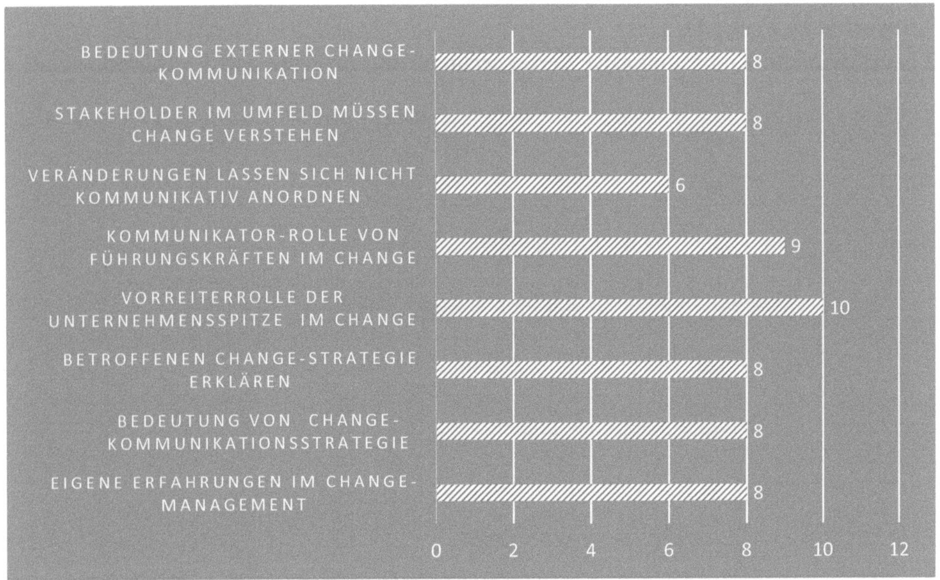

Die Umfrageteilnehmer können meist auf eigene Change-Erfahrungen zurückblicken (8). Von ihnen wird die Bedeutung einer dezidierten Kommunikationsstrategie in Change-Prozessen herausgestellt (8). Damit diese gelingen, muss den Betroffenen die gewählte Handlungsstrategie und die ihr zugrunde liegenden Parameter und Entscheidungen hinreichend erklärt werden (8).

Konsens herrscht darüber, dass der Unternehmensspitze in Change-Situationen eine Vorreiterrolle in interner wie externer Kommunikation zukommt (10). Auch die Kommunikatorrolle von Führungskräften ist mitentscheidend für das Gelingen von Veränderungsprojekten (9).

Einige geben zu bedenken, dass sich Veränderungen im Unternehmen nicht kommunikativ anordnen lassen. Die von Transformationen Betroffenen müssen diese letztendlich wollen und sich selbst darin verorten (6).

Auch die externe Kommunikation zu Transformationsprozessen ist nicht zu vernachlässigen (8). Denn alle relevanten Stakeholder im Unternehmensumfeld sollten Veränderungen in ihrer Ursache und Tragweite verstehen (8).

4.3.3 Antworten zum Fragenkomplex 3 (F3)

Antworten zu Frage 11
Themenbereich: Kommunikative Verbesserungs- und Professionalisierungspotenziale

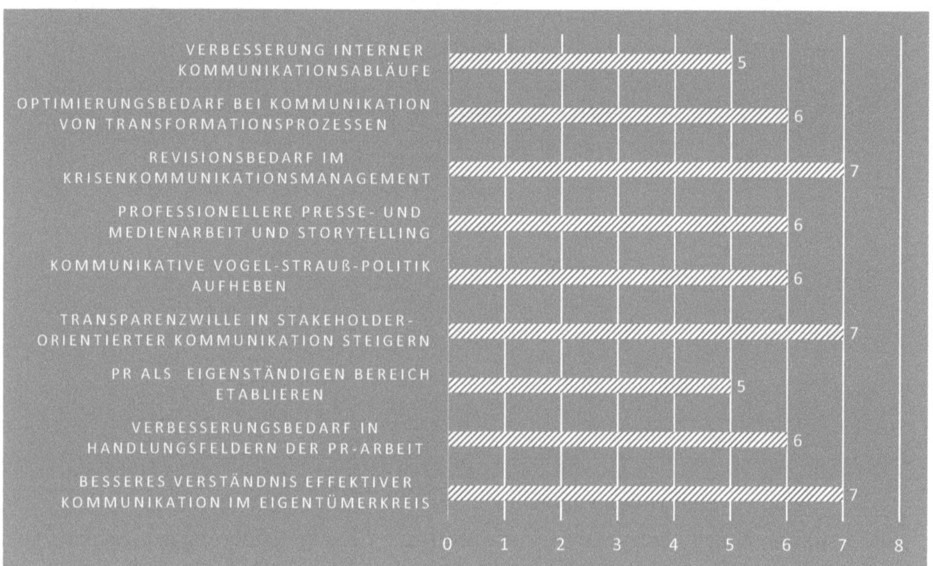

Um den Kommunikationserfordernissen, die an Familienunternehmen gestellt werden, zu entsprechen, sollten deren Kommunikationsaktivitäten grundsätzlich eine akzeptanz- und reputationsunterstützende Unternehmenspositionierung gewährleisten. Dazu ist – nach Einschätzung der Befragungsteilnehmer – häufig ein besseres Verständnis der Prozesse und Strategien effektiver Kommunikationsgestaltung auch im Eigentümerkreis angeraten (7).

Als Eckpfeiler des Kommunikationsmanagements von Familienunternehmen erscheint PR-Arbeit in dafür relevanten Handlungsfeldern teilweise noch optimierungsrelevant (6). Dazu zählt ebenso die unternehmensinterne Etablierung als eigenständiger PR-Kommunikationsbereich (5).

Mit Blick auf eine stakeholderorientierte Kommunikationshaltung fehle es mitunter noch an Transparenzwillen und Darstellungsbereitschaft (7). Eine Vogel-Strauß-Politik sei kontraproduktiv und führe ins kommunikative Abseits (6). Auch hier ist teilweise ein Bewusstseinswandel in Familienunternehmen vonnöten. In diesem Kontext steht die professionellere Ausgestaltung einer kontinuierlich-systematischen Presse- und Medienarbeit (6). Diese sollte im Storytelling zur Teilnahme an öffentlicher Meinungsbildung und deren Themenbesetzungen beitragen. Und das auch mit Blick auf die Kommunikationskonkurrenz zu einem Wettbewerb, der mediale Publizität nicht scheut.

Zudem sind interne Kommunikationsabläufe in Familienunternehmen mitunter verbesserungswürdig, um Informationswünschen und Dialoginteressen von Belegschaft und Führungskräften zu entsprechen (5). Weiterer Korrekturbedarf findet sich im Krisenkommunikationsmanagement (7). Das gilt auch für die interne Vermittlung der Sinnhaftigkeit von Transformationsprozessen (6), die eine aktive, authentische Kommunikationshaltung der Entscheidungsträger erfordert.

Antworten zu Frage 12
Themenbereich: Persönliche Meilensteine im Kommunikationsmanagement

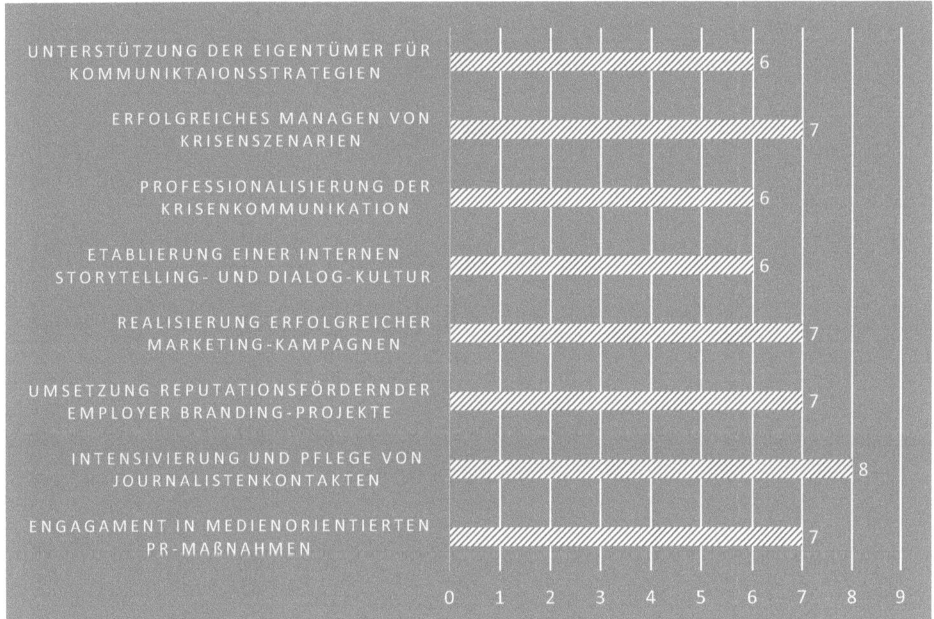

Zu Beginn ihrer Tätigkeit in Familienunternehmen sahen Umfrageteilnehmer diversen kommunikationsbezogenen Handlungsbedarf. Mit Blick auf ihr Selbstverständnis als Kommunikatoren setzten sich einige Topmanager persönlich als Initiatoren und Impulsgeber in medienorientierten PR-Maßnahmen und darauf angelegtem (CEO-)Storytelling ein (7). In diesem Kontext konnten positive Berichterstattungen zu wichtigen Unternehmensthemen durch systematische Intensivierung und Pflege von Medien-/Journalistenkontakten erreicht werden (8).

Highlights wie adressatenorientierte externe und interne Employer-Branding-Projekte in Kooperation mit der HR (7) und erfolgreiche Marketingkampagnen (7) trugen durch ihre positiven Kommunikationswirkungen zur externen Bekanntheits- und Reputationssteigerung der (re-)präsentierten Familienunternehmen bei. Auch die Installierung und Förderung verschiedener Kommunikationsformen und -tools zur Etablierung einer lebendigen Storytelling- und Dialogkultur (6), die der unternehmensinternen Beziehungsgestaltung dient, werden als bemerkenswerte Karrieremomente genannt.

Als weitere persönliche Meilensteine werden von den Befragungsteilnehmern die Professionalisierung der Krisenkommunikation (6), das erfolgreiche Managen von Krisenszenarien (7) sowie die Förderung von Verständnis und Unterstützung für solche Projekte und Strategien durch den Eigentümerkreis (6) besonders hervorgehoben.

Empfehlungen für ein gelingendes Kommunikationsmanagement zur erfolgreichen Positionierung von Familienunternehmen

5

Zusammenfassung

In diesem Abschlusskapitel werden nochmals wesentliche Aspekte für die erfolgreiche Konzeption und Umsetzung einer zeitgemäß-professionellen Kommunikation von Familienunternehmen komprimiert aufgeführt. Diese Sichtweise erfolgt primär aus organisationsbezogener PR-Perspektive. Der Stellenwert von PR ist für die Planung und Realisierung eines integrierten Kommunikationsansatzes unbestritten. Die Vernetzung von Kommunikationsinstrumenten, -kanälen und -disziplinen soll einer Zersplitterung der intendierten Kommunikationswirkungen entgegenwirken. Ganzheitlich-modellierte Auftritte tragen mit dazu bei, dass sich ein konsistentes Wahrnehmungsbild eines kommunizierenden Familienunternehmens beim adressierten Publikum bilden kann. Diese Wirkungsabsicht betrifft auch das kommunikative Handling von Krisenthemen und Veränderungssituationen. Diese Szenarien stellen eine Herausforderung dar, die Kommunikationsverantwortliche und Unternehmensleitung parkettsicher bewältigen müssen.

Die in diesem Kapitel benannten kommunikativen Gestaltungsbereiche und Entscheidungssektoren sind thematisch-inhaltlich abgeglichen mit den Erkenntnissen aus der Expertenbefragung. Die Ausführungen in den einzelnen Abschnitten werden – der thematischen Rekonstruktion und Einordnung halber – mit Hinweisen auf die jeweilige Darstellung in den vorangegangenen Kapiteln verknüpft.

5.1 Prinzipielle Erwartungen an die Kommunikation von Familienunternehmen

Die in den vorangehenden Kapiteln geschilderten Perspektiven, Trends und Tendenzen haben eines gezeigt: Ein strategisch geplantes und strukturiert umgesetztes, im Idealfall ganzheitlich angelegtes **Kommunikationsmanagement von Familienunternehmen**

© Der/die Autor(en), exklusiv lizenziert an Springer Fachmedien Wiesbaden GmbH, ein Teil von Springer Nature 2024
B. Kirf, *Kommunikation von Familienunternehmen*,
https://doi.org/10.1007/978-3-658-44198-2_5

unterscheidet sich zunächst vom Grundsatz her nicht allzu sehr vom kommunikativen Vorgehen anderer Unternehmensformen.

Es gibt indes einige **Unterschiede** und **Besonderheiten** zu beachten, die das Kommunikationsgeschehen in und von Familienunternehmen charakterisieren (s. Abschn. 3.3.1). Das bezieht sich vor allem auf die Art und Weise des (inner-)familiären Miteinander-Kommunizierens. In ihren verschiedenen Rollen als Privatpersonen, Inhaber und Gesellschafter von Familienunternehmen sind Familien als eine spezielle Stakeholder-Gemeinschaft zu verstehen und zu handhaben (s. Abschn. 3.5.2). Die diese prägenden Kriterien und Parameter haben auf der Sach- und Beziehungsebene kommunikative Relevanz und sind in der Kommunikationsplanung konzeptionell und operativ mit zu berücksichtigen. Dabei lassen sich in einigen Handlungs- und Entscheidungsfeldern in und von Familienunternehmen erfahrungsgemäß noch **Optimierungsbedarfe** und **Professionalisierungsnotwendigkeiten** feststellen. Gebotene Anpassungen sind dort anzugehen, wo sie unternehmensintern individuell lokalisiert und konkret gehandhabt werden können.

Grundsätzliche **Aufgabe des strategischen Kommunikationsmanagements** von Familienunternehmen ist es, die Unternehmens-, Arbeitgeber- und Produktmarken in der öffentlichen Darstellung in imagebildenden und reputationsfördernden Konstellationen wirkungsvoll zu unterstützen. Die sich bietenden **Inszenierungs- und Positionierungspotenziale** sollten möglichst mittels PR-modelliertem, stakeholderorientiertem **Storytelling** und **Storyselling** (s. Abschn. 3.4.3) in unterschiedlichen Meinungsbildungsszenarien und Diskursräumen initiativ besetzt und genutzt werden. Dabei sollte Kommunikation im Unternehmensinnen- und -außenraum von Anfang an von den intendierten Wirkungen und Reaktionen bei den Adressatengruppen gedacht und umgesetzt werden. Die dazu relevanten Komponenten sind in eine **Kommunikationsstrategie** einzubetten, die Zielsetzungen, Themenanordnungen, Medienmilieus, Kommunikationshaltungen und -stile sowie Stakeholder-Settings definiert. Die geplanten **Kommunikationseffekte** sollten messbar sein. Durch diese Rekonstruktion des Wirkungsweges von Kommunikationsmaßnahmen lässt sich auch deren Steuerungsfähigkeit für die weitere Planung und Umsetzung absichern (s. Abschn. 3.3.3.2, Abs. 7). Voraussetzungen für eine praxistaugliche Wirkungskontrolle sind präzise Zielfestlegungen (s. Abschn. 3.3.3.2, Abs. 2).

Zudem sollten **Kommunikationsverantwortliche** der unterschiedlichen Funktionsbereiche von Familienunternehmen in Szenario-Analysen und Planspielen ausloten, inwiefern mögliche Veränderungen interne und externe Unternehmenslandschaften kommunikativ betreffen. Von jenen wird erwartet, dass sie sich – hinsichtlich der Vorgaben und Erfolgserwartungen ihrer Auftraggeber – auch in schwierigen Kommunikationsverhältnissen handlungssicher bewegen und ihre Aufgaben professionell erledigen können. Und das nicht zuletzt, um Investitionen in Kommunikationsprojekte zu rechtfertigen. Denn diese Assets sollen ja ihrerseits im Ergebnis (Wirkungsertrag) möglichst immaterielle (Image, Markenwert etc.) wie auch materielle Werte (geldwertes Verhalten von Kunden etc.) für das kommunizierende Familienunternehmen schaffen. Und dadurch zudem einen Differenzvorteil gegenüber Wettbewerbern sicherstellen. Somit sind Kommunikationsaktivitäten jedweder Art als notwendige Aufwandsleistungen zu begründen und im erkennbaren ökonomischen „Return on Investment" zu rechtfertigen. Auch mit der Maßgabe, Fehlinvestitionen zu vermeiden.[1]

5.2 Die strategische Basis sicherstellen: Kommunikationskonzepte entwickeln

Familienunternehmen sollten die Gestaltung ihrer Kommunikationsarchitekturen in relevanten Bereichen und Formaten des Stakeholder-Beziehungsmanagements immer wieder neu reflektieren. Mit dem Ziel, dadurch auf internen und externen Individual- und Gruppenebenen kontaktfähig und wahrnehmungsattraktiv agieren und kommunikativen Terraingewinn erzielen zu können. In diesem Zusammenhang ist das Erfordernis eines im Kern **konzeptionell-basierten Kommunikationsmanagements** für die Realisierung von wirkungsstarken Strategien und Kampagnen in allen Kommunikationsfunktionen (wie PR, Marketing und/oder HR) unbestritten (s. Abschn. 3.3.3.1 und 3.3.3.2).

Folglich lautet die grundlegende Empfehlung: Kommunikative Aufgaben- und Problemstellungen sind in einem **Kommunikationskonzept** festzulegen und methodisch-strukturiert in verschiedenen Phasen zu bearbeiten. Ein Kommunikationskonzept kann somit Planungsbasis und Steuerungsinstrument in allen Funktionsbereichen und Territorien der Kommunikation von Familienunternehmen sein. Dabei steht eines fest: Die Strategieverpflichtung ist generisch für die gelingende Umsetzung von Kommunikationsaktivitäten. Dramaturgien und Inszenierungen zur Realisierung von Kommunikationsanliegen basieren idealiter auf einem konzeptionellen Vorgehen. Dabei sind Themen, Kernaussagen, Methoden, Instrumente, Kanäle, Maßnahmen und messbare Zielerreichungen zu beschreiben, die für die Adressatenansprache in geplanten Kommunikationsprozessen erfolgversprechend sind. Gerade mit Blick auf die speziellen Kommunikationsverhältnisse in der Mediengesellschaft (s. Abschn. 3.3.2.1) erfolgt dieses Vorgehen in zweierlei Absicht. Erstens, um durch Storytelling resonanzstarke Informations- und Dialogimpulse in allen Stakeholder-Kontaktszenarien zu setzen. Und zweitens, um dadurch ein zum Wettbewerb vorteilhaft differenzierendes, image- und reputationsfestigendes Vorstellungsbild zu vermitteln. Dies kann z. B. thematisch festgemacht werden an der plakativen Darstellung von Beispielen aus wichtigen Arbeitsbereichen eines Familienunternehmens, die ihrerseits für Medien News-Wert besitzen. Gemäß der Parole: *Schaut her, das ist die Begründung, warum wir in dem*

---

[1] Die prinzipiell zuverlässigste und objektivste Messgröße auch in einem Familienunternehmen ist seine finanzielle Ausstattung. Mit Blick darauf steht natürlich immer die Frage im Raum, in welchem Maße vorhandene **Budgets** für welche Kommunikationsprojekte bereitgestellt werden oder nicht. So sollte der Nutzen von Erfolgskontrolle, die stets ziel- und zweckorientiert ist, auch in einem vernünftigen Verhältnis zu deren Kosten stehen. Die Verwendung von Ressourcen muss jedes Familienunternehmen indes für sich selbst entscheiden. Ein Sachverhalt, der hier nicht weiter zur Debatte steht.

dargestellten Sektor substanziell besser aufgestellt sind und agieren als unsere Konkurrenz. Eine solche Wahrnehmung ist in den Köpfen der Bezugsgruppen positiv einstellungs- und meinungsprägend zu verankern.

Ein professionell angelegtes Kommunikationskonzept sollte prinzipiell in aufeinander aufbauende Phasen gegliedert sein. In Komposition und Koordination folgt die Ausarbeitung einer ganzheitlichen Planungschronologie (s. Abschn. 3.3.3.2). Alle Konzeptionsschritte sind als gradueller, iterativer Prozess zu organisieren.

Indes sind bei der Konzepterstellung keine Standardlösungen zu empfehlen. Jede kommunikative Aufgabenstellung erfordert individuelle Denk- und Lösungswege. Kommunikationsstrategien können keine ewige Gültigkeit reklamieren. Sie gelten nur für eine bestimmte Projekt- und Zeitspanne. Was aktuell praktikabel erscheint, kann in anderen Deutungskontexten methodisch und instrumentell nicht mehr zielführend sein. Aus diesem Grunde müssen Kommunikationsstrategien auch von Familienunternehmen turnusmäßig auf ihre Validität hin überprüft und bei Bedarf korrigiert bzw. weiterentwickelt werden.

Hinter dem Anspruch, Kommunikationskonzepte zu entwickeln, steht auch die dringende Empfehlung, dass Familienunternehmen nie plan- und wahllos, d. h. nicht ohne strategische Fundierung und festgelegte Roadmap kommunizieren sollten.

5.3 Stakeholderorientiertes Kommunikationsmanagement umsetzen

Damit Kommunikation Wirkungen bei denen entfaltet, an die sie gerichtet ist, sollten im Vorfeld die konkreten Kommunikationsbedarfe der Adressaten (= **Stakeholder**) bekannt sein.

Folglich lautet ein wesentliches Kriterium für die kommunikative Fundierung des Erfolgs von Familienunternehmen: Sollen empfängergerechte und wirkungsverpflichtete Kommunikationsauftritte funktionieren, so ist dafür die Kenntnis der rationalen und emotionalen Anliegen, denk- und handlungsleitenden Standpunkte, Vorbehalte und Kritikpunkte, aber auch der Unterstützungsbereitschaften der Adressatenkreise notwendig. Diese Haltungen sind in die inhaltliche und formale Gestaltung von Kommunikationsprogrammen zu integrieren. Dabei ist das Verstehen der Beziehungs- und Einflusskontexte, in denen Einzelpersonen bzw. Gruppierungen miteinander kommunizieren und interagieren, von Bedeutung für eine funktionierende Kontaktarbeit. Denn Unternehmenstätigkeit vollzieht sich bekanntlich auch als soziale Integration und kommunikative Interaktion mit verschiedenen Anspruchsgruppen. Deren Denken und Handeln sind für ein Familienunternehmen zielprägend und kommunikationsrelevant und müssen unternehmensseitig „gemanagt" werden.

Grundlegendes Ziel des stakeholderorientierten Kommunikationsmanagements von Familienunternehmen sollte daher sein, im Rahmen einer **Kommunikationsstrategie** verbindlich festzulegen (s. Abschn. 3.3.3.2), welche Personenkreise in internen und externen Unternehmenslandschaften qua Informationsleistungen und/oder in dialogischorientierter Beziehungspflege durch maßgeschneiderte Kommunikationsangebote erreicht bzw. für Unternehmensbelange gewonnen werden sollen. Diese Zielpersonen, mit denen die Organisation in diversen, langfristigen oder nur temporären Bindungen und Interaktionen steht, sind für das Gelingen kommunikativer Vorhaben die zentrale Planungs- und Implementierungsinstanz.

Damit dies funktioniert, ist im Rahmen einer **Stakeholder-Analyse** zu prüfen, welche Personen durch aktuelle oder geplante Unternehmensentscheidungen und Aktionen auf bestimmte Weise „betroffen" sind und dies ggf. in Eigenkommunikation thematisieren. Dieses Verfahren, Kommunikation bewusst aus der Stakeholder-Perspektive zu gestalten, dokumentiert zudem, wo unter welchen Bedingungen Kommunikationsbedarfe und Einflusskorrelationen existieren und wie sie in eine Kommunikations-Roadmap integriert werden können. Durch diese Einstufung lassen sich Rückschlüsse auf Kommunikationschancen und Konsensspielräume ermitteln. Zugleich können momentane oder künftige Konfrontationsrisiken und Problemstellungen durch Issues Monitoring identifiziert werden (s. Abschn. 3.7.2.9.1). Bei einer solchen Klassifizierung, die sich nach kommunikationspraktischen Erfordernissen richtet, werden die Daten aus der Stakeholder-Analyse aggregiert und gemäß ihrer Bedeutung in einer **Stakeholder-Map** segmentiert. Diese Einordnung macht deutlich, in welchen Bereichen und wem gegenüber unter welchen Bedingungen und mit welchen Maßgaben Kommunikationsbedarf besteht. Zudem wird ersichtlich, welche Medien und Kanäle die Stakeholder nutzen und wie man sie darüber mit welchen Themen und Botschaften erreichen kann. Diese Einschätzungen dienen als Leitplanken für die Planung und Praktizierung von zielführenden Kommunikationsmaßnahmen. Zudem liefern solche Erkenntnisse den Kommunikationsplanern von Familienunternehmen wichtige Anhaltspunkte zur kommunikativen **Bedeutungszuweisung von Stakeholdern**. Dadurch wird die präzise Modellierung und Handhabung von Methoden und Inhalten ihrer Ansprache auf allen Kommunikationsebenen und Touchpoints (digital und analog) ermöglicht. Und dabei steht das Petitum immer im Blick, dass Image- und Reputationsförderung Aufgabe und Zielwert stakeholderorientierter Kommunikationspolitik ist.

Gleichwohl ist beim **Stakeholder-Management** zu beachten, dass in Familienunternehmen stellenweise unterschiedliche Beziehungsverflechtungen und Regelwerke vorherrschen als im Stakeholder-Arrangement von Nicht-Familienunternehmen (s. Abschn. 3.5.2). Das betrifft insbesondere die in Familienunternehmen im Rahmen der Eigentümer- und Familienstruktur beziehungsprägenden Gegebenheiten und kommunikativen Interaktionen (s. Abschn. 2.1 und 3.3.1). Familienunternehmen müssen unter Umständen auch mit anderen Akteursgruppen kommunizieren, als dies in Nicht-Familienunternehmen der Fall ist. Denn **Familien** agieren auch als komplexe Kommunikations- und **Stakeholder-Gemeinschaft** (s. Abschn. 3.3.1). Deren Mitglieder können mit durchaus multiplen Rollenverteilungen und vielschichtigen Interessenlagen agieren. Derlei Aspekte sind von den Kommunikationsakteuren von Familienunternehmen in kommunikationsstrategischem wie -operativem Maße zu berücksichtigen. Insbesondere auch deshalb, weil stets eine kontext- und situationsangemessene Kommunikationsbegleitung zu empfehlen ist. Im Zuge derer sind diplomatisches Geschick und Moderationstalent seitens der Betreuer des Kommunikationsgeschehens gefordert.

5.4 Themenmanagement und Storytelling konsequent betreiben

Im allgegenwärtigen **Kommunikationswettbewerb** mit anderen Unternehmen in der omnipräsenten Mediengesellschaft (s. Abschn. 3.1 und 3.2) und der sie prägenden Konkurrenz um Aufmerksamkeit müssen sich Familienunternehmen publicitystark auf allen Kanälen **positionieren**. Sonst werden sie von ihren Stakeholdern nicht wahrgenommen. Und es fehlen deren nötige Zustimmung sowie Unterstützung für Unternehmensstrategien, Zielsetzungen und Tätigkeiten. Diese Akzeptanzleistungen sind vor allem durch crossmedial angelegtes, analoges wie digitales **Storytelling** zu erzielen, das ansprechende Geschichten über ein Familienunternehmen erzählt. Grundlage dafür ist eine durchdachte **Themenplanung**, die formal, inhaltlich und instrumentell in eine Kommunikationsstrategie integriert ist. Konzeptionell gestaltetes Storytelling lässt sich somit als wirkungsorientiertes, prozessuales Management von Geschichten über ein Familienunternehmen verstehen (s. Abschn. 3.4.1 und 3.7.1.4).

Auch in Zeiten digital vorherrschender Kommunikationsverhältnisse kommt der Kommunikationsform des „**Erzählens**" eine besondere Bedeutung im **Themenmanagement** für unternehmensinterne wie externe Einsatzbereiche zu. Storytelling wird verstanden als adressatenbezogene, PR-induzierte Kommunikationshaltung. Das bewusst lancierte „Geschichtenerzählen" unterstützt die Entwicklung und Verfestigung von Image und Reputation als Bestandteile eines differenzierenden Vorstellungsbildes, das die Öffentlichkeit zu einem Familienunternehmen entwickeln soll. Es geht somit um die Kreation und Platzierung von positionierungsstarken, unternehmenseigenen Leitthemen. Deren Botschaften und Sujets sollen die Interessen und Anliegen ihrer Empfänger konkret und fokussiert ansprechen. Die Themenbreite reicht von der Darstellung strategischer Grundsatzentscheidungen in der Geschäftspolitik in Wirtschaftsmedien bis hin zur PR-generierten Schilderung von Methoden im Personalmanagement von Familienunternehmen als attraktive Arbeitgeber. Das gilt natürlich auch für Selbstthematisierungen im Rahmen von Maßnahmen der Produkt-PR und der sie flankierenden Marketingaktionen.

Familienunternehmen besitzen eine sie prägende Entwicklungshistorie, die als Masterplot erzählenswert sein kann. Und sie verfügen über ein Angebot von „erzählbaren" Einzelgeschichten, die sich unternehmensintern wie im äußeren Umfeld aktiv platzieren lassen. Durch Storytelling wagen sich Familienunternehmen aus der Deckung und können gezielte **Wahrnehmungskommunikation** betreiben. In dieser Wirkungsabsicht bedeutet Storytelling immer auch **Storyselling**, d. h. das planmäßige, primär PR-gesteuerte „Vermarkten" von Erzählinhalten.

Somit ist der bewusst offensive Umgang mit Geschichten prinzipiell eine beziehungs- und sinnstiftende sowie Orientierung gebende Kommunikationshaltung. Als Methode und Mantra ist Storytelling Ausdruck eines dialogisch-verständigungsorientierten Stils. Dieser zielt auf kommunikative Wechselwirkungen, die zwischen den kommunizierenden Parteien tragfähige Bindungen und Interaktionen fördern sollen. Das gilt sowohl für geschäftliche wie soziale Kontaktmotive. Um zu wirken, sollten Narrative immer so konzipiert und platziert werden, dass sie Stoff für weitere Gesprächsanlässe bieten. Gute Geschichten, die in Thema, Darstellungsweise, Wortwahl und Bildsprache merkfähig sind, lösen **Anschlusskommunikation** (s. u. a. Abschn. 3.3.3.2, Abs. 3 und Abschn. 3.4.5) und **Anschlussinteraktion** aus. Einprägsam formulierte Erzählungen können ein Familienunternehmen, seine Entscheidungswege und Handlungsfelder für seine Bezugsgruppen interessant und nachvollziehbar erscheinen lassen. Dabei ist Prägnanz gefragt.

Botschaften, Informationen und Themen, die ein Familienunternehmen generiert und an seine Stakeholder möglichst passgenau über verschiedene Verbreitungswege kommunizieren will, bilden die Basis für ein **stakeholderorientiertes Themenmanagement**. Dieses ist substanzieller Bestandteil organisationsinterner und extern ausgerichteter Kommunikationsvorhaben. Um das Momentum eines Themas – z. B. die Beschreibung von Fortschritten in Digitalisierungsprozessen – zu nutzen und empfängerorientiert als Narrativ unternehmensseitig voranzutreiben, ist eine **Themenplatzierungsstrategie** erfolgsrelevant. Eine solche lässt sich beispielsweise in PR-organisierter Medienarbeit im Kontext der CEO-Kommunikation (s. Abschn. 3.3.3.4.6)[2] operationalisieren. Deren Agenda-Setting orientiert sich am Mediennutzungsverhalten und den Rezeptionsinteressen der Bezugsgruppen. Die zielführende Empfehlung dazu lautet: Entwicklung einer maßgeschneiderten **Content-Strategie**. Anhand dieser ist dann zu ermitteln, welche über „Owned", „Earned", „Shared" und/oder „Paid Media" vermittelten Sujets und Bilderwelten publizistischen Platzierungserfolg haben und dadurch zur angestrebten Meinungsprägung in unternehmensrelevanten Kontaktfeldern beitragen können. Diese **Narrative** müssen lokalisiert, nach Referenzebenen geordnet sowie auf einschätzbare Effekte hin beurteilt werden. Überzeugendes Storytelling sollte in Themenplanung und Inhaltsgestaltung charakteristischen Wirkungsdimensionen folgen und diese in der Umsetzung gezielt berücksichtigen. Dazu gehören Aufmerksamkeit, Verständlichkeit, Glaubwürdigkeit, Überzeugungskraft, Merkfähigkeit, Partizipation und Lerneffekte.

Das **Anwendungsspektrum von Storytelling** betrifft nicht nur die vorteilhafte Positionierung eines Familienunternehmens in Form von Selbstvermarktungen zur Darstellung der Unternehmensperformance oder in einer vom Marketing getriebenen Customer-Journey-Kampagne. Sondern Familienunternehmen sollten in ihrer Erzählstrategie ebenso schwierige Sachverhalte und Konfliktthemen möglichst offen und nachvollziehbar dem jeweils betroffenen Publikum erzählerisch nahebringen. Dazu ist seitens des Absenders auch Mut und Transparenzbereitschaft erforderlich. Ein derart praktizierter Kommunikationsstil unterstützt das Kontakt- und Bindungsmanagement in unternehmerischen Einflusssphären. Er trägt zudem dazu bei, dass ein authentisches Wahrnehmungsbild beim Unternehmenspublikum in Erinnerung bleibt und somit denkprägend und verhaltensmodellierend wirken kann.

---

[2] In der auf Publizität angelegten professionellen Medienarbeit von Familienunternehmen ist natürlich darauf zu achten, dass die für eine Veröffentlichung bestimmten Themen einen klar erkennbaren Bezug zu Unternehmensaktivitäten haben und für die kontaktierten Medien und deren journalistisches Interesse auch relevant sind.

5.5   Integrierte Kommunikation planen und umsetzen

Für ein effektiv-effizientes Management von unternehmensinternen und -externen Kommunikationsprozessen ist die Kombination von ausgewählten Kommunikationsinstrumenten und -kanälen konzeptionell und operativ angeraten. Insbesondere um eine Fragmentierung von Kommunikationswirkungen zu verhindern. Dabei hat sich das Konzept der **„Integrierten Kommunikation"** etabliert (s. Abschn. 3.3.4.1). Ein ganzheitlich modelliertes Kommunikationsmanagement braucht einen klaren strategischen Rahmen, dessen Denkgrundansatz häufig in der PR-Disziplin verortet ist bzw. von dieser Stelle moderiert wird. Diese Konstruktion ist idealiter die Steuerungsinstanz (s. Abschn. 3.3.4.2) eines vernetzten Zusammenwirkens von Kommunikationsfunktionen und Maßnahmen. Immer vorausgesetzt, dass diese Bereiche in einem Familienunternehmen auch operativ verankert sind. Die angestrebten **Synergien** können von einem Familienunternehmen für die eigene kommunikative Positionierung vorteilhaft genutzt bzw. in der Adressatenansprache implementiert werden. Zielsetzung eines solchen Verfahrens ist die Steigerung der Effektivität und Effizienz von Kommunikationsaktivitäten mit entsprechendem **Stakeholder-Bezug**. Das integrierte Vorgehen dient vor allem der Erzielung von ökonomischen Erfolgsgrößen, wie der Steigerung von Absatz und Umsatz, der Verbesserung des Bekanntheitsgrads von Unternehmensleistungen, aber auch der Pflege von Image und Reputation im Bewusstsein erfolgsbestimmender Stakeholder-Kreise.

Die Konzeption und Umsetzung integrierter Kommunikationsprojekte soll der Herstellung einer profilbildenden, unverwechselbaren *„Unique Communication Proposition"* *(UCP)* dienen. Diese soll durch konstante Kommunikationsleistungen in den Köpfen der Zielpersonen verankert werden. Die UCP und darauf ausgerichtete Botschaften, Themenbesetzungen und multimedial vernetzte Inszenierungen (z. B. im Rahmen von PR-Storytelling-Anlässen in kontinuierlicher Medienarbeit) dienen der kommunikativen Differenzierung im Wettstreit um Aufmerksamkeit, Vertrauen und Akzeptanz in verschiedenen Unternehmensumwelten. Dabei sollen die Meinungen und Einstellungen der adressierten Stakeholder in die Kommunikations-Roadmap miteinbezogen werden.

Integriertes Kommunikationsmanagement ist somit als eine prozesssteuernde Aufgabe zu verstehen. Die **Kooperation** der einzelnen kommunizierenden Disziplinen sowie das Bereitstellen und Zusammenwirken vertikaler und horizontaler Kommunikationsinfrastrukturen (s. a. Abschn. 3.3.3.3.1) soll durch aufmerksamkeitsstarke Kommunikationspräsenzen im Umfeld eines Familienunternehmens für dieses Öffentlichkeit herstellen. Und zwar dergestalt, dass Semantik, Tenor und Design der Narrative, Ton- und Bilderwelten des Absenders in Verständnis und Wahrnehmung der Adressatengruppen nachhaltige Wirkungen erzeugen können.

Doch wenn man mit kritischem Blick den Anspruch nach konstruktiver Interessen- und Ideenabstimmung im Kommunikationsalltag von Familienunternehmen genauer überprüft, so sind Kooperationsgewinne, Koordinationseffekte und Kombinationspotenziale zwischen einzelnen Kommunikationsfunktionen häufig noch ein Desiderat bzw. ausbaufähig (s. Abschn. 3.3.4.7). Damit der Integrationsanspruch in der Umsetzung gelingt, ist es wichtig, unternehmensintern infrastrukturelle und kulturelle Barrieren zu überwinden, die eine integriert-angelegte Kommunikationsarbeit erschweren oder im Endeffekt gar verhindern. Zu den augenfälligen Hindernissen zählen das Fehlen einer kommunikationsleitenden Zentralinstanz (s. Abschn. 3.3.4.3), bereichsbezogenes Silodenken, Egomanien von Akteuren, eine zu geringe Personaldecke sowie der Mangel an inhaltlichen und formalen Richtlinien für einen integrierten Kommunikationsauftrag.

Für die Behebung dieser Hemmschwellen ist – neben den Kommunikationsakteuren selbst – vor allem auch das Management in Familienunternehmen gefordert. Die Unternehmensspitze sollte Motive und Beweggründe für solche Szenarien erkennen und den Willen dokumentieren, Maßnahmen zu installieren, die konstruktive Kommunikationsallianzen zielführend ermöglichen.

5.6   Parkettsichere Change- und Krisenkommunikation gestalten

In bewegten Zeiten ist ein situations- und kontextadäquates Handlungs- und Kommunikationsmanagement bei Transformationsprozessen, Risikoszenarien und Krisenanlässen für Familienunternehmen unumgänglich, weil überlebenswichtig und für die Zukunftssicherung der Organisation essenziell (s. dazu die Abschn. 3.7.1 und 3.7.2 sowie die einzelnen Unterkapitel).

5.6.1   Change-Kommunikation

Die Welt, in der Familienunternehmen ökonomisch, ökologisch wie soziokulturell verortet und aktiv sind, verändert sich ständig (s. Abschn. 3.2.2). Diese Umstände erfordern Anpassungsleistungen, um die für einen Unternehmensfortbestand notwendige Stabilität zu sichern. Deren Aufrechterhaltung kann im Spannungsfeld der Entscheidungs- und Aktionsparameter von Veränderungsszenarien in und außerhalb eines Familienunternehmens durchaus gefährdet sein. Was sich im Endeffekt nachteilig auf das organisationale Gleichgewicht auswirken kann. Denn eines ist zu bedenken: Transformationsprozesse können immer auch in Krisenzustände münden.

Um einer potenziellen Problem- und Gefährdungslage adäquat zu begegnen, kommt im Rahmen von Transformationsprogrammen (Change-Management) der **Change-Kommunikation** eine besondere Rolle zu. Das betrifft den Umgang mit allen Erscheinungsweisen von Veränderungen, die ohne Kommunikationsbegleitung nicht gelingen. Für deren Erfolg ist eine **stakeholderorientierte Kommunikationshaltung** (vgl. Abschn. 3.5.1) notwendig. Deren methodische Gestaltung und thematische Ausrichtung zielt auf ein situationsadäquates Storytelling (s. Abschn. 3.4.1). Die darin platzierten Botschaften rekurrieren auf die Informations- und Erläuterungsbedarfe, Erwartungshaltungen, Stimmungslagen sowie Vorbehalte interner wie externer Anspruchsgruppen. Ihnen soll die **Change-Story** die Beweggründe, Kontexte, Zielbilder und Konsequenzen, aber auch die

Problemzonen unternehmerischer Transformationsentscheidungen erklären und Sinn und Zweck der darauf basierenden Programmatik verdeutlichen. So sollen sich Mitarbeiter und Führungskräfte nicht ihren eigenen Reim auf Change-Sachverhalte machen. Sondern sie müssen, um Fehldeutungen und Missverständnisse zu vermeiden, ein Veränderungsszenario verstehen und in den Folgen für ihre eigene Situation abschätzen können. Betroffene sollen zu Beteiligten und Unterstützern von Transformationsgeschehen gemacht werden. Hierbei hat die organisationsbezogene PR – in konstruktiver Kombi mit der HR – mit ihren spezifischen Kommunikationsleistungen eine Schlüsselfunktion inne.

Stakeholder-adressierte Change-Kommunikation sollte grundsätzlich analog und digital verortet sein, informations- und medienbasiert sowie dialogisch inszeniert werden. Sie organisiert darauf modellierte Kommunikationsmaßnahmen. Diese sollen eine für alle Adressaten verständliche, offizielle Interpretation der Ereignisse liefern. Dazu sind entsprechende Argumentationslinien zu entwickeln und im Kommunikationsgeschehen einzusetzen. Dialog auf Augenhöhe statt Monolog ist verpflichtende Kommunikationsleitlinie. Mit dem Ziel, Veränderungsbereitschaft zu fördern, Prozessbeteiligung zu aktivieren sowie Vertrauen und Akzeptanz für das sich im Arbeits- und Geschäftsalltag Verändernde zu schaffen.

Dabei kommt der Kommunikationsrolle der **Unternehmensführung** (s. Abschn. 3.3.3.3.5 und 3.3.3.4.6) im **Storytelling-Prozess** von Familienunternehmen besondere Bedeutung zu: Damit ein Change-Projekt – z. B. im Zuge einer Unternehmensfusion – nicht scheitert, ist das Management aufgerufen, insbesondere im Innenverhältnis notwendige inhaltlich-thematische Orientierungshilfen zu geben. Die Unternehmensleitung muss diesen kommunikativen Anspruch dokumentieren durch ein klares Commitment, um die eigene Belegschaft zum Mitgestalten des Geschehens anzuregen und um für den Change-Erfolg erforderliche Einstellungs- und Verhaltensänderungen in Gang zu setzen.

Insofern rückt in Familienunternehmen die **CEO-Kommunikation im Change** ins Blickfeld der Kommunikationsplaner, die dieses Personalisierungsszenario und dessen Agenda aufsetzen und begleiten müssen (s. Abschn. 3.7.1.3). Die programmatische Leitfunktion der Unternehmensspitze, die in Transformationskonstellationen im Rampenlicht meinungsbildender Wahrnehmung unterschiedlicher Anspruchsgruppen steht, ist in diesem Zusammenhang besonders hervorzuheben. Die Empfehlung lautet: Das Topmanagement sollte als **Storyteller** auftreten und u. a. in Form von „Leadership"-Stories die Change-Agenda seinem Publikum authentisch und verständlich erzählen. Das betrifft auch die Darstellung negativer Begleiterscheinungen, die die Gefolgschaft im Wandlungsgeschehen erschweren. Somit stehen der CEO und das ihm assoziierte Management in Transformationssituationen nicht nur unter Legitimationszwang, sondern agieren auch unter Kommunikationsdruck. Unternehmensintern kommt den Führungskräften in dieser Atmosphäre hoher Kommunikations- und Aktionsintensität bei der Umsetzung der Veränderungsziele eine wichtige Unterstützerrolle zu. Für ihre Einbindung in Change-Projekte als Multiplikatoren und Inspiratoren sollten diese Protagonisten auch kommunikativ befähigt werden, um die Change-Story adäquat vermitteln zu können. Dieses Storytelling in unternehmensinternen wie auch -externen Beziehungskontexten sollte durch adressatengerecht aufbereitete Informationen und Dialogangebote unterstützt werden. Somit ist ein

Themenmanagement angebracht, dass die effektive Platzierung von Change-Narrativen fördert. Diese Thematisierungsinitiativen sollen dazu beitragen, bei den Adressaten verständigungsorientierte Interaktionen sowie das Verankern einer Veränderungskultur zu fördern. Dazu ist auch eine konstruktive Auseinandersetzung mit Change-Antagonisten angeraten (s. Abschn. 3.7.1.5). Ziel all dieser Anstrengungen ist es, eine kollektive Basisvorstellung des Wandels als Gemeinschaftsprojekt rational wie emotional zu mobilisieren.

Für die effektive **Innen-** und **Außendarstellung** der Aspekte von Transformationsprojekten eines Familienunternehmens ist ein **integrierter Kommunikationsansatz** angeraten (s. Abschn. 3.7.1.6). In seinen Programmen ist dieses Vorgehen inhaltlich-instrumentell auf die Veränderungslage im organisationalen Bezugsrahmen abzustimmen und sollte der Komplexität und Multidimensionalität interner und externer Kommunikationsanforderungen entsprechen. Dieser ganzheitliche Prozess basiert auf einer dezidierten Kommunikationsstrategie, die auf die Verzahnung aller im Familienunternehmen existierender Kommunikationsfunktionen (s. Abschn. 3.3.4.1 und 3.3.4.2) abzielt. So ist die unterstützende Rolle vorhandener Kommunikationsabteilungen im Change auch bei Familienunternehmen immer mitzudenken.

5.6.2 Krisenkommunikation

In wirtschaftlich, sozial und geopolitisch disruptiven Zeiten mit hohem Veränderungsdruck, vielschichtigen Konfliktfeldern und Gefahrenpotenzialen (s. Abschn. 3.2.2) haben sich Skandalisierungsanfälligkeiten (s. Abschn. 2.2.1 und 2.2.2), bestands- und reputationsgefährdende **Krisendispositionen von Familienunternehmen** verschärft. Zudem sind die Beziehungen zwischen Unternehmen und ihren Stakeholdern fragiler und spannungsgeladener geworden (s. Abschn. 3.7.2.1). Dazu tragen auch die speziellen Diskursverhältnisse der Mediengesellschaft (s. Abschn. 3.3.2.1) bei. In deren Bezugsrahmen stehen Familienunternehmen im Beobachtungs- und Rezeptionsfokus „medialisierter" Öffentlichkeiten. Dadurch können sie Objekt krisenerzeugender Themenbesetzungen sein, die Unternehmen unter Legitimationszwang und Kommunikationsdruck setzen. Diese Narrative finden ihre Verbreitung nicht nur im Episoden-Storytelling in der Social-Media-Sphäre, deren Debatten so manche Themenkarriere mit Expansionskraft stimulieren (s. Abschn. 3.7.2.3). Über die digitalen Netzdiskurse hinaus profilieren sich etablierte Leitmedien gerne auch als Meinungsführer in Krisenfällen. Durch ihre Berichterstattung mit Tendenz zur Dramatisierung in der „Skandalkommunikation" tragen sie dazu bei, dass das mediale Agenda-Setting die Publikumsagenda inhaltlich bestimmt. So können auch für Familienunternehmen und ihre Vertreter missliche Situationen zu vermarktbaren Medienereignissen mit hohem Nachrichtenwert werden.

Ohne medial veranstaltete Thematisierung finden Krisengeschehen vielfach nicht statt. Sie haben ohne dieses inhaltlich selektive „Framing", das Sinnzusammenhänge und Interpretationsmuster konstruiert, keine Attraktivität und Relevanz für die Medienöffentlichkeit (s. Abschn. 3.7.2.2). Durch publikumswirksame Brisanzmeldungen und eine damit verbundene Mobilisierung des öffentlichen Interesses wird der Entscheidungs- und Aktionszwang auf betroffene Familienunternehmen erhöht. Diese Entwicklungen haben ebenso Auswirkungen auf deren Kommunikationspolitik.

Familienunternehmen sollten generell auf betriebsinterne wie externe Krisenfälle jedweder Art und Ausprägung vorbereitet sein. Das gilt gleichermaßen für die Aufstellung eines unternehmenseigenen **Krisenmanagements** wie für die strategische und taktische Gestaltung der damit gekoppelten Aktivitäten professioneller **Krisenkommunikation**. Das dafür einsatzfähige Instrumentarium bietet den Akteuren valide Hilfsmittel und praxiserprobte Methoden an.

5.6.2.1 Prävention: Auf Krisen vorbereitet sein

Neben der Sensibilisierung für unternehmensspezifische Risikoszenarien ist für Familienunternehmen vor allem die **Krisenprävention** von Bedeutung. Gemeint ist das Vorbereitet-Sein auf den „Tag X". Und zwar im Hinblick auf einen erfolgversprechenden kommunikativen wie organisatorischen Umgang mit Problemsituationen und ihren negativen Auswirkungen. Dabei ist auch immer die eigene „Krisensensibilität" zu schärfen und ein Blick über den Unternehmenszaun hinaus auf Zustände und Ereignisse in Kontaktumgebungen angeraten. Denn „fremde" Krisenszenarien (z. B. Unterbrechung externer Prozessketten durch Cyberangriffe auf Lieferanten) können schnell auch die eigene Organisation negativ betreffen. Deren Führungsetage und Kommunikationsbeauftragte sollten sich daher frühzeitig mit potenziellen Krisensituationen auseinandersetzen und das instrumentelle wie methodische Inventar von Interventionsstrategien und Maßnahmen zur Bewältigung von Bedrohungslagen kennen. Dazu ist prinzipiell auch für Familienunternehmen ein **ganzheitliches Krisenkommunikationsmanagement** unerlässlich. Zu dessen notwendigen Bestandteilen gehören eingespielte Task Forces, ausgearbeitete Krisenhandbücher, detaillierte Kommunikationsleitfäden und realitätsnahe Trainingsprogramme. Letztere sind – z. B. in Form von Krisenstabsübungen – für alle designierten Krisenakteure eines Familienunternehmens verpflichtend. Durch die konsequente Umsetzung eines **krisenprophylaktischen Curriculums** (s. Abschn. 3.7.2.6) sollen Notfälle zur aktionalen und kommunikativen Routine werden. Hinzu kommt die Ausbildung der Fähigkeit, dass Krisen als solche erkannt bzw. in ihren Ursachen, Entwicklungen und Konsequenzen richtig eingeordnet und beurteilt werden, um in der Folge effektiv behandelt bzw. bewältigt werden zu können.

Dieses Repertoire ist für das situationsangemessene Beziehungsmanagement mit allen direkt oder mittelbar ereignisbetroffenen Stakeholdern in Krisenkonstellationen denk- und aktivitätsleitend. Was wiederum von den Protagonisten ein einschlägiges Wissen der Funktionsweisen und Spielarten eines souveränen Krisenkommunikationsmanagements verlangt, um Fehlentscheidungen und kommunikative Fauxpas zu vermeiden. Denn letztere könnten in **Kommunikationskrisen** mit polemisierender Medienbegleitung münden (s. Abschn. 3.7.2.2) und oppositionelle Gegenöffentlichkeiten kommunikativ auf den Plan rufen.

Im Rahmen professioneller Krisenprophylaxe ist für Familienunternehmen die Erarbeitung und kontinuierliche Aktualisierung eines **Krisenkommunikationshandbuchs** (s. Abschn. 3.7.2.7) notwendige Pflichtübung. In diesem Dokument finden sich Szenarien-Analysen und Beschreibungen von Krisenarten und Risikothemen, vorformulierte Kommunikationsinhalte, Workflows, Checklisten sowie die Darstellung von Chancenpotenzialen. Dergleichen Unterlagen dienen als Orientierung für das **stakeholderbezogene Kommunikationsmanagement in Krisenfällen**. Diese Beziehungsarbeit gilt für die eigene Desk- und Non-Desk-Belegschaft ebenso wie für externe Anspruchsgruppen. Darauf bezogen ist ein wesentliches Ziel krisenprophylaktischer Grundlagenarbeit die Sicherstellung einer versierten, prozessgeleiteten Ad-hoc-Kommunikation. Zudem schafft das Krisenkommunikationsmanual eine strategisch-operative Richtschnur für die kommunikative Mitprägung öffentlicher Ereignisdebatten. Ein offensivkontrolliertes Agieren soll unternehmensseitig positive Kommunikationsimpulse setzen und soweit möglich eine Versachlichung von Diskurslagen bewerkstelligen. Das geschieht vor allem hinsichtlich der Maßgabe, eine angeschlagene Reputation nach Möglichkeit zu stabilisieren bzw. **Reputationsverluste** auszugleichen. Zudem soll in Frage gestellte **Akzeptanz** und verloren gegangenes **Vertrauen** in der unternehmenseigenen Interaktionsgestaltung und Meinungspflege mit allen relevanten Stakeholdern zurückgewonnen werden (s. Abschn. 3.7.2.8).

5.6.2.2 Frühwarnsysteme: Krisenhafte Sachverhalte rechtzeitig erkennen

Damit ein Krisenereignis ein Familienunternehmen nicht gänzlich überraschend trifft, sind **Frühwarnsysteme** zu nutzen. Diese sollen schon im Vorfeld Hinweise und Informationen zu eventuellen Risiken und aufkommenden Problemfällen liefern und dazu beitragen, krisenhafte Sachverhalte und Bedrohungskonstellationen rechtzeitig zu antizipieren. Mit dem Ziel, das Thema selbst kommunikativ besetzen zu können und die Diskussion dazu mitzugestalten oder um unternehmenspolitische Entscheidungen zu treffen, die helfen, Konflikten auszuweichen.

Insbesondere mit Blick auf Skandalisierungsrisiken und Reputationsgefährdungen für Familienunternehmen hat das **Issues Monitoring** (s. Abschn. 3.7.2.9.1) als Instrument der systematischen Früherkennung und Einschätzung von krisenfördernden Problemlagen an Bedeutung gewonnen. Der Fokus dieses Verfahrens liegt auf der Registrierung der kommunikativen Einflussgrößen und Tendenzen von Konfrontationsszenarien, ihren mediengeprägten Thematisierungen und Deutungsmustern, die im öffentlichen Raum kursieren. Zur Issues-Erfassung existieren erprobte Tools in Form von Resonanz- und Inhaltsanalysen. Diese liefern Daten und Einsichten zur nachgelagerten Behandlung im **Issues Management**, das geeignete Kommunikationsoptionen und Entscheidungshilfen zur lösungsgeeigneten Behandlung von konfliktgeladenen Reizthemen in Stakeholder-Kontaktfeldern entwickelt und umsetzt (s. Abschn. 3.7.2.10). In der Absicht, an der öffentlichen Meinungsbildung und dem diskurstreibendem Agenda-Setting zu einem Issue unternehmensseitig auf der Sachebene kommunikativ mitwirken zu können.

In den benannten Analysekontexten liefert auch **Social Media Monitoring** Einblicke in digitale Konversationen, die meinungsprägende sowie image- und reputationsbildende Relevanz besitzen. Dabei liegt das Augenmerk darauf, Issue-charakteristische Online-Diskurse mit ihren thematischen Brennpunkten und Entwicklungsverläufen zu erfassen. Dieses präventive „Profiling" bzw. „Social Listening"-Verfahren ist Teil einer Web- und Social-Media-tauglichen Kommunikationsstrategie. Diese soll unternehmensseitig eine proaktive Auseinandersetzung mit digitalen Themen- und Diskursbesetzungen ermöglichen (s. Abschn. 3.7.2.9.2). Das Wissen, wer sich wie auf Instagram oder Facebook mit welchem Tenor zu einem Familienunternehmen, seinen Aktionsfeldern und Protagonisten kritisch zu Wort meldet, ist auch wesentlich für die Gestaltung virtueller Kommunikationsbeziehungen in Krisenzuständen.

5.6.2.3 Kommunikationsstrategisches Vorgehen in Krisenszenarien

Um den geschilderten Sachverhalten wirksam begegnen zu können, sind kriseninter-venierende sowie krisennachsorgende **Kommunikationsstrategien** (s. Abschn. 3.7.2.12) in allen Kanälen und auf allen Kommunikationsebenen notwendig. Das betrifft insbesondere die inhaltlich-thematische Gestaltung der Medienarbeit (s. a. Abschn. 3.3.3.4.3) und ein auf die Medienöffentlichkeit ausgerichtetes Themenmanagement. Dessen Narrative und Botschaften gelten über klassische Medienkontexte hinaus auch für Social-Media-Präsenzen. In diesen Thematisierungsszenarien können von einem Krisenereignis betroffene Familienunternehmen ihrem Publikum Rede und Antwort stehen und ihr Lösungshandeln zur Krisenbewältigung transparent erläutern. Ziel der Bemühungen ist die argumentative Mitgestaltung der öffentlichen Wahrnehmung, Informations- und Deutungsprozesse zum Krisengeschehen. Getragen wird diese Kommunikationshaltung von der pragmatischen Position, mit dialog-, informations- und verständigungsorientierten Kommunikationsangeboten in der **Stakeholder-Ansprache** initiativ zu agieren, statt bloß zu reagieren und Meinungsdominanzen anderer widerspruchslos hinzunehmen. Dabei sind vorhandene Wissens- und Deutungsdefizite in sachbezogener und aufklärender Informationsvermittlung anzugehen sowie unternehmensseitig moderierte Interpretationshilfen für interessierte und ereignisbetroffene Öffentlichkeiten bereitzustellen. Kein leichtes Unterfangen in Zeiten, die von Misstrauen und Sündenbockzuweisungen gegenüber Unternehmen geprägt sind. In diesem Zusammenhang gilt auch für Familienunternehmen der Grundsatz, dass Krisenkommunikation immer **Chefsache** sein sollte. Und zwar mit dem gebotenen Maß an Authentizität, Souveränität und Empathie, die Auftritt und Kommunikationsstil der Unternehmensspitze auszeichnen sollten. Eine **gelingende Krisenkommunikation** sollte grundsätzlich bipolar angelegt sein. Das heißt, sie muss Kopf und Herz der Adressaten ansprechen.

Damit eine Krisensituation nicht weiter eskaliert, ist auch darauf zu achten, dass es zu keinen Widersprüchen zwischen dem Storytelling des Krisenverursachers und seinem Verhalten kommt. So müssen Krisenkommunikations- und Handlungsmanagement von Familienunternehmen grundsätzlich widerspruchsfrei aufeinander abgestimmt sein. Dieser Anspruch gilt auch für die Regenerationsphase in der **Krisennachsorge**. In diesem

Stadium sollte unternehmensseitig die selbstkritische Analyse der Konzepte und Prozesse des Krisenkommunikationsmanagements aktiviert werden. Letztere gehören nach jeder Krise auf den Prüfstand. Sie müssen, je nach Bedarf, angepasst bzw. neu justiert werden. Dieses Prozedere ermöglicht eine Erweiterung des unternehmenseigenen Krisenwissens sowie Lerneffekte für den Umgang mit weiteren Krisenlagen. Denn Krisenverläufe sind auch als Transformationsprozesse zu verstehen, und am Ende steht die Erkenntnis, dass ein durchlebtes Krisenereignis eine Übung für künftige Szenarien sein kann.

5.7   Interne Blockaden überwinden und Kommunikationsallianzen nutzen

Damit die dargestellten Prozesse im Sinne des Erfinders funktionieren, sind mitunter Hindernisse organisatorisch-systemischer Natur zu überwinden. Dazu zählen in Familienunternehmen – auch in der Führungsetage – vorhandene Zweifel an Sinn und Zweck von Kommunikationsverfahren. Vorurteile gegenüber Empirie und Statistik sowie Hinweise auf Zeitmangel und Ressourcenknappheit sind weitere vorgebrachte Gründe. Ein Blick hinter die Kulissen zeigt zudem, dass es mit der Zusammenarbeit der einzelnen Kommunikationsbereiche in Familienunternehmen nicht immer klappt. So passiert es, dass die durch Wirkungsmessungen im Rahmen des Kommunikations-Controllings gewonnenen Erkenntnisse oftmals in der Kommunikationsabteilung verbleiben, die eine Untersuchung der Resonanz ihrer Maßnahmen durchgeführt hat (s. u. a. Abschn. 3.3.3.2, Abs. 7). Häufig wissen die Kollegen aus der Marketingabteilung nicht, welche Evaluationsergebnisse der PR-Bereich gewonnen hat. Diese wären ggf. nützlich für Marktdatenerhebungen und deren kommunikative Vermittlung als Bestandteil integrierter Kommunikationsbestrebungen. Diese Form von Reserviertheit bzw. Verweigerungshaltung kann motiviert sein durch Angst vor Transparenz und Sorge der Akteure vor der Offenlegung negativer Resultate ihrer Tätigkeiten. Was das betrifft, ist das Management von Familienunternehmen gut beraten, hier vorsorglich einzugreifen, indem es interne Austauschverfahren, Feedbackprozesse und die Bildung von bereichsübergreifenden Kommunikationsallianzen ermöglicht. Das dient auch dem offenen Angang von Problemstellungen. Dieser Empfehlung folgend, können die Beteiligten motiviert werden, das konstruktive Miteinander in alle Kommunikationsrichtungen objektiv und sanktionsfrei zu pflegen. Somit lassen sich interpersonell-informelle Vernetzungen, die Wissensmanagement (s. Abschn. 3.3.4.2) fördern, organisationsintern etablieren. Als Zentralinstanz kann dabei ein „Communication Board" (s. Abschn. 3.3.4.3) unterstützend wirken. Neben der Koordination und Umsetzung des Kommunikationsmanagements ist eine wesentliche Aufgabe dieses Gremiums die Steuerung kommunikativer Abläufe, die der Bildung eines systemstützenden Diskursklimas dienen. Darüber hinaus kann dieses Verfahren zur kommunikativen Förderung des „Wir-Gefühls" im Sinne der Corporate-Identity-Manifestierung in einem Familienunternehmen (s. a. Abschn. 3.3.3.3.1) beitragen.

Zudem sollten Kommunikationsmanager von Familienunternehmen durch Erfolgsnachweise der Führungsspitze gegenüber einen Beleg ihrer Arbeitsqualität und Professionalität erbringen. Die unternehmensinterne Anerkennung ihres Tuns lässt sich durch solcherart Transparenz, die auf Evaluationseinsichten und geteilten Erfahrungswerten fußt, erhöhen. Effektivitätsdokumentationen im Kontext von Kommunikations-Controlling können zudem die Bereitstellung künftiger Budgets für die Realisierung sinnvoller Kommunikationsprogramme leichter rechtfertigen (s. Abschn. 3.3.3.2, Abs. 6 und 7).

Literatur (Gesamtverzeichnis)

Adamczyk, G. (2019). *Storytelling – Mit Geschichten überzeugen* (3. Aufl.). Haufe.

Ahlers, G. M. (2006). *Organisation der Integrierten Kommunikation. Entwicklung eines prozessorientierten Organisationsansatzes.* Gabler.

Alter, U. (2015). *Grundlagen der Kommunikation für Führungskräfte: Mitarbeitende informieren und Führungsgespräche erfolgreich durchführen.* Springer.

Alvesson, M., & Sveningsson, S. (2008). *Changing organizational culture. Cultural change work in progress.* Routledge.

Arnold, J. (2011). *Die Kommunikation gesellschaftlicher Verantwortung am nachhaltigen Kapitalmarkt. Konzeptionelle Grundlegung eines kommunikativen Handlungsfeldes der Kapitalmarktkommunikation.* Springer VS.

Back, A., Gronau, N, & Tochtermann, K. (Hrsg.). (2009). *Web 2.0 in der Unternehmenspraxis. Grundlagen, Fallstudien und Trends zum Einsatz von social Software* (2., akt. Aufl.). Oldenbourg.

Balogun, J., & Hailey, V. H. (2004). *Exploring strategic change* (2. Aufl.). Pearson Education Ltd.

Barret, R. (2016). *Werteorientierte Unternehmensführung. Cultural Transformation Tools für Performance und Profit.* Springer Gabler.

Bartsch, M., & Frey, S. (Hrsg.). (2018). *Cybersecurity Best Practices. Lösungen zur Erhöhung der Cyberresilienz für Unternehmen und Behörden.* Springer Vieweg.

Beck, U. (2007). *Weltrisikogesellschaft. Auf der Suche nach der verlorenen Sicherheit.* Suhrkamp.

Beck, U. (2017). *Die Metamorphose der Welt.* Suhrkamp.

Bentele, G., & Nothhaft, H. (2007). Konzeption von Kommunikationsprogrammen. In A. Zerfaß & M. Piwinger (Hrsg.), *Handbuch Unternehmenskommunikation* (S. 357–380). Gabler.

Bentele, G., & Nothhaft, H. (2014). Konzeption von Kommunikationsprogrammen. In A. Zerfaß & M. Piwinger (Hrsg.), *Handbuch Unternehmenskommunikation. Strategie – Management – Wertschöpfung* (2. Aufl., S. 607–632). Springer Gabler.

Bentele, G., & Seidenglanz, R. (2005). Vertrauen und Glaubwürdigkeit. In G. Bentele, R. Fröhlich, & P. Szyszka (Hrsg.), *Handbuch der Public Relations. Wissenschaftliche Grundlagen und berufliches Handeln* (S. 346–360). Springer VS.

Bentele, G., Fröhlich, R., & Szyszka, P. (Hrsg.). (2005). *Handbuch der Public Relations. Wissenschaftliche Grundlagen und berufliches Handeln.* Springer VS.

Bergmann, J., & Pörsken, B. (Hrsg.). (2009). *Skandal! Die Macht öffentlicher Empörung.* Halem.

Besson, N. (2008). *Strategische PR-Evaluation. Erfassung, Bewertung und Kontrolle von Öffentlichkeitsarbeit* (3., überarb. u. erw. Ausgabe). Springer VS.

Besson, N. (2012). *PR-Evaluation und Kommunikationscontrolling. Public Relations optimieren und steuern.* Dr. Besson Verlag.

© Der/die Herausgeber bzw. der/die Autor(en), exklusiv lizenziert an Springer Fachmedien Wiesbaden GmbH, ein Teil von Springer Nature 2024
B. Kirf, *Kommunikation von Familienunternehmen,*
https://doi.org/10.1007/978-3-658-44198-2

Blank, C. (2022). *Das Kommunikationskonzept. Einführung in die Entwicklung von Kommunikations-konzepten – In zehn Schritten zum Erfolg.* Springer Gabler.

Bolz, N. (1995). *Am Ende der Gutenberg-Galaxis. Die neuen Kommunikationsverhältnisse* (2. Aufl.). Wilhelm Fink.

Bolz, N. (2007). *Das ABC der Medien.* Wilhelm Fink.

Bruce, A., & Jeromin, C. (2020). *Corporate Purpose – das Erfolgsrezept der Zukunft. Wie sich mit Haltung Gemeinwohl und Profitabilität verbinden lässt.* Springer Gabler.

Bruhn, M. (2000). Integrierte Kommunikation und Relationship Marketing. In M. Bruhn, S. Schmidt, & J. Tropp (Hrsg.), *Integrierte Kommunikation in Theorie und Praxis. Betriebswirtschaftliche und kommunikationswissenschaftliche Perspektiven* (S. 3–20). Gabler/Westdeutscher Verlag.

Bruhn, M. (2014). *Integrierte Unternehmens- und Markenkommunikation. Strategische Planung und operative Umsetzung* (6. Aufl.). Schäffer-Pöschel.

Bruhn, M. (2015). *Kommunikationspolitik. Systematischer Einsatz der Kommunikation für Unternehmen* (8. Aufl.). Franz Vahlen.

Bruhn, M., & Boenigk, M. (2000). Integrierte Kommunikation in deutschen Unternehmen – Ergebnisse einer empirischen Untersuchung. In M. Bruhn, S. Schmidt, & J. Tropp (Hrsg.), *Integrierte Kommunikation in Theorie und Praxis. Betriebswirtschaftliche und kommunikationswissenschaftliche Perspektiven* (S. 65–85). Gabler/Westdeutscher Verlag.

Bruhn, M., Martin, S., & Schnebelen, S. (2014). *Integrierte Kommunikation in der Praxis. Entwicklungsstand in deutschsprachigen Unternehmen.* Springer Gabler.

Buchholz, U., & Knorre, S. (2019). *Interne Kommunikation und Unternehmensführung. Theorie und Praxis eines kommunikationszentrierten Managements.* Springer Gabler.

Buchholz, U., Schach, A., & von der Haar, V. (2019). *Werte und Metaphern in der Unternehmenskommunikation. Sensemaking, Mindset, Sprache.* Springer VS.

Bürker, M. (2011). Zum Management von Kampagnen auf Basis von Theorien der Öffentlichkeit und öffentlichen Meinung. In R. Spiller, C. Vaih-Baur, & H. Scheurer (Hrsg.), *PR-Kampagnen* (S. 25–57). UVK Verlagsgesellschaft.

Buß, E. (2007). Image und Reputation – Werttreiber für das Management. In M. Piwinger & A. Zerfaß (Hrsg.), *Handbuch Unternehmenskommunikation* (S. 227–244). Gabler.

Capra, F. (1988). *Wendezeit. Bausteine für ein neues Weltbild.* Knaur.

Chomsky, N. (2003). *Media Control. Wie die Medien uns manipulieren.* Europa Verlag.

Cole, T. (2015). *Digitale Transformation. Warum die deutsche Wirtschaft gerade die digitale Zukunft verschläft und was jetzt getan werden muss.* Franz Vahlen.

Cornelissen, J. (2009). *Corporate Communication. A guide to theory and practice* (2. Aufl.). SAGE Publications.

Deekeling, E., & Arndt, O. (2006). *CEO-Kommunikation. Strategien für Spitzenmanager.* Campus.

Deekeling, E., & Arndt, O. (2014). CEO-Kommunikation: Aufgaben und Strategien für Vorstände und Geschäftsführer. In A. Zerfaß & M. Piwinger (Hrsg.), *Handbuch Unternehmenskommunikation. Strategie – Management – Wertschöpfung* (2. Aufl., S. 1237–1252). Springer Gabler.

Deekeling, E., & Barghop, D. (Hrsg.). (2003). *Kommunikation im Corporate Change. Maßstäbe für eine neue Managementpraxis.* Gabler.

Deutinger, G. (2017). *Kommunikation im Change. Erfolgreich kommunizieren in Veränderungsprozessen* (2. Aufl.). Springer Gabler.

Ditges, F., Höbel, P., & Hofmann, T. (2008). *Krisenkommunikation.* UVK Verlagsgesellschaft.

Doll, A. (2016). Nachhaltige Unternehmensführung. In P. Buchenau, M. Geßner, C. Geßner, & A. Kölle (Hrsg.), *Chefsache Nachhaltigkeit. Praxisbeispiel aus Unternehmen* (S. 25–42). Springer Gabler.

Donges, P., & Imhof, K. (2011). Öffentlichkeit im Wandel. In O. Jarren & H. Bonfadelli (Hrsg.), *Einführung in die Publizistikwissenschaft* (S. 101–133). UTB Verlag Paul Haupt.

Doorley, J., & Garcia, H. F. (2007). *Reputation Management. The Key to successful Public Relations and Corporate Communication.* Routledge.

Eck, K., & Eichmeier, D. (2014). *Die Content-Revolution im Unternehmen. Neue Perspektiven durch Content-Marketing und -Strategie.* Haufe.

Eggers, B., & Hollmann, S. (2018). Digital Leadership – Anforderungen, Aufgaben und Skills von Führungskräften in der „Arbeitswelt 4.0". In F. Keuper, M. Schomann, L. I. Sikora, & R. Wassef (Hrsg.), *Disruption und Transformation Management. Digital Leadership – Digitales Mindset – Digitale Strategie* (S. 43–70). Springer Gabler.

Eicke, K.-N., & Kirf, B. (2021). Digitalisierung der HR-Kommunikation. In T. Petry & W. Jäger (Hrsg.), *Digital HR. Smarte und agile Systeme, Prozesse und Strukturen im Personalmanagement* (2. Aufl., S. 373–390). Haufe.

Einwiller, S. (2014). Reputation und Image: Grundlagen, Einflussmöglichkeiten, Management. In A. Zerfaß & M. Piwinger (Hrsg.), *Handbuch Unternehmenskommunikation. Strategie – Management – Wertschöpfung* (2. Aufl., S. 371–391). Springer Gabler.

Einwiller, S., Klöfer, F., & Nies, U. (2006). Mitarbeiterkommunikation. In B. F. Schmid & B. Lyczek (Hrsg.), *Unternehmenskommunikation. Kommunikationsmanagement aus Sicht der Unternehmensführung* (S. 217–256). Gabler.

Eisenegger, M. (2005). *Reputation in der Mediengesellschaft. Konstitution – Issues Monitoring – Issues Management.* Springer VS.

Eisenegger, M. (2016). Negierte Reputation – Zur Logik medienöffentlicher Skandalisierungen. In M. Ludwig, T. Schierl, & C. von Sikorski (Hrsg.), *Mediated Scandals. Gründe, Genese und Folgeeffekte von medialer Skandalberichterstattung* (S. 33–57). Herbert von Halem.

El Quassil, S., & Karig, F. (2021). *Erzählende Affen. Mythen, Lügen, Utopien. Wie Geschichten unser Leben bestimmen* (4. Aufl.). Ullstein.

Ellers, M. (2002). Corporate Broadcasting – Unternehmen machen Programm. Das Firmenintranet muss zum umfassenden Informationsmedium werden. In L. Rolke & V. Wolff (Hrsg.), *Der Kampf um die Öffentlichkeit. Wie das Internet die Macht zwischen Medien, Unternehmen und Verbrauchern neu verteilt* (S. 169–181). Luchterhand.

Englert, M. (2019). HR goes digital and sustainable – Exzellente HR-Kommunikation und der Weg zu Human Relations. In A. Ternès & M. Englert (Hrsg.), *Digitale Unternehmensführung: Kommunikationsstrategien für ein exzellentes Management* (S. 307–318). Springer Gabler.

Erchinger, R., Koch, R., & Schlemminger, R. B. (2022). *ESG(E)-Kriterien – die Schlüssel zum Aufbau einer nachhaltigen Unternehmensführung. Eine Eignungsanalyse ausgewählter Standardkriterien.* Springer Gabler.

Esch, F.-R. (2018). *Strategie und Technik der Markenführung* (9. Aufl.). Franz Vahlen.

Esch, F.-R. (2021). *Purpose und Vision. Wie Unternehmen Zweck und Ziel erfolgreich umsetzen.* Campus.

Faßler, M. (1997). *Was ist Kommunikation* (2. Aufl.). Wilhelm Fink.

Felden, B., Hack, A., & Hoon, C. (2019). *Management von Familienunternehmen. Besonderheiten – Handlungsfelder – Instrumente* (2. Aufl.). Springer Gabler.

Fiege, R. (2012). *Social Media Balanced Scorecard. Erfolgreiche Social Media-Strategien in der Praxis.* Springer Vieweg.

Fink, F., & Moeller, M. (2018). *Purpose Driven Organizations. Sinn – Selbstorganisation – Agilität.* Schäffer-Poeschel.

Fischbach, C., Mack-Amanatidis, J., & J. (2011). Mittelstand und professionelle PR. Gute Seiten, schlechte Seiten. In P. Müller & T. Lüdeke (Hrsg.), *Kommunikation im Mittelstand. Unternehmerische Herausforderungen erfolgreich meistern* (S. 17–22). DIHK.

Fischer-Appelt, B. (2008). Frühwarnsysteme in der Krisenkommunikation. In T. Nolting & A. Thießen (Hrsg.), *Krisenmanagement in der Mediengesellschaft. Potenziale und Perspektiven der Krisenkommunikation* (S. 185–192). Springer VS.

Fombrun, C. J. (1996). *Reputation. Realizing Value from the Corporate Image.* Havard Business School press.

Franck, G. (1998). *Ökonomie der Aufmerksamkeit. Ein Entwurf.* Carl Hanser.

Franck, G. (2014). Jenseits von Geld und Information: Zur Ökonomie der Aufmerksamkeit. In A. Zerfaß & M. Piwinger (Hrsg.), *Handbuch Unternehmenskommunikation. Strategie – Management – Wertschöpfung* (2. Aufl., S. 193–218). Springer Gabler.

Freda, M. (2014). *Die Rolle von Top-Managern in der Unternehmenskommunikation. Erfolgsfaktoren der CEO-Kommunikation.* Igel.

Freeman, R. E. (1984). *Strategic Management. A Stakeholder Approach.* Pitman Publishing.

Freeman, R. E. (2010). *Strategic Management. A Stakeholder Approach* (New Aufl.). Cambridge University Press.

Freeman, R. E., & Evan, W. M. (1993). *A Stakeholder Theory of the modern Corporation.* Cambridge University Press.

Frenzel, K., Müller, M., & Sottong, H. (2004). *Storytelling. Die Kraft des Erzählens fürs Unternehmen nutzen.* Hanser.

Führmann, U., & Schmidbauer, K. (2008). *Wie kommt System in die interne Kommunikation? Ein Wegweiser für die Praxis.* UMC University Press.

Gaßner, V. (2015). Crowdsourcing – die kollaborative Entwicklung von Ideen. In L. Steinke (Hrsg.), *Die neue Öffentlichkeitsarbeit. Wie gute Kommunikation heute funktioniert: Strategien – Instrumente – Fallbeispiele* (S. 125–141). Springer Gabler.

Gattermeyer, W., & Al-Ani, A. (Hrsg.). (2001). *Change-Management und Unternehmenserfolg. Grundlagen – Methoden – Praxisbeispiele* (2. Aufl.). Gabler.

Gimeno, A., Baulenas, G., & Coma-Cros, J. (2010). *Familienunternehmen führen – Komplexität managen. Mentale Modelle und praktische Lösungen.* Vandenhoeck & Ruprecht.

Goldfuß, J. W. (2004). *Führen in schwierigen Zeiten. Sicher durch Krisen- und Umbruchsituationen lenken.* Campus.

Grunig, J. E., & Hunt, T. (1984). *Managing Public Relations.* HBJ College Publishers.

Guse, S., & Wagner, E. (2014). Die Rolle mittlerer Manager bei der Kommunikation von Veränderungen. In M. Stumpf & S. Wehmeier (Hrsg.), *Kommunikation in Change und Risk. Wirtschaftskommunikation unter Bedingungen von Wandel und Unsicherheiten* (S. 75–93). Springer VS.

Habermas, J. (2022). *Ein neuer Strukturwandel der Öffentlichkeit und die deliberative Politik.* Suhrkamp.

Haller, P., & Twardawa, W. (2014). *Die Zukunft der Marke. Handlungsempfehlungen für eine neue Markenführung.* Springer Gabler.

Haumer, F. (2013). *Der Wertschöpfungsbeitrag von Corporate Publishing. Effekte formaler und inhaltlicher Gestaltungsmerkmale von Kundenmagazinen.* Springer VS.

Hauswald, H., Hack, A., Kellermanns, F. W., & Patzelt, H. (2016). Attracting new talent to family firms. Who is attracted and under which condition? In *Entrepreneurship Theory & Practice* (Bd. 40, S. 963–989). SAGE Publications.

Heidelmann, K. (2013). *Veränderungen in Familienunternehmen gestalten. Komplementäre Kommunikation von Eigentümern und Fremdmanagern.* Carl-Auer.

Heinrich, P. (Hrsg.). (2013). *CSR und Kommunikation. Unternehmerische Verantwortung überzeugend vermitteln.* Springer Gabler.

Heinrich, P., & Schmidpeter, R. (2013). Wirkungsvolle CSR-Kommunikation – Grundlagen. In P. Heinrich (Hrsg.), *CSR und Kommunikation. Unternehmerische Verantwortung überzeugend vermitteln* (S. 1–25). Springer Gabler.

Helm, S., Liehr-Gobbers, K., & Storck, C. (Hrsg.). (2011). *Reputation Management.* Springer.

Hennerkes, B.-H., & Kirchdörfer, R. (2015). *Die Familie und ihr Unternehmen.* Campus.

Hepp, A. (2016). Kommunikations- und Medienwissenschaft in datengetriebenen Zeiten. *Publizistik, 61*(3), 225–224.

Hepper, E. (2009). *Erfolgreiche Pressearbeit. Der souveräne Umgang mit den Medien.* Dashöfer.

Herbst, D. (1997). *Public Relations. Das professionelle 1x1.* Cornelsen.

Herbst, D. (2003). *Public Relations. Das professionelle 1x1* (2., völlig überarb. Aufl.). Cornelsen.

Herbst, D. (2011). *Storytelling* (2. Aufl.). UVK Verlagsgesellschaft.

Herbst, D. (2021). *Storytelling in den Public Relations. Erzählen Sie die spannende Geschichte Ihres Unternehmens* (4. Aufl.). Herbert von Halem.

Herbst, D., & Musiolik, T. H. (2022). *Digital Storytelling. Spannende Geschichten für interne Kommunikation, PR und Werbung* (2. Aufl.). Herbert von Halem.

Herger, N. (2001). Issues Management als Steuerungsprozess der Organisationskommunikation. In U. Röttger (Hrsg.), *Issues Management. Theoretische Konzepte und praktische Umsetzung. Eine Bestandsaufnahme* (S. 79–101). Westdeutscher Verlag.

Herger, N. (2004). *Organisationskommunikation. Beobachtung und Steuerung eines organisationalen Risikos.* Springer VS.

Herger, N. (2006). *Vertrauen und Organisationskommunikation. Identität – Marke – Image – Reputation.* Springer VS.

Hesse, G., & Mattmüller, R. (Hrsg.). (2019). *Perspektivwechsel im Employer Branding. Neue Ansätze für die Generationen Y und Z* (2., akt. u. erw. Ausgabe). Springer Gabler.

Himmelreich, S., & Einwiller, S. (2015). Wenn der ‚Shitstorm' überschwappt – Eine Analyse digitaler Spillover in der deutschen Print- und Onlineberichterstattung. In O. Hoffjann & T. Pleil (Hrsg.), *Strategische Onlinekommunikation. Theoretische Konzepte und empirische Befunde* (S. 183–205). Springer VS.

Hinterhuber, H. H., Rechenauer, O., & Stumpf, M. (Hrsg.). (1994). *Die mittelständische Familienunternehmung.* Peter Lang.

Hitzbleck, S. (2011). *Reputation als Schlüssel zum Unternehmenserfolg. Wie Kommunikation Unternehmenswert schafft.* Nomos.

Hoffjann, O. (2014). Presse- und Medienarbeit in der Unternehmenskommunikation. In A. Zerfaß & M. Piwinger (Hrsg.), *Handbuch Unternehmenskommunikation. Strategie – Management – Wertschöpfung* (2. Aufl., S. 671–690). Springer Gabler.

Hoffjann, O. (2015). *Public Relations.* UVK Verlagsgesellschaft.

Hoffjann, O., & Pleil, T. (Hrsg.). (2015). *Strategische Onlinekommunikation. Theoretische Konzepte und empirische Befunde.* Springer VS.

Hoffmann, K. (2015). *Web oder stirb! Erfolgreiche Unternehmenskommunikation in Zeiten des digitalen Wandels.* Haufe.

Hoffmann, P. (2016). Krisenprävention – Gefahren erkennen und Chancen ergreifen. In H. Möhrle (Hrsg.), *Krisen-PR. Risiken und Krisen souverän managen. Das Handbuch der Kommunikationsprofis* (3. Aufl., S. 145–176). F.A.Z. Buch.

Höhler, G. (1991). *Spielregeln für Sieger.* Econ.

Hubbard, M. (2004). *Markenführung von innen nach außen. Zur Rolle der Internen Kommunikation als Werttreiber für Marken.* Springer VS.

Huck, I. (2009). *Wahrnehmungen und Wahrnehmungsphänomene im Agenda-Setting-Prozess.* Nomos.

Huck, S. (2005). Interne Kommunikation im Mittelstand. In J. Klewes (Hrsg.), *Unternehmenskommunikation auf dem Prüfstand. Aktuelle empirische Ergebnisse zum Reputation Marketing* (S. 53–77). Deutscher Universitätsverlag.

Huck-Sandhu, S. (2013). Orientierung von Mitarbeitern – ein mikrotheoretischer Ansatz für die interne Kommunikation. In A. Zerfaß, L. Rademacher, & S. Wehmeier (Hrsg.), *Organisationskommunikation und Public Relations. Forschungsparadigmen und neue Perspektiven* (S. 223–245). Springer VS.

Immerschitt, W., & Stumpf, M. (2019). *Employer Branding für KMU. Der Mittelstand als attraktiver Arbeitgeber* (2. Aufl.). Springer Gabler.

Ingenhoff, D. (2004). *Corporate Issues Management in multinationalen Unternehmen.* Springer VS.

Ingenhoff, D., & Röttger, U. (2006). Issues Management. Ein zentrales Verfahren der Unternehmenskommunikation. In B. F. Schmid & B. Lycek (Hrsg.), *Unternehmenskommunikation. Kommunikationsmanagement aus Sicht der Unternehmensführung* (S. 319–350). Gabler.

Jäger, W., & Petry, T. (Hrsg.). (2012). *Enterprise 2.0. – die digitale Revolution der Unternehmenskultur.* Luchterhand.

Jäger, W., & Rolke, L. (2011). Grundlagen der Personalkommunikation – Relevanzarenen und Handlungsfelder. In W. Jäger & L. Rolke (Hrsg.), *Personalkommunikation. Interne und externe Öffentlichkeit für HR-Themen gewinnen* (S. 13–25). Luchterhand.

Janke, K. (2015). *Kommunikation von Unternehmenswerten. Modell, Konzept und Praxisbeispiel Bayer AG.* Springer VS.

Jansen, S. A. (2011). Das Schweigen der Familienunternehmen. *brand eins, 13*(05), 140–141.

Jarvis, J. (2015). *Ausgedruckt! Journalismus im 21. Jahrhundert.* Plassen.

Johann, M., & Wagner, J. (2020). Neue Debatte, altes Dilemma? Die Herausforderungen des Phänomens „Fake News" für die Unternehmenskommunikation. In R. Hohlfeld, M. Harnischmacher, E. Heinke, L. S. Lehner, & M. Sengl (Hrsg.), *Fake News und Desinformation. Herausforderungen für die vernetzte Gesellschaft und die empirische Forschung* (S. 99–116). Nomos Verlagsgesellschaft.

Kalmus, M. (1995). *Produktionsfaktor Kommunikation. Zielgruppe unbekannt?* Otto Schwartz.

Kanning, U. P. (2017). *Personalmarketing, Employer Branding und Mitarbeiterbindung. Forschungsbefunde und Praxistipps aus der Personalpsychologie.* Springer.

Kapferer, J.-N. (1996). *Gerüchte. Das älteste Massenmedium der Welt.* Kiepenheuer.

Karmasin, M. (2005). Stakeholder-Management als Ansatz der PR. In G. Bentele, R. Fröhlich, & P. Szyszka (Hrsg.), *Handbuch der Public Relations. Wissenschaftliche Grundlagen und berufliches Handeln* (S. 268–280). Springer VS.

Keese, C. (2016). *Silicon Germany. Wie wir die digitale Transformation schaffen.* Knaus.

Kern, D. (2021). *Erfolgreiche Unternehmensführung in herausfordernden Zeiten. Analyse anhand der Covid-19 Krise.* GRIN.

Keuper, F., Schomann, M., Sikora, L. I., & Wassef, R. (Hrsg.). (2018). *Disruption und Transformation Management. Digital Leadership – Digitales Mindset – Digitale Strategie.* Springer Gabler.

Kirchner, K. (2001). *Integrierte Unternehmenskommunikation. Theoretische und empirische Bestandsaufnahme und eine Analyse amerikanischer Großunternehmen.* Westdeutscher Verlag.

Kirf, B. (2002). Off the records: Wenn andere über das Unternehmen sprechen. Intervention durch Kommunikation. In B. Kirf & L. Rolke (Hrsg.), *Der Stakeholder-Kompass. Navigationsinstrument für die Unternehmenskommunikation* (S. 34–45). F.A.Z. Institut.

Kirf, B. (2011). Das Kommunikationskonzept als Steuerungsinstrument strategischer Unternehmenskommunikation. In G. Bentele, M. Piwinger, & G. Schönborn (Hrsg.), *Kommunikationsmanagement. Strategie – Wissen – Lösungen. 2.39* (S. 1–38). Luchterhand.

Kirf, B. (2015). Krisen und Krisenkommunikation in der Mediengesellschaft 2.0. Eine Bestandsaufnahme. In G. Bentele, M. Piwinger, & G. Schönborn (Hrsg.), *Kommunikationsmanagement. Strategie – Wissen – Lösungen. 2.67* (S. 1–67). Luchterhand.

Kirf, B. (2018). Das Kommunikationskonzept als Kernelement des strategischen Kommunikationsmanagements. In C. Kochhan & A. Moutchnik (Hrsg.), *Media Management. Ein interdisziplinäres Kompendium* (S. 115–133). Springer Gabler.

Kirf, B., & Eicke, K.-N. (2016). Zehn Thesen zu Trends und Tendenzen des künftigen Kommunikationsmanagements. In G. Bentele, M. Piwinger, & G. Schönborn (Hrsg.), *Kommunikationsmanagement. Strategie – Wissen – Lösungen. 1.49* (S. 1–28). Luchterhand.

Kirf, B., & Eicke, K.-N. (2017). Integrierte CR-Kommunikation und interne Stakeholder-Orientierung. In R. Wagner, N. Roschker, & A. Moutchnik (Hrsg.), *CSR und Interne Kommunikation. Forschungsansätze und Praxisbeiträge* (S. 67–86). Springer Gabler.

Kirf, B., & Rolke, L. (Hrsg.). (2002). *Der Stakeholder-Kompass. Navigationsinstrument für die Unternehmenskommunikation.* F.A.Z. Institut.

Kirf, B., & Schach, M.-O. (2011). Das Kommunikationskonzept als Steuerungsinstrument strategischer HR-Kommunikation. In W. Jäger & L. Rolke (Hrsg.), *Personalkommunikation. Interne und externe Öffentlichkeit für HR-Themen gewinnen* (S. 165–181). Luchterhand.

Kirf, B., & Schömburg, S. (2012). Enterprise 2.0. in der internen Personalkommunikation. In W. Jäger & T. Petry (Hrsg.), *Enterprise 2.0. – die digitale Revolution der Unternehmenskultur* (S. 93–105). Luchterhand.

Kirf, B., & Schömburg, S. (2018). Krisenmanagement im deutschen Mittelstand. Eine Studie zur Fitness der kommunikativen Krisenprävention und -bewältigung mittelständischer Unternehmen. In G. Bentele, M. Piwinger, & G. Schönborn (Hrsg.), *Kommunikationsmanagement. Strategie – Wissen – Lösungen. 2.86* (S. 1–28). Luchterhand.

Kirf, B., & Sommerwerck, M. (2015). Strategisches Kommunikationsmanagement im Mittelstand. In G. Bentele, M. Piwinger, & G. Schönborn (Hrsg.), *Kommunikationsmanagement. Strategie – Wissen – Lösungen. 2.70* (S. 1–54). Luchterhand.

Kirf, B., Eicke, K.-N., & Schömburg, S. (2020). *Unternehmenskommunikation im Zeitalter der digitalen Transformation. Wie Unternehmen interne und externe Stakeholder heute und in Zukunft erreichen können* (2. Aufl.). Springer Gabler.

Klaußner, S. (2016). *Partizipative Leitbildentwicklung. Grundlagen, Prozesse und Methoden.* Springer Gabler.

Klein, S. B. (2004). *Familienunternehmen. Theoretische und empirische Grundlagen* (2. Aufl.). Gabler.

Köhler, T. (2006). *Krisen-PR im Internet. Nutzungsmöglichkeiten, Einflussfaktoren und Problemfelder.* Springer VS.

Köhler, T. (2008). Gefahrenzone Internet – Die Rolle der Online-Kommunikation bei der Krisenbewältigung. In T. Nolting & A. Thießen (Hrsg.), *Krisenmanagement in der Mediengesellschaft. Potenziale und Perspektiven der Krisenkommunikation* (S. 233–252). Springer VS.

Kollmann, T., & Schmidt, H. (2016). *Deutschland 4.0. Wie die digitale Transformation gelingt.* Springer Gabler.

Kotter, J. P. (2011). *Leading Change. Wie Sie ihr Unternehmen in 8 Schritten erfolgreich verändern.* Franz Vahlen.

Kraus, G., Becker-Kolle, C., & Fischer, T. (2004). *Change-Management. Steuerung von Veränderungsprozessen in Organisationen. Einflussfaktoren und Beteiligte. Konzepte, Instrumente und Methoden.* Cornelsen.

Kremmel, D., Hofer-Fischer, S., & von Walter, B. (2016). Kommunikationsprogramm: Arbeitgebermarke kommunikativ umsetzen. In B. von Walter & D. Kremmel (Hrsg.), *Employer Brand Management. Arbeitgebermarken aufbauen und steuern* (S. 169–199). Springer Gabler.

Kreutzer, R. T., & Land, K.-H. (2015). *Dematerialisierung. Die Neuverteilung der Welt in Zeiten des digitalen Darwinismus.* Future Vision Press.

Krystek, U. (1987). *Unternehmenskrisen. Beschreibung, Vermeidung und Bewältigung überlebenskritischer Prozesse in Unternehmungen.* Gabler.

Kübler, H.-D. (2009). *Mythos Wissensgesellschaft. Gesellschaftlicher Wandel zwischen Information, Medien und Wissen. Eine Einführung* (2. Aufl.). Springer VS.

Kucklick, C. (2015). *Die granulare Gesellschaft. Wie das Digitale unsere Wirklichkeit auflöst* (2. Aufl.). Ullstein.

Ladwig, D. H., & Domsch, M. E. (2014). Mitarbeiterbefragung als Führungsinstrument. In A. Zerfaß & M. Piwinger (Hrsg.), *Handbuch Unternehmenskommunikation. Strategie – Management – Wertschöpfung* (2. Aufl., S. 533–547). Springer Gabler.

Laick, S. (2011). HR als „Brand" durch HR-Excellence und Kommunikation. In W. Jäger & L. Rolke (Hrsg.), *Personalkommunikation. Interne und externe Öffentlichkeit für HR-Themen gewinnen* (S. 139–145). Luchterhand.

Leipziger, J. (2009). *Konzepte entwickeln. Handfeste Anleitungen für bessere Kommunikation* (3., akt. Aufl.). F.A.Z. Buch.

LeMar, B. (2014). *Generations- und Führungswechsel im Familienunternehmen. Mit Gefühl und Kalkül den Wandel gestalten* (2. Aufl.). Springer Gabler.

Lewis, L. K. (2019). *Organizational change. Creating change through strategic communication* (2. Aufl.). Wiley & Sons.

Liebl, F. (2000). *Der Schock des Neuen. Entstehung und Management von Issues und Trends.* Gerling Akademie.

Liebl, F. (2003). Erkennen, abschätzen, Maßnahmen ergreifen. Issues Management auf dem Weg zum integrierten Strategiekonzept. In M. Kuhn, G. Kalt, & A. Kinter (Hrsg.), *Chefsache Issues Management. Ein Instrument zur strategischen Unternehmensführung – Grundlagen, Praxis, Trends* (S. 62–73). F.A.Z. Buch.

Lies, J. (2011). Definition und Merkmale von PR-Kampagnen. In R. Spiller, C. Vaih-Baur, & H. Scheurer (Hrsg.), *PR-Kampagnen* (S. 13–24). UVK Verlagsgesellschaft.

Lies, J. (Hrsg.). (2015). *Praxis des PR-Managements. Strategien – Instrumente – Anwendung.* Springer Gabler.

Lies, J. (2017). *Die Digitalisierung der Kommunikation im Mittelstand. Auswirkungen von Marketing 4.0.* Springer Gabler.

Littek, F. (2011). *Storytelling in der PR. Wie Sie die Macht der Geschichten für Ihre Pressearbeit nutzen.* Springer VS.

Lobo, S. (2023). *Die große Vertrauenskrise. Ein Bewältigungskompass.* Kiepenheuer & Witsch.

Löffler, M. (2014). *Think Content. Content-Strategie, Content-Marketing, Texten fürs Web.* Rheinwerk.

Ludwig, J. (1998). Öffentlichkeitswandel durch „Gegenöffentlichkeit"? Zur Bedeutung computervermittelter Kommunikation für gesellschaftliche Emanzipationsprozesse. In E. Prommer & G. Vowe (Hrsg.), *Computervermittelte Kommunikation. Öffentlichkeit im Wandel* (S. 177–209). UVK.

Ludwig, M., & Schierl, T. (2016). Mediated Scandals und ihre Folgeeffekte. Eine einführende Betrachtung der Risiken und Relevanz medialer Skandalberichterstattung. In M. Ludwig, T. Schierl, & C. von Sikorski (Hrsg.), *Mediated Scandals. Gründe, Genese und Folgeeffekte von medialer Skandalberichterstattung* (S. 16–32). Herbert von Halem.

Ludwig, M., Schierl, T., & von Sikorski, C. (Hrsg.). (2016). *Mediated Scandals. Gründe, Genese und Folgeeffekte von medialer Skandalberichterstattung.* Herbert von Halem.

Luhmann, N. (1996). *Die Realität der Massenmedien* (2. Aufl.). Westdeutscher Verlag.

Luhmann, N. (1997). *Die Gesellschaft der Gesellschaft* (Bd. 1). Suhrkamp.

Luhmann, N. (2001). Vertrautheit, Zuversicht, Vertrauen. Probleme und Alternativen. In M. Hartmann & C. Offe (Hrsg.), *Vertrauen. Die Grundlage des sozialen Zusammenhalts* (S. 142–160). Campus.

Lütgens, S. (2001). Das Konzept des Issues Managements: Paradigma strategischer Public Relations. In U. Röttger (Hrsg.), *Issues Management. Theoretische Konzepte und praktische Umsetzung. Eine Bestandsaufnahme* (S. 59–77). Westdeutscher Verlag.

Lütgens, S. (2002). *Potentiellen Krisen rechtzeitig begegnen – Themen aktiv gestalten. Strategische Unternehmenskommunikation durch Issues Management.* mt.

Lutz, A., & Nitzsche, I. (2010). *Praxisbuch Pressearbeit. So machen Sie sich, Ihr Unternehmen, Ihre Organisation bekannt* (2., akt. Aufl.). Linde.

Malik, F. (2007). *Management. Das A und O des Handwerks.* Campus.

Mast, C. (2008). Nach der Krise ist vor der Krise – Beschleunigung der Krisenkommunikation. In T. Nolting & A. Thießen (Hrsg.), *Krisenmanagement in der Mediengesellschaft. Potenziale und Perspektiven der Krisenkommunikation* (S. 98–111). Springer VS.

Mast, C. (2013). *Unternehmenskommunikation. Ein Leitfaden* (5. Aufl.). UVK Verlagsgesellschaft.

Mast, C. (Hrsg.). (2018). *ABC des Journalismus. Ein Handbuch.* (13., völlig überarb. Aufl.). Herbert von Halem.

May, P. (1998). Die Geschichte vom Aufstieg und Fall der Familie Max Müller – Nachdenkliches und Nachdenkenswertes zum Thema Familienunternehmen. In M. Miller, J. Deecke, C. Keyser, O. von Sperber, & A. Burfeind (Hrsg.), *Familienunternehmer heute. Herausforderungen, Strategien, Erfahrungen* (S. 31–42). Gabler.

May, P. (2012). *Erfolgsmodell Familienunternehmen. Das Strategie-Buch.* Murmann.

May, P. (2017). *Die Inhaberstrategie im Familienunternehmen. Eine Anleitung.* Murmann.

Meier, P. (2002). *Interne Kommunikation von Unternehmen.* Orell Füssli.

Merten, K. (2001). Determinanten des Issues Management. In U. Röttger (Hrsg.), *Issues Management. Theoretische Konzepte und praktische Umsetzung. Eine Bestandsaufnahme* (S. 41–57). Westdeutscher Verlag.

Merten, K. (2013). *Konzeption von Kommunikation. Theorie und Praxis des strategischen Kommunikationsmanagements.* Springer VS.

Merten, K. (2014a). PR, Image und Inszenierungsgesellschaft. In *Publizistik* (Bd. 1, S. 45–64). Springer VS.

Merten, K. (2014b). Krise, Krisenmanagement und Krisenkommunikation. In A. Thießen (Hrsg.), *Handbuch Krisenmanagement* (2. Aufl., S. 55–175). Springer VS.

Meyer, J.-A. (Hrsg.). (2013a). *Kommunikation kleiner und mittlerer Unternehmen.* Josef Eul.

Meyer, J.-A. (2013b). Transparenzmanagement als Kommunikationsaufgabe. Ein Entwurf für mittelständische Unternehmen. In J.-A. Meyer (Hrsg.), *Kommunikation kleiner und mittlerer Unternehmen* (S. 43–63). Josef Eul.

Meyer, T. (2001). *Mediokratie. Die Kolonisierung der Politik durch die Medien.* Suhrkamp.

Mitchell, R. K., Agle, B. R., & Wood, D. J. (1997). Toward a Theory of Stakeholder Identification and Salience. Defining the Principles of who and what really counts. *Academy of Management Review (AMR), 22*(4), 853–896.

Mohr, N. (1997). *Kommunikation und organisatorischer Wandel. Ein Ansatz für ein effizientes Kommunikationsmanagement im Veränderungsprozess.* Gabler.

Möhrle, H. (Hrsg.). (2016). *Krisen-PR. Risiken und Krisen souverän managen. Das Handbuch der Kommunikationsprofis* (3. Aufl.). F.A.Z. Buch.

Montua, A. (2020). *Führungsaufgabe Interne Kommunikation. Erfolgreich in Unternehmen kommunizieren – im Alltag und in Veränderungsprozessen.* Springer Gabler.

Moss, C. (Hrsg.). (2016a). *Der Newsroom in der Unternehmenskommunikation. Wie sich Themen effizient steuern lassen.* Springer VS.

Moss, C. (2016b). Themenorientierte Steuerung: Das Newsroom-Modell in der Unternehmenskommunikation. In C. Moss (Hrsg.), *Der Newsroom in der Unternehmenskommunikation. Wie sich Themen effizient steuern lassen* (S. 35–57). Springer VS.

Moss, C., & Stog, N. (2016). Integrierte Kommunikation im Newsroom als Beitrag zum Unternehmenswert. In C. Moss (Hrsg.), *Der Newsroom in der Unternehmenskommunikation. Wie sich Themen effizient steuern lassen* (S. 7–17). Springer VS.

Mülder, W. (2021). Überblick zu Potenzialen neuer Technologien in der HR. In T. Petry & W. Jäger (Hrsg.), *Digital HR. Smarte und agile Systeme, Prozesse und Strukturen im Personalmanagement* (2. Aufl., S. 125–148). Haufe.

Müller, P., & Lüdeke, T. (Hrsg.). (2011). *Kommunikation im Mittelstand. Unternehmerische Herausforderungen erfolgreich meistern.* DIHK.

Nöcker, R. (2015). *Agenturauswahl. Der Weg zur richtigen Kommunikationsagentur.* Springer Gabler.

Nocun, K., & Lamberty, P. (2020). *Fake Facts. Wie Verschwörungstheorien unser Denken bestimmen.* Bastei Lübbe.

Nolting, T., & Thießen, A. (Hrsg.). (2008). *Krisenmanagement in der Mediengesellschaft. Potenziale und Perspektiven der Krisenkommunikation.* Springer VS.

Peters, P. (2011). *Reputationsmanagement im Social Web. Risiken und Chancen von Social Media für Unternehmen, Reputation und Kommunikation.* Social Media.

Petry, T. (2021). Führung im Digitalzeitalter – Darstellung einer Digital-Leader-Toolbox. In T. Petry & W. Jäger (Hrsg.), *Digital HR. Smarte und agile Systeme, Prozesse und Strukturen im Personalmanagement* (2. Aufl., S. 353–371). Haufe.

Petry, T., & Jäger, W. (Hrsg.). (2021). *Digital HR. Smarte und agile Systeme, Prozesse und Strukturen im Personalmanagement* (2. Aufl.). Haufe.

Pfannenberg, J. (2007). Veränderungskommunikation: Unterstützung von Change-Prozessen. In M. Piwinger & A. Zerfaß (Hrsg.), *Handbuch Unternehmenskommunikation* (S. 819–832). Gabler.

Piwinger, M., & Porák, V. (Hrsg.). (2005a). *Kommunikations-Controlling. Kommunikation und Information quantifizieren und finanziell bewerten.* Gabler.

Piwinger, M., & Porák, V. (2005b). Grundlagen und Voraussetzungen des Kommunikations-Controllings. In M. Piwinger & V. Porák (Hrsg.), *Kommunikations-Controlling. Kommunikation und Information quantifizieren und finanziell bewerten* (S. 11–55). Gabler.

Porák, V. (2005). Methoden zur Erfolgs- und Wertbeitragsmessung von Kommunikation. In M. Piwinger & V. Porák (Hrsg.), *Kommunikations-Controlling. Kommunikation und Information quantifizieren und finanziell bewerten* (S. 163–193). Gabler.

Precht, R. D., & Welzer, H. (2022). *Die vierte Gewalt. Wie Mehrheitsmeinung gemacht wird, auch wenn sie keine ist.* S. Fischer.

Preusse, J., Röttger, U., & Schmitt, J. (2013). Grundlagen und Begründung einer unpraktischen PR-Theorie. In A. Zerfaß, L. Rademacher, & S. Wehmeier (Hrsg.), *Organisationskommunikation und Public Relations. Forschungsparadigmen und neue Perspektiven* (S. 117–141). Springer VS.

Quirke, B. (2016). *Making the connections. Using Internal Communications to turn Strategy into Action* (2. Aufl.). Routledge.

Rademacher, L. (2009). *PR und Kommunikationsmanagement.* Springer VS.

Rankl, D. (2017). *Stakeholder-Kommunikation im Web 2.0. Alte Theorien für neue Medien.* Springer Gabler.

Regenthal, G. (2009). *Ganzheitliche Corporate Identity. Profilierung von Identität und Image* (2. Aufl.). Gabler.

Reinhardt, F. (2020). Der Fall Schlecker. In J. Wiske (Hrsg.), *Krisenkommunikation komplex. 11 Analysen prominenter Fälle mit medialer Einordnung und Nachbetrachtung beteiligter Experten* (S. 165–183). Herbert von Halem.

Richter, G. (1996). *Führungsinstrument Kommunikation: Die sozialen Beziehungen im Unternehmen partnerschaftlich gestalten.* Gabler.

Roberts, K. (2004). *Lovemarks. The future beyond brands.* Power House Books.

Rolke, L., & Jäger, W. (2009). Kommunikations-Controlling. In M. Bruhn, F.-R. Esch, & T. Langner (Hrsg.), *Handbuch Kommunikation* (S. 1021–1041). Springer Gabler.

Rolke, L., & Wolff, V. (Hrsg.). (2002). *Der Kampf um die Öffentlichkeit. Wie das Internet die Macht zwischen Medien, Unternehmen und Verbrauchern neu verteilt.* Luchterhand.

Rolke, L., & Zerfaß, A. (2010). Wirkungsdimensionen der Kommunikation. In J. Pfannenberg & A. Zerfaß (Hrsg.), *Wertschöpfung durch Kommunikation. Kommunikations-Controlling in der Unternehmenspraxis* (S. 50–60). FAZ Buch.

Rommerskirchen, J., & Roslon, M. (2020). *Einführung in die moderne Unternehmenskommunikation. Grundlagen, Theorien und Praxis.* Springer Gabler.

Ronneberger, F., & Rühl, M. (1992). *Theorie der Public Relations. Ein Entwurf.* Westdeutscher Verlag.

Roselieb, F. (1999). Empirische Befunde zu Frühwarnsystemen in der internen und externen Unternehmenskommunikation. In M. Henckel von Donnersmarck & R. Schatz (Hrsg.), *Frühwarnsysteme* (S. 85–105). InnoVatio.

Rössler, P. (2005). Themen der Öffentlichkeit und Issues Management. In G. Bentele, R. Fröhlich, & P. Szyszka (Hrsg.), *Handbuch der Public Relations. Wissenschaftliche Grundlagen und berufliches Handeln* (S. 361–376). Springer VS.

Röttger, U. (2001). *Issues Management. Theoretische Konzepte und Praktische Umsetzung. Eine Bestandsaufnahme.* Westdeutscher Verlag.

Röttger, U. (2005). Aufgabenfelder. In G. Bentele, R. Fröhlich, & P. Szyszka (Hrsg.), *Handbuch der Public Relations. Wissenschaftliche Grundlagen und berufliches Handeln* (S. 498–507). Springer VS.

Röttger, U. (Hrsg.). (2009a). *PR-Kampagnen. Über die Inszenierung von Öffentlichkeit* (4., überarb. u. erw. Aufl.). Springer VS.

Röttger, U. (2009b). Campaigns (f)or a better world? In U. Röttger (Hrsg.), *PR-Kampagnen. Über die Inszenierung von* Öffentlichkeit (4., überarb. u. erw. Aufl., S. 9–23). Springer VS.

Röttger, U., & Preusse, J. (2008). Issues Management. In T. Nolting & A. Thießen (Hrsg.), *Krisenmanagement in der Mediengesellschaft. Potenziale und Perspektiven der Krisenkommunikation* (S. 159–184). Springer VS.

Röttger, U., Preusse, J., & Schmitt, J. (2014). *Grundlagen der Public Relations. Eine kommunikationswissenschaftliche Einführung* (2. Aufl.). Springer VS.

Rupp, M. (2016). *Storytelling für Unternehmen. Mit Geschichten zum Erfolg in Content Marketing, PR, Social Media, Employer Branding und Leadership.* Mitp Verlags GmbH.

Rüsen, T. A. (2017). *Krisen und Krisenmanagement in Familienunternehmen: Schwachstellen erkennen, Lösungen erarbeiten, Existenzbedrohung meistern* (2. Aufl.). Springer Gabler.

Rüsen, T. A., Kleve, H., & von Schlippe, A. (2021). *Management der dynastischen Unternehmerfamilie. Zwischen Familie, Organisation und Netzwerk.* Springer Gabler.

Sammer, P. (2015). *Storytelling. Die Zukunft von PR und Marketing.* O'Reilly.

Sammer, P. (2019). *What's your story? Leadership Storytelling für Führungskräfte, Projektverantwortliche und alle, die etwas bewegen wollen.* O'Reilly.

Sammer, P., & Heppel, U. (2015). *Visual Storytelling. Visuelles Erzählen in PR & Marketing.* O'Reilly.

Schenk, M., Taddicken, M., & Welker, W. (2008). Web 2.0 als Chance für die Markt- und Sozialforschung. In A. Zerfaß, M. Welker, & J. Schmidt (Hrsg.), *Kommunikation, Partizipation und Wirkungen im Social Web. Grundlagen und Methoden* (Bd. 1, S. 243–266). Halem.

Schick, S. (2014). *Interne Unternehmenskommunikation. Strategien entwickeln, Strukturen schaffen, Prozesse steuern* (5. Aufl.). Schäffer Poeschel.

Schindler, M.-C., & Liller, T. (2011). *PR im Social Web. Das Handbuch für Kommunikationsprofis.* O'Reilly.

Schlepphorst, S., Mirabella, D., & Moog, P. (2011). Nachfolge in Familienunternehmen: Keine Übergabe ohne Kommunikation. In P. Müller & T. Lüdeke (Hrsg.), *Kommunikation im Mittelstand. Unternehmerische Herausforderungen erfolgreich meistern* (S. 26–33). DIHK.

Schmid, B. F. (2008). Medien- und Kommunikationsmanagement – Begriffsbestimmung und Aufgabenfelder. In M. Meckel & B. F. Schmid (Hrsg.), *Kommunikationsmanagement im Wandel* (S. 21–52). Gabler.

Schmidbauer, K., & Knödler-Bunte, E. (2004). *Das Kommunikationskonzept. Konzepte entwickeln und präsentieren.* UMC University Press.

Schmidt, H. J. (2007). *Internal Branding. Wie Sie Ihre Mitarbeiter zu Markenbotschaftern machen.* Gabler.

Schmieja, P. (2014). *Storytelling in der internen Unternehmenskommunikation. Eine Untersuchung zur organisationalen Wertevermittlung.* Springer Gabler.

Schneider, A., & Köhler, J. (2017). Wertevermittlung durch Storytelling in der CSR-Kommunikation. In R. Wagner, N. Roschker, & A. Moutchnik (Hrsg.), *CSR und Interne Kommunikation. Forschungsansätze und Praxisbeiträge* (S. 155–168). Springer Gabler.

Schrank, V. (2015). *Das Ulrich-HR-Modell in Deutschland. Kritische Betrachtung und empirische Untersuchung*. Springer Gabler.

Schröder, R. W. (2013). Wahrheitsgemäße Offenlegung von Informationen in kleinen und mittelständischen Unternehmen – Fehlermanagement mit Hilfe der Balanced Scorecard. In J. A. Meyer (Hrsg.), *Kommunikation kleiner und mittlerer Unternehmen* (S. 29–42). Josef Eul.

Schulz, C., & Grimm, S. (2015). Perspektiven und Wandel in der Digitalen Revolution. In L. Steinke (Hrsg.), *Die neue Öffentlichkeitsarbeit. Wie gute Kommunikation heute funktioniert: Strategien – Instrumente – Fallbeispiele* (S. 31–48). Springer Gabler.

Schulz, W. (1997). *Politische Kommunikation. Theoretische Ansätze und Ergebnisse empirischer Forschung zur Rolle der Massenmedien in der Politik*. Westdeutscher Verlag.

Schütte, D. (2011). *Mittelstands-PR in Deutschland. Eine Studie zur Kommunikationsarbeit mittelständischer Unternehmen*. UVK Verlagsgesellschaft.

Schwarz, A. (2010). *Krisen-PR aus Sicht der Stakeholder. Der Einfluss von Ursachen- und Verantwortungszuschreibungen auf die Reputation von Organisationen*. Springer VS.

Seidel, W. (2019). *Die ältesten Familienunternehmen Deutschlands*. Finanz Buch.

Smit, B. (2017). *Drei Streifen gegen Puma. Wie aus einem Bruderzwist zwei Weltkonzerne entstanden*. riva.

Spiller, R., Vaih-Baur, C., & Scheurer, H. (Hrsg.). (2011). *PR-Kampagnen*. UVK Verlagsgesellschaft.

Stalder, F. (2016). *Kultur der Digitalität*. Suhrkamp.

Steinke, L. (2014). *Bedienungsanleitung für den Shitstorm. Wie gute Kommunikation die Wut der Masse bricht*. Springer Gabler.

Steinke, L. (Hrsg.). (2015). *Die neue Öffentlichkeitsarbeit. Wie gute Kommunikation heute funktioniert: Strategien – Instrumente – Fallbeispiele*. Springer Gabler.

Stenzel, C. (2022). *Moderne Presse- und Öffentlichkeitsarbeit für KMU. Strategie, Umsetzung, Tools und Evaluation*. Springer Gabler.

Stiftung Familienunternehmen. (2017). *Die volkswirtschaftliche Bedeutung der Familienunternehmen*. Stiftung Familienunternehmen.

Storck, C. (2014). Stakeholderbefragungen und Reputationsanalysen. In A. Zerfaß & M. Piwinger (Hrsg.), *Handbuch Unternehmenskommunikation. Strategie – Management – Wertschöpfung* (2. Aufl., S. 549–566). Springer Gabler.

Stumpf, M., & Wehmeier, S. (Hrsg.). (2014). *Kommunikation in Change und Risk. Wirtschaftskommunikation unter Bedingungen von Wandel und Unsicherheiten*. Springer VS.

Sutherland, K. E. (2020). *Strategic Social Media Management: Theory and Practice*. Palgrave Macmillan und Springer Nature.

Szyszka, P. (2004). Integrierte Kommunikation als Kommunikationsmanagement. In T. Köhler & A. Schaffranietz (Hrsg.), *Public Relations – Perspektiven und Potenziale im 21. Jahrhundert* (S. 199–215). Springer VS.

Szyszka, P. (2008). Analyse- und Entscheidungsmodell strategischer PR-Planung. In P. Szyszka & U.-M. Dürig (Hrsg.), *Strategische Kommunikationsplanung* (S. 37–73). UVK Verlagsgesellschaft.

Szyszka, P., & Dürig, U.-M. (Hrsg.). (2008). *Strategische Kommunikationsplanung*. UVK Verlagsgesellschaft.

Tench, R., & Yeomans, L. (2009). *Exploring Public Relations* (2. Aufl.). Prentice Hall.

Ternès, A., & Englert, M. (Hrsg.). (2018). *Digitale Unternehmensführung: Kommunikationsstrategien für ein exzellentes Management*. Springer Gabler.

Thießen, A. (2011). *Organisationskommunikation in Krisen. Reputationsmanagement durch situative, integrierte und strategische Krisenkommunikation*. Springer VS.

Thießen, A. (Hrsg.). (2013). *Handbuch Krisenmanagement*. Springer VS.

Thomson, I., & Boutilier, R. G. (2011). The social license to operate. In P. Darling (Hrsg.), *SME mining engineering handbook*. Colorado.

Töpfer, A. (2006). Krisenkommunikation. Anforderungen an den Dialog mit Stakeholdern in Ausnahmesituationen. In B. F. Schmid & B. Lyczek (Hrsg.), *Unternehmenskommunikation. Kommunikationsmanagement aus Sicht der Unternehmensführung* (S. 353–397). Gabler.

Trost, A. (Hrsg.). (2013). *Employer Branding: Arbeitgeber positionieren und Präsentieren.* Luchterhand.

Turkle, S. (2015). *Reclaiming conversation. The power of talk in a digital age.* Penguin Press.

Ulbrich, N., & Leuz, F. (2020). *Workbook Leitbildentwicklung. Werte, Vision und Mission in Unternehmen gestalten und integrieren.* Haufe.

Vaih-Buer, C. (2015). Corporate Publishing. In J. Lies (Hrsg.), *Praxis des PR-Managements. Strategien – Instrumente – Anwendung* (S. 50–54). Springer Gabler.

Van Dijck, J. (2014). Datafication, dataism and dataveillance: Big Data between scientific paradigm and ideology. *Surveillance and Society, 12*(2014), 197–208.

Van Looy, A. (2016). *Social Media Management. Technologies and Strategies for creating Business Value.* Springer International Publishing.

Van Riel, C. B. M. (1995). *Principles of Corporate Communication* (2. Aufl.). Prentice Hall.

Van Riel, C. B. M., & Fombrun, C. F. (2008). *Essentials of Corporate Communication. Implementing practices for effective Reputation Management* (2. Aufl.). Routledge.

Vanini, U. (2022). Nachhaltigkeitscontrolling. *WISU – Das Wirtschaftsstudium, 51*(2), 175–185.

Viehmann, C. (2020). *Korsett und Machtressource. Die Medienöffentlichkeit in Verhandlungen von gesellschaftlichen Entscheidern.* Springer VS.

Villalonga, B., & Amit, R. (2006). How do family ownership, control and management affect firm value? *Journal of Financial Economics, 80*(2), 385–417.

Von Groddeck, V. (2011). *Organisation und Werte. Formen, Funktionen, Folgen.* Springer VS.

Von Walter, B., & Kremmel, D. (Hrsg.). (2016). *Employer Brand Management. Arbeitgebermarken aufbauen und steuern.* Springer Gabler.

Wagner, R., Roschker, N., & Moutchnik, A. (Hrsg.). (2017). *CSR und Interne Kommunikation. Forschungsansätze und Praxisbeiträge.* Springer Gabler.

Waibel, J. (2016). *Kommunikationskultur in Familienunternehmen. Unternehmer im Gespräch – von Führungsverantwortung über Konfliktlösung bis zur Nachfolgeregelung.* Haufe.

Weichert, S., Kramp, L., & von Streit, A. (2010). *Digitale Mediapolis. Die neue Öffentlichkeit im Internet.* Herbert von Halem.

Weichler, K. (2014). Corporate Publishing: Publikationen für Kunden und Multiplikatoren. In A. Zerfaß & M. Piwinger (Hrsg.), *Handbuch Unternehmenskommunikation. Strategie – Management – Wertschöpfung* (2. Aufl., S. 767–785). Springer Gabler.

Wiedmann, K.-P., Fombrun, C., & van Riel, C. B. M. (2007). Reputationsanalyse mit dem Reputation Quotient. In A. Zerfaß & M. Piwinger (Hrsg.), *Handbuch Unternehmenskommunikation* (S. 321–337). Gabler.

Wieselhuber, N. (2020). *Unternehmer gestalten Unternehmen.* Unternehmer Medien GmbH.

Wilbers, M. (2018). *Employer Branding-Projekte erfolgreich gestalten. Ein praxisorientierter Leitfaden zur Entwicklung einer Arbeitgebermarke.* Springer Gabler.

Will, M. (2007). *Wertorientiertes Kommunikationsmanagement.* Schäffer-Poeschel.

Wimmer, J. (2008). Gegenöffentlichkeit 2.0: Formen, Nutzung und Wirkung kritischer Öffentlichkeiten im Social Web. In A. Zerfaß, M. Welker, & J. Schmidt (Hrsg.), *Kommunikation, Partizipation und Wirkungen im Social Web. Grundlagen und Methoden* (Bd. 1, S. 210–230). Herbert von Halem.

Winkler, L. (2020). *Organisationskommunikation im Mittelstand. Genese und Spezifik der Kommunikation mittelständischer Industrieunternehmen.* Springer VS.

Winkler, P. (2015). Wider die reine Netzwerkrhetorik – Plädoyer für eine netzwerk-soziologisch informierte Online-PR. In O. Hoffjann & T. Pleil (Hrsg.), *Strategische Online-Kommunikation. Theoretische Konzepte und empirische Befunde* (S. 31–53). Springer VS.

Wiske, J. (Hrsg.). (2020). *Krisenkommunikation komplex. 11 Analysen prominenter Fälle mit medialer Einordnung und Nachbetrachtung beteiligter Experten.* Herbert von Halem.

Wössner, M. (1998). Familienunternehmen – Charakteristika und typische Problemfelder. In M. Miller, J. Deecke, C. Keyser, O. von Sperber, & A. Burfeind (Hrsg.), *Familienunternehmer heute. Herausforderungen, Strategien, Erfahrungen* (S. 19–23). Gabler.

Zeichhardt, R. (2018). E-Leader, CDOs & Digital Fools – eine Führungstypologie für den digitalen Wandel. In F. Keuper, M. Schomann, L. I. Sikora, & R. Wassef (Hrsg.), *Disruption und Transformation Management. Digital Leadership – Digitales Mindset – Digitale Strategie* (S. 3–21). Springer Gabler.

Zerfaß, A. (2004). *Unternehmensführung und Öffentlichkeitsarbeit. Grundlegung einer Theorie der Unternehmenskommunikation und Public Relations* (2. Aufl.). Springer VS.

Zerfaß, A. (2006). Kommunikations-Controlling. Methoden zur Steuerung und Kontrolle der Unternehmenskommunikation. In B. F. Schmid & B. Lyczek (Hrsg.), *Unternehmenskommunikation. Kommunikationsmanagement aus Sicht der Unternehmensführung* (S. 431–465). Gabler.

Zerfaß, A. (2007). Unternehmenskommunikation und Kommunikationsmanagement: Grundlagen, Wertschöpfung, Integration. In M. Piwinger & A. Zerfaß (Hrsg.), *Handbuch Unternehmenskommunikation* (S. 21–70). Gabler.

Zerfaß, A. (2014). Unternehmenskommunikation und Kommunikationsmanagement: Strategie, Management und Controlling. In A. Zerfaß & M. Piwinger (Hrsg.), *Handbuch Unternehmenskommunikation. Strategie – Management – Wertschöpfung* (2. Aufl., S. 21–79). Springer Gabler.

Zerfaß, A., & Piwinger, M. (Hrsg.). (2007). *Handbuch Unternehmenskommunikation.* Gabler.

Zerfaß, A., & Piwinger, M. (Hrsg.). (2014). *Handbuch Unternehmenskommunikation. Strategie – Management – Wertschöpfung* (2. Aufl.). Springer Gabler.

Zerfaß, A., & Pleil, T. (Hrsg.). (2012). *Handbuch Online-PR. Strategische Kommunikation im Internet und Social Web.* UVK Verlagsgesellschaft.

Zerfaß, A., & Volk, S. C. (2019). *Toolbox Kommunikationsmanagement. Denkwerkzeuge und Methoden für die Steuerung der Unternehmenskommunikation.* Springer Gabler.

Zerfaß, A., Rademacher, L., & Wehmeier, S. (Hrsg.). (2013). *Organisationskommunikation und Public Relations. Forschungsparadigmen und neue Perspektiven.* Springer VS.

Zerfaß, A., Fink, S., & Winkler, L. (2016). *Mittelstandskommunikation 2016. Studie zur Professionalisierung, Digitalisierung und Führung der Unternehmenskommunikation.* Leipzig und Wiesbaden. www.mittelstandskommunikation.com. Zugegriffen am 21.07.2023.